Einzelband

D1932167

FRITZ VON HERZMANOVSKY-ORLANDO
Sämtliche Werke

Fritz von
HERZMANOVSKY-ORLANDO

Sämtliche Werke in zehn Bänden
Texte
Briefe
Dokumente

Herausgegeben im Auftrag des Forschungsinstituts »Brenner-Archiv«
unter der Leitung von Walter Methlagl
und Wendelin Schmidt-Dengler

Band VII

Residenz Verlag

Fritz von HERZMANOVSKY-ORLANDO

Der Briefwechsel mit Alfred Kubin

1903 bis 1952

Herausgegeben und kommentiert
von Michael Klein

Residenz Verlag

© 1983 Residenz Verlag, Salzburg und Wien
© 1983 für das Werk von Alfred Kubin (Texte und Zeichnungen)
bei Spangenberg Verlag GmbH, München 19
Alle Rechte, insbesondere das des auszugsweisen Abdrucks
und das der photomechanischen Wiedergabe, vorbehalten
Printed in Austria by Welsermühl, Wels
ISBN 3-7017-0351-5

INHALTSÜBERSICHT

1 K München, 8. 10. 03

Lieber Freund, täglich, wahrhaftig seit unsrer Trennung in Gravosa wollt ich Ihnen schreiben, und täglich drängten sich andere Dinge dazwischen, welche mir entweder die Lust oder die Zeit dazu raubten. Nun äußerlich bin ich ganz und der alte, innerlich wieder viel viel gelitten und erlebt. – –
Die Lösung meiner einzigen Liebe, – neues Selbstgelöbnis, endlich der innersten Stimme zu gehorchen, welche mich eben ein für allemale in die Eisregion einsamsten Grübeln's führen will. – –
Wonnevolle Schauer mystischer Art, – zerfahrene nervöse Stunden, – einfach tollkühnes Arbeiten, und ultra pessimistische Müde, – da haben Sie die letzten Wochen. – –
Dr. Otto Weininger, für mich der größte Mensch des Jahrhundert hat sich in Wien vor einigen Tagen erschossen *(24 Jahre)*. Dienstag fahre ich nach Berlin, – Sie können aber ruhig noch nach meiner Münchner Wohnung schreiben, bekomme die Post nachgesendet. – –
Wie ein kleiner Junge freue ich mich wenn Sie nach München kommen, – wollen dann arbeiten, – und – »intelligent sein«. Ach ja, – ich strotze voll Plänen, – hunderte, tausende Dinge möcht ich zu gleicher Zeit vollbringen. Wenn möglich, daß ich den schäbigen Mammon zusammenscharre komm ich im Laufe des Winters doch nach Wien mal, auf 14 Tage vielleicht. – Der reinste buddhistische Mönch steckt in mir – herzlichsten Gruß an Ihren Freund Schelle unbekannterweise. – Nun leben Sie wohl und auf Wiedersehen nochmals Dank für alles.

Ihr aufrichtiger Alf Kubin

Blei läßt Sie grüßen. –

!! Könnten Sie vielleicht in Erfahrung bringen ob Dr. Otto Weiningers, nachgelassenes Manuscript »die Cultur in ihrem Verhältnis zu Glauben und Wissen«, – veröffentlicht wird. – Weininger ist der Verfasser des im Frühjahr erschienenen Werkes »Geschlecht und Charakter« und »Erbsünde«. –

2 K Zwickledt b. Wernstein a. Inn, Ob. Ot., 12. 8. 07

Lieber Freund, – Nun wie gehts? ich deute mir Ihr Schreiben sehr hoffnungsvoll, – und nehme an daß Sie jetzt auf Nachricht aus Wien warten, und daß sich dann vielleicht, doch noch eine hübsche Fahrt machen läßt. – Es wäre schön wir drei, (meine Frau kommt *keinesfalls* sie muß nach Marienbad) – also ich lege mein Geschick einstweilen ganz in Ihre Hände – könnte man nicht die *Donau* hinabfahren bis Bosnien und auf diesem Wege nach Dalmatien kommen?
Hat Lukeneder Zeit, – am feinsten wärs wohl so Ende August? nicht? Eben arbeite ich fieberhaft, ich lasse mich ausschließlich von *hiesigen* Motiven *anregen* kam von der Hexe auf die Negerin bis herab, auf die Wernsteiner Weiblein. Aber aus dem *eigenen* Milieu schaffen ist meiner Weisheit letzter Schluß. *Nach* der Reise oder im Spätherbst greife ich wahrscheinlich zum Öl. Glücklich bin ich im Schaffen wenn auch viel nervöse Spannung dabei schmerzt. – Aber unentwegt vorwärts entreißt man der Natur all ihre malerischen Geheimnisse. – Ich kann auch Sie *nur immer* wieder aufmuntern, für *uns* ist künstlerisches Produzieren der einzige Weg zur Gesundheit. – Auf der Donau hätt ich Ermäßigung bekommen. – Bosn. Bahn kriegt jeder Ermäßigung auch für Mitglieder des Deutsch – österr. Alpenvereins, gibts fast überall (auch Lloyd) 25/30 % Erleichterungen.
Lassen Sie bald eine Karte vom Stapel. – Und: Haste nicht, und raste nie. Sonst hastet die Neurasthenie.
Darüber wär ich beinah einmal tobsüchtig geworden. – Glück auf die Dreimännerfahrt! 1000 Handküsse Ihren Eltern, herzlichst Ihr alter

Kubin

M. Frau grüßt und freut sich wenn Sie mal kommen. Obstadresse??

3 K Wernstein, 31. 12. 07

Lieber Freund, Was ist denn mit Ihnen passiert daß Sie überhaupt nichts mehr von sich hören lassen???? – Ich will trotzdem es eigentlich Ihre Schuld wäre das zu tun, das Stillschweigen brechen, noch im alten Jahr,! -- Für mich wie Sie wissen hat dieses Jahr noch einen furchtbaren Ausgang gehabt -- Sie haben die Todes Anzeige meines Vaters 2./11. ja wohl erhalten, ich sandte sie nach Wien. -- (Ihre letzte Nachricht war eine Ansichtskarte aus Corsica.) – dann dachte ich daß Sie sich eines Tages persönlich hier in Zwickledt einfinden würden, aber Sie scheinen leider zu den großen »Versprechern« zu gehören.

--

Für mich waren die letzten 2 Monate, ganz schrecklich, denn in meinem herzensguten Vater habe ich den besten Freund verloren und mein Kummer ist namenlos; – doch gewinne ich allgemach wenigstens das hohe Gut, meine Arbeitslust wieder. – Es entstanden sehr reife Werke, – zugleich erhielt ich in München einige schöne Aufträge (Illustration zu Poe's Werken, Meyrink, etc.) – von welchen Arbeiten ich mir viel verspreche. -- Wie gesagt ich habe mich gänzlich in meiner Tätigkeit verloren, – man hat sonst ja so wenig; – umsomehr da meine Frau auch noch immer unter Darmverwachsungen leidet. –
-- Hier haben wir gegenwärtig einen wundervollen Winter, ganz geheimnisvoll ist die Landschaft, Schneephantome, und oft ein *einziges* Farbenspiel, ein wundervolles Grau als Basis. – Im Malen schlage ich die kühnsten impressionistischen Purzelbäume – im Zeichnen folge ich den Spuren alter Unheimlichkeiten – Aber Sie, o Freund, was treiben Sie,? manchmal denke ich es ist falsche Scham, was Sie mir keinen Brief senden läßt, – doch dann denke ich wieder, daß Sie vielleicht im Augenblick selbst sehr vom bösen Prinzip gepeinigt werden und dabei vergeht einem dann und wann die Lust zum Schreiben. – Auf jedenfall tun Sie's jetzt!!
-- Eine Bitte, würden Sie mir die Nr. über die *Breughels* besorgen, (ich sah Sie damals bei Ihnen) – Sie wollten es mir schon damals tun, – mein Buchhändler das Kamel braucht so lange Zeit dazu, – oder besser Sie senden mir einstweilen Ihr Exemplar und behalten dann das andere, – bitte darf ich Ihnen dann das Geld dafür senden? -- Ich könnte dieses Heft eben sehr brauchen. – Im Winter kommen Sie wohl nicht hieher? Sind Sie jetzt endlich Maler,? leben Sie in Paris? Wien? München? Ende nächsten Monats komme ich übrigens für 8–10 Tage nach München. – Alles beste zum Neuen Jahr! Emp-

fehlungen und herzliche Grüße an Ihre Eltern. Ich bin Antwort heischend Ihr

Alter Freund Alfred Kubin. –

Gruß von m. Frau.

4 K Wernstein a. Inn, Ober.Öst., 9. 1. 08

Lieber Freund, – Ihr Brief hat mich sehr angenehm-wohltuend berührt. – Es geht zwar nicht ganz genau daraus hervor was Sie eigentlich tun, doch glaube ich, daß Sie die Kunst jetzt als einzige Geliebte besitzen. – Und daß Sie immer noch zerrissener Stimmung sind ist *jetzt* möglicherweise ganz gut, denn *so* arbeitet man eifriger. – Nur wundert es mich daß Sie in Wien blieben, (natürlich kann man überall studieren) nur zeitgemäße Anregungen findet man dort glaube ich nicht die Besten! – Also viel Glück! – Meyrinks Roman (eine ganz unheimliche Sache! Milieu: »Prager Getto«) – Ich schaffe fortgesetzt unter dem fortgesetzten Druck einer quälenden Sehnsucht nach meinem Vater, – manchmal ist es mir als wenn der Seelenschmerz direct notwendig wäre um in mir diese zu allertiefst wurzelnden Gefühle zum Bild werden zu lassen. – Besonders wenn ich, wie kürzlich, die ungeheuerliche Reihe des bereits von mir Geschaffenen wieder durchsehe, so spüre ich recht deutlich worauf hinaus meine künstlerische Art läuft. –––

Ich bin der Organisator des Ungewissen, Zwitterhaften, Dämmerigen, Traumartigen. – Angestrebt wird von mir dieses tief in meiner Menschlichkeit wurzelnde geheimnisvolle Reich, zu leben und in feste künstlerische Formen zu gießen. –

Eben diese *Form* ist's nun, welche ich ununterbrochen suche, – ich mußte zunächst beinahe alles bedeutsame durchkosten was von andern Künstlern als Ausdrucksmittel entdeckt wurde, nur ganz *allmählich* entwickelt sich *mein* ureigenstes Mittel. Aber es wird mir immer klarer, trotz der verblüffenden Zickzackstraße die ich lief; – und ich hoffe die *volle* Meisterschaft in 1–2 Jahren (allerdings frühestens) noch zu erleben; – dieses ewige Streben macht mir solche Freude, trotzdem gerade ich es bin welcher persönlich einen

Fortschritt (im Sinn von *Höher*entwicklung) leugnet ich glaube wir bleiben immer gleich es gibt nur ein *Abwickeln* – schließlich ist alles immer ausbalanciert, *was wir einsetzen bekommen wir vom Leben wieder heraus.* ––– Vielen vielen Dank dafür daß Sie mir das Breughelheft verehren, aber senden Sie mir doch *umgehend* Ihr Exemplar, mir ist das defecte »in der Hand« doch tausendmal lieber wie ein Luxusexemplar auf Japan, mit Goldschnitt, »auf dem Dache«. – Ihr Buchhändler darin meinem ähnlich hats nicht gesandt, ich brauchs *so* nötig – kommt es nachher so sende ich dann eines sofort an Sie retour, – also *bitte* recht sehr senden Sie mir einstweilen Ihres, aber recht gleich. – Handküsse für Ihre Eltern, Gruß von meiner Frau, in Freundschaft

Ihr Kubin

5 K Wernstein a. Inn Ob. Öst., 22. 1. 08

Lieber Freund, das war mal eine große Freude, – Ihr Brief! Also ganz fest weiß ich Sie nun bei der Arbeit, – und grad das Allerrichtigste scheinen Sie mir intuitiv aufgefaßt zu haben. Jawohl die Phantasie zu stärken und diese Eindrücke hernach schlau und sorgfältig festhalten, nicht locker lassen, sicher werden Sie in dieser Schaffensperiode wunderbare Befriedigung finden. – Und *nur nicht locker lassen, immer* das machen was einem am liebsten ist, technische Ausdrucksmöglichkeiten bilden sich nebenher ganz von selbst, gerade Ihnen wird dies später sehr leicht fallen. – Dieser seltsame Traum von welchem Sie schreiben,! das lag sicher schon bei Geburt an präformiert in Ihnen, er wurzelt organisch wohl sehr tief, mit Meyrink will ich auch darüber sprechen. Im »Golem«, (unserm Roman) spielt die Traumwirtschaft auch eine mächtige Rolle. – Vor dem Buddhismus möcht ich aber ein bißchen Ihr Bedenken wachrufen, – ich selbst habe schlimme Erfahrungen mit dieser Weltanschauung gemacht, – insoweit sie sich mit einem künstlerisch schaffenden Dasein nicht verträgt, es ist ein lückenloses aber steriles System, infolge seiner Stabilität fürs Alter prachtvoll geeignet. – In ein paar Jahren (es wird schneller gehen als wir glauben) wird natürlich alles herum sein, auch für uns, gottlob, und wir stehen am Ende, – aber *bis dorthin* müssen sich eigentlich unsere Ansichten immer um den schönen Schein, um Maja, um Sansara drehen; – wir müssen lebende, schaffende Prinzipien sein. Z. Bsp. das Traumhafte, das ist grade so ein prächtiger Weg – unausschöpfbar, – und durch *Arbeit allein* werden Menschen wie wir zur herrlichen selbstsicheren Ruhe kommen, jeden Tag sich die Ruhe, erkämpfen, erarbeiten. – Ich z. Bsp. bin jetzt von einem leidenschaftlichen Fleiß! es kommt natürlich dabei bald wieder zur Reaktion, – die Ermattung. – Wenn das eintrifft fahre ich dann für 8 Tage nach München, – als Erholung, als Ekel vor der Stadt, und auch geschäftlich, dann komm ich gerne wieder hier in meine Einsamkeit in der ich mich am wohlsten fühle. – Wichtig ist auch ein intimes Studium der bereits vorhandenen Kunstwerke – für mich also schon darum um in keiner Weise Eklektiker zu werden, ich stehe ganz im Gegenteil heute so weit über der Sache daß ich wie ein Chemiker z. Bsp. die äußersten Gegensätze, sagen wir das Breughelhafte mit dem Japanischen mische meine Eigenart als Dominante so kommen die interessantesten Dinge oft heraus wie oben, das Derbste und dekorativ Zarteste Element. – Hauptsache, vollkommene Assimilierung! Gegenwärtig beschränke ich mich *nur* auf Feder! (Stahl, Gänse, Rohr) ich halte es für das edelste als Zeichnung, ein leiser Ton, oder gar laviert und koloriert oder in weicherem Material (Kreide, Kohle) und schon ist das Werk wohl obenhin *wirksamer* aber dem verwöhnten scheint es doch als wäre das Feinste verloren gegangen als man die strengste Einfachheit des Materials aufgab. – Meine Frau grüßt Sie – Empfehlungen an Ihre Eltern. Herzlichst Ihr

Kubin

Ende Feber wird mich Pascin besuchen! das ist auch einer von der ganz echten Zeichnergilde. –
Das Heft mit großer Freude rechtzeitig erhalten –

6 K Wernstein a. Inn Ober. Österr., 13. 2. 08

Lieber Freund, gewiß, mit Freuden überlasse [ich] die 3 noch erhaltenen Zeichnungen aus meiner Kindheit – auch habe ich im

Interesse des so bedeutsamen Werkes an 2 mir bekannte Familien geschrieben, man möge Ihnen etwas Material senden. – Dann war vor circa $2^1/_2$ Jahren Herr Friedrich Huch, Schriftsteller, zu Besuch bei mir und brachte mir ein kleines Büchelchen mit wirklich äußerst merkwürdigen Phantasien eines norddeutschen Knaben, – ich rate Ihnen, sich an Huch zu wenden in dem [Sie] sich auf mich berufen, – ich glaube sicher, daß er dieses Büchelchen für Ihr Werk auftreiben wird, vielleicht hat er aber noch anderes Material, er war Lehrer früher und kennt sicher eine Reihe einschlagendes; – hat außerdem das richtige Verständnis für Ihre Sache. – An Huch dessen Privatadresse ich nicht mehr weiß, schreiben Sie am besten seinem Verlage (S. Fischer, Berlin). – Ich rate Ihnen möglichst *viel* zu sammeln, und dann streng zu sichten, – damit nicht der übliche Dreck ins Werk kommt. – – Auf meine 3 Sachen müssen Sie sich noch etwas gedulden das kommt daher daß meine Frau die Blättchen ungemein wohl verwahrt hat, ich sie trotz eifriger Suche nicht finden kann denn meine Frau ist nicht hier. – Wir hatten nämlich insoweit sehr schlimme Zeiten hinter uns daß sich meine Frau endlich doch zur großen gefährlichen Operation entschloß. – Dies war vor 8 Tagen in Würzburg. – Es wurde die Gallenblase mit 20 erbsengroßen Steinen entfernt. – Nun haben wir aber wieder Hoffnung auf völliges Genesen, der Operateur (eine berühmte Größe) machte alles mit so genialem Geschick daß kein Fieber eintrat, und meine Frau in 14 Tagen (von heut an) wieder nach hause kommt. Wenn's nicht zu verwickelt ist finde ich die Zeichnungen denn ich habe geschrieben wo sie liegen. –

In München da ich mich diesesmal 8 Tage lange aufhielt fand ich's recht enttäuschend dies mag vielleicht subjective Gründe haben, (das Leiden meiner Frau, einiger geschäftl. Ärger etc) trotzdem nicht rein subjective, sondern ich bin ein wenig »münchensatt«. – Jetzt lebe ich nur noch für »Wernstein – Paris«. – Ich habe viel gearbeitet, (eben tue ich gar nichts) und einiges gut verkauft. – Eine hübsche Zeitschrift (Blei, Weber, (Sternheim 10000 Mk)) erscheint – Über künftige Arbeitspläne kann ich gar nichts sagen – bevor alles da ist – entschieden: Stimmungskraft. –

Nächstens hoffentlich mehr. –

Empfehlen Sie mich ihren lieben Eltern und sind Sie aufs Herzlichste gegrüßt von

Kubin

Diesmal stieg ich in M. fränk. Hof ab. *Nie* und *nimmer* sogar *Wanzen* und Handelsrei[se]nde. – Pachus war auch da aber ich ließ ihn links liegen ich vertrag ihn doch nur alle 25 Jahr 1 x.

7 K Wernstein, 2. 3. 08 – Ober.Österr.

Lieber Freund, Diesesmal kommt wirklich ein ziemlich wichtiger Brief. – Nämlich ich las wieder Ihr Schreiben und bin insoweit entschlossen nun *doch* zur Kupferplatte zu greifen, d. h. wenn ich eine Presse – eine Handpresse wohl erschwingen kann, – so daß ich den *ganzen* Prozeß hier machen kann und die ersten besten Abzüge selbst machen kann. – Ich frage Sie nun ob Sie eine Adresse für die Utensilien mir vermitteln können (Katalog!). – II. Ob Sie *vielleicht* von einer gebrauchten Handpresse etwas wissen, – doch will ich Plattengröße 30 × 25 cm, noch drücken können – III. (wie teuer wäre eine neue?) IV. glauben Sie daß ich Aquatinta, Weichfirnisarbeiten etc. Vernis mou u. s. w. hier allein mit der Hilfe des eigenen Geschickes und eines Bächelchens betreiben kann? –– Man hat mirs ja schon hundertemale angelegentlichst empfohlen aber nie war ich überzeugt daß der Augenblick schon da ist, außer eben jetzt. – Zeichnerisch hab ich ja doch ja alles erschöpft was in mir liegt. – Und Sie haben recht, die Möglichkeiten des Kupfers sind ja noch unbegrenzt. –
Ich muß wieder Ihnen mit der Geschichte kommen, weil, wenn ich mir in München die Geschichte besorgen würde, ein Riesen Zoll auf alles kommen würde. –
Dafür haben Sie allerdings »den Ruhm« mich zum Radierer gemacht zu haben und ich sichere Ihnen von den ersten 10 gelungenen Platten schöne Abzüge zu? – wenn Sie, alter Praktikus mir zu der Geschichte verhelfen können. – Nachdem die Hauptsache die Presse gesichert wäre, würde ich Ihnen dann das Ansuchen beim Bestellen der Utensilien übersenden, welches vom Geschäft direct per Nachnahme

dann an mich gehen würde. – Nun wie denken Sie über das ganze????????? – Nicht wahr unternehmend. – Aber ich glaub die Sache verzinst sich. – Und ich hoffe daß Sie, sobald Sie endlich den versprochenen Besuch auf »Zwicklöd« einlösen, auch ein bißchen mit mir arbeiten? –– Und das »Kinderzeichenwerk« haben Sie durch meine Vermittlung auch etwas erwischt?
besonders der kl. Altheim macht *ungewöhnliches 6 Jahre* ich kenne schöne Schlachtenscenen von ihm. Herzl. Grüße von Haus zu Haus.
Ihr

treuer Kubin.

8 K [Postkarte, Poststempel Wernstein, Sommer 1908]

Lieber Freund, in Ihrem Briefe finden sich allerdings mildernde Umstände. – Und ich freu' mich mitsamt meiner Frau allerherzlichst auf ihren Besuch. – Und hoffentlich kommen Sie auch *wirklich* bei Ihrer Balkan-Politik kann man schon fast nichts mehr wissen obs Tatsache ist oder Sie nur in contumaciam bei mir zu besuch sein wollen. – Teilen Sie mir dann *rechtzeitig* noch genau mit wann Sie in Schärding eintreffen werden bis dorthin möchte ich entgegenkommen. – Hoffentlich bleiben Sie aber doch etwas länger!! – besonders bei gutem Wetter ist's menschenwürdig hier. – Für Ihren Papa unsre besten Wünsche zum Curerfolg – Gastein hat bekanntlich noch niemand ungebessert verlassen. Ich freue mich aber auch sehr Ihre Eltern *recht* frisch und wohl wieder zu sehen. –

Alfred

9 H [Rindbach] 17. Juli 1908

Verehrter Freund ich komme sehr gerne – danke Ihnen bestens für die Karte. Also aller menschlichen Voraussicht nach Montag 20 Julii 1908. Ich fahre von Ebensee um 8^{29} ab bin 9^{25} Attnang fahre 10^{02} ab und bin 12^{22} in Schärding. Vorausgesetzt daß Ihnen Tag und Stunde

paßt. Alles Schöne von Haus zu Haus! Freue mich schon sehr aufs Wiedersehen! Ihr getreuer

Fritz H.

10 K Wernstein a. Inn Ober.Österr., 6. 12. 08

Lieber Freund, – Ich bin seit gestern mit meiner Arbeit in der Rohschrift fertig! – der Grund daß ich Dir so lange keinen Dank für die übersandten Münzen schickte liegt nur in diesem Umstande, spät nachts nach dem Tagewerke war ich nämlich so müde daß meine Federzüge unleserlich geworden wären. – Also ich danke Dir herzlichst dafür werde mir ein paar die mich interessieren selbst behalten und den Rest ratenweise dem Jüngling auf die Festtische des Jahres legen. –
– Wie geht's? ist Dein Himmel nun geklärter? –
Ich bin eben ein Arbeitsvieh – und in den Zeitläuften wie eben wie

eine Schildkröte gegen störende Widerlichkeiten gepanzert, – dafür kommt es dem nicht nah. – Jetzt gehe ich dann an den Feilungsprozeß des Werkes das auf ungefähr 300 Seiten condensiert, einen wertvollen Teil meiner Lebenserfahrungen aus beiläufig 30 Jahren geben soll, – direkt in den Körper des Buches eindringen lasse ich Dich aber noch nicht, es soll wirklich überraschen. – Zugleich werden die zahlreichen Zeichnungen angefertigt, in 7–8 Wochen hoffe ich (+ + +) die ganze Sache druckreif beisammen zu haben, anfangs April das komplette Werk, – das wäre das Programm. Was macht St. Paulus alter Orgiast –

Wie geht es Deinen Lieben,? und wie findet sich Tante Berta in die Witwenschaft.

– Die Presse eilt also *durchaus nicht* aber ich will sie haben. – Ein schöner Traum wäre es einmal, vielleicht im nächsten Jahre? im hohen Winter ein paar Tage, mit Dir ev. Paul, in Rindbach zu sein, – denkhaft primitiv, bei den Recepten der H[...] lebend. Ist das Irrsinn? – Mein »Weiberl« (horrakmäßig auszusprechen) läßt Dich grüßen sowie sich Deinen Vorfahren ganz empfehlen und fragt schüchtern an was die p.t. Brautschaft macht. Du glaubst nicht wie ich Dich darin nach allen Richtungen verteidigen muß. Immer aufs neue taucht mir die schwebend leichte Hiroshige – Landschaft auf die vor uns lag als wir bei den Klängen der Streichmusik, auf der Terrasse des Grand Hotel saßen, ich mit Brigth'schen Nieren – (auf Ehrenwort, sie, oder wenigstens die Gegend des Kreuzbeins tut mir heute noch weh.) –

– Also soll ich »den Wind« schicken? – und lebe wohl und schreibe bald, und bleibe gesund mit und ohne Locken, so wie es auch vorhat Dein

getreuer Alfred Kubin

11 H Wien, 21. XII. 08

Lieber Alfred

Du wirst Dich schön wundern solange nichts mehr von den Freunden in Wien gehört zu haben: nicht Lieblosigkeit ist es sondern

der traurige Umstand daß mein armer Vater über fünf Wochen sehr schwer krank war und uns viel Sorgen und Nachtwachen bereitete. Er hat eine böse Bronchitis hinter sich, schlimmer als man es ihn glauben machte und hat Nacht für Nacht Erstickungsanfälle gehabt die ihn schwer herunter brachten. Auch wir haben uns wie Du Dir denken kannst nicht gerade erholt und danken Gott daß sein Zustand wieder ein halbwegs normaler ist.
Seit 3 Tagen geht er wieder aus darf aber in keine Gesellschaft oder Theater gehen und langweilt sich grimmig.
Nun zu Weihnachten: Ich bitte Dich sende uns das besprochene Sturmbild und wenn es Dir keine besondere Mühe macht separat an die Adresse Paul Luckeneders I Johannesgasse 2 eine Mappe mit Deiner Widmung als mein Weihnachtsgeschenk. Ferner möchte ich Dich bitten der Sendung an mich noch eine zweite Mappe (aber ohne Widmung) beizulegen die ich meinem Freund Kühnelt schenken möchte der zu Deinen eifrigen Bewunderern gehört; Kühnelts möchten auch für Deine Mappe Propaganda machen, es kommen viele reiche Leute zu ihnen; falls jemand dann eine bestellt so schicke Du dann direkt ohne dem Buchhändler einen unverdienten Gewinn zufließen zu lassen Deine Mappen ab. (Nebenbei bemerkt sah ich unlängst in einem Katalog Deine Mappe *antiquarisch mit 42 M.)*
Es scheint also daß doch bei dem ganzen Unternehmen durch etwas Umsicht ein schöner Gewinn zu erzielen sein könnte.
Das Geld schicke ich Dir dann postwendend wenn ich weiß was die Mappen kosten. Schluß des Geschäftlichen. Übergang zur Kunst: Anbei findest Du Erzeugnisse der Frau v. Schuch.
Sie möchte die Sachen von *Dir illustrieren lassen.*
Bitte prüfe alles aufs Talent und sage mir rückhaltlos Dein Urtheil. Paßt es Dir nicht kann man das Ganze ja in eine artige Form der Ablehnung kleiden. Wenn Du aber glaubst daß damit etwas zu machen sei so frage eventuell bei Deinem Verleger an ob er die Sache machen möchte. Bei Stern in Wien (den Du aber wie ich glaube nicht liebst) ist ein sehr krasses Drama der Frau v. S. erschienen das demnächst in Wien u Berlin aufgeführt wird. Nun zu Dir.
Du kannst Dir denken wie sehr ich mich für Dein Buch interessiere. Ein Succus Deines Lebens wird nach dem Einblick den ich in Dein

Leben und Schicksal nehmen konnte etwas vielleicht noch nicht dagewesenes sein. Bei dem ungeheuren Reichthum Deiner Psyche verbunden mit Deiner seltsam reichen Bildung darf man wohl auf etwas sensationelles gefaßt sein und bei Dir glaube ich auch daß meine Erwartung übertroffen wird. Auch ich war in meiner Art fleißig und habe einige Blätter verbrochen, nebenbei auch etwas Akt gezeichnet; (letzteres scheußlich) zum Christkindl bekomme ich Temperafarben und werde im Neujahr lustig drauf los fälschen. Die schönen Venetianerphotographien haben meine Seele mit vielen Wurmstichen angenagt macht aber nichts.
Meine Brautschaft ist stationär. Die schöne Salzburgerin habe ich begreiflicherweise nicht mehr gesehen, dagegen einen Heiratsantrag der lustigen Mimi Neiber bekommen den ich allerdings nicht ernst nehme. Du hast ganz recht ich muß eine Partie machen; das ist das einzige Geschäft das noch halbwegs rentabel ist.
Für Deinen wackeren Sohn bekomme ich Ende Jänner wieder eine kleine Sammlung Münzen so daß Du ihm itzo ohne Vorbehalt den Rest geben kannst; hoffentlich gefallen sie dem biedren Jüngling den ich recht herzlich grüßen lasse. Ich habe auch etwas geschrieben: Titel:

Wehmütige Betrachtungen
des
wohledelen Herren Herren
Wenzel
Kwadrata v. Quaderwurf's
k.k. Hof Ober Officiales im
k. Cameral u Aviticalamte.
durchwegs auf Schreibpapier gedruckt
zu finden in
WJEN
b. C. W. Stern auf dem Glacis vor der
Mölkerpastey.
.1828.

C W Stern gibt mir keine Ruhe die Horackgeschichten drucken zu

lassen, allerdings im alten Gewande damit ich nicht die Bekanntschaft mit dem Stockhause mache .... --
Solche Freunde hast Du. Nebenbei schrieb ich den 6ten Akt zu OAHA von dem mir Stern *5 Jahre* Zuchthaus prophezeite.
Nun Schluß lieber alter Freund und Nierencholeriker grüße Dein liebes »Frauerl« und »Buberl« recht herzlich von uns allen!
Fröhliche Weihnacht!

Dein getreuer Fritz

Die Schriften sende ich morgen extra recomandiert damit der Brief heute noch wegkommt!
Glaubst Du daß es noch möglich ist Paul bis zum Weihnachtsabend die Mappe zu senden?

12 K Zwickledt. Wernstein am Inn, 23. 12. 08

Lieber Freund, – Na gottlob daß Dein Vater wieder gesund ist. – Ich kann mir Eure Qualen sehr lebhaft vorstellen ein reines Glück daß Ihr so gut um das Schreckenskap der Lungenentzündung herumgesteuert seid. –
Der wieder wohle Zustand seines Rachens wie Du ihn mir jetzt beschreibst wird natürlich in ein paar Wochen wieder der allerbeste sein, und bei dieser Krankheit ein günstiger Umstand mit erholten und frischgestärkten Bronchien auch ohne jede weiteren Folgen bleiben. Gratuliere! -- Geschäftl: da ich Deinen Brief erst vor 1 Stunde erhielt so ist es ganz unmöglich daß Paul seine Mappe morgen abend haben kann, – sondern erst am Stefanustage. – Du bekommst Deine Sachen d. h. die Mappe auch daselbst, das Bild kommt auch per Post etwas später weil es wegen dem Glas per Eilgut gehen muß. -- Auf die Produkte der Schuch bin ich gespannt und würde Dir nach dem Studium derselben genauer schreiben. ---
Mein Poéband ist natürlich noch nicht heraußen – sondern wartet noch ein paar Wochen im Müllerschen Verlagskatalog ist allerdings schon 1 Abbildung die mich befriedigt. –
Auf die Horakgeschichten freue ich mich ungeheuer bis wann??? die beiden Mappen kosten (leider!) nichts. – (ohne Widerrede)

Deine Hoffnungen für mein Werk, macht mir die allergrößte Freude. Erwarte nur nicht *zu viel.* Bis jetzt geht ja alles noch gut, ich entwerfe bereits die Illustrationen, es sind sehr viele, um 50, meist kleine Sachen, – aber um die Zeichnungen wird so eigentlich das ganze Buch geschrieben. Ich will eben endlich die Illustration machen die mir ganz *ohne fremden* Stoff behagt. – Diese Zeichnungen werden das beste was ich bis jetzt machte, der erläuternde Text in Romanform ist gleichsam der Rahmen. Ich persönlich will nicht als Schriftsteller auftreten
dazu brauchte ich 12 Jugendjahre, – meine Schreibweise ist *einfach* – wenngleich ich ein guter Erzähler vielleicht bin. – Ich hoffe wirklich daß nach diesem Buche meine Zeichnungen und überhaupt Bilder besser verstanden werden. – Dieses Verständnis zu wecken ist der Zweck der ganzen Arbeit. – Also auf wiedersehen und vergnügte Feiertage! Frau und Otto danken und grüßen. –
In alter Treue dein Alfred. –
NB den C. W. Stern könntest Du vielleicht veranlassen daß er mir für die Reproduction der »Zeugung des Weibes« 1 Ex. der Erotik in der bild. Kunst schickt, so daß ich nicht nochmals dem E. Fuchs, der es mir längst *versprochen* in dieser Angelegenheit schreiben muß. C. W. Stern weiß von der Sache er schrieb mir damals als ich die ohne meine Einwilligung vorgenommene Vervielfältigung beanstandete einen frechen Brief gegen den ich nichts unternehmen konnte, aber deshalb hoffe ich doch nicht ohne Belegwerk auszugehen. – Manuskript noch nicht gekommen.

13 K Wernstein am Inn, 10. 1. 09

Lieber Freund, –– Fertig! ––– gottseidank! –
– Ich bin heidenmäßig froh drüber – mein Schwager Oskar A. H. Schmitz der eben auf einige Tage hier ist, findet das Buch ausgezeichnet, die Zeichnungen gefallen ihm weniger. –– Nun davon versteht er sicher nichts –– der Text wird jetzt in Passau mit der Schreibmaschine abgeschrieben –– inzwischen beendige ich die 8–9 Zeichnungen am 3.–5. Februar ist wohl alles fertig – dann fahre ich für eine

Woche nach München. – Schreiben tue ich nichts mehr in meinem Leben hoffe ich! –
– Wenn Du mir ein paar Mappen verkaufen kannst bin ich sehr froh –– per Stück mit Unterschrift *10 Kr.* wenn ich 6–7 loswerde bekomme ich wenigstens den Zoll für meine 50 Exemplare (67 Kr.) wieder herein. –– Wie geht es Deinem Papa! –
– Schreib doch! – das angesagte Schuch Maskrpt. ist nicht gekommen. Jetzt mache ich, nun das verteufelte Buch endlich vorbei ist, wieder zeichnerische Tollheiten. Eine prachtvolle Bahn zum Schlittenfahren haben wir auch! – An die Deinen unsere Empfehlungen und ein gutes 1909. – Wie immer

Dein getreuer Alfred

14 H [Wien] 18. Jänner 1909

Lieber Don Alfredo!
Fand soeben Deinen Brief vor für den ich Dir bestens danke! Gratuliere Dir aus vollstem Herzen daß Dein Buch, das »Lebenswerk« beendet ist und hoffentlich bald das Licht der Welt erblicken wird.
Für Mappen wird eifrigst agitiert und sobald wir einige Aufträge bekommen haben schreibe ich Dir um einige Exemplare. –
Anbei bekommst Du die Schriften der Frau Margarete v. Schuch. Vielleicht läßt sich etwas damit machen. ––––––
Ich bin sehr froh wieder in einem Culturort weilen zu können und begreife nicht was meine arme Tante noch an Budapest festhält. Es ist wirklich die gräßlichste Carricatur einer Stadt die sich denken läßt, die Bevölkerung ein Hohn auf die Menschheit. Da soll mir noch einer auf Italien schimpfen! Es lebe Africa!
Jetzt beginnt für mich wieder eine Woche fleißiger Arbeit. Ich muß ein altes Tryptichon für eine bekannte Dame fälschen! grundieren kann ich schon großartig, wie die ganz alten Malermeister, sogar Sprünge bekommen meine Bolusgründe nach 4 Stunden und nach 2 Tagen entstehen eine Art von Wurmstichen. Die Bilder halten nur unter Glas.
Die Zeichnung die Deinem Brief beilag hat etwas erreicht das Du

gewiß nicht geahnt hast. Ein altes Fräulein hat vorigen Sommer in Gastein eine Pension eröffnet und mußte da ihr sämtliches Personal vom Liebesgotte in kurzer Zeit vernichtet wurde, am Schlusse selber kochen; das Porträt ist einfach glänzend getroffen, ebenso das der Badefrau die ihr abwaschen half. Schade daß Du Dich nicht persönlich von Deinem Erfolge überzeugen kannst. Don Alfredo! Adio!
Grüße »Frauerl« herzlichst!

Dein alter Cumpan v. Klöthen.

15 K Wernstein, 25. 1. 09

Lieber Fritz. – Nur ein paar Worte, ich danke Dir für Deinen Brief und die 100 MK. – Hoffentlich bist Du zufrieden. – Mein *Poebuch* »das schwatzende Herz« erscheint diese Woche, – es ist prachtvoll gedruckt und enthält 14 Blätter von mir –. Es dürfte 8 MK. kosten aber von Stern erhältst Du es ja so zum Buchhändlerpreis. – Ich fahre in $^1/_2$ Stunde nach München in Angelegenheiten *meines* Buches um den Kontract abzuschließen. – Es dürfte Ende *März* herauskommen. – Weil der Verleger auch sehr dahinter her ist. – Du wirst ein Exempl. von mir gewidmet erhalten. –– Ich bleibe circa 6 Tage in M. – Es besteht große Wahrscheinlichkeit daß ich in der II. Hälfte März für 1 Woche nach Wien komme d. h. wenn mir eine solche Reise lockend genug erscheint! Anbei die Schuch Mascrpte. retour. – Diese Sachen *sind schwach!* – Die Dame mag sehr liebenswürdig sein, sie besitzt Humor und das ist viel wert, aber, biete alles auf daß sie die verderberische Literatur aufgibt. – Sie besitzt keine schöpferische Erfindung die genug wäre um einigermaßen über den Dilettantismus hinauszugelangen. – Sie scheint mir andererseits zu klug um wenn sie es mit *viel* Arbeit höchstens zu schäbigen österr. Provinzblattabdrucken bringt, nicht gekränkt zu sein. –– Beim Briefschreiben wird sie 1000x natürlicher, im Leben geradezu entzückend sein, –– aber zu Literatur mangelt ihr die schöpferische Kraft, der Erfindung und das *plastische dichterische* Sehen. – Ganz abgesehen von einem heute noch völlig embryonalen, fehlerstrotzenden Stil: (namentlich viel

»Austriaca« Gehörlässigkeiten etc.). Ich war früher ähnlich schlampig bis daß mir OAH Schmitz, der von den heutigen Schriftstellern *anerkannt* das *beste* Deutsch schreibt (bei kleiner Phantasie und ohne Instinkt!) den Schädel wusch, seitdem schäme ich mich und warne jeden sich zu compromittieren. –
Verkaufe mir Mappen, das freut mich sehr!! und schreibe mir wies in Salzburg bei F. W. war, und was Onkel Paul dazu sagt und sei umarmt von Deinem

aufrichtigen Alfred

Meinst Du soll ich März nach Wien?
Wie machte sich denn der aufgeführte Meyrink? –
Dann spreche ich nochmal selbst mit der Schuch, die natürlich sofort erfassen wird was ich meine und das beste was ein Weib hat, den tiefen Instinkt schwerlich gegen papierenen Pseudogeist umtauschen wird. –

16 H [Wien] Samstag, 6. März 1909

Lieber Fred
Hab Dank für den prächtigen Poe der Dich von Deiner modernsten Seite zeigt; was könnte von Dir der + + + Slevogt lernen! Du illustrierst auch nervös und zart empfunden aber der andere: cacatum non est pictum. Dein Zimmer steht total bereit, d. h. Deine Appartements; denn Du findest auch ein großes Schreib und Arbeitszimmer vor; also komm bald, als besten Tag schlage ich Dir den *Donnerstag* vor: Mittwoch ist bei uns ein Riesentrubel des »Joures« der Dich, den frisch von der Reise gekommenen Wanderer gewiß anstrengen und beschädigen würde. Nur sage ich Dir daß mir 6 Tage doch ein bißchen knapp bemessen erscheinen, theile Dir es ein wie Du willst, nur möchte ich Dir sagen daß Du uns auch viel länger sehr willkommen bist.
Also Freund Alfred, theile nun die Stunde Deiner Ankunft rechtzeitig mit und sei recht herzlich gegrüßt von Deinem getreuen

Freunde Fritz.

von der Klöthen

17 K [Zwickledt] 2. 4. 09

Mein lieber guter Fritz, Noch immer herrscht bei uns Trübsal meiner armen Frau geht es seit 14 Tagen oft recht böse, – hohe Fieber (40.4.) Schüttelfröste und Schmerzen in der Leber und Gallengegend, Erbrechen. – Auch der Arzt schrieb mir und machte mich auf den Ernst der Lage aufmerksam, ich kann aber nicht, natürlich, hinfahren. Ich würde nur schaden durch entsetzliche Aufgeregtheit, und zusammenklappen, und weiß Gott was Alles. – 2 Tage war ihre Schwester dort, – das Scheußlichste ist daß man nicht recht weiß um *was* es sich eigentlich handelt. – Hoffnung und den Mut nicht verlieren sage ich mir immer wieder. –
Ein guter Freund von mir, Emil Mantels Maler (Dir vielleicht durch die Cabarets als Arkus Troll bekannt) stürzte über die Stiege seines Wohnhauses, Sonntag Nachts und starb im 43. Jahre, – das greift mich auch sehr an. Durch all das ist meine Schaffenskraft unterbunden, ein paar kleine Zeichnungen (Bresdin'scher Einfluß) eine Neufassung der verkitschten Orchidee ist alles. Aber ich sammle und lasse mir neue Keime sprossen. – Vielleicht kommen farbige Zeichnungen, (wenn man doch nicht radiert und steindruckt, so nützt man wenigstens sein Farbgefühl) – vielleicht kommt eine gute Arbeitsperiode in nicht zu langer Zeit. – Otto wird meine Frau abholen, vermutlich (wenns gut geht) Ende nächster Woche reisefähig –. Morphium vermindert, aber durch die neuen Anfälle konnte sie natürlich nicht geheilt werden. – Günstigsten Falls muß sie im Herbst die Cur fortsetzen um ganz frei zu werden (3–4 Wochen). Aber wenn sie stirbt? Mein Gott was dann! – ich kann mich doch nicht auch wegputzen mit 32 Jahren. Ich habe keine Ahnung wie ich so etwas überstehen würde wie ich dann mein Leben arrangieren würde! – Ich würde hier auf dem kleinen Besitz bleiben, denn ich bin unfähig für die Stadt. Das steht bei Gott, ich ergebe mich. – Empfehle mich Deinen Eltern, sie fühlen wohl wie ich sie liebe. – Grüße mir Paul, und Horak der mir sehr sympathisch ist. Grüße Kery's
– Mein Buch hast Du in 2 Wochen. –
Und bleibe mir treu, besonders im Unglück, denn ich habe außer Dir keinen intimen Freund, (die Kunstgenossenschaft in München –

Schwamm drüber). -- Der Frühling ist hier ein unerhörtes Wunder! – und schreibe bald aufmunternd Deinem aufrichtigen

Alfred.

Hast Du Dir Strindbergs »Blaubuch« verschafft?

18 K Wernstein – Zwickledt, O.Ö., 22. V. 09

Mein lieber Fritz, Schon längst fürwahr wollte ich Dir auf Dein liebes Schreiben, das ich so sehnlichst erwartete antworten, aber ich wartete mit meinem Briefe auf das Ereignis welches sich immer mehr und mehr hinauszog aber endlich doch heute eingetreten ist. – --! Ich halte das *erste* gebundene Exemplar meines Buches in Händen und sende es nun Dir als meinem liebsten Freunde, bis das Werk im Buchhandel erscheint wird wohl noch 1 Woche vergehen. – Am Dienstag dürfte der Prospect erscheinen und ich sende Dir dann einige Stücke davon, zwecks Reclame, denn ich hoffe ausgiebig auf Dich als »Commissionär« für Wien udgl. – Einstweilen bist Du der erste der es besitzt, denn Freiexemplare für ein paar Verwandte u. Bekannte erhalte ich wohl auch erst übernächste Woche. – Und schreibe mir wie Du diese Arbeit findest. Mein Verleger hofft auf einen sehr hübschen Erfolg denn einige »Größen« welche einzelne Aushängebogen im Verlag sahen waren dadurch schon sehr entzückt. Du hast mir zuletzt sehr reizvoll geschrieben! Deine Wallfahrtsortschilderung, die »astrologische« all das interessiert mich. – Dann hast Du mich in aufregende Neugierde versetzt über die Dinge die sich »unter 4 Augen am besten sagen lassen«? – ? – ? – Hast Du was angestellt oder bist Du mystischen Geheimnissen auf der Spur? – Vermute daß Du falsche Behams, Burkmaiers, Kranach, fabrizierst. -- Bei uns bis auf ein wunderblaues Maiwetter noch sehr viel arges, meine Frau seit bald 4 Wochen wieder daheim ist noch recht übel dran. Jeder 2.–3. Tag bringt einen sehr starken Anfall von Fieber, Schüttelfrost und Schweißausbruch, – dazwischen ist sie müd und ich muß nach wie vor alleine laufen, sie darf kaum länger wie $^{3}/_{4}$ Stunden ruhig gehen. – Wie das wohl noch enden wird!

Meine Arbeiten sind infolge dieser Sorgen leider ziemlich ungleich. – Immerhin habe ich 4, 5 Hochprimablätter, der beträchtliche Rest sind kleine Experimente. –
– Und wo bleibt denn nun der längst verheißene Bresdin? Ist darauf vergessen worden. –
– – In 14–16 Tagen gehe ich für 1 kleine Woche nach München, – aber dann? wirst Du einmal hieher kommen?? wann?? – Sonst weiß ich wirklich nicht ob wir uns sobald wiedersehen! Es bestehen schwache Aussichten dazu. – – Ich möchte Dich ja wirklich gerne wieder mal sehen, in mir ist soviel mürbe geworden, – was sich auch nicht alles fürs Papier eignet. – Tiefes mystisches Fühlen, – ob ich aber davon etwas in sichtbare Arbeiten bringen kann weiß ich noch nicht. –
Ja Du hast recht, viel Licht und viel Schatten ist bei mir – doch scheint mir mein Lebensgemälde im letzten Vierteljahre noch besonders stark nachgedunkelt zu sein.
An Deine sehr braven Eltern *alle* Grüße und Empfehlungen von mir samt meiner Adamsrippe, – schreib bald Deinem Alfred

19 H [Wien, Juni 1909]

Lieber Alfred Du wirst Dich wundern ja sogar mit Recht etwas empört sein solange keine Antwort bekommen zu haben! Bitte betrachte es als die Folge einer Art von Zeitdehnung wie sie durch Haschisch hervorgerufen werden *kann;* nicht zum mindesten ist Dein Buch daran schuld, das ich als das herrlichste Buch bezeichnen muß das ich je gelesen habe. Es sagt mir Unendliches, es ist ein Kunstwerk voll unerhörten Abgründen, der höchsten Phantastik und dabei von minutiösester Klarheit.
Wie ein Kunstwerk aus Stahl und seltsam geschliffenen dunklen Amethysten in denen sich ferne Sonnen spiegeln muthet es mich an.
Du kannst stolz auf das Werk sein, sehr stolz; noch viel stolzer weil es gar nicht Deine Hauptarbeit ist.
Ein anderer Grund meines Schweigens war der, daß ich sehr seltsame Dinge erlebt habe, Ereignisse, die fast einem Capitel aus »Perle« gleichen. Das Leben ist noch phantastischer als unsere Phantasie. Doch – wem sage ich das alles? Und noch dazu brieflich. Das mag ich gar nicht, viel lieber möchte ich Dich möglichst bald sehen. Ich habe eine große Sehnsucht nach den lieben Zwickledern und mache Dir folgenden Vorschlag: ich fahre Donnerstag nach Hofgastein und mache Dir den Vorschlag auch einen kleinen Abstecher dorthin zu machen. Eine kleine Ortsveränderung wird Dir gewiß nicht schaden, da Du doch so lange in Zwickledt gesessen bist. Also liebster Alfred, nochmals herzlichsten Dank für das herrliche Buch mit dem Du mir eine so große Freude bereitet hast! Grüße Deine liebe Frau, die ich hoch verehre bestens und folge meinem Vorschlag!

Dein getreuer Fritz

20 H Hofg., 27. Juni 1909

Lieber Don Alfredo grüß Dich Gott biedrer Traumstädter! Hab Dank für Deine Karte und die bereits verschickten Prospecte. Bin neugierig wie sie wirken.

Frl. Hauschka hat Dein Buch gar nicht so sehr mißverstanden als Du glaubst, Frau Harrer kaut daran wie an einer feinen Dürrwurst und besitzt auch ein gewisses hysterisches Verständnis dafür. Du wirst noch recht viel Verwirrungen anstiften, Brendels en gros züchten, Melitten Vorwände schaffen, Korntheuers als wilde Lausjäger starten lassen und alle Cafèhäuser und Restaurants dem Abgrunde zu treiben.
Seit 8 Tagen wird hier schon das

»erhabene Schweigen in der Alpennatur«

mit 1,50 kr per Woche und vereinzelte Pansrufe mit 20 h per Stück in die Rechnung gesetzt; auf einem einsamen Stadel prangt die Tafel mit

»Wiatschkastraße«

und einen Dackel mit einem Gamsbürzel statt dem Schweif habe ich

auch schon gesehen, scheint doch alles Dein Einfluß zu sein; Deine Freunde die »Bergmüffe« kommen auch in mehreren Exemplaren her, ebenso unerhört seltsame alte Damen; bei Tisch sitzt neben dem Excell. Sluca ein Herr der wie eine Schmeißfliege aussieht, auch ein ebensolches Organ hat. Siehst Du, daß es sogar schon bei einfachen Excellenzen zu spuken beginnt!
Ich bleibe bis zum 5ten hier und fahre dann nach Rindbach! Grüße Deine liebe Frau herzlichst!

Dein Fritz H.

21 K Wernstein a. I. Ob.Öst., 6. 8. 09

Lieber Fritz, Ein widerliches Wetter auch hier! – Deine Botschaft daß, sobald die Sonne wieder sicherer leuchtet, von »Almfried« aus das große Ladehorn ertönen wird hat mich und meine Frau sehr freudig gestimmt. – – Ich bin wirklich froh Dich und Deine Eltern wieder ein paar Tage zu sehen, – hier komme ich ja um vor Nervosität; – weiß Gott, habe ich mich zu vor beim arbeiten überanstrengt, oder was es sonst war; kurz seit 4 Wochen bin ich nicht im Stande auch nur einen wohlgelungenen Strich zu machen. – Eine wahre Selbstmörderlaune, – – alles grau, schwarz u.s.w. – – Anfangs entfloh ich nach Heidelberg, auch dort 8 Tage ununterbrochener Regen. In den ersten Septembertagen reist meine Frau dann nach Baden–Baden zur endgültigen Bekämpfung des M. Anfang Sept. kommt OAH. Schmitz hieher mit mir ein paar Tage zu verleben. – Wenn Du ihn kennen lernen willst Du weißt *stets* steht ein »Bettlein warm« für Dich bei uns bereit. – Für später habe ich *noch nicht* Programm gemacht, willst Du mich vielleicht irgend wohin mitnehmen? ich wäre eventuell für *alles* zu haben. – *Ganz* allein wochenlange hier dürfte mich nämlich vorzeitig zum Idioten machen. – Nun jeder trägt sein Paquet wie er kann. – Mein gegenwärtiger Zustand ist dieser:

nun einmal kommen auch wieder bessere Zeiten, vorläufig freue ich mich darauf in bälde mit Dir in einer gemütlichen Ecke beisammen

zu hocken und von allerhand feinen künstlerischen und mystischen Dingen zu plaudern.
Vom Poe bekam ich nun nach dem II. auch den III. Bd in Auftrag: ersterer soll Sept. letzter bis Weihnacht erscheinen. Empfehle mich und meine Frau Deinen lieben Eltern. Ich freue mich sehr auf den Papa. (Goisern ist eine Prachtidee –) In alter Freundschaft, auch trotz zerrütteter Nerven Dein armer gekreuzigter Alf.
Otto dankt für Deinen Gruß er reist morgen wieder in die Schule.

22 K Doboj, Bosnien, 28. 9. 09

Lieber Fritz, Wien, das ungarische Riesenbuff Pest, die ganze Donaufahrt, liegt nun schon hinter uns. – Morgen Sarajevo 2 Tage, hernach Mostar, Ragusa, Spalato, Triest und wieder heim. – Ich muß sagen die Reise obgleich schön macht doch nicht in allen Punkten der Erwartung Ehre. Ich reise von nun ab nur noch mit Dir, denn Dr. Wolfskehl ist mir etwas zu lebendig und handelt zu viel. Ich denke an die behaglichsten Stunden unserer vorjährigen Tour und führe schmerzliche Vergleiche. –
In Wien verabredete ich mit Hugo Heller eine große Kubinausstellung im Februar oder Herbst 1910, ich werde meine besten Sachen, (auch von den Temperas) hinschicken. Mein Buch soll auch in Wien *sehr gut gehen* bitte empfehle es Deinen Bekannten.
Meine liebe Frau wird die sehr unangenehme Cur nun auch bald hinter sich haben wenn ich heimkomme treffe ich sie wohl schon froh

und frisch an, so daß ich dann frisch an die Arbeit gehen kann, die Finger jucken mich ja schon ein wenig. Es sollen Arbeiten werden, ganz im Sinne des großen Cyklus, sehr figurenreich, viel Detail und doch große Wirkungen.
Und wie geht es bei Dir. – Was machen Deine Eltern, wie geht es ganz besonders Deinem Papa?
– Und wie war Venedig (Trimurti?)

In Wien hätte ich beinahe von Horak zu einem Abend gebeten. Aber ein Herr Stefan Zweig welchen ich kennen lernte löste diese Idee ab. – Im Allgemeinen bin ich mystischer denn je.
Also altes Knabele lasse wieder mal etwas von Dir hören. Ich bin sehr

begierig auf alles was von Dir kommt und empfehle mich Deinen lieben Eltern. –

In alter Freundschaft Dein Alfred

23 H Mittw. Rindbach, 6. X. 09

Lieber Alfred besten Dank für Deine lieben Zeilen.
Dieser Brief erreicht Dich hoffentlich in Triest.
Mir wäre es peinlich wenn er verloren ginge.
Ich habe sehr, sehr viel erlebt seit Gastein.
Ich habe mit der Mystik zu spielen angefangen. Jetzt bin ich mitten drin – bin in eine Bewegung hineingezogen worden die ihre Flügel in Paris und Indien hat, deren Centrum Wien ist.
Ja, das mußte dem armen Erbweiher passieren! Das Erbweihertum mit seiner gemüthlichen Ernährungskunst und den biedren Freuden der Horrack und Pachusathmosphäre, dem fröhlich grunzenden Wühlen in altem Gerümpel hat einen schweren Stoß erlitten.
Zufällig kam das alles nicht. Auch Du bist keine zufällige Erscheinung: d. h. unsere Freundschaft scheint auch kein bloßer Zufall zu sein. Ja, ich bin Traumstädter schlimmster Sorte geworden und das erst vor etwa 12 Tagen.
Donnerstag habe ich das schwerste mystische Erlebnis gehabt – am selben Tag schrieb ich Dir, sendete den Brief aber nicht ab, da ich mich genierte. Inzwischen aber bekam ich die Bestätigung – kurz ich sehe mich bemüßigt Dir alles mitzutheilen. Wann kommst Du zurück?
Ich muß etwa am 14. in Wien sein.
Solltest Du schon in Zw. sein, würde ich Dich eventuell dort noch besuchen; jedenfalls kommst Du im Winter nach Wien.
Bitte theile mir den Tag Deiner Ankunft mit – leider kann ich Dich nicht bitten zu uns zu kommen da alles im Einpacken ist; auch Papa gefällt mir gar nicht – weiß Gott was er hat.
Ich hoffe auf baldige Nachricht! Grüße Wolfskehl bestens. Dein getreuer Erbweiher.

24 H Wien, 21. X. 09

Lieber Alfred
Ich warte mit Sehnsucht auf einen Brief von Dir, ich bin beunruhigt so lange von Dir ohne Nachricht zu sein. Wie geht es Deiner lieben Frau, wie ging es Dir auf Deiner Reise? Hast Du meinen Brief postrest. in Triest vorgefunden? Wenn Du ihn lasest – warum antwortetest Du nicht darauf?
Mein lieber Alfred willst Du mir zwei Fragen offen beantworten? Sie werden Dir seltsam genug klingen allein – Du kannst frei und offen zu mir sprechen:
Hast Du Ende August 1907 in Deiner Nähe – Wernstein, in offenem Gelände nicht eine seltsame Begegnung gehabt: mit einem pantherartigen Thier? Schreibe mir den näheren Namen der Gattung.
Ferner: Prüfe Dich genau! Was war der tiefere Grund Deiner fluchtartigen Abreise von Venedig nach dem Besuch des Lidos im vorigen October. –
Es grüßt Dich und Deine Frau Dein getreuer

Fritz.

25 H [Wien] 24. X. 09

Mein lieber Alfred!
Haben Dein Schreiben empfangen – ich bedaure Deine arme Frau u. Dich unendlich und wenn das Mitgefühl eines Freundes helfen könnte – mein Gott, was sollen wir Menschen machen! Das Wort: Mantel des Schweigens quittierte ich mit einem resignierten Lächeln: mit welcher Spannung wartete ich auf die Beantwortung meiner zwei Briefe die also nicht in Deine Hand kamen; ich glaube, *nicht* zufällig.
Der eine liegt in Triest; postrest. mit dem Vermerk: am 25. Octob nach Wernstein zu senden, der zweite ist in Wernstein; die Beantwortung beider Briefe wäre für mich von größter Bedeutung gewesen, ich mache mindestens die gleiche Tragödie durch wie Du. Die letzten 5 Wochen haben aus mir einen Menschen gemacht den Du kaum

wieder erkennen wirst. Das behagliche »Erbweihertum« ist dahin, Stück auf Stück von der wehrhaften Burg des »Erbweiher« kracht dröhnend in Scherben, ich erlebe Fabelhaftes, Grauenvolles, bei voller Klarheit.
Dir, mein lieber Alfred, danke ich die Anfangsgründe, den Trieb zum Mystischen, über meine jetzigen Kenntnisse und Erfahrungen würdest Du Dich wundern.
Übrigens etwas, das auch im Zwickledter Brief steht:
Hast Du Ende August 1907 bei Zwickledt, aber nicht in einer Waldparcelle, eine sehr merkwürdige Begegnung gehabt? Etwa die eines Thieres das in unserer Gegend nicht vorkommt?
Die Beantwortung dieser Frage ist für mich von großer Wichtigkeit! bitte gib sie *mir* umgehends!
Bei uns gehts so ziemlich gut; die Eltern lassen Euch herzlichst grüßen und eine baldige Besserung wünschen, Wünschen, denen ich mich voll anschließe.

Dein getreuer Fritz.

26 K Baden–Baden, 26. 10. 09

Mein lieber Fritz, gestern erhielt ich Dein *letztes* Schreiben vom 21./10., heute Deinen Brief vom *6./10.* Inzwischen hat Dich meine Nachricht aus B.–B. wohl auch schon erreicht. – – Zunächst bin ich einfach baff über das was Du von dem Tier schreibst. Ich habe nämlich vor 2 Jahren *Ende* August am Innufer ein braungelbes Viech bei einem Streifzug gesehen welches Innwasser soff und mich scheu anblickte, ich hielt es für eine sehr große Fischotter, im ersten Augenblick dachte ich an eine gelbe Dackelhündin, der ganze Vorfall traf mich in einer unklaren und traurigen Stimmung 2 Tage vorher erkrankte nämlich mein Vater der 9 Wochen später starb. – – Punkt II, Lido. Das scheint mir viel einfacher, dieser Ort ist mir grenzenlos unsympathisch vom ersten Moment an gewesen. Wenn Du zurückdenkst, wirst Du Dich meiner unerträglichen Nervenspannung erinnern, nur fort! nur fort, war mein einziger Gedanke, – (allerdings

leugne ich jeden etwa dazu gedachten directen Zusammenhang zwischen Punkt 1. und 2.) Woher weißt Du das mit dem Tier ich selbst habe schon längst darauf vergessen – und in dem Briefe vom 6. schreibst Du von einem mystischen Wirbel der Dich ergriff. Auch ich habe heuer bei Baron Bernus auf Stift Neuburg (Heidelberg) *Vieles* erlebt, Wolfskehl war auch da. –
Alles Nähere mündlich. – Natürlich ist unsere Freundschaft kein Zufall, wie wär das möglich! nichts ist Zufall. – Ich komme Ende dieser Woche mit meiner Frau (letztere *mit* Spritze entlassen) nach Zwickledt, im *Frühjahr* geht meine Frau wohl wieder *hieher*. – Dann könnte ich Dich in Wien für 8–14 Tage besuchen – vorher bietet sich wohl keine Gelegenheit, – außer Du kommst mal auf der Durchreise oder extra zu mir. – Baden–Baden ist auch ein sehr merkwürdiger Ort, – glaub mir das. – Hoffentlich komme ich wieder in eine *starke* Arbeitsperiode. Für Dich ist mir nicht bange; ich glaube Du bist auf gutem Wege –. Aber zu sagen hätte ich Dir eine Menge! – Jeder muß seine *eigenen* Erfahrungen machen, alles wird endlich gut gehen –
Wenn Du also schreibst so *nur* nach Zwickledt. Wie gehts Deinen Eltern? Ich bin in einer verdammten Sackgasse, das Kritikmaterial der »anderen Seite« lasse ich Dir sobald gesammelt zu Ansicht zugehen. – Wäre Wolfskehl nicht derartig kurzsichtig, so hätte mir die Reise auch mehr gegeben er muß aber direct behütet werden, dabei hält er immer mehr aus wie ich, ich bin fast immer müd gewesen. – Herzlichst Dein

getreuer Alfred

Vergiß nur nicht auf den Bresdin!

da ich über Fiume fuhr, in Zwickledt nur 3 Tage blieb dann hierher so kam Dein Brief *nach Triest* erst heute in meine Hände

27 H [Wien] 27. Oct. 1909

Lieber Alfred, danke für Deinen Brief den ich in unerträglicher Spannung erwartete.
Die Bestätigung als Selbstcontrolle liegt unter der Chiffre AK postl.

Passau hole sie Dir auf der Durchfahrt ab. Ich bin *umrauscht* von den fabelhaftesten Erlebnissen Schlag auf Schlag, grenzenlos. Ich muß Dich bald sprechen, jedenfalls sehe ich Dich in Wien, vielleicht aber komme ich noch früher nach Zwickledt. Erstaunt wirst Du über eine alte Daguerreotypie sein die mit Deinem Buch zusammenhängt – gestern bekam Pachinger von mir einen Brief an dem er lange kauen wird. Carmen ist furchtbar. Deine Nervenspannung am Lido war gar kein Zufall, ich weiß *alles.*
Grüße Deine liebe Frau herzlichst

Dein Fritz.

28 K Zwickledt, 11. 11. 09

Lieber Fritz,
Danke Dir für Deinen Brief. Wir sind wieder hier, mit Schnee und Regen. Ich bin von den Dingen die Du andeutest sehr überrascht und freue mich für Dich daß du jetzt so Großartiges erlebst, das kann Dir zur inneren Entwicklung äußerst förderlich sein. – – Ich lebe eben in einer mystischen Gesamtstimmung ohne besondere Einzelerlebnisse. – Seit einigen Tagen arbeite ich auch wieder. – Vertiefung nur Vertiefung suche ich ausschließlich. –
Keine Lust zu neuen Zusammenstellungen – von den vielen 1000 Kompositionsentwürfen habe ich ziemlich den Magen voll. – Ich übertrage meine Temperabilder in Federzeichnung und lerne viel dabei. – Meine Frau wird Ende Winter wohl nochmals nach Baden – B. müssen, dann käme ich nach Wien. – Könntest Du jedoch vorher nach Zwickledt kommen so wäre mir dies eine Riesenfreude, zu *jeder Zeit* ausgenommen Weihnachtsferien weil Otto dann Zimmer okkupiert, ich bin ja wirklich schon sehr gespannt auf Dich. –
Was ich Dir von neuen Arbeiten zeigen könnte ist, auf den ersten Blick, sehr einfach, denn wie schon erwähnt ich mache keine Belzebübereien mehr, nur für Eingeweihte ist mehr sichtbar. – Schreibe mir ausführlich! – und nun die Cabinettsfrage – was ist's mit dem Bresdin? ich schrieb doch so dringend!!! ich bitte Dich wenn die

Sachen noch nicht fotografiert sind, lasse sie *etwas vergrößern* (vielleicht Kartenblatt) *wenngleich sie dann unschärfer werden* es ist mir lieber so. – Aber nun schnell, denn ich *brauche* jetzt oder nie diese Anregung. Auch ich könnte Dir viel erzählen. – Mein Buch hat bis heute schon *vielen* Menschen den absoluten Star gestochen, die Besprechungen häufen sich. – Ich und die Meinige grüßen Dich und empfehlen [uns] den lieben Eltern.
Wie immer in steter Treue Dein

alter Alfred

was hast Du dem Pachus denn geschrieben?

29 H Wien, 20. XI. 09

Lieber Alfred
Besten Dank für Deine lieben Zeilen – wie leid tut mir's Dich nicht sprechen zu können! Ich lebe jetzt mitten in einem märchenhaft phantastischen Treiben, einem Roman sondergleichen, oder besser: Drama gewaltigster Art.
Die Mächte mit denen ich in Berührung kam sind sehr merkwürdig: zuerst war mir's schrecklich unheimlich zu Mute mich so bedingungslos ausgeliefert zu sehen; vor etwa 3 Wochen aber fand ich eine Hilfe die die Sache etwas weniger unheimlich gestaltet.
Wien und Bologna sind die heißesten Böden der Mystik, dort haben die Dhyani Chochan's ihre Masken . . .
Ich habe Kenntnisse erworben – na, Du würdest staunen!
Jetzt ist mir erst Dein Buch vollkommen klar, ein *gewaltiges* Werk das ganz *einzig* dasteht, und was das schlimmste ist: buchstäblich wahr, d. h. es wird in ganz kurzer Zeit ganz fabelhaftes erfolgen, kühner – schweigen wir lieber.
Übrigens über das »Thier« kann ich Dir noch folgendes sagen: es gehört gar keiner Art an, steht zwischen Seehund und allem möglichen, kommt äußerst selten vor u. z. auf dem Theil zwischen Asien u Nordamerika.
Auch ich hatte einen seltsamen Besuch in Rinnbach, einen Shikkin

(tibetanische Eule) Carmen trägt denselben Vogel auf einem Hut.
– Ja, lieber Alfred, ich habe kurze aber verzweifelte Kämpfe durchgemacht, ich habe den Ernst gesehen. Jetzt bin ich mir auch über die *Wichtigkeit* Pauls im Klaren, über Dich, alles . . .
Nun beichte auch Du, lieber Freund, hast auch Du in der letzten Zeit ungewöhnliches erlebt?
Hast auch Du etwas an Chok's zu verzeichnen?
Grüße Deine liebe Frau herzlichst von mir, alles Schöne auch von meinen Eltern!
Kopf hoch punkto Krankheit, alles wird sich zum Guten wenden!
Bresdin photographiere ich selber!
Herzlichste Grüße vom demolierten Ebweier.

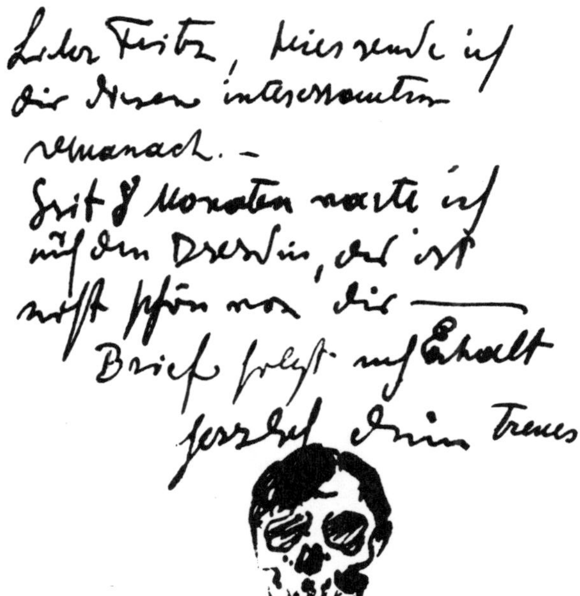
Lieber Fritz, hier sende ich dir diesen interessanten Almanach. –
Seit 8 Monaten warte ich auf den Bresdin, das ist nicht schön von dir –
Brief folgt nach Erhalt
herzlich Dein treuer

Alfred Kubin, Widmung im *Hyperion-Almanach* für das Jahr 1910

30 H [Wien] 20. I. 10

Lieber Alfred!
Für was für ein Scheusal wirst Du mich halten!
Nun: pater peccavi!
Trotz alledem darfst Du nicht schlecht von mir denken!
ich bin ein wurmstichiger Geselle der ganz nach »Perle« paßt der Dir jeden Tag schreiben wollte um Dir für all Deine Sendungen und Briefe zu danken!
Weißt Du was auch mit ein die allgemeine Schwäche unterstützendes Moment ist: Bresdin ist noch immer nicht beendet; ich gab ihn unserer Plancopierfirma zum reproducieren die ihn ihrerseits liegen ließen – wie verhext!
Nun, ich verspreche Dir, Du sollst ihn bald haben. Ich *erwarte* Dich recht, *recht* bald bei uns, ebenso Paul Lux und Carmen die sich sehr für Dich interessiert.
Auch sie hat viel an mir auszusetzen und macht bedenkliche Abhärtungscuren an mir – nous verrons.
Was wird es mit Deiner Ausstellung bei Heller? Also lieber Alfred sei mir nicht böse, ich hab Dich *aufrichtig* lieb, wie einen Bruder und erfreue mich bald durch Deine Gegenwart!
Herzlichst Dein beschimpfenswerter

Fritz.

NB. ich habe etwas ganz ausgezeichnetes in unsrem Atelier in Benützung und vollständig ausgeprobt: Eine neue Benzintrockenlampe (Auerlicht) die das einzige Licht ist das meine Augen *nicht* anstrengt (ich habe sehr viel zu arbeiten, bin täglich bis 7 od. $^1/_2$ 8 im Bureau!)
ich habe Auftrag gegeben Dir eine zu übersenden; wenn man sie umwirft löscht sie von selbst aus, das Benzin ist im Stein ganz eingesaugt daher die Lampe absolut ungefährlich! möge dies kleine Angebinde vielen herrlichen Werken Meister Alfred beim Entstehen zusehen!

31 K »Zwickledt« Wernstein am Inn OÖ., 1. 2. 10

Mein lieber Fritz.
Ich danke Dir nochmals für die feine Lampe, ditto meine Frau, gestern weihten wir sie ein, funktioniert tadellos. Ich betrachte sie außerdem als eine Art Vorläufer des Bresdin. Ich bin ziemlich überhäuft mit Aufträgen ein IIII. Poe soll auch noch erscheinen u.s.w. Eben habe ich den Besuch eines Zeichners aus München.
Vor allen Dingen freue ich mich aber über unser demnächstiges Zusammenkommen – ich kann dann eine ganze Menge mit Dir sprechen, Deine neuen Erfahrungen betreffend. Aber wenn Du soviel im Bureau bist sehen wir uns denn dann auch bisweilen? Auch in die Albertina will ich wieder gehen.
Zu lesen habe ich auch eine Menge sehr Interessantes z. Bsp. »die Physik der Liebe« (Remy de Gourmont) u.s.w. myst. und phil. Schriften, etc. – Also schreib mir wieder mal – diesesmal reise ich vor Wien zuerst einmal auf 2 Tage nach Graz, komme also über den Semmering zu Dir.
Also alles herzliche von Haus zu Haus

Dein

32 H

[Wien] Montag 7. Hornung 1910

Lieber von Holzklöter!
Freue mich sehr Deiner Generalabsolution und Deines zweiten Briefes! Also bald mehr mündlich! Nun – ich habe allerdings meine Bureaustunden die müssen wir eben ein bißchen beschneiden und die Abende sind ja auch lang.
Ich habe Dir eine schwere Menge zu erzählen und Dich in mancher Sache um den Rath aus dem reichen Schatze Deiner psychischen Erfahrungen zu bitten – ich stecke wie Du weißt in einer überaus seltsamen und eigentlich recht ungemüthlichen Sache drinnen die einen Schmitz oder Meyrink zur Begeisterung bringen könnte.
Carmen schätzt Dich sehr hoch – »ihren Kubin« – und sagt daß nur kleine »Patzereien« von Deiner Seite (vor Jahren) Dich auf Deiner vorläufigen Stufe zurückhalten; sie freut sich sehr Dich bald zu sehen und nicht minder auf Deine Ausstellung. Sie wollte schon einmal mit mir nach Passau fahren um Dich zu treffen: Passau und Regensburg mißt sie große Bedeutung zu, besonders aber: Rouen, Wien und Bologna. Wien ist die »Grenze zwischen Island und Ceylon«, ein Wort das Dich gewiß sympathisch berühren dürfte. Ich habe eine Menge mystisches und symbolistisches dazugelernt, habe einige Bücher z. B.: Salverte, ebenso Paul der schon eine ganze Bibliothek theils sehr alter mystischer Schriften besitzt. Auch dem Paul sind einige ungewöhnliche Dinge zugestoßen – kurz, Du findest bei uns einen hübsch umgeackerten Boden. –
Sehr dankbar wäre ich Dir wenn Du mir die Titel einiger besonders interessanter mystischer Bücher mittheilen würdest. Die Blavatzki las ich ganz durch, ich finde es ist ein ausgezeichnetes Material gesammelt – aber miserabel geordnet. Ferner: ist Dir etwas über ein geheimes Zeichen bekannt das die Freimaurer fürchten:

St. L. M?

von Carmen wurde ich öfter auf »Zeichen« aufmerksam gemacht. Sie hält, genau wie Du, viel von den Signalen der Bahnen erstaunt war ich aber über eine merkwürdige Lichtervertheilung am Horizonte von Wien.

Adio, lieber Alfred, mich ruft die Pflicht des Geschäftes! Grüße herzlichst Deine liebe Frau! Alles Schöne von meinen Eltern.

Dein getreuer Fritz.

Herzmanovsky

33 K Zwickledt, Wernstein a. I. O. Ö., 8. II. 10

Mein lieber Fritz. Herzlichen Dank für Deinen letzten so interessanten Brief – und Eure Karte. Auf Carmen bin ich ja unglaublich gespannt, hoffentlich ist sie nicht zu hübsch und aufregend sonst verliebe ich mich am Ende in sie und das könnte ja tolle Complicationen geben. –

– Ich bin sehr froh, daß Du nun solchen Geschmack an all den geheimnisvollen Dingen gewonnen hast, wenn Du auch noch ein paar praktische Übungen (Contemplationen) machst so wird Dir es dann gewiß nicht entgehen daß eben (Februar und März) am meisten kosmische Substanzen frei sind und dem sensitiven Menschen mehr oder weniger auch bewußt werden können. ---

Ich plage mich nach wie vor mit der Zeichnung und hoffe bis ich nach Wien komme (in circa 3 Wochen) einige Treffer mitbringen zu können. ----

– Und Paul scheint auch seinem Namen Ehre zu machen und weiter denn je vom »Saulus-Standpunkt« entfernt zu sein. – Ich wurde in großen Kummer versetzt durch den unerwarteten Tod meines alten Freundes Otto Julius Bierbaum, dem ich sehr viel danke an äußeren Erfolgen (durch ihn verdiente ich vor bald 10 Jahren mein erstes Geld) noch vor wenig Monaten traf ich ihn in München.

--- Wenn Du und Carmen einen Zwickledter Besuch gemacht hättet so wäre meine Freude sehr groß gewesen. – Du frägst mich nach Büchern »mystischen« Inhaltes?! das ist eine sehr allgemeine Frage wenn man bedenkt, daß Mystik in jedem Individualfalle verschieden ist, – in jedem *guten* Buche oder Bilde mehr oder weniger verschleiert vorhanden ist. – Trotzdem schreibe ich Dir nachfolgend einiges auf trotzdem ich nicht weiß höchstens ahne *welche* Gestalt der Mystik Dir

als momentan interessevollste erscheint. Auf unserer Reise 1908 habe ich Dir die meisten ohnehin schon empfohlen. Hebe Dir also diesen Brief auf. – *Görres J.*, »die christliche Mystik« (5 Bd) ferners die Schriften von *Jakob Böhme,* Meister Ekkehard, Tauler, Angelus Silesius, Ruysbroeck, Kues, Guyon u.s.w. fast alle bei Diederichs erschienen dortselbst auch Swedenborg. –
Paul Deussen, »Metaphysik«, *Veden, Upanischaden, Baghavat Gita,* Laotse, Oldenbergs »Buddha«, – Fechner »Zendavesta«, »Nana« – – Maeterlinck – (»Weisheit u. Schicksal«, »Schatz der Armen«, »begr. Tempel«), Mainländer, »Philos. d. Erlösung«.
Rudolf Kassner: »Tod Mystik u. Maske«, »der ind. Idealismus«, »die Moral der Musik«. –
Kirkegard: »Entweder – Oder« »Stadien auf dem Lebensweg«, »die Krankheit zum Tode«, »Psychologie der Sünde«.
Weininger: *»Über die letzten Dinge«,* Strindberg: + *»Blaubuch«* und + *»neues Blaubuch«,* Lanz-Liebenfels: + *»Theozoologie«.*
Prentice Mulford: *»der Unfug des Sterbens«.*
– Apollonius von Tyana, H. v. Hofmannsthal: + *»das Märchen der 632. Nacht«.*
Blavatzki: »Geheimlehre« (3 Bd.) Du Prel: *»Räthsel des Menschen«*
Backofen: *»Mutterrecht« »Gräbersymbolik«*
Mereschkowsky: + *»Tolstoi u. Dostojewski«*
Bahnsen Julius: »der Widerspruch im Wissen u. Wesen der Welt«. – »Charakterologie«, »Mosaiken u. Silhouetten«, ferners die Werke (nicht v. Bahnsen): »Geheimbünde« – »die antiken Mysterien«.
James Wobbermin: *»die religiöse Erfahrung«.* –
Du siehst lieber Freund es gibt viel, diese Werke habe ich sämtlich gelesen. Viel M. kommt in Bulwers »Zanoni« vor, viel Kosmisches in Dickens, Vieles in Göthe, Garborg, Balzac, Dostojewski, Gogol u.s.w. ohne Ende. Rein mysti. Schriften gibt es viele Tausende, und ich habe in Bibliotheken wenigstens in vielen geblättert. Unter den Sachen die ich Dir *besonders* empfehle mache ich einen Strich, – ganz besonders außerdem ein +. Für *sehr* vorgeschrittene empfehle ich Bahnsen. – Ich beschäftige mich seit 19 Jahren bald mit diesen Dingen, seit 4 Jahren unausgesetzt mit Bahnsen, für *mich* das A und O aller geistigen Wissenschaft, für Anfänger genügen die kl. theosophischen

Alfred Kubin, Variante einer Illustration zu *Die andere Seite,* 1909

Sachen der Blavatzki, Besant, Steiner, Hartmann, Deinhard. – Sehr *schön* ist auch die myst. Lyrik von R. M. Rilke – + *»Stundenbuch«*, Marsh – Malo »das unheimliche Haus« ist auch gut – – zu Bahnsen rate ich vorläufig direct ab. –
Es ist überhaupt gar nicht nötig so viel zu lesen, – besieht man sich mit Verständnis die Arbeiten der dämonischen Zeichner und Maler so ist das auch ein guter Weg. – Es kommt ja *nur* auf das *innere* Erlebnis an. – Ein sehr schönes myst. Werk ist der Nerval den ich illustrierte nach Ostern hoffe ich ihn Dir dedicieren zu können. Endlich das reichhaltigste und dabei am mühelosesten zu lesende Buch über diese Dinge bleibt noch immer »die andere Seite«. – Wo bleibt der Brrrrresdin??? Empfehlungen an Deine Eltern von mir und m. Frau. Grüße mir Carmen und Paul. – In Treue wie immer Dein Alfred.
Die Mystischen Schriften geben nur Anregungen niemals Aufklärungen, sie lernen uns »verstehen« nie »begreifen«. –
Die meisten Schriften über Mystik, Astrologie, Rosenkreuzer, Dämonologie, sind dem Laien unverständlich also Dreck! – das *hier* angegebene ist aber durchschnittlich *erstklassig*.
Die Liste enthält eine Auswahl über sämtliche Themata der M.
Meyrink im Grunde nur »Simplicissimus«!!!!?

34 H [Wien] 4. März 1910

Lieber v. Holzköter!
Freute mich sehr über werthen Brief und kann nur ins Horn der Bewillkommnung blasen! Also – sattle Dein Rößlein.
Dein Kämmerlein steht bereit und die kleinen Hauswichtelmännchen lassen sich die Arschleder neu lackieren wie es guten Bergmännern ziemt. Ich freue mich schon ganz außerordentlich Dich bei uns zu sehen, nicht minder meine Eltern die Dich aufrichtig gernhaben.
Was mir sehr angenehm erscheint ist der Umstand daß wir uns jetzt viel besser über vieles verständigen können – früher war ich recht »ungebildet« – na, ich habe Fortschritte gemacht.
Sehr neugierig bin ich was Du zu Carmen sagen wirst. Sie ist mir im

Grunde recht unheimlich und obwohl ich sie schon so intim kenne wird sie mir immer räthselhafter.
Sie scheint das Haupt einer großen occultistischen Gruppe zu sein. Bitte frage brieflich *ohne* Erwähnung irgend eines Namens bei Deinem mystischen Juden (»Saul«) oder bei Bernus oder Schuller an ob die etwas von einem mystischen Centrum in Wien wissen. Carmen scheint Schuller zu kennen. Momentan ist sie sehr beschäftigt, noch nie habe ich zu ihr ins Haus kommen dürfen, noch habe ich je mit einem ihrer Leute sprechen können. Weiß der Teufel was das alles bedeutet.
Wappne Dich, alter Wüstling, sie ist sehr hübsch!
Also – komme bald!
Es grüßt Dich und Deine liebe Frau der ganz unklare

Erbweiher von Entenbrecht.

35 H W., 16. IV. 1910

Lieber Alfredus
Schönen Dank für Deine lieben Zeilen. Denk Dir, ich lag 14 Tage im Bett, resp. auf der Chaiselongue, gehe seit 6 Tagen wieder spazieren und soll ans Meer da ich eine schwere Influenza mit Bronchitis etc etc – Kehlkopf – überstanden habe.
Sehr trauriges geschah bei Salzers. Papa S wird heute – grad um die Stunde – operiert. Er hat ein Carcinom am Kiefer. Ali ließ mich gestern kommen und ist sehr traurig. Vorgestern schenkte sie mir eine Locke und war noch sehr übermütig, gestern früh entdeckte der Arzt das Übel – der alte Herr sagte seit Wochen nichts und schob es auf einen Zahn. Denk Dir – so was unheimliches. Bitte theil es niemandem mit; er weiß selbst *nicht,* daß es ein Carcinom ist. Sowas kommt – wenn's der Teufel will – auf einem Umweg zu den Ohren des Patienten zurück.
Carmen habe ich ordentlich den Kopf gewaschen. Ich bin wöchentlich 2 mal bei ihr zum Souper geladen; sie hat viel Humbug abgestreift – was aber als wahrer Rest übrigbleibt ist immer noch sehr, sehr

stattlich und gäbe 3 Meyrinks Stoff auf Monate. Bitte halte Dein Versprechen zu schweigen *vollständig,* schon um Ali's willen die Dir ja sehr sympathisch ist, d. h. über das Mäderl C. kannst Du ohne weiteres mit Deiner Frau sprechen. Bezüglich des *nicht* mystischen Theiles erwähne *kein* Wort. Ich habe so gar keine Lust allein so weit zu radeln – möchtest Du nicht auch mitkommen? Ich soll nach Brioni oder nach Arbe auf 8 Tage – furchtbar weit! Dein Buch sende ich retour, es war im schwarzen Kasten neben dem »Blaubuch« (les extremes – . . .)
in einem Weihnachtskatalog fand ich:
Swedenborg: enthüllte Off. Johann. 12 Kr. –
soll man das kaufen?
Der Lanz-Liebenfels ist sehr interessant, ein bisserl meschugge – aber der Kern stimmt! Ganz die Meinung unsrer Wiener Makartmadeln (– so da hast' a Wort!)
Wolfskehl gegenüber sei *sehr* vorsichtig, frag ihn nur ob er weiß daß es in Wien eine junge Dame gibt die stark »mystelt«, von Flucht-Buff-Panthern – etc erzählt ihm nichts.
Hoffentlich schreibst Du ein »Handbuch der Wiener Mystik«
mit Anhang: der telepathische Wadenkrampf und wie muß ich mich beim »Panthern« benehmen.
Grüße mir das liebe Zwickledt! Ich freue mich aufrichtig Deine liebe Frau endlich gesund zu wissen; jetzt wird diese arme Märtyrerin doch endlich einmal zum ruhigen Lebensgenuß kommen!
Dein getreuer, mehrfach beschäftigter

Freund Fritz.

36 K [Zwickledt] 17. IV. 1910

Lieber armer Kerl wirklich das fehlte grad noch daß Du krank wurdest, sei froh daß es wieder geht. – Auch meine Frau war krank an Influenza, welcher Umstand die Kur um 2 Wochen verzögerte. – Leider kann ich für diesesmal *nicht* mit Dir reisen, aus dem einen einzigen Grunde, weil ich mich *verpflichtet* habe binnen 4 Wochen eine Reihe Zeichnungen beim Verlag abzuliefern und weil das

unmöglich wäre wenn ich übermorgen nicht mit der Arbeit anfange. –
Mit Wolfskehl war es *sehr* interessant. Er könnte sich solche Dinge wie sie C. treibt *wohl denken.* – Am meisten betroffen war er als [er] durch mich Deine Meinung kennen lernte, daß Carmen Dir den Eindruck machte als ob sie Schuller kennen würde –.
Ich für meine Person halte sie für sehr merkwürdig und schicksalsvoll aber durchaus *nicht* für das für das sie sich selbst ausgibt.
–– Die Frau Eckstein (S. Galahad) die Dir ja zu gefallen scheint dürftest Du jetzt auch ohne mich bei Gelegenheit kennen lernen –– wie mir Wolfskehl eben erzählt, hat sie den Professor Beer (den *mit der Knabenaffaire)* kürzlich geheiratet.
Der arme Salzer tut mir sehr leid. – Nimm dich doch jetzt der Ali an, – ein so *liebes reizendes Geschöpfchen Du schreibst gar nichts über eventuelle Beziehungen* denk doch dran!! *letztes Läuten!!*
Für diesmal muß ich schließen denn mein Gast, der Dich grüßen läßt, drängt sehr. – Ich wüßte so manches was Dich sehr spannen würde. »Makartmaderl!« ausgezeichnet. –
Swedenborg würde *ich* an *Deiner* Stelle *nicht* kaufen. – Um das *gleiche* Geld fast, (12 Mk) *bekommst Du ja den ganzen Görres* halte Dich an die von mir zusammengestellte Liste! –
Also leb wohl Alter und gute Besserung. Komm mal?!
Empfiehl mich Deinen Eltern! Grüß die Ali! Ganz Dein

Alfred

37 H Wien, 2. Juni 1910

Lieber Alfredus hab herzlichsten Dank für Deine lieben Zeilen – verzeihe mein Schweigen – ich bin schon einmal so meschugge – so sehr die Projection des geliebten Österreichs . . . wir brauchten eigentlich alle nur eine Traumländerpost . . . weiß Gott wozu wir unsre exakte Post besitzen. Dies ist mir immer eines der tiefsten Räthsel. Apropos – Traumland: Denke Dir, Mimi Luckeneder war so erregt durch die Lectüre der »anderen Seite«, daß sie in der Bahn bei Offenbach einen hysterischen Weinkrampf bekam und beinahe

interniert wurde – ich gratuliere Dir, Meister ... es ist geradezu Räthselhaft was für Untiefen das Buch besitzt: je öfter ich es lese desto unerhörteres bietet es mir: wie eine Zwiebel mit immer neuen Schalen nur daß es immer mehr zu als abnimmt. Auch Carmen hat eine sehr eigentümliche Meinung davon und erklärt mancherlei sonderbare Sache aus dem Buche. Übrigens Carmen – – macht sich viel besser als ich selbst glaubte. Sie läutert sich langsam und hat mancherlei Scheußlichkeit – die ich nachträglich erfuhr – an den Nagel gehängt. Allerdings: für junge, unerfahrene Leute ist sie nichts, das sehe ich immer mehr und mehr – und können tut sie ganz fabelhaftes – ich habe die merkwürdigsten Choks bis Triest bekommen jetzt ist sie in Pöstyén, Ungarn.
Von dort chokt sie nicht. –
Meine Eltern, deren herzlichste Grüße ich stets dem lieben Kubinpaare auszurichten habe, sind momentan in Weyer a d Enns und kommen nächste Woche nach Rindbach. Ich bin leider den ganzen Sommer an Wien gefesselt, – kann höchstens immer nur auf 4–5 Tage abkommen, jedenfalls habe ich die Absicht Dich, mein lieber Alfred, sei es in Zwick oder wo anders zu sehen. Bedaure lebhaft an Eurer reizenden Moserbodenpartie nicht teilnehmen zu können! Ich war 14 Tage in Porto Rose bei Pirano, – einem entzückenden Rosennest mit schönen Panoramen, ich machte viel Segelboottouren nach einsamen Bauernhöfen, alten Kirchen etc; dort reichen saftige Wiesen bis ins Meer, Landschaften die Albrecht Dürer genau studiert hat u die uns so unwahr anmuten denn eigentlich sind es deutsche Landschaften: weidende Kühe und Buschwerk – dahinter das Meer.
Übrigens ist mir der Knopf für Triest aufgegangen: Das ist eine unerhört mystische Stadt ... Carmen behauptet man sieht sie nie und sie hat nicht so unrecht ... Alles sieht man: Pirano, Capo d'Istria, Miramar – nur das Riesige Triest verschwindet völlig; wenn man abends ankommt sieht man nur die riesige Gichtflamme eines Hochofens in Muggia – sonst nichts. –
Nebenbei: in Pirano ist Tartini geboren!
Alles Schöne Deiner lieben sqaw!

Herzlichst Dein getreuer Fritz

38 H Wien, 13. Juni 1910

Lieber Alfredus Was treibst Du? Warum kein Lebenszeichen? Hoffentlich befindet sich bei Dir alles wohl – Du an der Spitze. – Ich bin jetzt in Wien ganz allein – meine Eltern sind schon lange fort und Dr. Keller ist in Karlsbad zur Erholung. Ich habe enorm zu arbeiten u mopse mich sträflich in der staubigen Hölle die man Wien nennt. Carmen schreibt mir täglich aus Pistian u kommt hoffentlich bald nach Wien. Übrigens ist's gar nicht ausgeschlossen daß ich Dich plötzlich einmal in Zwickledt überfalle – habe von Dir viel Rates in mystischen Dingen zu holen – ich der ich immer so lachte . . . gelt? man soll halt über nichts spotten.
A propos, hast Du einmal etwas von einer Baronin Helene Haman in Wien gehört die die astrologische Gesellschaft gegründet hat? Handkuß der lieben Frau!

Herzlichst Fritz.

39 K Zwickledt, 14. VI. 10

Mein lieber Fritz, Ich wollte Dir schon vor ein paar Tagen in Dein gegenwärtig so ungemütliches Leben einen Brief streuen, wartete dann aber auf das Buch welches mir für diese Tage von dem Verlag schon zugesagt wurde um es Dir gleichzeitig mitzusenden. – (: Regel: Verlegerversprechen sind nie bindend:) – Auf Deine neuliche Bitte hin will ich aber sogleich antworten. – Uns geht es recht gut eben. – Ich habe in letzter Zeit einige sehr hübsche Sachen gemacht (3 Blatt mit der reichfigurigen Art der Sansaraserie und eine »Susanna«). Mit dem Hauff habe ich noch nicht begonnen. Es freut mich immer wieder daß Dir mein Buch von der anderen Seite soviel gibt, es steht auch tatsächlich sehr viel, darin und man kann auch viel Trost daraus ziehen, namentlich in *allererster* Linie aus dem Gedanken daß das unbegreifliche Wunder *zu jeder Zeit unter unsern Blicken* sich vollzieht, – *wir* müssen unser Schauen drauf einstellen, und Langeweile und Ödigkeit verduftet von selbst. Gewiß solange wir im Leben stehen, werden wir *niemals ganz vollkommen* selig sein, – denn die Welt ist ja ein Weg und kein Ziel, aber wir nähern uns der großen Besinnung und sind *unter allen Umständen* immer wieder *heute* besser daran wie gestern.

– Sonntag kommt Wolfskehl und bleibt 14 Tage bei uns. – Wenn Du also in *diesen* Tagen hier auftauchen willst so mußt Du im Zwickledter Spukzimmer, (die alte Knechtstube im Anbau) schlafen. – Später schläft der Otto darin und Du kommst wieder in Deine alte Kemenate, – (nur vom 7.–17. Juli bin ich in Heidelberg u. München). –

– Ich freue mich ja riesig wenn wir uns wieder mal sehen und plaudern können. – Aber wenn schon Carmen fort, Du könntest ja zum Lucullus in die Hinterbrühl? Deine Zeichnungen in dem Briefe, Deine anregenden Schilderungen von Italien haben mir viel Freude gemacht, – Du bist sehr gereift und hast *Dein* Italien gefunden. – Mit Moserboden wurde nichts, mich überfiel Arbeitslust. (3 Herren von der deutschen Botschaft in Paris schrieben mir enthusiastisch über die A. Seite, – keiner weiß wohin es wirkt). – Du hast doch jetzt Bücher, liest Du denn nicht? Siehst Du, das kommt von der Architektur jetzt bist Du angehängt, verdienst Du wenigstens? – Deine psychologische Baronin inconnue – ich kenne in Wien überhaupt nicht allzu viel Menschen. Aber an die Eckstein (via Beer) kannst du ja kommen, doch sind die wohl verreist.

Hast Du nun die Teozoologie erhalten? Den Prentice Mulford gelesen? Dieses letztere Buch ist vorzüglich geeignet zum stutzig machen, aufjagen, obwohl es keineswegs mit *meinen* Ansichten sich

deckt, mir ist's zu amerikanisch gelegentlich ein wenig billig, dann stellt dieser absolut unkünstlerische Mensch ja den Tod in Frage, gerade das höchste, und tiefste Geheimnis, den einzigen Trost für bittere Stunden, die endgültige »Erlösung« – nein mein Lieber ich will definitiv erledigt sein, nicht nur zum Spaß. – Gerade dieses unwiderrufliche Ende verleiht dem Leben seinen grandiosen melancholischen Reiz. Ich bin zu sehr in meiner Mystik, Realist und Wahrheitssucher, als daß ich mich von Phantasmen wie »Unendlichkeit, Unsterblichkeit, Seelenwanderung« u.s.w. dirigieren ließe. – Ich meine es nämlich *wirklich* ernst, und habe die Kinderstiefel ausgewachsen. – Nun lebe wohl mein lieber Alter – und komm doch mal. (Die Reise nach Heidelberg würde ich eventuell um ein paar Tage verschieben wenn du 6. oder 7. kommen würdest.)
Meine schönere Hälfte grüßt. – Immer

Dein Alfred

40 H Wien, 6. Juli 1910

Lieber Alfred!
Was ist's mit Dir? Du läßt ja gar nichts mehr von Dir hören! Schade daß ich Dich nicht besuchen kann, ich bin sehr angehängt; Mitte Juli komme ich nach Rindbach mit Carmen. Der Fall ist so seltsam und eigenartig – ganz »andere Seite«. Es wird wohl ernst mit uns werden, lieber Alfred! Du weißt selbst, anfangs sträubten C und ich uns gegen die »Verlobung«. Inzwischen haben wir aber beide uns innig lieben gelernt – der düstere Roué Carmen ist zu einem entzückend herzlichen Mädi geworden deren Liebkosungen zwar immer ein bißchen nach Panther schmecken, chokt mir ab und zu außerordentlich zart und – ich möchte sagen – jungfräulich verschämt. Sie würde Dir jetzt sehr gut gefallen; mit Ali habe ich genau alles durchbesprochen, sie ist etwas perplex über die Wendung gewesen hat mir aber in bester Freundschaft zuzugreifen gerathen; nur meine Eltern kennen sie noch nicht; sie hat Mama einen so herzlichen Brief geschrieben daß sie ganz entzückt über das Mädel ist –, was sagst Du zu der ganzen

Sache! Carmens Familie ist sehr convenierend: äußerst solid, kosmisch, puritanisch – bürgerliche Solidität selbst.
Auch mystisch ist sie jetzt sehr fein geworden und lehrt mir viel, unendlich viel . . . ich hätte mir nicht gedacht daß ich trotz Meister Alfred die Natur noch einmal so ganz anders anschauen lernen würde. Von Dir hält sie sehr viel und beurtheilt Dich sehr interessant: das soll sie Dir selber sagen. Für das prachtvolle spanische Gouache Nebelstimmungsbild bekommst Du von ihr ein Busserl, hauptsächlich wegen des Reiters auf der Brücke d. h. wenn es Deine Gemahlin erlaubt! wir sind ja schrecklich correkte Leute. Sehr oft muß ich à la Kubin mit ihr sprechen und über die »Wiener« Mystik schimpfen. Dann erscheint auch stets Wolfskehl der sie nicht finden kann und einem leeren Sessel oder einer Büste die honneurs macht. Klingen nicht manchmal Deine Ohren? Furchtbar komisch sind Carmens Beschädigungen der Familie Luckeneder: Mia sah die Verlobung mit sehr scheelen Augen an und schimpfte so lange über Carmen bis sie – vor etwa 8 Tagen – einen furchtbaren Chok bekam der sie buchstäblich aus dem Bett jagte . . . Lothar ist schwer zu choken da er einen patinierten Astralkörper hat. Paul ist selig – seine Mama wüthend und schimpft auf Ali die ihrerseits Paul einige nächtliche Grüße sandte. Kurz: eine nette Gesellschaft die sich da in der Metropole der »Gmüatlichkoat« entwickelt. Auch Horrack ist in seiner kalbsledernen Art und Gemskrickelgalanterie gegen Carmen unbezahlbar und repräsentiert die k.k. öffentliche Meinung. –
Wir möchten im Winter heiraten wenn es bis dahin möglich ist; ich muß Dich um viele Ratschläge fragen, schwere Gewissensfragen mit was jährlich man auskommen kann etc. etc. Vielleicht ziehen wir uns auch ganz aufs Land in ein altes Schlösserl und spuken dort auf eigene Faust bis der Teufel Carmen oder umgekehrt – holt. Dann zieh ich nach Budapest. –
Die Architektur werde ich dann wohl aus Sicherheitsgründen aufgeben müssen oder erst recht betreiben; darüber bin ich sehr im unklaren. Carmen ist vorsichtshalber fürs aufgeben und warnt vor jeder Art von Speculation dringend. Einmal hatten wir schon vor, uns in der Nähe von Euch anzubauen und »mostindische« Philosopheme zu lösen.

Weiß Gott was noch die Zukunft bringen wird!
Leb recht wohl, Genosse der Irrfahrten, grüße innig die Ehegattin!
Die Carmenverlobung ist vorläufig noch ganz für die Intimen!

herzlichst Fritz.

41 H Rindbach, 29. Juli 1910

Lieber Alfred –
Vor allem herzlichsten Dank für den Nérval. Das erste Anerkennungswort gebührt Deiner lieben Frau – schau schau was für eine raffinierte Französin »Frauerl« ist! Ihr seid doch ein homogenes Künstlerpaar. Ich kenne das französische Original nicht: die selbstverständliche Flüssigkeit der deutschen Fassung, die wohltuend abgestufte Farbenpracht der Sprache das ist denn doch das Werk Deiner Frau! und dann die Bilder! der ungeheure Reichtum! Du kommst mir vor wie einer der die Trauben traumhafter Weingärten keltert, Trauben, die nach heißen, trockenen Nachtstürmen des Spätsommers der erste Frost gestreift hat, deren Wunden goldene Feuchtigkeit zeitigt – blaugrau, mattviolette, bereifte Trauben!
Die tausend Facetten, die Du spiegelst! der Duft aus alt Paris der Zeit da Eugenie dreitausend kunstvolle Sonnenschirme besaß – der unsagbare Duft Italiens der 50 ger Jahre ist drin, – für mich auch der Duft Dresdens der 80 – dazwischen stehengebliebene Grüße aus den Bauernkriegen und wuchtig-zarte Vereinigungen Goyas, Castigliones und Caspar Luykens! Madrid, Genua und Antwerpen hast Du erfaßt wie kein anderer!
Über den Inhalt des Buches will ich ja gar nicht reden – das kommt später, auch mit dem kunstsinnigen Ehepaar bin ich noch keineswegs fertig.
Ich komme wenig zum Lesen. Carmen ist bei uns – Du kannst Dir denken daß mir das Wesen wenig Muße übrigläßt.
Leider muß ich am ersten Aug. in Wien sein und sehr fleißig arbeiten. Sie bleibt noch bis etwa 12–13 bei den Eltern. Die Verlobung ist noch nicht officiell – bitte daher auch noch volle Discretion.

Ich grüße Deine liebe Frau, den Sohn und Dich recht herzlich und danke nochmals für die sublime Freude die man mir bereitet!
In alter Treue Fritz.
[Carmens Handschrift:]
Dank, Dank Meister Kubin u dessen ebenbürtiger Gattin für den großen Kunstgenuß nicht alltägl. Art! Carmen.

42 H [Wien] 3. IX. 10

Lieber v. Pullwitz!
Mit Vergnügen vernahm ich daß v. Luckeneder Dein gastliches Schloß wuchtig betreten hat. Schade daß ich nicht anwesend sein konnte; hätte Euch so gerne wieder einmal gesehen und auch die Bekanntschaft Deines Schwagers gerne gemacht.
Lux wird Dir wohl eine Menge von Carmen erzählt haben; hätte auch gerne Dein jetziges Urtheil über sie! Sie ist sehr nett und mild geworden und chokt nicht mehr; dafür beißt sie mich ab und zu ins Ohr und fälscht zusammen mit mir alte Barockrahmen und Silberreliefs etc. etc. Kurz: ein Riesenfluß beginnt sich bei mir zu regen: am nettesten für Dich wäre es, ihren Vorträgen über Kubin zuzuhören.
Von Dir hört man leider fast gar nichts mehr. Paul schreibt daß Du ganz herrliche Sachen machst! Wenn ich nur halbwegs könnte, würde ich für ein paar Tage nach München kommen um mit Dir zu plaudern. Sag einmal: Kennst Du einen Fürsten Paul Troubetzkoi = der Mann soll der bekannte Bildhauer sein; was weißt Du von ihm? d. h. ob er Mystiker, verheiratet, ledig ist, ferner wie alt und wo er meist lebt. Menge Fragen, nöch?
Siehst Du Meyrink? *den* möcht ich in meiner jetzigen Lage gerne auch mal sprechen.
Grüße mir die wackre Frau, Kind und Kegel!
Dein getreuer Entenbrecht.

43 K Zwickledt, 9. IX. 10

Mein lieber Fritz, Gestern kam ich nach 4 Tagen Münchner Aufenthaltes wieder nach hause fand unter andern Dein liebes Schreiben welches ich sofort beantworten will. – Paul machte hier auf uns alle einen ausgezeichneten Eindruck, ein lieber junger Mensch, an dem insbesondere wir beide auch noch in naher und ferner Zukunft rechte Freude haben werden. Er hat Dich *aufrichtig* gern. – In München zwackte ich von meiner leider recht knappen Zeit auch noch einen Vormittag ab um ihn mit Paul recht anregend zu verbringen. – Du und C. wart natürlich unser Hauptthema, und ich habe viel Sorge um Dich für den Fall daß Du »richtig« heiratest. Als ein Solofritz ist es ja nur wünschenswert wenn Du Deinen Emotionen in jeder Richtung nachgibst, – darin besteht Dein Lebensschicksal bis jetzt und es war gewiß ein an Empfindungen *sehr* reiches – aber mache keinen Unsinn und verquicke die Dir noch zustehende Zukunft mit einem Wesen das infolge ihrer vollkommen abenteuerlichen, unklaren zum Teil tatsächlich schwindelhaften Art Dir auf keinen Fall *als Gemahl* Glück oder Befriedigung geben kann. Graphologisch zeigt ihre Schrift zunächst Schlauheit, Einbildungskraft – u.s.w. – sicher ist manches wahr, namentlich glaube ich daß sie einige der internationalen politischen Phantasten kennt die im Grunde armselige Subjecte sind wenngleich sie nach Noten geheimbündeln, – für uns *wirklich* aristokratische Naturen wohl interessant, aber doch im Grunde ein Schmutz – die mystische Hülle ist ein Köder. Ich hoffe noch immer daß Du einige Tage hieher zu uns kommst, dann vielleicht Dich mit Paul in M. triffst, oder zuerst nach M. und über Zwickledt retour. Ich habe den Hauff (die Märchen) *recht gut* beendet, und als weitere Aufträge eine Prachtausgabe von O. J. Bierbaums bester Novelle, hernach aber Voltaires »Kandid«; – eine wundersame Satire – Du siehst ich stehe im Zenit meiner schaffenden Tätigkeit und finde allgemein das größte Interesse. – Eine *reichillustrierte Monographie* über mein bisheriges Lebenswerk wird von einem guten Verlag ebenfalls vorbereitet und wohl Frühjahr 1911 erscheinen – und das ist schon etwas. Im Winter komme ich einmal mit meiner Frau nach Wien wenn nämlich die Premiere des

»don Juanito« meines Schwagers Oskar AH. Schmitz stattfinden wird, das Stück ist am neuen Residenztheater angenommen. Hoffentlich sehe ich Dich aber *vorher* und zwar *hier.*
Du kannst überzeugt sein daß ich auch wenn Du C. tatsächlich heiratest – was ich nach alldem was mir Paul erzählte für ein ziemliches Übel halte, immerdar Dein vollkommen offener und wohlmeinender Freund Alfred bleiben werde.
Gruß an C. Deine Eltern und Keller. – Herzl. Grüße von meiner Frau. –

44 H [Wien] 9. IX. 10

Lieber Alfred!
bitte entschuldige daß ich Dich mit einer Bitte behelligen muß: das reizende Gouachebild »Saragossa« das ich mit einer ganz besonderen Sorgfalt hütete ist mir richtig »zwischen Lipp' und Kelchesrand« ruiniert worden:
Ich brachte es zwischen Cartons in Seidenpapier zum Rahmenmacher und als ich [es] abholen wollte, war es nicht nur nicht eingerahmt worden sondern ein Angestellter hatte es *gerollt!*
ich machte einen furchtbaren Scandal und wurde sogar mit Horrack und Carmen die mit waren saugrob – sie ging verheult schlafen und Horrack machte eine Miene wie jemand der mit verrührter Choleradiarrhoe gurgelt. Bitte kannst Du es wieder herrichten ohne den ganz einzigartigen Gesamtton zu zerstören? wenn nicht, lassen wir es lieber defect wie es ist.
Was sagst Du überhaupt zum »Schicksal« oder wie man diese gemeingefährliche, geschmacklos idiotenhaft boshafte Macht nennen soll? von Deiner Idee der Hochzeitsreise nach Steinhof bin ich ganz entzückt; ein früherer Verehrer Carmens wohnt ohnedies seit Jahren dort. Übrigens hat sie sich *sehr* gebessert, sie chokt und panthert nimmer so daß hoffentlich der liebe Alfred künftighin recht oft ungechokt und ohne zerschossener Wade auch das junge Ehepaar H – die schon in 3 Jahren halbfein kosmisch sein dürften – besuchen wird.
Herzlichst Dein getreuer Fritz.

45 H Wien, 9. I. 1911

Lieber Alfred!
Sag mir nur – was ist's mit Dir? Moltke ist gegen Dich ein dröhnender Schwätzer: was ist's mit Deinem angekündigten Wiener Ausflug zur Première der Schmitzschen Stücke!
Hoffentlich fällt das doch nicht alles ins Wasser – ich freue mich schon sehr Dich einmal wiederzusehen und Worte tiefer Weisheit mit Dir zu wechseln. Nicht minder freut sich Carmen;
im Februar ist die Hochzeit, wir haben eine reizende Wohnung im Palais Schönburg und suchen noch immer stilvolle Möbel.
Das Bureau nimmt meine besten Kräfte ganz in Anspruch und hält mich den ganzen Tag in seinen dreckigen Banden.
Mein Gott, alles braucht eben seinen Gegenpol; pfui Teufel über den Lebensschwindel!
Was treibst Du?
Schreibe doch recht bald Deinem alten Freund Fritz!
Alles Schöne Deiner lieben Frau auch von meinen Eltern und Carmen!

46 K Zwickledt, 24. III. 1911

Mein lieber Fritz! -- Zuerst mein und meiner Frau innigen Glückwunsch zu Eurer Vermählung – Ich sandte gestern per Fracht als eine Hochzeitsgabe ein Bild von mir, – (der Rahmen ist ein Nothelfer, im goldenen oder dunklen Passepartout mit entsprechender Leiste wird sich diese Arbeit feudaler machen aber Du weißt hier in Z. habe ich keine Auswahl, also adjustiere es so daß es in Eure Wohnung gut paßt. – II. sende ich Dir in derselben Kiste das ausgeflickte Tempera (aber bitte nun lasse es *nicht mehr aus der Hand* die Farbe ist pastos springt leicht ab und ist dann schwer zu restaurieren). – Bestelle den Rahmen nach Maß und rahme es *selbst* ein. – III. Schreibe doch wieder einmal oder laß die Carmen schreiben wenn Du zu faul bist, es ist wirklich ein Skandal wie Du Deinen alten bewährten Freund und Cumpan vernachlässigst. – Nicht mal Eure

Adresse weiß ich und mußte dies Geschenk zu Deinen Eltern dirigieren (eine Ansichtskarte z. B. aus Mantova tut's natürlich auch nicht). –
– Ich war den ganzen Winter (10 Wochen) hundeelend kaputt wollte noch vor 6 Tagen ein Sanatorium aufsuchen um Kräfte und Nervenzustand zu bessern, nun packte mich aber aus geheimnisvollen Tiefen endlich wieder gewaltige Arbeitslust; ich bin wie im Fieber an E.T.A. Hoffmanns Nachtstücken illustrierenderweise beschäftigt das Buch kommt bei H. v. Weber heraus. – Außerdem wird Dir Paul vielleicht schon gesagt haben daß a. meine Monographie b. die Mappe »Sansara« c. Hauffs Märchen d. Bierbaums satanische Novelle »Samalio Pardulus« e. Poe Bd IV. in wenigen Wochen bei G. Müller erscheinen werden – das ist ein hohes Piedestal mein lieber.
– Auch sonst ist ein arg Geriß um mich ich habe masshaft Aufträge, ich mach aber nicht alles, spüre viel anderen Dingen nach hab meine Fallen sehr nahe den Abgründen des Unbewußten gelegt.
– Mit Wien wirds momentan nichts (Zeitmangel). Aber kommst Du hier nie durch. Auch Carmen wäre sehr willkommen! Laßt es Euch gut gehen. Schreib bald

Dein alter Alfred.

47 H Wien, 2. April 1911

Mein lieber Alfred!
Jetzt sind wir endlich von der Hochzeitsreise heimgekehrt und fanden die Kubinkiste vor, die wir, wie Du Dir denken kannst, mit nicht geringer Spannung öffneten.
Du hast uns wirklich eine große Freude bereitet!
Der Cardinal ist eine Deiner reifsten und feinsten Arbeiten – besonders sein Schädel ist etwas geradezu unerhörtes an intuitiver, echt künstlerischer Erfassung! Für uns liegt in dieser Partie ein geheimer, unterirdischer Weg von Rom nach Tibet von Theben zur Atlantis! Wie herrlich hast Du das geschmacklos weibische der Kirche in den Spitzen und Bändern erfaßt. Es gibt gar kein besseres tiefgründiger verstandenes Katholicissimum als dieses Bild!

Alfred Kubin, *Der Kardinal,* spätere, nicht datierte Variante

Von den malerischen Qualitäten will ich gar nicht reden das golddurchrieselte gelbschwarze Halbdunkel ist prachtvoll – das können nur ganz wenige, Große nun noch etwas über die Composition – wie seltsam zur ganzen Idee die »Z«förmige Anordnung paßt! nicht umsonst spricht man vom α und ω, Z ist das Symbol jeden Endes. Carmen hat noch ganz andere Dinge herausgefunden und wird Dir einen Brief senden. Wir würden uns sehr freuen Dich bald wieder einmal zu sehen und Carmen hofft auch Deine liebe Frau kennen zu lernen. Hoffentlich läßt sich das im Sommer bewerkstelligen. Unsere Wohnung würde Euch, glaube ich, ganz gut gefallen; wir wohnen in einem prachtvollen alten Park, vor uns etwa 100 m weit das Barocke Palais Schönburg von Hildebrand gebaut; wir haben riesige Bogenfenster bis zur Erde, die Zimmer sind recht groß und hoch. Das angenehme: kein Staub und Straßenlärm!
Das übrige Wien ist gräuslich, uncultiviert und läßt sich *nach* Italien gar nicht vertragen.
Von unserer Hochzeitsreise später mehr – wir können Dir nur Corsica dringend empfehlen – in jeder Hinsicht dankbar. Fahr doch diesen Sommer mit Paul hin! Auch die Riviera ist brillant, besonders Monte Carlo und la Turbie! Nochmals unsern *herzlichsten* Dank – wir verstehen Dein Werk vollkommen!

Carmen, Fritz

48 H [Ansichtskarte, Wien]
5. Juli 1901 [von Carmen korrigiert:] 1911 ⟵ Paralyse

Lieber Alfred – man lebt und l. noch immer wie Du siehst und denkt oft Deiner!

Fritz

[Carmens Handschrift:] Märtyrerin Carmen
der es jetzt recht gut geht!
Panthern gefällig? – –
1911!

49 H Rindbach, 18. IX. 1911

Lieber Alfred
Was ist's mit Dir – was soll das lange Schweigen? Hast Du mir oder ich Dir zuletzt nicht mehr geschrieben, ich weiß es nicht. Hoffentlich bist Du nicht krank oder auf mich böse!
Ich habe einen recht schlechten Sommer hinter mir; seit Juli leide ich an einer chronischen Nierenbeckenentzündung die mich vollständig lahm legt und noch unberechenbar lang dauern kann.
Carmen, die vor einigen Tagen der Wohnung wegen nach Wien fuhr ist dort ernstlich erkrankt – ein Pech sondergleichen!
Hoffentlich höre ich von Deiner Seite gesundheitlich angenehmeres.
Was macht Deine Kunst und Deine Monographie auf die ich schon sehr gespannt bin. Ich selbst bin jetzt wieder unter die Maler gegangen und fabriciere decorative alte »Meister« mit viel Gold (rostig) und Juwelenintarsien für unsere Wohnung die Du hoffentlich diesen Winter mit Deiner Gattin durch Autopsie einweihen wirst.
Ich würde mich sehr freuen wieder einmal den gemüthlichen Klang Deiner Stimme – besonders mit leicht schnoddrigem Tonfall – zu vernehmen und denke oft mit Vergnügen unserer teleph. Morgenanrufe in Venedig. – Na – ich bin jetzt etwas gebildeter als damals ...
Was hört man von Meyrink, Deinem Schwager, Bley, Nero v. Weber und Deinem König Saul? Was gibt's an neuen, besseren Büchern? Vor einiger Zeit fand ich in einem Leipziger Katalog einen: »Der kleine Yogi in der Westentasche oder wie bemeistere ich saures Aufstoßen und Darmgase?«. – Denk Dir, v. Horrak sammelt aus platon Liebe zu meiner Frau auch schon mystische Werke und fahndet zum Gaudium der Wiener Buchhändler nach einem apokryphen Werk: »Die hermetische Morgenröthe« des gelehrten Exjesuiten P. Tiburtius Schoiswohl aus Neutitschein und sammelt Fraisensteine, Freikugeln und in Silber gefaßte Nabelschnurstücke totgeborener Knaben die die k. k. Scharfschützen auf den Musketen als Visier angebracht hatten. Auch interessiert er sich für die »Geschichte der Geisterphotographie in bezug auf die chronologische Entwicklung der Photographie im Allgemeinen«. Das ist ein Fall für Dich.

Ich habe jetzt sehr viel Zeit zum Lesen und bin auf manches Interessante gestoßen; unter anderem auch auf eine merkwürdige Stelle in Abraham a Sancta Clara's »Merks Wien« in welcher er über einen Hexenzauber durch Vergiftung mit inficiertem polarisiertem Mondlicht spricht, dabei Theopr. Paracelsus als Gewährsmann annimmt; erinnerst Du Dich noch der Mittheilung die Du mir seinerzeit über eine Beobachtung Meyrinks über ein ähnliches Thema machtest? Wir waren damals mit Paul in Mödling. – Der arme Paul ist auch krank, er hat – die Gicht! Was sagst Du dazu? der arme Kerl braucht die Badener Thermen ... sic transit gloria ...
Adieu lieber Alfred! Grüß die Frau Gemahlin recht herzlich und laß bald was hören vom
großen Meister pey Regenspurg.
Es grüßt Dich v. Entenbrecht.

k. k. Adept & bürgerl. Satanist.

v. Horak ist bereits k. k. Satanialrath.

50 K Zwickledt, 27. 9. 1911

Ja mein lieber alter Kerl ich lebe noch und natürlich bin *ich* es welcher die letzten beiden Briefe schrieb auf welche Du endlich geruhtest zu antworten. Deine, und nun auch Carmens Erkrankung weckte sehr mein inniges Mitgefühl. Ich kam am Montag von Prag: woselbst ich 12 Tage zubrachte – auch in der Nähe einen erkrankten Collegen E. Kahler, ein Vetter des Architekten Alf. Teller besuchte. – Ich übernachtete bei dem Sammler und Busenfetischisten A. Pachinger in Linz, und wie leicht hätte ich da Dich in Rindbach 1–2 Tage auf- oder heimsuchen können. – Zur Zeit ist meine Frau leider Gottes auf unbestimmte Zeit wieder im Sanatorium Baden-B. zur Entziehung des Morphiums. Ich habe einiges Dich sicher auch sehr betreffende gearbeitet, indem ich ein ganzes Studium über den Traum, und was man davon weiß betrieb, – ich glaube ich bin der erste der Träume – besser Fetzen von Träumen wirklich gezeichnet und verwertet hat. – Der Zweck dieser Studien ist eine größere Stilfestigung, ein Gegengewicht zur athmosphärischen Auflösung und Einbeziehung die die letzten Jahre mich so stark beschäftigte. – Und ich habe auch schon einiges erreicht. – Meine Monographie kommt wohl in 1–2 Wochen, ebenso die große »Sansara« Mappe mein bisheriges Hauptwerk. – Eine Geschichte des verstorbenen Otto J. Bierbaum sende ich Dir an Dein Nierenbecken. Paul war diesen Sommer wieder auf der Durchreise hier, wenngleich die Gicht zu ihm ganz gut paßt, sie aber so früh zu bekommen ist fast zu stilvoll. – Von Büchern empfehle ich Dir als neuere Sachen (neben den Dir schon geschriebenen) noch: 3 M. Alex. Moskovsky: die Kunst in 1000 Jahren, 3,50 Pf. R. Garve die Sankhyaphilosophie; 10 Pf. Sig. Freud die Traumdeutung; 2,50 Dr. Ludwig Klages (teilweise sehr gut) Prinzipien der Charakterologie, vier Werke die mir dieses Frühjahr und Sommer sehr viel Interesse abgewonnen haben. – Wolfskehl ist nach den Balearen und Spanien ich sollte auch mit zog aber schließlich Tschechien vor. Blei läßt sich scheiden und verfällt in sich daß es »Edelfäule« ist tröstet einigermaßen. O.A.H. Schmitz hat mit seinen neuen Werken *sehr* starken Erfolg, war in Ägypten und Syrien und besuchte uns dann 2 Wochen beladen mit einem Sack voll Neuigkeiten. v. Weber scheint mit dem Geld ein wenig knapp zu werden und schränkt den Verlag ein. Wie lange bleibst Du in R.? Wenn Dir sehr daran liegt so könnte ich auf 2 Tage rüberkommen allerdings je später desto lieber. Sonst komme ich wohl bestimmt im Winter nach Wien und bitte Dich mir ein Hotel (nicht zu weit von Euch) zu empfehlen! Ich selbst klage nur über eines: Ich werde immer so leicht müd und schlafsüchtig – und trage an meinem lausigen Körper eine sehr böse Last. In Prag schlief ich sogar einmal im Café ein. – 2 große Aufträge (Schmitz »Haschisch«) und ein anderes Werk konnt ich gar nicht machen aus Mattigkeit. – Kennst Du *meine* Hauff-Märchen?

Pachus hat mir als Hauptstock einer Sammlung 150 Stiche gegeben, kannst schon auch mal mit etwas herausrücken für die Kubinsammlung. –

Lebe wohl ich grüße Deine Eltern auch Carmen wenn Du ihr schreibst Dein

Alfred

51 H R., 1. Oct. 1911

Lieber Meister Alfred
Du hast Carmen und mir eine aufrichtige Freude bereitet durch Lebenszeichen und Meisterwerk; wir bewundern immer aufs neue den tiefinnerlichen Künstler auf einsamer Höhe; Deine Bilder gleichen eigentlich ganz unergründlichen Sümpfen ungeheuerlichen Modermassen denen die Freiheit gegeben ist sich trotz der starren Grenzen die der Meister gab sich zu verändern. Das hat eigentlich noch niemand erreicht.
Ich bin schon sehr, aber sehr begierig zu erfahren wie das Gesamturtheil über Dich in Monographie aussehen wird; interessieren würde Dich das Urtheil eines sehr erfahrenen Arztes über den »Cardinal«. Carmen hatte das Unglück in Wien vor etwa 14 Tagen zu erkranken und ihr Hausarzt war ganz verblüfft über das enorme Wissen und Studium das in dem Bilde steckt und das eigentlich nur der ganz begreifen kann der »fachlich« Leute in allen Stadien des Sterbens zu beobachten Gelegenheit hatte. –
Frau Carmen ist seit einigen Tagen wieder hier; wir gedenken aber schon in kürzester Zeit abzureisen da uns beiden das abscheuliche Herbstwetter sehr schlecht anschlägt. Das ist auch der Grund weshalb wir Dich lieber nicht mehr hierher einladen möchten obwohl Du Dir denken kannst wie gerne wir Dich alle sehen möchten. Auch meine Eltern fahren nach Sachsen während wir den Penaten der Kolschitzkygasse zueilen. Wenn Du nach Wien kommst so kann ich Dir ein in allernächster Nähe gelegenes Hotel »Südbahn« empfehlen – von uns etwa 100 m entfernt.
Ich bin jetzt in »pittura« sehr fleißig und male für unser Speisezimmer einen Triumph des Cäsar von Mantegna in dunkelblau, spangrün und altgold sintemalen man anständige dekorative Gemälde schwer, selten und theuer bekommt. Für die Bücher bin ich Dir sehr dankbar; wir lesen jetzt Strindbergs Inferno, Loti »Indien ohne die Engländer«. Das Inferno entzückt uns ob seines reichen Inhaltes und ob des fabelhaften Geheimgeschichtskennens Strindbergs den ich für einen großen Schlaumeier halte der sehr vieles und wohl das beste, verschweigt. –

Daß Du in Čechistans dreckiger Metropole im Café einschliefst bedaure ich sehr; Du solltest in halbwilden Ländern *nie* ins Café gehen – denke nur an Budapest.
Dabei entbehrt das ganze einer gewissen Komik nicht – ich kann Dich mir beim Aufwachen vorstellen – das muß eine herrliche Scene gewesen sein, in diesen Augenblicken erwacht in Dir eine ganz eigenartige Façette von Preußenthum und unbewußter Strammheit.
König Saul pantscht jetzt bei den Balearen herum – der Mann ist zu beneiden; an seiner Stelle ginge ich nach Tripolis als Kriegsberichterstatter – das wäre was. Du bist wohl wegen Deiner armen Frau die wir lebhaft bedauern, nicht mit nach dem Süden gegangen?
Vielleicht haben wir 4 einmal das Vergnügen eine Südreise miteinander zu machen und vielleicht auch Corsica, das direkt »Dein« Land ist anzuschauen.
Leb recht wohl, einsamer Meister Alfred! Du hast uns eine wahre Freude bereitet und leider können wir uns für Dein schönes Werk gar nicht revanchieren. Die Idee des Busenfetischisten Dir eine Stichsammlung anzulegen finde ich sehr gut; wir wollen Dir dann aus Wien mancherlei senden, nimm jetzt mit einer ganz kleinen Sendung alten Papierkarmas vorlieb das ich beilege.
Sei herzlichst begrüßt vom siechen Ehepaare!

Frau Carmen will die Stiche selber aussuchen und das als Köder benutzen daß Du ja nach Wien kommst!

52 K Zwickledt, 7. X. 1911, Wernstein Ob. Öst.

Mein lieber Fritz,
Allerwärmsten Dank für Deinen Brief und die sehr hübschen Blätter (die unter der Rubrik »Stiftung der v. Herzmanovskyschen Eheleute« geführt und eingeteilt werden). Deine unglaublich feinsinnigen Bemerkungen wie auch Carmens intuitive Gedanken über mein Schaffen sind mir jedesmal außerordentlich wertvoll und hoch willkommen. – Sie erregen mich immer wieder und halten mir

deutlichst zu Gemüt daß ich eigentlich leider doch nur für einen ganz kleinen Kreis von Esoterikern arbeite. – Die Monographie bringt in guten Lichtdrucken ein außerordentlich reichhaltiges Bildermaterial (ca. 100 Abbildungen) aber der Text geht über die gewöhnliche deutsche – Dozenten Gründlichkeit nicht hinaus; – ist lediglich allgemein gehalten. –
Hingegen wird Euch die, der großen »Sansara« Mappe beiliegende autobiographische Studie, weit mehr erfreuen (obgleich ich aus leicht begreiflichen Gründen auch darin nicht zuviel aussagen durfte). – Ich bin sehr glücklich daß ich von meinem Wetter-befinden nach bösem Sommer, wieder frei. – Ich sende diesen Brief noch nach Rindbach seid Ihr noch dort so ergreift Ihr vielleicht die Gelegenheit via Zwickledt nach Wien zurückzukehren. Ich kann Euch hierselbst das Kubinsche eheliche Schlafgemach zur Verfügung stellen indes ich mich in die Fremdenkemenate zurückzöge (worin es laut Wolfskehl spukt). Schlagt Ihr aus, so sehen wir uns sicher in Wien wohin ich vielleicht noch vor Weihnachten zu kommen vorhabe. – Danke für die Hotelangabe, – möglicherweise nehme ich auch Pauls Einladung bei ihm zu wohnen, – er behauptet Platz zu haben – an, – aber in diesem Falle dürfte ich ja, wie mir einfällt, Deinem alten Herrn ja kaum unter die Augen kommen, sonst putzt er mich gräulich zusammen. – Die Zeitläuften sind eben sehr schwere, – wenn nur keine allzu schweren Umstürze kommen, – die Kometen, Teuerungen, Cholerafälle sind böse Vorzeichen, auch die Mißgeburten bei Tieren häufen sich ebenso gehört der Raub der Mona Lisa dahieher; denn sehr viele Kunstwerke wie Du weißt sind Akkumulatoren astraler Kräfte. – In München starb die sehr liebe Frau v. Schewitsch, Dönniges-Rakowitza, – die Freundin der Blavatzky, – ich kannte die 79jährige ehemalige Schönheit sehr gut. Diese Frau hatte besonders in okkulten Dingen vieles erlebt.
Ich habe schon seit längerer Zeit das intensive Gefühl gewaltiger Ströme und war förmlich erleichtert als es da unten zum Kriegsausbruch kam, – so scheinen unsere Gegenden wenigstens vorläufig von allzu Argem noch verschont, trotzdem ist alles noch kritisch und wir müssen recht zusammenhalten um nicht an den psychischen Strudeln Schaden zu nehmen. – – – (Siehe auch Eure Erkrankungen)

– – Du schriebst von einer Reise nach dem Süden die wir vielleicht mit unsern Frauen unternehmen könnten. – Das ist gar nicht so utopisch und ich wäre gleich dabei, – denn ich erhalte als geborener Böhme die Subvention um die ich ansuchte, wohl ganz bestimmt; – zum ersten Mal in meinem Leben daß mir meine Landsmannschaft Freude macht. – Diese Subvention will ich für eine Reise verwenden und es wäre *sehr* hübsch wenn wir sie zu viert machen könnten, – und warum nicht nach Corsika!
Also denke über entsprechende Reiseprojekte nach. – – Mitte Januar wäre für mich die beste Zeit. –
– – Bitte kaufe Dir vorläufig *noch nicht* die im letzten Briefe empfohlenen Bücher. – Hast Du denn *Die christliche Mystik von Görres* schon? das bekommt man für *12 Mk 5 Bände* und alle Fragen sind berührt, – und die Sprache ist *hervorragend* schön. Es freut mich daß Euch Strindbergs »Inferno« gefällt; die »schwarzen Fahnen« sind ebenfalls sehr gut. – Die *Blaubücher* bergen eine Menge Mystik aber in ungeordneter Form neben Lappalien – – – – Ich lese jetzt noch immer die Sachen von Prof. Sigmund Freud, jüdisch scharfgeistige Psychologie, sehr interessant über infantile Sexualität und Traumanalysen. Hernach nehme ich wieder meinen geliebten ETA Hoffmann vor, – der weiß wirklich Eminentes, Sympathisches und nicht so quälend wie Strindberg. – Kennst Du Huysmans?
– – Nun zu den Stichen! ich bin sehr glücklich daß Frau Carmen so eine Art Patronesse meiner kleinen Sammlung wird. – – – Ich nehme *alles* jeden Fetzen denn ich finde überall etwas dran. – Schickt mir nur bald das Versprochene ich werde mich revanchieren und Euch demnächster Tage meine Hauff-Märchen senden über die ich um Euer Urteil bitte. – Die Märchen, Träume, Visionen müssen die Wissenschaften erklären, das Wissen muß die Märchen bestätigen. – Jeder singt nach seiner eigenen Harmonie die ihm auch zuteil wird und sich schließlich als die Weltharmonie entpuppt. – – Geht es mir schlecht, so geht es mir in Wahrheit oft gut, – und geht *alles* gut – so ist das meist sehr schlecht. – Handkuß und obligater Fußfall für Frau Carmen, herzlich grüßt Dich Dein AK
Wie ist denn Eure *genaue* Wiener Adresse?

53 H [Wien, Herbst 1911]

Lieber Alfred
Hauffs Märchen – nebenbei eine meiner liebsten Kindererinnerungen – haben uns eine große Freude bereitet. Das Titelblatt ist ganz fabelhaft fein – die Figur im Lehnstuhl gibt das ganze Zauberische der 30er Jahre wieder, dieser geheimnisvollen Zeit mit der man so wenig anfangen kann. Das große Rommärchen Napoleons war vorbei und lang, lang vergessen das Mittelalter feierte einen letzten Sonnenuntergang die alten gotischen Häuser duldeten fluchend und ächzend die – aber schon allerletzte – Benützung vor der Grabesruhe und unmöglich geformte Locomotiven und uralte Fregatten mit eingebauten Wurstkesseln stellten den schlecht eingerenkten Übergang zum Übergang in die folgende Spirale – des Mittelalters dar, die Kaffemaschine am Tisch – köstlich. Übrigens komme ich immer wieder auf

die andere Seite zurück die ich mit bestem Gewissen als das beste Buch bezeichnen kann das mir je untergekommen ist. Du hast es wirklich nicht nöthig Hauffs und Poe's zu illustrieren. Mach doch wieder einmal ein persönliches Ventil Deines Craniums auf!
Was soll ich Dir viel über Dein neues Werk sagen? Wo man es aufschlägt findet man die köstlichsten Details die wir einmal mündlich durchsprechen wollen. Noch interessanter ist Dein letzter Brief und die Widmung des Buches. Auch wir leiden unter schrecklichen Spannungen und empfinden wohl daß wir uns in einer für sensible Menschen unangenehmsten Zeiten befinden. Wohin Du Dich auch wenden magst, nirgends ein Ruhepunkt! Zu Zeiten des verkrachenden Roms oder des 30. Krieges konnte man vollen Frieden in der Thebäis oder in Amerika finden – aber heute!? Vielleicht noch Tibet oder das Innere von Grönland; die moderne Technik wird zum furchtbarsten Fluch; die Idee daß es geheime Orden gibt die alle großen Erfindungen für sich behalten ist mir sehr sympathisch – scheint aber nur ein schönes Märchen zu sein.
Ja lieber Freund Alfred – schön ist's nicht und wir – wenigstens ich – beneide(n) oder beneide Dich um das stille Zwickledt.
Komm doch recht bald nach Wien und erfreue uns mit Deiner lieben Gegenwart und einigen geistigen Gewittern!
Carmen und ich grüßen Dich aufs herzlichste!

54 H Brioni, 4. Juli 1913

Lieber Alfred!
Du wirst Dich wundern nach so langer Zeit wieder einmal ein Lebenszeichen von mir zu bekommen! Schon lange hatte ich vor Dir wieder von meiner Existenz Kenntnis zu geben – der nächste Anlaß ist eine Nachricht von Paul Luckeneder der andeutet daß Du die Absicht hättest, diesen Sommer auf die Mendel zu kommen! Carmen und ich begrüßen diese Idee freudig – es wäre reizend einige schöne Sommerwochen in dieser herrlichen Gegend zusammen zu verleben!
Wir waren 4 Wochen in Venedig, teils am Lido, teils in der Stadt und sind voll von den herrlichen Bildern des dortigen Lebens, der

lockenden Farbenphantasmagorien und dem finsteren Moderduft versunkener Schönheit.
Bis auf weiteres verweilen wir in Brioni wohin ich eine zusagende Antwort erhoffe!
Wir grüßen Dich und Deine liebe Frau herzlichst!

Dein alter Fritz

55 H Brioni, 15. Juli 1913

Lieber Alfred!
Deine lieben Zeilen haben mich sehr erfreut! Schade daß Du Deiner Idee, nach Brioni zu kommen, untreu wurdest. Die Insel würde Dir sehr eigenartige Anregungen geben – nirgends kann man das klassisch schöne Gestrüpp des Südens, das Gemisch von Lorbeer und Erdbeerbäumen, Myrthen, hohem Wacholder und Cypressen, so studieren wie hier. Die Combinationen von Hochwald, smaragdgrünen Wiesen voll Fasanen, felsiger Strand und das tiefdunkelblaue Meer dicht daneben – das findet man selten.
Dabei gibts überall uraltes Gemäuer, gotische Kirchenruinen in tiefdunklen Lorbeerhainen, Cisternen unter Palmen in felsigen Schluchten, kunstreichste Mosaikboden mitten in der Wildnis – kurz, ein Märcheneiland im besten Sinne des abgedroschenen Wortes. Daneben der große Luxus, prachtvolle Toiletten und fashionables Leben, Torpedoboote in Nixentümpeln und Dreadnoughts vor römischen Ruinen ... sehr Traumstadt, voll perversem Geflüster, Märchenraunen, protzigem Gejüdel und den Kropftönen der Niese.
Traummeister, das wäre was für Dich! Jeden Samstag abends Hofball!
Die Erzherzogin kommt.
Alle Marineofficiere verlassen ihre Damen um die Cortège zu bilden, auch den grimmen Obersten August *Miezl* – im Civil – reißt es.
Griegs Norwegische Bauerntänze zitterten über das opalfarbene Meer – beim Nahen der Knospe Habsburgs setzt aber momentan ein Straußwalzer ein – statt der Schwingen des Dämons des Fanitül

schweben verklärte Backhendeln und Gurkensalat mit kleinen, bescheidenen Heiligenscheinen durch die Luft. Mit welcher Liebe würdest Du dieses Mosaik mit dem Speichel des Astralannalisten zusammenkitten!
Morgen kommt Paul, der strenge Büßer, der seine üppigen Jugendsünden wegfastet. Er fühlt sich schon als kais. ind. Swamiaccessist II.ter Classe (mit goldenen Achselstacheln) ist aber – leider! nicht ganz frei von Seitensprüngen.
Also Meister, komm auf die Mendel!
Der Panther und ich grüßen Dich herzlichst.

56 H [Ansichtskarte] Sulden, 22. Aug. 1913

Lieber Alfred! Wir haben mit großem Bedauern vernommen daß Du Tirol dennoch untreu wirst. Auch uns zieht es nach so langem rusticalem Leben wieder in die Stadt und so haben wir beschlossen in Kürze nach München zu wandern um dort einige Tage zuzubringen. Wir haben herrliche Touren gemacht, Carmen war am Ortler bei furchtbarem Schneesturm – nun haben wir es satt und wollen Kunst und Kultur genießen.
Unsere Adresse ist: Innsbruck hauptpostlagernd.

Herzlichste Grüße! Fritz

57 K [Postkarte, Poststempel Passau, wahrscheinlich Herbst 1913]

Lieber Fritz u. Carmen; – Aber! Aber! warum schickt Ihr mir den blauen Tiegel. Ich will doch keine »Revanche«. – Ich möchte lieber einen langen (8 S.) langen Brief. Oder hat es mit dem Gral ein eigenes Bewandtnis dann bitte ich meinen lieben Carmenio um Gebrauchsanweisung. Ich habe Halsweh seit 3 Tagen. Paul schrieb mir Ihr stellt für die Heller Collektion den Cardinal zur Verfügung, da es aber lauter Federzeichnungen sind, so würde dadurch ein anderer Klang hinein kommen, weshalb ich Euch danke. Ich habe von Wolfskehl einen Boschstich mit 300 Figuren erhalten, Teufel x Teufel.

Gruß Alfred.

58 K Zwickledt, 28. 3. 14 Wernstein Ob Österr

Mein lieber Fritz, Heute kam Deine liebe Karte, und gleich heute noch benütze ich eine freie Halbestunde um der Verstopfung der unsere Correspondenz verfallen schien, abzuhelfen. – Beneide Euch um Ägypten (aber nur um 5% da es hier jetzt auch schön wird). Ich war in Paris für drei Wochen und habe dort allerhand unangenehme Abenteuer erlebt (bestohlen, verdorben, beinahe gestorben). – Seit dieser Zeit und seitdem mich meine diesjährige Influenza verlassen, lebe ich aber hier wieder ein Leben von dem jede Stunde seine Spur in Gestalt von Arbeiten zurückläßt ich war sehr fleißig –; habe mich noch mehr vertieft, und komme jetzt schon wieder vom Complizierten aufs Einfache – äußerlich Einfache – für den der was versteht davon sind freilich meine sogenannten Einfachheiten ziemlich voll denn es ist mir gelungen wieder eine ganze Menge seltener Seelenvibrationen aufs Papier zu fesseln. Allerdings je mehr sich der Geist löst umso widerwärtiger wird der Kadaver, – dieser verdammte alte 37 jährige Gaul! – Trotzdem ich habe Weitblicke. — Von Reiseplänen als wichtigstes dies daß ich im Juni OAH. Schmitz (der von Rußland wiederkommt) bis Krakau entgegenfahren will, und mich mit meinem Schwager in Wien dann einige Tage aufhalten möchte: Seid Ihr dann gerade da, so wäre das, gelinde gesagt Klasse I.A. – – Sonst bin ich auf Wien nicht grade großartig zu sprechen, hatte doch meine große Collektion die ich bei Heller ausstellte *gar keinen* materiellen Erfolg; – auf moralischen pfeife ich (in Wien) bekanntlich. – Du lachst immer über die Sachsen; – in einer Ausstellung die ich in Dresden gleichzeitig mit Wien hatte verkaufte ich nicht nur *alles* sondern konnte sogar noch nachschicken. – Das ist charakteristisch. – Sonst bin ich im Allgemeinen zufrieden und heute (ein großer Vorzug des Reifwerdens!) weit mehr wie früher im Stande meine Lebensqual im Künstlerischen zu lösen. – – Zur Zeit arbeite ich an der illustrativen Gestalt von Poe's wundervollem Abenteuerroman »Gordon Pym«. – Zwickledt steht noch immer auf dem alten Fleck und wurde noch nicht fortgeschwemmt trotzdem wir den ganzen Winter 3 Schuh tief das Wasser im Keller hatten, weswegen eine ganze Rotte Arbeiter schließlich Tag und Nacht grub, wobei das Wasser –

zugleich aber auch von mir erspartes Geld abging. – Hoffentlich findet Ihr in Ägypten all das gesuchte. Und herzliche Grüße (auch meiner Frau), Dir und Carmen von Deinem

alten Alfred.

Mein Freund Marinemaler Alf. Bachmann ist zur Zeit auch in Ägypt: (Cairo b. Baron Richthofen agence diplomatique) zu erreichen. –

59 H Ober-Ägypten, 1. April 1914

Lieber Alfred!
Was hast Du zu meinem plötzlichen Entschluß gesagt ins alte »Pharaonenland« zu flüchten? Nun, wir bereuen es nicht im mindesten und haben uns so in die Tropen eingelebt daß uns die Rückkehr förmlich schwerfallen wird.
Wir sitzen hier, nachdem wir ganz Ägypten zu Bahn, Kamel und Esel durchwandert haben, mitten in der Wüste in einem Zeltlager, unterm Wendekreis hart an der Grenze Nubiens – unsre Nachbargmoan ist ein Bischarilager und quer durch unser Schlafzimmer geht die Karawanenstraße zum roten Meer. Das mußt Du wörtlich nehmen, da wir im Freien vor dem Zelt schlafen: ich lege abends meinen Smoking unter einen Stein – denn abends trage ich eine Schwimmhose, Smoking, schwarze Binde, barfuß. Carmen trägt einen weißseidenen Chiton und unermeßliche Glasperlenketten, weiße Kreuzbandsandalen und einen Palmenfächer. Sie ist eine eifrige Jägerin geworden, ihre Begleiter sind zwei Dackeln: Sherry Cobbler, ihr Maultier heißt Trustullo Klepperbein; unser Zeltnachbar: Hugo Lederer.
Die Lagerköchin ist eine Böhmin die eine Mischung von Tropenkoller und Säuferwahnsinn hat, ihr entsetzliches Gepowidale verscheucht die Schatten der Wüste. Auch der Curarzt war etwas gräßliches: Die vollendetste Pallenbergrolle die Du Dir denken kannst – solche Dinge müssen einem gerade hier passieren. Lauter Čechen! Dabei gibt's hier meist Sachsen die gräßliche Angst vor Schlangen, Skorpionen und Glaubensverfolgungen haben, für Dich eine Fundgrube der Beobachtungen.

Nirgends ist die Gegend so Kubinern wie hier: die namenlos primitiven Dörfer, alles ohne Dach, Figuren in den Bazaren – Bettler und Krüppel der tollsten Gotik, Bauchtänzerinnen mit unaussprechlich traurigem Nabelaufschlag, vierjährige Prostituierte, dazwischen braust plötzlich eine Maultierkavalkade des Heiterkeitsclub »Harmonie« aus Kötschenbroda mit grünen Schleiern und Schmetterlingsnetzen durch – dann jammert wieder ein Nierenonkel daß er unerklärlicherweise 2,5% Ameisensäure hat – kurz ein buntes Bild, schön braun bestäubt und auf 60 ° erwärmt.
Mußt unbedingt einmal herkommen – es ist gar nicht so teuer und unbequem als man's meist geschildert bekommt. In einigen Tagen reisen wir nach Alexandria ins Seebad und dann nach Cypern in Gotik der Kreuzzüge schwelgen. Dort gehen wir auf den Troodos, ein Waldhotel in Zeltform, 2200 m überm Meer. Bin schon sehr begierig.
Meine Frau und ich grüßen Dich und Frau Gemahlin aufs herzlichste und wir würden uns sehr über einige Zeilen freuen! nächste Adresse: Alexandria, posterestante.
(Porto: Briefe 10 h, Karten 10 h)

60 H [Rindbach, Sommer 1914]

Lieber Meister Alfred langlang ist's her daß wir nimmer miteinander plauderten. Gestern sah ich von den Traunsteinvorbergen aus Deine sogenannte Heimat und freute mich an der blaugrauen Dummheit die über dem Lande liegt. Wir haben eine Riesenreise glücklich hinter uns. Africa hat uns beiden viel gegeben, fast noch mehr Sicilien wo wir 6 Wochen verweilten und Goethes Spuren berochen. Dann gings nach Neapel wo uns der Aufstand bald vertrieb. Es war äußerst ungemütlich und wir mußten durch Calabrien etc. nach Brindisi flüchten.
Haben Gegenden entdeckt, die wir kaum für real existent halten können; das fängt schon in Sorrent an wo jedes Hotel irgend eine

vorgeschichtliche Höhlenanlage hat durch die man mit dem Fiaker ins Hotel fährt.
Merkwürdigerweise fällt das den Fremden gar nicht auf, während der Bädeker direkt neben den Pensionspreisen erwähnt, daß es in den Felsen unter den Hotels Zwerge (monacelli) gibt.
Diese groteske Landschaft steigert sich noch viel mehr gegen Amalfi zu; dort gibts fabelhafte Fjords die von Norwegern bewohnt sind. Was hast Du für Sommerpläne? Schreib mir doch bald ein paar Zeilen!
Alles herzliche von Carmen und mir!

Fritz

61 K Zwickledt, 23. VIII. 1914

Mein lieber alter Fritz
Ich danke Dir herzlich für Dein Schreiben und bin froh zu hören daß Ihr Krieg, Wanzen, Cholera und Streik nun glücklich entronnen seid. – Ich beneide Dich um diese schöne lange Reise (exclusive der Strapazen und Unbequemlichkeiten). Ich bin der »alte« – nun schon wahrhaft beinahe ohne Coquetterie »alte« geblieben. Ich lebe, soweit es alle Umstände zulassen fast immer im Reiche meiner Einbildung,

und habe in den Zeiten da wir uns nicht mehr sahen eine ganze tüchtige Reihe von Arbeiten gemacht – technisch komme ich ja nun, da ich in diesem Punkt seit 2 Jahren souverain bin, natürlich nicht mehr bemerkenswert weiter. – Alles dreht sich jetzt nur noch um den Ausdruck. – Ich bin bestrebt auch noch den letzten Rest impressionistischer Schulung auszumerzen um eine womöglich ganz primitive Form zu erreichen, und siehe da! dieser Impressionismus kommt immer wieder in meine Blätter und immer noch mehr sublimierter und vertiefter. – An illustrierten Büchern dürfte Dir von den neuen Sachen »das unheimliche Buch« wohl bekannt sein – ein anderes (ähnlicher Art) sollen »die Jenseitsrätsel« werden. Ich vermittelte den schönen Auftrag, entsprechende Sachen zu sammeln, dem mir unbekannten doch von Luckeneder empfohlenen Dr. Wehofer. Bin aber nur mäßig mit dessen Arbeit zufrieden. Es sind nicht ausschließlich *gute* literarische oder sonstwie Qualitätsstücke drin, sondern leider auch einige sentimentale Brocken; – (von mir werden 12–14 Bilder). Außerdem habe ich wieder einen Sammel-Band Oscar Schmitz illustriert, – ferners Poe's fabelhaften Roman »Gordon Pym«, (eines der tiefsinnigsten Dinge die je ein Mensch schrieb) – dann ein spanisch–katholisches Erotikum »Josaphat«, und eine Neuausgabe der Diaboliques von d'Aurevilly, – also Sach' genug möcht ma glauben! – In Wien war ich Anfang Juni 4 Tage leider warst Du nicht da, aber da Felix Grafe die junge Dame die Euch damals in die Kolschitzkygasse brachte nun in ein paar Wochen heiraten wird; so ist wieder ein weiterer Anziehungspunkt in Wien gegeben, und so wär's doch möglich, daß ich dann und wann einmal auftauchte; umsomehr als aus München allmählich die alte intime Garde weggezogen, respective gestorben ist. Gelesen habe ich eine ganze Menge sehr schönes, und finde mit guter Spürnase immer wieder etwas, so erst letzthin, eine Biographie des englischen Mystikers und Zeichners William Blake die mich geradezu erschütterte überhaupt lese ich in neueren Zeiten gerne Biographien um zu sehen und zu lernen wie andere »Köpfe« mit diesem fragwürdigen Leben fertig wurden. Gerne sähe ich Dich mal wieder Du altes Karnikel aber Du kommst ja doch nicht nach Zwickledt, vielleicht käme ich für 1–2 Tage hier ab und nach Rindbach, wüßt ich daß ich bei Euch oder in *der Nähe* (aber *nicht* in Ebensee, das ist mir zu weit) nächtigen könnte. Schreibe bald darüber ein paar Worte.

Bis 22. August könnte ich immerhin – sehr bald oder später – einmal abkommen, *später* dann *nicht mehr.* Grüße mir herzlichst die Carmen und empfehle mich Deinen lieben Eltern. – Wie immer Dein Alfred

Ich habe nur noch für 1 Jahr vielleicht mein herrliches altes Papier! Was dann wird weiß der Himmel! –

Alfred Kubin, *Der Krieg,* Variante um 1907

62 H W., 10. X. 14

Lieber Meister Alfred – warum schweigt Deine briefliche Leier so gründlich?
Das letzte Lebenszeichen von Dir war ein Brief nach Rindbach den mir meine Eltern nachsendeten – nach Innsbruck, und der wohl dem Mars zum Opfer gefallen ist. Dienst Du am Ende gar dem Vaterland gegen Hunnen und Hundlinge mit Schwert und Stutzen als Wache an irgend einem Tunnel? Wenn nicht, dann ist's Zeit Feder und Stift gegen die Schweinebande zu führen – schieß hinüber, es *wird* sitzen. Auch wir bereiten uns vor, die Zeit ist geeignet alle Kenntnisse dieser und der anderen Ebene gegen den Feind zu mobilisieren.
Nun berichte mir zu allererst was Dein engeres Schicksal ist, ob Du noch in Wernstein weilst oder bereits den Säbel schwingst. Nach Wien kommst Du wohl dieses Jahr gar nicht?
Paul erzählte mir, daß Du einmal so eine Andeutung gemacht hättest.
Wir haben in dieser kritischen Zeit mancherlei wunderliches erlebt; auch habe ich etwas Interessantes in Erfahrung gebracht: ein Spukhaus in Kremsmünster, – ein neues Gebäude übrigens – das allen Ernstes unbewohnbar ist.
Möchte mir das am liebsten mit Dir zusammen anschauen gehen.
Ich hoffe bald – nur Gutes – von Dir zu hören! Alles Schöne von Carmen!
In alter Freundschaft

Fritz.

63 K Wernstein, Zwickledt 11. 10. 14

Mein lieber Fritz, lieben Dank für Dein herrliches Briefdokument, – – Nein, ich ruhe vorläufig noch in keinem Massengrab, doch leide ich trotzallem an »Kriegspsychose«. Heiliger Gott was erleben wir noch alles. Aber wie wir habens seit Jahren ja alle kommen gesehen – und doch nicht geglaubt daß [es] so plötzlich los geht – unser Zwickledt hier gibt uns Kartoffel, Eier und das Dach, – sonst wäre ich zur Zeit ziemlich bankerott, denn die Kunst, und gar die raffinierte steht jetzt leider gänzlich im Hintertreffen. – Ich mache natürlich auch »Kriegsbilder« – – denn alle andern Pläne sind verschoben – 7 Eisen hatt ich im Feuer, und keins glüht mehr. – Hauptsache! daß wir den Krieg gewinnen, und daß er nicht zu lange dauert. – Was meinst Du? Was spricht man überhaupt in Wien in den gescheidten Kreisen? – Es weiß wohl auch kein Mensch was reelles!? – Auch die mystische Seite ist ja hoch bedeutsam. Mir ist Herz und Schädel so voll, daß ich beinahe überhaupt keine Briefe mehr schrieb. Schade daß meine Epistel an Dich verloren ging, doch erhälst Du sie vielleicht nach Jahren, auf postalischen Umwegen. Da stand z. Bsp. drin daß ich im Juni in Wien war, – und was ich da alles erlebte; heut ist dies uninteressant geworden. Eine Chance nach Wien zu kommen liegt darin daß Felix Grafe Fräulein Weil (die junge Dame, die mich damals bei Euch besuchte) im November heiraten wird. Nun bittet man mich von dieser Seite, ein eigenes Kubinzimmer das das neuvermählte Paar sich einrichtete möglichst oft zu beschlafen, so daß ich wohl dann und wann nach Wien kommen dürfte, – d. h. – wenn ich gesund bleibe. – Otto ist auch Kriegsfreiwilliger und wird in Passau gedrillt. Oskar Schmitz zur Verwendung im Pressebureaux des auswärtigen Amtes in Berlin. (Bearbeitung der zentralen Presse.) – Von mir sind 15 Kubinvettern bei den Kaiserlichen und defendieren mehr oder minder ansehnlich die schwarzgelben Grenzen. – Nur unser gemeinsamer Onkel Toni scheint tief in Gelegenheitssammeln versunken zu sein. – Ich reise morgen nach München; Wolfskehl lud mich für eine Woche zu sich – er ist begeistert und hat sich schon 3x der Militärleitung zur Verfügung gestellt. Wie hieß doch eigentlich das Buch das von der Entwicklung der österr. Marine handelt, und das Du mir mal empfohlen hast??? Ich las jetzt einige altösterreichische Werke die mir ja so liegen – (I. »Als Venedig noch österreichisch war«, – II. Memoiren des Admirals Dalerup) Ach überhaupt *mein Jahrhundert* geht von 1770–1870, ist also leider 7 Jahre vor meiner Geburt zu Ende gegangen. Aber ich bin verurteilt, wieder und immer wieder die letzten substantiellen Reste die noch flimmern allerorten zu suchen. – Im Spukhaus zu Kremsmünster schwelt und dampft sicher noch so manches. A. v. Bernus trieb diesen Sommer die ganze

Zeit Alchimistische Versuche, er hat ein Laboratorium sich eingerichtet doch zur Zeit steht er bei der badischen Landwehr wie ich annehme. Von Paul aus Stockerau kam auch mal eine Karte. – Denk Dir ich hörte aus ziemlich ernster Quelle daß Österreich an Italien das Trento abgeben wird nach dem Krieg gegen 1 Neutralität, 2 Desinteressement an Triest und Dalmatien – 3 kräftige Mitarbeit bei künftigem Neuaufbau. – Na mir ist's wurscht. – Was treibt Carmen sitzt sie oft auf ihrem pythischen Dreifuß? Die Zeiten sind ja kollosal groß! Aber hoffentlich kommen wieder einmal kleinere, dies wünscht Dir und

sich Dein treuer Alfred

Grüße mir Carmen und Deine lieben Eltern. Auch Frau Hedwig grüßt – (eben bereitet sie Most fässerweis für sich allein da ich das nicht trinke).

64 H [Wien] 18. Oct. 1914

Lieber alter Freund
Damit Du Dich auch ein bisserl giftest obiges Briefpapiergesicht. Ich gifte mich nämlich zu Tode. Liege schon 3 Wochen mit Erkältung zu Bette – urfad. Hab Dank für Deine lieben Zeilen. Gott geb's daß bald wieder kleine Zeiten kommen und man den Grey an den blutigen Gedärmen des Czars hängen wird.
Alle Leute, die hier was verstehen sind von unsrem Sieg überzeugt. Hauptsächlich – wir verfolgen ein furchtbar ernstes Ziel, die andre Bande, die sich aus dem Auswurf der Nationen zusammenwürfelt, arbeitet planlos. Besonders Rußland schwimmt im Dreck spazieren. Dazu gibts noch alte Prophezeiungen der Alchemisten die geradezu stupend für uns günstig sind.
Für Dich gäbe es jetzt herrliche Arbeit. Zeichne eine Greuelserie, auch eine über Mißhandlung kath. Priester und Kirchenschändung durch Russen – damit kannst Du bei unsern Bigottiers ein Heidengeld verdienen.

Authentischen Stoff kannst Du durch Zeitungen leicht bekommen. Nebenbei leistest Du der deutschen Sache einen großen Dienst – denn nach dem Krieg wird die Serbisierung Südösterreichs sofort wieder liebevoll von Staats wegen gefördert werden. Deine Culturdokumente bleiben aber. Daß man *»feinere« »faire«* Regungen haben soll, ist einfach ein *hirnverbrannter Blödsinn.* Dadurch kommt der Deutsche eben nie auf einen grünen Zweig. Die uns umwohnenden Affenvölker *wollen* getreten und angespuckt werden, – dann functionieren sie liebenswürdig.

Das haben wir so recht in Ägypten gesehen. Der Engländer ist gegen den Deutschen maßlos frech, wird aber auf Anflegelung hin sofort unterwürfig.

Die Leute haben vollkommen recht wenn sie Hodler seine Bilder an den Kopf hauen oder Maeterlink ([...] Moritz M!) aus allen Katalogen streichen. Ich bin gewiß der größte Kunstverehrer und verstehe schließlich auch was – und doch spreche ich so.

Als erste Tat versuchten die Franz. Nürnberg zu bombardieren – das darf man nie vergessen. Also, Alfred, zeichne Deine Serie! Nun zu friedlicherem: Auch ich versenke mich immer mehr ins vorige Jahrhundert, verstehe aber auch schon die 80ger Jahre und sammle den »Kikeriki«, eine wahre Schwammerlzucht für Karma. In Onkel Toni's zukünftigem Nachlaß wird's einmal feine Blatterl darüber geben!

Freund Horack weht wie ein Bowist im Herbst Sporen dieser Zeit von sich, das gibt ihm viel Wert.

Die Idee daß Wolfskehl das Hörrohr mit der Kriegsdrommete vertauschen will, finde ich echt grandios – wie hat man sich in unserer Zeit getäuscht.

Erinnerst Du Dich auf Pallenberg's Rolle im »Herbstmanöver« – Kadett Israel Wallerstein? Der Zufall will es, daß jetzt wirklich ein Dr. Wallerstein irgendeine ganz märchenhafte Heldentat begeht und die gold. Tapf. Med. bekommt! Was sagst Du dazu?

Vorgestern kam mein Vetter Reviczky, Consul in Alexandria, vom nördl. Kriegsschauplatz verwundet her. Er war in 22 Gefechten mit seiner Batterie und berichtet, daß die in Zivil lächerlichsten Judenfiguren an Mut unerhörtes leisten. Schau Dir dagegen z. B. die

englische Marine an: a po po, Marine: den Titel des Werkes habe ich lang vergessen, aber jede große Buchhandlung kann Dir über die paar existierenden Werke Auskunft geben.
Carmen läßt Dich beschimpfen wegen der Insinuation des pyth. Dreifußes – sie empfängt ihre Inspirationen von oben.
Sie empfiehlt Dir dringend die Lektüre von Freud und Stekel über Traumdeutung und Symbolik. – Wenn Du's nicht kennst wird es Dir viel geben.
– – Von Wien kann ich Dir wenig Gutes melden.
Der arme Papa kann gar nicht mehr gehen, Mama ist deshalb sehr beunruhigt und leidet sehr; Tante Bertha kommt bald nach Wien, da hat Mama doch etwas Zerstreuung.
Nun, Schluß. Leb recht wohl, mein lieber Alfred, grüße Deine liebe Frau, sei Deinem biedren Zwickledt das Dir neckisch Eier legt, dankbar und erfreue recht bald durch etzliche Zeilen Deinen

getreuen F.

65 K Zwickledt, 6. 11. 14

Lieber guter Fritz
Weil Du mir den schönen längeren Brief geschrieben, bin ich heute eigens früher aufgestanden um Dir zu antworten. Überall brennt es jetzt auf Erden. Die Bewohner anderer Sterne die dieses Spektakel sich ansehen, werden merkwürdig berührt sein. – Ich machte einige »Kriegsblätter« für Simplicissimus und Flugblätter. – Auch meinen »berühmten« »Krieg« (der Webermappe) zeichnete ich noch einmal. Ich sende Dir dann nächstens das Flugblatt. Nun hoffentlich geht diese Schmach für die Menschheit bald vorüber. – Das Verwerflichste dabei erscheint mir der Kampf mit den Worten. – Nur vom höhern oder tiefern Gesichtsfeld aus kann man diesem Weltkrieg gerecht werden – (A. Schuler legt ihm übrigens gar keine Bedeutung bei, was aber durchaus nicht *meine* Ansicht ist). Ich denke alles spiegelt sich im Astralen und vice versa. Wenn ich hier in meiner Klause arbeite finde ich auf Stunden hinaus oft Ruhe und reines Glück. – Es hat mich sehr erfreut zu hören daß Du alte Jahrgänge des »Kikeriki«

sammelst, – ich besaß vor 20 Jahren mehrere aus den 80 Jahren (eine gute-Wiener-Zeit-) kamen mir jedoch abhanden. – Wenn Du einmal etwas vom *Kikeriki* der 80 Jahre auch für mich kaufen könntest, wäre mir das sehr wertvoll, laß es einfach direkt per Nachnahme an mich senden; machst mir Freude damit, – dieser alte Kikeriki hat einen so feinen halbdämonischen verblichenen Caffehausduft. – Du hast sehr recht mit Carmen, es ist Karmaloka darin. Bei Wolfskehl in München war es hochbedeutsam. – Er hofft ja viel mehr noch vom Krieg wie ich – er glaubt »das Reich« bricht an, – während ich Kleingläubiger fürchte nach dieser gewaltigen elementaren Erschütterung der Seelensubstanzen schreitet das Übel der Mechanisierung des Menschengeistes einfach ganz gewöhnlich weiter, mit Änderung einiger Firmen (siehe »andere Seite«) Privat beschäftigt mich jetzt das *rapide* zu-ende-gehen meines hundertjährigen herrlichen Zeichenpapieres. (Noch 23 Halbbogen dieses k.k. mährischen Bütten habe ich noch; – diese staatliche Papierfabrik ist längst niedergebrannt, existiert nicht mehr) – das gibt eine *einschneidende* Änderung für mich – ein Glück daß ich nicht jünger bin – die Zeichenkunst wird mir dann *nur mehr noch der Stab* sein mich ins Ewige zu schwingen, das ich jetzt oft schon preise, wachend wie träumend. Meine Glossen kritzle ich dann auf ordinäres Briefpapier – sie bleiben Schlacken. Nun lebt wohl Du und Carmen – meine Frau Hedwig grüßt auch. –

Herzlichst Dein Alfred

Ich bin *sehr* betrübt daß Vater Herzmanovsky jetzt so unbehilflich wird! Was macht Dein Compagnon Keller?

66 H Wien, 7. Nov. 1914

Mein lieber Alfred Du hast mir durch Deinen gar kunstreichen und inhaltsvollen Brief eine große Freude bereitet.

Der Trommler hat Gasometerhosen die gegen sein Amt, Mut zu erwecken, sprechen um ihm so Lebenswahrheit durch die Gegenpolerscheinung [zu] geben – dasselbe sagen auch die kurzen Beine mit

den Plattfüßen – alle Schlaginstrumentisten haben dieses Leiden. Hast Du nie bemerkt, daß gute Contrabassisten entsetzlich von Vapeurs geplagt werden und gerne Schlagflüssen unterliegen, während Cellisten durchwegs Hämmorrhoidarier sind. Sie sind seßhaft und können prächtig mit ihrem Instrument klagen.
Große Schwindler sind die Fagottisten. Sie sind im Stande ganze Melodramen von Verdauungskämpfen vorzutäuschen – sind meist Mystiker und dem Mariencult – aus Gegensatz – zugetan. Ich hörte einmal im Salzburger Dom ein geistliches Conzert in dem ein Fagottsolo vorkam – Schuberts Ave Maria – . . . die Stimmung war zum Zerreißen gespannt, aber alles ging glücklich vorüber.
Verzeih diesen kleinen Abschwiff – daran ist Dein Trommler Schuld.
Ja, Kikeriki ist meine Leidenschaft. Gerne werde ich auch für Dich suchen – ich erhoffe mir etwas durch ein Inserat da man ihn im Handel nicht findet. Kein Mensch hat ihn aufgehoben.
Dagegen brachte mir Carmen unlängst den Jahrgang 1836 vom Musée pour rire heim – herrliche colorierte Blätter von Daumier, Gavarni etc – mein neuestes Sammelgebiet. Ich hörte seinerzeit vom Hirsch daß das Zeug in München so sehr teuer geworden ist – na, nach dem Krieg wird, glaube ich, eine Epoche großer Billigkeit in *alten Sachen* kommen. Du hast recht, viele Luftschlösser oder astrale Prachtanlagen, wenn Du willst, werden vernichtet werden – Deutschland und wir werden das Weltenerbe antreten und sehr ungemütlich werden. Witterst Du die große Tragik, daß England von der Türkei zerschmettert wird? Dieses Volk war aber auch von verbrecherischer Dummheit. Die Tripelententiers haben sich dem Weltenrad entgegengestemmt und werden dafür büßen müssen.
Wie colonisatorisch unfähig sie sind, sahen wir deutlich in Ägypten. Österreich beherrscht dort den Markt im Verein mit Deutschland – selbst die englisch-indische Post wird durch den Deut. Lloyd, der weitaus die besten und schnellsten Schiffe im Mittelmeer hat, befördert.
Wenn nur dieser verfluchte, unnütze Krieg schon zu Ende wäre! Kein Wunder wenn sich da die paar bessern Leute, die's noch gibt zurückziehen: die paar Heinzelmänner und Faune, die allerhöchste

Jagdlust und Turistik noch verschont haben. Ach, wenn's nur schon aus wäre und wir alle wieder gemütlich sumpfen und uns am Verglühen der 80ziger Jahre die Füße, die das eherne Geschlecht von 1914 tragen, wärmen könnten.
Vorläufig liege ich wenig heldenhaft im Bett, schwer katarrhalisch und werde von Carmen getreulich gepflegt – sie ist ein lieber, treuer Kamerad der mir jetzt Schmitzens gläsernen Gott vorliest.
Ein famoses Buch voll subtilster Beobachtungskunst. Es ist interessant, wie *richtig* Schmitz reist und die an seltsamen Möglichkeiten reichsten Orte aussucht. Was hat auch uns Sorrent alles gegeben – das Traumhotel Cocumella mit dem Oberkellner von 1853 und dem Omnibus der sich in der unterm Hotel liegenden Badehöhle verirrte, das verkommene Neapel wo sogar die Spatzen die Folgen von Jugendtorheiten bereuen und Tubes haben. Das sind Werte!
Ich lese jetzt sehr viel. Kennst Du schon die Werke von Freud und Steckel über Traumdeutung? Wenn nicht, lies es sofort. Du bekommst auch Bücher von der Leihbibliothek Last zu billigen Bedingungen nach Zwickledt, denn alles kann man ja doch nicht kaufen.
Nun lieber alter Freund leb recht wohl, grüße Deine liebe Frau von uns beiden herzlichst! Alles Schöne Dir von Fritz und Carmen.

67 H Wien, 18. Nov. 1914

Lieber Alfred!
Ich danke Dir herzlichst für Deine lieben Zeilen und den schönen Boutet mit dem Du uns eine wirkliche Freude gemacht hast. Carmen hat endlich – da ich ja noch immer zu Bett liege, einen halbwegs erhaltenen Jahrgang des Kikeriki aufgetrieben den wir uns Dir zu verehren erlauben. Carmen amüsierte sich königlich auf diesen Gängen überall auf die Spuren Horraks zu stoßen der bei den Antiquaren nur mehr Baron »Kikeriki« heißt. In einer Handlung hängt folgendes Plakat

Reden ist Silber –
Schweigen ist Gold
Lügen ist Britannia.

Bei uns sieht es recht melancholisch aus, da Papa sehr leidet und sich gar nicht mehr bewegen kann. Die arme Mama ist wirklich eine stille Dulderin und kommt an Kräften ganz herunter. Ich habe mich jetzt gründlich untersuchen lassen – urethroskopieren – wenn Du diese angenehme Procedur kennst – und siehe da – meine Nieren sind ganz gesund aber von der Mißhandlung – Kurzschluß in der Blase – etc. etc. habe ich einen Blasenkatarrh bekommen daß ich die sonst so bekannt einfache »kleine« Verrichtung nur unter Toben und *Lästerungen* fertig bringen kann. Wie recht hast Du doch mit Deiner Ansicht daß alle unsere Organe zu den niederträchtigsten Folterwerkzeugen werden können.
Meine größte Freude ist jetzt die Lektüre der Namen der jüdischen Flüchtlinge. Da gibts seltene Funde, z. B. Leiser Leib Christusmörder, Nuchem Grabschänder, Aron Seitensprung, Hintergedanke etc. warum sich niemand so einen Namen als Pseudonym für zarteste Lyrik wählt? Nun, alter Freund, siehst Du, wie bescheiden man wird . . .
Im Frühjahr haben wir noch den Mahatma in Cairo antelephoniert – damals meldete sich aber: Generalsekretariat der heulenden Derwische – auch gut. (Mahatmas stehen im Telephonbuch zwischen Maßkrügeln aus Preßglas und Mehlwurmhändlern). So ging uns dieser Wunsch nicht in Erfüllung. Wir stellten uns ihn immer als alten Herrn mit weißem, von Nicotin etwas gelbem Vollbart vor, mit gelben Pantoffeln in einem Schaukelstuhl aus »Bo«holz, neben seinem Schreibtisch eine Photographie der Blavatzki mit eigenhändiger Unterschrift – . . . Ach, alle Illusionen zerstauben im blutigen Blödsinn der gegenwärtigen Wirklichkeit.
Carmen und ich grüßen herzlichst!

68 K Zwickledt, 25. XI. 1914

Mein lieber Fritz. – Ich will Dir heute noch wieder danken und Dir einen Brief schicken denn ich weiß wie gerne man harmlose Postalia empfängt wenn selbst man ein Bettkadaver ist. – Leider bin ich nun selbst etwas geschlagen, (soll sogar nicht mal schreiben). Infolge Überanstrengung des Auges und schlechter Haltung beim Arbeiten bekomme ich sogenannte Akkomodationsmuskelkrämpfe, und werde wahrscheinlich zum Zeichnen eine Brille nehmen müssen, wobei ich noch froh bin wenn's damit getan ist. – (Dreckleben!) – Deines Vaters Zustand geht mir recht zu Herzen, auch meine Frau bedauert den alten Herrn, – wie auch mindestens so stark die Mama. – Nun jedes irdische Leid nimmt ein Ende, das seine grade so wie unseres. Denn Deine Blase, wenn auch nicht gefährlich ist doch ein unangenehmer Kamerad! Oskar Schmitz litt 17 Jahre an einem Blasenkatarrh infolge schlechter Behandlung eines Trippers. – Seit 2 Jahren ist er aber dank eines Spezialisten und eines ganz besonderen, wilden Thees *gänzlich* befreit. Was 50 Ärzte, Ägypten, Wildungen und andere Curen nicht vermochten, trat nun doch ein: die Genesung. Wenn Du in dieser Angelegenheit einmal an ihn herantreten willst so anbei Adresse. Oskar A. H. Schmitz Berlin W. Neue Winterfeldstr. 27. – Vorgestern sah ich in Schärding in einem ungeheuren Notstall an 100 marode Pferde die vom Kriegsschauplatz zur versuchsweisen Erholung hierher transportiert waren: das ist bis jetzt mein stärkster Eindruck vom Krieg! Diese knochigen armen unschuldigen Tierchristusse; *bedeckt* mit Beulen Schorf Ungeziefer fließendes Blut und Eiter. In einem dämmerigen Winkel lagen aufeinander geschichtet verendete, darunter ein ungeheuer großer Schimmel – es packte mich ordentlich von Innen: mein Traumschimmel aus der anderen Seite. ––––

– Ihr empfehlt mir übrigens Freud u. Steckel. Den ersteren kenne ich ja, auch sein Hauptwerk, – in der Zeitschrift: »Imago« wurde ja meine andere Seite ausführlich psychoanalysiert! – Freuds Entdeckungen sind mir äußerst wertvolles Material, originell und fruchtbar. – Ins Heiligtum führen sie aber nicht, wie *niemals Gelehrtenarbeit* – Wie aber ist Steckel??? ist dieser ein Ableger Freuds???? wie z. Bsp. Adler! Wie heißt Steckels Hauptwerk (Titel, Verlag?) An Literatur von und über Träume gefielen mir am besten die Werke von Havelock Ellis und das Büchlein von Fritz Huch. Nun aber Carmen! Nun soll ihr Lob erschallen hoch lebe die in allen Sätteln gerechte.

Und einen Schmatz bekommst Du auf die mir vom Hoch!
Gatten dazu reservierte Stelle, der sich gewaschen hat! Hoch!
– Alles nur wegen dem Kikeriki! Ich werde mich Hoch!
freudig revanchieren, bald oder zu Weihnachten; wies ausgeht – Ich freue mich sehr auf den Jahrgang sei er wie immer erhalten. – Und habt im vorhinein heißen Dank von Eurem Welt-und Augenschmerzlichen

Alfred

Der Krieg ist ja natürlich in seinem Verlauf und Folgen schöpferisch im höchsten Grad. Aber ich kann mich darüber gar nicht freuen, solange die Schreckensdinge vor meiner Seele streiten. –
Es freut mich, daß Euch der Boutet gefällt das ist einer der feinsten modernen Köpfe übrigens ein ernster Mystiker wie ich hörte.

Alfred Kubin, *Kriegspferd*, 1949

69 H Wien, 28. Nov. 1913 [!]

Mein lieber Alfred, zu meinem großen Leidwesen ist das Paket Kikeriki noch immer nicht an Dich abgegangen, die Post nahm in den letzten Tagen keine Pakete an, das Mädchen gibt es erst morgen früh auf.

Vielleicht ist's eine Fügung, vielleicht soll der verkommene Kikeriki gar nicht in Deine Hände gelangen – kann sein, daß er Dich übel beeinflußt. Und doch sind einige gute Blätter darunter, frühe Zeichnungen Schließmanns, der damals viel versprach. – Heute bekam ich einen Brief Pachingers der zum *dritten* Male seinen 50zigsten Geburtstag festlich begehen läßt: alle Sammler müssen schwindeln sonst müssen sie umkommen. Den Horrack hat die Kriegsfurie vom dürftigen Herd gejagt – er ist einfach verschollen.

Gib mir acht, daß sie nicht auch noch Dich packen und in ein Militärbauamt stecken.

Die Kritik über die »andre Seite« im Imago interessiert mich natürlich ganz außerordentlich ich habe sofort in die Leihbibliothek geschickt – dort haben sie es aber nicht.

Steckel ist directer Abklatsch Freuds aber sehr systematisch, brauchbar zusammengestellt. Eine sehr interessante Traumtheorie fand ich unlängst in Strindbergs »Buch der Liebe« in dem er instinctiv ganz richtig das Traumbild in seiner Umdrehung zur realen Bedeutung mit Influenzwirkungen des elektrischen Stromes vergleicht.

In den alten Traumbüchern leuchten auch mancherlei *genaue* Beobachtungen durch und manch kabbalistisches Geheimnis dürfte in der magischen Polarisation des fixierten Wortes seine Ursache haben.

Mit viel Interesse las ich Boutet's »Geschichten in der Nacht«. Seine Phantasie, die allerdings manchmal stark ausläßt, ist auf eine merkwürdige Weise beeinflußt worden – ich irre mich kaum. Es werden Dir jedenfalls seine mit besonderer Liebe durchgearbeiteten Skelettgeschichten aufgefallen sein. Für deren Genesis schwebt mir folgendes vor. In den 50ger Jahren erschienen in Paris große Serien von Skelettdarstellungen in bemalten Stereoskopbildern – damals als das Stereoskop dernier cris war. Da gibts unglaubliche Sachen:

Caféhausscenen, Bahnhofscenen, Skelette an der Riviera und in Biarritz, Skelette beim Rennen – was Du nur willst.
Ich sah das ganze Zeug noch vor einigen Jahren bei meinen Eltern.
Seine erotische Note ist: primitiver voyeur. (Pachinger ist voyeur closétien.) Übrigens muß Boutet ein sehr angenehmer Mensch sein dessen Bekanntschaft ich sehr gerne machen würde.
Von besseren Geistern habe ich neu nur den genialen Schauspieler Thaller kennengelernt und in Egypten einen merkwürdigen Menschen aus der »anderen Seite« Herrn *Jaroslav Unzeitig* aus Olmütz der aus Sparsamkeitsgründen nie nach Cairo kam sondern sich in ein Saunest namens Zagazig zog (im Delta) – ein Saunest wie's nur in Ungarn vorkommt. Die üppigsten Sinnenfreuden des glühenden Ostens schmolzen bis auf die einzige Unterhaltung zusammen – daß es täglich 2 Schnellzüge beim Durchfahren zu beobachten gab. In diesem Sinne grüßt Dich Dein alter, von den Gespenstern angenagter Freund

Fritz

70 K Zwickledt, 10. XII. 1914

Mein lieber Fritz Ich danke Dir für Deinen sehr herzlichen letzten Brief sowie den Kikerikis; das hat Carmen wahrhaftig fein gemacht, – mir macht das Buch sehr viel Spaß, – man hat sonst so wenig Gaudium! Jetzt trage ich beim Arbeiten und Lesen Brillen und verdamme öfters diese Erfindung. Auf Pachingers dritten 50. Geburtstag, reagierte ich indem ich ihm eine selbstverfertigte Darstellung des Martyriums der heil. Agatha (sie wurde an den Brüsten gepeinigt) zusandte. P. ist nämlich außer voyeur closetien, ungemein mammaphil. Deine Analysis von F. Boutets Kunst hat *sehr viel* überzeugendes persönlich soll er ein reizender Mensch sein. Es war schon ausgemacht daß ich seinen Kapitän Fettgans illustriere, – aber der Bruns'sche Verlag verlangte zu viel Geld zum Ablösen so daß daraus leider nichts wurde.
– Mein herrliches Zeichenpapier ist nun zu Ende gegangen und ich überlege wie ich – nach 16 Jahren – meine Kunst weiter gestalten

werde. – So ist in meinem Inneren zur Zeit schöpferische Revolution, wahrscheinlich werde ich *kleine* Formate mit zeichnerischen Aphorismen auf glattem Papier (Briefpapier?) bedecken. – Kurz das Gepäck immer mehr vergeistigen, erleichtern, bis der gewisse Knacks kommt. Außer diesem Coup des eigenen Todes hat uns das Geschick mit allmählichem Altern ja nicht mehr allzuviel Zukunftsreize aufgespart, scheint es. – Oder sollte die starke Untergangsader, – der Hang zur dumpfen, niederen Welt noch einige Überraschungen auf Lager haben? – Auch in Dir strömt diese Ader, lieber F.
– Hier in Wernstein lebt seit 2 Jahren eine Hexe die mit einem ebenfalls seit 2 Jahren aus Wien zugezogenen Zauberer – *schlimmster* Sorte – in starker Fehde liegt. Ich habe *manchen Einblick* (Kinderleichen in der Bratpfanne etc.) gehabt. Ja die Welt ist dämonisiert aber das gibt ihr die kräftigen Mittel und Schattenfarben. – Als Neurastheniker muß man vorsichtig sein sonst ergeht es einem wie dem Strindberg. – (O. Schmitz sah ihn in Paris während seiner *interessantesten* Periode. Später konnte man überhaupt nicht mehr an ihn kommen. –) Ich bewundere die Masken des Zauberers der über *viel* stärkere Kräfte verfügt als die Hexe. – Bei ihr lebt ein schöner Mann, d. h. wahrscheinlich aus einer Dogge umgewandelt wenn es nicht überhaupt ein Golem ist. – Der Hauptspaß ist nun für mich zu bemerken wie der Pfarrer den tieferen Sachverhalt witterte und schon mehrmals drängte daß das Paar den Ort verlassen sollte. – (Natürlich ohne Wirkung.) – Der Zauberer trat ganz anders auf. Dieser ist *unangreifbar.* Im Walde ½ St. vom Ort baute er sich ein kleines Haus. Hier brachte er sofort die ganze Gesellschaft durcheinander. Außer unzähligen Prozessen kam es sogar zu *Wahnsinnsfällen.* – Es ist ganz außerordentlich. Wenn ich noch im Januar (!) nun doch nach Wien kommen sollte, will ich Euch näheres erzählen. – Am 22. kommt Oskar Schmitz für 8 Tage – ich bin schon recht gespannt auf ihn – hoffentlich irritiert ihn der Krieg nicht mehr so sehr wie im September. – Ein kleines Werk was ich gemacht habe wird bis zur Weihnacht kaum mehr fertig werden. – Aber bis zu Neujahr hoffe ich sicherer daß ichs vom Berliner Verlag bekomme und an Dich schicken kann. – Habt Ihr *Dracula* nun gelesen? – hast Du Dir überhaupt von den Büchern die ich Euch vor zwei Jahren durch eine

Liste empfahl außer den genannten [etwas] zugelegt? – Ich will mich jetzt mit Jean Paul näher befassen; ich vermute daß hier viel zu holen ist. Momentan habe ich gute Memoiren-lektüre. – Aber ich bin oft mieser Stimmung! Da stirbt z. Bsp. der stärkste, gesündeste und reichste meiner ehemaligen Münchner Tafelrunde von 1900 – Alfred Walter v. Heymel. – Er war wirklich bevorzugt als *Findelkind!* wird er von einem alten Herrn zufällig auf einer Reise gefunden, – mit *20* Jahren erbt er 12 Millionen. – Gründet die »Insel« mit seinem Vetter Schröder und O. J. Bierbaum. – Rennstall, Weiber, kurz eine Garde der intelligentesten Köpfe Deutschlands – aller Grade, gibt

ihm Ratschläge sein Geld zu verjuxen – und es war ein herrliches Leben, – keine Gelegenheiten wurden versäumt – er hatte offene Hand für alles Schöne und Gute. – Als Rittmeister hat er sich auch das eiserne Kreuz herausgehauen, – sein Spielzeug auf dem Sterbelager, an einer raschen Tuberkulose ging er ein. –
Lebe wohl, Gruß an C.

Alfred

Daß ich den »Ehrenpreis« der BUGRA erhielt schrieb ich Dir wohl schon? –

71 H Wien, 14. XII. 14

Mein lieber Alfred. Hab besten Dank für Deinen fabelhaft interessanten Brief und das schöne Bilderl! Zeichne um Gottes Willen nicht mehr auf zerfallendem Papier – ich lege Dir eine Probe bei. Probiere doch einmal folgendes: nimm Fließpapier (man bekommt es in Form von Büttenpapier mit Drahtzügen) und leime es Dir mit leichter Lösung selber. Dann glätte es etwas durch Walzen mit einer Stearinkerze. Zeichnet sich famos! Das Ende Deines Papiers ist geradezu tragisch. Ob nicht auch das plötzliche Ende A. Dürers ähnliche Ursache hatte?
Übrigens ist's mir's um Dich nicht bange. Du scheinst eine Art Ausflußrohr einer großen dämonischen Weltwasserleitung zu sein – denn seit Breughel hat wohl niemand die Dämonik der Häuser, der Landschaft und der »Nebendinge« so verstanden als gerade Du.
Du wirst immer weiter fließen.
Wien im Novembernebel wäre ein Studienbereich für Dich, – die Gassen der 40ziger Jahre und die Stimmung der vorstehenden Unterhosen bei Mädchen. Das mußt Du noch alles ergründen. Die Geschichte Deiner Hexennachbarschaft gibt mir viel zu denken. Ob man dem Mann nicht mit einem geweihten Eckstein an den Leib rücken könnte? Das vergessene Oberösterreich, besonders das Mühlviertel hat mir stets einen Hexeneindruck gemacht. Übrigens sieht man es manchen Häusern an, es gibt verräterische Rauchfänge und

Fensterstellungen. Weißt Du, daß auch H. Heine viel von solchen Dingen schrieb?
Bitte schreibe mir doch näheres über die neu aufgetretenen Unzuchts und Wahnsinnsfälle. Die stehen *stets* im Zusammenhang mit Zaubererzentren – blöde Dienstmädchen, die etwas belauscht haben – Leute, die dumme Experimente machen – kurz, wo sich Wahnsinnsfälle häufen ist ein verdächtiger Seuchenherd. – Unser Leben fließt still dahin. Meine Erheiterung ist der brave Horrack, den ich mit selbstgemachten Silhouetten dem Irrsinn nahe bringe: z. B. steigt er mit Goethe in Carlsbad im Ballon auf, oder kommt mit dem späteren Kaiser Ferdinand im Reisewagen an – Goethe trägt ein Huldigungsgedicht vor und Beethoven bläst ein Trompetensolo –.
Horrack ist Gendarmeriekommandant von *Mödling* und wird wieder einmal: *Kreiz und Quer vom Unglück* verfolgt .... Du weißt, daß er eine alte Dogge, den Dagobert, hat. Vorigen Sonntag machte er einen Ausflug in die »Krainerhütte«. Am Nebentisch beschäftigten sich Kinder sehr mit »Dagobert« den sie mit Rumzucker stockbesoffen machten. Schließlich wachte D. nicht mehr auf – und v. H. mußte Dagobert *nach Hause tragen!*
Wunderbar ist auch seine neueste Sammlung: Luftschiffwesen. Da kommt unter anderem auch ein Blatt mit einem geflügelten Phallus vor ... (er bezeichnet das als technische Caricatur). Deine Ankündigung baldiger Ankunft in Wien begrüßen wir freudig – nur hoffen wir, daß es recht bald ist, da wir im Januar auf den Semmering gehen wo ich eine Liegecur gebrauchen muß.
Eigentlich sollte ich noch einmal zum letzten »Druck« nach Egypten – das geht ja nicht. Gott sei Dank wird's dann nimmer englisch sein.
Denk Dir, ich habe hochinteressante Prophezeiungen im Nostradamus gefunden, die direkt verblüffend sind. Ich habe ein Feuilleton verfertigt und möchte es gern in ein großes deutsches Blatt geben. Kennst Du eines?
Heil Dir, alter Hexennachbar, verfasse rasch das Buch: »Von der Ofengabel zum Motorrad« und leb recht wohl, hüte Dich vor leiblicher Erkältung und geistigem Schweißfuß (= Neurasthenie).
Carmen und ich grüßen Euch herzlichst!
Kennst Du die Schriftstellerin *Rachilde?* (Gespensterfalle, Turm der

Liebe? für Dich zum illustr. wie geschaffen! Brunz, Minden, Westfalen.)

72 K Zwickledt, 22. 12. 14

Mein lieber Fritz. Ich bin Dir sehr dankbar für Dein volles Verständnis der »Papierkrise« die ich eben durchmache. – Die beigelegte Probe gefällt mir übrigens so gut daß ich gerne von Deiner Papierhandlung für 10 Kr. derartiges Papier hätte, – (ich lege das Geld wie Deine Probe hier bei, vom Geschäft aus soll man mir dann auch den Namen oder die N° des Papiers nennen, so daß ich nicht mehr auf Deine Bemühung darin angewiesen bin.) – Da Du gerne die psychoanalytische Besprechung der »andern Seite« lesen willst und das Imagoheft nicht bekommen konntest so habe ich einem Bekannten von mir darum geschrieben der es mir freundlichst für einige Tage zur Verfügung stellte, – ich lasse es Dir unter einem als Drucksache zugehen, bitte es aber *gleich nach* dem Lesen wieder an mich hieher zu senden damit ich es dem Herrn gleich wieder zustellen kann. – (Auch die psychoanalytischen Eindrücke einer Reise nach England sind sehr lesenswert in dem Heft). – Sonst bin ich wie gesagt der Ansicht daß Freud's Entdeckung fabelhaft ist aber doch im materiellen stecken bleibt, stecken bleiben *muß,* weil alle rationelle Wissenschaftlichkeit niemals mehr als Bausteine liefern kann. Zum »Geheimnis« selbst kann man so nicht vordringen. Ich bin noch fester in dieser Auffassung bestärkt da ich so viele Psychologen gut kenne darunter eine Reihe »ausübender« Freudianer. – O. Schmitz kennt auch Freud selbst. Auch bei vorliegender Besprechung der andern Seite wirst Du finden daß das *faktisch Wesentliche* unbegreifbar bleibt dem gelehrten Manne der sonst gewiß eine Fülle interessanter Einzelheiten zur Genesis des Werkes gibt. –.– Du schreibst daß Du im Januar auf den Semmering gehst eine Liegekur durchzumachen; das verändert meinen Plan mit dem Wiener Besuch, denn ich möchte Dich – wie auch Carmen eben doch in Eurem Heim treffen; darum

schreibe mir bis wann diese *Liegekur beendet sein wird,* ich komme dann nachher.
Sonst hat mir dein Brief Freude gemacht, auch ich bin ähnlich wie Horrack noch immer in einer ganzen Serie von schwarzen Tagen. – Durch meine überanstrengten Augen, die sonstige nervöse Depression durch den Krieg, der Papierwechsel, unangenehme Nachrichten u.s.w. muß ich mich zur Zeit hindurchwühlen und meine Schaffenskraft ist auf beiläufig $^{1}/_{4}$ der früheren Periode gesunken. – Übrigens finde ich in meinen Merksprüchen und Trostsätzen für schlimme Stunden noch folgendes: »Ich ersehne den Tag von dem ab ich kein Buch mehr öffnen werde und nicht den Drang zur Arbeit verspüren werde.!« – Und dies ist mein vollster Ernst. Statt extensiv zu schaffen möchte ich wohl daß die Zeit zum intensiv meditieren gekommen wäre, – desgleichen mit dem vielen Studieren und Lesen. – Die *Worte* sind es, – die *Sprache* im weitesten Sinn die uns vom Höhern trennen, die sich überall dazwischen schieben, alles verflachen und verwässern und tote Begriffe uns anstelle großartigsten Erlebens bieten. Aber da muß man schon wahrhaftig eine innerlich völlig andere Stufe als die *menschliche* es ist erreicht haben wenn man ohne Schaffen und ohne Aufnehmen von gedrucktem Geistesstoff als Einsamer leben will. – Und doch wird dies kommen ja es sind Anzeichen daß die Zeit für mich vielleicht nicht mehr gar ferne ist. Also lasse das Papier an mich abgehen und sende das Imagoheft in einigen Tagen wieder hieher. – Von Hexe und Zauberer das nächste mal, einige Dinge wieder beobachtet, bei der Hexe ist eine *Zugeherin* deren Mann vor einigen Tagen in dem Tunnel vor Passau der Schädel vollständig zerschmettert wurde.

Herzlichen Gruß Dein Alfred

»Gespensterfalle« von Rachilde kenne ich. Turm der Liebe habe ich mir nun bestellt.

73 H [Wien] 22. XII. 14

Lieber alter Hexencontrollor, Inquisitionscommissarius und Vorstand des landesfürst. Oest. ob d. Enns. Hexenprennamtes Suben!
Wie Du auch sagst – eingedrungen sind die Freudianer nicht. Auch *patera* haben sie bloß bürgerlich erfaßt und beim Uhrbann ist ein grober Beobachtungsfehler untergelaufen!
Wir Deutsche legen dem Pissoir viel mehr Wichtigkeit bei als Freud ahnt.
Der Katholicismus und das Haus Habsb-Lothr sind Feinde eines feinentwickelten Closettwesens (Gegensatz zu England!) – Dafür haben sie die »weihevollen« Aborte die alle Zusammenhänge mit der Hölle haben.
Tausend Kindermärchen entspringen dem grundlosen Abort unseres Landes und verfinstern dauernd den Geist des Volkes – Hades als Erzieher. Mit einem Fuß wurzelt unsre Kirche im Abort, während sie mit dem anderen in den Himmel ragt.
Pissoire, Aborte und Nachttöpfe sind Brennpunkte des occulten Sinnenlebens – noch lange nicht genügend gewürdigt.
Der Locus unseres »Jubelpachingers« ist der ganze Mann selbst. – Du findest dort *nie* Closettpapier, nur fromme Blätter oder kleinbürgerliche Zeitungen.
Das Papier besorge ich ehebaldigst d. h. so bald ich ausgehen kann, da ich permanent das Zimmer hüten muß. Es ist auch noch sehr billig.
Meine Lectüre bildet jetzt der Amtskalender, eine Fundgrube für Traumbehörden! Da gibts für Dich Ämter und Würden! z. B.
Erbland Obrist Falckenmeister, Erbland Obrist Kammersilberschlüsselbewahrer, Obrist Erblandszehrgadenmeister .... dann ein Baron Weber v. Webenau ist *»Ordenskönig«* (!) des gold. Vließes (ich kenne ihn – Gegenstück zu Horrack – stößt an) glaubst Du, daß es noch *Bohnenkönige* gibt? (*geistige* Bohnenkönige haben wir viele entdeckt – Horrack ist gleich einer.)
Du mußt Dich unbedingt mit dem Studium des Wiener Stechers Löschenkohl (um 1780) befassen; das ist ein Künstler ersten Ranges (im kosmischen)

In Passau findest Du sicher Blätter von ihm, Pachinger fand ein Prachtblatt in Regensburg. Wie erwähnt muß ich im Januar ins Sanatorium Hansy am Semmering; Du versäumst gegenwärtig in Wien wahrlich nicht viel. Wetter und Stimmung grau in grau. Der bereits langweilige Krieg drückt auf alle, die Kohlen gehen aus, alles wird schäbig und schlecht – wir gehen einer schoflen Periode entgegen. Nach Nostradamus siegen wir glänzend – aber denk Dir den Dalles im Ausland!
Freue mich schon sehr näheres von Deiner Hexe und dem Hund zu hören!
Recht, recht frohe Weihnachten wünsche ich von Herzen!

Dein alter Fritz

[Carmens Handschrift:]
Frohe Weihnachten, Meister und ein frohes Neujahr!
Imago folgt.

Carmen H.

74 K Wernstein a. I., 31. Dez. 1914 Zwickledt

Mein lieber Fritz –
Das Papier habe ich umgehend erhalten – ich bin *sehr* froh darüber und danke Dir herzlich für die Besorgung, die Dir hoffentlich nicht zu viel Schererei verursachte. – Meinem alten Originalpapier kommt das Bütten immerhin noch *am nächsten.* So stark wie früher strapaziere ich mein Papier ja auch nicht mehr – kurzum ich bin mit diesem neuen sehr zufrieden das ja auch nicht teuer ist.* Dein Brief machte mir (wie auch Schmitz dem ich Teile daraus vorlas) großen Spaß. – Von weiteren Beobachtungen der mysteriösen Einwohner Wernsteins folgt auch diesesmal nichts da Schmitzens Anwesenheit mich jetzt nie ins Dorf hinunter führt. – Soviel erhaschte ich noch mit einigen Blicken daß beim Hexenhaus jetzt ein kleiner gelber Dackl angekommen ist – ob infolgedessen hieraus ein weiteres menschen-*ähnliches* Geschöpf geformt und gewandelt wird wie ich fast annehme kann ich nicht sagen es kann ja auch umgekehrt der Dackl

ehemals Menschenwesen gehabt haben. – Das Haus liegt überhaupt jetzt wie tot da, – in der Dämmerung sah ich *einigemale* den Mann (oder Golem?!) etwas im Garten verscharren. – Überhaupt glaube ich eher daß zur Zeit (und in der Hauptsache überhaupt) diese unheimliche Colonie eher *auswärts* ihre seltsame Hauptarbeit leisten dürfte – und Wernstein wählte um *unbeobachtet* zu bleiben. – Also gut. – Mir selbst geht es *mäßig* denn Schmitz brachte eine anständige Erkältung mit die ihm und uns dabei diese Tage recht verekelt haben. Um mich herum gewittert es *nach wie vor.* 2 Selbstmorde von Leuten die ich kannte (1 ältere Dame aus Zell am See, 1 Maler aus Frankfurt) flößten mir Grauen und Angst ein. – Ich will diese kosmische Angst aber fassen und dadurch entladen daß ich die Katastrophe des Kronprinzen Rudolf zeichnerisch festlege; – werden sehen. – Wann geht Ihr denn auf den Semmering? Wie lange bleibt Ihr da? und genügt als Adresse: Sanatorium Hansy, Semmering ??? – Ich nahm ganz richtig an daß Du die Imago Analyse ähnlich wie ich auffassen wirst – aber schickt nun das Heft und vergeßt es nicht im Trubel des Abreisens!! da ich's dem Eigentümer Dr. Carossa zustellen will. – Ich las jetzt Jean Paul (Katzenberger) gerade dieses Stück ist jedoch wenig ergiebig in unserem Sinne dafür halte ich ihn unbedingt für den größten Humoristen der Deutschen. – Aber welche Stellen meinst Du bei H. Heine ??? den las ich mit 14 Jahren. Ist der nicht einfach der Erfinder des heutigen *jüdischen* Journalisten? – Schreib mir welche Stellen oder Stücke Du meinst. – Ich freue mich sehr auf unser nächstes Zusammenkommen vielleicht dann im März. – Ich hoffe daß mein Schicksal mich nicht jetzt zertrümmert, das ist nämlich *nicht* ganz ausgeschlossen, da ein paar böse Zeichen (unter anderm die beiden oben erwähnten Selbstmorde) eingetroffen sind, auch anderes, und seelische Müdigkeit, doch wäre ein Ausschlag ins Schaffensfrohe denkbar, – denn die *Papiersendung* bedeutet *gutes.* Nun wies beschlossen ist. – Deinen Artikel über Prophezeiung in bezug auf die Gegenwart würde OAH. Schmitz sicher unterbringen. Ich sprach ihm davon; Du kannst wenn Du noch willst das Manuskript hieher senden. – Nun lebe wohl Dir und Carmen alles gute zum Neujahr und Dir besonders Blasenerfolg. – An Luckeneder will ich auch einige Zeilen schreiben. – »Löschenkohl« *ist mir absolutes Novum.* Den

Namen hörte ich einmal – da ich aber im Auffinden eine ganz und gar unglückliche Hand habe so will ich den Pachinger anbetteln mir etwas zu verschaffen. – Nun lebe wohl und die edle Frove möge laut ihres eigenhändigen Briefnachsatzes den »Imago« anhero senden. – Auf den Semmering sende ich Dir mal was nettes hinauf. – Für heute als Beilage einen altösterreichischen Querkopf, nämlich das von mir 1909 gezeichnete Bildnis meines mit 86 Jahren verstorbenen Großvaters Isidorus Kletzl k. k. Stabsarzt der auf dem Währinger Friedhof liegt – er war Sohn eines mährischen Bauern. Ich schicke Dir das Bildchen des alten Herrn da ich weiß, daß Dir diese Typen auch sehr vertraut sind – trotz des deutschen Namens war er stark hanakisch-tschechisch ausgeprägt!

Herzlichst Dein Alfred.

* ich versuchte zwei Sachen auf *ganz rauhem* Whatmann und *tönte* sie nachher, auch auf glattem Carton, Dein Papier ist mir aber *weitaus* angenehmer.

75 H Wien, 2. Feb. 1915

Lieber Alfred, verzeihe daß ich Dir erst heute für die Hefte meinen herzlichsten Dank sage.
Ein Brief von mir muß verloren sein, ich schrieb vor circa 3 Wochen nach Zwickledt.
In den letzten Tagen gabs hier große Arbeit, da wir am 6 od. 8ten auf den Semmering fahren, wo wir im Sanatorium Dr. Hansy absteigen.
Dem armen Papa gehts Gott sei Dank etwas besser, auch ich bin wieder halbwegs reisefähig.
Deinen Caesarenkopf im 6ten Heft stelle ich neben das Großartigste in Graphik das ich kenne, ich gratuliere; eine Kreuzung von Daumier und römischem Münzmeister hätte es auch nicht besser zustande gebracht. Ebendasselbe gilt von Deiner Kriegsfurie, in der Du die Reihe der phantastischen »Donaumeister« würdig begipfelst. Es ist doch merkwürdig, daß von Altdorfer bis zu Dir (die Donaumeister)

ein eigener, gemeinsamer Zug geht, der es mir immer klarer macht daß Du gerade in Zwickledt hausest. Nicht in die Tiefe Dringende könnten eher behaupten daß Dein Wohnsitz in Mecheln oder Antwerpen sein müßte, vielleicht sogar in Pepinster – aber das ist grundfalsch. Deine »Breughelnote« ist gar keine »Breughelnote«. Neben Dir ist wenig gutes! Herrn Feigl und Herrn Bäh's Kunst ist in ihren Namen sattsam niedergelegt, und Herr Schärf scheint als Embryo einmal von einer Astralfliege in den Popo gebissen worden zu sein. Kurz, Du bewegst Dich in keiner würdigen Gesellschaft. Aber die Feigl'schen Pferde, das ist etwas, wo sich jede Gemütlichkeit aufhören müßte. Da hat mein seliger Burschi beim Schlittenfahren weitaus bessere Linien geschaffen.
Nochmals meinen besten Dank! Schreib recht bald – komme auch recht bälder und grüße von Carmen u. mir Dich, Gemahlin, Kind und die liebe Scholle bestens!

Dein alter Fritz

76 K Zwickledt, 4. 2. 15

Mein guter Fritz, Gottlob ob Deines Briefes! – Ich fürchtete schon daß beim übersiedeln Unheil passierte und Du stehst – halbwegs Semmering am Wege und pressest vergeblich ein Tröpflein Deines Wassers gegen eine Wand oder wohl gar ins windige Freie, – – und Carmen Dolorosa ringt die Hände, und ich im Zwickel weit hinten kann auch nichts machen. – Nun befreit mich Dein Brief vor weiteren Ängsten. – *Längst* wähnte ich Euch von Wien fort; darum sende ein paar Zeilen wenn Du bei Dr. Hansy etabliert worin Du mir schreibst *wie lange ungefähr* die Liegekur da oben ausgedehnt wird, ich kann mich ja leicht mit meinem Wienerbesuch darnach richten und komme dann wenn Ihr wieder häuslich eingelebt seid. – – Den Kriegszustand gewöhnt man etwas, wenn man sonst Arbeit oder Beschäftigung hat – und das ist ein wahres Glück sonst müßte unsereins ja draufgehen, mit den Zitternerven. Otto – der brave Stiefsohn ist nun auch in Flandern, seit 13 Tagen haben wir aber keine

Nachricht hoffentlich ist ihm kein zu großes Übel widerfahren; hab ihn noch ermahnt und abgerichtet daß er beim Plündern von Pfarrhäusern seines alten Ziehvaters denken sollt, in punkto Kupferstiche und Holzschnitte! – Aber im Ernst, einer meiner Vettern verblutete in Serbien für Habsburgs Glanz, den verblichenen. Die Lebensmittel die wichtigsten werden viel teurer und sinken in der Qualität gleich um 100%. Oskar Schmitz fährt zum Berichterstatten nach Brabant, – und fünfzig weitere, kleine Geschichten, doch diese mündlich – sobald Du nicht mehr liegst, sondern mitsamt Deinem Doppelpisser dann eine Stehkur machst. –

Die *Wurzel* des Weltkrieges ist astral, das ist sicher, aber *wie* mag das Verhältnis liegen? – Soviel scheint *mir* festzustehen, die *heutigen* Engländer sind die *dämonischen Karikaturen* – die *Affen* der Deutschen! – in ihrer Civilisation, Ordnung, Art, Form, Religion, in allem bis ins kleinste spiegeln sie *verzerrtes* abgewichenes Deutschtum, – – das klingt fabelhaft: *Alles Geheimnis der Zukunft* scheint mir, – (allgemein betrachtet) *heute* bei dem Deutschen zu liegen. – Das englische Ideal, der menschlichen Schönheit z. Bsp. ist vollkommen *leer* und spiegelhaft – *nichts* wie Satan! Wahrscheinlich, nehme ich an war der deutsche lebendige Volksgeist (Michael) in *größter* Gefahr verschlungen und zerfasert zu werden! – daher die kriegerische Reaktion! – Wir wußten ja im Grunde alle von der *Gefahr* (und meine »andere Seite« ist ja auch nach dieser Seite ein Fanal gewesen) – Aber wie die Complikationen mit den andern Völkern stehen *ahne* ich kaum – – *wesentlich elementare* Gegensätze bestehen ja nur zu England; – für die andern – aus dem Vordergrund betrachtet ist's eine Geisel, eine Prüfung, und Anbrechen eines Zeitalters innerer Einkehr. – – Ich war eine Woche in München – – auch bei Bernus; denk Dir er arbeitet tatsächlich an seinen alchymistischen Versuchen – – führt mich in seinen Keller da brennt Feuer an 8 Öfen Tag und Nacht. Er hat einige Recepte des Thurneysser und des Paracelsus aufgelöst, – verschmelzt, verdampft, und leitet ein ganzes Vermögen in den gasförmigen Zustand über. Auf Stift Neuburg hat er aber ein ganzes Laboratorium eingerichtet – auch Meyrink (der theoretisch viel versteht) wird ihn besuchen. –

– Deine Betrachtung über meine künstlerische Art, verblüfft mich

einfach – – ich sah mir gleich nach Deinem Brief Altdorfer und Wolf Huber an (sonst kenne ich leider keine Meister des Donaustiles, oder rechnest Du den Protegé des Pachinger, den Aschauer Franz Hiermann auch zu »uns«?) – aber Du hast recht, bei diesen Leuten ist im Grunde dieselbe knorrige, krause, vibrierende deformierte *barocke* Gotik vorhanden die auch mich seit der Mutterbrust, molestiert. – Wahrhaft *hier* sind die *nächsten* im Ausdruck und nicht in Breughel – sonderbar daß ich nicht selbst schon früher dahinterkam. Du hast einen fabelhaften Schnüffler für Zusammenhänge in der Graphik vom kunstgeschichtlichen und mystischen Gesichtspunkt. – Wie schade daß Du für gewöhnlich immer wieder einige Fingerzeige gibst – wo Du doch ein prachtvolles Essay schreiben könntest.
– Mit meiner Hexe erlebte ich wenig, nachdem man den schönsten Obstbaum *ohne* verständlichen Grund fällte, sah ich nichts mehr bis heute wo im betrffdn. Haus im Erdgeschoß sämtliche Fenster geöffnet wurden, – *alles ist leer* kein Möbel. – – – Ich erzählte Meyrink und Wolfskehl die beide nun auch sehr interessiert sind – – »eingreifen« tue ich aber nicht. – Es freut mich daß Dir die Lithographischen 2 Zeichnungen Freude machen, man muß jetzt *alles* machen was man bekommen kann um wenigstens ein paar Kronen zu verdienen. –
Sei Du und Carmen aufs beste gegrüßt von uns, besonders Dein alter
Alfred

P. S.. Du scheinst die Ansicht zu haben daß der Ausdruck in der Kunst durch die Landschaft in der man lebt, beeinflußt, wenn nicht gar *hervorgerufen* wird; ich glaube Dir hier sehr beipflichten zu können – Wo man denkt, atmet und schläft kommuniziert man mit dem überindividuellen Elementargeist der ganzen Gegend. – – Es ist da sehr ergiebig nach allgemeinen *überpersönlichen* Beziehungen auszuschauen. Ich kann mir ohne inneren Widerspruch wohl denken daß kosmische Substanzen heute auch an gewisse Gegenden geknüpft, gewissermaßen von uns eingehaucht werden uns durchdringen, in uns Schauer hervorrufen und schöpferische Ekstasen – – (eine Art mystische Vermählung). – *Dieselben* Substanzen *müssen* in den geeigneten Individuen *ähnliche* Wirkungen hervorbringen! voilà! –

An das neue Papier das Du mir senden ließest, gewöhne ich mich nun immer mehr und mehr. – Die *wahrhafte Pracht des alten* hat's ja natürlich nicht – aber andere *kühlere* Reize.
Ich freue mich auf Wien, auf ein Wiedersehn. Glaubst Du daß ich Deinen Papa einmal besuchen kann zur geeigneten Stunde? von Paul L. seit einem letzten lamentier Brief schon lange nichts mehr gehört. – Mein Vetter Leopold der mich einmal bei Deinen Eltern abholte (klein, schwarz, italiänisch) hat seine Offizierscharge wiedererlangt, wurde verwundet und ist nun kriegsgefangen in Sibirien! In München gelang es mir nicht ein Blatt Löschenkohl's zu finden. (Pachus sah ich auch nicht!) – alte Blätter sind nach wie vor teuer, gute neuere Sachen auch. –
Also noch mal lebt wohl, der Carmen ein Bussi auf die Spitzbubennase. *Alles* gute fürs B(l)äschen!

77 H Teppenhausen, 6. Fäber 1915

Mein lieber Alfred. Hab Dank für Deine lieben Zeilen! Ich fahre endgültig Montag auf den Semmering: Kurhaus Semmering (Dr. Hansi) um die Liegecur zu beginnen. Das Schicksal begaunert und schädigt mich von allen Seiten, ich kämpfe wacker dagegen. Mit Humor besiegt man allerhand.
Deine Idee über England ist famos.
Ich hege allen Ernstes die Ansicht, daß nur die Deutschen »Menschen« sind, alles andere eine Menagerie angefangen von täuschenden Copien (z. B. Engländer) (homo similis angl.) (homo mechanomimikry amerik.) bis zu den dümmsten, plumpesten Fälschungen (Russen ...) (homo quasisimilis ...) Noch in meiner Kindheit zogen viele Werkelmänner mit Affen umher, die *stets* als Französische Soldaten gekleidet waren.
Das war *kein* Nationalhaß, sondern kosmische Erkenntnis.
Übrigens lies einmal: Biedenkapp, der Nordpol als Heimat der Germanen. Biedenkapp (!) – ein Polarname – schöpft durchwegs aus den Quellen des ind. Myst. Tilak's, der bekanntlich sowohl Chef der indischen als auch der irischen Bewegung ist.

Bitte, arrangiere doch einmal einen »mystischen« Tag in München, an dem z. B. Meyrink, Bernus, Wolfskehl, Du und wir zusammenkommen könnten.
Carmen inter. sich sehr für diese Gruppe. Ich möchte sehr gerne einmal eine Analyse Deiner Kunst auf astraler Grundlage schreiben – bin in bezug auf die Bedeutung des »Locus« ganz Deiner Meinung.
Ich halte Dich für den einzigen Künstler der Gegenwart. (Künstler nicht mit Virtuos zu verwechseln; Künstler ist der, der neue Quellen zum Unendlichen eröffnet, röm: Priester: pontifex maximus (Brükkenschläger) nennen wir: Künstler: fontifex maximus. Ob das mit »Grübeln« einen Zusammenhang hat.

Semmering, 14. Hornung 1915

Also, wie Du ersehen kannst, sind wir glücklich am Semmering gelandet. Die Fahrt tat mir schlecht – ich mußte darauf permanent liegen, daher auch erst meine heutige Briefbeendung.
Wir haben prächtigste Aussicht. (Kennst Du den Semmering?)
Das Sanatorium ist sehr pompös, die Gesellschaft prima, die Preise horrend. Wir haben angefangen von einer sehr hohen Dame die bloß »Lora« sagen kann bis zum Doctor Rosenfeld, dem besten Redner Österreichs, alle psychischen Schattierungen vertreten. (An der einen Seite schrieb ich durch 6 Stunden).
Es wird Abend. Ich liege permanent, lese Zeitung. Hast Du den offenen Brief Sir Roger Casement an Grey gelesen puncto Grey's Auftrag Casement in Christiania zu ermorden?
(N. Fr. Pr. vom 12. II)! Ist das eine Hetz! Das unterbricht etwas meinen Dusel und mein traumseliges Leben.
Abends werde ich mit einer Quarzlampe illuminiert, wirkt wie die Sonne des Sudans.
Du kannst Dir denken, was für ein prächtiges Embonpoint ich bei meiner ganzen Cur bekommen habe

Über mein weiteres Schicksal bin ich mir ganz im ungewissen. Meine

(an der einen Seite schrieb ich durch 6 Stunden)

Es wird Abend. Ich liege permanent, lese Zeitung. Hast Du den offenen Brief Sir Roger Casement an Grey gelesen punkto Grey's Auftrag Casement in Christiania zu ermorden?
(N. Fr. Pr vom 12 II)! Ist das eine Hetz!
Das unterbricht etwas meinen ödes und mein traumseliges Leben.
Abends werde ich mit einer Quarz=lampe illuminiert, wirkt wie die Sonne des Sudans.
Du kannst Dir denken, was für ein prächtiges Embonpoint ich bei meiner gan Kur bekommen habe

Cur soll wohl noch ziemlich lange dauern, vielleicht setzen wir dieselbe in Meran oder sonst wo in Tirol fort.
Erfreu' meine Liegecur bald durch liebe Zeilen! Was macht der verzauberte Hund den ich ganz in mein Herz geschlossen habe!
Heil Dir!

Dein alter Fritz.

78 K Zwickledt, 1. 3. 1915

Mein lieber Fritz, Deine Zeilen haben mich erfreut wie auch etwas betrübt; – Du erträgst übrigens Deine Miseren wirklich wie einer der »geheimes Wissen« errungen und ich behaupte dreist, daß Du in den langen Monaten da Dein Körper sich so unbotmäßig zeigte, einen Weg geistiger Vertiefung bewandelt hast, und ohne diese Scheissalien kaum heute da stehen würdest wo Du innerlich nun gelandet bist. – Und das ist schon etwas wert! nicht? Ich war vor genau 10 Jahren $1^1/_2$ Tage zum ersten und einzigen mal auf dem Semmering da ich dortselbst mein erstes persönliches Zusammentreffen mit G. Meyrink hatte mit welchem ich allerdings früher schon korrespondierte. – Und was ich dem Meyrink zuliebe tat das würde ich Dir gewiß noch viel lieber tun; was meinst Du und Carmen zu dieser Idee? Ich bin allerdings noch nicht in Wien, und damals war ich um diese Zeit grad dort. – Aber warum sollte ich nicht nach Wien fahren wo ich's doch eigentlich vorhatte? – Ich habe mich auf alle Fälle einer Reise, vor 10 Tagen impfen lassen welches greuliche Nachwirkungen bei mir hatte, was aber noch nicht genügte mich so absolut physisch kaputt zu machen, wie ich's augenblicklich (und schon seit 10 Tagen) bin. – Das besorgte eine schandbare Erkältung die mir mit Schmerz, Fiebernächten u. s. w. fleißig zusetzt. –
– Ja ich spür das Alter, daran wie zähe diese Sachen gegen frühere Zeiten sich bei mir nun festzulegen anfangen. – – Und so ist's gewiß recht eitel vom Reisen zu schreiben wenn man nicht im geringsten in Reisestimmung ist. – – Es wäre ja allerdings ein Strich durch die Hoffnung Dich und C. in Eurer von guter Atmosphäre erfüllten Wohnung nochmals – zwanglos – zu besuchen; – jedoch da Du meine

Frage nach der Dauer Deiner Cur mit »unbestimmt« und »vielleicht« beantwortest, so wäre ein »eventuelles« Wiedersehen dann doch eben nur auf dem mystisch neutralen Boden des Sanatoriums Dr. Hansy möglich. – Schlafen könnte ich ja wie seinerzeit bei Panhans wenn dies Gasthaus nicht zu unpraktisch vom Hansy abliegt. Auf jedenfall besprich Dich mit Carmen und wenn Dir solches Zusammentreffen viel Freude versprechen sollte, so schreib mirs und die Reisechancen die jetzt etwa 40 : 60 stehen würden dann umgekehrt 60 : 40 ungefähr sein; denn *sicher* kann ich heute nichts sagen mit meiner erhöhten Temperatur und --- einer sehr guten Arbeitsstimmung einer erstklassigen Periode; grade heute habe ich z. Bsp. mitten im Fieberschweiß, Gliederreißen, Diarrhoe eines meiner Bestien Blätter gemacht -- das von Dir erwähnte Werk: Biedenkapp der Nordpol d. Heimat d. Germ. habe ich bestellt. -- Mit dem göttlichen Samen ist natürlich bei den Bipedes ernst gewirtschaftet worden, ohne Frage, von diesem Gesichtspunkt aus war der Krieg notwendig sonst wären *unsre* Stammes- und Artgenossen ebenfalls an der Mechanisierung des Geistes dieser gräßlichen Lüge, draufgegangen; – noch bleibt allerdings das Geschwür des Kapitalismus damit werden aber, so Gott will die Deutschen auch einmal fertig! Über Deine »Klasseneinteilung des Menschen« mußte ich recht lachen. – Nächst Nietzsche fand ich in außergewöhnlich interessanter und fabelhaft schöner Weise dies Problem in dem Büchlein des *Lanz-Liebenfels* »Theozoologie, die Kunde von den Menschenäfflingen« – erörtert, dies Bücherl kostet glaube ich nur 1.20 Kr. wenn dus noch nicht hast solltest es erwerben. -- Hingegen halte ich von dem »mystischen Tag« – der Zusammenkunft von Bernus, Wolfskehl, Meyrink, Dir und mir, – diesem fünfstrahligen Stern mit Carmen als Adorationsmittelpunkt nicht allzuviel. Paarweise oder zu dritt im *Gelegenheitsbesuch* kann das sehr glücklich, ja ausschlaggebend für gewisse Gestaltung sein. – Aber programmäßig angepackt wärs sicher ein Versager denn diese Geister divergieren zu stark sind zum Teil wie Wolfskehl und Bernus, auch ziemlich auseinander. -- Die wunderbarste mystische Gruppen- und Blutbundsbildung die ich erlebt habe war die berühmte Vereinigung Alfred Schuler und Ludwig Klages, die 1900–1903 ihre Blüte hatte. Sie endete jäh und so unglücklich wie *alle* diese Dinge enden werden. Wolfskehl und andere trauern ihr ganzes Leben nach diesen Tagen zurück – die Gräfin Reventlow hat ein Büchlein als *Außenseiterin* über diese starke Strömung geschrieben das obgleich man mit Vorrat dieser gewaltigen Stoffe ein sehr großes Werk alà »anderen Seite« hätte schreiben können wenn man eben kein Weib und mehr Talent gehabt hätte. Immerhin ist es als einzigartiges Dokument ein *äußerst wichtiges* Erlebnis wenn man hinter den Zeilen zu lesen versteht. Schreibe doch gleich Deinem Buchhändler darum, es kostet nur *2.50* Pf. also kein Geld für einen Einblick in diese Periode von der ich Dir schon so viel sprach. – Auch Carmen wird manches davon haben, und mich interessiert es *sehr* was Du u C davon hält. – Ich lege zugleich einen Schlüssel zu dem Büchlein bei. Es heißt »Herrn Dames Aufzeichnungen« von F. Gräfin Reventlow (bei Alb. Langen) 2.50 brosch.

Schlüssel:
Susanne: Gf. Reventlow
Prof. Hofmann = Dr. Wolfskehl
Adrian = Oskar Schmitz
Dr. Sendt = Dr. E. Stern
Delius = Alfred Schuler
Hallwig = Dr. Lud. Klages
Konstantin = Rod.
etc. etc. Wahnmoching = Schwabing

Es wird Dir ein paar recht grüblerische Stunden bereiten! Ich danke Dir für Deine gute Meinung über mein Schaffen ich glaube selbst daß ich mich im wesentlichen von meinen Collegen unterscheide. Ja Du solltest in Aperçù oder aphoristischer Form Deine Ideen über meine Kunst vom astralen Gesichtspunkt aus notieren. – Es wurde schon einmal über meine Sachen von ähnlichem Gesichtspunkt aus geschrieben in dem okkulten Blatt »die übersinnliche Welt« – Wenn ich mal Zeit habe krame ich in dem Wust meiner Besprechungen und such Dir das Ding heraus. – (Der Standpunkt war soviel ich mich erinnere ziemlich beschränkt gewählt). – O. Schmitz ist z Z als politischer Correspondent in Belgien, – er schrieb letzthin daß der Scheich der Senussi in Berlin war wo er ihn an seinem Stammtisch begrüßen konnte. – Die im Verdacht der Hexe stehende Dame traf ich neulich sie führte mich hinter ihren Garten wo der Herr *direkt die Abortgrube* durchwühlte, – Du siehst man bleibt in der Rolle. –

Bei der jetzigen Brotknappheit ereignen sich hier »andre Seitenscenen«. Lebe wohl, alles Gute Dir und Carmen, gewünscht von uns, besonders dem alten Speci Alf.
Ein Prosit Deinem Schmerbauch!

79 H Semmering, 1. März 1915

Mei liebs Alfredche
Was treibst Du denn? Ist Deine Leier eingefroren? Schon so lang ohne Nachricht von Dir, oder stimmt es, daß Du Dienste auf der türkischen Flotte genommen hast? Reiß mich doch aus der furchtbaren Ungewißheit. Wir befinden uns im allgemeinen hier nicht wohl. Die Gesellschaft ist das blödeste was Du Dir vorstellen kannst, meist polnische Flüchtlinge, degenerierte Kinder, z. B. eine kleine Prinzessin Coburg die folgendermaßen aussieht,

dann ein junger Graf Salm, 18 Jahre alt aber noch im Wachstum zurückgeblieben:

mit einem Wort, wir sehnen uns beide – es war ein Ausruf Carmens und mir's – in die blaue Gans nach Perle.
Daraus entnimm wie miserabel es hier ist. Wir werden um den 21ten März herum nach Meran wandern da ich viel Sonne und Luft haben soll. Ich werde hier mit der Quarzlampe bearbeitet – die Wirkung der ultravioletten Strahlen ist in der Tat eine ganz enorme.
Was machen die lieben Zauberer mit dem bellenden Golem? Siehst Du, so was geht mir enorm ab.
Meine einzige Freude ist jetzt das Stichsammeln, ich finde aber teuflischer Weise gar nichts obgleich ich mir die allergrößte Mühe gebe. Nächstens fährt Carmen nach Graz um dort zu tandeln; bin neugierig ob sie dort auch nichts findet.
Ungeheure Truppenmassen kommen hier täglich durch. Es fahren jetzt innerhalb 24^h über 300 Züge über den Semmering.
Weiß Gott wie dieser Völkerirrsinn noch enden wird. 7 Monate Krieg und erst der Anfang! Du wirst sehen was für Seuchen der Lenz ins Land bringen wird.
Vor kurzem bekam ich eine astrol. Zeitschrift einer gew. Frau Ebertin in Breslau zugeschickt in der die Dame ganz richtig den 17. Feber als kritischen Tag ersten Ranges für Osteuropa bezeichnete.
Dies traf ein. Leider ist das übrige Horoskop für das Reich noch ziemlich düster, wenn auch nicht katastrofal. Schreib mir doch recht bald näheres von Zwickledt! Carmen und ich senden die herzlichsten Grüße!

80 K [Brieffragment, zwischen 1. III. und 13. III. 1915]

Kubisten und Futuristen nicht in denen winzige Keime vorhanden sind, einer Ahnung des Künftigen, aber die Leute machen zu viel Wesen daraus. – Ich war gestern in einer Mühle im Walde, und bin eine Stunde im Gebäude herumgekrochen, – ohne ein lebendes Geschöpf zu sehen, alles leer, und unheimlich in der frühen Dämmerung; – endlich erblicke ich hinter einem Mehlkasten den Großvater der mich entsetzt anstiert, wie ich ihn, – er ist genau 100 Jahre alt, und sieht aus wie ein verschrumpelter bestaubter Mehl-

käfer. – Das war ein famoses Erlebnis von großer Wärme und seltsamem Reiz. – Ich hatte heute Nacht dann auf grund dieses Erlebnisses eine Art Vision für ein Blatt, – das Mühleninterieur kam mir dabei so fremdartig vor! – Von Onkel Toni P. erfahre ich durch eine Karte daß Du im April in München sein willst? ists richtig? bleibt Ihr nur so kurz in Meran? – Ich denke daß Du jetzt »Herrn Dames Aufzeichnungen« lesen wirst. –
– Alfr. Schuler – (recte Delius) gehört als *erster* der Menschen die ich getroffen [zu jenen] die *gänzlich* »im *Drüben fischen«* (wie findest Du diesen Ausdruck) Dr. Klages aber formuliert am Besten, – trotzdem ist aus beiden, wie auch aus Wolfskehl für die äußere Welt nicht viel geworden; – – woran mag das liegen, bei *solchen* Begabungen? – Nun leb wohl und Dir u Carmen Gruß – herzlichst D. Alfred

81 H Semmering, 13. III. 1915

Mein lieber Alfred!
Gerade als ich im Begriffe war Dir zu schreiben, kam Deine liebe Sendung die mich, wie Du Dir leicht denken kannst, hoch erfreute. Es ist wohl eine Deiner reifsten Arbeiten durch gleiche Kraft des geistigen Gehaltes wie des Inhaltes ausgezeichnet. Eine nähere Psychoanalyse behalte ich mir für ruhigere Tage vor, ich bin im Umzug, nach dem ich mich hier sehr geärgert habe. Es hat sich aller nur denkbare widrige Dreck gegen mich verschworen, das Unternehmen ist eine Betrügerei nacktester Sorte, das Essen so unterm Hund daß ich mir Speck kaufen muß um satt zu werden, der leitende Arzt ist glaub' ich im Stand um zu ersparen einem Sterbenden eine Hungercur zu verordnen, dazu wimmelt das Zimmer abends von Schwabenkäfern, die Gesellschaft besteht lediglich aus Idioten – kurz, der Teufel ist los.
Ich hätte mich so gefreut, Dich nach so langer Zeit wieder einmal zu sehen und dachte es mir am Semmering in der übrigens prachtvollen Natur so schön. – Wir fahren am 20ten hier fort nach Obermais bei Meran; Montag übersiedeln wir ins Südbahnhotel um die Zeit

zwischen unsrer Kündigung und dem Beginn der Schlafwagenfahrten (20. III) auszufüllen.
Wie nett hätte es sich beim geisterhaften Scheine der Quarzlampe geplaudert! Hoffentlich holen wir das in Meran nach, ein bisserl subtropisches Norwegen schadet Dir auch nichts.
Am 15ten.
Lag wieder zwei Tage im Bett.
Heute übersiedle ich ins *Hotel Panhans* am Semmering da dort anständige Kost ist, d. h. für Carmen. Ich mache jetzt eine Milchcur durch um endlich einmal die Krankheit zu bändigen.
Schöne Resultate der Erkenntnis! Sch. fischt im Drüben (herrliches Wort) ich pische im Trüben. Ja, leider ist das SCHICKSAL ein v. schlaues Luder das man nicht durch »Blödstellen« »christlichsozial« Wählen, Hochrufe auf den Landesherrn etc. betrügen kann. Man muß eben zahlen!
Wie gerne würde ich astrale Banknoten (auf Boblättern) fälschen und mich so loskaufen! Wäre ich ein Astralmops, würde ich das Gesetz des Gegenpols todpissen – aber so!
Wie gesagt, komm ein bisserl nach Tirol. Berieche das dortige Karma – es ist vorzüglich. Wenn sich das Gerücht von dem Abtritt des Trentino bewahrheiten sollte, würde ich aus Zorn ganz crepieren.
Dann rüsten wir 3 eine Expedition ins Trentino aus und schießen diese Canaillen dutzendweise nieder! Wir fahren via Innsbruck, (wohl am Sonntag 21ten) nach Meran (Schlafwagenfrage) wo wir hoffentlich für Dich etwas Lustiges zur Revanche für die Todsünden finden werden. Hier ist natürlich nichts aufzutreiben. Carmen und ich grüßen Dich aufs Herzlichste!

82 H Obermais Meran, 20. Apr. 1915

Mein lieber Alfred
Heute bekam ich Deinen postlagernden Brief (den man mir eben p.r. nachgesendet hatte) nur durch einen Zufall in die Hand.
Ich hatte mir nämlich Antiquitätenanbote auf Grund einer Tagblattannonce p.r. kommen lassen!

Also: Deine Wiener Reise ist für uns ins Wasser gefallen! Schade! Hätten so gerne ein bisserl mit Dir geplaudert! Nun, vielleicht holst Du es in Meran oder sonst wo in Tirol beim Schein der verglimmenden Gotik nach! Wir sind hier recht zufrieden wohnen herrlich schön, essen schlecht, sonnen uns viel und passen uns geistig dem Niveau der verwundeten Krieger an. Was treibst Du, alter Einsiedler und Undinenfreund! Kennst Du schon die Zeitschrift »Wieland«? Bist Du am Ende auch Mitarbeiter?

Ich habe versucht, die unfreiwillige Muße zum Erweitern meiner Sammlungen zu benützen. Geht das schwer! Ich suche jetzt hauptsächlich die Epoche die Du wohl als erster so ganz verstanden hast: Zeitschrift: »Daheim«, »Hans Jörgel«, Kikeriki, »Krähwinkler«, alte Cursbücher der Eisenbahnen vor 1860 – man ahnt nicht, was darin für eine zwerchfellbeklemmende Phantasieunterzünderromantik steckt! Eine unglaubliche Sammlung sah ich vor Jahren – auf unserer Dalmatienfahrt – auf Lacroma – Plakate von Amerikadampfern von 1840–50! Alles noch Balanzierdampfmaschinen.

Und die Schilderungen der damaligen Menus! Übrigens lies einmal über das Thema »Grillparzers Tagebuch« Du wirst sehen, wie der Krieg unsere Cultur altern wird. Wir werden bald die Zeit 1910–13 als eine classische Epoche empfinden lernen; ich fürchte es kommt nach dem Krieg zu enormen Umwälzungen die eine große Nüchternheit im Gefolge haben werden. England's Zusammenbruch wird 10 Jahre dauern während Frankreich schon heuer dran glauben wird. Schad um die vielen Güter die draufgehen werden. – Was macht denn Deine Dienstpflicht? Mich haben sie glatt laufen lassen, aber den Pachus sehe ich schon als Deutschmeistergefreiten; daß unser armer Horrack ein ganz gemeiner Polizeimann wurde, weißt Du ja.

Alter Alfred, sei fesch; pack Deinen Wanderstab, steck Dein Bündel auf den Hut, und wandere als lustiger Malergeselle bis Meran!

Laß bald frohe Kunde hören und sei herzlichst gegrüßt von Fritz

und Carmen

83 H [Postkarte] Vigiljoch bei Lana in Tirol [Anfang Juli 1915]

Mein lieber Alfred! hab' besten Dank für Deine lieben Zeilen die soeben eingetroffen sind! Das ist ja sehr nett, daß Schmitz den Sommer in Ebensee zubringen will! Da können wir uns ja hoffentlich oft sehen. Meine Cur hier wird auch nicht mehr sehr lange dauern, dann geht es nach Rindbach, obgleich Dr. Reich-Rohrwig aus Nierengründen sehr gegen das feuchte Salzkammergut ist. Wenn Du Schmitz besuchen kommst, wirst Du selbstverständlich bei uns wohnen, worauf wir uns schon sehr freuen! (Bei uns wird es wohl Ende Juli werden – also für Rindbach die günstigste Zeit!) Wir sind hier sehr einsam auf hohem Joch – unsre einzige Zerstreuung ist der ununterbrochene Kanonendonner der von den Dolomiten herübergrollt. Eine merkwürdige Sommerfrische! – Also Pachus hat die eiserne Krone! Was hat er denn angestellt? Ich höre gar nichts von ihm, noch von Horrack oder Paul. Laß recht bald was von Dir hören und sei herzlichst gegrüßt!

Dein alter Fritz.

84 H Vigiljoch, 3. Juli 1915

Lieber Alfred!
Ein Zufall wollte es, daß ich erst heute die Probedrucke der Kriegserzählungen fand. Ich möchte Dir nur mitteilen daß wir beide von Meyrinks »Mondbrüdern« tief berührt wurden. Der Mensch ist zu ganz hervorragenden Erkenntnissen vorgedrungen. Mensch als Aetherkrampf (Zeugung durch das Wort = »Dichtung«, »Verdichtung« poesie = Ποεῖν = schaffen.) Die Idee, daß jeder Mensch quasi sich auf ein Stichwort in »Nichts« auflösen könnte, ist ganz reizend; wir haben einen Freund, der durch das Commando »Öha« entstand. Frage: Wie schauen »Hüo« oder »Wistaha« Menschen aus?
Der Zufall will es, daß wir gerade hier oft von »lunaren *Neben*menschen« sprachen. Wir haben ein Zimmermädchen, die ganz mondfarben aussieht, dünnes Waschblau in den Adern hat und immer graue, verwaschenblaue oder nebelfarbene Strümpfe bei ihrem Fenster zum

trocknen aufhängt. Wir hatten sie stets im Verdacht daß sie, einmal bei einem Tarnkappenfabrikanten, – die schlechterdings bloß in Tirol existieren können, – im Dienst war.
Ihre Schweigsamkeit spricht dafür.
Ja, mein lieber alter Incubus – oder Subkubin – es blühen noch seltsame Gewerbe hier.
Uns regt die Gegend stark an. Von unserm Balkon aus sehen wir all die alten Schlösser in denen Görres seine Christliche Mystik schrieb und damals noch mit den Ausläufern – was sage ich! von den letzten Fühlhörnern alt Vinschgischer Gespensterlurche am Kravattel gebeutelt wurde. Diese Elementardackeln sterben nie ganz und das Gespenstische versteht es, sich immer unter den harmlosesten Schutzmasken ins »Moderne« das ja bloß ein Praeservativ gegen das Dämonenerfüllte ist, einzuschleichen.
Das hat Meyrink auch fein erfaßt.
In den 30ger Jahren bekam man in den Apotheken noch Affenfett, Löwenfett, Schlangen u Mausfett, jetzt bloß Vaselin, und was ist das nüchtern betrachtet? Drachenfett. Gut schaun wir aus. Der wilde Maler Kubin mit seinen sieben Söhnen hat uns großartig unterhalten. So eine Gemeinheit! räche Dich und taufe Meyrink jetzt »Gegenpollak«. Auch Sacrobosco Haselmeier ist für den Kennenden ein guter Treffer. Wenn Du M. siehst, sag ihm ich ließe ihm sagen, daß ich den Wunsch hege, daß Österreich bereits im Herbst den Palast des Taufnamengebers Haselmeiers in seinen Grundbüchern stehen haben möge. Vielleicht freut ihn dies. Bis dahin Heil und Sieg! So Gott will werden wir unser Garn bald im trauten Lampenschein in Rinnbach spinnen – Du bringst Deine Fleckelpatschen aus Tarnkappenstoffresteln mit –.
Alles Schöne vom Vigiljoch!

85 H Rindbach, 11. Aug. 1915

Lieber Meister Alfred! Also: Wir haben uns bereits in Rindbach eingelebt und den gröbsten Schimmelpilz weggeputzt. Pack Deine 7 Zwetschken und komm her ins vereinsamte Haus. Carmen schaltet schon im Hexenkücherl und hat für Sacrobosco Haselmayer schon einige Liter Froschlaich destilliert und ungetaufte Kinderleichen eingesalzen die Dir mit fachiertem Bilsenkrautkohlrabi und Totenkopf à la maître d'hotel nicht schlecht munden sollen. Zwei irrsinnige Hunde werden Dich am Kreuzweg erwarten und Dir hohl bellend den Weg weisen.
Eine stylvolle Landschaft!
Das Wetter ist nicht einmal so hundeelendig als es meist zu sein pflegt und hoffentlich gibts Gelegenheit zu belehrenden Spaziergängen.
Schade daß die Zensur Dich so bös zwackt. Also, abstoßend. Siehst Du, da ist ja noch die Unsittlichkeit ein besseres Geschäft!
Wir grüßen aufs herzlichste und harren des Meisters!
Telegraphiere die Stunde Deiner Ankunft in Ebensee – Landungsplatz (nicht Ebensee!)

Dein alter Fritz

86 H [Datum in Carmens Handschrift:]
Rindbach am Traunsee, Oberösterr., 18. VIII. 1915

Lieber Alfred!
Habe heute eine große Bitte an Dich:
Sei so gut und expediere – wenn Du kannst – den beiliegenden Brief an Günther Schütze und die Sendung mit Zeichnungen, die wohl mit gleicher Post an Dich kommt vom nächsten Deutschen Postamt aus.
(Vielleicht dort wo die alte Burg mit der Brauerei ist.)
Ich nehme an, daß Ihr im Grenzverkehr ohne Schwierigkeiten nach Bayern kommt. Bei uns ist das jetzt ausgeschlossen, da weder Carmen noch ich einen Paß haben.
Die Sache ist *unendlich* wichtig und sehr ernst. Es handelt sich um ein militärisches Geheimnis das ich Dir dann hier mündlich auch mitteilen werde;
Schütze brachte eine techn. Zeichnung von mir nach Berlin ins Ministerium von wo ich vor 4 Tagen den Auftrag erhielt Detailpläne auszuarbeiten.
Sie sind in dem Paket enthalten.
Von Österreich aus kann man nichts abschicken, da alle Sendungen *offen* gehen müssen.
Wenn aber durch Zufall etwas herauskommt, bin ich verantwortlich und in einer unangenehmen Sauçe
Bitte gibt die Sache *möglichst* bald auf natürlich *eingeschrieben* (Beides! Brief u Zeichnungen)

87 H SCHLOSS FAUCHENBICHL [Rindbach] 2. Seppt. 1915

Mein lieber Alfred die schönen Tage von Aranjuez gingen – ach! – so schnell vorbei. Als Du, großer Mystiker von hinnen eiltest, verhüllte die Sonne das Haupt; itzt scheint sie wieder.
Deine geistigen Anregungen haben Früchte getragen, die der Herbst der Erkenntnis reifen läßt und zwar haben wir die Kielkropfforschung bedeutend erweitert, der neueste Bericht geht dahin:

RINDBACH
FH
1915

Die Kielkröpfe (crabbulatores flandr. K.) (aus der Familie der hoptiquaxiden) sind eingewandert (Hauptfundort: Flandern, Brabant, Niederlande, Irland, verkümmerte Exemplare in Island, Far Oer u den Hebriden)
u. zw. seinerzeit aus Tyrus u Sidon von wo sie durch besonders alte und schlechte Schiffe, wie sie die Phönizier zu verwenden liebten, verschleppt wurden.
Sie stellten die letzte Entartungsstufe der Kaufmännischen Angestellten dar, da man sie als total verkümmerte Börsengaloppiers erkannt hat.
Durch weise Sparsamkeit ist der gesamte Körper verkümmert, bloß ein blödes Maul und Plattfüße blieben übrig. Auch heute noch ist ihr höchstes Ideal Handlungsreisender in Schundartikeln zu werden (Bilder von Van Gogh, Slevogt, Liebermann) so wie sie früher in Pesteiter und Choleraproben reisten.
Besten Dank für die interessante Frühkritik und das Papier.
Soll ich die Kritik zurückschicken? Merkwürdig, daß Dein erstes Ruhmesblatt die k.k. Wiener Zeitung, Abendausgabe war. Gehört auch in die andre Seite! Du wirst einst das letzte verglimmende Stück Altösterreich sein der Du an der *Donaupforte* sitzest und im Schatten Passaus, der einstigen geistigen Pflanzstätte, in der Österreich geboren wurde, die letzten sublimierten Strahlen dieser politischen Mißgeburt aus Weihwasser, Aktenstaub, dem Trompetengeschmetter einer böhmischen Amtsdienerkapelle und römischer Verfallspracht spiegelst.
AVE ATQE VALE

Dein alter Fritz.

88 K Zwickledt, 11. 9. 15 – Wernstein

Mein lieber Fritz,
Hocherfreute mich Dein liebes Schreiben und die Darstellung des amtlichen k.k. Siegestanzes welche gestern hier eintraf. [1] Der ausübende Held, [2] Dagobert wie auch [3] der Erlauchte sind äußerst lebendig in Deine Carikatursprache übersetzt. Ich hätte 8 Tage bei

Euch bleiben sollen! – nun merke ich erst daß meine Schwäche nach wie vor latent da ist, stets zum vorbrechen bereit, wie ich nur ein wenig über das gewohnte Maß lese oder zeichne. Seit 4 Tagen darf ich gar keinen Stift mehr anrühren sogleich flimmert's mir vor den Augen und ein krampfartiges Weh macht sich peinlich bemerkbar und geht in allgemeinen Kopfschmerz über. – Ich will und muß aber jetzt *hier bleiben* habe verschiedenes hier abzuwarten überdies treffen die wichtigsten Briefe ein und ich arbeite am »inneren Reich« unausgesetzt. Ich greife auf eine ausgesprochen *konstruktive Phase meines Schaffens zurück* die ich vor 3 Jahren durchmachte, es sind damals binnen 4 Wochen eine Reihe Zeichnungen mit sonderbar verschrobenen, höchst ausdrucksvollen großköpfigen Wesen entstanden (in Rindbach hatte ich ein paar solche Blätter mitgebracht »Kritiker«, das Heiratsversprechen etc.) nach diesem System möchte ich gerne weiterbauen und gewissermaßen Formen für *künftige* Kielkröpfe des Binnenlandes (auch Gebirgler) festlegen. – Deine Abstammungslehre des flämischen Kielkropfes hat mich höchst begeistert, – im letzten Grunde sind es also semitische Mischformen? Hier habe ich viel *diskretes* erlebt: Ein Componist von *großem öffentlichen Ruf* stellt sich mir auf einmal als ein künstlicher oder doch halbkünstlicher Mensch dar.

Das Schraffierte ist Leder, Eisen, Aluminium etc, es war einfach *fabel*haft als der Arme mir äußerst wirkungsvoll mit 1 Hand großartige Melodien vorspielte. Er lebt mit einem alten Fräulein (der er wohl gehört!) (vorausgesetzt daß sie ihn selbst erzeugt hat, wobei beim Belebungsprozeß zuviel Kraft fürs Genie verwendet wurde so daß der Körper zu kurz kam! fortwährend *knirscht* und *rasselt* und *tickt* es in seinen Armen,) – dabei ist er von äußerst energischer maschinenmäßiger! Art.

––– Auch sonst erfahre ich wieder vieles, z. Bsp. daß in einigen Bovisten (Kartoffelbovist, Hasenbovist) *Harnstoff* enthalten ist – womit sich herausstellt daß die Pilze (die auch das sonst bei Vegetabilien *nicht* nachweisbare *Chitin* – sonst nur bei Insekten– enthalten) gar keine pflanzlichen Wesen sind, sondern irgendwie andere Seelendinge symbolisieren!! – Habt Ihr die Bücher von Jaffe schon erhalten?? Ich schrieb ihm er soll Euch sehr genau bedienen! Ihr werdet *enorm* viel von der Lektüre dieser Werke die so billig sind haben! Wie gehts sonst? – Mit Hingabe lese ich wieder in Baudelaire! Warum erlebte ich diesen nicht mehr, B. über Breughel, großartig! Grüße für Euch 2!

Alf.

Ich habe ein Blatt gemacht, worauf obiger Typus verwendet ist, komischer Kerl wie?

Grillparzers Tagebücher: ein alter Raunzer genialer Pessimist vor-

märzlich alà Horak, vom Kaiser Max zum Ritter des Guadeloupordens gemacht! – Ich habe mir im ganzen etwas *mehr* von den Tagebüchern erwartet, nicht zu vergleichen mit den Hebbelschen.
Bitte schreib mir genau über Deinen und der Carmen Eindruck über die Werke der Bram Stoker – Marsh u. Reventlow und Bulwer selt. Gesch.
Bei der Hexe ist die sogenannte »Tochter« eingetroffen zum Winteraufenthalt, ein bildsauberes Ding nur *herrlicher Speck* keine Unze Seele; äußerst lehrreich »konstruktiv«. – (Die Trockenlegungsröhren haben mit Eurem Patent *gar nichts* gemeinsam.) – A propos – nach dem Krieg wenn man wieder Arbeitskräfte kriegt muß der Abort – die undichten Tonröhren – bei mir dann gemacht werden – Man rät mir von fachmännischer Seite zu *Cementröhren* (sie sind nicht billig leider! sind sie so gut wie Eisen??)
Wie steht die Geschoßangelegenheit?

89 H R., 22. IX. 15

Lieber alter Donauwächter!
Vor allem: Aborte sind doch die wichtigsten Sansaraecksteine: ich glaube, Eisen ist noch fester als Cement und, wie ich glaube, billiger.
Momentan ist irgend eine schwer mystische Astralperiode in unsrer Gegend in Wirkung. Uns sind seltsame Dinge passiert und Du kannst keinen Contakt mit – offenbar zu wichtigen Formen – finden, die im »Raume« schweben und durch Dich der Niederschrift harren.
Das ist Carmens Erklärung. Sie gab mir parallel zu Deinem »Zittern« der Augen die Erklärung:
Wer mag der Mahatma sein, dessen Stenotypist Goethe war? Verstehst Du? Vor einigen Tagen hatte C. einen fabelhaften Traum, den ich Dir einmal mündlich mitteilen muß.
Andre Träume kann sie mir nicht mitteilen, da sie, im Moment wo sie mich wecken will um mir den Traum zu erzählen eine Stimme hört die »Vorsicht!« flüstert ... im selben Moment wird das vollkommen klar stehende Traumbild wie von einer photograph. Irisblende verwischt.

Seltsam? was?
Jetzt noch etwas das Meyrink interessieren dürfte.
Er brachte Wernstein mit seiner Mondgeschichte – Sacrobosco Haselmayer – in unbewußte Verbindung. Vor einigen Tagen fand ich im »Gotha« von 1881 folgende Notiz:
Künsberg, (Älterer Ast: Mandel.)
Hauptlinie: (Neu-) Wernstein
. . . Kuno, geb 5 Mai 1853 auf *Mondpreis* in Untersteiermark.
Alles Zusammenhänge!
Was Du über die Pilze schreibst ist sehr lehrreich. Ich hatte immer das Gefühl, daß sie etwas uns näherstehendes als Pflanzen sind und Schwammerljagden waren für mich unnennbare Wonnen. Dein Bericht über die verzauberte Wurst oder Tochter der Hexe ist äußerst appetitlich. Nimm Dich in acht, alter Sünder, daß Satan Würste legt.

Die Bücher sind schon seit bald 3 Wochen bestellt, noch immer nicht angekommen, die Post von und nach Deutschland arbeitet einfach entsetzlich. (Telegramm 2–3 Tage!) Wir sind schon sehr gespannt. Was sagst Du zur neuerlichen Musterung der 1877? Laß Dir doch vom Bezirksarzt ein Zeugnis ausstellen! Leb recht wohl und schreibe bald!

Dein aufrichtiger Fritz.

90 K [Zwickledt, zwischen dem 22. IX. und 9. X. 1915]

Mein lieber Fritz, Du kannst Dir wohl denken, auch ich war ganz und gar gefesselt, zeichnerisch impotent, es muß eine verteufelte Krisis gegeben haben. – Seitdem die hellen Mondnächte wieder dahin sind gehts mir mit der Arbeit wieder besser. – Carmens Traum zu erfahren wäre mir natürlich höchst interessant. – Es ist irgend etwas tolles passiert – auch in der augenblicklichen kriegerischen Lage merkt man's. – Ich befasse mich jetzt eingehend mit chinesischer Kunstgeschichte, da stehen wahre Wunder zu lesen. Im 8. und im 12. Jahrhundert gab es in Südchina unter dem Einfluß einer buddhistischen Sekte von aristokratischster Esoterik herrliche Kulturen – wobei die Kaiser, alà Heliogabal, als Dichter, Künstler und Magier ein unendlich geistiges Leben führten, leider ging bei den Tartareneinfällen dann immer alles wieder drauf. – Der knöcherne Konfuzius hat dann mit seiner Trockenheit aller Verfeinerung ein dauerndes Ende bereitet. – Denk Dir in den schlimmen Tagen, die hoffentlich etwas besseren gewichen sind, wurde ich letzthin als ich beim Hause der Hexe vorübermußte von ihrem Hund, einem braunen Dackel – sogar *gebissen* – es ist das erste Mal daß mich ein Hund biß. – Auf die Leberwurst werde *ich* nicht anbeißen so appetitlich sie auch ist. – (Es sollen zur Zeit Besuche von Offizieren und Einjährigen abends stattfinden, der Mann selbst ist *verschwunden*). – Schmitz kommt auf der Rückkehr von Zell a See noch auf 3 Tage hier durch um mich noch zu treffen, sonst wäre ich wahrscheinlich doch noch kurz nach Rindbach zu Euch gefahren; – so dann nicht mehr, ich gehe erst nach der Musterung zu Erholung fort. –

– Daß das *noch* einmal kommen mußte, begreife ich gar nicht!!; bei

uns ist *jeder* der fähig war ja bisher schon gepreßt worden. Ich persönlich habe etwas größeren Gleichmuth wie im Frühjahr, da ich ja weiß mein Superarbitrierungsdokument liegt vor. – (Ein ärztl. Zeugnis das aber nicht beachtet wird habe ich auch). Wie machst Du diese Sache? Leute wie wir beide sind eben auch wenn wir 100 x unsere armen Leiber zur Schau stellen müssen nicht verwendbar. Ich bin allerdings seit 4 Monaten noch *ärger* wie gewöhnlich mit den Nerven herunter so daß ich starke Angst habe vor einem Anfall, der mich bei dieser Musterung, die mich letztesmal schon sehr aufregte, befallen könnte. Jetzt hoffe ich doch, daß Jaffe seine Sendung Euch schon zukommen ließ und diese schöne Aussaat bei Dir und Carmen zu weiterer fruchtbarer Reife gedeihen wird. – Schreib mal darüber. – Auch wie Eure weiteren Pläne sind, – wie lange seid Ihr noch im Rindbacher Tal, – (ich schaue jetzt wieder täglich morgens vom Bett aus Euer Gebirge in der Ferne). – Herzliche Grüße für Carmen – Ich bin wie immer Dein einsamer Spatz in Nöten. – Alfred
In Parks, alten Wäldern und Teichen veranstalteten die buddhistischen Dändys des VIII Jahrhnds. unterm Vorsitz ihres Kaisers Mysterien und Feste, diese I. Periode dauerte *80* Jahre!
Wie stehts mit Flugzeug?? Die Post arbeitet jetzt wieder laaaaangsam

91 H Rinnbach, 9. Oct. 1915

Mein lieber Alfred!
Endlich sind die Bücher gekommen! Bis jetzt las ich das unheimliche Haus und den Dracula.
Zu meinem Bedauern muß ich Dir mitteilen, daß ich *keine* Gänsehaut bekommen habe. Fall I. Du weißt, daß ich Käfer liebe und verehre, also ist mir der Skarabäus nicht unsympatisch. Interessant ist die Meinung, daß der Isiskult noch existiere. Eine Beobachtung dazu machte ich in Memphis. Die Araber die sonst alles essen, haben vor dem Skarabäus eine heilige Scheu – ich führte natürlich ob dieser Mopsfetten Käfer Freudentänze hoch zu Esel aus – ein griechischer Gendarm, der mit war schlug sie alle *tot* mit dem Bemerken: *böse* Thiere. Das machte mich damals stutzig.

Fall II. Dracula. Wehe dem Engländer der ein Buch schreibt dessen Handlung im Ausland spielt. Unfehlbare Komik ist die Folge.
Noch dazu in Siebenbürgen!
armer Bram Stocker! Dazu die jämmerliche ausgezuzelte Raunzen, die junge Westenraa (!) dann der holländische Arzt der an einer hiesigen Hochschule *nie* promoviert hätte. – Das ist nichts für den Continent.
Viel unheimlicher ist mir die Sankhyalehre.
Reventlow heb ich mir als Leckerbissen für Wien auf. Else Frucht ist wohl eine interessante Monomane.
Ob Du nicht mit der Hauptarbeit als Morgenandacht recht hast? Wir sind gerade mit dem Einwintern des Hauses beschäftigt. Frau Julia flog im großen Bogen hinaus, wir haben einen herrlichen Ersatz gefunden, einen 100jährigen Briefträger i. P., der uns eine Menge brauchbarer Arbeitskräfte verschafft. Jetzt tost hier ein – allerdings oberösterreichisch abgestimmtes – Sansara. –
Wir bleiben circa 3 Wochen in unsrer Wiener Wohnung, dann suchen wir nach Meran zu kommen. Denk Dir, d'Annunzio ist bereits patentiert ich suche jetzt Wurzen dafür. Habe schon ein Plakat entworfen:

Die Sache ist deshalb nicht schlecht, da auch die gebräuchlichen *unschädlichen* Kakamittel ausgehen und ein Ersatz dringend nöthig ist; die chemischen Präparate sind alle gefährlich. Dr. Rössler hat etwas erfunden.
Laß bald was von Dir hören und sei herzlichst gegrüßt!

Dein alter Fritz.

92 K Zwickledt, 17. X. 1915

Mein lieber Fritz. –
Mit großem Interesse höre ich daß Ihr die Bücher nun habt. Mit Spannung wartete ich schon auf Dein Urteil, – nun ich wußte es fast im vorhinein und sagte Dir ja auch daß man aus dem englischen Kitsch Bram Stockers die schweigsamen Rosinen herausziehen muß die darin verborgen liegen. –– Es ist ein Schulbuch über den Vampyrismus, – der Journalist Bram–Stocker hat aber eine Reklameschrift für die Reiseschreibmaschine daraus gemacht. –– Wolfskehl behauptet die Vampyre (Dracula etc) seien nichts anderes als die durchs aufkommende Christentum *negativ* belehnten *alten Götter* was große Wahrscheinlichkeit für sich hat, – denn polar ist alles! – Der Sankhya ist schon deshalb das wichtigste der Euch zugesandten Bücher weil es eine systematische Arbeit ist, und nicht belletristisch verdunkelt. Dies letzte ist der Nachteil bei vielen Büchern die von *unweisen* Menschen geschrieben sind, oder deren *Gegen*teil, d. h. solchen die mit Absicht verdunkeln und nur *halb* zeigen wie E. Bulwer. – An dem berühmten »Zanoni« konnte *ich nie* soviel finden wie Wolfskehl, Meyrink, Dr. Steiner etc, – die »seltsame Geschichte« die O. Wilde zum Schicksal wurde ist allerdings herrlich, ungeheuer! – und doch fällt sie im letzten Fünftel (Australien) z. Teil *sehr* stark ab, findet Ihr's nicht auch? – das große Wesen beschützte mich: Bei der vorgestrigen Nachmusterung wurde ich frei, d. h. sogar gänzlich aus den Landsturmlisten *gelöscht,* d. h. für alle Kriege und Musterungen brauche ich nicht mehr zu erscheinen, – schade daß man mir nicht auch meine kranken Nerven abgenommen hat. – Seit 2 Tagen ist Schmitz hier, er unterzieht sich am Donnerstag einer leichten Halsoperation (Polyp am Stimmband) den Krieg beurteilt er noch immer optimistisch. Mein Schaffen ist sehr gut in Aufwärtstrieb noch gekommen, fast bis zuletzt; nun muß ich aber allen Ernstes ausspannen – Mein Stil wurde jetzt als ein »modern gotisierendes Barock« angesprochen – wie findest Du diese Definition? – Von Paul L. erhielt ich aus dem Felde eine nette Karte – er lebt noch immer – aber er findet auch daß sich der Krieg allmählich zur Landplage entwickelt. –

Der Auf- und Ausstand der dienstbaren Geister ist von Zeit zu Zeit notwendig sonst entstehen im Laufe der Jahre »Lene – Liesehafte« Zustände. – Hier brennt nun der Herbst seine herrliche Feuerwerkskunst ab – die Wege von Passau nach Zwickledt sind mit Geheimnis überreich geschwängert. –
Ich bin seelisch zur Zeit in gutem Fahrwasser – und ringe immer wieder aufs neue um die *gänzlich* vertrauenselige Haltung welche ich fürs *einzig* richtige halte – – Einen schönen Gruß an Euch von Frau Hedwig – O. Schmitz – –
Ich bin war und werde sein stets Dein

treuer Alfred

Die verdammte Teuerung!
für wahre Phantasiepreise erhält man nur wenig und recht mäßigen Gegenwert. – – – – – –
P. S. Was war denn nun eigentlich mit der Ballonabwehr? es werden seit neuerer Zeit viel getroffen ist das schon Dein Zeug? amende? –

93 H [Wien] 5. XII. (Schundwarenmond) 1915

Was schweigst Du so düster Du Wächter an der Pforte des Landes der ungerechten Mehlverteilung (Meine Tinte ward mir sauer vor Schmerz). – Noch immer schmücken wir Wien, da die Übersiedlung nach Meran noch bahnamtliche Schwierigkeiten macht. Das Einpacken gibt viel, viel Arbeit – meine Bücher u Stiche wiegen wohl 1000–1500 kg – der Fluch des Sammelns glotzt uns in schweren Träumen in die Seele.
Jetzt erst kam ich dazu in Ruhe das Reventlowbuch zu genießen; es ist sehr wertvoll, ja, kommt mir fast wie ein Merkstein einer ganzen Culturepoche vor. Ich fange an immer größeren Respekt vor Schuller zu bekommen, von dem ich glaube, daß er tatsächlich im Besitz eines »mystischen Schlüssels« ist. Die Sache mit Wolfskehl scheint doch sehr ernst zu sein, ernster als *damals* angenommen wurde. Ich glaube fast, daß erst im gegenwärtigen Moment die Dinge eine große Rolle

spielen, daß wir an der Schwelle der Epoche stehen an der das »Arische« Geheimnis Schullers zum Ereignis wird.
Daß, Mongolen (Sachsen, Čechen), Mongolosemiten, Vegetarier etc. nicht eingeweiht werden können war mir schon früher bekannt. Dasselbe gilt auch von Engländern. Letzteres ersiehst Du deutlich am Zusammenbruch der Theos. Gesellschaft durch die haarsträubende Blamage der Besant die sich als ganz gewöhnliche Hochstaplerin entpuppt.
Denk Dir, ein hochbegabtes Mädchen ist ganz plötzlich gestorben, die reizende Maus Leon, Pauls Exbraut!
ihm gehts sehr nahe und wir trauern mit ihm.
Auch sie war nicht unwissend und kehrt wohl wieder.
Leb recht wohl u schreib mir nochmals die Personage zu »Herrn Dame« auf.
Alles herzliche von Deinem alten Fritz.

94 K Zwickledt, 16. XII. 1915

Mein lieber Fritz D. f. Deine lieben Zeilen, ich habe ja gar nicht so düster-lange geschwiegen sondern noch einmal nach Rindbach einen richtigen Brief geschickt. – Gleichzeitig mit diesem hier sende ich mit Weihnachtsgruß und Wunsch eine Vermehrung zu Eurer Kubinsammlung – welche zugleich als ein Beitrag zu Eurer dynastischen Galerie Euch recht erfreuen dürfte. –– Und nun zum III. und letztenmale die Urbilder zu »Herr Dame« – also: der Meister, Cäsar (natürlich Stefan George) Prof. Hofmann und Frau (Wolfskehl) Adrian (O.A.H. Schmitz) Dr. Sendt (Dr. Stern mit Kubinschen Anklängen) Susanna (die Reventlow) Orlonski (H. v. Suchotzki Pole jetzt als Farmer in Mexiko verschollen) Hallwig (der bekannte Graphologe und Charakterologe Dr. Lud. Klages) Delius (Alfred Schuler) Konstantin (Rodi Huch) Heinz (Friedrich Huch †) Petersen (Adam Hentschel) –– von dem Rest hast Du doch nichts weil Du diese Leute nicht kennst. – Lasse michs also nicht noch ein IV x schreiben (warum siehst Du nicht einfach in meinen früheren Briefen nach? hast Du die nicht gut aufgehoben? das wäre *sehr schade.* – Selbst materiell wäre es schade da wie ich aus dem verkauften Nachlaß eines verstorbenen Bekannten ersah – Briefe von mir am Autographenmarkt schon mit *20* Mk gehandelt werden). – Mir gehts bis auf meine sterblichen Teile (besonders die Augen!) recht gut. – Ich arbeite in geradester Richtung, – mit dem Älterwerden macht sich eine Wandlung in meiner ganzen Romantik aufs deutlichste bemerkbar. Das Problematische tritt immer mehr zurück der Ausdruck strebt immer reinere Harmonie an. – *Ich erlebe einfach die Klassik meiner Romantik* gewiß und so solls sein: eine *Kubinsche* Klassik! – da ich wegen meiner armen Augen so ökonomisch sparsam mit dem Zeichnen, Lesen, Anschauen sein muß erhält all dies einen noch weit konzentrierteren Charakter [. . .]. – Innere Erlebnisse in großem Maße beglücken mich und regten mich zu Studien über das »Bewußtsein« des unendlichen an. – Das Bewußtsein ist *immer* da, zeigt sich aber wie durch *veränderliche Spalte* bedingt *gradatim* äußerst verschieden; die Grade vom dumpf realen bis zur größten potenziertesten bewußten Reflexion auf das ∞ sind sehr nüanziert! – Sonderbar (aber doch einleuchtend!) wechseln nach einem gewissen Ablauf plötzlich *(immer sprunghaft)* die Vorzeichen, – das *Negative* wird nun gespiegelt (also z. Bsp. unerklärliche *schlechte Laune, Arges* bis zu den höchsten Graden der Verzweiflung) dies über das *Wach*bewußtsein, das *Schlaf*bewußtsein qualitativ anders geschichtet – zeigt sich aber ebenfalls *gradatim* verschieden wirkend! – (periphere Träume, Oberflächen Symbole, bis zu dem mythischen Tempelschlaf mit *umgreifendsten* Wahrnehmungen). – Auf jedenfall (wie ich Dir schon in meinem letzten so wichtigen Brief den ich nach Rindbach schickte, schrieb, ist der Traum unter anderem eine *Propedeutik* unserer *künftigen* Zustände (die das ∞ bedeutend besser reflektieren werden wie unser jetziges armseliges »Menschsein«). – Ihr seht daß ich nun tatsächlich über die »andere Seite« noch weiter vorgestoßen bin; ich bin in der Tat noch weitergekommen. – Meyrinks Buch »der Golem« ist jetzt im Verlag Kurt Wolf Lepzg broschiert für 4.50 Mk erschienen. Ich hab's ja mit im Entstehen erlebt, es wird *Euch sehr* gefallen. Der Hoffmann Forscher Hans von Müller schickte mir nun die gefundenen [. . .] Hoffmann Tagebücher, die literarisch sehr wenig geben (nur persönliche Stichworte) seelisch äußerstes bedeuten! Herzlichste Grüße Dir und Carmen

Alfred.

Vielleicht findest Du beim Aus- oder Einpacken noch was für mich! –

95 H Wien, 24. XII. 1915

Mein lieber alter Alfred!
Verzeih wenn ich erst heute an Dich schreibe und Dir meinen herzlichsten Dank für Deine liebe Weihnachtsüberraschung sage. Schon seit einer Woche bin ich im Rückstand – aber bedenke den furchtbaren nerventötenden Wust bei uns. Die Übersiedlung wurde plötzlich akut – d. h. vom Militär aus bis zu einem bestimmten Termin als wünschenswert bezeichnet u so packen wir Hals über Kopf.
Ja, Du hast's gut! Nach dem Essen ein kleines Tempelschläfchen, dann eine Jausenvision, dann ein kleiner Spaziergang mit kosmischem Schauer u während z. B. dem Staatsbeamten Hühneraugen am Popo grünen entzündest Du Deine Seele am Verglimmen des Rococos. A propos Verglimmen: Schon seit gestern heizen wir mit alten Lackstiefeln, denk Dir, dabei muß ich immer an Schaukal denken! Unser Orcus (auf Washington getauft) verschluckte gestern knurrend alte Ketten einer Hängelampe – seit der Zeit ist er in scheues Brüten versunken und Carmen wirft abends, wenn die Panther so recht wach werden – mit altem Glasgeschirr auf einsame Passanten. So kommt manches gute Erbstück wieder unter die Leute.
Hab auch vielen Dank für die Nomenclatur Dames; Deine Briefe habe ich natürlich alle wohl aufgehoben aber schon seit 4 Wochen mit der Stichsammlung verpackt. Heute feiern wir ein trauriges Weihnachten beim armen Papa, der sich wie immer am Weihnachtsabend Geschichten von L. Thoma vorlesen läßt. Wir werden auch des Namens Kubin gedenken und hoffen daß Ihr Weihnachten freudiger verlebt.

Ich sende Dir ein kleines Bildchen das ich fabriziert habe als ×mas Gruß! Nochmals alles Herzliche!

Dein greiser Fritz.

96 K [Zwickledt, Ende 1915 oder Anfang 1916]

Mein lieber Fritz, Wenn Euch meine kleine Gabe nur ein Hundertstel so viel Vergnügen gemacht hat wie mir der prächtige primitive italiänische Meister, – fühle ich mich überreich belohnt. –– Eben spielt O. A. H. S. spanische-maurische Lieder die mich versuchen wollen. – (Ich erneuere aber bei mir das Gelöbnis das Passauerpförtel nie und nimmer zu verlassen). – Hier die letzten »Wellenschläge« westöstlicher Kulturmeere über sich ergehen zu lassen (bade zu hause) jeden Abend – wie du richtig erkannt, ein kosmisches Räuscherl – so gerade sich zu *verflüchtigen,* immer *stiller* und stiller nach *außen* zu werden – *immer geöffneter* nach innen! – so ist wenigstens *der Beginn* und der Wunsch! – was kommt weiß ich nicht. –
Euren Übersiedlungsfreuden folge ich teilnehmenden Herzens –– Ich bin neugierig wann Ihr dann endlich richtig in M. installiert sein werdet. – Schreib mir nur bald wie es gefällt –– wenn der Krieg vorbei ist komm ich dann einmal auf Besuch; – aber wann wird dies sein? – von Paul kam heute eine seiner liebenswürdigen doch etwas flüchtigen Karten. – Ich arbeite an allem möglichen – auch kommen Totentanzmotive dabei vor, – vielleicht gibt das gelegentlich eine Serie. Schmitz will nach Kriegsende nach *Graz* übersiedeln! denk nur!
– Habt Ihr Euch den »Golem« Meyrinks (4.50 Mk) zugelegt? Wie findet Ihr das Buch? – Ich werde *jetzt* von Berliner Händlern drangsaliert dort eine Monstreausstellung zu machen! ich tue es aber nicht, später, wenn die Zeiten nicht mehr so eng sind – komme ich vielleicht einmal mit einer Riesenlawine von 200 Blatt und werfe diese große Nuß zum Knacken hin. – Jetzt will ich Ruh' haben. (Zum 3.male sitze ich da und will nun den Brief beenden) – Mit Schmitz führe ich diese Tage jetzt endlose Diskussionen, sie strengen mich

sehr an, – ich bin auf so vieles Sprechen gar nicht mehr mit der Nervenkraft eingestellt. Heute plazierte ich in meiner Wohnstube das schöne Werk aus der Herzmanovskyschen Werkstatt, Du hast einen Ehrenplatz! Ich glaube schon daß Euer Weihnachten recht traurig war. Der arme Papa! – worin liegt wohl der *tiefere* Sinn eines derartigen langen, ausschwingenden Leides zu Ende-gehens? ich fasse es nicht, – es ist sinnlos, – und Deine langwierigen Zustände? und meine Nerven, Darm und Augenschwächen? Aber ich glaube *Leiden jeder Art* ist eine Gottessache. Es ist verdienstlicher zu leiden als sich »wohl« zu befinden. Meister Eckhardt im XIII Jahrhndt. der größte Mystiker (obgleich im dogmatischen Gewande) – den ich kenne ist *fest dieser* Ansicht. Und wir feiner Organisierten leiden ja auch im Grunde *nahezu immer.* Da muß nur das trösten, daß das Hohe, Unendliche, Gott *mit uns leidet* – und weiß was angestrebt werden soll. Sei Du und Carmen von uns herzlichst gegrüßt und lasse nicht 3 Jahre vorübergehen ehe Du meldest daß Dir die Übersiedlung gut von statten ging. Alle guten Wünsche dazu! – Alfred

Ich sehe im Zeichnen jetzt plötzlich ganz neue Perspektiven!!!!!
Vielleicht stößt Ihr in Meran einmal auf das Grab des Christian Morgenstern, der Frühjahr 1914 dort starb und eine märchenhafte Seele besaß! –

97 H [Wien] 1. Hornung 1916

Mein lieber alter Einsiedler
Hab vielen Dank für Deine glänzende Empfehlung: den Golem. Das war wieder einmal ein Buch! Ohne Schmeichelei Dir gegenüber, aber »andre Seite« u »Golem« halte ich für die besten occulten Dichtungen die es gibt. Endlich einmal gute österreichische Literatur.
Wir singen immer das Lied,: Frau Pick, Frau Hock, Frau Klepetarsch .... als Abend u Morgenandacht.
Das Buch steckt voller Abgründe, in die wir uns als Psychische Kanalräumer am Hosenträger transzendentalen Empfindens hinab-

lassen und nach den silbernen Dessertlöffeln suchen mit denen man die Erkenntnis fressen kann. Schick mir doch Meyrinks Adresse, ich möchte ihm gerne schreiben.
Dann noch eine Bitte: Eine okkulte Freundin von uns, Frau Marie Thaller, die Gattin des berühmten Schauspielers Thaller fährt in kurzer Zeit nach München u Frankfurt; kannst Du ihr nicht einige Adressen von Okkultowitschen geben wenn Du das für richtig hältst?
Wir bleiben bis zum 12ten II hier, da wir noch eine Menge in Wien zu besorgen haben. Dann gehts endlich nach Meran uns graut schon vor dem dortigen auspacken und Wohnung herrichten!
Wir haben hier einen sehr interessanten alten Mystiker kennen gelernt der uns eine angenehme Ansprache bietet. Natürlich erst in letzter Stunde! Wird das eine geistige Einöde in Meran sein.
Wie hast Du die Rauhnächte überstanden?
Ich beachte jetzt sehr den Kalender, er bietet manches lustiges: so, z. B. war unsere Hochzeitsnacht die Walpurgisnacht.
Mit herzlichstem Swamigruß Dein alter Fritz H.

98 K [Zwickledt, 1. Hälfte Februar 1916]

Mein lieber Fritz, Deine lieben Zeilen haben mich recht erfreut, – ich dachte mir wohl daß Dir »der Golem« viel Stoff zu Gesprächen, Ausdeutungen, u.s.w. mit Carmen geben wird. Ich bin recht in Traurigkeit seit 2 Tagen versetzt durch die Nachricht vom Kugeltod eines sehr lieben und prachtvollen Menschen, des Kunsthändlers Max Dietzel der als Leutnant in den Vogesen fiel. Augenblicklich ist eine üble Zeit; die Lähmung vor dem Sturm. – Wie, was kommen wird, ich weiß nichts mehr, mache mir auch keine Gedanken mehr. – Ich hab' den besten Willen, und umschiffte gewisse Klippen in letzter Zeit. – Fühle mich *ständig* wo anders verankert, – und dies gehört ja wohl zur Hauptsache, *wo* man sich innerlich fixiert hat. –
Die Arbeit geht, ich kanns ja sagen über Erwarten gut vom Fleck. – Die Einsamkeit macht mich allerdings mehr und mehr befangen und

unbehilflich – aber ohne Opfer erreicht man ja überhaupt nichts und ich gebe mit Vergnügen das Katzengold ab wenn ich guten Tausch mache. –

Wie findet Ihr den Kavalleristen Paul eigentlich – ? ich stelle ihn mir in keiner Weise erheblich verändert vor, oder doch? Am 12. werde ich Euer gedenken, – lange genug haben ja die Vorbereitungen zur Übersiedlung gedauert. – Wer weiß vielleicht wird's doch sogar ganz nett in Meran! Man wird doch *immer wieder überrascht!* das ist doch das Feinste am ganzen zwitterigen Erdendasein. –

– Eigentlich empfehl ich Menschen die *ich* gar nicht kenne nie, – im Falle von Frau Thaller weiß ich auch fast niemanden der sehr viel eingeschlafen ist [!] – aber Dir zuliebe gebe ich hier eine Karte für Baron A. v. Bernus. (Wenn dieser der badischer Leibdragoner Leutnant a. D. ist trotz seines Magenübels jetzt nicht etwa doch irgendwo Dienst tut, oder in Heidelberg am Ende z. Z. lebt). Auf jeden Fall kann Frau Thaller meine Zeilen an B. schicken. Möglicherweise, fast wahrscheinlich komme ich in der II. Februarhälfte selbst nach M. wenn Frau Th. um diese Zeit dort weilen sollte freut es mich gewiß sie einmal zu treffen. Also lebt wohl – man muß sich jetzt so gut es geht durch den ganzen Wirbel hindurchbalanzieren. Laß uns hören wenn Meran glücklich erreicht ist – Wie immer Dein alter

Alfred Anachoret

Schreibt man nach Meran offen oder geschlossen?
Gust. Meyrink:
Schriftsteller Starnberg b. München.

99 K Zwickledt, – Wernstein O.Ö. 14. 3. 16

Mein lieber Fritz,
Ich will Dir Deine Zeilen umgehend gleich beantworten, meinen Glückwunsch zur gelungenen Übersiedlung nach Meran – Deine Adresse erfuhr ich schon durch eine Karte von Mutter Luckeneder die mir vor ein paar Tagen zufällig schrieb. Nun Ihr gut untergebracht seid, ist's ja ausgezeichnet daß Du wieder malen willst, und schon daran denkst Dir Temperafarben zu bestellen! damit Du nicht wieder darauf vergißt, erlaube ich mir Dir meinen Vorrat an solchen zu verehren, ich brauche ihn ja ohnehin nicht – das Postpaquet geht gleichzeitig an Dich ab. – Vielleicht schickst Du mir auch einmal etwas was Du damit gemacht hast. – – Dein Brief interessierte mich auch sonst sehr. – Bei mir hat sich in den letzten Tagen mancherlei zugetragen, unter anderm erhielt ich die Todesbotschaft eines mir sehr gut bekannten hervorragenden expressionistischen Malers, Franz Marc. – Auf diesem wunderbar harmonischen Mann ruhten die großen Hoffnungen der jungen Maler. Er fiel vor Verdun 4. 3. Außerdem erfuhr ich daß sich die lebensfrohe Frau meines Pariser Bekannten Sonderegger, des merkwürdigen Schweizer's dortselbst im Januar vergiftet hat. Auch S. erste Frau, eine Finnländerin hat sich vor 3 Jahren in München vergiftet, ebenso stürzte sich S. bester Freund, ein bekannter Daumierbiograph in Corfù ins Meer – und ähnliche schauerliche Ereignisse umwittern diesen unheimlich unglücklichen – dessen Äußeres schon das Tollste, Schönste und dabei Leichenhafteste ist das ich beim Mannesexterieur gesehen. – Alle diese Dinge, verbunden mit dem gewaltigen Hintergrund des hoffnungslosen Kriegs – (ich bin auch im Punkte der Franzosen und Italiener nicht so hoffnungsfroh wie Du sondern fürchte (und hoffe!) daß dies Geschlachte militärisch überhaupt nicht entschieden werden kann, – sondern die p.p.p. Diplomatie muß da ihr unklares Spiel

antreten). – Nun, kurzum mich hat all dies, und anderes nicht hier ausgesprochenes dermaßen gelöst, gelockert, daß meine Innenerlebnisse seit 4 Monaten eine stets steigende Flut, in den letzten Tagen gewissermaßen den zähen Damm an einigen Stellen durchrissen. – Ich erblickte in *anschaulicher* Erkenntnis den gewaltigen Umkreis von Welt – indem alle Einzelerfahrung zusammenschoß zum großen aufgebauten Einheitswissen. – Es ist *einfacher* aber auch *verzweifelter* wie ich vorher immer wieder dachte. Die buddhistischen Urtexte (in der besten deutschen Übertragung) lese ich nun mit viel stärkerem *anschaulichem* Verständnis. – – Viel Blindheit ist wieder gefallen! Von den Stricken die mein Wesen hier fesseln wird der ärgste vielleicht der feinste sein – meine schöne Kunst, meine Schöpfertätigkeit. – Aber auch das muß fallen – wie ich in einem hohen Augenblick des großen Schauens erkannte. – So ist es: – Auch bei Dir lieber Fritz wird gerade Dein wunderbarer persönlicher Humor, – mit welchem Du Dich so oft über den *niedrigen* Ernst hinweggeschwungen hast, eines Tages verschwinden müssen um des hohen Ernstes willen den er verdeckt, und auch dieser, hohe Ernst wird eines andern Tages stürzen, um eines *Namenlosen* wegen. – So hat jeder sein Paquet, seit Äonen geschleppt – und Mörder Blutschänder waren wir vielleicht schon alle, – und bluteten auch selbst. – – – Wir haben es allesamt so schwer die wir in den sogenannten modernen Wissenschaften, vorab denen der Natur – aufwuchsen. Wie ändert man sich aber da, weißt Du noch wie Du mich für einen argen Schalk hieltest und meine mystischen Bestrebungen für ausgezeichnete »Witze«? – das ist noch kein Dutzend Jahre her!.

Ich nehme mir vor mich nicht mehr um die ungezählten »interessanten« und »wertvollen Geheimnisse«, »Beziehungen«, »Ansichten« um mich herum, zu kümmern – ich *gehe aufs Nächste!* d. h. auf die innen nagende Qual die gänzlich zu vernichten ist. – Tief versenkt sehe ich rings um mich die namenlosen Wesen in Blindheit geistiger! und schwerster Lage – – und ich hoffe wohl daß auch diese schreckliche Verquickung einmal doch leichter werden wird! – es geht ja auch alles im vergänglichen auch einmal im Bessern vorüber. – –

– Meine Blätter mache ich nebenher mit gutem Erfolg; – sie nahmen in letzter Zeit wieder einen neuen Typus an. – Schade daß Du sie nicht

sehen kannst – nun vielleicht einmal in Meran. – Ich hoffe für Dich und die liebe Carmen alles gute, – – sie soll sich das Pantherkratzen nach und nach abgewöhnen, etwas Fauchen ist noch erlaubt im Jahre 1916. –: Kennt Ihr die »chinesischen Geister und Liebesgeschichten« Verlag Rütten u. Loening Frkft/a. M. ferner die »chinesischen Volksmärchen« bei E. Diederichs Jena? 2 ganz großartige Bücher Meyrink hält das zweite für das beste Buch der letzten 100 Jahre, ich finde das *erste*, nicht so reichhaltig aber noch schöner. – Auch »chinesische Abende«, Verlag Erich Reiß gibt es, diese kenne ich aber noch nicht! –
Im nächsten Jahre soll ich eine Riesenausstellung – (Jubiläum zu meinem 40. Jahr) in Berlin machen an 150–200 Arbeiten *aller* Perioden, ich leihe mir da vielleicht auch von Euch etwas aus.

100 K [Zwickledt, 26. III. 1916]

Lieber Fritz. Zugleich geht an Dich eine eingeschriebene Sendung mit den 10 kleinen Radierungen von R. Bresdin die ja noch immer Dir gehören. – Hier bei uns hat sich wieder manches ereignet, diesmal *rein Gutes.* – Ich habe nun wirklich die zaghaft verschwiegene so oft erhoffte »Wendung« erlebt. Am R. Piper'schen Verlag in München erschien ein Werk von Dr. *Georg Grimm* »Die Lehre des Buddha«. – Der Verleger sandte es mir und ich fand nun durch die hinreißende Darstellung des Verfassers im Innersten berührt das unsagbare Kleinod. – Wie ein Sturm packte es mich daß ich meine Kunst, meine Bücher und Sammlungen aufgab, ebenso alles an hinderndem Vermögensanteil. – Meine liebe Frau fügte sich – und gewiß schwer! – in die veränderte Lage unserer jetzigen Gemeinschaft – aber es wird ja zum Guten geführt, und so ist nun ein neuer Zustand fast über Nacht gekommen. – Ich lebe nun soweit ich's vermag nach der »großartigsten Lehre« die der armen Menschheit je als Licht in der Verirrung diente, – – ein wahrhaft und ausschließlich geistiges Leben. – Die Erschütterung welche der furchtbare Krieg auf mich ausübte, – die einzelnen jähen Schicksalsschläge an denen ich in jedem Fall innigen Anteil nahm bereiteten mein großes – (mein *einzig wirklich* großes)

Lebensereignis gewiß vor. – Der Pfad den ich nun gehe wird hinaus führen aus dieser trüben Daseinskette – deren *ganze* Entsetzlichkeit ich in diesem Brief nicht einmal andeuten will. – Und nun schließe ich und werde Deiner zeitlebens in treuer Innigkeit gedenken. Vielleicht kommt Dir oder *der lieben Carmen* auch einmal ein solches Wunder. Schreiben werden wir uns ja jetzt nicht mehr – ich gab ja *allen* Verkehr auf. Und doch sind wir in anderer Weise verbunden – und auf lebendigere Art als wie die Briefe – Lebe wohl lieber treuester und gütigster Freund. – Könnte ich Dir nur von der unaussprechlichen Seligkeit geben die mich nach einem heißen und furchtbaren Lebenstag in so großer Milde umfängt.

Alfred

P. S. Meine Frau bittet Dich daß Du ihr hin und wieder Nachricht von Deinem und Eurem Befinden geben mögest. Sie wird Dir gewiß antworten.

101 K Zwickledt Wernstein, 28. 3. 16

Mein lieber Fritz
Ich habe die schreckliche Krise die mich im Denken über die enormen Zusammenbrüche welche sich in näherem wie fernerem Umkreis vollziehen noch immer *nicht ganz* überwunden; doch immerhin bin ich schon soweit daß ich das Leben und Denken *ganz streng* nach den buddhistischen Lehren nicht mehr so auf die Spitze getrieben durchführe; ich kann es nicht, mir fehlt die Kraft dazu. – Ich bin wieder aus dem kahlen Raume ins gemeinsame Schlafgemach gezogen. Ich blicke wieder in die Ferne mit Künstler-sehnsuchts-blicken, und nicht nur auf den nächsten Boden wo allerdings immer nur Moder und Unrath liegt. Aber noch liegt mir Alles sonstige erlebte, erschaute mit wahnsinniger Zähigkeit in den Knochen. – Bei reiner Kontemplation würde ich irrsinnig. *Die lebende Welle* ist doch das Wundergeheimnis, und mußte ich mir immer (beim Gehen, Stehen, Sprechen, Essen, Abscheiden) vor Augen halten ein Gerippe etwas was auf jeden Fall in kurzem widerlich zerfällt, so zerrüttete

dieser nüchterne Schrecken meinen Verstand. – Der schreckliche Krieg und die Lieben die ihm zum Opfer fielen in ihn verwickelt sind, wie auch die vielmonatliche Anspannung in der Arbeit *Einsamkeit* mußten diese wahrhaft Tolstoi'sche Krise bringen; hoffentlich überstehe ich das Alles und finde festen Boden wieder unter mir. Ist doch der Frühling jetzt ein wahrhaft *einziges* Kräftigungsmittel; außerdem nehme ich als Hauptlektüre jetzt, und Gegengift gegen alles Übermaß das maßvollste: Goethe – seine Briefe die ihn so sehr spiegeln. Doch freilich das alles kann mir nicht das feste Vertrauen wiedergeben, geschweige Heiterkeit. Dazu sind die Tage zu schrecklich und alle Freunde und mich [!] aufrichtigen Menschen zu fern, teils wie Du selbst leidend teils in den Krieg verwickelt. – Ich weiß daß sehr viele begabte Männer um die 40 Jahre eine mehr oder weniger vehemente Krise durcherleben, es ist eine Wende wohl auch physiologisch. – Wie hat *Goethe* sich da geändert, – Italien der Schwärmende, war abgetan, und diese unvergleichliche Tätigkeit Ausnutzung der Stunde, Ausbalanzierung des innern Leides und der Freuden die den großen Mann kennzeichnen. – Auch Schmitz ist in wirrer Krise, aber nicht derart maßlos strömend wie ich, überwindet er's doch eher, ist auch nicht so pessimistisch–melancholisch gerichtet. Das Balanzement hilft uns über das Leben, wenn man es versteht, was hilft gegen das Sterben? Nur tiefe Einsicht, hohe Erkenntnis, und die findet man immer wieder nur nach rechten Mühen *im* Leben. Sicher kann man mit Buddha vom *Daseins*wahn, Wunscheswahn – verderblichem Lebensdurst, sprechen. – Aber die Kunst, die Bescheidung, ist doch auch etwas, das Märchen, der farbige Glanz, die Gesundheit, – alles Anker, – gewiß vergängliche, gewiß eines Tages nichtig genannte, aber dann kommt, wenn *nicht nur* Grausamkeit ist, – ein weicher Schleier und hüllt unsere letzten Gedanken ein, und entführt uns, wohin,? daß wir *hier* und jetzt noch fragen das ist die Tragik des Menschen. ––– Werde ich, in wenigen Tagen 39 Jahre alt, nochmal wirklich *volle ruhige* freudige Stunden haben – *heute* scheint mir dies nicht mehr möglich. Nietzsche meint in seinem Werk, da hilft oft *der Körper* wenn das Denken sich verrannte. Wo sind die Tage als *wir* auf der Adria fuhren, auf dem Lago di Garda, als wir in Wien bummelten, in München, in Rindbach waren das erstemal, und noch vor kurzen Monden. – Von Dir und Carmen hoffe ich daß alles nach Wunsch geht, Du mußt gesund werden der Krieg muß beendet werden – dann komme ich auch über die so geliebten Berge zu Euch hinunter. – Hast Du die Farben bekommen? Die Bresdinblätter unter meinen Sachen die ja Dir gehören Du hast sie mir ja nicht geschenkt hast Du auch wohl schon in Händen. – Schmitz schreibt aus Berlin daß dort ein gräßliches Sansara Wirr-Warr in den Köpfen *aller* Politiker etc herrscht, er ist an einer Stelle täglich mit Großindustriellen, Sozialisten, Kapitalisten, Militärs, Beamten etc zusammen zu kommen, niemand weiß schließlich mehr wo ein, wo aus, und in den andern Städten wird es sicher ähnlich sein, auch bei den andern Völkern, und da *jeder* nun das Ende wünscht *muß* ja bald das richtige Wort fallen worauf das gesamte Kartenhaus zusammenfällt. Ich tue jetzt nichts als mich erholen später hole ich wieder meine Arbeiten hervor. – Dir und der lieben Carmen alles Gute freundschaftliche – Euer Alfred

Meine wackere Frau grüßt herzlichst. –

102 K [Postkarte, Zwickledt, 25. 4. 1916]

Lieber Fritz, Du bist doch ein sonderbares Subjekt! Warum schreibst Du mir gar nichts wo ich Dir so manchen Brief, Stimmungsabriß, Ereignis Sendung etc schickte. – Von der Ostfront erfahre ich via Luckeneder daß es Dir in Südtirol gut geht, daß Carmen sich verbrannte (war's schlimm??) – und daß Du »fleißig schreibst«! – – Ich habe nach und nach meiner schwersten Krise dem Buddha auf der »andern Seite« wieder ein *positives* Gewicht aufgelegt hocke mitten drinnen als »Indo-Amerikaner« zwischen West und Ost balanzierend, die Extreme herausarbeitend; eine geplante Zusammenkunft mit Schmitz in Bamberg und Würzburg wurde mir durch die neuen Paßschikanen verleidet. Und so nötig wäre es daß ich endlich von hier nach 7 Monaten wieder fortkäme. Meine Augen sind schon blind – und die Nerven: schweigen wir. – Der Krieg ist bei mir jetzt auf der untersten Stufe der Unpopularität angelangt. – Nun sei mit Carmen herzlich gegrüßt und schreibe oder mach Dich wenigstens durch Klopflaute bemerkbar. D. Alfred

103 H Meran-Obermais, 3. Mai 1916

Mein lieber alter, der Menschheit wiedergegebener Alfred.
Soeben kam Deine liebe, beschimpfende, Karte vom 25. IV. in meine Hände – Du tust mir Unrecht; ich sehe nämlich, daß – leider! – meine *beiden* Briefe nicht an's Ziel gekommen sind. Das kommt jetzt bisweilen vor. Näheres mündlich. Ich dankte Dir für die Farben und Stiche, schrieb, daß Deine melancholische Weltflucht ganz verfrüht sei, da Du ja noch *lange* nicht das Ziel Deiner phänomenalen Kunst*höhe* erreicht hast.
Meiner Meinung [nach] kommt erst Deine »Tafelbilder« Epoche. Ein Traum, den ich seit unsrem gemeinsamen Besuch von S. Antonio in Padua anno 1908 hege, ist, daß Du einmal den Chor einer Kirche mit Fresken versiehst und im Zusammenhang daran dachte ich schon daran, meine Beziehungen mit getauften Juden und sonstigen katholischen Mystikern dahin zu verwerten, daß wir einen Kirchenbau ins Leben rufen, was, nach Besprechungen mit hohen kirchl. Würdenträgern, nicht so schwer ist.
Ich freue mich, einmal mit Dir das Projekt zu skizzieren. – Du bist noch jung, unberufen von bäuerlicher Gesundheit, das Du wohl Zwickledt dankst, wirst noch uralt und klanwunzig (siehe Beilage) und es ist noch mit meinen Prophezeiungen mit Deiner künstlerischen Zukunft nicht einmal fertig.
– Auch bei uns gabs Krisen. Ich litt an schweren Depressionen und hatte gleichzeitig mit Dir den Wunsch: Im Lebenstheaterstück nicht weiter aufzutreten. Carmen wurde direkt »angekarmarüpelt« durch Explosion eines Papinischen Dampftopfes. Dazu tauchte eine Flut von Idioten auf die sich uns in der Maske von Geschäftsleuten näherten – kurz damals war eine schwarzmagische Epoche die überall übel wirkte. Auch im Makrokosmos. Jetzt glänzt die Venus am Himmel, der gute Stern. Wir gehen einer Klärung entgegen.

MI HAMS GHALTEN ZUM FELD 2C
1974 – 1999. (siehe Nostradamus!

Nur Wilson ist eine große Gefahr: Auch dieser Schurke gehört zum Mörderkonzern und ist meiner Meinung nach *Amerika* der Sitz der ganzen Brut. Grey, Asquit, Wilson, Delcassé, Poincaré, Iswolski sind alle Collegen derselben Meuchelmördergesellschaft, die auch in Italien hohe Vertreter hat.
Cadorna u der selige Eduard VII erschienen sogar 1893 in einem Pariser Katalog gefährlicher Verbrecherlogen *abgebildet!* Was sagst Du dazu?
Du mußt einmal Meyrink fragen, auch Schmitz dürfte von diesen Galgenvögeln wissen.
Wäre Deine liebe Frau und wärest Du geneigt einer Einladung zu uns nach Obermais – Parsifal folge zu leisten?
Wenn ja, werde ich mich ganz genau bei der Behörde erkundigen, *wann man kommen* darf, ob man wieder die *Abreisebewilligung bekommt,* welche *Papiere* nöthig sind, ob *Revaccination* gefordert wird.
Jedenfalls kann die Besorgung der Pässe nichts schaden. Ihr bekommt sie leicht – in Wien muß man tagelang stehen!
Alles Herzliche von uns beiden Euch beiden

Dein alter Fritz.

104 K Zwickledt, Wernstein a. I., 13. V. 16

Mein lieber Fritz Ich finde es ja einfach sträflich von Dir daß Du auf zwei lange wichtige Briefe, eine Karte und zwei Sendungen (die Dich wenn schon nicht interessieren so doch irgendwie berühren mußten) einfach *gar nicht* antwortest.!? Oft denke ich es geht Dir vielleicht gesundheitlich nicht zum Besten, aber dann höre ich wieder von andrer Seite Du schreibst »fleißig«. –
– Na ja, jeder hat seine Originalität. – Ich bin in den letzten Wochen recht eifrig gewesen und befestige mich innerlich *zielgemäß* immer mehr dort wo es eben nottut. – Auf die – heute sehe ich sie schon als grandios an – Krise im März kann ich allerdings in den Einzelheiten auch in Gedanken noch nicht zurückkommen es würde mich in einer minus-Richtung zu sehr strapazieren. Schreiben kann man so etwas

nicht – der Brief würde 1000 Seiten bekommen. – Vielleicht kann ich reflektorische Erinnerungen im einen oder andern Blatt einmal festlegen. – Leider ist aus meiner Erholungsreise und dem Treffen mit Schmitz nichts geworden, aus Paßtücken bin ich schon an der nahen Grenze aufgehalten worden, nun lasse ich die Reisepläne ins Nachbarreich einstweilen im stillen bis weniger komplizierte Zustände eingetroffen sein werden. Wolfskehl will mich übrigens Ende d. M. hier aufsuchen; auch er reagierte stark auf die Ereignisse und macht eine sehr ernsthafte Cur in einem Sanatorium noch zur Zeit durch. – OH. Schmitz kam ebenfalls vorwärts und sitzt jetzt im Taunus feilt an den letzten Sätzen seines Romans der ihn 2 Jahre festhielt. Wir leben tatsächlich alle miteinander so toll nach innen so ruhig nach außen, flankiert von Strömungen die eben weiter nicht viel anderes sind als die überschwenglichen Extreme eben jener ominösen Weltseele die, von sich selbst säuberlichst und furchtlosest beherrscht werden will. – Darum keine Sorge,: Granaten sind heimliche Bonbonnieren, Kämpfe glühende Liebesfeste im allerersten Beginn, die Sonne geht *blutig* rot auf, *Weltangst* ist das *vornehmste Geschäft* des Unendlichen selbst, – diese wundersame Dialektik beschäftigt mich Tag und wohl auch Nacht – zuweilen. – Wie geht es Euch? – Vielleicht würdest Du oder Carmen gelegentlich einmal Euch erkundigen welche Papiere nothwendig sind um eventuell Euch in Meran zu besuchen, irgendwohin muß ich Gebirgsluft fassen – und da doch alle diese Gegenden noch von Truppen wimmeln, so denke ich Ihr hättet vielleicht Freude wenn ich tatsächlich kommen würde, oder kommt Ihr am Ende gar nach Rindbach in der heißen Zeit? – Anbei ersiehst Du daß Bernus nun die geplante Zeitschrift herausgibt, wenn Du Lust hast kannst Du ja auch mitarbeiten. Bei Albert Langen München erschien ein Buch »der Vampir« von L. St. Reymont das Carmen wie Dir gewiß gefallen würde, es enthält manches, und so eigenartig gesagt wie man's anderweitig nicht findet. – – Ich vergrub mich im ewigen Jungbrunnen *Goethe* vor dessen Breite ich immer neu in Erstaunen gerate! – An eigentlichen zeichnerischen Arbeiten schaffe ich immer noch an dem »Totentanz« dessen eigentliche Hauptblätter noch gar nicht konzipiert sind. – »Zu Sammeln« gibts hier wo ich nun 7 Monde festgeschmiedet sitze nichts. – Doch habe ich jetzt ein ganzes Rudel

Bresdinblätter da 30 Stück und da möchte ich Dich ersuchen mir *nochmals Deine Serie die ich Dir Anf. April sandte zu schicken um hier genaue Vergleiche auf Echtheit etc. anzustellen.* Also lieber Fritz oder vielmehr liebe Carmen – denn F. dieser Faule Hund tut es doch nicht packt mir die Dinger ein und sendet sie postwendend. – *Eine große Überraschung* brachte mir mein Geburtsfest zum 40. Jahr – eine Riesenarbeit von Edvard *Munch* – hier sah ich was die Neue Kunst doch der alten auch wieder hinzufügen kann! – es ist eine große Anregung für meine eigenen Bestrebungen. – Ich litt sehr unter dem geistigen Austrocknungsverfahren das der Krieg uns Künstlern besonders bringt – da ich nun aber die verborgenen Quellen wieder fand ist alle Störung behoben. – Auf einem Blatt habe ich einen dalmatinischen Morlaken festgehalten den ich Dir demnächst senden möchte, nimm es an als Erinnerung an unsere schöne Fahrt 1903 in dieses Land. –
Und nun sei Du und Carmen 1000mal gegrüßt und in aller Herzlichkeit bedacht von dem alten Alfred

Meine gänzlich dem Gemüsegarten verfallene Frau grüßt ebenfalls. – *Trotz Löschung* werde ich wohl nochmals – aber diesmal *isoliert* zur Generalmusterung schreiten, wenn auch nur Formgeschichte, ists auch peinlich. –

105 K Zw., 17. V. 16

Liebster Fritz, heute d. 17. kam Dein vom 3. Abgesandter. – Inzwischen ist wieder ein Schreiben von mir schon unterwegs. – Ich freue mich daß Du Dein Schweigen so beruhigend aufklären konntest! – warst Du denn nicht »ultrasekret«!? Eure liebe Einladung nehme ich für meine Person gerne an, wenns geht, – d. h. da Juni vollkommen belegt ist, für ein paar Tage muß ich auch nach Wien, so würde nur eine spätere Zeit zur Verfügung stehen; und herrscht dann im Hochsommer in Meran nicht afrikanisches Klima?? Mir rät der Arzt »Hochgebirgsluft« na vielleicht läßt sich alles vereinigen, daß ich große Sehnsucht nach Dir habe steht ja in meinem letzten Brief, und

da bat ich Euch schon um eventuelle Angaben über Paß, Nachweis etc. zum hinein und herauskommen. Ich weiß nämlich noch gar nicht was im Sommer und frühen Herbst werden soll da ich unbedingt auch Schmitz irgendwie treffen will. – Meine Frau läßt Euch allerherzlichst für diese Einladung danken, – sie ist an Haus und Garten, insbesonders an das Euter unsrer Geiß gefesselt. – Ich fürchtete tatsächlich daß Du einmal Deinen blechernen Regenschirm vergessen hättest und einer Fliegerbombe zum Opfer fieltest, worauf die arme Carmen vor Schmerz versteinert, das schönste Monument darstellend, da auf dem Grabe siechend so lange zu warten hat bis ich mit dem Meißel die Panthernase abschlagend, mir ein Stück Carmen als Andenken und zugleich Genugtuung für den meuchlerischen Überfall am Bootssteg in Rindbach mir verschafft. –
Die große Astralkrise die uns allen entsprechend zusetzte durchsauste das All und wie ich höre sind in Berlin auch eine gewisse Anzahl jüngerer Männer zum Buddha geflohen. –– Ich habe mir nun zu diesem Pol den anderen, den Dionysos seit kurzer Zeit hinzuerworben, nicht etwa um nun in diesem Extrem zu schwelgen und zu wühlen sondern um säuberlichst in der *ausdehnungslosen* Mitte, schöpferisch zu verharren, dem Centrum der Weltperson – o du Nabeltänzer – Das ist *sehr schwer* aber nicht unmöglich, ein herzhafter Entschluß bringt den *Beginn.* Mein großes Erlebnis vom März wird, ja *ist* schon fruchtbar geworden. – Diese dämonische Behexung war die wahre »Revaccination« die mir vielleicht nottat, damit ich nicht etwa an den »echten« Astralblättern (pessimistische Misologie!) vorzeitig krepierte. – Allerdings Dein Wunsch mich auf einem Gerüst in einer kalten Kirche Monumentalia frescativa aufmalen zu sehen dürfte für diese alte gegenwärtige Kubinhaut kaum mehr sich verwirklichen, – dafür ist der arme Alfred doch zu intimer Lyriker. – Denk Dir – bei der Hexe in Wernstein ist wegen *nächtlicher* Ruhestörung Haussuchung durch Gendarm ohne Erfolg gewesen! – Aus der nahen Garnison Schärding sollen Militärpersonen zu Gesang und Tanz das Haus gegen Abend besuchen. – (Immerhin nach längerer Pause wieder ein interessantes Datum!) Herzlichst Euer weichgekochter Alfred.
Daß Ihr Amerika (Wilson) für das Urnest haltet gäbe meiner »andern

Seite« nochmals als Symbol eine neue Beleuchtung, wenns stimmt.

P. S. Wenn ich wirklich einmal ausrückte wie soll ich's mit der Mappe mit meinen Zeichnungen machen, die wird doch nicht 14 Tage bis 3 Wochen von der Zensur zurückbehalten? Oder soll ich's lieber als Wertpaquet vorher senden? – Bestellt Euch das Buch Vampir von St. Reymont (A. Langen). Schick mir nochmals die Bresdinstiche zu vergleichen. Gestern erhielt ich als Tauschobjekt für 2 Zeichnungen eine schöne Collektion von Schnitten des Schäufellin und H. Weiditz. Aber merkwürdig: ich habe je weiter ich komme nicht mehr die alte Freude an dem ganzen Sammeln. –
– Mein »Totentanz« sollte er je beendet werden wird sicher gut. Wir zwei müssen uns wahrscheinlich doch noch mal »mustern« lassen und in ideale Konkurrenz mit all den andern Epileptikern, Veitstänzern, Zwittern bis zu 51% masculin (nur solche sind noch landsturmpflichtig!) Kleptomanen u.s.w. treten??? hoffentlich freut Dich der Dalmatiner und die Pastrana die jetzt starb!

106 H Meran, 19. Mai 16

Lieber Alfred – Ja, sollte mein 3ter Brief auch verloren gegangen sein? Das ist sehr unangenehm. – Du glaubst dann am Ende gar daß ich in Deiner schwersten Krise keinen Anteil an Dir nehme! Bitte bestätige mir gleich per Karte eventuellen Briefeingang.
Ein Wiedersehen werden wir wohl leider erst im Herbst feiern können – da jetzt niemand herein oder heraus darf. Wir können auch nicht nach Rinnbach zu den Eltern! Aber hoffentlich feiern wir dann hier goldene Herbsttage.
Es ist jetzt wunderbar schön, enorm heiß und höchst malerisch an Stimmungen. Gesundheitlich geht mir's vorzüglich, die Hitze tut dem sauren Nierndel wohl. Auch Carmen hat sich – Gottlob – von der Explosionskatastrophe erholt.
Mitgemacht haben wir heuer wirklich genug!
Anbei eine Skizze zu meiner Erzählung »Klöbergöll«!
Alles herzliche von Haus zu Haus!

Dein alter Fritz

Soeben kamen Deine zwei wunderschönen Blätter an! Dankbrief folgt.

107 K [Ansichtskarte] Zwickledt, 26. V. 16

Lieber Fritz, Deine groteske Zeichnung zwang uns hier zum Lachen, heißen Dank das scheint mir viel mehr ein Fresko wie meine Reminiscenzen. Von mir an Dich müssen 2 Episteln unterwegs sein, ich rechne damit, daß Du mindestens *einen* Brief schon hast – mir geht es in allem Wesentlichen gut. – Einen interessanten Zeitungsausschnitt schickte ich Dir im I. der beiden Briefe. Außerdem ersuchte ich Dich um nochmalige Zusendung der kleinen Bresdinstiche die ich zu vergleichen mit einer großen Anzahl derselben gerne hätte. – Habt Ihr nun Bulwers »seltsame Geschichte« gelesen???? es war dies O. Wildes Schicksalsbuch und die Hauptquelle von K. Wolfskehl. Herzlichste Grüße an Euch. Dein alter

Alfred.

Zwickledt 26.V.16

Lieber Fritz, Deine groteske Zeichnung zwang mich bis zum Lachen, heissen Dank das scheint mir viel mehr ein Fresko wie meine Reminiszenzen. Von mir an Dich müssen 2 Episteln unterwegs sein ich rechne damit, dass Du mindestens einen Brief schon hast —

108 H Meran, 27. Mai 1916

Mein lieber alter Alfred!
Gestern bekam ich ein Buch von Dir, das nach langer Irrfahrt – es fuhr zu seinem Vergnügen allein nach *Oberweis* – hier landete. Scheint *sehr* interessant zu sein, ich konnte bisher nur den Anfang genießen.
Wir haben jetzt wieder nach langer Wetterlaune einen herrlichen Tag, aber sehr heiß und leider Feuchtigkeit.
Die letzten 3 Wochen waren für mich eine quälende Zeit durch das Wiederaufleben des russischen Dreckhaufens – den Dank haben wir nur der amerikanischen Mörderbrut zu zollen. Gott strafe dieses Ungeziefer durch den mexikanischen Krieg, der Amerika um 100 Jahre zurückwerfen kann. Amerika ist ein sehr schwaches Conglomerat, nie durch Blut gekittet sondern nur durch Gaunerkniffe gewachsen. Was für furchtbare Opfer kostete es ehe Deutschland soweit geeint war, ehe England »Großbritannien« wurde. Und auch die haben ein »Irland«. Also hoffen wir für die U. S. das denkbar Übelste. – Ich habe schon seit Wochen von Dir kein Lebenszeichen, war aber täglich im Geist bei Dir, dies umsomehr, als ich wieder einmal Schmitzens herrliches Buch »Wenn wir Frauen erwachen« las; gründlich; mir ist jetzt vieles darüber klar, klar, daß auch für Schmitz sehr bedeutsame Symbole dahinterstecken. Ich weiß nicht, ob er sie absichtlich hineinbrachte; jedesfalls könnte ein geistreicher Kritiker sich an einer Kritik dieses *gewaltigen* Werkes die Sporen verdienen.
Auch von Carmen bekam ich manchen Schlüssel zu seltsamen Dingen, Sachen, die auch Dich sehr interessieren dürften. Spaß wird Dir machen, daß sie als Kind nie mit Spielzeugbahnen sich unterhielt weil diesen Dingen »eine Fliegende Holländertragik en miniature« anhafte; nie Puppenstuben, Ankerbaukästen liebte um nicht namenlos schäbige Ortsgeister zu bannen.
Ich hoffe schon sehr auf den Herbst; ich glaube, wir werden da sehr genußreiche Tage verleben. Hoffentlich sind unsre Fortschritte bald so groß, daß auch hier mehr Freizügigkeit herrschen kann.
Wir werden wohl Anfang Juni aufs Vigiljoch ziehen, den einzigen erlaubten Ausflugsort der sich lohnt, denn hier ist [es] nicht mehr

sehr angenehm. Auch braucht Carmen etwas Ausspannung vom saublöden Personal. Nur vor der Kost haben wir heuer Angst. Leider bin ich ja sehr auf strenge Diät angewiesen.
Kurz, laß bald was von Dir hören und sei nochmals bestens bedankt vom

Kielkropfzüchtereiinhaber Fritz.

Gib mir doch einmal Schmitzens Adresse; möchte ihm gerne einmal wieder schreiben.
Was machen Deine Münchner und sonstigen Freunde? Stehst Du eigentlich im Briefwechsel mit dem Wiener Fregattenkapitän F. Schwickert, einem erfahrenen Occultisten der Indien u China gut kennt und sehr weit zu sein scheint?
Der Mann weiß auch mancherlei von Alchemisten, die nicht ganz so dumm sind; wäre was für Bernus.
Was machen denn Deine Zwickledter Mit und Zwischenbürger?

109 H Meran, 31. Mai 1916

Lieber alter Sybillerich von der Mostschädeley!
Heute erst beantworte ich Deinen lieben lustigen Brief vom 17ten. Diesmal wars nicht das Schicksal sondern meine heftige Sonnenbaderei die mich zurückhielt. Ich bin nämlich darin sehr eifrig – tut mir vorzüglich. Mir ist Dein lieber Besuch, auf den ich mich wirklich *sehr* freue, vorläufig allerdings noch ein politisch-behördliches Problem; hoffentlich bringt aber die allernächste Zeit größere Erleichterungen. Jetzt kann man gar nicht kommen; noch fortfahren. Hier im Hause sitzt eine Familie die schon seit 2 Monaten zu Hause dringend erwartet wird. –
Entweder: Rendezvous noch im Sommer oder, wenn absolut unmöglich im September hier – da ists unglaublich schön, eigentliche Jahreszeit für Meran. Jedenfalls prüfe ich alle 14 Tage die Möglichkeiten.
Verschaffe Dir aber für alle Fälle: *Paß mit Photographie,* Militärdokumente.

Wo Du dann einzureichen hast, schreibe ich Dir.
Es ist nämlich eine große Schwierigkeit: Nur solche Leute dürfen nach Meran u Kurbezirk, die bereits einmal hier *gemeldet* waren. Nun waren wir im Herbst 1908 zusammen hier; warst Du noch einmal *früher hier?*
Gott sei Dank, daß Dein böser Astralspuk so gut vorbeigezogen ist: ich lege mir immer psychisches Fliegenpapier aufs Nachtkastel – gut gegen Geister.
Wenn Du nach Wien kommst, so melde Dich doch mit Postkarte bei Herrn Fregattenkapitän Fritz Schwickert, Wien III, Kriegsministerium, k.k. *Marinesektion,* Marxergasse 2 a an und richte ihm schöne Grüße aus. Er ist ein sehr weit fortgeschrittener Mystiker, der interessantesten einer in Wien.

– Meinen blechernen Regenschirm brauche ich nimmer – vielleicht bringen wir das nächste Frühjahr zusammen in Venedig, Florenz oder Rom zu, d. h.: im österreichischen Venedig, Florenz oder Rom. Nach Nostradamus bekommen wir übrigens auch Algier u Tunis. Nicht so unmöglich. Ich habe auch eine Prophezie des Parazelsus gefunden: Frankreich geht unter Königen aus Bürgerhäusern (= Präsidenten) unter.
– Wie ich mich schon freue, Dich als Dionysiker, mit bebändertem Hut, den Thyrsos schwingend wiederzusehen. Womit ich aber keineswegs sagen will, daß Du einer Nackttänzersekte beitreten sollst – solche Dinge hat jeder Krieg im Gefolge.
Welch große Freude Du uns mit Deinen Blättern gemacht hast! Der Swetozar Borovic ist prachtvoll und der Julia Pastrana vermochtest

Du sogar Reiz zu verleihen. Hat dieses Exemplar wirklich gelebt? ich glaube, Strindberg schreibt öfter von ihr.
Wann kommt Schmitzens Buch heraus? Bin schon sehr gespannt! Wo steckt Meyrink den ich auch sehr gerne wieder einmal sprechen möchte. Übrigens habe ich eine Menge interessanter occulter Dinge, die Vorgeschichte des Weltkrieges betreffend, erfahren Dinge, die auch Dich interessieren dürften und Dinge, deren Zusammenhang auch Schmitz kennen muß.
Deine Assentierung wird wohl bereits vorüber sein; ich bin ganz erledigt, bin invalid und werde mich um eine Werkelcommission bewerben – ein Werkel, das nur Schandgesänge auf die Entente spielen soll.
Meister, ich grüße Dich und Deine liebe Frau die wir aber trotz Feld, Wald, Geiß und Garten zu sehen hoffen!
Der Panther reicht eine Sammetpfote und weiß auch hier Stellen, wo man den Meister ins Wasser oder einen Abgrund werfen kann.
In aufrichtiger Freundschaft

Dein alter Fritz

110 H Meran, 5. Juni 16

Lieber alter Alfred!
Ist das ein Jubel über die wunderbaren Siege, über das wällische und britische Ungeziefer! Schade, schade, daß man gegen die dritte Pestbeule, gegen Amerika so schonend vorgeht!
Mach doch einen Vorstoß auf geistigem Gebiet und zeichne eine böse macabre Blätterfolge gegen die Meuchelmörder in Amerika. Material findest Du, glaube ich im »Türmer« und in den heurigen Heften des »Eckhart« den der »Deutsche Schulverein«, (der übrigens *sehr* zu unterstützen ist) herausgibt.
Ich habe eine wunderbare Caricatur auf England im Kikeriki 1864 gefunden, die ich gerne als Ansichtskarte photographieren ließe. Ich beschäftige mich jetzt sehr mit dem occult-kriminellen Teil der Vorgeschichte dieses Krieges, einem Thema, das auch Dich sehr interessieren dürfte. Eine üble Rolle spielt die Dynastie Savoyen u

Rußland hast Du schon einmal von den »divinae cantatrices« gehört und dem Palladistischen Satanscult dessen Zentrum in Charleston u Washington ist? Alle bisherigen Attentate dieses Krieges waren mit amerik. Gelde bezahlt; so fand man beim letzten Attentat auf Skuludis beim Attentäter 16 000 Dollar und das Attentat in Schweden hat so skandalöse Verzweigungen daß man darüber *schwieg.*
Ich werde wenn ich nach Wien komme noch mancherlei herausbringen und gedenke, da ich unabhängig bin, später eine kleine Abhandlung zu schreiben auf die hin ich wohl englischen, französischen, russischen, amerikanischen, sowie den Boden der späteren Republik Italien nicht mehr betreten darf. Aber ins österreichische Venedig und nach Florenz fahren wir doch noch einmal?
Schreib doch bald wieder einmal wie es mit Deinen Dokumenten steht und sei herzlichst gegrüßt von

Entenbrechts

111 K Zwickledt, 10. VI. 1916

Mein lieber Fritz. Ich freue mich daß Du so in Siegen schwelgst – Ich selbst bin ja so wenig politisch, = militärisch veranlagt. Ich habe nur ganz weniges zum Krieg gezeichnet, bin aber trotzdem mit einer Arbeit reproduziert und sehr ausführlich erwähnt in dem Werke d. Krieg und die Kunst (1916 München) von Dr. H. Hildebrandt. –
Ich habe meine »Blätter mit dem Tod« (21) fertig, Gott sei's gedankt – nur eines werde ich vielleicht nochmals machen. – Ich fühle mich wohl und balanziere die Schwankungen deren Centrum ich bilde, nach bestem Können aus. – Die Musterung ist *Ende des* Monats, die Wienerfahrt habe ich zunächst verschoben. Ich besitze einen vollgültigen *Reisepaß;* im Hochsommer werde ich mich mit O. Schmitz wohl in Zell am See treffen, *auch dazu brauche ich eine Bewilligung zum Hin und Zurückfahren.* Meran käme dann etwa im Herbst, da wird das Ganze sicher leichter zu erreichen sein, zudem ist's dort dann climatisch wirklich sehr schön. Ich hab sonst eigentlich nach *gar nichts mehr besondre* Sehnsucht seitdem ich immer mehr mein »Menschliches« *hinaus*quetsche, als »Objekt« erkenne, erfasse. –

Besonders seitdem ich *alle Drastik* und *Sensation* als hohlen Aberglauben für den Vulgus anspreche. Ich bin und bleibe *Mitte.* – Die Selbsterlösung ist einem *Witz* vergleichbar; – scharfes Nachdenken, *ein heller* Bewußtseinsgrad und man hat die Sache beim Schwanz. Dies ist der *Beginn* in den man sich in *einem Nu* nach herzhaftem Entschluß hineinschwingen kann. – Darin *auszuhalten* ist Sache der Disciplin, eine schwierige Schulung (und ich bin selbst erst Anfänger!) Nun wirst Du auch begreifen warum mir *sachlich* die Politik, der *Krieg* u. Ähnliches Wurscht ist! Ich sehe in diesen, mich wie jeden andern *menschlich* bedrückend – in der Unendlichkeitsperspektive aber nichts andres als das notwendig gesetzmäßige Minus (∞) das uns das Plus ja verbürgt. Mit den symbolischen Worten der »anderen Seite«: *»der Amerikaner und Patera sind Eines«* ––– nämlich das Unendliche (∞) das sich selbst schafft, denkt, und *ewig* im *Jetzt* (der Mitte) *vermittelt;* d. h. den Überschwang seines Reichtums uns als + und – sich selbst vergegenständlichen (symbolisieren) kann. – Daß *dies* immer besser und reiner geschehe darin liegt meine *ganze* Hoffnung. – Nun lebe wohl und hoffentlich schickst Du mir bald die *Bresdinstiche* als eingeschriebene Drucksache auf die ich, zum vergleichen mit denen die *hier* noch liegen *recht* warte. – Die Julia Pastrana ist in dem Werk The Living Races of Mankind beschrieben und phot. abgebildet, sie ist 1860 in Mexico geboren war ungemein weiblich sanftmütig und hing mit inniger Liebe an ihrem Manager sie starb mit einigen zwanzig Jahren und ihre Leiche ist präpariert im anthropologischen Museum London zu sehen. – Eine arme sonderbare Creatur! Herzlichen Gruß an Carmen, wenn sie mich in einen meraner Abgrund schmeißen will oder gar etwa kratzen so bringe ich ein wohlabgerichtetes Mäuschen mit Rüsselchen und kleinen, scharfen Zähnchen als Leibwächter mit. – Wie immer Dein von der Klöten.

Anbei geht Euch das interessante Buch von dem Chinesen zu, welches meine Frau übersetzte, ich finde Chu Hu Ming *sehr* bemerkenswert!

112 H Meran, 11. Juli 1916

Lieber alter Freund!
Ich schrieb Dir am 27. Juni einen Brief; hast Du ihn bekommen? Ich dankte Dir darin für das Buch Ku Hung-Ming das uns beide lebhaft interessiert. Auch daß es lange spazierenfuhr, ehe es herkam, teilte ich Dir mit. –
Die inzwischen eingetretenen Ereignisse werden hoffentlich Deine Depression, die ich als sicher bestehend annahm, zerstreut haben; von Paul bekommen wir, Gottlob, glänzende Nachrichten; die Russen sollen am letzten Loch pfeifen; die Italiener stecken im scheußlichsten Terrain und England u Frankreich sind keine großen Künstler.
Wie allerdings die englische Invasionsfrage für *Frankreich* erledigt wird – das ist ein Rätsel. Mir macht die größte Sorge die uns Deutschen angeborene Dummheit der schonungsvollen Güte.
Was sagst Du zu der direkt Rindviehhaften Bewegung in deutschen und hiesigen Kunstkreisen daß man kein Kunstwerk »rauben« darf!
Diese Leute sind der innere Feind, der uns nie zu Ruhm und Glanz kommen läßt – denn reiche Museen sind unschätzbare Nationalwerte, von denen Millionen von Selchern und Zimmervermietern, Bierpantschern und Prostituierten mit der dazugehörigen blühenden Mode und Textilindustrie leben.
Treib' doch einmal Meister Schmitz an daß er ein Buch gegen diese tölpelhaften geistigen Bettnässer – Träumer wollt ich sagen – schreibt.
Hast Du Meyrinks Adresse? Wir möchten ihm gerne einige interessante Beobachtungen über Zusammenhänge zwischen Mond und Maschinenschwindel mitteilen; sein jetzt erschienenes Buch »Fledermäuse« ist sehr geistvoll – auch die Geschichte von Sacrobosco Haselmeier ist drin.
Vor einigen Tagen schenkte ein alter Sammler meiner Frau eine alte indische Miniatur des *Arjuna;* die Figur hat ein grünes Gesicht, grüne Hände und Füße. Bedeutet das ein Tatwa?
Du erwähntest einmal, daß Du einen froschgrünen Buddha hast.

Da kam mir die Idee, daß es sich um den Tatwas entsprechende verschiedenfarbige Darstellungen handeln könne.
Schade, daß man so wenige von diesen Sachen bei uns zu sehen und zu kaufen bekommt. Nur einmal bot man Carmen 8 persische Miniaturen an, allerdings das Herrlichste, was [man] je an Malerei gesehen hat – Ucello und Breughel inbegriffen – aber um 11 000 Kronen! – Die Arjunaminiatur ist auf Marienglas gemalt. –
In wenigen Tagen ziehen wir aufs Vigiljoch, – unsre Wohnung ist sommerlich devastiert und die Sonne des Südens schwelgt im Naftalin.
Heil Dir, Sacroboscos Nachbar! Fritz.

113 K Zwickledt, Wernstein a. I., O.Ö., 12. 7. 16

Lieber Fritz
Dein liebes Schreiben hat mich recht erfreut, von mir müssen allerdings auch Briefe, wenn schon nicht verloren, so doch recht verzögert in der Zustellung worden sein, – traurig, denn ich schreibe nicht besonders gerne, wenn man immer denken muß »das kommt nicht an«. –
– Inzwischen ging mein Wienerbesuch sehr nach Wunsch vorüber. – Ich wohnte in Grinzing und kam nur *1*mal überhaupt zu Einkäufen in die Stadt – sie wirkte großartig in ihrem jetzigen Gesicht auf mich. – Es war die reinste »Tentation de S. Antoine«. Seit ich (März!) noch tiefer die Leiter in mich hinabstieg, wirkt der großstädtische Maskenzug eben auch noch schärfer auf mich. – Eine Bekanntschaft erster Ordnung war F. Schwickert den ich Dir verdanke. – Ich ließ ihn zu mir nach Grinzing bitten, und wir verbrachten einen *seltenen* Abend zusammen, vom ersten Augenblick an auf *gleicher* Ebene wandelnd, daher auch gleich vertraut. – Wir sprachen viel auch von Dir und Carmen, – Sch. will Euch im Herbste noch besuchen in Meran wenn es einigermaßen ihm möglich ist. – Ich fand ihn sehr *abgeklärt und frisch* zugleich gewiß ein seltener Fall. – Durch ein wildes Leben hindurchgefahren hat Sch. nun endlich das Phänomen der Polarität *gründlich* gepackt und erfaßt und ist infolgedessen

gerettet. – *Mir* geht es nach wie vor *gut* seit ich auch in *lahmen* ja kritischen Augenblicken *nie* die Beziehung zum *eigenen persönlichen* Unendlichen außer acht lasse. – Schmitz war 3 Tage hier, er freute sich sehr über Euer nochmaliges Urtheil über »wenn wir Frauen erwachen«. – Er macht jetzt *Besonderes* und Schweres durch. – Wartet in Zell a. S. auf mein Nachkommen! – Hörst Du etwas von Paul L.?? – Wie ist Eure *momentane Adresse?* S. Vigil?, Ich muß noch die Meraner gebrauchen. – Ich erhielt einen sehr feinen Holzschnitt (Hengste) von H. Baldung und Rembrandt's »Potiphar« als Geschenk! – Arbeit zur Zeit gänzliche Pause. – Lebe wohl an Dich und Carmen herzlichste Grüße vom alten

Alfred

Meine Frau grüßt!

114 K Zell am See, Villa Julia, 5. 8. 16

Mein lieber Fritz Ich bin nun seit 1 Woche hier in Zell und es geht mir in jeder Beziehung nicht übel, die von Dir so geliebten Sonnenbäder habe ich nun auch übernommen und habe als erstes Phänomen eine Menge winziger rötlicher Pünktchen aufzuweisen ... Wären nicht die Ernährungsverhältnisse zur Zeit so übel, so würde der Körper viel schneller sicher neue Kräfte auffassen als es eben der Fall ist; – bei allem geht es aber auch so noch rasch genug – die allerherrlichste Luft, das Wasser überhaupt der Aufenthalt in diesem einzigartigen Zeller Gebirge ist ja allein schon etwas wunderbares. – Mein seelisches Balanzement ist auch hier *andauernd* ein günstiges. – *Keine* Sehnsucht nach dem gefährlichen *»Außen«* der Dinge, – *kein* Streben und Hoffen nach »Künstlichem« oder sehnsüchtiges Herbeiwünschen des Vergangenen. – Einzig im wahren echten Innenstand, Mittestand zu schweben wird angestrebt; zu pfeifen auf sämtliche »mystischen« Objekte, hingegen alle Erlauchtheit ins unendliche *Subjekt* zwingend. – O. A. H. Schmitz lebt auch hier, er bleibt sogar länger bis in den Herbst hinein, während ich *Ende* August wieder abzusegeln mich entschließen werde. – Auf die längere Dauer machen einem selbst die

lächerlichen Preise in ihrer phantastischen Höhe keinen Spaß mehr. –
– Was treibt Ihr in Lana? Und was hältst Du jetzt vom Krieg? Es ist toll wie lange dies alles dauert! nicht? – Schmitz wurde auf weitere 6 Monate zurückgestellt. – All diese Greuel enthüllen sich nun endlich in ihrer ganz flüchtigen mehr Kulissenhaften Bedeutung; – (könnte man denn *sonst* überhaupt leben? dasein? existieren?!) – Bei unseren endlosen Diskussionen ist Schmitz meiner Ansicht nach nun soweit schon gekommen, daß ich ihm aufrichtigen Herzens Meister Ekkehards Schriften empfehlen kann. – Er wird in nächster Woche mit diesem wichtigen Studium beginnen das geradezu ein *Prüfstein* ist. – Möge es ihm weiter gelingen seinen so eigenartigen Weg ohne zu viele Brechungen zu gehen. – Was mein künstlerisches Schaffen anbelangt so gilt mir dies eben als ziemlich »zweite Linie«. – Ich habe an 4 Wochen schon nichts mehr da gemacht – (die böse Erschöpfung hätts auch nicht zugelassen.) – Hieher nahm ich mir nun allerdings Material mit; – entdecke auch Einfälle und Keime zu Neuem in mir. Obwohl *nach* dem »Totentanz« ein Weiterarbeiten *sehr* schwierig ist. Bei schlimmem Wetter will ich aber sicher anbeißen. ––––––
– Grüße mir Carmen aufs herzlichste schreibe was Du tust und sei in alter Treue begrüßt von Deinen

Alfred

O. A. H. Sch. läßt Euch sehr schön grüßen. –

115 K Zwickledt, Wernstein a. I., 19. 12. 16

Mein lieber Fritz Deine Nachrichten kommen gerade heute da ich an Dich das große Fragezeichen abschickte. – Eure Nöte haben uns viel Spaß gemacht. –
Mir ist in *allem Wesentlichen* sehr wohl. – In früheren Zeiten war ein fortwährendes Schwanken zwischen Angst, Freude, Langeweile, mein Teil. – Nun – erreicht der Grad meiner Balance eine solche Sicherheit daß ich seit 8 Monaten in *dauernd seelischem Wohl*befinden lebe; mit dem Körper gehts mir leidlich, – die Müdigkeitsanfälle,

Nervosität u. s. w. macht mir [nicht] mehr zu schaffen ich habe mich an diese völlig schmerzlosen Zustände ziemlich gewöhnt; – obgleich die Arbeitskraft dadurch geringer wird. – Immerhin habe ich meine stärkste graphische Leistung die »Blätter mit dem Tod« auf 24 Blätter gebracht; ein großer Berliner Kunstverlag hörte von diesem Werk, bat sichs zur Einsicht aus; ich werde wohl auch mit ihm handelseins. – Meine nächsten Pläne gehen auf Bilder zu Aug. Strindbergs Dramen, – ein gewiß schwieriges Thema welches ich auf meine Weise lösen möchte, – d. h. die Menschen als Marionetten zu behandeln und mehr sind sie ja nicht, – nur soll der Mensch dies wissen. – OAH. Schmitz wird die Weihnachtstage bei uns verbringen. Seine Adresse ist für gewöhnlich jetzt: Salzburg Auerspergerstr. 29. – Sein eigentliches Meisterwerk ein humoristisch = satirisch = mysteriöses Tiermärchen »das rasende Einhorn« entstand im letzten Herbst. – Vielleicht werde ich dies noch mal illustrieren. Bei mir gehts halt jetzt mit allem Äußerlichen ziemlich langsam vorwärts, – ich muß mich meinem neu gewonnenen Lebensrhythmus der so übertrieben viel des Ungewöhnlichen gebracht hat immer mehr in praxi angewöhnen. Auch Schmitz macht durch meine Gesellschaft im August in Zell a. See mächtig ergriffen, sehr Tiefgehendes durch! Mein Kadaver wird erheblich älter; ich möchte Dir gerne eine Photografie senden (nicht aus Eitelkeit sondern aus Paßgründen ließ ich mich photographieren) – wenn Du mit diesem Vorhaben vorausgehst? ich besitze *kein* Conterfei von Dir. –

Nebenbei sandte ich Dir gleichzeitig eine Weihnachtserinnerung, allerdings nicht so einladend wie Baronin Vaughan vom letzten Jahr »das Hungergespenst« – Weniger wegen des Sprichwortes: »Kleine Geschenke erhalten die Freundschaft« als wie um Deine Kubinsammlung wieder zu vergrößern. – Schicke mir auch eine Arbeit von Dir, oder einen Stich es wird mich als *Zeichen Deiner Hand* sehr freuen. Carmens Frage nach unserem Wiedersehen auf »dieser Seite« ist schwierig zu beantworten. Wenn der Krieg aus ist – besuche ich Euch mit 1000 Freuden. Zum Lesen komme ich wenig – fast nur Memoiren. – Meyrinks neues Buch »das grüne Gesicht« liegt neben mir ich las *mit Spannung* darin. Wir beleuchten infolge Petroleumsmangel mit Carbid das ergibt auch täglich Abenteuer! An den famosen Schwik-

kert will ich nächstens schreiben. Meine Frau grüßt. Ich bin der Eure
Alfred

Adresse für Kupferdruckpresse wüßte ich in München nur die Firma Heinr. Wetteroth, Kupferdruckerei
Lebt Luckeneder noch –? Ich nehme sicher an – ja! –

116 K [Zwickledt, Ende Dezember 1916]

Mein lieber Fritz Am Tage nachdem von Dir die Karte ankam, darin Du mir ein Weihnachtspaketchen in nahe Aussicht stelltest traf die Botschaft vom Hinscheiden Deines lieben Vaters hier ein. Mit Euch allen, Dir, Mama und Carmen trauere ich auch, – denn obwohl der Tod hier als milder Erlöser kam, – für alle die zurückbleiben ist's eine schmerzvolle Gefühlsaufwühlung. – Dein Vater hat mir in vielen Jahren so oft Wohltaten erwiesen und mich in seiner überaus gütigen väterlichen Art geschätzt, – und so konnte ich der Mama Luise tief ergriffen schreiben daß mit dem Grab in Ebensee auch für mich eine Reihe der mir teuersten Erinnerungen abschließt. – –
Wir aber, Du, Carmen, ich, und eine Anzahl anderer *wissen* glückhaft, daß der Tod einfach ein Mißverständnis ist, das sich über eine Zeit *aufklären muß* – sich in unserem INNERN schon längst aufgeklärt hat. – – Wir wissen daß wir stärker wie der Tod sind und allmählich alles liebende Wesen das ja nur *eines* ist aus seiner zerschiedenen Unerkanntheit sich in wunderbarem Pfad wiederum als EINES erkennen wird. – – Der heiligsten, kriegerischsten Morgenröte wird *gewiß* die strahlendste Sonne folgen. – – – –
Wie im letzten Briefe möchte ich Euch zwei nochmals aufmerksam machen auf Meyrinks Hauptwerk »das grüne Gesicht«, besorgt es Euch es wird Euch sicher viel geben daß dies Werk auch einen so gewaltigen *äußeren* Erfolg hat, ist auch »ein Zeichen der Zeit«. – Heute, in $^1/_2$ St. kommt Schmitz. – Ich freue mich sehr auf ihn, obschon meine »Freuden« ganz verändert gegen frühere Jahre sind, wie ichs ja auch zum großen Teil bin. –
Ja wenn ich zu Euch nach Meran könnte, warten wir den Krieg ab, –

dann komme ich. – – Hoffentlich hast Du mir nicht eine Andreas Hofer Statue, überlebensgroß in Granit geschickt 200 Ctn. während ich Euch ein papiernes Gespenst auf den Nacken setzte. –
Lebt wohl und gute Tage, und schreibe auch wieder!!! – Euer und Dein Alfred
Hedwig kondoliert mit mir. –

117 H Meran-Obermais, 27. III. 1917

Lieber Alfred!
Schon seit langem ist unsere Correspondenz ganz verkümmert – wenigstens will ich versuchen meine Schuld gut zu machen und wieder einmal ein schwaches Lebenszeichen zu geben. Hoffentlich trifft es Dich noch als mildverklärten, weltabgewandten Einsiedler in Zwickledt – oder solltest Du inzwischen schon in überstürmender Jugendkraft zum Schwert gegriffen haben und das rauhe Kriegshandwerk treiben?
Von uns ist wenig zu berichten. Mama und Tante Bertha wohnen seit Februar bei uns, Leni Lisi aber sorgen, – so weit dies möglich ist – für leckeres Mahl und schmucke Sauberkeit im trauten Heim.
Das herrliche Wetter hebt die beschädigte Lebenslust, die schwärenden Seelenhühneraugen die die Weltendisharmonie drückten, verharschen – selbst meine finsteren Vapeurs, wie man diesen nervösdeprimierten Zustand im Rococo nannte, werden von einem goldrosigen Strahl kommenden Frühlichtes einer besseren Zeit zierlich verbrämt während Carmen schon seit langem sich sündflutdichte Astralgummischuhe angeschafft hat, wie sie sich auszudrücken pflegt.
Äußerlich allerdings haftet uns ein leiser, dürerischer Zug des Verfalls an. Die Kleider werden fadenscheinig, ich trage ungleiche Morgenschuhe und wir tragen uns lebhaft mit dem Gedanken eine Ruine mit wunderbarer Aussicht zu kaufen und als Erdfuß (= pied à terre) herzurichten. Die Ruine wird Dich interessieren; früher hauste ein Drache darin der wöchentlich mindestens einen Ritter verschlang; da wir aber keine Ritterkarten besitzen, ist er längst

Fritz von Herzmanovsky-Orlando, *Alfred Kubin und Anton Pachinger*, 1903

verhungert. – Schade. Denk Dir wenn man ihn geschlachtet hätte: Drachenschinken mit Wrucken – Drachensalami – kalter Engländer in Lindwurmaspik – geräucherter Drachenkamm . . . na, ich will Dir den Mund nicht wässern machen.
Wie schade, daß Du nicht kommen kannst! Wir beide haben in der Zeit, seit wir uns nicht sahen, unendlich viel auf geistigem Gebiet erlebt und uns so gewiß manches zu erzählen.
Doch ewig kann ja der Jammer nicht dauern; ich sehe vielmehr einen baldigen Frieden kommen in dem wir, so Gott will alles versäumte doppelt nachholen werden. Der unerhörte Heldenkampf muß ja seinen Lohn finden und das giftige Geschmeiß um uns wird elend krepieren.
Aus dem scheinbar politischen Krieg ist ja längst der Kampf der Finsternis gegen das Licht geworden – das ist ja geradezu toll wie die Schurken der ganzen Welt ohnmächtig gegen uns toben. Gott bewahre uns nur vor einer »humanen« »Völkerversöhnung« und bewahre uns davor, daß diese widerwärtigen Bestienvölker unsere schönen Gegenden und Kulturstätten als Reisende heimsuchen.
Auch unsere neugebackene Wucheroberschichte zähle ich dem Feind zu.
Alles herzliche von Haus zu Haus Dein alter Fritz

118 K Z., 3. 4. 1917

Mein lieber Fritz Deine hochwillkommenen Zeilen waren mir gute Labsal! – Ich schwinge nach wie vor keine Klinge sondern wurde »weil bei 3maligen Musterungen schwere Nervenstörungen ersichtlich konstatiert wurden, vom diesmalen Erscheinen gesetzlich befreit« – so wurde es mir zur tiefen Befriedigung mitgeteilt. – Wir beleuchten mit Carbid – (täglich neue Überraschungen für Aug, Nas und Ohr). – Haben uns – da die seit Aug. 16 bestellten Kohlen ausblieben in dem kleinsten Zwickledter Raum, – einfenstrig – zurückgezogen woselbst sich nun das gesamte Leben traulich abspielt – – die Futtermiseren bekämpft mit wechselndem Glück meine Hedwig – – und je schäbiger man herumläuft desto moderner – das ist hier so wie bei Euch – – es ist eben erschreckend wie die »andere Seite« sich verwirklicht die Andeutungen des Buches in »langgezerrte« Ausdeutungen sichtbar werden. – Nun, auch die Gemütlichkeit (im Werk so unterstrichen) fehlt nicht. – – – – Mein Gesundheitszustand ist unregelmäßig; in wenigen Tagen 40 Jahre, muß ich recht mit meinen Kräften Gleichgewicht halten – Ich war im Arbeiten recht fruchtbar mein »Totentanz« von 24 Blättern wird in kurzer Zeit bei B. Cassirer, Berlin erscheinen. Auf dies Werk habe ich den größten Teil meiner materiellen Hoffnungen für die nahe Zukunft gesetzt, denn die einfache Lebenserhaltung scheint ja nur noch für Millionäre und Lohnsklaven zu ermöglichen sein; die gebildete Schicht stirbt ja wohl aus – wenn nicht das große Wunder doch noch kommt – auf welches diese mit hoher Wahrscheinlichkeit nach meiner Ansicht, wartet. – Meine Augen muß ich sehr schonen; 10 Jahre täglich beinahe nur Schwarz-weiß gearbeitet hält auch gutes Material schwer aus; – ich spüre die Ermüdungen bei allen Gläsern die ich trage, und koloriere nun gewisse sich dazu eignende Zeichnungen – welche bunte Farbigkeit meine Augen nicht so anstrengt. – – Diese ganzen Aufzählungen sind äußerliche Dinge! Im Innersten fühle ich mich nach wie vor – nun da sich meine Krise im vergangenen Monat zum erstenmal jährte – unvergleichlich! –

– Ich führe kurze Aufzeichnungen (meist Schlagworte) über dieses innere Erleben, um womöglich eine Curve – Gezeiten – festzustellen. – Die einzelnen Schauer und Zauber die ich erlebe haben nämlich immer wieder einen ganz unvorhergesehenen Charakter und ich bin begierig ob sich das ganze zum Mosaik des Seelischen findet, und in welcher Weise. – Auch Schmitz wurde von mir ziemlich weit – so man es eben kann – unterwiesen und treibt in Salzburg seine Künste, und zunächst die edelste, die Harmonisierung seines inneren Lebens. – – Lesen tue ich wenig, fast nur Memoiren – als Entlastung. – Meist denke ich in die Luft und täglich 1 bis 2 Spaziergänge. – Die Bemühungen um »Entmenschung« welche ich mit unendlicher Geduld und Elastizität nach Vorbereitung langer Jahre seit März 1916 nun in vollstem Maße anstrenge – trägt mir gute Früchte. – Ich freue mich wenn die Tage eines schönen Wiedersehens für uns kommen werden! Grüße mir herzlichst Carmen, Mama, T. Berta. – Alles Gute von meiner Frau für Euch Dein alter

Alfred

Deus festinat lente!

119 H O'mais, 15. IV. 17

Mein lieber alter Alfred!
Deine Zeilen haben mich herzlich gefreut, beweisen sie mir doch, daß Ihr Euch – den Umständen angemessen – gut befindet und die schwere Zeit mit dem Humor der im »Drüben« fischenden ertragt. Ja, dieser grenzgebietliche Sport ist viel wert, jedenfalls besser als wenn Leute mit gebrechlichem Innenleben mit geweihtem Fliegenpapier Gespenster fangen wollen.
Weniger freut es mich, daß Dein Augenlicht nicht mehr auf der alten Höhe ist; vielleicht ist dies der Anlaß, daß Du Dich einem Gebiet zuwendest auf welchem Du noch grandioses zu schaffen berufen bist – der Tafelmalerei. Wenn ein Mensch von Deinem ungeheuren »Projicierenkönnen« und Deinen zeichnerischen und koloristischen Qualitäten sich damit abgibt, muß großes zu Tage kommen. Mir schweben – verzeih wenn ich mich in solche Dinge, die nur Dich betreffen, einmische, vorerst Bilder im Stile des Hieronymus Bosch vor, dessen einziger Epigone *Du* bist. Die Zeit ist gerade jetzt für Bosch reif, wenn anders man den einzigen untrüglichen Maßstab der gemeinen Bestien, den Marktkurs als maßgebend annimmt.
Und man täuscht sich damit *nie*. Ich befasse mich in der erzwungenen Einsiedeleistimmung mehr denn je mit den Künsten, komme auf so manches und begann selbst zu zeichnen. Es ist meiner Erfahrung nach nicht schwer, Bilder zu verfertigen die gewissen Erfolg, auch in pekuniärer Hinsicht, haben.
Kurz und gut, ich halte Deine Aktien für sehr gut und steigerungsfähig – wir werden nach dem Krieg, ganz anders als man es je dachte, eine Zeit ungeheurer Möglichkeiten auf dem Kunstgebiet-Markte erleben.
Möge nur endlich eine Epoche der politischen Klärung kommen, die

Menschheit hat weiß Gott wichtigeres zu tun als sich mit den verfluchten englischen Idioten und ihrem Geschmeiß herumzuraufen.
So, jetzt leb wohl, schreib bald wieder, grundiere Eichenholzbretter schwarz und male darauf die zartesten Farbenschleier.

Herzlichst Fritz

120 K Zwickledt – Wernstein O.Ö., 20. V. 1917

Mein lieber Fritz
Daß du mich für den Bosch unserer Tage erklärst mag viel Richtiges haben – und wenn ich auch zur Zeit nicht am Tafelbild hafte, – so bin ich den von Dir zitierten »Farbenschleiern« gewiß nicht abhold. Ich hab' zunächst mal eine ganze Menge älterer Blätter koloriert was mir derart viele neue Ideen für den Aufbau künftiger Dinge eintrug, daß mir *jeder* Tag zu kurz wird – – daneben hatte ich einige Titelblätter übernommen, eine Lithographie für die »Shakespeare-Visionen« deutscher Maler (herausg. v. Maier–Graefe) etc. zu machen. Meine »andere Seite« die jetzt neugedruckt wird, erhält ebenfalls von mir einen neuen Umschlag. – Die autobiografische Studie – der Sansara Mappe beigelegt 1909 führe ich bis zur Gegenwart und lasse sie der neuen Ausgabe vorandrucken woraus fürs Ganze ein frisches Gesicht erwachsen dürfte. – Sonst lasse ich es mir gewiß nicht zu schlecht in diesen irrsinnigen Wochen ergehen, indem ich mit immer geschulteren scharfen Blicken das Wesen der Dinge von den Erscheinungen trenne. – Hedwig geht sehr in ihrem Garten, den Hühnern, den Ziegen auf – leider ist das Viehzeug auch meist auf Halbkost gesetzt. Wie werdet Ihr es halten?? Wenn Ihr nach Rindbach im Hochsommer kämet so wäre wohl etwa die Möglichkeit nicht unfern, daß ich auf einige Tage hinkommen könnte! – (Habt Ihr Mama u. T. Luise bei Euch könnt ich ja in der *Ortschaft irgendwie schlafen?)* – Aber ich glaube Ihr kommt gar nicht nach Rindbach!! – Ich werde, läßt sich dies nur überhaupt durchführen Ende Juli mich dem Hochgebirge nähern – im Vorjahre merkte ich die belebende Wirkung – (selbst bei dem schwachen Essen und der tollen Seeräuberei in Zell a. See) –

Schmitz will in den Böhmerwald oder auch nach Ungarn – im ersteren Fall würde ich ihn vielleicht auch besuchen. – Kurz: man wird sehen ob und was sich bietet *nichts ist bestimmt* – auch das Kriegsende leider noch nicht, was sicher sein Gutteil an der Hinfälligkeit meines Körpers schuld trägt. – Nun man kann nur hoffen daß die deutsche Rechnung stimmt, und bevor der Engländer seine Ernte einbringt, der Hunger ihm schon den Waffenstillstand abgerungen hat.
– – – – – –

Als Studium brachte ich das einzige populäre Werk des stärksten Intellektes der Gegenwart Ernst Marcus, »Kants Weltgebäude«, München Vlg. Ernst Reinhardt 1917 (Preis 4 Mk.) in meine Hände. Dies wunderbare Werk zu lesen ist eine Gehirnsäuberung ersten Ranges. – Soviel ich erfuhr ist E. Marcus ein Herr schon von 60 Jahren, Amtsgerichtsrat in Essen, – und fast so unbekannt wie ungeheuer im Denken. – In seiner neuesten noch nicht veröffentlichten Arbeit löst er das Problem der exzentrischen Sinnesempfindung – weist nach daß unsere Sinnesempfindungen *nicht nur in uns*, sondern auch ein kosmisches Wesen treiben, – ein Gedanke gewiß originell und großartig genug! –
Lebe wohl und grüße mir Carmen und Deine anderen Damen herzlichst – – wie immer

Dein nun schon schwabenaltriger Alfred

Schmitz lebt ganz im astrologischen und braut Horoskope. –
Auf die 3 Pfingsttage kommt er hieher.

121 H [Meran] 28. Mai 17

Lieber Alfred!
Vielen Dank für Dein liebes Schreiben vom 20. V.
Wie freut mich die Nachricht, daß Du wieder neue Wege gehst. Aber glaube mir: versuche doch einmal ein Bild auf schwarz grundiertem Holz in Lasuren zu malen. Bosch wußte, warum er dies tat. – Zeichnen hat vor Dir so *beweglich* wie Du kaum ein Maler außer ihm gekonnt, der Effekt wird ein hervorragender sein. Mir schwebt immer eines

Deiner Blätter aus der Breughelepoche vor wo das groteske Riesengesicht eines Deiner Freunde (Mantels?) vorkommt. (Wohl auch ein radfahrender Bauer?) Ich hätte Dir so viel mitzuteilen. Wie schade, daß wir uns nicht sehen können! Du kannst nicht her und wir nicht fort.
Wir werden den Sommer hier bleiben um unsre Bezugsquellen nicht zu verlieren und um einzukochen. Das Leben wird immer complizierter – manchmal sehne ich mich in Perle zu wohnen, da hat man wenigstens billige Antiquitäten kaufen können.
Jede Woche bekomme ich die Nachricht vom Tode eines Freundes. Als letzter starb vor einigen Tagen in Veldes Graf Aichelburg an Herzschlag infolge Nervenchoks – was das gewesen sein kann! Du kanntest ihn auch; früher war er in Triest. Er war ein sehr wertvoller, anständiger Mensch der seinen Mitmenschen oft ohne daß sie es ahnten das Leben rettete. Er war nämlich Ingenieur der Seebehörde und hat im Kampfe gegen die »Tücke des Objektes« oft occulten Attentaten trotzen müssen.
Er war streng mathematisch real und erzählte ganz unbefangen von großen, gut abgewendeten Katastrophen. – Ich konnte da nie an »blinden Zufall« glauben. Ist Dir übrigens das Koboldhafte an ihm, der stets rauchfangkehrerhaft gekleidet war, aufgefallen?
Daß Schmitz in Salzburg wohnt, wundert mich nicht. Ich komme immer mehr zur Überzeugung, daß er, der zu den ganz Großen zählt, ein großer Diplomat ist und den Mystischen Erkenntnissen stets tadellos als Weltmann kostümiert entgegen tritt. Dadurch polarisiert er und wird schon eines Tages in einem Caféhaus den Parazelsus treffen. Heute fährt man nur sehr gut angezogen auf den Blocksberg – höchstens die Mitglieder des hiesigen Hochadels benützen noch die Ofengabel statt des Autos.
Bitte gib mir doch Schmitz's Adresse. Carmen schrieb ihm schon längst einen Dank nach Berlin (er sendete ihr sein letztes Buch); der Brief ist wohl verschollen.
Markus's Buch werde ich besorgen. Ich kenne Kant nur aus sehr übelstilisierten Denkexkrementen im Buche »der phil. Propädeutik« aus dem Gymnasium und Carmen hält ihn für den geistigen Großvater der Margarine und des Holzzusatzes zu Wurstwaren.

Daß Frau Hadewig liebreich die Hendeln füttert, finde ich sehr gemütlich; wir haben dies Jahr keine bukolischen Triebe. Kennt Ihr das vorzügliche Hühnerfutter aus *Knochen* die allerdings mehrere Tage hintereinander am Herd bleiben müssen, bis sie so weich sind, daß man sie zerstoßen (»schroten«) kann?
Wir senden Euch die herzlichsten Grüße und freue ich mich auf einige Zeilen!

Herzlichst Fritz

122 K Z., 3. 7. 17

Mein lieber Fritz Wir schnaufen noch immer aber leider stehen die Aussichten auf eine Luftveränderung im Hochsommer diesesmal miese! – Der verschwiegene Pinzgauerwinkel an den ich mich wandte hat mich wegen Knappheit abgelehnt. – *Vielleicht* komm' ich nun August noch nach Zell am See obgleich mich der durch den Krieg noch rapider gewordene Charakterverfall der dort hausenden Bevölkerung im vorigen Jahr recht degoutierte. – Ich weiß nicht, ob ich Deiner Ansicht hier, daß nun das Licht gegen das Dunkel kämpft in jeder Hinsicht beipflichte. Ich denke öfter frei nach Heine in dem Streit zwischen dem Rabbi und dem Pfaffen, »daß sie alle Beide stinken«. – Den sieghaften Gewinn hat, wer die Tarnkappe innerster Ungeschiedenheit aufsetzt. – Ich fühle mich in meinem Doppelspiel, das ich zur eignen Belustigung rings um mich herum aufführe, sonsten recht wohl. – Die Autobiographie verlängerte sich nun um 20 Seiten bis auf die Heutzeit. Die Coloristik macht mir nach wie vor Freude. Ein Probeexemplar meines »Totentanzes« ist mir als fertiggestellt bereits avisiert worden. –
– Schmitz der sich quält, aber mit gutem Resultat, traf sich in Wien einpaarmale mit dem alten Schwickert zu beiderseitiger Befriedigung. – Auch Paul schrieb einen Brief (ohne rechten Inhalt allerdings) – aber er scheint gesund und hat, wie alle Welt den Krieg satt. – Meyrinks »Golem« und »grünes Gesicht« liest jeder 3. österr. und 7. deutsche Offizier, wurde mir geschrieben. –
Ich bereite nun eine schöne Ausgabe eines späten Strindberg Dramas

(: Gespenstersonate :) vor mit großen Tafeln von mir, – hoffe daß die Augen nicht allzu streiklustig sein werden. –––
– Es geht eben verdammt zwiefach zu, hier baut man einen Turm und auf einmal merkt man daß hinten ein Loch geworden ist. –
Ich, wie mein Hauptverleger nehmen nun an, daß die »andere Seite« in ihrem Neudruck mit der Autobiografie abgerundet, ergänzt gleichsam, in eine reifere Periode fallen wird – nun ich bin neugierig. Und nun schreib mir von Dir? von C.? Deiner Arbeit? Hast Du gezeichnet und gemalt????? Wie geht es Deiner Mutter?? Habt Ihr gute Sachen zu lesen?? –
– Ich muß sagen, wenn ich diesen Sommer gar nicht von der Scholle kommen sollte, so graut mir auch davor nicht – *mir* ist sie nicht mehr eng. ––––––
Die wichtige Auseinandersetzung zwischen Schaffen und Denken nimmt mich *voll* in Anspruch, das echte Balancement will gegen sich selbst erstritten sein! ––––––
Dann ist's aber auch landschaftlich dies Jahr so groß *wie noch nie,* indem die Sonne unentwegt scheint (allerdings auch die Hungersnot noch rascher herbei zaubert!) –––––– ––––––
Schmitz Märchenbuch »Menschheitsdämmerung« ist nun bereits im Druck, ich mache Euch zwei *sehr* aufmerksam darauf – der Autor selbst stürmt die Salzburger Wahrsagerinnen und läuft wöchentlich einmal mit dem heiligen Bahr auf den Gaisberg. –
Lebe wohl und empfehle mich Deinem gesamten Damenflor. – – Ich begreife daß Dir Aichelburgs frühes Ende nahe ging, eine der sympathischsten Erscheinungen, die mir begegneten!
Herzlich immer Dein alter

Alfred

123 H Meran, 8. Juli 1917

Liebster Alfred!
Ja, Du hast Recht, – es stünken beide, will mir dünken. Aber hoffentlich verstinken die anderen schneller als wir. Es ist einfach schon idiotisch, wie lang der Krieg dauert und ich bin mit dem

Schicksal schon seit längerem nicht mehr per »Du«, daß es bestimmte, daß gerade wir Zeitgenossen des dümmsten Intermezzos der Geschichte werden mußten. Mir ist nichts verhaßter als große, erhabene Zeiten und würde ich das als die erhabenste Epoche der Menschheit bezeichnen in der die Frankfurterwürstel wieder bloß 8 Kr kosten würden. Das ist real und eröffnet dabei Abgründe der Cultur. Wie viel Geistesblitze funkeln aus 2 Kreuzer Wurst! – Panta rei – (Παντα ρεῖ), die Knackwurstmühle. – Rembrande fallen heraus, Goethes, ETA Hoffmänner.

Aber so kaut das Volk mit seinem Sägemehl bloß Flüche auf WaterClosettnation ein und leistet außer Tuberkeleiter nichts. Wann werde ich Dich einmal bei mir sehen – beide im kühlen Keller sitzend, jeder eine mächtige Pitsche Röthele neben sich, schönen durchwachsenen Spöck und Vintschgerlaibeln kauend – das gibt eine Darmseife, prima. Dann wirst Du in die Geheimnisse der Gegend eingeführt; nicht weit von hier läuft die altiberische Grenze; dort wohnen in einem Dorf Iberer, lauter Goyas, aus den Desastros de la guerra, Prachtkerle. Nur schon recht klein. Alte Völker gehen schließlich, wenn man sie nicht stört und neu aufböhmakelt in ihrer Körpergröße gewiß auf 3–4 cm zurück. Ich kenne dort einen Geißbuben der vielleicht – wenns hochkommt 43 cm hoch ist. Er ist noch dort, da man ihn begreiflicherweise immer wieder zurückstellt. Nicht weit von der Ansiedlung wohnen Kelten, mit niedrer Stirn, braunem, struppigem Haar. Man liebt sie als zugereiste Eindringlinge, die kaum 3000 Jahre da sind nicht; Ehen ausgeschlossen. Denn die Vintschgauer, ein seltsames Volk, vielleicht schon aus der Atlantis ausgewandert, vermischen sich auch nicht mit den Meranern.

Kurz, Du wirst hier Stoffe finden, – auch für Schmitz wäre diese von Geheimnissen durchwebte Gegend etwas. Überall Gespensterburgen und unberührtes Mittelalter.

Du fragst nach meiner Lectüre? – Gar nichts. Ich erlebe innerlich mancherlei und werde zufrieden und sehr abgeklärt; dabei empfinde ich die Differenz mit der bösen Spannung im Makrokosmos sehr unangenehm, so daß ich wieder von meiner persönlichen Ruhe nichts habe. Kurz, es fehlt das Behagen. Denke, wie schön man es hier haben könnte! Mailand, Venedig, Verona, Bologna sind bequeme Tagesausflüge – Fußtouren nach St. Moritz, ins Engadin wären möglich und da müssen sich die saudummen Hunde von Ententepolitikern zwischen rechts und links irren und fallen über den Falschen her! Ich glaube immer, daß die Italiener eigentlich Frankreich, die Franzosen England den Krieg erklären wollten und sich bloß infolge ihrer fabelhaften geographischen Unbildung so geirrt haben. Tragik der Völker! Na Alfredchen leb wohl, nähre Deine Hendeln mit Deinem Herzblut, male düstre Bilder und erfreue bald wieder durch einige Zeilen Deinen greisen Freund

Fritz.

Unser Thomas, dem immer versprochen wird, daß ihm zum Lohn für seine Tugend und Treue bunte Straußfedern am Popo wachsen werden.

124 K Zwickledt, Wernstein 31. 7. [1917]

Mein lieber Alter Deine von lebendiger Anschaulichkeit erfüllten Zeilen erfreuten mich wie immer; besonders das holde Bild eines gemeinsamen Schoppens – – möge es sich bald verwirklichen. (?) – Inzwischen gelang es Schmitz durch seine besseren Salzburger

Beziehungen in Murau i Steiermark (800 m hoch) eine Wohltätigkeitsvorstellung mit der dortigen Bezirkshauptfrau zu arrangieren. – Dies, die einzige Revanche, daß *auch ich* die mir so nöthige Höhenluft dortselbst einige Wochen schnappen darf; heutzutage brauchts schon Protektion wenn man für hohes Geld irgendwo gastet! – Ich werde demnach in den allernächsten Tagen über Salzburg dorthin abreisen und freue mich gewiß auf dieses unbeschriebene Blatt meiner irdischen Existenz. – Mit eventuellen nachträglichen Pferdefüßen hoffe ich bei meinen Methoden auch noch fertig zu werden. –

In meiner Arbeitskraft bin ich so ziemlich fertig und den letzten Rest gab ich für einige Blätter aus, die bei einem netten Preisausschreiben im Spätherbst mitconkurrieren sollen. – Daß Du *sehr* unter den Spannungen der Zeit leidest, das weiß ich ja nicht nur aus Deinen Briefen sondern meine gesamten Kenntnisse des Fritzischen Organismus ließen diesen Schluß kaum vermeiden; Du leidest *mehr wie* ich, entschieden! – Ich arbeite seit 16 Monaten (und von Woche zu Woche energischer!) an meiner fortgesetzten *Entmenschlichung* und bin *vollkommen geschmeidig glücklich soweit mir dies gelingt.* Ein mühevolles Werk, doch es *muß* gelingen und eher soll der Lehrling draufgehen als die große Sonne der er sich verbunden fühlt. – Läßt man dieses innere Wunder auf seinen *Einzelwillen* einwirken so beachte man wohl daß dies plus + et minus –, schwingend, hin *und* her, rhythmisch, wachend *und* schlafend, fest *und* weich zu geschehen hat. Das Innerste hat es bei seiner Ausschwitzung mit einer *Sphäre* zu tun, und man durchschaue *alle* Illusionen der *Unrundheit.*

– – (Also auch die des Weltkriegszwiespaltes zum Beispiel!) Schmitz, mit dem ich mir seit 12 Monaten nochmals alle erdenkliche Mühe gab kommt eben *noch langsamer* als ich weiter aber auch bei ihm gehts, *relativ,* nicht schlecht.

– Eigene Göttlichkeit will eben schwierig erlernt sein und nicht passiv automatisch »hingenommen«. – So wie Du komme auch ich zur Zeit nur wenig zu Büchern; meine Augenschwäche u. anderes, macht, daß ich überhaupt etwas die Freude am Lesen verlor. (Mit großem Interesse las ich die Erinnerungen von Ritter Götz von Berlichingen.) Was meine Augen aushalten gebe ich der Kunst. – Auch der

Simplizissimus hat wieder Einiges von mir bekommen – mein »Totentanz« wird Anfang Sept. wohl schon überall zu bekommen sein. Und für den »Profeten Daniel« (13 Tafeln 12 Initialen von mir) den ich seit 1914 schon fertig hatte habe ich nun auch einen Verlag gefunden. –
Untenstehenden Bundesbruder sende ich Dir als Gesellschafter zum Röthele. Herzliche Grüße für Carmen und d. Mama.
Ich wie immer

Dein Alfred

125 H

Meran, 9. August 1917

Wackerer Myste und trefflicher Freund!
Deine Zeilen und der schöne Mohamed V den Du ganz durchblickt hast haben mir große Freude bereitet.
Du faßt ihn ganz als »Kopfwesen« auf. Und das arme Säberl!

Es freut mich für Dich, daß Du mit dem großen Diplomaten O.A.H. Schmitz nach Murau in gute Höhenluft kommst. Ja, O.A.H. hat noch als Diplomat große Zukunft, glaube es mir.
Daß Du endlich wieder einmal zu uns kommst, dürfte auch in naher Zukunft liegen. Mein Astralhühnerauge kündet kosmischen Wetterwechsel an. Selig der Ruhige, der mit den Gesäßschwielen denkt. Meine Sensationen sind schmerzhafter. Daß Du einen labilen Ruhepunkt fandest freut und beruhigt mich. Deine Philosophie ist gut, Deine Lebensweisheit habe ich immer bewundert. Aus den Pferdefüßen, die man überall findet, rate ich Dir Leim zu kochen und damit das Rosarot und Himmelblau, Grün und Schwarz, Weiß, Grau und Gelb des Symbolischen Farbenkastels zu Tempera für ein feines Seelengemälde zu verarbeiten. Das ist die Praxis im Darüberhinaus. – Melusine als Compottköchin.
Natürlich genügt dies nur zu Mußestunden die man geistig im »Café entre deux cages« wie ich es heimlich nenne, zubringt.
Mir glückt das Loslösen schwerer, obwohl ich den lächerlichen und grauslichen Erdenschwindel schon durchschaue. Carmen nennt das Leben ein »kosmisches Schnadahüpfl« – das deckt sich ja damit. Dafür macht es die mir innewohnende Komik schwerer mich als wogenden Schmetterling der der Olympischen Sonne zustrebt, zu betrachten. Immerhin habe ich die Maskenfreiheit hier so weit zu benützen erlernt, daß mir gewisse Begegnungen die Schmitz wohl kennt, nicht mehr real, sondern auf der Traumebene – zustoßen.
– Überhaupt das »Unterbewußtsein«! Ich stelle es grafisch so dar: [Skizze] bloß 23° die dem Gesichtswinkel entsprechen, sind hell – Tagesbewußtsein; der weitaus größere Teil ist dunkel, doch ebenso real. Vielleicht sehen Rosse und Hunde mehr als wie wir Menschen. – – – –
Du kannst Dir denken, wie gerne ich wieder einmal mir Dir plaudern möchte. Ich sehe Dich schon in dem prachtvollen Park der neuen Wohnung herumstelzen; abends wird Dir die Brille die nötige Strenge verleihen an der die Jodler der Umwelt wie allzudreiste Fliegen abprallen. Vergiß nicht auch Schmitz meine herzlichsten Grüße, auch die meiner Frau, auszurichten – ihren Brief wird er also doch nicht bekommen haben. Sage ihm, daß ich hier eine Figur seines neuen

Buches getroffen habe, einen alten Frankfurter, der mir eine Menge Commentare erzählt, und den alten Herrn schön zeichnete. Die Welt ist doch klein.
Alles Schöne von Haus zu Haus.

Dein alter Fritz.

126 K Zwickledt, Ob.Öst., 19. 9. 1917

Mein lieber Fritz.
Ich habe Deinen Brief vom 9. 8. mit größtem Vergnügen gelesen. Mit diesem nun schicke ich Dir *zur Einsicht* das Horoscop das O.A.H.S. in den 4 Murauerwochen (*täglich 2 Stunden Arbeit!!* am Nachmittag!) über meine Constellation machte. Ich wußte gar nicht, daß so eine lange Arbeit mit dem Heraussuchen und Kalkulationen geleistet werden muß. O.A.S. stellt *nur* sogenannte *Charakter-Horoskope, keine* die sich mit künftigen oder vergangenen Daten beschäftigen da

ihn diese Berechnungen noch sechsmal mehr aufhalten würden, zudem brauchte er Werke dazu die es nur in England heute gibt. O.A. Sch. hält das Charakter-Horoskop als ein Hilfsmittel zum Regulieren und Ausbessern seelischer Disharmonien für recht gut. Ich finde seine Resultate hochinteressant stimme aber doch nur mittelmäßig über den Wert mit ihm überein da ich *jede Fatalität* vom *höchsten* Punkte (und dies ist der einzig vertretbare und erstrebenswerte nach 60.000jähriger Schinderei) ablehne: – *Ich* kultiviere *Freiheit von* Allem und *zu* Allem und halte es für irr, daß der Geist auch nur im Geringsten vom Materiellen (Symbole, Unterschiede *sind schon* Creatur) etwa *abhängig* wäre, sondern das *Umgekehrte* findet statt. – O.A.H.S. gab mir nun darin besonders in den letzten Murauer Tagen *vollkommen* auch Recht und als rein *subjektive* Hilfskonstruktion habe ich auch gegen die Astrologie nichts einzuwenden – so wenig wie gegen irgend eine Mystik, obschon die *logische klare Durchsichtigkeit ein weit sicheres* Motiv mir immer abgibt und unendlich höher dadurch auch steht. Unter dieser voraussetzenden Bemerkung sende ich Dir Sch. Arbeit, die ja auch Carmen in manchem recht goutieren dürfte. –––

Die schöne Murauer Zeit brachte in jeder Hinsicht Fortschritt und Vorteil. Physisch war ich zu Anfang und Ende allerdings gehindert, ein nervöses Jucken plagte mich, und kaum zu Hause angekommen bemächtigte sich meines Hinterbackens ein wilder Furunkel der nach Fieber und Eitererguß nun endlich dem Salbentopf wich. – ICH, – groß geschrieben – will mich aber den elenden Körperbedingungen partout nicht unterwerfen, und in *diesem* Balanzement bist ja auch Du lieber Fritz – Vorbild, fast meisterhaftes, für mich. Daß Deine Hühneraugen politischen Wetterwechsel anzeigen, höre ich gerne, wer würde lieber nach Meran zu Euch beiden fahren wie ich! – Einstweilen lese ich mit großem Genuß die Geschichte der orientalischen Angelegenheit im Zeitraum des Pariser und Berliner Friedens – und verscheuche mit dem Gedanken an den Krim Feldzug die Ärgerlichkeiten des größeren jetzigen. So besonders hier die scheußliche Beleuchtungsfrage die bei den langen Abenden nur halbgelöst, meine armen Augen nicht wenig martert. – Meine Frau hat 40 Pd. abgenommen, mehr der allgemeinen Haushaltungssorgen wegen, wie unseres noch immer recht auskömmlichen Tisches halber! – Mein Stiefsohn Otto hat als Student von 23 Jahren vor wenigen Tagen eine Liebesheirat geschlossen hoffentlich glückt sie guter Wille und Edelmut ist da, Metall abwesend. – Mein Hauptwerk von 1915/16 »der Totentanz« ist als Probeband einstweilen, in meinen Händen – er befriedigt mich! Auch sonst steht es künstlerisch nicht schlecht – ich arbeite nicht zu viel aber regelmäßig und sicher. An Dich und Carmen herzliche Grüße. In alter Treue Dein Alfred

Ich höre mit bedauerndem Verständnis daß Dir die »Loslösungen« sehr schwierig werden. Nun *leicht* kann so etwas auch gar nicht sein. Auch Sch. ringt und müht sich *seine* Praxis zu finden, die Gefahr daß er *zusehr* mit *meinen* Methoden Versuche machen will liegt hier nahe. *Nur dort* wo alles zusammenfließt kann man sich an mich lehnen, *nicht im Weg* nach dieser Richtung. Mit *Durchschauung* fängt aller dieser Beginn erst an, – Zähigkeit, Elastizität, Treue muß man unbeschränkt haben. –
Sende das Horoscop bald zurück und schreibe auch!

127 H Meran, 21. IX. 17

Mein lieber alter Alfred!
Ich danke Dir sehr für Deinen lieben Brief vom [Datum fehlt] und die wunderschöne überaus stimmungsvolle Zeichnung die für mich den Ausdruck des Sonnigen, Sommerlichen wie kaum etwas anderes wiedergibt. Es ist der ganze Duft Schwabens drin, Umbach und Tiepolo hätten sie wohl gutgeheißen. Mich interessiert die räthselvolle Grenzlinie zwischen Augsburg und Italiens vorgestrecktem Kunstintuitionsgebiet ungemein, diese Gesichtsgrenze in der die Sehnsucht nach dem Süden so vieler kunstbegabter genialer Menschen Deutschlands Wunderburgen aufbaute und ein Karmisches Kraftfeld ersten Ranges schuf. Daher mag es auch kommen, daß Kunst und Romantik wie nirgends sonst in dem Gebiet blühen (Augsburg früher, München jetzt als Kunstzentren; König Ludwigs Bauprojektionen der Romantik).

Nach Osten zu, entlang der Donaulinie halten die Ritter der Mystik Wacht als Künstler, dazu gehörst auch Du neben Altdorfer und Wolf Huber.
Sehr interessant war mir O.A. H. Schmitzens Horoskop; ich bewundere seine fleißige Arbeit. Er ist für mich der Typus eines sehr klugen und genialen Menschen der das Geheimnis der *Maske* wie kein zweiter erfaßt hat. Er geht die Dinge gerne im Smoking an, der für viele Gewalten ein wunderbarer Panzer ist. Ich glaube, daß er mit den bisher sichtbaren Vorarbeiten noch irgend etwas ganz Großes erreichen wird.
Möchte ihn wie Dich sehr gerne bald wiedersehen; diese dauernde Trennung empfinde ich schon als scheußlich. Das sind die Fehler Merans.
Wir sind seit 14 Tagen im neuen Heim das Dir wohl gut gefallen dürfte. Das Haus ist im Style Miramars gebaut, die Zimmer sehr hoch und geräumig, der Park einzig schön mit seinen ungeheuren Zedern und tropischen Baumformen. Wir haben Palmen, Araukarien etc. Dabei der Blick auf das duftumwobene Hochgebirge – abends herrliche Töne! Wir haben alle unsre schönen Bilder, auch die Tante B. [s], aufgehängt. Carmen hat ein Barockboudoir mit gelben Tapeten, weißgoldenen Möbeln, eingelegten Kästchen etc und sehr schönen Pastellporträts, darunter Liotards.
Auch Bulldogg ist zufrieden, er hat bereits eine Ahnengruft des Hauses Fries aufgeschmaust und liegt eben, einen Zahnstocher im Mund, in der Sonne.
Ich freue mich sehr, daß Du eine so angenehme Sommerfrische gehabt hast – kleine Leiden muß man dafür in Kauf nehmen. Oft denke ich mit Schaudern an Eure Beleuchtungsmisère die für einen Künstler eine mittlere Hölle bedeutet. Da kann man gar nichts machen. Kienspan? Nordlicht? Wie würdest Du Dich vielleicht über ein Irrlicht im Nachttopf freuen?
Mit diesem Wunsche schließe ich meinen heutigen Brief; bitte Deiner lieben Frau alles Schöne zu sagen, auch Deinem Sohne meine Gratulation zu übermitteln.
Er hat ganz recht getan; Liebe ist die beste Basis einer Ehe, darüber läßt sich nicht streiten. Das materielle Moment wird nach dem Krieg

bei dem entsetzlichen Männermangel kein Hindernis sein. Alle Hände voll wird es zu tun geben und Platz genug in den zu kolonisierenden eroberten Gebieten. Denn eine *Rückgabe* wird niemals stattfinden; am Schluß wirds noch zwei Machtgruppen in Europa geben – uns u England. Mit England wird man überhaupt nicht verhandeln; der nächste Krieg über seine Colonien kommt in längstens 10 Jahren. Glaub mir.
In alter treuer Freundschaft

Dein Fritz

Glaubst Du, daß OAH Schmitz auch eventuell Carmen ein Horoskop machen würde? Wie kann man sich ihm für den großen Zeitaufwand erkenntlich zeigen?

128 K Wernstein Zwickledt, 31. X. 1917

Mein lieber Fritz, Heute komme ich nun wieder dazu Dir zu schreiben. Nehme sehr Dank für Deinen lieben Brief. Du klagst über Deine Abgeschnittenheit von Menschen mit denen Du gerne wieder beisammen wärest; nun Du kannst Dir denken, *darin* geht es mir genau wie Dir, und – bleibe ich nur gesund und überhaupt reisefähig – so komme ich sowie die Verhältnisse annehmbare sind zu Euch gerne auf Besuch in das schöne Heim das Du so schilderst wie ein arabisches Märchenschloß. Carmen muß sich in einer derartigen Umgebung ja sicher wohl fühlen! – Ich frug, Deinem Wunsche nach, bei O. Schmitz an wegen C. Horoscop; er ist gewiß hierzu bereit und braucht hiezu als Daten *1 Jahr, 2 Tag, 3 Stunde* und *4 Ort* der Geburt. Mit einem schön illustrierten Briefe (etwa Eure Meraner kosmischen Erlebnisse betreffend) kannst Du Dich bei ihm nachher *vollkommen genügend* revanchieren. Die Daten schicke an seine nun wieder ständige alte Adresse: *Salzburg Hotel Nelboek.* – Ich bin unversehens in eine schwarze Serie hineingeglitten und hatte äußerlich eine ganze Reihe Kleinteufeleien zu überstehen, auch größere schleichende Seelengifte zu paralysieren. – Im Ganzen gingen die Attacken über mich – der ich die *stärksten Panzer* umhängte –

günstig hinweg. – Daß man den Wälschen zur Zeit prügelt macht Dir, der Du Dich so an diese Kriegsdinge attachiertest gewiß große Befriedigung! – An der Oberfläche Lumperei schaue ich auf dem Grunde allerhand Kolossalitäten die der Krieg auch mit mobil gemacht hat. Man kann auch sagen daß die feindlichste Zeit nun im Beginn angebrochen ist! Soviel merkt ja jetzt schon ein Pferd, daß das Unendliche darauf drängt tiefere Werte zu realisieren wobei alle *menschlichen* Falscheinstellungen in die Binsen gehen. *Meine Entwicklung* nun schrieb ich schon 1909 in knapper Schilderung auf und stellte diese Studie meiner Sansaramappe damals voran – nun habe ich *das Ganze um ein paar Stellen erweitert* und *noch einen III. Teil* (1909–1917) dazu verfaßt – er wird dem binnen Kurzem erscheinenden Neudruck meiner »anderen Seite« vorangesetzt. *Auch Dich habe ich an einer Stelle* erwähnt.

Da ich weiß, daß es Dich freut so schicke ich Dir die Druckbogen dieser Autobiografie ersuche Dich aber sowie Ihr es gelesen habt um *rascheste Rücksendung*, denn ich brauche sie noch anderweitig! – Einen Prospekt meines *nun endlich erschienenen* Werkes »die Blätter m. d. Tod« lege ich bei – Hier ist ein Herzenswunsch in Erfüllung gegangen, das Buch soll eine möglichst *breite* Wirkung haben, ich habe mich bei dieser Arbeit in Gedanken an einen *sehr weiten* Kreis von Seelen gewandt, der Verleger kam mir nun darin sehr entgegen, daß er seine Calculationen auf *nur 7 Mk* – also einen wirklichen *Volkspreis* stellte! Bestelle Dir das Werk *gleich* und teile mir in Deinem nächsten Schreiben auch Deine und Carmens Eindrücke davon mit.

–––– Mit meiner Kultur des inneren Gleichgewichtes geht es *anhaltend* gut! Ich arbeite regelmäßig ohne Hast und voll *absoluten* Vertrauens daran *alle äußeren unterschiedlichen* Dinge in einem *gleichmäßigen* Abstand von mir zu halten; dies ist *sehr* schwierig und ganz besonders soweit es den Körper und die anhaftende Psychophysis des Alf. Kubin betrifft mit welchem mir ja zunächst stehenden Herrn die arge Gefahr einer Identifizierung ja stets vorhanden ist – auch hier muß Geduld den Sieg erringen. Bei der Kunst bin ich in fröhlichem Fortschritt! Eine mühevolle Komposition »Bonaparte in Ägypten« ist schon ausgereift ––––

Eine kleine Serie österreichischer Alpenlandschaften möchte ich in Bälde konzipieren und hier bitte ich Dich herzlichst mir doch die *2 oder 3 größeren* Deiner kleinen Bresdinschen Kupfer – die ich früher schon mal hier hatte für eine Zeit zu genauesten Studien nochmals zu schicken! – Ich bat Dich schon früher einmal drum. – Für Deine Liebenswürdigkeit mache ich Dir dann mein Blatt »Königgrätz« (eine reich detaillierte Zeichnung 30 × 40 cm) *umgehend* nach Empfang obigen Wunsches zum Geschenk. (Allerdings hoffe ich im Stillen, daß Du mir zu Weihnachten auch vielleicht eine eigenständige kleine Zeichnung verehrst. Du scheinst mir Dein Pfund recht zu verbummeln! Als ich Dir seinerzeit die Temperafarben schickte hoffte ich wirklich Deine Indolenz etwas aufzupulvern!) Dieser Zuwachs Deiner Kubinkollektion würde auch Carmen bei Ihren altösterreichischen Sympathien stark interessieren! Empfehle mich Ihr bestens! meine Frau sieht elend aus, ganz mager, und von Magen- und Darmkatarrhen geplagt, meine Sorge !! In alter Herzlichkeit Dein

Alfred

[Randnotiz in FHOs Handschrift:]
Merkh: »Es war einmal« Innsb. Wagner 1913 (deutsche Ortsnamen in Italien).

129 H [Meran] 14. XII. 17

Mein lieber Alfred!
Verzeihe daß ich erst heute Dir schreibe; ich habe eine Menge widriger Dinge im Kampfe gegen mich gehabt, daß ich absolut nicht die Muße hatte mich in eine halbe Stunde der mit Dir so lieben – leider bloß brieflichen – Plauderei zu versenken. Teils waren es schwer zu lösende Fragen beruflicher Natur, teils widrige Strömungen auf der andren Ebene / ich hätte ja so viel mit Dir speziell zu besprechen!
Zu meinem größten Bedauern entnehme ich Deinem letzten Bericht daß Deine liebe Frau Dir Sorgen macht. Gebe Gott, daß es bloß ein vorübergehendes Unwohlsein ist. Dazu noch die ganzen, kleinen

aber umso ekelhafteren Widrigkeiten des gegenwärtigen Lebens; scheußlich.
Auch wir wissen ein Lied davon zu singen obgleich es diesen Winter in mancher Hinsicht besser ist, als im Vorjahre, wo wir bloß den Auswurf der Dienstbotenschaft in Meran zur Verfügung hatten und uns knapp vor Weihnachten die erste brave Köchin vom Herde weg verhaftet wurde.
Ich freue mich, daß Schmitz bei Dir ist. Im Gespräch mit diesem wertvollen Künstler wird Dir manche Sorge leichter werden. Wir schrieben ihm noch nicht aus denselben Gründen mangelnder Muße.
Habe vielen Dank für die schönen Blätter mit denen Du uns eine große Freude bereitet hast. Eine kleine Revanche für Weihnachten habe ich für Dich in Wien bestellt da von hier aus keine Pakete abgehen. Wenn Verspätungen eintreten, bitte nicht ungeduldig zu sein, die Verbindungen mit Wien hierher u dann zu Dir sind oft unberechenbar verzögert.
Ich fange wieder an etwas zu zeichnen, barocke Mittelmeerstimmungen aus versunkener Zeit, die vielleicht Dir und Schmitz, die ihr ja den verwehten Duft vom vermoderten Hellas, rotblonder Gotik, verwelktem Seidenprunk Italiens und den eingetrockneten Leibstühlen pestkranker Allongeperückenträger kennt und schätzt.
Die Broschüre über Meyrink hat mir viel Spaß gemacht. Man tut ihm wohl Unrecht, da er den geistigen Heiligenschein des deutschen Volkes um einen tüchtigen Strahl bereichert hat. Auch verbellt er die Cechen und Balkaniten gründlich, und das, was er vom deutschen Stamm, angreift ist auch ein geheimer Feind unseres Volkstumes. Das ist wahr, daß er den Juden deren Geistesarbeit doch so eine furchtbare Schund und Ramschware ist, zu bedeutende Rollen zuweist. Die Kabbala hat wohl noch kein Jude capiert. –
Übrigens ist M. ein wirklicher Seher. Denke, was wir hier entdeckt haben! Vorgestern kam Carmen jappend vor Lachen heim: in der Stadt hat sich eine ältere Jungfer namens Mutschelknaus mit einem Cravattenladen etabliert. Carmen störte sie bei einem tête a tête mit einem langen Menschen der wie ein Lämmergeier aussah! Was sagst Du zu so etwas? M. konnte, als er den »unverbesserlichen Lämmer-

geier« schrieb unmöglich etwas von der Existenz dieser Mutschelknaus gewußt haben.
Ich möchte ihm gerne von diesem Spiel des Zufalles berichten! Weißt Du seine gegenwärtige Adresse? – Auf baldiges geistiges Wiedersehen! Carmen und ich grüßen herzlichst!

– In welchem Band kommt die Geschichte vom Krieg mit Thessalien vor?

130 H [Fragment, Ende 1917]

Deine Biographie ist sehr gut ausgefallen. Kurz, sehr essentiell, übersichtlich und, wie man mit Vergnügen merkt, das farbige Werk eines bildenden Künstlers. Wie verblasen sind z. B. alle Musikerbiographien!
Zufälligerweise las ich jetzt gerade die 3bändige, übrigens sehr gut geschriebene Biographie Ganghofers. Wohl seine beste Arbeit.
Aber was für ein Gegensatz zwischen diesen beiden.
Willst Du Dich denn nie mit der symbolischen Deutung Deiner Arbeiten abgeben? Mir ist da noch mancherlei eingefallen, das man verwerten könnte. Alte Zusammenhänge, die sogar in antiken Fabeln ihr Widerspiel haben.
Was macht übrigens Dein malerisches Schaffen? Hast Du Dich noch nicht auf Tafelbilder geworfen? Da ist wohl dasselbe Moment daran Schuld, das Dich nicht Radierer werden ließ: Damals die Unbequemlichkeiten der Beschaffung einer Presse, heute wohl der Umstand, daß Du nicht zum Tischler gehst und Bretter kaufst.
Grundieren könntest Du sie schon.
Übrigens zum Teufelholen.
Was Du aus den radierten Platten alles herausgeholt hättest – na ich denke lieber nicht daran. Aber noch ist es Zeit damit zu beginnen. Denn Du wirst doch noch zur Erkenntnis kommen, daß gewisse Effekte eben nur durch das Aquatintakorn zu erreichen sind, das Dir 500% an manueller Arbeit, die Dich vielleicht bloß beim Schaffen stört abnimmt u daß Dir die Radierung jede Linie extra verschönert,

in einer Weise, die man mit der Hand nur sehr schwer erreichen kann. Und Malerei auf Holztafeln ist doch noch was andres als auf Ölpapier oder Leinwand, Blech oder Eternitschiefer, Materiale, die eine fluchbeladene Epoche ersann.

131 H [Meran] 12. Januar 18

Mein lieber Alfred!
Zu meinem lebhaften Bedauern entnehme ich beiliegender Karte des Buchhändlers, daß das eine der für Dich bestimmten Werke noch immer nicht an Deine Adresse gelangt ist obwohl *ich* es *lange vor* Weihnachten bestellt habe. Das andre Werk wird vielleicht schon eingetroffen sein – oder dauert das noch länger.
Also: bitte um Geduld im Namen der Kriegswirren die alles normale Beginnen hemmen.
Ich habe die Weihnachtswoche mit der Niederschrift eines grotesken Romanes aus der Raimundzeit ausgefüllt den ich gelegentlich durchfeilen werde und nach dem Krieg für einen kleinen Bekanntenkreis veröffentlichen möchte.
Was gibts bei Euch Neues?
– Kennst Du schon Meyrinks Walpurgisnacht? Schade, daß er nicht so wie Ganghofer alle acht Tage eine neue Arbeit produziert! Das wäre eine Freude – besonders für uns einsame Meraner denen geistige Genüsse zu erringen nicht gerade leicht gemacht wird – in idealer Concurrenz mit den physischen, versteht sich.
Wir führen einen amüsanten Kampf mit unserer Wohnung; sind bloß auf 2 Zimmer reduziert haben aber unlängst eine Expedition ins Bibliothekzimmer ausgerüstet bei der Tomy den Schlitten mit dem Proviant und den wissenschaftlichen Instrumenten zu ziehen hatte. Die Eisverhältnisse waren nicht einmal ungünstig.
Hoffentlich bekomme ich von Dir auch bald ähnliche beruhigende Nachrichten und grüße Dich bis dahin herzlichst als Dein
Polartschunderer

Fritz.

132 K Zwickledt, 19. II. 1918

Mein lieber Fritz Verzeih daß ich so lange nicht schrieb?! jedoch begreife: Hedwig ist schon seit 9 Wochen in einem hessischen Sanatorium und lud mir eine Menge wirtschaftlichen Kleinkram auf. – Hundert Nichtigkeiten, wie Paquete machen, Geschäftskorrespondenz Nahrungsmittelrequisition bei den p. p. + + + Bauern u.s.w. kürzen meinen Tag in ungeahnter Weise – am Abend bin ich dann meist eine Halbleiche. – – Zunächst nun Bestätigung und herzlichsten Dank für »das Weib in der französischen Carikatur« das kürzlich endlich Malota sandte! Aber, *ein für allemal! Das* hätte es nicht nötig gehabt, daß Du mir so ein teures Ding ins Haus schicken läßt! – Eine Ulkzeichnung von Dir, oder ein gegenständlich mir *persönlich interessanter Stich* oder Schnitt, (und wer wüßte das besser *als* Du *was mir gefällt*) haben einen *unmittelbaren Freundschaftswert* für mich und beschweren nicht mein Herz, wie eine so kostbare Jubelgabe – – Nun nochmals Dank Dir und Carmen! Ich war einige Tage in Wien, fuhr überhitzt hin und eiskalt heim – und möchte, ab jetzt nicht öfter als unbedingt nötig ist diese Zwickledterlandschaft verlassen. Meine liebe Hedwig erwarte ich in etwa 3 Wochen gesund und gekräftigt wieder hier.

– Eure Kriegsmiseren wiederholen sich bei mir – ich heize 1 Zimmerchen und taufte Zwickledt als »das Schlößchen Eisgrub«. – O. Schmitz schrieb mir kürzlich, daß ein Brief oder Karte an Dich zurückkam; Vermerk: »abgereist« –?? Er wollte sich bei Euch nach Meraner Ortsverhältnissen erkundigen, – für den Hermann Bahr welchem aus Gesundheitsgründen ein Aufenthalt dortselbst empfohlen wurde. – Mit meinen Arbeiten stehts nun soweit, daß diese jahrelangen Widerwärtigkeiten deren ich *nur mit Anstrengung Herr wurde,* – die Abschließung allen frischen Kunstlebens, Hedwigs Krankheit, keine anregenden Reisen u. s. w. – meine Kräfte so hernahmen, daß ich nach *sehr fruchtbaren* Zeiten (»Totentanz« etc) allmählich die Produktion quantitativ sehr sinken sah – Es ist kein Wunder!! die ganzen letzten Monate arbeite ich nun immer wieder an meinen alten Hauptmotiven z. Bsp. einem Minotaurus, einem Simson usw. Auch den Entwurf »Königgrätz« will ich wieder vornehmen –

Durch dieses *oftmals* und wieder Neumachen erreicht man eine ungeahnte Vertiefung; findet seelische Effekte die der ersten oft bestechenden Conzeption stets verschlossen bleiben. – Ich bin sehr glücklich in dieser Art des Schaffens und lasse die *sehr lukrativen* Verlegerangebote leichten Sinnes schwimmen – Ehrgeiz wie Geldhunger sind mir längst abhanden gekommen – Übrigens verkaufe ich recht günstig – In der Haupttatsache meines Lebens, dem steten Konstatieren, Wachhalten des innersten Blickes mache ich immer neue Entwicklungen durch, sammle Einsichten *auch aus den toten vollkommen lethargischen Stunden!* So führe ich 2 Existenzen eine bedrängte, verstopfte, verschnupfte »Menschliche« und eine *andere eigentliche,* welche die erstere kleine vollkommen umschließt, ja sie unter anderm gebiert – – Von da aus bin ich fröhlich, – und warte ruhig auf All das was vielleicht andre beunruhigt. – Meyrinks »Walpurgisnacht« enthält sehr starke Stellen, famosen Humor, leider als Ganzes literarisch etwas gehudelt um »die Conjunktur« nicht zu vergessen – *Wie* bin ich doch *auf Deinen »Roman«* gespannt!!!!? Wie stehts damit? Herzlichste Grüße an Carmen in empfehlender Weise – sonst wie immer Dein

alter Alfred

Gleichzeitig schicke Dir ein altitalienisches Sch[rei]bebüchl das ich nicht verstehe, vielleicht macht es Dir Spaß. –
Paul Lucki schrieb mir 2 × . .

133 H [Meran] 23. April 1918

Mein lieber alter Alfred!
Dein Brief nach so langer Pause hat mich sehr gefreut; dachte schon, daß Du erkrankt seiest. Also der Kampf ums tägliche Brot raubt Dir so viel Zeit! Verstehe wohl, was es heißt ohne Hausfrau jetzt wirtschaften zu müssen da ich sehe, wie meine Mama und Carmen herumlaufen müssen um das Allernötigste nur aufzutreiben.
Ja, es ist nimmer schön. Ich bedaure lebhaft Deine liebe Frau die ihre

Reconvaleszenz in dieser elenden Nahrungsperiode durchführen soll. Allein, der Mensch hält größere Püffe aus als die Wissenschaft für zulässig hält. Doch glaube ich, daß alle Überlebenden dieser Epoche, sofern sie nicht Agrarier oder sonstige Leute mit weitem Gewissen waren, Nervenstörungen davontragen werden. Leider ist Dein Kommen durch diese Zeit noch immer nicht nahegerückt! Du kannst Dir gar nicht denken, wie ich mich schon freue nach so vielen Jahren wieder einmal mit Dir gemütlich plaudern zu können; nicht minder Carmen.

Freue mich daß Du in Wien ausgestellt hast. Hoffentlich machst Du gute Geschäfte. In kommenden guten Saisons solltst Du auch einmal hier ausstellen; bin überzeugt, daß Du nicht bloß idealen Erfolg haben wirst. – Was machen Deine Sammlungen? Findest Du manchmal auch was in Deiner Gegend? Wir suchen fleißig, finden aber nur wenig da alles exorbitant teuer. Im Vorjahre überraschte mich Carmen, wie ich Dir schon schrieb, mit einem Gemälde, das sich jetzt als Jan Joes (Meister von Kalkar) herausstellte. – Kennst Du irgendein Werk über die Wiener Barockmaler? Ich interessiere mich jetzt sehr für die Leute à la Kremserschmidt (Haubenstricker, Wagenschön, Troger, Canton etc), die Bande hat prachtvolle Sachen gemacht und wurde von der Zunft der Kunsthistoriker nie aufgefunden. Hier gab es einen Unterberger – malte wie Tiepolo!

Ich habe mich wieder aufs Zeichnen geworfen, nicht minder auf Silhouettenschneiden, im Sinne der Löschenkohlära. Meine Groteske würde ich Dir sehr gerne einmal unterbreiten, da Du viel Erfahrung im Kürzen haben wirst. Auch ob man sie veröffentlichen soll, wo, und wann – das sind alles Fragen die ich gerne mit Dir bespräche. Die Arbeit ist spezifisch wienerisch, sehr unwahrscheinlich in der Handlung und wird nur dem Leserkreis etwas geben, der Sinn fürs Buntfarbige, Bizarre, Marionettenhafte hat.

Auch eine zweite Arbeit habe ich im »Groben« angefangen, eine ganz schiefe Geschichte, ganz verfallen voll abstruser Szenerien. Uns beiden geht hier vernünftige Gesellschaft aus der man Anregungen schöpfen könnte, sehr ab. Wir hoffen doch einmal nach München zu kommen – von Wien rede ich gar nicht, das ist gar zu unbequem zu erreichen. Auch Rinnbach fordert Eisenbahnfahrt von 7 früh bis

1 Uhr nachts, Übernachten in Salzburg und dann 5 Stunden Hinbummeln. Schauderhaft. Wann wird das besser werden?
Erfreue mich bald durch einige Zeilen und sei herzlichst gegrüßt vom getreuen

Freunde Fritz.

134 K Zwickledt, 7. 6. 18

Mein lieber Alter! trotz Deiner Bitte um eine baldige Antwort komme ich erst heute – nach beinahe 6 Wochen, dazu Dir zu schreiben – immer klemmte sich in letzter Minute irgendetwas zwischen meine postalischen Absichten in bezug auf Dich.
– War Ende April in der Nähe Darmstadts um meine Frau (nun bis auf Schlaflosigkeiten und einige Nebenstörungen ziemlich gänzlich geheilt und lebfrisch), abzuholen. Nun, Süddeutschland incl. seiner Bevölkerung hat sich in den 2³/₄ Jahren nicht grade verschönt, seit ich nicht mehr diese Länder sah – Mit dem Zeitübel habe ich mich im Kleinen wie im Großen gewiß *nicht* »abgefunden« – sondern arbeite ständig – hier eine Art geistiger »Alchimist«, aus diesem Dreck goldne Empfindungsüberraschungen zu destillieren. – Andernfalls würde ich's Ganze kaum aushalten. – Hier ist nicht nur das äußerlich Kriegerische sondern auch insbesondre die Körpermattigkeiten schlimm die oft schwierigst zu balanzieren sind – Du wirst von O. Schmitz (welcher rechte Freude mit Deinem Salzburger Aufenthalt hatte) ja Einiges über mein Existieren gehört haben. Mit meiner Kunst habe ich schöne Erfolge in materieller wie moralischer Weise erzielt. – Sie macht mir immerzu aufs Neue den Kopf warm. Ein fortgesetztes Finden und wieder Zerschlagen, Ändern, eine währende Auseinandersetzung mit dem Lichtproblem und der Form!! – die Sammlungen haben sich unerwartet vergrößert, doch nicht mit Funden *aus dieser Gegend* (wo ich noch nie das Geringste fand) sondern durch wahrhaft fürstliche Geschenke und Täusche gegen eigne Arbeiten. – Ja *wann* wird uns ein Wiedersehen leuchten?? das weiß niemand nicht mal in der Akasha Chronik dürfte dies aufgezeichnet sein! Darum ist Dein Vorhaben mir Dein Manuscript zum

Durchlesen senden zu wollen sehr lobenswert. – O. Schmitz erzählte mir eine Reihe von Einzelheiten – es scheint ein echter Fritz v. Herzmanovsky ja zu sein! – – Sommerpläne habe ich keine feststehenden denke überhaupt nur an 48 Stunden voraus selten lasse ich meine Gefühle tiefer in die Zukunft schweifen; laß mich vom unsagbar tiefen und reichen Augenblick lieber in dionysischer Weise überraschen. – Deine Nachfragen nach Wiener Barockkünstlern vermag ich nicht zu beantworten ich kenne aus dieser Periode *lange nicht soviel wie Du!* – Mit dem Lesen gehts auch immer minder. – Ich spüre am Abend zumeist eine Müdigkeit und strebe unweigerlich ins Bett wo mich ein kleines graues Kätzchen erst 4 Wochen alt freundlich erwartet. – Göthes Vermächtnis von Else Frucht, Delphin Verlag – will in *interessanter* Weise nachspüren wo Goethe den III. Teil zum Faust »das Einzige was Not tut« versteckte – – ferner William Blake (Mystiker Dichter und Maler) von Helene Richter Straßbourg *bei Heitz 1906* diese zwei Bücher kann ich Euch aber *warm empfehlen. Ganz besonders* empfehle ich Euch jedoch die *soeben* bei R. Piper München herausgekommenen *Stufen* von *Christian Morgenstern.* (Nachlaß, aphoristischer) Dir und Carmen meine herzlichsten Grüße denen sich meine Frau anschließt. Bitte lasse wieder mal hören und vielleicht sendest Du Deine Geschichte recht bald. – – –

Wie immer Dein alter Alfred

135 H O'mais, 2. Juli 18

Lieber Alfred! Verzeih daß ich Dir erst heute Deinen lieben Brief vom 7. VI. beantworte; ich hatte, wie ich eben auch Schmitz schrieb einen Hexensabbat von Geschäften (Veränderung der »Knapen«) daß ich vor »Sansara« zu keiner Sammlung kam.

Auch die Reinschrift des »Hofzwerges« mußte liegen bleiben. Ich meine, daß Dir die Geschichte rechten Spaß machen wird; auch Dir und Schmitz habe ich darin Ehrenstellen angewiesen. Eine dämonische Rolle spielt Pachinger als St. Pöltner »voyeur« während der würdige Horrack die Burleske auf schwankendem Kahn der Correktheit nicht ohne Mühe durchschifft.

Ich möchte gerne die Arbeit mit Dir durchsprechen kann aber das Manuskript noch nicht senden da ich die Reinschrift noch nicht angefertigt habe und mir erst dann eine intelligente Typistin suchen muß, die die ziemlich complizierte Sprache fehlerfrei reproduziert.
Die Salzburger Tage mit Schmitz waren mir sehr angenehm; nur schade, daß Carmen auf der Rückreise die Atmosphäre von Geist und gutem Karma nicht genießen konnte, da für uns wegen Ablauf des Passes ein Aufenthalt nicht anging. Auch nach Rindbach, wo wir viel zu besorgen gehabt hätten, konnten wir nicht kommen. Wir sind jetzt aus Verpflegs- und Reiseschwierigkeitsgründen ganz von diesem lieben Besitz abgeschnitten, verleben hier aber in unserem geradezu fürstlichen Park den Sommer sehr angenehm. Wann so frage ich oft schimpfend das Schicksal, werden wir Dich in unsrem Tiroler Heim begrüßen können.
So viel wird es da zu plaudern und zu besehen geben, falls wir noch alle am Leben sind. Ich freue mich sehr, daß es Deiner lieben Frau so gut geht. Jetzt seid Ihr doch eine Sorge los und wie freut man sich jeder Wolke, die vom Horizont verschwindet – bleiben ja noch genug übrig. Übrigens hast Du recht, nicht über 48 Stunden hinaus sich Sorgen zu machen und den spärlichen Dionysos genießen. Freue mich auch, daß Deine Sammlungen so gedeihen. Bei uns gehts langsamer, da wir weder fürstliche Spender unser eigen nennen und in stark ausgesuchtem Gebiete wohnen. Aber dennoch brachte Carmen unlängst eins der seltenen Gemälde von Math. Bril (um 1550 Rom) nach Hause, ein total übermaltes und versunkenes Bild, das sie um ein Bagatell erstanden hatte. Nach gründlicher Behandlung mit unseren Zaubertinkturen verschwand der Dreck und Schmiervorhang und ein leuchtendes, prächtiges Renaissancegemälde blieb übrig. Restaurieren können wir jetzt ziemlich gut, nur fehlen uns natürlich die großen Bügelwalzen. Weißt Du vielleicht, ob man in München in der Akademie Bilder derart behandeln lassen kann? Wir hätten einiges zu satinieren. Da wir nahezu keine Stiche mehr auftreiben können haben wir uns nach Möglichkeit aufs Bildersammeln geworfen und im Laufe der Jahre ganz Nettes zusammengebracht. Weißt Du gar keine alten Schwarten in Deiner Umgebung oder Deinem Bekanntenkreise verkäuflich?

Oder, da Du ja mehr und mehr Fühlung mit den Graphicahändlern hast: irgendeine größere Sammlung Kupferstiche, möglichst ungeordnet da das Sichten und Bestimmen den größten Spaß macht. Es können auch Dinge sein, die man in Deutschland weniger sammelt, z. B. österr. Folkloristica: Heiligendarstellungen auf Pergament oder Kalkpapier Landschaften etc.
Früher achtete ich diese Dinge wenig aber jetzt gewinne ich ihnen manchen Reiz ab. –
Den Schlußsatz Deines Briefes über »Göthes Vermächtnis« konnte ich leider nicht lesen. Hat William Blake den III Theil gefunden? (Fruchts Buch besitzen wir.)
Bin Dir immer für Bücherempfehlungen dankbar da man hier nichts Neues bekommt und ich keine Kataloge mehr bekomme seit ich aus Wien weg bin.
Gib doch Deiner Firma meine Adresse!
Geh. R. Piper hat ein inter. Werk »der Spuk« (Köln, Bachem) geschrieben, es soll 250 autoris. Fälle bedenklicher Art enthalten.
Stehst Du noch mit Meyrink in Contakt? Den möchte ich auch gerne einmal sprechen da ich mancherlei an seinen Werken entdeckt habe, das ihm selbst vielleicht verborgen geblieben ist; z. B. seine sonderbare Fetischbeeinflussung durch polarisiertes Licht. (Mond, . . . es war ein Herz ein roter Stein, das . . .) (glitzerte im Frührotschein . . . .) und dann sehr sonderbare Weltenmysterien in der Walpurgisnacht, in der er an ein ungeheures Mysterium europäischer Tragik rührt ohne zu wissen, was es ist; sehr sonderbar. Auch der ist ein Registrierinstrument geheimer Mächte, ein bisserl zu viel Magier dabei um sich nicht zu schaden.
Am liebsten möchte ich in näherer Zeit einmal nach München, wenn Du auch dort bist, vielleicht ist das doch realisierbar.
Laß nicht wieder eine so lange Zone des Schweigens construiert sein und seid recht herzlich gegrüßt vom alten Freund Fritz.
Alles Schöne von Carmen.

136 K Zwickledt, 6. August 1918

Mein lieber Fritz, Deine Wünsche, alte Bilder und grafische Sammlungen kann ich Dir ja leider nicht erfüllen – alte Bilder sind mir hier gar nicht bekannt nochweniger aber Stiche die hätte ich natürlich längst selbst durchgemustert. – Ich befinde mich gänzlich in meiner Arbeitswelle die mich schon seit vielen Wochen trägt – – durch fortwährendes *Wiederholen* gewisser Kompositionen kam ich erst hinter so merkwürdige Gesetze daß ich immer wieder glaube erst »am Anfang« zu stehen – wunderliche Täuschungen! – der Sommer schmilzt so dahin, der plumpe dumme äußere Druck half einer glorreichen inneren Freiheit sich hold zu entfalten. – Vielleicht ist's doch noch der allerschönste Sommer welchen ich bis jetzt erlebte!? – ob es sich machen wird, daß ich einige Wochen im Hochgebirge noch anfügen kann, ist ungewiß. – Vielleicht kommt es aber noch hierzu. *Mir gilt all dies gleich* ich bemühe mich so fortgesetzt um innere Zentrierung, daß mir die »Schicksale« als sekundäre Erlebnisse nur noch gelten. – Du sollst ihn nicht »spärlich« nennen, denn Dionysos – wo er magerer erscheint – *auch dies ist Überfülle* – Wann und wie wir uns wieder treffen werden vermögen wir heute natürlich nicht zu sagen und hoffentlich ist's noch bevor mich das Alter zu einem Dackel und Dich zu einem Mops gemacht hat! – denn mit der Körperwelt ist das so eine komische Sache! durch und durch Pathologie der Seele! – Geheimrat Piper's »Spuk« wurde mir vom Sohne dediziert – eben liest meine Frau das Buch – – Wir freuen uns nun mächtig auf Deinen Hofzwerg, hoffentlich fandest Du eine Schreibmamsell! – Chr. Morgensterns Aphorismenbuch *»Stufen«* bei R. Piper München 1918 empfahl ich Dir ja schon im letzten Schreiben. – Ich tue es diesmal wiederum. Ebenso ist die »schöpferische Indifferenz« von S. Friedländer soeben bei Georg Müller erschienen. –

Meine Werke die ich für diesen Verlag früher illustrierte, fanden nun eine kolossale Preissteigerung. – Mit Meyrink stehe ich nur in sehr losem Contakt, (*keine* regelmäßige Correspondenz, zum 50. Geburtstag schrieb ich ihm, – später sandte er mir ein Bücherl mit guten Geschichten, seither nichts mehr) – Meine liebe Frau hat sich

bei wirtschaftlichen und Gartenarbeiten wieder derart übernommen, daß sie einige Tage elend zu Bette lag. – Hatte doch ein Mißgeschick das Mädchen welches 3 Jahre bei uns diente vom Zuge zermalmen lassen; die Schwester derselben die ebenfalls bei uns ist mußte den Dienstplatz sofort verlassen um zu ihrem Vater zu gehen. Wir benötigen hier jedoch 2 Kräfte *außer* m. Frau und jetzt kriegt man hier keine. Hoffentlich erledigen sich diese Nöte in nicht zu ferner Zeit. O. Schmitz scheint es wohl zu ergehen. William Blake hat mit dem III. Teil des Faust nichts zu tun, sondern steht mir als *gesamte Lebenserscheinung* wie er in dem ausgezeichneten Buche von Helene Richter (William Blake Verlag *Heitz* 1906 Strassburg i. E.) zutage tritt außerordentlich nahe! –
Nun sei Du und Carmen recht herzlichst in alter Freundschaft gegrüßt, Dein alter Alfred

137 H O'Mais, 9. Aug. 18

Mein lieber Alfred! Hast mir mit Deinen lieben Zeilen rechte Freude gemacht – wann aber einmal die Freude des Wiedersehens! – Vorerst mein Bedauern zu Euren Mißgeschicken. Leider erwischt das Idiotische Fatum immer die falschen Menschen und läßt sie unter Lokomotiven stolpern. Gottlob kam so was bei uns nicht vor, bloß verirrt sich Lisi noch bisweilen im Corridor – aber darüber sehen wir taktvoll hinweg.
Deine liebe Frau sollte sich nicht übernehmen. Auch Carmen hat sich bei Überarbeit im Vorjahre (Übersiedlung) arg überanstrengt. Die Ernährung ist ja leider nicht eine solche, daß man Gewaltstreiche unternehmen darf.
Mein »Hofzwerg« harrt noch immer der Auferstehung durch einen Klopfgeist; leider ist alles in festen Händen – kann kein Tipperl auftreiben, bloß Tepperln. Inzwischen habe ich eine zweite, große phantastische Geschichte im Skelett fertig in der amüsante Typen vorkommen: Ein Kielkropfzüchter, Hoppenhaupt, Geheimrat v. Harnapf der eine transzendente Fäkaliensammlung von Fabelwesen für den Staat zusammenbringt – das sind noch die mildesten

Erscheinungen. Wie gern möchte ich mit Dir die Sache besprechen; aber so. Ja, über Dionysosen darf ich mich nicht beklagen, wohl aber über den Direktor der Hemmschuhwerke, Saturn; als Gegenpol zu leichtem Schaffen habe ich natürlich ebenso große Hindernisse, manchmal lächerlichster Natur.
Schade, daß man bei Euch keine Bilder findet, Sammeln ist mehr wie je unsere Hauptfreude und wir haben in der letzten Zeit hübsche Erfolge gehabt. Plaketten, Porzellan und 2 Ölbilder, besonders aber einen prachtvollen Emailflacon, vielleicht von Wateau selber bemalt den wir bei einer alten, verkrachten Aristokratin erwarben. Auch die Kupferstichleidenschaft fand mäßige Befriedigung. Schöne Sachen gibts, die mir aber zu teuer sind: 2 Canalettos à 50 000 K; auch eine Anzahl englischer Blätter in Punktiermanier wurde ich gebeten veräußern zu helfen – weißt Du irgendeine Dir bekannte Firma in München die dergleichen gut zahlt? (Mir auch zu teuer. 100 K. pro Blatt!)
Für die Bücherrekommandation bin ich Dir sehr verbunden. Wie ist Piper's Spuk? – Hast du ein bene vom Steigen Deiner Werke im Buchhandel?
Übrigens: Möchtest Du einmal hier ausstellen? Ich regte vor kurzem bei *Pötzelberger* (hiesige größte Buch- u Kunsthandlung) die Idee an. Sie haben ein nettes, kleines Ausstellungslokal, fordern keine Gebühr, bloß 10% von Verkäufen. Transport hin u zurück auf Deine Kosten. Es ist schon möglich, daß etwas verkauft würde da sehr viele Offiziere wechselndes Publikum bilden und überhaupt gerne gekauft wird da viel Geld schwimmt. Bloß die *zeitweiligen Paketsperren* sind wegen der Rücktransporte zu beachten. Zeitungsreklame macht er auch, da ihm das Blatt gehört. – Hast Du eigentlich in letzter Zeit irgend einen bemerkenswerten Zeichner gefunden? Hat Paul Klee sich entwickelt? Der hat gute Ansätze gehabt, habe aber nie mehr etwas von ihm gesehen. Was macht Pascin z. B.? ganz verschollen? Du siehst wieder eine Menge Fragen vor Dir auftauchen! Erfreue mich bald mit einigen Zeilen und seid Du und Deine liebe Frau recht herzlich gegrüßt von mir und Carmen.

138 K Zwickledt, 9. 10. 1918

Liebster Fritz,
Trotz Deiner Bitte komme ich bei bestem Willen erst heute dazu auf Dein Schreiben vom 9. August zu antworten. Wir hatten viel seelisches Gewitter über uns ergehen lassen müssen durch den schweren Rückfall den meine liebe Frau – hauptsächlich infolge der Überanstrengung–/: ich sah es unabwendbar mit Grauen ja kommen:/ erlitt – es gab 3 sehr arge Wochen wobei mit Tod und Verzweiflung gespielt wurde. – Nun ist mein Dahinleben wieder ein einschichtiges denn Hedwig ist seit 24 Tagen wieder im Sanatorium bei Darmstadt – noch *einmal* hoffe ich sie als Beherrscherin auch ihrer dunkeln Gewalten zu sehen! – Ich selbst bin bei allen Schwankungen so elastisch geblieben lediglich infolge des lebendigeren Anschlusses an die tief durchschauten ewigen Wahrheiten; und die Treue gegen sich Selbst bewährte sich. – Man brauchts aber auch! denn die Erlebnisse von nah und näher und im eignen Hause, sowie auch der brodelnde Horizont locken schon ganz automatisch alle Kräfte hervor und ich bemühe mich immer wieder besonnen sie zu ordnen. – Du merkst – Mitteilungen schriftlicher Art werden immer schwieriger weil man das Unsagbare bloß andeuten kann. – Nach Abreise meiner Frau war O. Schmitz einige Tage bei mir und da traf auch Deine Karte an ihn gerade hier ein. – Trafst Du oder Carmen ihn nun in Salzburg?? Er siedelte vom Hotel Nelboek ins Bristol nun über und scheint damit ganz zufrieden. – Ich vermute daß Deine politischen Ansichten zur Zeit einen ziemlichen Wechsel oder zumindest einen neuen Einschlag bekommen haben! – nun gut daß man nie auslernt. – Was hörst Du eigentlich von Luckeneder? – ich nichts mehr. – In diesem Herbste spüre ich es ganz beträchtlich daß die sommerliche Erholungszeit *total ausfiel* (und schlimme Culissen aufgezogen wurden) –. Aber schließlich man ist indifferent und es wäre ja auch töricht sich über die Neckereien eines gewissen morbiden Kubinschen Leichnams allzu sehr aufzuregen. ––––––
Mein Werk »Prophet Daniel« soll nun erschienen sein, zwar sah ich noch kein Exemplar doch habe ich das Zeugnis von glaubwürdigen Leuten; leider ist das Werk mit seinen 13 Tafeln sehr teuer (55 Mk)

und wird *nie* die Verbreitung meines populären »Totentanzes« (7 Mk) erreichen können. – In Bozen kann ich jetzt noch länger nicht ausstellen; *viele ältere Verpflichtungen,* und *wenig Material* denn ich habe *viel verkauft,* hindern mich. – Und nun lebe wohl empfehle mich an Carmen und Deinen anderen Damen und vergelte nicht Gleiches mit Gleichem sondern schreibe wieder bald Deinem alten Genossen und Freund

Alfred K.

139 H Meran, 19. X. 18

Lieber Alfred! Vielen Dank für Deinen lieben Brief vom 9. 10. der mich nicht in allem erfreute. Sehr leid tut mir, daß Deine liebe Frau abermals einen Rückfall hatte; es ist doch wirklich traurig daß in Eure Idylle immer und immer wieder solche Schatten fallen müssen. Ich zweifle nicht, daß mit Verschwinden der latenten Kriegspsychose die, wie auf jedem, auch auf Deiner Frau lastet, eine dauernde Besserung eintreten wird, denn nach Regen folgt Sonnenschein, das ist das tröstliche Weltprinzip. Was wir jetzt alle durchmachen ist wirklich nicht schön, aber auch das wird vorübergehen; Menschen, die wie Du so ungeheuer weit fortgeschritten sind, sind ohnedies unvergleichlich besser daran als Millionen andere denen der innere Wert fehlt, vergiß das nie. Übrigens, so schreiben kann und soll man nicht – schau Dir die Tintenklekse an – Verbote des Schicksals. Aber sprechen möchte ich Dich gar zu gerne wieder einmal nach den langen Jahren.
Carmen traf Schmitz nicht in Salzburg; er war damals noch nicht zurück und Carmen fuhr durch da sie sehr ermüdet nicht in Salzburg aussteigen wollte. Die Abreisen aus Wien sind jetzt abscheulich – mittlere Inferno's: die Coupés haben keine Fensterscheiben, alles überfüllt – einfach scheußlich. Sei froh, heuer nicht gefahren zu sein. Meine politischen Anschauungen habe ich noch nicht sehr geändert. Weiß Gott, was noch kommen wird. Ausschauen tuts ja sehr mies aber was ein so enormes Volk noch im Stande ist, wenns ganz ernst ist, das ist nicht spaßhaft. Auch drüben ist das Friedensbedürfnis groß und wenn jetzt im Winter das farbige Kanonenfutter wegfriert – wer

weiß. Die Italiener kann man nicht mehr vorwärts bringen; was da unten angreift, sind Schotten, also hochwertigste Engländer.
Übrigens – gutwillig lassen sich die Südtiroler nicht abtreten. Aber Zeit wärs daß Ruhe kommt und dann, dann kommt hoffentlich eine Epoche die die Verhinderer, solche diabolische Existenzen wie Morgan, Clemenceau, Lloyd Georges etc. massakriert. Du wirst Dich wundern, mich so sprechen zu hören mich den extremsten Insektenverschoner – aber Infektionsstoffe die zufälligerweise reden gelernt haben, die soll man ausrotten. Dazu bin ich wieder zu großer Lysoform und Salolfreund.
Schade, daß Dein »Daniel« so teuer wurde; ich hoffe aber, daß bei billigerem Markkurs keine Preiserhöhung eintreten wird. Du wirst schon recht selten und historisch... sonderbar, Dich schon von Horraks und Onkel Tonis gejagt zu sehen!
Ich habe auch einiges, lustiges gezeichnet: eine Serie »Tarokke«; die Welt der Tarokkarten übt schon lang einen großen Zauber auf mich aus. Es sind darunter lustige Dinge: z. B. »Heinzelmännchen versuchen ein schlafendes Comfortabelroß zu klystieren« und viele groteske Dinge – Sachen, die aber jetzt nicht in die Zeit passen. Auch meine zweite Geschichte ist im Skelett beendet – ich komme aber nicht dazu, sie auszubauen da dazu andere Stimmung gehört. Nun, hoffentlich kommt auch das einmal zustand.
Baron Zois hat eine Zeitung gegründet und sucht Beiträge. Schreib ihm doch einmal! Wie würde er sich freuen, von Dir vielleicht eine Kunstbetrachtung zu bringen!
Mit Liebenfels stehe ich im Briefwechsel. Das wäre jemand für Dich.
Luckeneder kommt manchmal nach Meran und erzählt historisch interessante Dinge, da er mit einem hohen Funktionär der viele Geschichten miterlebt hat, zusammen ist.
Erfreue mich bald wieder durch einige Zeilen und sei recht herzlich gegrüßt vom alten Fritz und Carmen.
Auch Mama und Tante Bertha lassen Dich schön grüßen.

140 H Meran – Obermais, 28. Mai 1919

Lieber Alfred! Schon eine Ewigkeit habe ich nichts mehr von Dir gehört; ich schrieb Dir zweimal; was ists mit Dir? Um zu wiederholen: wir haben abenteuerliche Tage erlebt, Szenen, die Dich sehr interessiert hätten. Auch meine künstlerische Ader wurde stark angeregt, ich habe seit November nicht weniger als 450 ausgeführte fantastische Blätter ausgeliefert, alle vielfigurig, die meisten in Farben, alle vom Format dieses Briefbogens. Ein Bombardement der sonderbarsten Ideen ist über mich niedergegangen – anders kann ich es nicht nennen. Geöffnet wurde die Schleuse dieses Kunstergusses lediglich durch ein bestimmtes Papierformat das mir Carmen verschaffte. Der Mensch, wenn er meschugge, ist doch den sonderbarsten Zufällen ausgesetzt.
Im übrigen können wir uns nicht beklagen. Italien war uns immer sympathisch, wir haben unter den Offizieren sehr nette Freunde gefunden; die Verpflegung ist wieder ganz normal, und man hat Fett angesetzt. Wir haben jetzt sehr interessante Leute zum Umgang: ein zweites Florenz der Renaissance ist hier entstanden, es wird gedichtet, gemalt und geflirtet, dabei über dem Ganzen ein Ton der Mystik der auch Dir sehr zusagen möchte. Wann wirst Du einmal herkommen? Wir haben uns schon 4 Jahre nicht mehr gesehen, eine ganze Ewigkeit. Nach Rinnbach können wir auch vor endgültiger Klärung kaum kommen, da die Reise für meine alten Damen denn doch etwas schwierig ist. Dafür ist Meran schön, wenn auch jetzt schon klimatisch ganz afrikanisch. Wo steckt Schmitz? Ich habe jede Spur von ihm verloren. Wenn du kannst, so bitte ihn in meinem Namen, er möchte einem hochinteressanten und außergewöhnlich schönen Mädchen das Horoskop stellen. Ihre Nativitätsdaten sind: geboren in Baden-Baden den 29. Feber 1896, 3 Uhr Früh. Ihrer Ansicht nach ist sie Jupiter – Venus, etwas Merkur, der Vater stark Jupitertypus, die Mutter Saturntypus. Ihr Name ist Helga Kund, Tochter des bekannten Afrikaforschers R. Kund.
Auf einen Bericht über Dein Tun und Treiben bin ich sehr neugierig. Hast Du von Bekannten gehört? Ist Pachus in München von den Bolschewicken ausgeraubt und seiner Weiber beraubt

worden? Was macht Schwager Schmitz? Ja lieber Alfred, böse Tage haben wir alle hinter uns, und wer noch lebt, kann Gott danken. Wann werden wieder einmal harmlose Idyllen kommen?
In diesem hoffnungsreichen Sinne schließe ich meinen heutigen Brief und wünsche Deiner lieben Frau und Dir alles Gute und Nahrhafte! Erfreue mich bald mit Nachricht!

Dein alter Fritz

141 K Zwickledt – Wernstein, Ob. Öst., 19. 6. 19

Mein lieber guter Fritz – Deine Zeilen, – wie lange wartete ich doch auf eine Nachricht von Dir – haben mich über Euer Geschick völlig beruhigt und hocherfreut! – Alles was Du mir schriebst interessiert mich, besonders aber wünsche ich Dir von Herzen Glück zu diesem Springquell von Schaffenslust – – bei Deinem Alter, in so *kurzer* Spanne Zeit *das* zu leisten ist schon rein quantitativ genommen ein wahres Wunder und rechtfertigt diese so langandauernden unproduktiven Perioden der vergangenen Jahre! Wie *leid* tut es mir Dich und Deinen Blätterschatz einfach auf unbestimmte Zeit nicht sehen zu können! – Heimlich hoffte ich freilich immer Ihr würdet im Hochsommer nach Rindbach kommen – (nach Friedensunterzeichnung wärs ja keine solche Umstandsgeschichte!) ich hätte dann für 2–3 Tage einen Rindbachbesuch eingeschoben! – – Mama Luise sehnt sich gewiß manchmal nach den frischen grünen steilen Wänden die mit Haselnußstauden bewachsen von der Rindbacher Terrasse aus sichtbar und nach dem kühlen Hochwald, ungestört und lieblich rückwärtsgelegen. Wir leben gesund dahin, daß Hedwig von ihrem ärgsten Leiden befreit ist und mir seither fast nur Freude machte, half mir über viele peinliche Brocken hinweg die man itzo schlucken muß – – Die Pflege aller dieser Dinge die mich seit je beschäftigen krönt sich mit den wunderbarsten *inneren* Ergebnissen – freilich – ich gestehe glich es *manchmal* einem Pyrrhussieg – die Kräfte drohten zu erlahmen oder eine Verwirrung sondergleichen nahm plötzlich zeitweise förmlich Besitz von mir. – Die Technik! Anspannung = Lösung ist mir aber täglich geläufiger – da meine Belastung *Ungeduld* besonders ist so liegt in *diesem* Verhältnis *bei mir jeglicher Fortschritt* beschlossen. Was meine künstlerischen Arbeiten betrifft so habe ich auf weit kargere Ergebnisse zurückzusehen wie Du, seit meinem letzten Schreiben – Experimente im Colorieren und Lavieren schiebe ich öfters ein, wenn meine Augen infolge des anstrengenden Zeichnens mit der Feder schmerzten. Es sind wie ich hoffe einige schöne Stücke von hohem spezifischen Gewicht entstanden – dann eine große Reihe leichteres Caliber – eine Serie *Raubtiere* sind das Klassischste was mir bisher entsprang – da ich meinen allergrößten Genuß aus dem Denken und Schaffen ziehe bin ich so glücklich sagen zu können: mir hat das Leben alles in seinen höchsten Augenblicken gehalten und eingelöst was es mir nur bieten konnte. – Sehr froh muß ich sein als völlig unpolitischer Mensch solche Krisen miterleben zu können ohne Sprünge davon zu tragen obgleich ich *gefühlsmäßig* mich nur schwer in die neuen Verhältnisse füge – jedoch der Kristallkern des Lebens wird nicht berührt hiervon – Schmitz lebte bis vor kurzem in Salzburg – überstand eine Blinddarmentzündung – und erhielt von zusammen 18 deutschen Blättern das Angebot für ein Tageshonorar von 125 Fr. als Correspondent nach Paris zu gehen, hoffentlich tut er dies. – Für Dich liegt noch immer meine Dir längst zugesagte Weihnachtsgabe (dargestellt eine Scene ein Glied des Erzhauses betreffend) und ich erbitte mir ein hübsches Blatt Deiner Hand dafür – Sowie die Postverhältnisse bessere sind, können wir den Tausch perfekt machen! Zu den fabelhaften »Träumen« die Friedrich Huch † 1913 hinterließ (Aufzeichnung gewisser charakteristischer Träume unmittelbar nach dem Erwachen!) mache ich Bildtafeln, doch es verdrießt einen ja jede illustrative Arbeit weil jetzt die Herstellung von Büchern mit 1000 Hindernissen und Verzögerungen gespickt ist. – Nun mir ist's gleich! Altertum, Morgenland, Abendland alles geht unter nur der Geist ist ewig und vermag auch das Entschwundene wieder zu beleben. – Empfehl mich Deinen Damen insbesondre Carmen und lasse wieder einmal hören von Dir!

immer Dein alter Alfred

neugierig bin ich auf die wirtschaftliche Zukunft als Künstler verdiene ich mein Geld proletarisch, lebe bürgerlich und habe aristokratische Ansprüche !!!

Alfred Kubin, *Hexe und Zauberer*, 1925

142 H Meran, 11. Oct. 1919

Mein lieber alter Alfred!
Recht lang schon bin ich ohne Nachricht von Dir – und eine Ewigkeit schon sahen wir uns nicht mehr! 4 Jahre! Eigentlich ein Skandal – ich muß sagen daß ich mich schon sehr freuen würde wieder einmal mit Dir das Feld des Chaos zu pflügen. Im Sommer wäre es beinahe geworden da die Rindbacher Reise unaufschiebbar schien. Daß Du einmal herkommst – die Hoffnung habe ich schon ganz aufgegeben. Und wir hätten viel zu besprechen. Ungeheuer viel neues ist über uns gekommen, die letzten Monate brachten viel, – – Schleier auf Schleier ist gefallen und manches, das mir unlösbar schien, liegt als langweilige Plattitüde weit hinter mir – so die ganze indische Mystik.
Wir haben sehr Sonderbares erlebt, schwer mystische Dinge ... ich habe mich in »Tyrol« nicht getäuscht.
Fürs Auge gibts auch manches: Die sonderbare Finanzlage brachte es mit sich, daß hier ungeahnte Schätze auf den Markt kommen. es geht zu wie in Perle ... ganze Galerien, deren sich eine mittlere Weltstadt nicht zu schämen brauchte, Porträts von Waldmüller, die besten Holländer, Miniaturen, unglaubliche Arbeiten der Kleinkunst – nur ist für uns mit Mark u Kronen nichts zu kaufen, und die wilden Nationen, die das Geld hätten, sind wie in Stumpfsinn gebadet – klar für uns, die wir die Gesetze kennen. Vorige Woche entdeckte ich eine Bibliothek, die etwa seit 1830 unberührt blieb, voll der herrlichsten französischen Kupferwerke, altösterreichischer Miniaturaquarelle mit tausenden der bestgezeichneten Figuren, ganze Stapel von Daumiers noch leicht zusammenpickend und so fort ins Unendliche.
Das Lustigste war eine Rococogesellschaft die die Kolosse der Osterinsel belorgnettiert. Was sagst Du zu der lieben Idee! Was treibst Du immer? Hast Du eine Ahnung wo Schmitz steckt? Bitte schreibe mir doch seine Adresse, ich bin gebeten worden eine Anknüpfung von ihm mit Brasilien zu bewerkstelligen. Was hörst du von Meyrink? Hier lebt ein urdrolliger böhmischer Baron (Abkömmling der »Ahnfrau«), der *indigniertest* über die Walpurgisnacht ist, da alle Personen zu seiner Verwandtschaft gehören und – leider! –

effectiv leben. Baron Elsenwanger soll wüthend sein und die Zahradka tatsächlich an der Fliegenpest leiden. (Gräfin Morzin?) (Über die Dame sprach er sich nicht klar aus, ich vermute aber obigen Namen.)
Bei uns haben sich urdrollige E. T. A. Hofmann Scenen abgespielt. So kamen unlängst zwei winzig kleine glutäugige Italienerinnen zur Carmen um ihr zeremoniös ihre Dienste als Putzmacherinnen anzubieten. Sie hießen Spampinato, meinten sie, und seien die Töchter eines sizilianischen Trompeters. Befragt, ob sie irgendwie mit Hofmann zusammenhingen, erwiderten sie mit neckischem, vielsagendem Blick daß sie unabhängige Creationen produzierten. Wir lassen uns aber nicht täuschen.
Heute entpuppte sich unsre Büglerin als Freimaurerin und lud uns zu einem Logenfest im »Fallgatter« ein! das ist doch unerhört!
Beiliegende Skizze zeigt Dir flüchtig einen Blick in Carmens Boudoir das sehr schön eingerichtet ist. Goldgelbe Tapeten, Möbel antik, weißer Lack und altes Braungelb. Überhaupt schade, daß Du die Wohnung nicht siehst! Wir haben jetzt alle alten Familiensachen und fast alle Bilder vereinigt.
Erfreue uns bald wieder mit einem Brief und sei recht herzlich gegrüßt vom alten Freund Fritz.
Alles Schöne von Carmen!

143 H [Postkarte] Meran, 9. Nov. 1919

Lieber Alfred!
Ich bin schon sehr lange ohne Nachricht von Dir. Was tust und treibst Du? Wir eine Menge. Vor allem läuft der Born meiner Kunst unverdrossen weiter – ich schaue resigniert zu und cassiere die Zeichnungen ein. Nur geht mein Papier und vor allem die Buntstifte zu Ende – man kann nirgends welche auftreiben; der Dalles des mangelnden Deutschlands! die Baumvölker können nichts produzieren! – Ich vermisse sehr Museen und Theater. Das Reisen ist zu unbequem und kostspielig – Venedig, Florenz, Mailand so nahe und

doch unerreichbar. Ist das nicht ein Jammer! Übrigens soll Italien durch dasselbe widerwärtige Kriegsgewinnergesindel verpestet sein wie unsre Heimat, sagt mir Franchetti, der Besitzer des Cà d'oro, der hier im Hause wohnt. Ich habe Bekanntschaften gemacht die wir einmal bei einer späteren Reise, so Gott will, sehr angenehm empfinden sollen. Möchtest Du einmal in Rio de Janeiro ausstellen? Habe Beziehungen zur dortigen Presse gewonnen; vielleicht trägt das viel. *Gib mir bestimmt Schmitzens Adresse* um die ich sehr gebeten werde!
Du mußt doch jetzt bei der fabelhaften Conjunctur Millionär geworden sein! Nicht? Laß recht bald von Dir hören und seid herzlichst Beide gegrüßt vom alten Freund Fritz und seiner Gemahlin!

144 K [Postkarte, Poststempel Wernstein, 27. 1. 20]

Lieber alter Fritz, Auf Deine Karte vom 10. XI. erst heute diese Antwort! meine *vorher* Dir geschickten zwei Briefe hast Du ja nicht bekommen schreibst Du, weshalb ich solange unsere Post derartig »arbeitet« auch keine Briefe mehr nach Südtirol senden will. – O. Schmitzens Adresse: Salzburg Pausingerstr 5. Er war Weihnachten bei uns, ließ sich vorher in Schärding einen Leistenbruch operieren den er in den Jahren drohender Musterung eifersüchtig wie ein Kleinod hegte. Uns gehts solange man sich den Umständen anpaßt, und allmählich lernt man das! – ganz gut. Ich war nach 4 Jahren wieder einmal in München (die alte Behaglichkeit ist dort verschwunden!) und wurde dortselbst *sehr* geehrt, – eine Professur für Illustrationsklasse lehnte ich ab um lieber einfacher doch freier zu leben! Du erratest richtig: ich habe einen großen Pack Papiergeld eingenommen, aber das Zeug hat ja keinen Wert! – auch bekommt man nichts mehr so daß ich mich im Grunde schlechter stehe wie früher. – – Meine Arbeiten – zur Zeit werden die »Träume« lithographiert – macht mir größte Freude! Trotz Stürmen und Krachen in den Planken des Körpers fühle ich mich wohl – nun sei mit Carmen und Deinen älteren Damen herzlich gegrüßt von Deinem alten Freunde

Alfred

Meine Frau Hedwig grüßt Euch alle miteinander
O. Schmitz will Dich im Frühjahr besuchen. –

145 H Meran, 26. Mai 1920

Mein lieber Alfred! Jetzt da alles beendet und der Berg von Condolenzen erledigt ist, komme ich zu den lieben, alten Freunden und danke Dir da recht von Herzen für die schönen, zu Herzen gehenden Worte. Meine Eltern haben Dich aufrichtig gern gehabt – das weißt Du. Ich glaube mit einer gewissen inneren Sicherheit daran, daß immer dieselbe Menschengruppe die sich als Freunde oder als Verwandte zusammenfindet in den verschiedenen Leben vereint dem letzten großen Ziel zuwandert, daß die Bande der Sympathie Erinnerungen vergangener gemeinsamer Wanderfahrten im Lebenschaos sind und das gibt mir stets Trost beim traurigen Abschied. Der wurde mir schwer, sehr schwer. Die arme Mutter hat sehr gelitten. Anfang Feber klagte sie über rheumatische Schmerzen, dann aber stellten sich Symptome einer Gallenreizung ein, bald kam Gelbsucht und die bösen Schmerzen verlegter Gallengänge, Erbrechen durch Reizung der Bauchspeicheldrüse – Ekel vor Nahrung; der Schwächezustand machte die Operation unmöglich. Der Todeskampf dauerte über 24 Stunden, bittere Stunden für alle.
Dann der brennende Kummer wenn ich in ihren Kästen nachsuchte und kleine nichtssagende Dinge fand – etwa ihren Zwicker, Zuckerstücke auf denen sie Medizinen einzunehmen pflegte, ihre Uhrkette oder die Patiencekarten.
Uns ist sehr bang nach der Mutter die voll Fürsorge und Güte war und tatsächlich in den bösen Tagen darbte um mir den besseren Bissen zuzuschieben.
Ja, eine Epoche ist abgeschlossen, die der Jugend der schönen

friedlichen Zeit. – Seit Mamas schwerer Erkrankung macht mir das Arbeiten auch keine Freude mehr – April und Mai waren sterile Monate. Wir gedenken diesen Sommer nach langer Pause wieder einmal Rinnbach zu besuchen d. h. wenn man uns dort aufnimmt. Dann gäbe es hoffentlich nach 5jähriger Pause ein Wiedersehen? nicht?
Daß Du so große Erfolge hast, freut mich sehr. Also ist Dein Lebenswerk auch vom äußeren Erfolg gekrönt worden der heute leider mehr denn je dazu gehört: dem Mammon – für den man nichts bekommt. Wie soll das enden? Ich sehe ungeheure Katastrophen kommen da blödsinnige Greißler in das Rad des Schicksals gegriffen haben – was muß das nach sich ziehen!
Symbol über Symbol taucht vor mir auf: gestern sprach ich mit einem Freund über Preußen, ob ihm noch das Glück blühen werde: da kam ich um ein Eck, da wusch ein Tiroler Mädel ein schwarz weiß halbiertes Schwein, wie ich es nie zuvor sah.
Also: Preußen von Tirol aus vom Schmutze befreit (und von hier aus wird die Verfolgung des antigermanischen Ungeziefers kommen – in Glücksgestalt). Schwarz-weiß *wird* Frankreichs Untergang werden da die Schwarzen die Frankreich gegen die Weißen verwendet ihm Amerikas Todfeindschaft zuziehen werden.
Überhaupt bereitet sich hier, in Tirol etc. großes vor: meine Deutung des von der Fehme verhehlten prophetischen Märchens wird Dich vielleicht interessieren: Friedrich Rothbart etc. im Untersberg, einigt Deutschl. in tiefster Not: heißt: Friedreich Ruot Bert: (Ruot = Recht 卐) Bert = gebären. Der Friedreiche Recht Bringer!
Wir haben hier ein förmliches Halgadom errichtet das unter Ostaras Schutz steht; sein Sitz ist eine Burg die seit Jahrhunderten mit der heimlichen Acht in Verbindung steht – kurz, ich lese mit viel Interesse »Herrn Dame« – damals bereiteten sich Dinge vor die von derselben Hand geleitet wurden, Dinge, die unser engeres »Krätzel« viel angehen. Wir werden viel, viel zu sprechen haben und ich möchte gern noch mit den andern in Verbindung treten! Seid beide von uns, auch Tante Berta herzlichst gegrüßt! Ich sage: auf baldiges Wiedersehen.

Dein alter Fritz

146 K Zwickledt, 16. VI. 1920

Mein lieber Fritz Dein Brief hat mich tief erfreut und ergriffen besonders auch durch die Aussicht, daß wir uns nun endlich nach 5 Jahren wieder einmal sehen könnten!! Hoffentlich aber gelingt es Euch auch nach Rindbach zu ziehen!! Hättest Du und Carmen für diesen Fall nicht auch Lust uns hier in Zwickledt aufzusuchen? – Im Fremdenzimmerl steht außer einem Bett auch ein Divan zum Schlafen, so daß man auch doppelt da schlafen kann. – Auch meine liebe Hedwig würde sich sehr freuen wenn Ihr leibhaftig diesmal hier auftauchen würdet. Überlegt es Euch. Ich habe nun ganz sicher vor für zwei bis längstens 3 Tage nach R. zu Euch zu kommen – Freilich ists unbequemer als wie früher diese Fahrt seit der Hausrucktunnel nicht passierbar ist und man über Wels den Umweg machen muß. Schreibe mir nur frühzeitigst sobald diese Sommerfrische für Euch gesichert ist und *wie lange Ihr* dort zu bleiben gedenkt – Ich muß mir diesmal meine kleinen Reisen ganz besonders genau einteilen denn allerhand hier durchziehende Leute etc. werden hier zu uns herauf einen Abstecher machen und sind schon gemeldet, – ich habe außerdem einige Tagestouren noch in meinem Plan, endlich aber stehe ich im gewissen Rückstand mit meinen Arbeiten – diese leidige geschäftliche und berufliche Korrespondenz frißt mir einen Teil der besten Stunden. – Wie ergreift auch mich Dein Schmerz um die Geschwundene, wie intim bekannt sind mir diese Widerhaken des Schmerzes wenn man auf diese harmlosen und doch so unendlich lebendig wirkenden Kleinigkeiten aus dem *nächsten* Besitz unserer unvergeßlichen Liebsten stößt – nehme dieses Leid ganz auf und lasse es Dir zur großen Förderung werden! Und Du hast so tief recht wenn Du von gewissen Gruppen unterschiedlicher Menschen (und wohl auch Tieren!) sprichst die durch alle Zeiten durch alle Verwandlungen immer wieder zusammen gehören – zusammenklingen – sich irgendwie zusammenreimen – die Substanzen ziehen sich an oder stoßen sich ab! – Ich freue mich Deiner übrigen Andeutungen im Briefe und ebenso daß Du »Herrn Dame« wieder durchgenommen hast – die arme Gräfin Reventlow ist übrigens vor 2 Jahren in der Südschweiz bei Locarno gestorben! – Ja es ist viel anders geworden!

Ich bin den kaum entzifferbaren Spuren immer weiter nachgefolgt und nach unzähligen Fahrten und Abenteuern der Seele nun mit allem ganz mir Wesenhaften gänzlich in meinen geheimsten und allerbesten Augenblicken *versunken – versunken im Schauen!!* – – die Arbeit kam ebenfalls nicht zu kurz – die [1] »wilden Tiere«, [2] F. Huchs Träume, [3] Jean Pauls Neujahrsgesellschaft, endlich auch meine 24 Lithographen [4] »Meine Traumwelt« – all dies ist *von mir aus beendet* und soll im Winter d. Jahres (hoffentlich!) erscheinen, – die Arbeit mit Verlegern ist zur Zeit eine schleppende Qual – Im Sept. habe ich meinen Erholungsaufenthalt nach einem hessischen Sanatorium verlegt dessen Chefarzt mein Freund ist. – Hernach hoffe ich Kräfte zu meinem großen Strindbergwerk gesammelt zu haben. – Im August würde ich am liebsten zu Euch kommen – Ich bringe eine Menge zum Anschauen mit und *rechne* aber darauf daß auch Du mir Deine Serien zeigst, nehme sie also *unbedingt mit.* Ein Habsburgerblatt (Erzherzog Johann b. Hohenlinden verirrt) will ich Dir ohnehin dedizieren –

Herzlichen Gruß und Kuß Euer alter Alfred

P. S. erkundige Dich bei Carmen was ich an Lebensmittel etwa mitbringen soll, ich könnte Speck, auch Mehl und ein paar Eier mitbringen – ?! Denn ich will Euch nicht den Mundvorrat schmälern!

147 H Rinnbach, 20. VIII. 20

Mein lieber Alfred! Was Du mir schreibst ist aber schon sehr bedauerlich! Daß wir uns nach 5 Jahren wieder einmal sehen können und nicht zusammenkommen können – das ist im wahren Sinne des Wortes: düster. Mitte Sept. gehen wir auch wieder nach Meran zurück da Carmen schon große Sehnsucht nach dem Heim hat – so haben wir uns dort eingelebt. Also hoffen wir Dich sicher dort bei uns begrüßen zu können, ich hoffe, es wird Dir gefallen. Es gibt auch einige ganz interessante Leute für Dich und dann die schöne Natur die einen immer neu erfreut.

Sehr gerne möchte ich auch wieder einmal nach München, vielleicht komme ich zu Deiner Ausstellung hin. – In Italien ist viel Interesse für Deine Blätter, auch dort solltest Du gelegentlich ausstellen, – über die Meraner Verhältnisse schrieb ich Dir ja, dort wäre eine Ausstellung gar nicht so ohne da ziemliches Kunstinteresse herrscht und viel durch einheimische Künstler verkauft wird. Auch andre erzielen schöne Preise z. B. Rettig aus München mit seinen guten Landschaften.
Ausspannen tut gut. Ich wundere mich sowieso daß Du den Naturgesetzen zu Trotz ununterbrochen schaffst. Ich habe jetzt etwas ausgespannt da Reise und hiesiger Aufenthalt wo es viel banales zu tun gibt mich ganz occupierten. Aber sonst ginge es auch ununterbrochen. Ich sende Dir einige Blättchen die Dir hoffentlich Spaß machen werden. – Leider habe ich gar keine Buntstifte da ich meine vergessen habe und hier nichts bekomme; daher die Eintönigkeit in Farbe. –
Gesundheitlich geht mir es Gott und Carmen sei Dank, ganz gut – ich kann wieder Bergtouren machen, selbst Gollasch essen und Bier trinken und 12 Stunden lang ohne Potschamberl existieren – Du siehst, mit Geduld und Spucke geht alles zu reparieren also habe ich auch für Schmitz keine Sorgen, nur sollte er trachten sich wieder ein geordnetes Hauswesen zu schaffen damit er nicht auf Hotelfraß angewiesen ist. Dort wird ja der Tod, mit Sauerkraut garniert, serviert. –
Sollten wir noch im October da sein, was immerhin möglich ist da wir nach Wien sollen – so besteht ja doch noch eine Wiedersehenshoffnung, sei es bei uns oder bei Euch, was allerdings etwas schwieriger wäre da wir Tante Berta schwer allein lassen können wegen schlechter Bedienung. Das ist überhaupt eine Misere, die Dienstbotenfrage! Seit Leni – Lisi pensioniert sind spüren wir das sehr arg.
– Ulenspiegel ist so gut? – ich lese ganz harmlose Dinge: Lamartine Graziella, Coppée etc. mit Freude auch Karkawitzas griech. Volkserzählungen (Reclam) u Gobineaus Reisefrüchte (Reclam) da kommen sonderbare Stimmungen vor. Solltest Du auch einmal lesen.
Übrigens arbeite ich wieder an einer Groteske: »der Mops Zenobius« die Dir noch Spaß machen soll!

Also lebt beide recht wohl! Ich sage: auf fröhliches Wiedersehen. Carmen und ich grüßen aufs Allerherzlichste!

148 H Rindb., 5. IX. 20

Mein lieber alter Alfred! Spät kommt mein Brief, deshalb, weil ich fast selber gekommen wäre. Jetzt ist es aber zu spät, weiß ich doch nicht, ob Du nicht schon abgedampft bist, wenn dieser Brief Dich erreicht. – Also: ich war permanent am Sprung da ich ohnedies nach Wels kommen sollte um eine geschäftliche Angelegenheit zu erledigen. Aber, daraus wurde nichts: so sitze ich noch hier um aber in wenigen Tagen mit Tante Hardy, die hier ist, nach Wien abzudampfen. Dann geht es, Gott sei Dank wieder nach dem Süden! Also, nimm so meinen herzlichsten Dank für das schöne, stimmungsvolle Blatt entgegen das eine Zierde meiner Kubinsammlung bildet und mir viel sagt. Ich freue mich sehr daß Du auch so außerordentliche materielle Erfolge aufzuweisen hast, das ist heute ja leider auch eine so wichtige Sache die man nicht verachten darf. Verkaufst Du auch in der Schweiz?
Was doch unser armes Deutschland noch für die Kunst leistet! Was für eine glanzvolle Welle von Kunst und Schönheit hätte sich über die Welt ergossen, wenn der Sieg nicht im letzten Moment durch den britoaffenblütischen Gaunertrik gefälscht worden wäre!
Ich hoffe aber immer noch den Tag zu erleben wo wir Paris anzünden werden. Da gehe ich gerne mit. Nur schade um alle die schönen verlorenen Lebensjahre. Schmitz schickte uns seinen Scheinwerfer, ein feines und interessantes Buch. Salzburg scheint sich für ihn karmisch überladen zu haben, auch seine neuerliche Attacke deutet darauf hin. November gibt für Südtirol gute Aspekte die ihm wohl zu Nutze kommen werden.
Denk Dir, unsere Gegend ist so dummheitgeschwängert, daß sehr sensitive Leute diese auch als eine Art Käse schneiden könnten: Jetzt erfuhr ich die erschütterndste Tatsache die Ebensee zu einem neuen Schilda stempelt und alles erklärt: Die hiesigen Gemeindevertreter

wurden beim Eisenbahnministerium bittfällig, sie möchten keinen Schnellzug mehr hier halten lassen (obzwar E die größte Siedlung im Land ist) da Arbeiter nicht mit dieser Bourgoiserfindung fahren! Ist so etwas überhaupt in den kühnsten Träumen erseonnen werden? Ich betrachte die Sozialdemokratie als eine Art völkischen Kropf oder Buckel und halte immer mehr zur letzten Forderung der arioheroiden Mystik: Ausrottung des Kötertums im Volke.
In diesem Sinne sollten wir alle wirken.
Auf Wien bin ich sehr neugierig: was werde ich von meinen alten Bekannten hören? Den meisten geht es nicht gut; einige haben reüssiert, besonders eine Freundin meiner Frau die einen griechischen Millionär geheiratet hat, Loge in der Oper etc hat.
Dir wünsche ich recht gute Erholung im Sanatorium und uns beiden ein baldiges Wiedersehen!
Alles Schöne von Haus zu Haus!

Dein alter Fritz.

149 H

Rindbach, Marias Geburtstag aufgegeben am Sonntag [8. IX. 1921?]

Mein lieber alter Alfred!
oder ΑΦΡΟΔΥΤΗ ΑΝΑΔΥΟΜΕΝΗ – wie Du willst! Dein Brief hat mich als Lebenszeichen sehr gefreut; weniger, daß Du nervös bist. Na, das sind wir wohl alle. Mich reizt, je abgeklärter ich auch sonst werde, die immer glotzendere Blödheit des Weltbetriebes unserer Epoche, wohl der dümmsten, die je die Welt sah. Bloß Verhätschelung des unnützen Kloakenfüllers – das ist zu wenig. In der Bahn hast Du keinen Platz, da alles mit umsonst fahrendem Gesindel gefüllt ist; ich habe schon Regie- oder ganz umsonst fahrende Urgroßmütter von »Eisenbahnern« entdeckt, ja selbst Niftel und Gliedkusinen, so diese Begünstigung genießen, nachgewiesen! Hier ist eine Sodafabrik, die außer enormen Löhnen ihren »Arweitern« auch noch die Lebensmittel zu Friedenspreisen gab: z. B. Fleisch um 1,80 Kr –2,10, Mehl um 36 Heller. Plötzlich grundlose Streike; die Arweiter bekamen Arweitslosenunterstützung und stahlen Holz u. Wildpret woran sie nicht

gehindert werden durften. Dafür bekomme ich in Leipzig für ein Haus mit 95 m langer Passage am Marktplatz 57 000 Mark Zins. O Metternichzeit, wo bist Du hingeraten! – Ich habe immer gehofft, daß Du plötzlich in Meran eintreffen würdest; aber nichts geschah dergleichen. Dich hat wohl Deutschland zu sehr verwöhnt! Ich habe mit Freude gehört, daß Du Dich nachgerade schon zum dortigen Apelles + Tizian emporgeschwungen hast, einer der wenigen Zeitgenossen der halbwegs verstanden wird. Da ich bestimmt glaube, daß die Consolidierung auch dort parallel wie hier kommen wird, kann Dir die Sorge um die materielle Seite nicht viel Kopfzerbrechen machen. Daß auch die wilden Völker, wie Amerika, England, Frankreich Deine Sachen kaufen, ist ja geradezu ein Treffer! Ich habe versucht, Deine Sachen in Italien zu propagieren; stieß aber auf absolutes Mißverständnis. Ich bin neugierig, ob Meran schon griechisch sein wird, wenn wir zurückkommen. Bei der Qualität der ital. Armee ist das nämlich keineswegs ausgeschlossen, besonders wenn der Faschio kühn an der Spitze marschiert.

Über Meran als solches schimpfe ich aber keineswegs; es ist ein herrlicher Ort mit nicht endenwollender Abwechslung an schönen Punkten, mit einem wunderbaren Klima das einem physisch viel geistiges ersetzt. Was dort wohnt sind wohl Idioten mit allen Tücken der Kleinstadt oder »Sputattori« jämmerlicher Plastik; allein wir haben uns zurückgezogen und genießen seit einem halben Jahr eine groteske Roda-Roda Familie aus Vukovar, wo die eine Tochter einen verarmten sizilianischen Marchese mit Syphiliszahnderln erworben hat. Er sieht aus wie der Struwelpeter, ist aber sich dessen nicht bewußt und sehr ernst.

Zu tun gibt es immer vollauf; ich zeichne und male, daneben sammeln wir, jetzt auch eifrig Briefmarken, des zauberhaften Kindheitskarma halber. Wenn Du da irgend eine Sammlung weißt, die man nicht zu teuer erwerben könnte, wäre ich Dir sehr verbunden.

Vielleicht komme ich in nächster Zeit in Kraiwiesen an.

Übrigens wären wir sehr erfreut, wenn Du Deinen dortigen Aufenthalt liquidiertest und uns für einige Tage das Vergnügen Deiner Gegenwart beschörtest.

Die absolute Stille wird Dir guttun, der Garten ist zu einem Waldpark

angewachsen. Ende der Woche sind wir gästeleer und steht Dir die ganze Auswahl der Zimmer zur Verfügung.
Also, sage Dich bald an und sei von Carmen und mir herzlichst gegrüßt.

150 H Rindbach, 18. IX. 21

Mein lieber Alfred!
Es tut mir wirklich leid daß Du auch heuer nicht zu uns gekommen bist. Man kommt ganz selten mehr zusammen denn an Deine Frühjahrsexkursion nach Meran glaube ich leider nicht. Die Herbsttage wären hier für Dich wunderschön gewesen: eine so sonderbar unwirkliche Stimmung wie jetzt war noch nie im Salzkammergut. Mag eine Polarisation gegen das bis zur Siedehitze gesteigerte Judentreiben sein; mir geht jetzt der »Salzkammerknopf« auf –

überhaupt sehe ich die synthetische Blüte des Welttreibens stark ins Bajazzohafte verklärt – wohl eine Compensation zum unübertroffenen Grauen des Krieges.
Ist Dir nicht aufgefallen, daß die große Weltregie immer eine altclassische Komödie nach den Tragödien einschiebt? Nach 1789–1815 die fabelhafte Blödsinnskomödie der Biedermaierei wo wohl mit Emphase das Dümmste von sich gegeben wurde, was die Welt sah. Goethe sogar hat damals einen leichten Gipsschlag davongetragen.
Ich habe trotz aufreibender Beschäftigung mit den unangenehmen Dingen der Vermögensverwaltung, Steuermegärien etc. – ich arbeite in meinen eigenen Angelegenheiten wie ein angestellter Beamter – eine fruchtbare Epoche der Tätigkeit. Momentan arbeite ich an einer Harlekinkomödie mit den alten Figuren, deren Handlung zwischen Venedig, Gradisca und Linz schwebt. Vielleicht macht Dir dieses Linzer Lieht [!] Spaß:

»Patrizier fahrn in morgenroten Fräcken
Mit ihren Damen, gleich Karfunkelsäcken
In Steyrerwagerln, bunt wie Pfauenwedeln,
Die Roß mit Straußenfedern auf den Schädeln.«

Morgen fahren wir für einige Zeit nach Wien, wo ich erreichbar bin: *XIX Wollergasse 4, Villa Hardy.* Wenn Du irgend jemand netten weißt, den man kennenlernen sollte, so schreib mir dies, bitte, dorthin. Schade, daß ich mit Oscar nicht mehr zusammentreffen kann, da er noch zu lange in Salzburg aufgehalten ist. Bin froh, daß sein Buch in Ordnung ist, er hat tatsächlich schwere Unannehmlichkeiten gehabt. In Meran habe ich ihn einmal direkt verzweifelt gesehn – da hat ihn, Bruch, Hemd, Anzug, Würmer, Essen, Wohnung, Licht, Niere, Kälte, Nachbarschaft etc. bis an den Rand des Ertragbaren gebracht. Was macht eigentlich Dein Corpus? Ich glaube, daß Dein Klimakterium schon hinter Dir liegt. – Etwas sehr Sonderbares beobachteten Carmen und ich vor etwa 3 Wochen auf der Bahn: Einen Reisenden, der die täuschendste Ähnlichkeit mit Dir hatte, im Profil betrachtet. Aber so, daß ich im Begriffe war, ihn als Dich zu begrüßen und zwar von 3 m Nähe aus. Als er mir das Gesicht zuwandte, war es vollkommen Dein Schwager Oskar. Der Umstand, daß der ankommende Zug noch nie gesehene Waggons aus der ersten Eisenbahnepoche führte, brachte uns auf die Idee, daß auch der »SchmitzoKubin« eine Attrappe sein könnte; Carmen stach ihn für alle Fälle mit einer Hutnadel u er tat nichts dergleichen. Hast Du damals einen magischen Ausflug gemacht? Auf Bericht neugierig grüße ich Dich herzlichst als Dein alter

Fritz.

151 K Zwickledt, 1. Okt. 1921

Mein lieber Fritz Deine außerordentlichen Zeilen erwärmten mein Herz und ich bitte Dich, empfinde nur keine arge Traurigkeit darüber daß es diesmal nichts mit der Entrerevue wurde – es hat sich eben nicht gefügt! – die *äußeren* Gründe dafür – ich gab sie Dir ja an – sind leider unumstößlich und so schwerwiegend! – Wenn Ihr im nächsten Jahre nach Rindbach kommt, so schreibe mir das *frühzeitigst* daß ich dann eventuell disponieren kann bei diesem verfluchten Zeitmangel – Ich habe für Nov. eine 2wöchige Berliner Einladung angenommen und muß daher *vorher* noch eine Reihe Arbeiten erledigen. –

Mein Corpus? dank der Nachfrage, ihm gehts noch am besten. – »Er« ist gesund und nur die Ermüdungen so leicht begreiflich! muß ich berücksichtigen. Ich kann eine Ermüdungskurve feststellen am Mittag ist mein Hirn und der Nervenapparat am frischesten dann gegen 5 Uhr Nachmittag – und am Abend auch sehr – dazwischen Tiefdruck.

– – – – – – Trotzdem brachte ich viel in meine Kunstscheuer dies Jahr. Ein magisches Geschick spielte mir nochmals einen ziemlichen Posten meines k. k. österr. Archivkatastermappenbüttenpapiers in die Hände und dieser köstliche Besitz im Verein mit allerhand sonstigen günstigen Umständen (Witterung, Lektüre, Schlaf) brachten elementare Strömungen wieder obenauf so daß ich in intensive Schaffensspannung geraten bin – – möge sie anhalten –

– An dem übersiamesischen Wechselbalg Schmitz = Kubin bin ich *wissentlich* nicht schuld – vielleicht trägt Carmen hierfür die Verantwortung. – Wir hätten uns natürlich reichlich alle miteinander zu erzählen gehabt. – Ich habe mit Schrenk–Notzing in München einen denkwürdigen Abend verbracht und er teilte staunenswerte Dinge über Materialisationen mit. – Die Stichprobe aus Deiner italienisch–linzerischen Komödie findet meinen vollen Beifall – möge sie Dir Ruhm einbringen – auch mein Ruf, nachdem er über die deutsche Kulturzone nach Holland, Schweden, England bereits drang findet in Linz nun ein Echo, zuerst als Anekdote wie Dir beiliegender Ausschnitt aus der Tagespost zeigt – das ist recht charakteristisch für »Mostland«. –
–– Im nächsten Sommer wenn er für mich noch auf Erden blüht brauche ich äußere Eindrücke und möchte mit Frau in ein kleines Ostseebad mit anschließender Rundreise – nun kommts auf einen gesegneten Beutel, d. h. Riesenbrieftasche daher an. – Meine Frau kränkelt mit der Verdauung und ist infolge der oftmalig quälenden Schmerzen launisch wie ein 18jähriges Mädchen was ihr wenig gut steht. Oskar Sch. dürfte Ende nächster Woche hierher uns besuchend durchkommen. – Er geht dann direkt nach Wien also bitte verständigt Euch wegen eines eventuellen Zusammentreffens. Wie fandet Ihr »Frau Krepler«?
––– Aber nun schließe ich diese Epistula, ich las einen prächtigen 2bändigen *historisch expressionistischen* Roman *Wallenstein* von Alfred Döblin mit stärkstem teilweise mysteriösem Eindruck, teilweise schleppenden Längen! Herzlichste Grüße von Haus zu Haus immer Dein alter

Alfred

152 H Rindbach, 6. Oct. 1921

Mein lieber Alfred!
Mein Sommeraufenthalt geht seinem Ende entgegen; es tut mir wirklich sehr leid Dich nicht bei uns gesehen zu haben. Wirst Du Deine Absicht nach Meran zu kommen wirklich wahr machen? Es

wäre sehr schön und Dir gewiß mehr als gesund denn Meran ist ein wahrer Wunderort; hat auch Oskar gut getan trotzdem er grimmig schimpfte. Aber davon geht so mancher Schimpfbatzen auf Rechnung des eingefleischten Junggesellen in ihm und des »Hippodroms« was er ist. Leider hat er auch Darmstädter Absichten und will Meran nicht mehr besuchen ... alle Parnassowitsche verlassen uns. Wir waren jetzt 14 Tage in Wien wo wir uns sehr gut unterhielten. Es wird immer interessanter und großartiger – ich merke nichts von Abstieg. Brandendes Leben, gewaltige Unterströmungen wie ich sie nie ahnte. Ich habe mehr Dinge gefunden als ich mir je träumen ließ, Logen größter Bedeutung. Ich sehe plötzlich das Treiben der letzten 500 Jahre von einer nie geahnten Perspektive. An Dich habe ich eine große Bitte: Würdest Du so lieb sein, mir an Georg Müller eine Empfehlung zu geben oder ihm zu schreiben, daß Du mich kennst oder so was? Rowohlt rührt sich noch immer nicht und es ist besser, 2 Eisen im Feuer zu haben. Ich habe verschiedenes angefangen, phantastisches Genre. Oder kennst Du sonst einen Verlag der Interesse für meschuggenes Zeug mit lustiger Note hat? Wenn Du mir schreibst, so bitte wieder nach Meran–Obermais da wir in wenigen Tagen dorthin fahren. Wir haben beide schon große Sehnsucht nach dem Süden, eine Sehnsucht die jeden Herbst und Frühling besonders auftritt.
Was machst Du jetzt Schönes? Ich wäre sehr neugierig Deine letzten Lebenseindrücke zu kennen da Du ja zu jenen Begnadeten gehörst die immer wieder eine neue Facette des unermeßlichen Traumspiegels sehen können. Wie arm sind die Kaktusschlitterer die nur die physische Misere genießen dürfen!
Am Schlusse noch etwas für Dich: Weißt Du schon, daß der Polizeiminister Fouché nach seinem Sturze durchaus in Linz leben wollte! Male Dir diesen bizarren Gegensatz aus, er, einer der unheimlichsten Intriganten der Geschichte ausgerechnet in Linz! Übrigens durfte er nicht den Traum seines Alters erfüllen da die Kaiserin Maria Anna es nicht dulden wollte.
Dämon von Oberösterreich, sei mir gegrüßt! Guru von Mostindien schreib bald dem Südtyroler

Swami

153 K [Postkarte, Poststempel Wernstein, 9. X. 21]

Mein lieber Fritz Dank für Deine neuerliche Nachricht v. 6. d. M. Hätte ich geahnt daß Ihr nochmals von Wien nach R. zurückkommt dann hätte sich ein Besuch nach dort doch noch wohl ermöglichen lassen – wie schade! – Frühjahr Meran wünsche ich ja recht, nun höre ich daß Schmitz Oscar nicht mehr dort sein wird und *das* verringert die Reisechance allerdings beträchtlich, dann wär's eben wieder Rindbach nur bitte ich da um Angabe wie lange Ihr bleibt und möglichst frühzeitig damit ich disponieren kann und obs Euch paßt. An Direktor Neuhöfer vom G. Müller Verlag Münch. Elisabethstr 26 werde ich Deine Grotesken in 2 Tagen empfehlen – wenn Du dann einmal etwas einschickst so berufe Dich auch auf mich. Antwortet H. N. was möglich aber ja nicht notwendig ist so werde ich Dich auch hiervon verständigen. Als Rat: *mit Illustrationen würde ich nichts* einschicken denn das verteuert ein Buch *derart* daß die Verlage zur Zeit das nicht gerne nehmen. –
Ich habe an Dich Wien XIX vor mehreren Tagen schon Wollerg. 4 Villa Hardy einen eingehenden Brief geschickt – (mit 2 Einlagen) hoffentlich hat man ihn Dir von dort nachgesandt und Du hast ihn nun. Mitteilung Fouché – Linz interessiert mich. – Ich schwelge in tiefen Gefühlen Auftauchen elementarer Gewalten – schließlich ist im INdividuum eben doch immer die Lösung wie in einem verschränkten Hieroglyphen – es wird Historie wie Physik u.s.w. *alle* Disciplinen zunächst *persönlich* erlebt *das ist die Urtatsache!*
Nun lebt wohl – zu Weihnachten möchte ich Euch für Eure Habsburger Spezialsammlung ein Originalblatt wieder stiften. Immer Dein alter getreuer Alfred – hzl. Gruß von mir auch an Carmen.

154 H [Meran] 30. XII. 21

Mein lieber Alfred!
Verzeihe daß ich erst heute dazu komme Dir für die große Freude zu danken die Du mir durch Dein liebes Weihnachtsgeschenk

gemacht hast. Wir waren überm Brenner, in Innsbruck, da wir uns um etwas in Nordtirol umschauen. Wir lieben beide Tyrol sehr und möchten Rindbach, das doch sehr feucht ist, erst dann aufgeben, wenn wir einen schönen Besitz in Tyrol gefunden haben. Kennst Du irgend ein schönes Fleckerl Erde zwischen Zell am See und Vorarlberg? Du warst ja viele Jahre Deiner Kindheit in diesem schönen Erdenwinkel. Übrigens muß man bald dazusehen, weil ich glaube daß bald mit billigen Käufen in Österreich Matthäi am letzten ist.
Der alte Franz Josef hat uns viel Freude gemacht. Ist er doch der Abschluß vielleicht der letzten schönen Epoche der Menschheit die mir vorkommt wie vierte KlassPassagiere in einen in den Nebeln [. . .] Zug gepackt, von dem man weiß, daß er irgendwo ins Schienenlose kommen wird. Das Blatt ist schon unglaublich gut gezeichnet. Und wie wahr! Heute war ein berühmter Pariser Advokat zur Jause bei uns, der aus Böhmen kam und sagte daß sich heute schon die Franzosen an den Kopf greifen, diesen Auswurfvölkern auf die Beine geholfen zu haben.
Unverläßliche, verlogene und verstohlene Subjekte seien alle Spitzen dieses Volkes, die er bis jetzt gefunden hat.
Italien ein ähnlicher Dreck. Heute scheint ein ungeheurer Bankkrach zu beginnen; hier hört man natürlich wenig.
Ich denke jetzt sehr ernst daran, meine Kunstsachen zu versilbern um endlich wieder einmal reisen zu können, was Carmen und ich sehr wünschen.
Es ist zu blöd, daß man seine paar noch leistungsfähigen Lebensjahre so versauert und vertrauert.
Meran ist heuer mehr als öd. Die Markpleite ist hier sehr spürbar und der Dalles Italiens ein grenzenloser.
Ich habe Dir auch etwas gezeichnetes geschickt; es geht extra als Drucksache und kommt hoffentlich gut in Deine Hände.
Ich schrieb seinerzeit an Deinen Freund bei Georg Müller; bekam aber die Nachricht, daß G. M. überhaupt nichts mehr nimmt, da er kaum seinen alten Verpflichtungen nachkommt.
Da kann man eben nur warten, ich habe eine ganze Reihe abseitiger Erzählungen, die in sehr verfallenen Milieus, wie ich sie liebe, spielen, fertig liegen, darunter kommen auch Stimmungen vor, die vielleicht

noch niemand gebracht hat und die wohl auch Dir gefallen möchten. Aber im großen und ganzen fehlt mir die ruhige Stimmung: Ich bin ja ein sehr abgeklärter Mensch, der den Weltenschwindel ziemlich durchschaut – aber ein Lichtblick wäre einem doch auch einmal recht.
Hoffentlich bringt das kommende Jahr irgendetwas gutes! Das wünscht Dir und den Deinen Dein alter

Fritz

Alles schöne von Carmen!
Möchtest Du so lieb sein, beiliegenden Brief mit Beifügung der *richtigen Adresse* ins Kastel zu werfen?
Porto beiliegend.

155 K Zwickledt, 1. II. 1922

Mein lieber Fritz, ich habe Deinen Dankbrief wie auch die Karte erhalten – herzlichsten Dank – Ich bin so überladen auch mit rein häuslichen Besorgungen da Hedwig seit 4 Wochen unter dem Einfluß einer argen Grippe eine Verschlimmerung ihrer Magenbeschwerden erleidet das sie, auf Anordnung unseres Arztes zu einer Hunger- und Liegekur verurteilte, was eine nette Verschlampung des Hauswesens im Gefolge zeitigt denn die Umstände bei mir vertragen eben leider keine kranke Frau wenn alles klappen soll. – Ich selbst bin sonst wohlauf und tätig – – man liebt meine Arbeiten – und schlimm genug wär's wenn das nicht der Fall wäre wo man so viel Geld allein für den Tagesablauf braucht. – Man hat mir nun auch eine goldene Staatsmedaille verliehen u. s. w. – In Berlin sah ich eine Menge hochinteressanter Dinge – diese Stadt hat sich seit meinem letzten Besuch 1913 was ihr Tempo anbetrifft ganz erheblich verändert – ein tolles Jagen, *jedermann spekuliert,* oder treibt sonst komische Geschichten. Ich war Ehrengast eines Verlegers (Gurlitt) und wurde wie ein Prinz (ein ganzes Appartement stand mir in diesem unglaublich reich eingerichteten Haus zur Verfügung – ovales Schlafzimmer mit Thronbett

Badebassin Zimmertelefon u. s. w. Als Abschied tanzten 5 Tänzerinnen nackt im Spiegelsaal) gehalten so daß mir daheim dann wo es kein Auto keine Zentralheizung keine Himmelbetten und ähnliches gab ganz armselig erschien, – aber behaglicher und kein Gurlitt tanzte auf als persischer Nabob maskiert.
Wie gut war es aber für mich wieder einmal herauszukommen aus dem gewöhnlichen Radius Wien–München. Und so verstehe ich Euch sehr gut mit Eurer Sehnsucht nach dem Reiseleben – und daß es Dir lebendigeren Genuß geben würde als die im Grunde toten Sammlungen die man sich absieht wie Musikstücke, welche man zuoft gehört hat. – Aber wie wirst Du all das viele veräußern – eine Gesamtversteigerung oder die guten Stücke einzeln? – Wenn es übrigens dazu kommt daß Du diese Sachen verkaufst und es scheint ja die beste Zeit dazu zu sein da soviele Sammlungen in den letzten Jahren veräußert wurden, so möchte ich Dich hier ersuchen mich gelegentlich zu benachrichtigen was Du von Blättern des Hans Baldung–Gr. hast und mir eventuell darauf (soweit ich diese Stücke nicht schon habe) ein Vorkaufsrecht – *(Preise in Mark)* zu gewähren. – *Speziell* würden mich *außerdem* nur noch die 10 kleinen Bresdin Kupfer interessieren die ich eine Zeit hier hatte. –
–– Ich selbst beschäftige mich (bitte Geheimnis) mit einer Reihe von *Aufsätzen* die zu einem Buche (mit Vignetten) dann vereinigt werden sollen – außerdem aquarelliere ich ziemlich viel – Es werden in den nächsten Monaten in großen Zeitschriften einige Artikel mit Bildern über mich erscheinen ich denke Dir etwas davon schicken zu können. Auch eine kleine Monographie »ein Kubin-Brevier« – wird von einem kunstgelehrten Professor z. Z. verfaßt. – Aber die Tage und Monde verflüchtigen sich und der Tod reißt viele meiner Collegen vorzeitig hinweg. – Ich hoffe von Herzen Dich im Sommer nach langer Zeit wieder zu sehen – (könntest Du nicht einmal wieder meine Gefilde hier ansehen??) – wir hätten natürlich viel viel auszutauschen an Erfahrung und an allerhand Erlebnis. – O. Schmitz schreibt an seinem Buch über Astrologie es ist wahrhaft und recht wie Du richtig sagst »sansara verhaftet« aber nach andrer Richtung wieder auch frei davon, kurz ein Paradestück eines erlösungsbedürftigen Wesens dem alles »Wissen« eben nichts hilft weil Wissen allein nie etwas helfen

kann. Um E. Gutkind in Berlin zu sehen fehlte mir die Zeit. Wenn Du wieder schreibst, so auch über Deine Reisepläne im Genaueren. *Wie* ich Euch um das Künftige beneide – Ich träumte Jahrzehnte von den Tropen und werde sie *nie* sehen. Meine Frau und ich grüßen Euch beide herzlichst – Ich bin wie immer Dein alter Alfred –

P.S. Du hast Recht mit Meyrink er hat einen neuen Roman verfaßt: »der weiße Dominikaner« (Rikola Vg Wien) den ich in den Aushängebogen gelesen habe – ich finde ihn im *Einzelnen* teilweise wieder sehr gut, aber die wirklich *gesehenen* Dinge und die okkulte Theorie fällt ziemlich auseinander – darin als ganzes etwa wie sein »grünes Gesicht« – keinesfalls mehr oder weniger. – –
Schreibe mir unbedingt aber was Ihr an Reisen Fahrten ins Abenteuer noch vorhabt/ ich wollte (einstmals ach) wenn schon aus den *echten Tropen* nichts werden sollte wenigstens *Syrien,* »Bagdadbahn« schauend erleben – auch damit ist's ja höchst wahrscheinlich nichts – – – – – – nichts ach für mich. –
– Wenn Du beim Veräußern Deiner Graphiken auf Blätter stößt, etliche von denen Du meinst – daß Du sie bei mir richtiger finden würdest als bei anderen so kannst Du mir immerhin ein Convolut zusammenstellen und mir wenigstens ein Angebot machen – *vielleicht* erwerbe ich da noch Einiges – aber (seit 2 Jahren erst!) graut mir manchmal vor all dem Wust der sich uns da in Form von Sammlungen, Büchern, so an die Fersen klebt. – Wolfskehl hat zum Teil schon auf »die Schätze welche die Motten zerfressen« verzichtet – aber ich brauche den Kram ja hier zur An- wie Erregung. –
Warum willst Du Rindbach fortgeben und im Salzburgischen was kaufen das ist ja klimatisch *dasselbe* zudem alles in festen Händen
Ich las in der Zeitung die ganze Albertina soll für 6 Millionen Dollar nach Amerika verkauft werden! (unverbürgt)
Deine beiden hübschen Blättchen fand ich *höchst* geschmackvoll, bizarr, originell mich sehr erfreuend!

156 K Wernstein, 30. 5. 24

Lieber Fritz Deine Zeilen haben [mich] soeben ereilt und erfreut, besonders daß Du so ruhig bist – Wenn Du *mich* als reisenden Weltmann siehst und empfindest so täuschst Du Dich gründlich – *das* war ich doch niemals gewesen und mußte zu jeder kleineren wie größeren Reise durch irgendwelche Umstände ja doch gepreßt werden. – – Aber wenn Du schon von Lpzg zu mir nach *Berlin* fahren willst um wieviel einfacher wäre es Du nimmst die Route zurück über Passau und suchst uns *hier* im daheim auf?
– Ich war im vergangenen Herbst leidend und saß in Henndorf und hoffte [auf] Dein Auftauchen (mit oder ohne C.) – dies mal bin ich etwas wohler an Herz und Nerven – aber Hedwig laborierte meist bettliegend den ganzen Winter und verunglückte beim ersten Ausflug an der Bahn indem sie vom Tritt des Zuges abglitt und sich beide Knochen des linken Unterschenkels brach – Unter diesem Zeichen steht nun Frühjahr und Sommer 24. – Im Schaffen bin ich zufrieden, langsam wickelte sich da allerhand ab – hätte ich nicht diesen gewissen Ruf so wäre es mir wohl schwierig mich durch all diese Krisen zu bringen. – So werde ich oft überstürmt von Anträgen und es geht –.
O.A.H. bereitet seine Indienreise vor – *da* hast Du einen »Weltmann« der seine Jahre zu verbergen weiß. –
Zu Reinhard kann *ich* Dich nicht empfehlen ich kenne ihn wohl (durch E. Stern und Georg Fuchs) aber nur so von der Bar her. Mein Interesse für den Film ist nur insoweit lebendig als ich von hier aus Gelegenheit habe gute Filmwerke zu sehen – (es ist nicht stark zum mindesten) das Verfilmungsrecht an meiner »anderen Seite« habe ich längst an eine große Gesellschaft verkauft bin neugierig ob diese daraus was machen werden und können. – Ich bin ja im gewissen Sinn ein *rückwärts* gerichteteter Mensch – Was ich suchte ist mir zuteil geworden, der Rest meiner Tage gehört meinem Schauen und dem Festhalten dieser Visionen eben durch die Zeichnung. – Also lasse gutes von Dir hören es liegt diesmal ganz bei Dir ob man sich hier sehen wird – Ich und Hedwig würden uns jedenfalls herzlich freuen –

stets Dein alter Alfred

Ich habe viele und sehr lebende Erkenntnisse wieder gefunden – auch Sorgen – eine arme lungenkranke Schwester wird als Witwe mit ihren 2 Kindern nach Californien auswandern.

157 H Rindbach, 30. Juli 24

Lieber, wackrer Alfred!
Wieder einmal Bachen wir Rind.
Zagend frage ich die Überirdischen, ob unserer Begegnung vielleicht heuer ein gnädigerer Stern obwalte.

Bitte schreibe mir Deine nächsten Pläne, d. h. wann Du eventuell Zeit für einen Aufenthalt bei uns hättest.
Wir haben zween Gäste jetzto bei uns: Mägdleine, eines hübscher als das andere; eine eine nordische Schönheit in majestoso, die andere eine Schlankelei Spaniens braun und bübisch.
Wenn majestoso von dannen wallt, wird Dein altes Zimmer frei und steht zu Deiner Benützung bereit. Bin neugierig, was Du zu uns sagen wirst: Eisgraue Locken wallen mir bis zu den Schultern, und das eine Gichtbein zeigt mir das Wetter an, das andre Stunden und Mondenviertel. In Italien haben sie mir schon eine Steuer darauf hauen wollen aber da flitzten wir davon. Carmen sorgt allzugut für meinen Magen, daher das Uibel. –
Rupf geschwind einen Gänsepopo um zum Schreiben zu kommen und gib Nachricht Deinem ehrfurchtgebietenden Freund

Fritz.

158 H Meran (Italien), 8. Martii 1925, Villa Franziska

Mein lieber Alfred!
Du wirst Dich fast wundern von dem vielleicht schon im Elysium zu weilen geglaubten einen Brief zu bekommen. Zweck dieses Schreibens ist, das angenehme, wieder mit Dir zu plaudern, mit dem vielleicht nicht unpraktischen zu verbinden, Dich mit Italien in nähere Verbindung zu bringen.
Die Idee kam so: Gestern besuchte mich ein Roveretanischer Edelknecht, Don Giovanni Chiusole, typischer Norweger wie alle »Italiener« da unten, durch welche Potentialdifferenz seines Seiens natürlich die Sucht entspringt seine psycho–physische Maskerade durch ablenkende bürg. Purzelbäume des Geistes nützlich zu verzieren. Besagter gründete daher eine Zeitung, wozu ihn im Unterbewußtsein wohl die ewig nagende Wanze des Vorwurfes der den Söhnen Roms anhaftenden Fama des Analfabetismi mit unaufhörlichen Peitschenhieben antrieb. Das Blatt das sehr nett auftritt, heißt: Excelsior und ist deutsch, englisch u ital. geschrieben.
Meine Idee ist die: Veröffentliche Zeichnungen von Dir, mit einem

Artikel Schmitzens. Das hat den Zweck, Dich auch noch in englischen u italien. Kreisen zu verbreiten und Dir Ausstellungen in hier und Italien vorzubereiten. Auch ich soll Beiträge liefern.
Ich habe verschiedene groteske Novellen geschrieben, aber immer liegen lassen. Vielleicht illustrierst Du einmal eine solche Sache, bürgerlich–fantastisch, die in Italien der 70ger Jahre spielt und das Lob Berliner u Wiener Fachleute hat.
Ich werde fortwährend von einem großen Wiener Verlag umschlichen aber von seinen besten Freunden gewarnt, mit ihm nicht zu arbeiten. –
Dazu kommt meine immer mehr zunehmende Faulheit und Abneigung weltlichen Dingen gegenüber. So besitze ich auch eine schöne Schreibmaschine in der aber momentan Vögel nisten; zu Carmens großem Kummer, die mich damit amerikanistisch zu verankern dachte.
Abrobo: wo steckt OAH? Ich hoffte immer, daß er wieder einmal herkäme; daß Du wieder einmal nach dem Süden wallst – das wird wohl bloßer Wunsch bleiben.
Hier ist es wunderschön; der ewig blaue Himmel erheitert das Gemüt und die unerschöpfliche Karikaturenwelt des Fremdenstromes erheitert das Auge.
Was treibst Du die ganze Zeit? Wie geht es Deiner lieben Frau und Dir gesundheitlich?
Erfreue mich bald mit einigen Zeilen und sei Du und Gemahlin recht herzlich gegrüßt vom alten Freunde Fritz.

159 K Zwickledt, Wernstein a. Inn, Ob.Öst., 20. 3. 1925

Mein lieber Fritz – Eine große Überbeschäftigung machte es mir unmöglich Dir früher zu antworten. Ich schrieb nämlich zu einer Anzahl lithographischer Tafeln »Deutungen« und bin noch gar nicht fertig damit. – Wenn ich einmal das Blatt Deines italien. Mannes sehen könnte, wäre es gar nicht ausgeschlossen daß ich Einiges dortselbst reproduzieren lasse. Allerdings was zahlt er für Honorare? und ist es überhaupt ein richtig gesundes Unternehmen. Aus diesem Grunde möcht ich eine N º des Blattes, – es ist wohl eine Zeitschrift vorher sehen, die Redaktion kann mir zugleich mit der genauen Aufforderung was sie eigentlich wünscht, d. h. I. oder II. Drucke etwas zukommen lassen von ihren Nummern. *Erstabdrucke kosten* natürlich Geld denn ich lebe ja von meiner Hände Arbeit, aber Zweitdrucke sind ganz wesentlich billiger und würde ich für diesen Fall, d. h. wenn was daraus wird auf den Wunsch des Herrn sowie *auf Deine Empfehlung hin,* denn im allgemeinen arbeite ich nicht gerne mit d. Ausland gute *Clichedrucke* schicken, sofern das Blatt einen netten Eindruck macht – O.A.H. wohnt nach wie vor: Salzburg Generalihof, bei Baron v. Koblitz – und bereitet für nächstes Frühjahr eine Asienfahrt nach Indien, Java, China, Japan vor – Mir geht es gesundheitlich leidlich, pekuniar stabil doch leider recht begrenzt – – (den großen Ruf hätte ich ja nun erreicht doch wills eine diabolische Ironie gerade in einer Zeit wo die Wirtschaftsspannung den Luxus der Kunst sich nur in bescheidenem Maße gönnen kann). Immerhin hörte ich letzthin in München, daß ein Kunsthändler eine Serie meiner Arbeiten nach *Japan* verkaufte, – im nächsten Winter wird einer der ersten Kunstsalons in New-York eine größere Ausstellung machen – dasselbe eben in *Wien* brachte *viele Besprechungen* doch *keinen* Verkauf. Meine Hedwig ist für einige Tage nach Salzburg zum Orthopäden gereist, immer noch wegen des genau vor einem Jahre schwer gebrochenen Beines. – Mein Stiefsohn Dr. Gründler ist Redakteur in München und gibt eine protest. Zeitschrift »Zeitwende« heraus worin ich nur selten lese – – Reisescheu bin ich bis zum Exzeß – je älter ich werde, je mehr Sklave von ein paar hundert Bedingungen welche nur hier erfüllt werden, lauter *Kleinigkeiten!* die Jahre kommen die Haare gingen! all den Dingen die man sieht, u. erlebt faktisch über zu sein, sie wohl und gesichert zu führen ist eine Meisterschaft der ich *nicht immer* fähig bin! – Ich klage hauptsächlich über den Körper, über die leichte Ermüdbarkeit! – nach ein paar Stunden geistiger Anstrengung bin ich einfach erschöpft – und wie war das früher – aber schließlich: es wird schon gehen so lange es soll u. muß. – Dir und Carmen geht es also gut. Was

war denn eigentlich mit Deiner Sammlung?? hast Du sie losgeworden? man hörte so verschiedenes????
Nun aber Schluß – ich habe noch allerhand vor heute. Lieber Fritz – in Rom bei den österr. Künstlern habe ich eine Reihe Lithographien ausgestellt – unter Mussolinis Machtwort wurde diese Ausstellung von einem Bildhauer Ambrosi arrangiert –
Bleibt recht herzlichst wohl und
sei Du und Carmen wie immer vom alten Alfred
herzlichst gegrüßt

Warum illustrierst Du denn Deine Novellen nicht selbst wo Du doch die Gabe hast?????
Ich bin auf 2 Jahre hinaus *etwa* voll belegt – dann übernehme ichs gerne *gegen gutes Honorare* – aber den Wiener Verlag ließ ich mir an Deiner Stelle doch *nicht entgehen!:* wenn man kein Ochs ist kann man ja nicht wirklich reinfallen, *wenn* der Verlag groß ist und wirklich besteht! ein Vertrag muß eben gemacht werden.
Zum 50. Jahr 1927 kommt ein wissenschaftlicher Katalog meiner Verlagswerke heraus zwei Herren bereiten ihn seit langem vor.

160 H [Postkarte] Meran, 8. IV. 1925

Lieber alter Alfred!
Du hast mich mit Deinem lieben Brief sehr erfreut: Also, die Hauptsache: die Gesundheit ist in Ordnung! Wie nett wäre es, wenn Du wieder einmal nach Italien kämest! Deine Ausstellung in Rom ist sogar in unsren Kasblatteln besprochen. Die ganze Wiener Judenschaft ist heuer in Rom beim »eiligen Vatter«! Da sollten ein paar Gojim auch hinunterreisen. Denk Dir, die Cosulichlinie fährt um 625 Papierlire 1 Classe Triest – Neapel! Sehr billig! Ferner: Hotel Nettuno in Cattolica (Seebad bei Rimini) gibt bis Ende Juni tolle Pension um $22^1/_2$ Lire.
Du schreibst von Deutungen Deiner Blätter: ein Thema das mich lebhaft interessiert u an dem ich am liebsten teilnehmen würde. Ich

habe viel Übung in »Symbolik« und habe Versuche mit Traumsprache gemacht die sonderbarerweise dieselbe der eleusinischen Mysterien ist. (Silbenauflösungen; liegt auch der »Kala« der hohen heiml. Acht und der Geheimheraldik zu Grund). Übrigens ein Gebiet, wo Du vor Staunen Kopf stehen wirst.
Wenn Du mehr hören willst, sende mir eine Kopie Deines Horoskopes *(technischer Teil!* Deutungen nicht. –)
Ich habe ein Jahr Kunstvacuum hinter mir, was wohl tut. Wie Du erfahren hast, habe ich meine inzwischen riesig gewordene Sammlung verkauft, 1 Monat vor Zusammenbruch der Conjunktur. Der Käufer wollte dann wieder heraus, begann einen Prozeß, den er aber für ihn aussichtslos ausglich. Aber das große Geschäft hat er gemacht! Wenn wir schon von Geschäften reden: Hast Du noch Euren Hausanteil in Frankfurt, und was denkt Ihr damit zu tun? Man bietet in Primalagen wieder sehr hohe Summen!
Oskar schreibt, daß er seinen Teil bei der Unflatepoche verkauft hat was ich ihm nie erlaubt hätte – denn mich hat man damals auch bombardiert, sogar 2 offizielle Kommissionen hergesandt, mir meine Leipz. Häuser abzuschwatzen.
Frohe Ostern! Fritz u Carmen

161 K [Postkarte, Zwickledt] 16. 7. 25

Lieber Fritz. Habt Dank für die Kartengrüße – diesmal scheints wirklich zu werden, daß wir uns wiedersehen, schreibe mir nur *wann* Ihr in Rindbach eintrefft – denn ich muß es mir einteilen, und käme lieber möglichst früh im Monat August weil ich eine Schwester in Gmunden habe welche ich auch besuchen möchte – Ich bleibe dann 3 Tage bei Euch wie ich heute hoffe. – Sonst geht es hin und her und auf und ab – im Wesentlichen bin ich aber zufrieden. –
Nun hoffen wir auf ein gesund-frohes Treffen – die Welt wird ja von Tag zu Tag scheußlicher und es übertrifft *weit* die tollsten Erwartungen – gerade deshalb kann man sich subjektiv wohlfühlen – – Dir und Carmen meine schönsten Grüße

Dein alter Alfred

162 H [Ansichtskarte, Poststempel Venedig, 30. VII. 25]

Lieber Alfred! Ich denke Deiner auf demselben Platz im Speisesaale des Cavaletto wo wir einmal so vergnügt abend aßen. Wo sind die schönen Zeiten? Wir durchstreifen die schöne Stadt und gedenken einmal hier einige Monate zu wohnen. – In einigen Tagen fahren wir nach Rimini.

Herzlichste Grüße Fritz

163 K [Postkarte, Poststempel Wernstein, 4. 8. 25]

Mein lieber Fritz – Hab' Dank für Deine Karte – Vor die Freude haben die Götter den Schweiß gesetzt – Ich mußt einen Verleger in der Nähe aufsuchen, muß einige Steindrucke nachmachen und Einiges zu meinem Rübezahlwerk vorbereiten, auch O. Schmitz kommt für 3 Tage – so schiebt sich mein Besuch bei Euch, dem 1 Tag in Gmunden für meine Schwester vorangehen soll noch hinaus. Bis auf Unübersehbares habe ich aber alles bedacht um am *25* d. M. abzufahren. Ich lasse mein großes Gepäckstück in Attnang komme mit Handtasche *am Besten wohl per Schiff von Gmunden ????* (außer m. kranke Schwester müßt früher fort dann käme ich wohl mit Motorboot wie Du vorschlägst von Ebensee – bleibe 2, vielleicht 3 Tage bei Euch – dann zurück Attnang um das größere Gepäckstück zu holen und Fahrt nach Steindorf-Henndorf bei Salzburg wo ich wieder eine kurze, zurückgezogen lebend, Ruhezeit verbringen möchte – Sonst gehts, alles ineinander gerechnet, – gewiß nicht schlecht – Sei Du und Carmen herzlichst gegrüßt vom alten Alfred! Auf frohes Wiedersehen. –

164 K [Postkarte, Poststempel Wernstein, 19. 8. 25]

Lieber Fritz Ich danke Dir für die l. [?] Karte und den guten Wink – komm dann (Montag Gmunden) und Mittwoch (26.) mit Motorboot

14.10 an *Rindbach* (schon gegessen) da der Hausmeister dann Gepäck abholen kann so ist dieser Punkt ja auch nicht schwierig.
Soviel ich aus dem Cursbuch ersehe ist 12.02 dann ab Ebensee der *günstigste* Zug zur *Weiterfahrt am Samstag* 29. Dir und Carmen alles Gute und hoffend Euch wohlauf zu treffen und selbst nicht allzu brüchig zu erscheinen! –

Alfred

Zwickledt 19.

[Auf der Rückseite der Karte in Carmens Handschrift:] Pascal 12, rue Lincoln Paris

165 K [Postkarte, Poststempel Wernstein, 16. 9. 25]

Lieber Fritz –
Zugleich sende ich Euch meine A. S. und den großen Essay von O.A.H.Sch. der magische Mensch A.K. – Ich bin seit gestern wieder daheim. Das Wetter war anhaltend unsicher oft naß und kalt, trotzdem fühle ich mich ausgeruht –– Hoffentlich geht es Euch gut und läßt Du bald über die kleinen Bresdinstiche etwas hören – herzliche[n] Gruß von mir an Dich und Carmen – Ich denke gerne an unser Rindbacher Zusammensein. Dein alter

Alfred

P.S. Ich schrieb in Deiner Angelegenheit an Vg. C. Reissner, ob und was er antworten wird bleibt abzuwarten – Entweder wendet er sich an mich oder er läßt gar nichts hören oder er schreibt an Dich – Du bist also orientiert. –

166 H [Postkarte] Leibzch, 28. VIIII. 25

Deirer Alwin und bessre Hälfte!
S'drängt mich Eich och ämal mei Herze auszeschitten und nochmals meinen Dang zesachen fier die scheenen Stunden in Eirem Ginstdler-

heim. Hier gann mer mälankolsch werdn; am Dache (nich oben! asdronomsch!) had mer viel Loferei und abends, egendlich nachts, wietet ä Schässbänd und ämal bin ich och schon von singenden Logenbriedern uffgeweckt worden. Die klagten ganz lamendabel; in den Bausen aber zwintscherte das Schässbänd. Im Hodelle finden nämlich alle Arten Unterhaltung statt: ä Hundezichterverein, äne Abendtanzgesellschaft, mehrere Logen und Burschenschaften. Im dunklen Gorridore gnurrt mich jedesmal eene große Bulldogge an, ganz eegendiemlich: die gann nämlich sächselnd gnurren. Se heißt: »Biegas«. –
S' hierene Museum is grandios. Da is ä dämonischer frieher Meister: Lemberger um 1530. Mir nei. Klingers Bädhofen is, bei Lichte besehen, eegentlich ä Dreck. Gogoschga hat Mädaljen gemacht; die sehn aus wie Affenfägaljen. Im grafischen Gabinett habe ich äne Anzahl Klees zum Vergleiche vorgezeigt. Sie wurden als reife Arbeiten erkannt. Ich dad dort groß, daß ich zahlreiche Gogoschgas besäße.
– Häre mal: Munch imboniert mer ooch nich. Ebenso Zorn und die unsichren Schmieraschen von Alois Gorinth. Den seine Bilder müßte mer ämal mit denen von Preller zusammen durch de Wurstmaschiene fieren und dann aus dem Gemisch Bappendegl machen.
Awer die Ludwich Richter und die Kochs die hier sind! – Midwoch binch wohl in Minchen und mache bei Meiring und beim Fäkalrat Bachus meine Fisiten; inzwischen läbt recht wohl und seid nochmalen sehr bedankt und scheenstens gegriesst vom alten Onkel Fritze.

167 K [Postkarte, Poststempel Wernstein, 10. 10. 25]

Lieber Fritz –
Soeben fällt mir ein daß G.M. und, K.W. irgendwie im Zank und Streit auseinandergingen; es ist deshalb gut wenn Du bei *keinem* von beiden erwähnst daß Du den andern besuchst oder besuchen willst. – Es waren wirklich gefüllte herrliche Tage die wir eben erleben durften und die mir dauernd in Erinnerung bleiben werden – – Du bist

fabelhaft physisch wieder beisammen – direkt »beschützt« – nun alles Gute und lasse dann von Meran aus gelegentlich mich wissen wie's mit Haus, und den Münchner Besuchen wurde – Eventuell kannst Du mit Gruß von mir auch zu Direktor Wienand im Georg Müller Verlag: dzt Elisabethstr. 26 gehen und wegen Manuskriptangebot fragen. Dein

Alf –

Gruß von m. Fr.

168 H Meran, 11. XII. 25

Mein lieber Alfred!
Du hast inzwischen wohl meinen Brief bekommen der sich genau mit dem Deinen gekreuzt hatte.
Ich danke Dir vielmals für Dein freundliches Lebenszeichen und hoffen wir nur, daß es Deiner lieben Frau recht gut geht, Gesundheit ist eben das erste! Davon wissen wir ja alle ein Lied zu singen.
Ich habe, wie ich Dir ja schrieb, keinen Aufenthalt in M. gehabt, hoffe aber alle meine Besuchsabsichten einmal später auszuführen, da Carmen und ich wieder einmal ein paar Wochen in München verbringen möchten das wir seit dem Krieg eigentlich nicht mehr recht gesehen haben. Sehr nett wäre dann dort ein Wiedersehen. Hier ist momentan wenig los; auch waren kalte Nächte und unangenehme Tage zu verzeichnen – hier eine Seltenheit. Ich habe die Zeit genützt um meine Arbeiten zu feilen und Pomo u den Apoll ins Reine zu tippen was für einen Nichtgeübten eine Viechsarbeit ist. Dann kann man aber erst an die eigentliche Feinarbeit gehen – man findet immer und immer wieder geistige Hühneraugen die weggeschnitten werden wollen. Ich möchte dann sofort an Deine Blätter gehen, da ich nach und nach das Unterlagsmaterial zur exakten Deutung zusammengetragen habe.
Es sind unglaublich mediale Sachen in Deinen Arbeiten, ein ganzer »Mikrotatokosmos« in dem man als psychischer »Kanalräumer« umanandpatschen kann. Was bringt man da alles mit! Juwelen der Aphrodite, Tarnkappenlumpen und Hundswürsteln vertrockneter

Dämonen! Erkenntnisse, sanft wie rosa Kinderpopos mit Vergißmeinnichtkränzen und böse Ahnungen der Abstürze ins Bodenlose Nichts!
Bezeichnend ist, daß Deine Handschrift ganz ähnlich der Richard Wagners ist; das gab mir immer zu denken.
Ich fange auch wieder zu zeichnen an und möchte einige Blätter radieren – doch fehlt alles Material und muß ich mich über Messingblech machen. Wie das geätzt wird ist mir bis jetzt unklar.
Mit Bresdin sieht es nicht gut aus; die Verbindung mit dem Käufer ist abgeschnitten, er soll in Südamerika geschäftlich zu tun haben.
Was hörst Du von OAH? Kommt er zu Weihnachten zu Euch?
Herzlichst grüßen wir Euch Beide!

Der alte Freund Fritz

169 K [Postkarte, Poststempel Wernstein, 18. XII. 1925]

Mein lieber Fritz, Dein Brieflein kann ich nur durch diese Karte erwidern. Bis über den Hals schlagen die Wogen einer beruflichen Kleinarbeit mit Korrespondenzen etc – Nach München *wenn* es gut geht, komme ich frühestens Frühjahr – ich muß mich ja plagen um als vom Staate Geprellter mit meiner Kunst meinen Hausstand erhalten zu können – das ist recht schwierig bisweilen!!! und das Manna fällt spärlich aber trotzdem fühle ich mich als »Lilie auf dem Felde« und werde vom Himmel betaut – O. Schmitz kommt für die Weihnachtstage, eben erschien der II. Band seiner interessanten Lebensgeschichte »Dämon Welt« (I. »die Geister des Hauses«) der III. kommt im Frühjahr »Sum«. – Sei *glücklich* wenn Ludwig Deine Sachen verlegt – *nichts* ist heute schwerer als einen Verleger zu finden!!!! Ich fand einigen merkwürdigen Anhub zu neuem Schaffen – unerwartet, gänzlich selbst überrascht – hoffentlich bleibt der fruchtbare Zustand eine Zeit bestehen. – *Wie* schade daß ich die kl. Bresdinblättchen nun nicht haben soll – Lasse Dir die frühe Hofmannsthalausgabe *binden* die ich Dir schenkte es steht mit 30–50 R. Mark in meinen letzten Katalogen und ist sehr gesucht. Herzlichen Weihnachtsgruß Dir und Carmen von Zwickledt

Dein alter Alfred

170 H Wien IV Lambrechtsgasse 9, 24. V. 26

Liebster Alfred!
Ich erhielt eben Deinen lieben Brief mit dem blöden Namensverzeichnis: Diese Leute kann von mir aus alle der Teufel holen und ich wundere mich, wie *Du* so eine infame Lumperei unterstützen kannst, indem Du Deine kostbare Zeit für die Marotte so eines amerikanischen Schweinehundes opferst.
Ich unterbreche hiermit die Kette und hoffe, daß den Urheber wie ganz Amerika der Teufel holen möge. –
Diese Brut ist das Werkzeug des Satans; durch den infamen Raubmord, den sie am Deutschen Volk begangen haben, mit der Niedertracht, einem aus allen Wunden blutenden Heldenvolk um gemeinen Raubes wegen den Todesstoß zu versetzen, verfluche ich als Wissender dieses Gesindel.
Nun zu Dir, alter Freund.
Wir bleiben einige Tage, etwa bis 15. Juni in Wien, um wieder einmal etwas Heimat zu genießen. Wenn Du jemanden weißt, den ich besuchen sollte, schreibe es mir. Ich bin auch wegen meiner Arbeiten hergekommen, da Wolf (Arthur) mich neuerdings in Meran aufgesucht hat; weiß aber noch immer nicht, wie ich mich verhalten soll.
Überall Dalles (Grund: Amerikas Eingreifen). Überall Elend, Kummer, Kultur am Abgrund. Daher mein inniger Fluch, den Du vielleicht nicht verstehen wirst, da Du mich bloß als den gemütlichen Philister kennst, der ich ja im bürgerlichen Leben bin.
Wir wohnen bei Neuhausers (Mia Luckeneder) die ganz verarmt sind, so, daß die Kinder schwere Entbehrungen durchmachen, während man in Amerika mit dem Getreide heizt. Also: Gottes Gericht treffe diesen Menschheitsabhub!
Wo steckt O A H? Was hast Du für Pläne? Hoffentlich sieht man Euch diesen Sommer wieder in Rindbach!
Alles Liebe von Haus zu Haus!

Dein alter Fritz.

171 H

Rindbach, 26. Juli 1926

Mein lieber Alfred!
Ich habe mich sehr über Dein Lebenszeichen nach so langer Zeit gefreut, weniger über die unbefriedigenden Nachrichten über den Gesundheitszustand Deiner lieben Frau, desgleichen über die verminderte Aussicht, Euch bei uns zu sehen. Du siehst, ich gebe nicht alle Hoffnung auf. Es ist schön, daß Du in Continuo zu tun hast, das hat heutzutage nicht jeder Künstler.
In Wien stieß ich überall auf hoffnungslosen Dalles.
Wir haben sehr interessante Monate hinter uns und bin ich endlich, nach energischem Eingriff der Presse, zum Starten gekommen. Mein »Gaulschreck« ist bei Angel (Berlin) und kommt in erster Publikation als Zeitungsroman heraus, eine zweite Arbeit (Novelle: »Der Kommandant von Kalymnos«) geht Dir wohl in etwa 14 Tagen als Bibliophilendruck zu.
Etwa am 8. Aug. möchten wir für einige Zeit nach Salzburg da wir die Festspiele noch nicht kennen.
Weißt Du, als alter Salzburger, wo man da nicht zu teure aber immerhin repräsentable Unterkunft findet?
Für Deinen Rat wäre ich sehr dankbar.
Wo steckt OAH?
Würde ihn sehr gerne wiedersehen.
Du hast recht – es ist schrecklich, wie die Zeit vergeht – das merken wir schon, die nicht mehr aus der vollen Scheuer des Lebens urassen können.
Wohl offenbart sich die Natur dann doppelt intensiv – es heißt, aus Mimirs Born schöpfen, was Platz hat um mit einem Tarnkappenen Rucksack voll Gesammeltem in ein anderes Leben hinüberzurutschen.
Heuer habe ich die Bestätigung bekommen daß Du auf einem sehr merkwürdigen Stück Erde sitzst – vielleicht nicht ohne Zutun des Genius Loci. Nämlich auf einer Insel der Atlantis, voll unerforschter Geheimnisse.
Ganz besonders geheimnisvolles wird wohl der Böhmerwald bergen. –

Möchte Dir nur soviel sagen, daß es das »Arkadien« des seligen Topographen Pausanias ist.
Wie alle Dinge ihre Parallelen haben; las ich am 16. d. M. daß der dänische Archäologe Nörlund Skelette, ja sogar Kleider der Atlantier, tief im Eise Grönlands gefunden hat und daß eine Theorie, die ich vor 30 Jahren aufstellte, stimmt (Mondsturz mit Polarverschiebung als Folge).

Was aber unseren Sommer betrifft, kann ich nur wünschen: »schwimme nicht weg!« Hier – wir sind 8 Tage hier – haben wir bereits Seltsames erlebt: z. B. strömender Wolkenbruch bei strahlend blauem Himmel weil das Barometer sehr hoch stand! Nicht minder Seltsames durch Fügung menschlicher Verirrung: gestern abend Ballettabend der Wiener Staatsoper in Ebensee! – Am Ende ist das der erste Spermatropen (– das ist schließlich beim Ballett kein Wunder –) Ebenseer Festspiele die Salzburg ablösen werden!
Ich sehe schon Richard Strauß abwechselnd mit Korngold die Salinen Kapelle leiten!
Alles Gute Euch Beiden!
Das wünscht das Ehepaar F.H.O.

172 H Rinnbach, 6. Aug. 26

Mein lieber Alfred!
Du hast mir mit Deinem lieben Brief vom 30. J. viel Freude gemacht nicht minder auch mit dem schönen Bild des behäbig schlummernden Wasserkopfes den Dalila die Gansgewordene, betreut. Wie lieb sich der Baum freut – Du bist eben einer, dem die Sprache des Kosmos ganz aufgegangen ist.
Es ist der wohl ein Stück Siegfriedmysterium.
Was ich mit der Antlantischen Insel meine, stimmt im Ernst; was es da gibt – das ist zum Staunen geht aber den Turistenstrom *nichts* an. Bitte bemerke, daß Strindberg sich »ausgerechnet« einen Teil dieser Insel als Sommerfrische wählte.
Es stehen Dir persönlich sehr merkwürdige Enthüllungen bevor. –
So sah es früher aus:

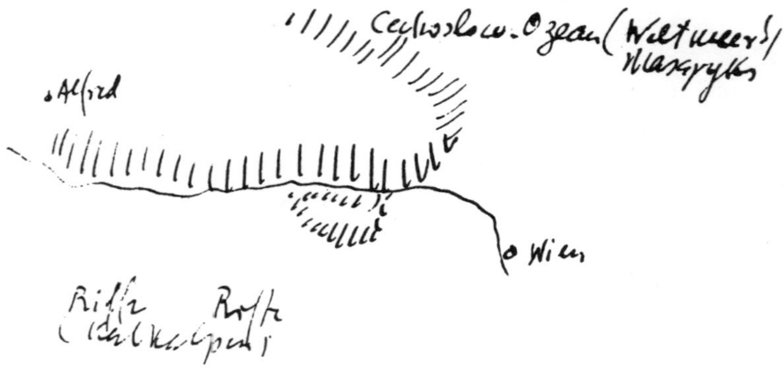

Betrübt bin ich, daß Deine liebe Frau schon wieder marod ist; wo ist Neuwittelsbach? Hoffentlich gibts aber da bald gute Nachrichten! An Oskar schrieb ich, daß wir kommen werden und uns auf hoffentlich – lustige Stunden mit ihm freuen. Ich nehme eine neue Arbeit mit, um ihm daraus vorzulesen – eine Sache, die ihm liegen dürfte. Ich war jetzt sehr fleißig, habe 9 große Federzeichnungen, darunter eine mit 90 Figuren für den »Apoll v Nichts« fertiggestellt und vorgestern die letzte Correktur zum »Kalymnos« durchgesehen; am 15. hoffe ich den ersten Druck zu bekommen, der Dir zugehen wird.

Für Dich ist glaube ich als Interessantes eine Spitalszene auf einem Kriegsschiff der Barocke drin wo ein Proviantschreiber der, zwar ein Abkömmling Julius Cäsars, aber bodenloser Feigling bei den Operationen leuchten muß und vor Angst irrsinnig wird, daß ihn jeden Moment dasselbe Schicksal ereilen kann. Bin schon sehr neugierig auf Deine Neuschöpfungen die wir ja hoffentlich *hier* sehen werden da Du ja diese erfreuliche Möglichkeit andeutest. Ich werde Dir aus Salzb. schreiben, wie lange sich unser dortiger Aufenthalt ausdehnen wird damit Du dann danach Deine Dispositionen treffen kannst.
In dieser frohen Erwartung grüße ich Dich herzlichst! ebenso Carmen,

der alte Fritz

Anbei eine Skizze
zum »Apoll von Nichts«
Karpfenstechen auf Schloß Uschitz
des Freih. Dickschitz gen. Dinschitz Herr auf
Urschitz zu Uschitz. –

173 H Meran (Italien), 28. II. 27, Villa Franziska

Lieber Alfred!
Vor allem laß Dir danken, daß Du so freundlich warst, dem Linzer »März« meine »Superaustriazität« zu vermelden. Ich bin sehr stolz, neben Dir erschienen zu sein – und wir alle wiederum horsten sozusagen im Vollbarte des wackeren Bahr. Laotse vielleicht hätte über diese Wohnung nicht geschwärmt; dafür war er auch ein Chineser. –
Nun, ich werde Stück für Stück mit Schmerzen geboren und bin neugierig, wann ich vollkommen abgenabelt sein werde.
Im Sommer erschien von mir ein üppiges Büchlein, das aber sofort apokryph wurde (nicht wie Du leppernd denken wirst, wegen Unzüchtigkeit) sondern weil es von einem »namhaften« Komponisten zur Veroperung übernommen wurde; und so muß ich wieder ein Jährchen warten, bis der seine Eier ausgebrütet hat, sonst stehlen sie

ihm den sehr bunten, fantastischen Stoff der Opern meistens zu sehr abgeht.
Inzwischen höre ich, daß die »Juryfreien« in Berlin mich bringen wollen.
Wer sind diese »Juryfreien«? Kennst Du das Unternehmen?
Mitte März gedenken wir nach Berlin zu fahren. Bist Du vielleicht zufällig in ähnlicher Zeit in München, da wir natürlich dort zweimal durchkommen. Kennst Du in Berlin irgend jemanden Netten den man besuchen kann oder soll? Mit Oskar ist ein sehr unangenehmes Mißverständnis vorgekommen. Er kam nach hier; mit demselben Zug kam auch Carmen, die einige Tage weg war und die ich nicht mehr von OAH Ankunft verständigen konnte. Sie war nicht ganz wohl und mußte ich [mich] ihr abends widmen und bat Oskar um die erste Zusammenkunft am andern Vormittag da wir uns beide auf ihn sehr freuten und vorhatten, viel mit ihm zusammen zu sein. Wir hatten alles zum feierlichen Empfang zu Hause vorbereitet – Oskar war verschwunden, beleidigt noch mit dem Nachtzug abgereist. Ich war vollständig unschuldig daran und tut mir dieses Mißverständnis sehr leid da Du weißt, wie ich OAH gerne habe. Ja, der Saturn.
Vielleicht sagst Du es ihm einmal bei Gelegenheit. Wie geht es denn Euch Beiden gesundheitlich und [was] machen Deine Arbeiten? Mit größtem Interesse habe ich das ungemein fantastische Bruchstück im März gelesen! Fabelhaft ist auch die Figur des Wasserträgers und die unglaubliche Harfe! Das sind wieder einmal Zibeben! Ich freue mich schon sehr, wieder einmal mit Dir zu sprechen, was diesen Sommer noch werden muß!
Alles Liebe Deiner bessren Hälfte und Dir von meiner b. Hälfte und dem alten Fritz.

174 K Zwickledt–Wernstein, 10. 3. 27

Mein lieber Fritz. Für Deinen Brief welchen ich mit Dank empfing – hier nur die Nachricht daß es uns ganz leidlich ergeht, daß der 50. Geburtstag allerhand peinliche Schatten im voraus wirft – die Hauptsache ist aber wohl eine halbwegs passable Gesundheit zu haben, und augenblicklich dürfen wir nicht klagen nur Hedwig ist mit dem Schlafenkönnen schlecht beieinander und ich habe halt meine Nerven als üble Last durchs Leben zu tragen – für das Abgedrucktsein im Linzer Almanach brauchen wir uns nicht allzu sehr freuen, das ist ja eine durchaus zweitklassige Angelegenheit und es war mir allerdings angenehm das Fragment Deines Apoll von Nichts da zu lesen und mit der hübschen Zeichnung zu sehen – Du sollst der Illustrator Deiner Schriften selbst sein –. Schwieriger wird Dir das Aufjagen eines Verlegers fallen denn die Zeiten sind ja nach wie vor den schönen Künsten wirtschaftlich ungünstig – Ich habe seit Monaten keine *ernsthaften* Aufträge mehr nur einige kleinere nebensächliche Sachen fanden sich. – – – Eine größere Aufgabe für Amerika winkt wohl – das alles macht aber das Kraut nicht fett und hilft, – angenommen das geht nch Wunsch auch nur ein paar Monate weiter – – So stehen die Aussichten und dabei sprechen manche Politiker daß ein Rechts-Putsch zu allernächst einmal bevorstände dem automatisch nach einiger Zeit ein solcher von der linken Seite folgen soll – daß also das arme Deutschland, dessen Bevölkerung nur Ruhe und Arbeitsmöglichkeit braucht, vor neuen Krämpfen stehen würde – – Aber vielleicht kommt es auch anders was weiß man da trotz aller Seherei und Prophezeiung – – Für *uns* Schaffende ist's entschieden nicht rosig wie uns die Zukunft erscheinen muß – Alles ändert sich auch nicht bei dem Rummel welchen Verlage und Zeitungen für meinen 50. Geburtstag am 10. 4. vorbereiten – es waren schon unterschiedliche Photographen da und machten Aufnahmen von allen Seiten und allen auch den *tierischen* Bewohnern Zwickledts – – so wird ein Artikelregen niedergehen und ich für 2 Tage von hier mich flüchten – Mit dem Schaffen geht es mir allzu zähe dies Jahr – ich stelle wohl eine immer bemerkbarere *Breite* meines Späteren Stiles fest – der mir wie eine Art modernes zeichnerisches Barock vorkommt aber im Ganzen bin ich nur schwach befriedigt – wobei innere wie äußere Ärgerlichkeiten und Kümmernisse ihr Teil beitragen. Man wird alt mein Lieber ob wir nun Vogelstraußpolitik darüber treiben wollen oder nicht – mögen wir *das* was an Kräften uns etwa noch zugemessen sei – gut im Bereiche der Kunst anwenden, dies ist mein einziges Gebet – das von Dir bewunderte Stück, der

letzte Landstreicher, mit Bild, entstammt mit *7 andern* Arbeiten dem Buche *»Der Guckkasten«* von mir und ist sauber in Ganzleinenband gebunden beim Verlage »Johannespresse« Otto Nirenstein, Wien I. Grünangerg. 1. für 5. Sch. zu haben, wichtiger weil unendlich reichhaltiger wären aber meine »Dämonen und Nachtgesichte«, Verlag Carl Reissner Dresden mit Text und *130* Tafeln für 8 MK – eine Art Jubiläumswerk, ein *Durchschnitts*überblick über mein Streben. –
Für Berlin wüßte ich im gegebenen Zeitraum keinen Menschen außer halbbankerotte Verleger die es sich verlohnte aufzusuchen.
O.A.H.Sch. habe ich Deine Darstellung des recht unliebsamen Vorfalles übermittelt – lebe wohl und sei mit Carmen herzlichst gegrüßt vom alten A.K.

175 K Zwickledt, 8. 4. 27

Lieber alter Fritz. Dein launiger Glückwunsch hat mich sehr erfreut –– der Geburtstag warf allerdings schone eine Menge Lichter und Schatten voraus – die vielen Verlage die ihr Geld in meinen 70 Buch- und Mappenwerken riskierten – mobilisieren im Vereine mit allerhand Schriftstellern und Gelehrten ein paar hundert Zeitungen und die Buchhändler machen ein Schaufenster, so kann man heute eine Berühmtheit quantitativ arrangieren – denn die Leute wollen ihre Bücher ja verkaufen – aber auch wirklich vielen Stillen im Lande habe ich in den vielen Jahren ein paar nette Stunden bereiten können – auch solche stellen sich mit Briefen etc. ein – gewiß die überseeischen Anhänger freuen mich besonders, da hast Du recht – doch im Grunde bin ich ganz auf moll gestimmt – und nicht heiter. – Den eigentlichen Geburtstag flüchte ich mich und werde von Bekannten in die Nähe Salzburgs zu einer kleinen Feier entführt – und dann, rutschen wir eben weiter – abwärts – Was Du mir von Meyrink schriebst u. s. w. interessierte mich hoffentlich habt Ihr Anregungen gehabt – Ich trete nächstens meine Böhmerlandreise an auf die ich ja seit vielen Jahren mich freue, ich möchte das Land da oben noch einmal sehen, wo ich die ersten Jahre meines Daseins verlebte – – Leider steht es schon so daß man sich auf Zerstückelung aller Schönheiten von einst gefaßt machen muß wenn man 40 Jahre nicht mehr da war – welch geheimnisvolles Land *war* Böhmen mit seinen zwei Völkern und bei *dieser* Vergangenheit *diesen* Reichtümern – und was wurde daraus in unseliger Epoche. – Nun aber schließe ich denn eben kommt wieder ein ganzer Packen Vorläufer der Geburtstagspost –. Was Du da von der *Oper* andeutest macht ja gespannt – aber kommt nicht endlich einmal der Band mit Deinen Grotesken zuerst?? – Dir und Carmen für die Wünsche zum 50. herzlichst dankend bin ich Dein alter Freund Alfred

Alfred Kubin, *Flötenspielender Tod.* 1927

176 H St. Anton a. Arlberg Tyrol,
1. Aug. 27, Villa Bergheim

Mein lieber Alfred!
Wir sind nach einer wahren Odysse hier gelandet, da Carmen einmal Ferien von Rindbach haben möchte. Die Wiener Revolution und der idiotische Generalstreik haben unsere eigentlichen Pläne zu nichte gemacht. Wir wollten in einen neu entdeckten Ort in Vorarlberg, Gargellen, gehen. Zimmer dort nicht mehr zu haben.
Die Wirkung des Streiks war für die Sozi schlimm: es herrscht in Wien wirkliche Revolutionsstimmung, aber gegen die roten Bestien. Ich habe das Empfinden, daß das der letzte Streik war.
Dann kommt der Faschismus, aber nicht der wäschefeindliche des übelriechenden Roms.
O Roma o porca aeterna!
Wir waren einige Wochen in Wien, wo ich an meiner Theatersache weiter gearbeitet habe. Ich glaube Dir schon davon geschrieben zu haben.
Die Composition geht langsam vorwärts und das Ballett gibt viel Arbeit. Ich habe hunderte von Figurinen gezeichnet von denen etwa 1/10 zur Auswahl kommen. Das ganze ist eine äußerst groteske Welt für sich. Die berühmten Ballerinen von früher z. B. haben die Schuherzeugung oder ähnliche trauliche Metiers ... o Saturn! – gleichzeitig bin ich endlich einmal für die Öffentlichkeit geboren worden: in der heurigen Berliner Frühjahrsausstellung ist eine Collektion meiner farb. Blätter ausgestellt worden. Kritiken durchwegs sehr schmeichelhaft für mich; was mich aber mehr freut, ist, daß die Fachkollegen daran Spaß haben.
Bemerkst Du, wie schwierig ich mich in jeder Hinsicht durchsetzen muß? Keinem Menschen gehen so viel Briefe verloren; keiner stößt auf so viel Ignoranz und Vertrottelung. Denk Dir folgendes: Der »Uhu« forderte mittels Telegramm das in Wien *3 Tage* lang liegen blieb mein Bild für einen Artikel im nächsten Heft. Ich ließ mich sofort photographieren und was tut Saturn? Schickt die Anstalt express rekom per Flug einen leeren Carton ab! Den Entschuldigungsbrief der Firma lasse ich in meiner biographischen Skizze mit

abdrucken. – Welch ein Meer von dämonischen Roßknödeln auf meinem Lebensweg! Nun, Du weißt ja davon.
Was treibst Du, wie geht es Deiner lieben Frau und Dir gesundheitlich?
Hast Du Sommer- oder Herbstpläne? Schreib mir doch wieder einmal was alles bei Euch vorgeht!
Ich denke noch mit Vergnügen an die Tage unseres Zusammenseins!
Alles Liebe vom alten Freund

Fritz.

Unser gemeinsamer Freund Bachus soll (noch immer auf freiem Fuß) in Linz gesichtet worden sein.

177 K Zwickledt – Wernstein a. Inn, 11. 8. 1927

Lieber Freund Fritz – Von nichts wußte ich etwas! Also Du hast ein Ballett komponiert, Figurinen gemacht und das Ganze wird bei der Wiener Staatsoper aufgeführt –? dieser ankündigende Brief ist *verloren* gegangen – gleichwohl wünsche ich Dir zu der Geschichte Glück. – Uns ergings inzwischen glimpflich, und ich bin froh wenn es *nie* schlimmer wird in Zukunft! freilich beruflich *alles* etwas flau – Ich habe ein Werk, eine Folge mit 25 Blatt benannt »Orbis pictus« und kleiner Einleitung und keinen Verlag hiefür – fürs nächste Jahr hätte ich wohl einen sehr sympathischen Auftrag – gleichwohl ist's mir bei unseren Jahren langweilig solche abenteuerlichen Erwerbsverhältnisse aufs neue – wie vor 25 Jahren – zu erleben – Sonst geht es aber gut, gut insoweit als meine Frau weit gesünder ist – ich den großen Geburtstagsrummel gut überstanden und ebenfalls gesund bin, und einen schönen Spätsommer meines Lebens zum größten Teile verbracht habe. – Ich habe einen Band *»Rübezahl«* beim Verlag Stauda Augsburg soeben mit 30 Bildern erscheinen lassen und ein Album »Heimliche Welt« (20 Zeichnungen in Filigran) im Merlin Verlage Heidelberg. – Und jetzt eben schaffe ich an *Karten,* 32 Wahrsagekarten, ein Aufschlagspiel – in ziemlich derber Manier – So gehts also dahin – gleitend in ein unbekanntes Land – die Wiener

Revolution kann mich ... – Hat man denn nichts wichtigeres zu tun dort –

––– Schmitz O.A.H. hat seinen Roman nach 6maligem Umarbeiten endlich fertig gekrochen. Ich werde ihn morgen sehen den O.A.H. Im vergangenen April machte ich eine Reise durch Nordböhmen; mit größtem Wiederaufleben längst vergangengeglaubter Kindergefühle schlich ich in Leitmeritzens alten Winkeln seit *41 Jahren* wieder herum – doch sonst sitzt in Böhmen der Tscheche – nun lebe wohl und sei mit Carmen herzlichst begrüßt Dein alter

Alfred

Meine Frau grüßt –

178 H Meran, 5. XII. 27

Lieber Alfred!

Schon lange haben wir nicht mehr via Papier geplaudert. Aber ich hege die stille Hoffnung, daß ich Dich vielleicht in absehbarer Zeit sehen könnte: ich will nämlich in den nächsten Tagen – etwa Freitag – nach München fahren wo ich circa 8 Tage zu bleiben gedenke.

Schreib mir doch: München, Hauptbahnpostlagernd ob Du eventuell dort bist, was ja immerhin zu vermuten wäre. Sollte ich Dich aber nicht sehen, so will ich Dir heute eine für Dich freudige Beobachtung mitteilen die Dir viele Sorgen ob Deiner historisch erhärteten und ans Pathologische streifende *Zahnarztophobie* wegnehmen dürfte. Ich habe nämlich die Beobachtung gemacht, daß bedenkliche Zähne die gegen Hitze u. Kälte stark empfindlich sind – also schon ein Fressen für den Zahnarzt! durch Putzen mit Pebekozahnpasta wieder vollkommen heil werden.

Ich vermute, daß Pebeko irgend einen Zusatz – etwa von einer ganz geringen Dosis Blausäure – hat, der Kariesbakterien vernichtet. Die Wirkung ist eklatant.

Ferner rate ich Dir, ab und zu ein Glas Thee von Zinnkraut (equisetum, Schachtelhalm) zu trinken; es enthält sehr viel Kieselsäure, die zum Aufbau des Zahnschmelzes unbedingt erforderlich ist.

Unsere Altvordern hatten deshalb bessre Zähne, weil ihre Nahrung,

das *echte* Brot, Kieselsäure enthielt. Heute ist das alles ausgemahlen, daher die Verfallskrankheiten, die auf fehlender Mineralstoffzufuhr beruhen!
Meyrink vertritt denselben Gedanken!
Was treibst Du und wie befindet Ihr Euch Beide? Wir haben einen schönen Sommer hinter uns: Tyrol, Bodensee, Ausflüge ins Engadin etc.
In Wien haben wir noch die Revolution in allen Phasen mitgemacht und ich habe mich wieder einmal gehörig ausschimpfen können was gesünder und billiger als Karlsbad ist.
Nun lieber Alfred, leb recht wohl und sende mir nach München ein paar Zeilen!
Alles Liebe von Haus zu Haus! Dein alter Fritz.

179 H Meran (Italien) Schaffer Str. 9, 12. XII. 28

Mein lieber alter Alfred!
Heute ist so recht ein Tag fürs Briefschreiben – durch 10 Min. der erste Schnee – bis heute immer warmes Sonnenwetter daß man schwitzen konnte.
Schreib mir doch wieder mal wie es Euch geht und was Du alles schönes schaffst.
Ich bin auch wieder zur Arbeit angeregt worden: Mein Buch hat mir die glänzendsten Kritiken der großen Blätter gebracht und bringt immer noch welche – Du weißt, eitel bin ich absolut nicht aber mich freut die Bestätigung, daß meine Arbeit doch besseren Menschen etwas sagt; schließlich ist jeder verpflichtet, zur Weltenarbeit beizutragen.
Meine Frau u. ich sind aber jetzt durch Wochen mit einer andren Sache beschäftigt gewesen:
Die Rätsel der Ortsnamen endgültig zu lösen; wir sind dabei auf die seltsamsten Dinge gestoßen und eine ungeheure Mysterienperspektive – ein absolutes Neuland der antiken Götterepoche hat sich eröffnet, eines Götterhintergrundes, dessen geradezu feuilletonisti-

scher Abklatsch die Mythologien der Römer und Griechen sind. Wir müssen gelegentlich darüber sprechen, ehe das Werk veröffentlicht wird. Allein Nied. Österr. gab 7000 Artikel!
In der Nähe Deines Wohnsitzes ist eine Steinsetzung im Wald, die als Vehmstuhl angesprochen wird. Bitte teile mir den Flurnamen mit u. eventuelle Sagen. Knüpft sich an Zwickledt auch eine Sage? Kultort?
Besonders wichtig sind Mühlen. Meist *viele* Jahrtausende alt. Was bisher von »Urbarmachung« etc. gefaselt wurde, ist lauter Blödsinn. Auch an einem umfangreichen Roman arbeite ich seit 1 Jahr. Du hast doch auch wieder literarisch gearbeitet? Bitte um Titel und Verlag! Was hast Du in nächster Zeit vor? Wir kommen wahrscheinlich im Fasching nach München auf 14 Tage. Bist Du auch um die Zeit dort? Man braucht eben doch manchmal ein bissel Großstadt!
Nun wünschen wir Euch recht frohe und gesunde Weihnachten, die ja bei Euch reizend gemütlich sein müssen! Was für herrliche Stritzel werden gewiß unter Oberbefehl Deiner großen Gourmandin Frau Hadwig gezaubert werden!
Alles Liebe von die

Meraner!

180 K — Zwickledt, 23. 6. 29

Mein lieber Fritz – Viel Dank für Deine lieben Zeilen und den Prospekt mit der Idee Deines Freundes die in *ihrer* Art *sicher gut* und interessant ist und ganz *in unsere Zeit paßt!* – Ich passe aber für diese nicht so sehr, mir ist gesellschaftliche Koppelung nicht besonders sympathisch als Einsiedlernatur dem die Scheu vor neuer Bekanntschaft immer deutlicher die Tage verquert – – Sonst geht es mir ganz gut ich arbeite – wenn auch nicht mit dem explosiven Druck von früher so doch auch in gelassenem Tempo manchen Hecht noch aus der Tiefe holend – die Epoche ist leider wirtschaftlich mau und flau aber – Gottlob bei unsern Jahren braucht man sich nicht mehr allzu arge Zukunftssorgen machen – – Wahn dieses, – Wahn jenes –
– Ich habe eine Folge: Stilzel der Kobold des Böhmerwaldes

Alfred Kubin, *Der letzte Landstreicher,* 1925

lithografiert *11 Tafeln* und »Ali, der Schimmelhengst, Schicksale eines Tatarenpferdes« – 13 Tafeln – für die II habe noch keinen sichern Verlag obschon Verhandlungen schweben – Ich finde mich mit dem Ganzen aber immer gut ab – und bin froh hier in meiner Grube hausen und schaffen zu dürfen – Lebe wohl Dir und Carmen alles Gute auch herzlichen Gruß

Deines alten Freundes
Alfred

181 K [Postkarte, Poststempel Wernstein, 8. I. 1930]

Mein lieber alter Fritz wir danken für Eure Glückwünsche. Ich schlage mich halt so durch – und warum soll man jetzt nicht ein wenig jammern wo man es in den 7 guten Jahren schon getan hat aber es geht immer noch ganz leidlich – wirtschaftlich, wie gesundheitlich und beruflich – Ich illustriere sehr selten aber ohne Compromisse – und eine Mappe *»Stilzel«* der Kobald des Böhmerwaldes ist soeben beim Verlag Joh. Stauda, Eger und Kassel herausgekommen (30 M). Ein für Dich sehr interessantes Buch ist auch: Nicolo Paganini. Ein Roman von alten Göttern – von Jules *Siber* Verlag Morawe u. *Scheffelt, Berlin* – Meine Frau ist immer tätig trotz mancherlei gesundheitlicher Beschwerden – wenn wir nur keinen so argen Winter wie den letzten haben dann ist schon alles gut – und nun lieber Fritz dieses: Dein Roman wird schon unterkommen Du machst es ja massivst. Ist *Wien* nicht ein guter Boden dafür? – Ich verreise morgen ins Rheinland (Köln) wo eine repräsentative Ausstellung von mir mit einem Ehrenabend (*Kreuzigung* so empfinde ich das) stattfindet. Herzlichst grüßt Dich Dein alter

Alfred

182 H Rindbach, 5. VIII. 30

Liebster Alfred!
Eben erfuhr ich, daß Du Mitglied der Akademie geworden bist! Unsere herzlichste Gratulation! Wenns jemandem gebührt, so Dir! Was treibst Du immer und was gebierst Du Schönes?
Wir haben uns seit längerem in die Ortsnamen und Flurforschung vertieft und haben sich uns ungeheure Tiefen der Mystik daraus erschlossen, aber nur dadurch, daß wir einen andren Weg gingen als man es bisher für gut fand. Bei Euch ist viel los und steht es fest, daß die Schärdinger Gegend ein Überrest der Atlantis ist, eine nicht große Insel. Die sonderbaren Steinsitze unweit von Zwickledt sind auch kultortlich. Reizende Namen findet man in Ob. Österr: z. B. einen Weiler: Schimmerljuden.
Sind Dir Sagen Deiner Örtlichkeit bekannt? Über Schloß Neuhaus? Feensagen? Wäre Dir sehr verbunden.
Ich schreibe eben eine gespenstische Geschichte über O.A.H. die Du gegebenenfalls illustrieren solltest. Eine ulkige Sachen, von der er Kenntnis hat die ich aber erst ab 1930 veröffentlichen darf. (Wohl aus Gründen seiner Biographie.) Daneben arbeite ich über die Stellung Grillparzers zu den sog. »Würstellomotiven« eine technisch – kulinarische Institution die jetzt genau konform mit ihren großen Schwestern auf die Rutsche kommt. Schade um die Lokomotiven. Wenn Du Typen brauchst, kann ich dienen.
Ansonsten gehts uns, Gott sei Dank, gut; hoffentlich auch Euch! Das ist immer das beste. Mäßiges Leben, ab und zu mit den Eichkätzchen durch das Geäst tollen = das ist das Geheimnis!
Laß bald was von Euch hören und sei Du und Deine liebe Gemahlin von uns Beiden aufs Herzlichste gegrüßt!

Dein alter Fritz

183 H Rindbach, 17. IX. 31

Liebster Alfred!
Nun ists bald ein Menschenalter her, daß wir miteinander nicht

mehr schmusten. Doch scheint es mir ganz kurz – diese Zeit; haben doch stets irgendwie einen okkulten Kontakt.
Ich habe inzwischen wieder eine psychische Häutung erfahren und bin allmählich! in eine andre Welt hineingerutscht; d. h.: ich sehe mit Staunen die Welt, die man sieht, wenn man den Schleier von Sais gelüftet hat. Besonders das Najadenmysterium wurde mir klar – hier am Traunsee – und ich kann Dir versichern, daß die immer wieder auftauchende Fabel von Johann Orth höchst geheimnisvoll ist. Ich ahne den wahren Zusammenhang. Auch manches über Elisabeth und Ludwig II. kam mir in grelles Licht. – Kann nämlich sein daß bei Habsburgs im Bodenkram doch noch ein Codex atlanticus gewesen ist. Na – weg mit den vielen Worten – ich sehe mit Staunen das wahre magische Skelett der Landschaft und kann Dir sagen, daß Du in einem der magischsten Winkel von Alt Hellas – es ist nicht anders! – sitzest. Wir müssen uns doch wieder einmal sehen.
Wie gehts Dir und Deiner lieben Frau? Uns, Gottlob, gut. Ich habe wieder Haare am bloßfüßigen Schädel und werde von Tag zu Tag dümmer.
Habe auch wieder einige meschuggene Blätter gemacht und einen Roman geschrieben – nur für so eine Handvoll Kubine; herauskommen wird er wohl nie da ja nur Geld für kommunistische Attentate da ist.
1931 ist selbst in der niederen, der »Taitelbaum-Kabala« wie ich sie nenne – geradezu ein Eingeweidebruch der Historie. Magisch bedeutet es die höchsterreichte Höhe Satans in der Materie und gleichzeitig die Umkehr! (= die 292te Primzahl = 1931. 292 geviertelt = 73. 37 = Höhe Satans; 73 die Umkehr (sein Spiegel). Praktisch: Frankreich, der Sitz der Satansloge hat bereits alles Gold errafft. Jetzt bleibt ihm übrig: sofort den Willen Deutschlands zu erfüllen; oder – wir können erleben, daß unweit Frankfurt Ozeandampfer landen.
Räume Deine sintflutdichten Gummischuhe wieder weg und sage mir folgendes: kennst Du jemanden, der schöne *Stiche* von Deinem Collegen AD sowie schöne Radier. von Deinem etwas schmiererhafteren Busenfreund Rembrand hat? Ein Bekannter von mir bat mich, ihm besonders schöne Exemplare zu verschaffen.

Verbleiben noch bis ca. 26ten hier und rollen dann nach Meran zu den finsterbehandschuhten Policinellos, die jeden Moment etwas einzig dastehendes aushecken.
Alles Liebe Dein düsterer v. Entenbrecht

ab ro po! Kennst Du den Haunsberger Wald bei Laufen. Gibts drüber Sagen?

184 K Zw., 24. XII. 31

Ja mein lieber Fritz – wir haben unsern O.A.H. nicht mehr! auch Dich hat O. immer sehr gerne gehabt, und wenn ihm ein Mensch so gefiel daß er ihm seine Freundschaft schenkte so blieb er ihm auch treu. – Das Leiden stak schon seit Jahren in ihm aber hinderte doch nicht so da nur Anfälle in der Nierengegend ihn hin und wieder plagten, heuer im Sept. aber wurde es ärger dann kam Blut im Harn. Er entschloß sich in Fkft zur großen Operation die ein Karzinom erwies – nach weiteren 17 Tagen woselbst er manches ahnte aber leicht zu beruhigen war schlief er heute vor 8 Tagen um $^1/_2$ 11 nachts ein und erwachte nicht mehr – seine Zeit war um aber wir erkennen nun welch glänzender Kopf er war – und dabei voll Liebenswürdigkeit – der ungeheure Reichtum seiner Erlebnisse ward *subjektiv* freilich meist von einem inneren Zwist gestört den er aber tapfer in sich aufjagte und mit 100 geistigen und physischen Methoden bekämpfte und niederrang – schließlich mit seiner 3. Ehe hatte er auch *da* einen Ausgleich – er ward *ruhig* und als ich ihn im August besuchte so ein behaglicher Herr geworden wie er es nach unsren Gesprächen ja immer werden wollte – gewiß auch etwas gealtert – Tragisch finde ich besonders daß dies Glück ihm eben nur 2 Jahre blühte. –
Uns geht es sonst immer noch leidlich. Ich »verdiene« natürlich schlecht aber finde bisher was ich brauche – Moralisch ist dafür der Erfolg ins Überlebensgroße gewachsen – während ich schwach verkaufe geht z. Bsp. die hier angezeigte und sehr gut ausgestattete

»Volksausgabe« *glänzend* – wohl weil bei dieser Billigkeit das Interesse sich realisieren darf auch heute noch – wohl weil die Zeit sich *so* fragwürdig fortentwickelt hat – diese »Berühmtheit« hilft, oder ist amüsant auf der Reise, da ich aber *ungern* reise so habe ich ja nichts davon und als ruhig dahinlebender Landhausbesitzer der zeichnet wäre es mir lieber als diese sinnlose Correspondenz durch die man schließlich auch eben nur existieren kann nur in Aufregung, oder belästigt statt ruhig – – Nun darf ich aber doch auch zugeben daß mir mein Schaffen immer neue und *vertieftere* Freude macht. – Natürlich wenn Du in der Nähe weilst sollst Du uns aufsuchen, denn *bald* ist auf jeden Fall auch *dieses Tuskulum* nur noch Fabel – Ich habe nun mit dem Wiener Verleger Dr. O. Nirenstein meinen »Ali, der Schimmelhengst, Schicksale eines Tatarenpferdes« – ein Cyklus in 13 Tafeln als lithografische Mappe – 80 Ex zu 36 M. herausgegeben – die bringen wir leicht an – ich erhalte von jedem Ex 16 M. also kein Geschäft im alten Wertbegriff – doch was will man heute machen – Diese magischen Studien mit C. sind gewiß hochinteressant – hier einige Namen von Weilern: Rampesau, Pyret, – Asing, Luz, Vorodner, Saming – Ich werde meiner Frau die heute nacht von Fkft ankommt Eure Theilnahme mitteilen – Grüße mir herzlichst die liebe Carmen – (was ist denn (und *wo*) mit dem P. Luckeneder?) – In alter Herzlichkeit bin ich Dein

Alfred

185 H Meran, 27. XII. 31

Mein lieber Alfred!
Soeben bekam ich Deinen lieben Brief. Es freut uns sehr, daß es Euch, unberufen, so gut geht und daß auch in diesem Weltuntergang – den wir exakt vorausbestimmten – Dein wirtschaftliches Rad noch so gut läuft. Nun, Du bist oben geschirmt. An diesen Dingen ist viel daran. Ja, wir haben gelernt eine Schrift lesen zu lernen, die uns bis in die Jahrzehntausende zurück führt. Es gab ein Verfahren. Hier ein Beispiel: das Wappen Österreichs: Seine Esoterische Deutung:

(Voraus wisse: die »Tel« Rune ist dieses: — hier: ≂ also: »WIT (weiß) Tuo Tel Ruot«.
WIT, WIZ, WEIZ, WIS = auch die »weiße (Fee)« die »Strahlende Herrin des wirkenden Elektrostrahles« (»WIZ« = das geisterhafte in Schmellers bayr. Wörterbuch »die Gorgo«). Die Genie der Strahlungsmacht (= Liebe) tut teilen (= abwägen, richten!) – das Blutrecht (der Zeugung im richtigen Blut.).
Sonst ist das ganze ein Sigill der passiven (horizontalen, Ackerfurchenhaften) Mediumität, des »ewig weiblichen«, matronalen, des Geniusses Österreichs, der Afrodite – Ostara, Herrin der Waage! Denn nur das Intuitive der weiblichen Hierodule kann »richten« = in Ordnung bringen, nur im inneren »erkennen« – das täuschende Organ sei ihr ruhig verbunden = es führt nur zu Vorurteilen in Anbetracht der Äußerlichkeiten. Deshalb kann und *darf* in Österr. nie etwas: geschehen außer Blödsinn durch die »(nebbich!)« Intellektuellen. Deshalb die landfremden Idioten, bei uns herrschenden völlig unbrauchbaren »Fortschrittler« deren Werk absolut zu Grund gehen *muß!* Natürlich bäumt sich der ganze Sozialismus der Welt auf, um hier »Ordnung« zu schaffen. Nützt nichts! Auf dem »bedeitensten« Staatsakt werden die Genien immer wieder die Unterschriften der »Diktatoreffs« mit diesem Zeichen  unwirksam machen.
Intellektualität ist der öde Tod. Das Mäderl Afrodite lebt aber ewig und heute sehen wir, daß das ganze System der Manneswelt auf der Rutsche ist! Samt seinen tristen Religionen bis auf den faden Stiefel Kants.
Um Oskar ist es uns sehr leid. Was für ein Geist! Der hat auch tief in die Dinge hinein »geschmeckt«. –
Jetzt bitte ich Dich um einen Rat. Vor 3 od. 4 Jahren legte ich Oskar die Skizze einer kl. Novelle vor, die sein tiefstes geheimes Sein paraphrasierte. Er wollte sie erst veröffentlicht sehen, wenn der Zyklus seiner Entw. Romane abgeschlossen sei! Sie heißt: »Wie der Essaist OAH Schmitz die 3te Schauung Buddhas mitmachte«.
Inhalt: O.A.H. bekommt d. Besuch eines Mahatmas »Er soll sich was wünschen«. OAH gärt! Was nur? dichterer Trambahnverkehr am Platzl? – oder: daß in Salzb. die Crémetorten nicht immer mit dem Zwiebelmesser geschnitten werden? oder: nicht kratzende Hosen-

stoffe? – da: die 3te Schauung Buddhas, Mahatma nickt. »Großer Wunsch«. Er sei gewährt! aber Du mußt alles Irdische von Dir werfen! mehr: mußt Fassadenkletterer werden! mehr: mußt die Fahrt zum Venusberg machen – ein moderner Tannhäuser sein!
Oskar willigt ein und wird zum – Käfer. Nach furchtbaren Abenteuern wird er samt einem Misthaufen, der ob seiner Erniedrigung zum Herrn fleht u erhört wird, von 7 Erzvätern vor den Thron Gottes gekehrt. Azerbus – der Haufen – soll sich was wünschen: und Azerb begehrt – aufs Kapitol gekehrt zu werden. Zuerst stutzt der Herr. Dann läßt er sich die Photos des modernisierten Kapitols vorlegen und da schwinden seine Bedenken sofort. Azerb ruht jetzt am Kapitol neben anderem architektonischem Dreck und O.A.H. hat die große Schauung Gottes bei lebendem Leib »mitgemacht«. Er wird wieder Mensch, erzählt es mir (aber: ich dürfe ja dem Landeshauptmann Rehrl nie was davon mitteilen).
Was ist Deine Ansicht? Soll ich sie in memoriam des liebenden Dahingegangenen veröffentlichen, wie es ja eigentlich sein Wunsch war? Und wo?
Nach Hamburg ans Kubinarchiv habe ich geschrieben. Ich werde verschiedenes hinsenden, Briefe, Photos, auch Skizzen: Karikaturen, auf denen Du vorkommst.
Die Idee ist ausgezeichnet! Nur sollte man so was teilen, der Feuergefahr wegen.
Es sind alle Teufel los! Der Genius Deutschlands ist den negativen Mächten ein Dorn im Aug. Nebenbei, über den Brand des Glaspalastes machte man sich sofort eigenartige Ansichten: Sage mir, wer Deutschland vernichten will und ich sage Dir, wer seit jeher im Lande berufsmäßige Brandleger bezahlt hat.
Alles Gute zum Neujahr von uns Beiden!

186 K SYLVESTER, 31. XII. 1931

Mein lieber Fritz – nun wird unten in der Küche der Punsch gebraut von welchem ich dann für Dein Wohl ein Glas leeren werde – Habe

Dank für Deine tiefen Auslegungen, in diesem Fall des österr. Wappens – da hat Carmen sicher auch kräftig mitgearbeitet – – – Ist dieses Ostarareich nun das *heutige* Österreich das alpine oder das große ehemalige zusammengeheiratete.
– Unser Schärdinger Zipfel kam übrigens so viel ich weiß unter Kaiser Josef II erst zu Oberösterreich. –
Jedenfalls ist alles wunderbar und *spüren* wir die Fluiden. – An die »Urmütter« glaube ich auch und hoffe nächstens darüber wieder einmal zu lesen. –
– In memoriam Oscar A.H. Schmitz finde ich *köstlich* von A–Z. Ich rate Dir *baldigst* an die Zeitschrift *»deutsches Volkstum«* Redaktion *Hamburg 34 Holstenwall 4* zu senden – im Begleitschreiben erwähne daß *ich* Dir dazu geraten habe und Du mit mir und dem eben † O.A.H. Sch. durch lange Jahre befreundet warst. Wenn Du es unterbringst, erbitte ich natürlich von Dir für mich 1 Exemplar des Heftes.
– Ich höre gerne von Deinen Beiträgen für das Kubin Archiv – Ja man wird dortselbst *sehr* dankbar sein weil man Briefe, Carikaturen, Fotos, etc. all das sucht und musterwürdig vieles und interessantes Material schon lange hat – Freilich: teilen läßt sich diese ganze raffinierte Anordnung nicht mehr – und vergänglich ist schließlich alles – hoffen wir daß kein Weltbrand uns alles vorzeitig zerstört, einstmals muß es ja kommen – aber dann sind wir die Phönixe – – Was ist denn eigentlich aus der Ali Salzer geworden mir fiel vor ein paar Wochen ein Brief von ihr in die Hände – (der alte starb ja an schwerem Leiden schon vor Jahren) – Ich war mit meiner Arbeitskraft wie rätselhaft erschöpft, doch heute zeigten sich wieder Spuren – mögen mir die Himmlischen eine Nachblüte von ganz besonders rätselhaft feinem Duft bescheren. Ich schicke Dir hier meinen Wurzel Fiala k. k. Amtsdiener, der letzte noch lebende – und hoffentlich habe ich Dir dies Blättchen nicht schon einmal dediziert – in welchem Falle ich um dies – mein letztes Ex. Dich wieder bitte und was andres Dir dafür gebe – So »gut« wie's Du es aus meinem Brief herauslasest geht es mir aber doch gar nicht – ich meinte nur bisher gab es keinen groben Mangel weil ich immer noch *das* was ich brauchte im Sack hatte – wie es *kommen* wird – das mein Lieber *ahne* ich aber nicht

– und kann *da* hohe Schirmung schon vertragen – Alles geht dahin O.A.H. – Fritz Schwickert, Schuler und balde auch wir mein Alter. – Seid beide herzlichst begrüßt vom alten Alfred
Mein Werk wird nun in Werken über Magie einerseits moderne Mystik andrerseits immer erwähnt – auch eine Doktorarbeit ist im Entstehen bei einem jungen Menschen – nur *mir* ist die heutige Jugend doch fremd –

P. S. wie *fühlt* man bei Oscar A. H. einen der letzten Darleber einer nun untergehenden Cultur – Er war eine echte Herrennatur, nun ist auch *das Geschichte* wie Herr von Villers.

187 K [Postkarte, Poststempel Wernstein, 1. II. 32]

M.l.F. Dank f. d. l. Zeilen und Anfrage. Jedoch: *bühnenmäßig* mag ich mich gar nicht mehr betätigen; es ist da soviel drum und dran, alles wirkt dann zum Schluß anders, als man es haben wollte, wird verändert, kurzum ist ein Greuel für einen Menschen dem wie ich das Theater nicht Alltagsfutter sondern ohnehin ganz seltene Feiertagskost ist. Da lob ich mir mein illustratives Schaffen! Man hält was in der Hand und es bleibt für lange – aber das Verlagswesen welches hiefür in Betracht kam liegt ja platt auf der Nase – Sonst: d. h. wenn *Du* etwa einen Verleger wüßtest, *ich* wäre da schon bereit – ein Büchlein von Dir auszustatten – ja es wäre mir eine Freude. – Meinen k. k. Amtsdiener den ich Dir schickte hast Du wohl erhalten – was ists mit Horrak? Von mir erscheint soeben in Wien (Verlag Johannespresse – I. Grünangerg. 1.) mein Zyklus Ali, der Schimmelhengst – 3 Jahre – natürlich intermittierend schaffte ich an den lithographischen 12 Tafeln – nun kommt es zum Spottpreis (36 M.) heraus und so bleibt mir nur Geringes in der Hand – auch ein *Faust*blatt beschäftigt mich z. Zt. Sei herzlichst begrüßt von Deinem alten A. K.

Alfred Kubin, *Stilzel*-Variante, undatiert

188 K Zwickledt, 9. 7. 33

Mein lieber Fritz, nach langer Zeit einige Nachrichten, ich sende diese nach Meran weil ich nicht weiß ob Du z. Zt. sonsten wo anwesend bist – Im zeitigen Frühjahr war ich von einigen Anfällen von Nierenkolik gepeinigt, (schrecklich gepaart mit einem infamen Harndrang) nach etlichen Wochen gingen auch dann 2 kleine kristallartige Gebilde ab, – nun ward ich sehr gut behandelt ließ auch eine Röntgenaufnahme machen welche einige dunkle Stellen zeigt die von den Ärzten für »Kalke« angesprochen wurden – Bei peinlich vorsichtiger Lebensführung brauchen, so versicherte man mich, keine weiteren Anfälle mehr zu kommen – So ward ich von der Einsamkeit des Krankenlagers derart in Anspruch genommen, daß mir die mittlerweile ins Land hereingebrochene »Volkserhebung« gar nicht viel bedeutete, erst jetzt sehe ich aber wie *viel* sich da auf fatale, wenn auch elementare Weise geändert hat – zwar gilt meine Kunst, den Göttern sei's gedankt durchaus »im Volke wurzelnd« ist nicht diffamiert, doch zunächst hatte ich beruflich *nur* Schaden, denn man setzte Beamte ab mit denen ich Abmachungen hatte, Galerieleiter etc, und das war sehr arg – hoffentlich kommt nicht eine Kunstkultur gesinnungstüchtiger Zeichenlehrer herauf zu ungunsten aller Qualität – Wie siehst Du's denn? – Oscar kann froh sein daß er die Seinsform schon gewechselt für den der selbständig weder rechts noch links untergekommen wäre jetzt, hätten schlimmste Erlebnisse an der Tagesordnung sein können –

Glaubst Du werden die Nazi das alte Fragment Österreichs auch bald schlucken und alles »gleichschalten« ich als völlig unpolitischer Kopf habe keine Ahnung, meine nur für den Rest unserer Tage gibt es keine Ruhe mehr! Na wenigstens schaffe ich noch allerhand, zur Zeit habe ich ein Alphabet in Bilderbuchstaben in einer komischen persönlichen barocken Gotik unter den Händen. Freilich als *6.* Folgenwerk das keinen Verlag findet, denn *diese* haben alle abgewirtschaftet, nette Aussichten für die Zukunft – – Nur, – sonderbar seit einigen Jahren sind mir Zukunftssorgen völlig egal – Ich sehe das Absolute befreit von *jeder* Relativität – man steht als Exponent des ewig Anonymen zwar noch scheinbar grade so da wie je und je –

dennoch ist's ganz was andres ob ich mich vor den selbstgezeugten Gespenstern angstvoll verbeuge oder über die Bande herzlich lache – nur mit der Gesundheit möchte ich in günstigem Gleichgewicht noch bleiben, – diese tolle Zeit muß sich selbst zurecht finden wie eben gerade die Welle steigt oder fällt; bleibt mir nur Zwickledt wo ich nach eigner Art leben kann so bin ichs *äußerlich* gewiß zufrieden nach all den Hineinfällen – so ist das Altwerden auch manchmal durch die mancherlei Erfahrungen ein schöner Zustand den ich mit keinem 30jährigen Troubadour tauschen möchte – meine Frau ist leidlich gesund wie geht es Carmen? ich lasse sie herzlich grüßen und was treibt denn P. Luckeneder? er verschwand gänzlich aus meinem Gesichtsfeld –
Jedenfalls schreibe bald einmal Deinem uralten Greisenfreund

Alfred

189 K Zwickledt, 15. I. 34

Lieber Fritz – Anbei also die Skizze nach dem Aquarell von Dürer – das Blatt war *genau da* eingeteilt in dem Werk wo Du es vermutet hast – mir geht es anhaltend körperlich günstig, ja seit einigen Monden überkam mich auch eine Welle stärkster Schaffenslust und ich stellte endlich wieder einmal eine größere Freiheit, – eine größere, wesentlichere Form, eine elementarere Abkürzung in meiner Art fest. Wie gut, denn mit 30 Jahren da geht es leicht vorwärts doch mit $56^3/_4$ ist's schwieriger Talent zu beweisen, und das schon geschaffne Werk drückt und hemmt da von allen Seiten. Endlich tauchten auch wieder Illustrationsaufträge auf; sympathischer Art für 3 Verlage – und es gab einige staatliche und private Ankäufe – aber vorher fast $^3/_4$ Jahr war es beruflich *übel* und das ist ja auch unklar wie sich eine Zukunft in meinem – dem Ruf nach wohl berühmten, sonst jedoch scheuen Dasein abspielen wird – das Chaos der Zeit – die Judenaustreibung – wie machten diese alles bunt!, der deutsch–österreichische Krieg (?) all dies wohl nur peripher empfunden greift die Nerven – seien diese auch etwas abgebrüht – immerhin stark an! –

Auch – die ausgezeichnete Behandlung – ich saufe immer noch entsprechende Wässer etc. – hat die Qual einer neuen Nierenkolik schwinden lassen. Freilich – die Jahre machen den alten »Körpergaul« nur selten galoppieren – das Durchschnittstempo ist jetzt meist ein behaglicher Trab. Alle verbliebenen Kräfte konzentrieren sich nur darauf, auf den machtvollen Unterbau geleisteter Arbeit nun ein abschließendes »Dach« zu fügen und da finde ich ziemlich beglückt wie das Älterwerden im Geistigen (im Gegensatz zum Körperlichen) durchaus nicht *Schwächer* werden bedeutet – Frau Dr. Eckstein (Galahad) die also z. Zt. in Meran ist hat auch viel im Hause Wolfskehl verkehrt – diesem geht's natürlich nicht besonders, sein Abgott Stefan George ist ja auch schon jenseits der großen Barriere – er starb vor kurzem – Ja diese Todesfälle naher Bekannter machen mich halt recht bedrückt – George, Schuler, Faistauer, Meyrink, Hanak, Gundolf, Bayros und Dutzende näher wie fernere – und mit jedem schwindet eine Nuance aus der Welt – Von Lanz-Liebenfels – (leider kenne ich ihn nicht wie Du persönlich sondern besitze nur seine »Theozoologie – die Kunde v. d. Menschenäfflingen«) Wo ist denn das *Bibliomystikon* erschienen????? vielleicht kann ich mir es zulegen – »Erwerbungen« mache ich sammlerischerweise aus Geldmangel leider keine deshalb kamen nur gelegentliche *Geschenkte* zu meinen Sachen aber neue Bücher erhalte ich oft – gegen Tausch oder sonstwie dediziert, doch wenig »Besonderes« – Ich habe ja recht hübsche Dinge die mir zum Studium oftmals nützlich waren etc., und da macht der beschnittne oder leicht verletzte Zustand nichts aus – im Gegenteil mir sind »ramponierte« Blätter oft lieber weil auch in den Beschädigungen oft Charakter liegt.

Aber bitte! Kauf' Dir eine Ruine *ehe Du selbst eine wirst!!!* – Unser junger Neffe der Germanist Prof. Dr. Alewyn, Nachfolger Gundolfs auf dem Lehrstuhl der Heidelberger Universität – abgesetzt wegen dem Arierparagraphen (weil seine *Groß*mutter – also die Mutter meiner Frau und O.A.H. *»Stehchristin«* war) ist *besser* an der Sorbonne untergekommen – hätte auch einen Ruf an die neue Hochschule von Konstantinopel gehabt, doch Arch. Holzmeister schrieb mir doch wie teuer das Leben *daselbst* ist, immerhin vielleicht nimmt es der junge Gelehrte später noch an – Über

G. Meyrink weiß ich nichts mehr, er entschwand meinem Gedächtnis bis auf Gesichtserinnerungen. Seinen »Bruder« Br. Varnbüler lernte ich kennen –
– Meine Frau – oft von Neuralgie geplagt grüßt herzlichst Euch. Für Carmens Wünsche danke ich – und freue mich Dich als Ruinengespenst noch mal aufs Papier zu bringen – stets Dein alter

Alfred

Merkwürdige Dinge ergaben bisher die Vorfahrenforschung in meinem Fall die das Kubin–Archiv betreibt – ob sich der Fall Seydlitz (sichere Tradition) aufklären wird? ich halte es für ein illegales Alkovengeheimnis.
Vielleicht interessiert Dich das anbei als Drucksache gesandte Heft. –

190 H Meran (Italien) Villa Franziska, 13. X. 34

Mein lieber alter Alfred!
Es drängt mich mit Dir wieder einmal nach so langer Zeit ein wenig brieflich – leider nur! – zu plaudern. Es hat uns so sehr gefreut, Deine liebe Frau wieder einmal gesehen zu haben! Sie sah brillant aus – unberufen eine eiserne Natur.
Rinnbach würdest Du kaum wiedererkennen. Lauter große Bäume – man wird alt.
Ich umgebe mich jetzt gern mit viel Blumen. Um die ist irgend was heiteres, genienhaftes. Je älter ich werde, umsomehr bewundre ich die verloren gegangene Urreligion der lichten Götterwelt die unseren heutigen Schweißfußbindungen – besonders der »Technik« – weichen mußte. Nun, Du als alter und behördlich erhobener & anerkannter Mystiker weißt ja ganz bestimmt, daß alle 2100 Jahre eine andere »religio« = Rückkoppelung zur Gottheit eintritt.
Und ob wirs spüren! Bis jetzt nur in der makabren Auswirkung der Todesnacht die einem neuen Morgen entgegengeht.
Hier tröstet uns die herrliche und grandiose Alpenlandschaft. Ihr solltet doch einmal herkommen! Jetzt ists noch theuer hierzulande. Aber es wird sehr, sehr heruntergegangen werden mit den Preisen.

Im Riesenkurhaussaal saßen gestern beim Symphoniekonzert 8 Personen, wo Cafe tranken. (Sonst an 1000!)
Aus langer Weile habe ich mich auf die Dramatik geworfen. 4 Ballette und ein Revueartiges Singspiel der Kaiser Joseph Zeit sind das Resultat und parallel mit Dir schreibe ich zwei Komponisten. Zwei andre löste ich aus der Bindung da ihre musik. Exposeés urfad waren.
Was schaffst Du Schönes und Grausiges?
Es ist ja phänomenal, was für ein unversieglicher Brunnen Du bist. Alle andren sind flau und armselig geworden und die Nachfolger können gar nichts mehr. In Wien habe ich [...] Kokoschkakas gesehen daß man sich schämen könnte. Dabei gibts dafür noch immer Käufer und Auftraggeber! Dasselbe gilt vom schauerlich unbegabten Holzmeister. Angara soll unbeschreiblich scheußlich und trostlos öd sein. Hier demolieren sie jetzt eine prachtvolle alte gothische Kirche und Holzmeister baut Neues dafür. Bin neugierig, wann unsre Kunsthottentotten die Stephanskirche demolieren lassen werden.
Von alten Bekannten höre ich wenig. Pachinger ist verschollen, Wolfskehl in Rom – damit sind meine Münchner von damals erschöpft. Kennst Du noch ein paar interessante Leute dort?
Laß bald einmal was von Dir hören und seid beide recht herzlich von Carmen und mir gegrüßt.

Dein alter, getreuer Fritz.

191 K Zwickledt – I [Ende Oktober, Anfang November 1934]

Lieber alter Freund, man kann schon sagen, in *äußeren* Dingen haben wir alle seit 1914 keine Ruh' mehr, es ist eine Weltenwende erster Klasse da, und die urewigen Bilder und Symbole kommen alle wieder herauf und zur Geltung. Ich erfreute mich so Deines guten Briefes, freilich weiß ich's ja daß Du oft meiner gedenkst, des wunderbaren das wir zusammen erleben durften – und schließlich immer wieder erneuernd auch heute noch erleben. – ––– Ich arbeite, freilich in einem anderen gelasseneren Rhythmus – die Last des ungeheuerlich

Geschaffenen drückt hin und wieder – aber schließlich findet man sich mit allem balanzierend zurecht und auch ab –
Im III. Reich bin ich geehrt und anerkannt mit meiner Kunst und habe eben große – nur wie heute immer hauptsächlich moralische Erfolge – dabei andrerseits Schwierigkeiten mit dem Devisenbezug denn in Deutschland ists jetzt recht gehemmt. – Man leidet unter dieser Gestaltung der Dinge, zieht sich in alle möglichen Reiche zurück – der Kunst, der Fantasie – des Religiösen, der Philosophie, und immer wieder *des Historischen* – dem auch Deine Seele so nahesteht – die *Heutigen* leben an *Allem* ja nur vorbei, *ahnen kaum* die Geheimnisse um die es geht – da hast Du recht. Ihr in Meran habt doch wenigstens einen gesicherten Fleck – hier darf man gar nichts mit den Menschen mehr reden – sofort wird das Gespräch »politisch« – rot, braun, rot weiß, wie öd und langweilig – dabei ist Hedwig und ihre Schwester mit ihrem Sinn ganz natürlicherweise auch politischer Infektion ausgesetzt – die schroffe Spaltung der Völker in Arier und Nichtarier – beschäftigen sie über die Maßen. Über Deine *literarische* Produktion zu hören ist mir von größtem Interesse. Wenn Du Dr. Freund zu verlegerischem Tun bewegen kannst so bitte: *meine* Mitarbeit als Illustrator wäre gewiß – solange ich noch die Finger nicht klamm fühle sicher. – Ich habe mit Gerhart Hauptmann eben einen Band gearbeitet – vorher war es die Sphäre des 30jähr. Krieges es soll ein entsprechender Novellenband des Tschechen *Durych* mit meinen Bildern kommen, die mich beschäftigte – Nun aber lebe wohl, Hedwig ist nach München verreist – Dich und Carmen grüßt herzlichst Dein alter Freund

Alfred

Alfred Kubin, Danksagungskarte anläßlich seines 60. Geburtstages

192 H Rindbach, 4. Juli 37

Mein lieber, würdiger Alfred!
Muß Dir doch meine Gratulation für Deine *wunderschöne* Ausstellung schriftlich kund tun, die uns natürlich außerordentlich interessiert hat. Wir waren ja wieder ein wenig in Wien, um uns an Bildung zu erfrischen – wenigstens einige Filme – alle miserabel – zu sehen. Denn nicht einmal das gibts mehr bei uns unten. Dort wird alles transponiert und da die Italienerinnen, (mit denen Gott die Menschheit gestraft hat, und wegen denen die Homosexualität mühsam ersonnen wurde) *alle* Stimmen haben, wie verrostete Gasröhren, kannst Du Dir den Effekt denken. Daher auch die Castrati durch Bosselung an der Manneszier erzogen wurden!
Aber lassen wir dies Abrüstungsthema, reden wir ebenso wenig davon wie von den Tanks, die heute alle zusammen bloß noch Alteisenwert haben.
Wenn ich Deinen »Baum des Lebens« sehe, muß ich immer an uns Beide denken und manche, die unsere Lebenswege kreuzten. Erinnerst Du Dich an Ohm Bachus der in München verscholl? So oft ich nun seit 2 Jahren sein Freudenhaus betrat (wo in der Glanzzeit nackte Mädchen verschämt durch die hallenden Corridore auf den Lokus huschten) und nach dem Ohm fragte, hieß es: »Der« is weg. Was mag der Würdige angestellt haben? Kommt Ihr übrigens noch bisweilen nach München? Wir sind ziemlich oft dort, da wir RM. zum verschnabulieren haben und wir dort gute Theatervorstellungen sehen.
Im übrigen betreiben wir unsre Forschungen über: Kabbalistik der Örtlichkeit: weiter und weiter und sind heute Kapazitäten der Heraldik in ihrer apokryphen Lesart. Eine große Zahl radioaktiver (d. h. von uns vor 8 Jahren als radioaktiv bezeichneter) Örtlichkeiten bei Meran sind vor 2 Jahren von einer Staatl. Kommission tatsächlich als rad. aktiv. konstatiert worden und können wir heute Metall- etc. -Vorkommen aus den Flurnamen feststellen.
Das sind ganz phantastische Dinge, deren Verfolgung und deren mit allen 4 Füßen erfolgende Abwehr einen Mordsspaß machen.
Fabelhaft ist das Mysterium um Passau das nicht ohne Grund in der

heidnischen Zeit ein mächtiges, Kolonien gründendes Zentrum war. Kannst Du mir übrigens mitteilen, wie das alte Stadtwappen war? Auch Du, Meister, bist nicht gar so ohne in das Strahlungsfeld der Lokalgenien Passaus eingewoben worden!
Schade, daß niemand den Mut hat, ein Buch über unser Material zu drucken. Kann auch sein, daß es etwas anderes ist. Wir sprachen jetzt in Wien einen Mann, der die magische Mathematik beherrscht und das Wunder der Cheopspyramide kennt. Der sagte mir, daß Dinge, die ich persönlich niederschreibe, *magisch* abgelehnt werden. Ich dürfe nur diktieren. Aber wem? Carmen schreibt überhaupt prinzipiell nichts nieder, da dies dem innersten weiblichen Mysterium entgegen läuft.
Hoffentlich sehen wir uns doch noch einmal vor dem jüngsten Gericht in fleischlicher Verkleidung unserer böhmako-bajuwarischen Astralkörper.
(Dir wird wahrscheinlich im Winter Leitmeritz zum Spuken angewiesen werden.) Inzwischen alles Liebe von Haus zu Haus!

Dein alter Fritz.

193 H [Fragment] Rindbach, 10. IX. 37

Liebster Alfred!
Schon heißts wieder einmal vom Salzkammergut Abschied nehmen da wir diesmal früher, ohne nach München gehen zu müssen, heim nach Südtyrol fahren können. München wurde deshalb eingeschaltet, damit wir RM. verschnabulieren konnten.

194 H [Rindbach, September 1937]
Meran (Italien, Via Miramonti 20)

Mein lieber Alfred,
Schreibe Dir vom letzten Tag aus Rindbach, da wir über Innsbr. heimfahren. Leider wird Meran immer unleidlicher, da die ital. Sauwirtschaft das Land ganz ruiniert. Man macht sich von dem inneren und äußeren Verfall kein Bild! Militärstraßen werden ins Blaue hinein gebaut, aber die andren Straßen sind bereits im Verfall. Eine tragische Polizinellwirtschaft die fast nur aus pompösen, dabei grafisch elenden Aufschriften besteht. Wir sehen da ein Ende mit Schrecken. Aber, Du solltest doch einmal hin kommen, da man jetzt infolge der permanent mehr und mehr verkrachenden Währung in den Horizontalstadien des Geldverfalles –20%–40% billig lebt. Ich kann Dir eine brillante Pension (Südbalkonzimmer, alles reichlichst, 20 Lire komplett!) besorgen. Es gibt dort herum *noch* unbeschreiblich schöne Gegenden. Gebiete, die seit 1630 unberührt sind, wo Du ohneweiteres Filme machen kannst, die in Spanien oder im indischen Dschungel spielen. Das Kurpublikum besteht jetzt fast nur aus Juden, die fast alle aus Palestina wieder geflohen sind; $^2/_3$ sind Gauner, die unten keine Schiebereien mehr machen konnten, $^1/_3$ flohen wegen der Araber und Alt Juden, die schwere Antisemiten sind. Das sind wunderliche und scheußliche Sachen. Die ganze Welt ist ein Hexenbreughel und all das ist in den Einweihungsgängen der Cheopspyramide vollkommen genau nach dem Datum nach geordnet dargestellt. Wir leben ganz in uns versponnen und sehen die uns

tangierende Welt wie Du in Traumvisionen herrlicher Feengärten. Was wir schreiben, ist heute vollkommen unverständlich; z. B. arbeite ich am »Tyroler Drachenspiel«, das im furchtbaren Gaunerumbruch des 2ten Kreuzzuges spielt von dessen Verlauf sich der Nichtgeschichtskenner keinen Begriff macht! Was sich da an romanischer Gaunerei abspielte ist von überamerikanischer Phantastik!
Im Frühjahr erlebte ich eine interessante Sache. Ein Bekannter analysierte Gruppen meiner farbigen Blätter in ganz neuartiger Weise und behauptet, daß ich einer der wenigen wirklich medial arbeitenden Graphiker bin, ganz was andres wie Nüsslein. Und jetzt – seit einigen Jahren – kann ich Traumbilder ganz genau reproduzieren, sobald ich im Traum weiß, daß ich träume. Da kann ich z. B. Faltenwürfe wiederholt kontrollieren.
Ich freue mich, daß Ihr einen so guten Sommer hinter Euch habt. Bis auf den Gasthausfraß, wie ich mir denken kann. Wenn ich so 4 Wochen wo war, leide ich dann an Nachtschweißen wegen Übersalzung und wegen des Saufens. In Wien »drahen« wir stets 2 Monate durch u kommen keine Nacht vor $^{1}/_{2}3$ in die Klappe!
Ich gebe dem Alter nicht nach. Jetzt entäste ich noch Bäume, muß 10, 15 Meter hochkraxln und gehe nie anders in unsre Parterrezimmer als durchs Fenster. Das ist sehr wichtig, besser als Karlsbad. Überlegt Euch die Meraner Sache! Wiedersehen da unten bei Prusso Skaramuzzios mit den Torpedos wo die Schraube fehlt wäre reizend! »Avanti Spassetti!«
Alles Liebe von Haus zu Haus! Der alte

Fritz

»Überreich an Fäkalien ist das Königreich Italien«
»– Im Mauerkaktus ist der Römer Meister . . .«

(Göthe, romantische Elegien.)

195 H Meran, Via Dante 43 (Schloß Knillenberg), 8. XII. 38

Liebster Alfred!
Es ist eine merkwürdige Beziehung zwischen uns! Die letzten Tage wollte ich nach so langer Pause – die keinesfalls Lieblosigkeit, sondern ewige Bummelei ist – Dir schreiben und einige Klagelaute ob Ohm Pachus Todes senden. Und da kam Dein Brief, der des aktiven Böhmerwaldriesen und k. k. Rübezahlakzessisten und k. u. k. Militärgeisterbeschwörers II. Classe mit den Litzen und »i. R.«. Denn, trotz aller »Müdigkeit« bist Du – Gottlob – ein Mordskerl und Frau Jadwiga macht Dir dieselbe Freude!
Auch wir dürfen, unberufen, nicht allzuviel klagen, Carmen wird immer noch in den Geschäften als »Fräuln« angesprochen, aber der »Herr Papa« sei recht »foast« gwordn.
Hab vielen Dank für die ganz wundervollen Blätter, die tief, sehr tief schürfen. Wie unbrauchbar, ohne jede Zukunft dieses verfaulte Embryo von Bolschewicken! Wie sanft blöd der Graf Bobby Senior – und wie weltaufbauend dabei! Schade, daß ich Deine Ausstellung nicht sehen kann! Die Wiener Ausstellung machte uns einen tiefen Eindruck. Hoffentlich wiederholst Du sie. Die Kunststellen in Wien werden bald sehr intensiv arbeiten. Ich habe sehr unter den Provisorien in den Theaterstellen zu laborieren. Denn mich verfolgt auf meinem neuen Kunstgebiet ein krauses Mißgeschick. Ich war hier eine Art von Ehrenintendant und habe im Burgtheater ein paarmal Ausstattungen gemacht bis mich die Direktion dort aufforderte, ein barockes »Kassastück« zu schreiben. Ich tat dies u es heißt: »Kaiser Josef II und die Bahnwärterstocher«. Stell Dir vor!
Die Burg nahm es an, nur mußte ich es verlängern. Alles war festgelegt; Aslan besuchte mich aus Salzb. um die Rolle des Kaisers durchzunehmen – auch einen Vorschuß bekam ich – da wurde von »Oben« ein frommes Josefstück mit Sterbeszene vorgeschrieben u mein heiterer Josef wurde zurückgeschoben. Der Umbruch kam; Jelusich bestimmte den »Josef« für kommenden Feber u jetzt ist wieder eine neue, provisorische Direktion an seine Stelle gekommen. Wer weiß, was dann wird!
Eine derbe Münchner Komödie hat vor ganz Kurzem der Eirichverlag

erworben, eine Groteske, die Dir speziell Spaß machen möchte. Pachinger ist darin mit Namen erwähnt.
Ich beginne auch wieder zu zeichnen und ein sehr interessanter Analytiker der Jungschule hat Zyklen aus meinen Beständen zusammengestellt, die wunderliche Lichter auf die Beziehungen der deutschen Seele zu indischen Mysterien werfen.
Nebenbei beschäftigen wir uns mit magischer Mathematik und den Würfelkonstruktionsgesetzen die schon Pythagoras sehr quälten u deren Hauptformeln der Gauner unterschlagen hat. Von dort aus kann man die »Perserteppiche« wie Bücher lesen und sogar atlantische Berichte darin finden, was keine bloße Phantasterei ist.
Sehr interessiert hat mich, was Du über Deinen Stammbaum schreibst. Leider konnte ich die Stelle nach »Seidlitz« nicht lesen! Bitte um Wiederholung!
Auch unser Ariernachweis ergab interessante Dinge.
Mütterlicherseits komme ich bis 980! Wir kommen in der anerkannten Abstammungstafel nach Widukind und Friedrich Barbarossa vor u 1440 ist die Fam. Beethoven (vom Rhein) im Stammbaum. Carmens Stammb. tangiert einmal eine Eleonore Schwarzenberg – auch da ein Zusammenhang mit Deinem dämonischen Böhmerwald. Weißt Du, daß in Deiner Gegend der hl. »Nordwald« war = Heiligtum der Njord = der noch um 1750 herrenlos war! – Übrigens ist Eure ganze Gegend eine atlantische Insel. Das sind alles Gegenden, mit starkem Genius Loci.
Wir waren bis vor 14 Tagen in Rom u an den Albanerseen. Waren im Palazzo Venezia beim Duce und wurden vom Fürsten Colonna zu einem fabelhaften Bankett in der Bildergalerie des Capitol empfangen. Eine unvergeßliche Kubinstimmung gab uns ein anbrechender finsterer Abend am Petersplatz. In einem Haus war Übersiedlung. Unendlich schäbige Möbel standen auf der düstren Straße und vereinigten sich mit dem Bild der Peterskirche zu einer wahrhaft teuflischen Silhouette.
Dazu ein defekter, aufgehender Mond und ein halbzerbrochener Nachttopf.
Mit diesem düstren Bild schließe ich,
alles Liebe von Haus zu Haus, Dein alter Fritz.

196 K Zwickledt, 10. I. 39

Liebster Fritz – Weihnachten hat sich so fabelhaft eingestellt mit Bücher- und Kunstblattspenden und da sammelt sich eine arge Liste von recht Dankschuldigen Briefen gleich einem »Mahnmal« auf dem großen Tisch! Dir will ich aber heute schreiben, daß mich Dein Brief *hocherfreute!* Mit den Vorstößen die Du ins Theaterhafte gemacht hast (Du stehst da auf vertrautem Boden – Maria Mayer die Burgschauspielerin – mit uns befreundet wird nächstens uns besuchen) wenn's da auch Behinderung noch gab – nun – ein andermal glückt es. – Meine Stunden eilen gleich flüchtigen Wölfen – und ich bin um jeden Strich sehr froh den ich noch in die Scheuer bringe. – So beendete ich endlich die große Folge 17 × 20 cm *»Schemen«* die ich bis auf *101 Stücke ausbaute* – alles Köpfe längst entschwundener Gestalten welche meinen Lebensweg, zumeist in der Kindheit, säumten! Leider aber nun ist allerdings dies eine völlig brotlose Kunst – kein Verleger wird heute *das* publizieren, alle sind sie so schwankend und matt geworden bei Werken ausgefallener *individualistischer* Kunst. – So sind es die größeren Vollblätter auf deren Verwertung ich zählen dürfte und eben schaffe ich an einem solchen Stück: »Isis und ihre Kinder« betitelt. Falls Dir in Meran zufällig die etwas barbarische Wiener Zeitschrift »die Pause« *jetzt* mal unterkommt siehst Du mich mit 11 anderen öst. Malern vertreten – Es wurde ein Kalendarium in Auftrag gegeben, ich bekam den Monat »November« – Sonst darf ich bei bestem Willen dazu z. Zt *nicht* klagen – Frau Hedviga ist unten in der Waschküche wo das große Schwein heute geschlachtet wurde mit 2 Männern und 2 Frauenzimmer stark im Betrieb. Wir sind – rechnet man all die kleineren Quäler ab – noch leidlich gesund – Über das Wien der Kaiser-Josefzeit bekam ich ein dickes Buch: Johann *Pezzl* – das Dir bekannt sein dürfte – Über Seydlitz willst Du wissen in bezug auf den Stammbaum! – Nun: 1760 lag S. als Rittmeister im Böhmer Schloß Schwarz-Kosteletz wo auf dem Gut des Gf. Schlick mein Ur-Ur-Großvater, ein *ganz* alter Mann, Obergubernator war der eine *ganz* junge Frau hatte – kinderlos; und der *Tradition* nach (mein Vater sprach mir etwa 4mal davon, mein Vetter der General Josef K. in Graz und andre

Verwandte wissen es auch), ist mein Urgroßvater ein Kind des S. (der ein arger Schürzenjäger bekanntlich war am Lues recht erbärmlich starb mit 53 Jahren). Ich besitze Fotos nach Bildern und es ist *grotesk,* wie sich bei *einigen Nachfahren* der *Typus* schlagend erhielt – bei der Schwester m. Vaters, Tante Elise, bis zur *Doppelgängerei* – daraus sieht man wie *alle* Stammbäume *eigentlich* verfälscht sein können. Von mutterseite (geb. Jenny Kletzl) die mich mehr interessiert ist I. Kletzl als verdienstvoller Feldwebel unter Kaiser Josef II. bei Brünn (Nestovitz) angesiedelt, – schon sein Sohn, mein Urgroßvater K. war ein *großer Bürgermeister* und Bauer und Sägewerksbesitzer – eine Hauptlinie – *heute cechisch;* mit meinem Vetter Jan Kletzl – stehe ich im Briefwechsel *sehr wohlhabend* (ein Schloßgut und eine Anzahl Häuser in Brünn, aber z. Zt. seelisch bedrückt über die neuen Verhältnisse) – am interessantesten ist mir daß meine sehr schöne *Großmutter* geb. Berchtold, aus Magdeburg, protest., stammend 3 Generationen *Weinhändler* waren –– (vielleicht stammt von dem vielen Wein + Seidlitz'scher Syphilis mein Talent? Homöopathisch ist alles möglich) –– C. G. Jung erwähnt die »andere Seite« und meine Kunst in einer Schrift [...] als eines »bäuerlichen James Joyce's Werk« (siehe besser Ulysses) – und entschuldigte sich in einem Briefe aus Küßnacht deswegen – was er gar nicht nötig gehabt hätte, denn mir hat es ja Spaß gemacht. –

So nun geht das Papier zuende, hocherfreut bin ich, weil Du wieder zeichnest – ich lege ein kleines Blättchen bei und denke an die Zeit, da Du meine Blätter geistvoll ausdeutetest –– natürlich bin ich überzeugt daß Carmen sich blendend frisch erhält, sie ist ein Typus der überhaupt nicht leicht altert. – Alles Gute von Haus zu Haus – und wie stets Dein alter Alfred.

Was treiben Horrak und Luckeneder??

197 H
Abs: F. R. Herzmanovsky-Orlando
An: Alfred Kubin, Zwickledt.

Malcesine (di Garda), 14. Jan. 1941

Liebster Alfred!
Wir haben in letzter Zeit viel von Dir gesprochen und an Euch gedacht. Wünschen ein glückliches neues Jahr, das Glück und Gesundheit bringen möge!
Auch wir sind, Gott sei Dank, wohlauf. Beiliegende Karte zeigt Dir unsere »residenza« wo wir schon seit 2 Jahren angesiedelt sind. Uns hat die herrliche Gegend gelockt. Und trotz aller romantischen Verschrobenheit liegt das Nest recht bequem. Autobusse rollen nach dem prachtvollen Verona, das eine unerschöpfliche Fundgrube an Schönheit ist. Nach Riva ists eine Radfahrstunde und in 2 Stunden ist man in Madonna di Campiglio. Den Brentagletscher siehst Du hinten im Bild. Da gibts Thäler, von denen ich keine Ahnung hatte! Einen See, (Tovel) der blutrot ist und allerhand obstruse Dinge. Hinter Arco liegt ein Riesenschloß – Madruzzio –. Scheinbar intakt, eine Art Heidelberg. Aber Brandruine. Vendôme hat es 1703 anzünden lassen. Was muß dabei verloren gegangen sein! Es war das Sanssouci des Paris Lodron.
Vor vielen Jahren sind wir beide einmal per Dampfer in sinkender Nacht in Malcesine stehen geblieben, auf der Fahrt nach Riva. Eine Riesenburg der Scaliger ist hier. Göthe wollte sie abkonterfeien – am ersten Tag seiner ital. Reise. Er nahm auf einem Eckstein Platz unter einem antiken Torbogen. Vermummte beobachteten ihn. Sbirren faßten den Bedenklichen, entwanden ihm das Blatt der Grenzburg gegen das ganz nahe Tyrol, dessen Felszacken von hoch oben in die engen Gäßchen dräuten! Aber, bald ließ man Sr. Exzellenz frei, weil der Schub nach Venedig zu teuer gewesen wäre. Heute aber ehrt man ihn. Alles ist hier auf v. Göthe eingestellt. Voriges Jahr fanden die ersten Göthefestspiele statt. Heuer sollte im Burghof die »Imphigenie« drankommen. Hoffen wir, daß bald wieder die Festspiele in Schwung kommen.
Wir haben einen entzückenden Bully, den weit und breit alles liebt

und lockt. »Tommaso senza naso.« Er heißt nämlich Tomas vom Cobenzl. Den Göthestein liebt er sehr. Oft untersucht er dieses historische Monumentchen versonnen. Es ist überhaupt ein wunderlicher Platz – ein Plätzchen – von alten venezianischen ruinösen Häusern eingefaßt. Ein Stoffgeschäft ist dort, dem röm. Thorbogen gegenüber. Das macht uns viel Spaß; denn es wird von zwei jungen Mädchen betrieben – zwei Maskenfiguren der Comedia dell'Arte, aber etwa von junge Venezianerinnen der Gotik. Wir wollen dort für Tomy das Kostüm eines Markuslöwen machen lassen, mit goldenen Flügeln und einem dto. Nimbus. Stell ihn Dir so vor, bei einzelnen grellen Vollmondstrahlen am historischen Eckstein schnofelnd! Ist das nicht ein »Kubin«?
Und man bekommt amüsante Stoffe in dem Laden! Eine liebe Freundin von uns, sehr ernste, würdevolle Dame, erwarb einen sehr schönen Stoff für ihren sehr würdevollen Oheim in Meran, einen tiefernsten Hanseaten mit ehernem Mund. Der schüttelte den Kopf, weil seine Ärmel immer länger wurden. Die siehst, es athmet hier E. T. A. Hofmann mit Goldoni und Kubin gemischt.
Ich habe mich jetzt, angeregt durch einen Leipziger Regissör des dortigen Staatstheaters, auf das Schreiben von Pantomimen geworfen. (Bis jetzt gibts keine große Pantomime). 2 sind fertig, davon eine mit einer prachtvollen Musik von Frank Fox von der UFA, Berlin. Und jetzt gehe ich an etwas, das vielleicht auch Dir etwas sagen würde, ans: »Tyroler Drachenspiel«. 20 Jahre lang habe ich Steinchen auf Steinchen dazu zusammengetragen. Die Sache greift stark hinein in die Urwelt, von der Bachofen so schön schreibt und hätte vor einem Menschenalter Dich u Deine Münchner Freunde des George-Kreises sehr interessiert. Ich habe das bzgl. Buch der Gräfin Reventlow wieder einmal gelesen u analysiert. Der zerbrochene goldene Stab des Dyonysos am Hausball war kein bloßer Zufall! Sehr tragisch!
Schreib bald einmal, wie [es] Dir und Hedwig geht und was Du Schönes, Interessantes, ja Unsterbliches fürs deutsche Volk schaffst! Alles Liebe und Gute von meiner Frau und mir! Dein alter Fritz.

198 K Zwickledt, 26. I. 41

Mein lieber Fritz – Du hast lange nichts mehr v. Dir hören lassen – (seit Pachingers Tod!) ich entsinne mich noch genau als wir drei im Herbst 1908 in Malcesine waren – unter Führung eines Deutschen die Kirche und den Goethestein besahen, wobei die andern Fahrgäste des Dampfers mitgingen; – aus einem Hause wurde unter Assistenz eines Priesters ein Sarg getragen – erinnerst Du Dich noch daran?! – – – – – na – hei lewet noch – aber meine *Haupt*frage besteht nun auf anständige Weise zu altern – ich gestehe die arge Müdigkeit – das Zittern der Linken beim Schaffen, und sonst noch Schrauben die da gelockert sind, machen mich leicht ängstlich – andrerseits kam auch *soviel* Wunderbares, durch die *endlich* erreichte *Entspannung!* – Mir ist's z. Bsp. gänzlich gleichgültig ob meine Arbeiten die da hie und da noch entstehen auch fertig sind oder als Fragmente bleiben – ich kratze drauflos – struppig mit dicksten Linien, Strich und Flecken – von Pinseln und Rohrfedern – und mit dem Lesen nehme ich meist nur noch Bücher die mich unterhalten und *recht* bald ist da das Auge (dessen Kraft ich ja der Arbeit *zunächst* gebe) erschöpft, so daß ich an einem Schmöker oft einen ganzen Monat lese – meist Biographien, Historisches, Reisen, oder wie z. Zt. meine alten Sachen, wie eben die indische Philosophie die mich in Einigem Esoterischen von Zeit zu Zeit *immer wieder* ergreift – Im übrigen warte ich auf alles was da noch kommen kann – und navigiere halt durch hin und herwerfen des Schwerpunktes so gut ichs vermag – Was »dadraußen« passiert ist mir egal mag die Welt, der Sansara dahinschliddern wohin er mag – Beruflich darf ich *nicht* klagen. Es sind so *viele* Anhänglichkeitsbeweise aus allen Richtungen da, daß ich staune und oft belustigt bin – was 3 Generationen nun von mir halten – bes. das Buch »vom Schreibtisch eines Zeichners« ist tief eingedrungen – nun soll für den Herbst d. J. nochmal eine Veröffentlichung *bei Piper* hergestellt werden – mit 64 Tafeln – will der Verlag – meine Kunst der Federzeichnung – wie er meint »in klassisch-repräsentativer Weise« zeigen – und selbst solches Werk berührt mich nur mit oberflächlichem Interesse – das sagt alles. Nur *bitter* ist mir das Hinscheiden mancher lieber Collegen und Weggenossen – – Was macht denn

Horrak und Luckeneder? 1940 – Ein Büchlein »Gerade Dies« von Peter Scher – verzierte ich mit 30 Bildern –, es handelt sich um Verse des ehem. Simplizissimusredakteurs; Karl Wolfskehl ist in Neuseeland er ist 73 Jahre alt! – Von Klages höre ich selten – sein abschließendes Werk: der Geist als Widersacher der Seele – finde ich leider trotz einzelner herrlicher Stellen weit schwungloser als seine früheren kleineren Schriften – der kosmogonische Eros ist eigentlich die Höhe, in II. Auflage mit Fußnoten über Alf. Schuler (*J. Barth* Verlag). Von Dir freut es mich zu merken daß Dein Humor nach wie vor rührig ist – Schönste Grüße von Haus zu Haus – (Hedwig ist bei allem Weh-weh doch noch *leidlich* beisammen)

treu anhänglich Dein Alfred

199 K [Postkarte] Zw., 27. II. 41

Mein lieber Fritz

Heute kann ich Dir die sehr wunderbare Mitteilung machen daß Alfred Schuler Fragmente und Vorträge aus d. Nachlaß – mit Einführung v. Ludwig Klages bei Johann Ambrosius Barth Verlag – Leipzig – (RM. 12) erschienen sind – Ich hätte nicht gedacht daß wirs noch erleben – Mein Buch – »vom Schreibtisch eines Zeichners« ist immer noch für Viele sehr aufschlußreich und der Berliner Verlag Ulrich Riemerschmidt hat in Ausstattung, für 7 RM. *durchaus* entsprochen!! denn eben ist *gutes* Papier eine Seltenheit –––– Ich brauche dasselbe für meine Publikation im Herbst d. J. schon erscheinend es hängt viel davon ab – aber Herr Piper ist zuversichtlich – wie stets viele Grüße von Haus zu Haus Dein alter Alfred

200 H

[Fragment, Malcesine, zwischen dem 14. I. 1941 und 8. I. 1942]

Jetzt dotiert das Reich ganz nobel mit Lire, allerdings nur mit streng bemessenen Monatsbeträgen. Die verkrachte Lirewährung gibt guten Kurs. Dafür ist in Italien alles um 40–50% teurer geworden und

großer Fettmangel. Die wahre Jubelstimmung des Volkes entnimmst Du allerdings den Zeitungen nicht.
Nach langer Pause habe ich einen Roman geschrieben, der das letzte Verglühen des märchenhaften Österreichertums um 1913 enthält. Ein Thema für Dich. Eine altvenetianische Familie – Dandolo = Treo – besitzt ein Lehen aus dem 4ten Kreuzzug: den Scoglio Pomo. Aber niemand weiß, wo die Insel liegt. Ein verkommener Cusin – verlotterter Pair v. Schottland – bekommt in einer Vision die Position der Insel, die zu einem traumhaften Kurort ausgebaut wird und wo sich die merkwürdigsten Leute treffen. Auch der Aschenbach aus Th. Manns: Tod in Venedig ist dort, flieht aber vor den »Bobbys« seinem süßen Verhängnis am Lido in die Arme. Wie schön wäre es, wenn Du das Buch illustrieren tätest! Ein paar Blätter liegen schon von mir vor um die Stimmung zu weisen. Verlag habe ich noch keinen, da noch; $^1/_4$ des Romanes fehlt. Alten Freunden ist ein Denkmal gesetzt: dem Pallenberg, Pachinger, Hohenlohe, Michelangelo Zois, Adalbert Sternberg, der Tilly Losch und dergleichen problematischen Fallotten mehr.
Er muß, dem Zauber der verglühenden Pracht gemäß, von Märchenhauch umträumt sein; ist aber dabei vollkommen realistisch und mondän durchgeführt. Der Titel lautet:

»Rout am Fliegenden Holländer.«

Ich glaube Dir schon geschrieben zu haben, daß ich einen vorzüglichen Komponisten für ein Ballett »Diana und Endymion« gefunden habe. Es ist Frank Fox, berühmter Filmmusikmacher. –
Seine Musik zum Ballett ist ungewöhnlich schön und prunkvoll und liegt bereits im Klavierauszug vor. Allerdings wirds noch Monate dauern, bis die Partitur vollendet ist. Denn, die was können haben wenig Zeit.
Ansonsten fahren wir viel mit unsrem Motorboot herum und besitzen einen entzückenden Bully, der gegenwärtig die Milchzähne verliert. Er beknabbert alles; und da würdest Du Dich sehr wundern, wie ich bekleidet bin: nämlich an die Füß. Auf jedem Patschen ist eine Mausefalle angenäht (ohne Köder.) Schnubbst er dran, kriegt er eins auf die Andeutung von Nase und ich hab meine Ruhe.
Mit dem Bewußtsein, Dir, Meister, vielleicht noch etwas gelehrt zu

haben, grüße ich Dich aufs Allerherzlichste! Auch Carmen schließt sich an!

Dein alter Freund und Kumpan Fritz.

201 K Zw., 8. I. 42

Lieber alter Fritz – Daß Du dem »an michdenken« auch die *»Tat«* eines Briefes folgen ließest war mir eine Rosine!! auch ich krabble noch immer auf die Rinde dieses durchwegs nicht grade nur sympathischen Sternes herum – Im Punkte »Klima« hast Du es allerdings weit besser getroffen – denn mir wird jetzt *jeder* Winter eine Frage auf Tod und Leben – und die ganzen Weihnachten über – 9 volle Tage, lag ich mit Fieber an einer katarrhalischen Erkältung die nun erst Miene macht wieder abzuziehen unter Hinterlassung riesiger Schleimspuren ähnlich wie die fetten Nacktschnecken –.

Ansonsten darf ich nicht zu sehr klagen gewiß weiter als 2 Tage hinaus mache ich keine Pläne mehr – mein Band gesammelter kl. Schriften: vom Schreibtisch e. Zeichners – hätte mir einen respektablen Erfolg gebracht wäre nicht der Krieg mit den obligaten Papierbeschränkungen dahergekommen – das Buch dessen I. Aufl. längst vergriffen gehört zu den gesuchtesten Schriften, leider! – Hingegen der Bilderband dem ich den Titel »Abenteuer einer Zeichenfeder« gab wird nach *fast 4jährigem* Planen und Vorarbeiten, und mancherlei Umstellen nun *endlich* doch erscheinen. Herr Verleger R. Piper Müchn. überraschte mich sogar zum Fest mit dem *1. vorausgebundenen* Stück und ich stellte befriedigt die *vorzüglichen* Reproduktionen der 60 Tafeln fest – auf immer prächtigem – *Noch-Friedenspapier!* lauter Zufälle kamen da glücklich zusammen – denn *ich* hatte *jeden* Glauben an das Erscheinen des Bandes verloren – nach x Schwierigkeiten war es endlich soweit als die Kunstanstalt plötzlich Landkarten im Heeresauftrag herstellen mußte was mein Werk *nochmals* verhinderte, in 3 Wochen solls aber da sein versichert der Verlag – der gleich für 10.000 Ex. Erlaubnis zur Herstellung auf Ansuchen erhielt und das Ex. mit 10.50 wohl leichtlich in der augenblicklichen Weltsekunde absetzen dürfte.

–––– Mich interessiert aber *noch näher* jener psycho-physische Abbau den man »Alter« nennt und der philosophisch gesprochen in eine II Kindheit führt – die noch weit mehr auf die Schutzengel angewiesen ist als die erste! – Mein Collegen empfehlen sich allmählich am Arme von madame mors und mit jungen Anfängern hat man nimmer die *intimere* Fühlung weil diese nicht mit *uns ihre* frühe Epoche erlebten – man alle wohl berühmt, aber doch etwas *fremd* stets berührt – meinen geliebten Böhmerwald konnte ich im verg. Sommer leider aus *Verpflegungsgründen nicht* aufsuchen – fand einen Gasthof 40 km v. Passau – der mir *wohl* tat aber in einem aufgetakelten öden Ort liegt – alles Liebe zum Neujahr v. Haus zu Haus – Dein alter Alfred.
Ich begreife sehr, daß das Ballettschaffen Dir liegt – was weißt Du von Horrak und Luckeneder?? –

202 H
Herrn Professor Alfred Kubin
Schloß Zwickledt
Abs: Fritz Herzmanovsky-Orlando Malcesine (d. Gr.) 21. I. 42

Lieber alter Alfred!
Vor einer Stunde bekam ich Deinen lieben Brief vom 8. d. M. den ich kommen spürte. Vorgestern und gestern sagte ich: Es kommt eine Post aus Zwickledt!
Du siehst, wie präzis ich auch antworten kann!
Manchmal schiebe ich aber dieses mir angenehme Vorhaben als ein »Zuckerl« des Lebens hinaus.
Momentan ging mir's nicht hervorragend. Ich hatte eine Leber-Magenattacke und lebe seit drei Wochen fettlos. Geht auch! Meine Schutzengelin, Carmeline, hat eine wundervolle Diät aus Reisschleimen, Forellen, rohen gelben Rüben etc. kombiniert. Mein Bauch ist weg und ich fühle mich verjüngt. Bis zur Gelbsucht ließ ich es ohnedies nicht kommen. Die moderne ital. Pharmakopoë hat sehr gute Mittel, Hormone, Vitamine und uralte, aus der Tropenmedizin

stammende Pflanzenpräparate, z. B. den »Boldo«. Die Ärzte sind gut, können eine Menge.
Ich freue mich, daß Du so schöne Erfolge hast, und so fabelhafte Neuerscheinungen, was bei der Papiereinschränkung ganz unglaublich ist! Wenn ich hinaus rolle, besorge ich sofort Dein Malerbuch. Meine liter. Tätigkeit blieb lange ganz stehen. Der Roman »der Gaulschreck« – total vergriffen – erlebte eine Neue Auflage als: »der letzte Hofzwerg«. Auch er ist vollkommen vergriffen und von den 6000 Exemplaren ist auch im Antiquariat nur ganz selten ein Exemplar aufgetaucht. Die Fortsetzungen: »Rout am fliegenden Holländer« und »die Spiegelwelt des linken Weges« liegen fertig da, aber ich weiß nichts damit anzufangen. Dir würden diese Bücher, in denen es recht toll hergeht und wo es von Bobbys wimmelt, sicher gut gefallen.
Wahrscheinlich auch ein Vorspiel zum »Tyroler Drachenspiel« – Sitzung der Accademia Claudia Felicitas in Innsbruck am 7. October 1891, in die ein Einbrechen von Waldnymphen stattfindet, von deren Existenzverdacht man Tyrol reinigen wollte.
Auch meine farbige Graphik ist stark angewachsen. Ein Jung-Schüler, großer Physiker und Mathematiker, hat 3 Werke daraus zusammengestellt und im Sinne Prof. Jungs analysiert. Sehr merkwürdig und überraschend. Auch da ist die ganze Papierlage hemmend eingetreten und ich scheine einen seltenen Unstern zu haben, falls ich an Astrologie glauben würde.
Nun haben wir auch hier Schnee. Eine große Seltenheit. Kalt ist es aber nicht. Bloß der Seewind stört und das Haus ist dünn gebaut und hat schlechte Öfen.
Von Luckeneder habe ich lang nichts gehört, ebenso von Horak, der unter grotesken Umständen Meran verließ. Das ist schon 6 oder 7 Jahre her. Er hatte Pech mit einer neuen Ehe. 6 Monate Flitterzeit. Dann kamen 2 Jungen – aber nicht vom Storch, sondern aus einer Besserungsanstalt. Mit denen erlebte er scheußliche Dinge. Einer hat ihn sogar »tätlich bedroht« und wohl auch versohlt.
Auch den nunmehr seligen Pachinger sah ich noch oft. Im Wiener Stadtpark stolzierte er jeden Frühsommer, ich möchte sagen, als vornehmer Mehlwurm kostümiert, herum, und seine greise »Miezl«

trug eine weiße Jokeykappe – »a seltenes Stückl«! »Hat der Fiakermilli gehört! Von anno 1873 ...« Was mag mit seiner »Fehlwäschesammlung« geschehen sein?
Ja, leider rollen viele Jugendfreunde in die Ewigkeit ab! Junger Nachwuchs gesellt sich wohl auch zu einem, aber es bleiben erschreckende Lücken.
Sie herzlichst gegrüßt! Alles Liebe von Haus zu Haus! Dein alter Fritz.

203 H Abs: Fritz Herzmanovsky-Orlando

Herrn Professor Alfred Kubin
Zwickledt.

Malcesine (d. G), 3. Maien 42

Mein lieber guter ewig junger Alfred!
Deine Zeilen haben mich sehr gefreut. Freuen uns Deiner so schönen Huldigungen einer dankbaren Umwelt! Verspätet auch von hier die herzlichsten Geburtstagswünsche! In unseren Jahren denke ich lieber gar nicht an »Geburztage«. Und daher fühle ich mich immer zeitlos jung und habe mindest alle Monate einen qualvollen Traum, daß ich noch immer ins Gymnasium muß aber schon durch Monate den Unterricht schwänze. Die Träume spielen bei mir seit geraumer Zeit eine große Rolle. Besonders – Du wirst Dir den mangelnden Bauch halten und schuhplatteln mit wehenden Bändern des leichten Lorbeergewindes am Haupt. – = Lotterieträume. Dabei setze ich nie, oder doch wunderselten, zur Hetz. Aber, was mir am 12. Jänner passiert ist, spottet jeder Beschreibung. Durch eine heraldische Wappenanalyse teilte mir das »Jenseits« 3 Nummern mit, und zwar in Cagliari zu setzen, der westlichsten Lotteriestadt des alten Kngr. Sardinien: 1, 26, 90. Und alle 3 Nummern kamen richtig in der zum Termin passenden Ziehung in Cagliari. Da ich meist 10 Lire setze, hätte ich 45000 Lire gewonnen. Aber – unsere Lottokollektur war gesperrt wegen mangelnder Saison und bis Riva wollte ich bei der Kälte nicht fahren. Ich habe sogar vor, ein Buch über dieses Thema zu schreiben: »die Wege der Venus« »oder: das Gold der Inka im Nachtkastel.« Das merkwürdige an dem Traum ist, daß mir im Traum

die Zahlenanalyse und die Bestimmung des Spielortes von einer berühmten Wiener Tänzerin der Oper gesagt wurde, die vor circa 15 Jahren zu einem unermeßlichen Vermögen gekommen ist und bei der zu Gold wurde, was sie berührte.

Im Verlaufe meiner Untersuchungen bin ich darauf gekommen, daß das sog. »Kleine Lotto« ein uraltes griechisches Mysterienspiel sein dürfte; denn es ist auffallend, daß es nur von 1 bis 90 geht. Warum 90? Nun heißt 90 im Lottodialekt der Traumbücher: »tod und lebendig.« 90 wurde im Griechischen mit dieser Rune geschrieben: ϙ (auch ϟ). Das ϙ ist aber der Handspiegel der Venus; der Spiegel ist der Polarisator, der alles umdreht, aus rechts links macht. Daher: tod und lebendig, als Werk des Polarisators.

Die hiesige Abgeschiedenheit ist geistig recht fruchtbar. Da sind Orte, die man als gewöhnlicher Reisender nie sieht. Herrliche Gegenden im verschollenen »Rhätien« mit 1000jährigen Bäumen in Urwäldern. Da gibts einen blutroten See – Tovel – hinter der Brenta und die Brenta selbst und den Adamello – eine Überschweiz. Von uns in 2 Stunden Autobus erreichbar! Leider ist jetzt die Unterkunft nicht billig, das ist der Fehler.

Bei Dro, besser: vor Castel Toblino gibts eine Ruine die etwa dem Heidelberger Schloß gleichkommt. Castel Madruzzo, das Prunkschloß der Bischöfe von Trient, 1703 von Vendôme verbrannt worden. Es sollen dabei Bilderschätze verbronnen sein, daß einem der Verstand stillsteht. Man kommt aber sehr schwer hin. Es liegt wie eine Stadt da in gewaltiger Einöde. Dieses Madruzzo muß in meiner Familiengeschichte eine Rolle spielen. Ein Madruzzo war mit anderen Familienverwandten Trauzeuge meines Ur–Ur–Urgroßvaters Xaver Lorenz Baron Orlando, dessen Sohn der Begründer der böhm. Kattunindustrie in Kosmanos wurde.

Dann gibts noch eine zweite Burgruine unweit Rovereto »Beseno«. Auf einen Berg oben eine große Stadt. Das war eine Burg! Was war das für ein Land! Der alte Dante hat dort gewohnt. So viel weiß man. Sonst habe ich nichts erfahren können. Weiter gegen Verona zu, steht eine verfallene Kaiserpfalz, Ottos I. und weiter eine ganze Stadt mit ihren Ringmauern aus dem Jahr 1000, von einem schwäbischen Ritter gebaut: Lazise.

Und in solchen Traumnestern wohnen Leute, die sich ernst nehmen! Da gibt es Banken, beeidete Wanzenvertilger, sogar ganz ernst aufzufassende Ärzte. Du kannst Dir, schmerzlos! Zähne ziehen lassen, wobei der Zahnarzt von heulenden Kindern mit Würmern bedrängt wird, da sich Patienten mit ins »Gabinetto« gedrängt haben. Und das geht so legere und brillant vor sich, daß es eine Freude ist.
Welch ein tüchtiges und liebenswürdiges Volk!
Wir freuten uns sehr zu hören, was für eine schöne Jubiläumshuldigung Dir von Piper geschaffen wurde. Ich habe, so bald ich in Wien bin, Deine neuesten Publikationen nachzukaufen. Ich habe für Dich einige Blätter von meiner Hand parat; ich glaube, daß Bildsendungen schwierig sind. Ich produziere immer wieder nach oft jahrelangen Pausen recht wunderliche Dinge.
Ausgestellt habe ich seit Jahren nicht mehr. Damals sogar verkauft. Auch die Albertina hat etwas erworben. Was einmal später aus meinen Arbeiten werden soll, davon habe ich keine Ahnung.
Von Paul L. habe ich lange nichts mehr gehört. Er kam in eine Nervenheilanstalt. Die ganze Familie ist auseinandergeflattert, die, übrigens bildschönen, Mäderln haben geheiratet. Wie manche meiner alten, lieben Kreise sind verschollen, verweht! Das ist sehr traurig. Da ist viel Glanz und Kultur verblaßt. Auch mein ganzer Münchner Kreis ist tod. Den Schluß machte der würdige Pachinger. Was mag nur aus seinen schönen Gipsabgüssen geworden sein? Ich glaube, er hat sie einem Museum zugedacht. Der arme Horak hat in eine böse Familie hineingeheiratet – er war der geborene père noble einer Pimperlkomödie. Er soll in Salzburg herumstolzieren. Ich danke ihm viel fröhliches Lachen. Ein drittes Original meiner Sammlung kennst Du nicht. Es ist ein heftig »bemelnder« Apotheker in Meran, der sich seinen Doktorhut aus Teufelsdreck geholt hat, »wo dann zum Neste seiner Familie« wurde. Ist der Mann nicht eine Perle?! Und das ist ernst! Seine Doktorarbeit über asa foetida ist sehr geschätzt. Ab und zu weiß er eine Gelegenheit, frischen Teifelsdreck (einen ausgerauchten!) billig zu erwerben.
Und nun viele liebe Grüße von Haus zu Haus!

Dein alter Freund Fritz.

204 K [Fragment, Poststempel Wernstein, zwischen dem 12. II. und 12. III. 1944]

Mein lieber Fritz –
nach längerer Zeit von Dir wieder ein Lebenszeichen ist mir überraschend u interessant und schon wie Du eine *so* ernste Krankheit wie diese p. Anämie überwinden konntest klingt wie ein Wunder bei dessen Mitschaffen *sicher* C's genaue Überwachung zu danken ist – an dieser tückischen Krankheit ist die arme Emeline, O.A.H.'s III. Frau, dahingeschwunden – mir spielt das Alter allerdings eine Menge *Grenz*pfähle vor, – aber = noch immer = Zauber*lehrling* = ist man als solcher denn doch auch ein *wenig* in die Regie solcher Wundermaschine eingedrungen – freilich geht die metaphysische Praxis nur *allzuholprig* – dies mein Leidwesen – jedoch wir wollen nicht locker lassen –: »ich lasse dich nicht, du segnest mich denn« – heißt es in der Bibel anläßlich des Kampfes von Jakob mit dem Engel. – – *Beruflich* geht es nach Wunsch im äußeren Sinn *3* besondere Werke sind einer Verzögerung infolge der Leipziger Terrorangriffe geworden – womit mein Planen f. das Jahr 43 [!] ins Wasser fällt weil sich die Herstellung ins Künftige immer weiter vielleicht verzögert *so* die Planetenmappe, der E. Th. A. Hoffmannband [. . .]
P. S. wir sind seit Kurzem auch bei sog. Auslandsbriefen auf 2 pr Monat rationiert. Daher sende ich Dir 3 Karten. – Hedwig am 5. Okt. wird sie 70 tut was sie kann und ist mir eine stete Hilfe – Erschienen ist ein kleines Bändchen: *Schemen* 60 Köpfe a. e. verklungenen Zeit. Kanter Vg. Königsberg (Pr)
Der Winter fing harmlos an; erst i. Februar kam Schnee und Kälte. Da seid Ihr Südtiroler besser daran –
Eine stattliche Schau meiner Blätter zeigt die sog. Innviertler Galerie – es tat sich manches in Kunst.
[. . .]

205 H F. ORLANDO MALCESINE (di Garda), 12. I. 48

Mein lieber, alter Alfred!

Gestern bekam ich ein Lebenszeichen Dich betreffend durch den Vetter Saar in Wien! Ich schrieb Dir 3mal ab 1945. Ohne Antwort! Nun, wir leben durch verschiedene Wunder; haben phantastische Sachen durchgemacht, bombenumknattert, unter Maschinengewehrfeuer und was es an satanischen Trottelhaftigkeiten noch alles gibt. Wir streben wieder nach Meran zurück. Aber, in unserer rechtmäßigen Wohnung sitzt eine Nazikanaille – und ihr geschieht nichts! wir dürfen nicht hinein!
In unserer Rindb. Villa war das Kommando des Mordlagers »Ebensee« einquartiert, wo die Kranken bei lebendigem Leib verbrannt wurden! Der »Kommandant« ist angeblich unauffindbar! Ich habe aber jetzt die Spur dieser Kanaille gefunden. Die Bestien haben uns das Haus ausgeraubt und beim Abzug anzünden wollen. Uns hat der Schnürlregen gerettet!
Diesen Sommer wollen wir hier »Ramasuri« machen. Hoffentlich dürfen wir als Besitzer, *vielleicht* in der Holzlege schlafen!
Ja, schön schaun wir aus! Dabei war die Villa wegen der inzwischen auf 2600 Numm. angewachsenen Sammlungen unter Z. 1202/42 als Nationaldenkmal erklärt worden! Und da hat man diese Mörderbande hineinquartiert!
Was machst Du Schönes? Hast am Ende auch was geschrieben? Ich zeichne mancherlei und verfasse jetzt meine »Memoiren« in denen auch Du oft vorkommst.
Apropos! Was war eigentlich der Baron *Bernus* – der mit den falschen Füßen – der einmal die groteske Szene im Hofgarten gehabt hat? War er Literat? Lebt er noch? Wir haben merkwürdige Findungen über die alte Rhätische Religion – die stark ans Mutterrecht gebunden ist – gemacht und im Zusammenhang mit der Ortsnamenanalyse rhätischer Ur-Orte verschiedene radioaktive Quellen festgestellt die dann auch gefunden und ausgebeutet wurden. Es gab ganze »Mädchen*reiche«!* an der Stelle, wo 3 dieser antiken »Reiche« zusammenstoßen, stand ein Valkyrenheiligtum, das um 700 christianisiert wurde, und

dort geht es toll zu! Im 3ten Jahr Krieg wurde an der Stelle ein Soldat mit Magenkrebs sofort geheilt. –
Hier lebt es sich blöd, aber reichlich. Alles ist zu haben; teuer, aber doch. Hierorts stand Böcklins »Schloß am Meer«, gebaut von Gabriel Seidl. Leider kaufte es vor ca. 15 Jahren eine schwerreiche USA Jüdin und ließ das Schloß »modernisieren« = glatt stellen. Alle Säulenhallen liegen jetzt im Efeu herum. Der resultierende Kasten wurde rot gestrichen und die Dame starb auch prompt am Typhus den sie beim Baden holte. Das Volk spricht von »Strafe«. Jetzt ist ein Dorfspital im Palazzo.
Wir haben von hier aus herrliche, unbekannte Gegenden entdeckt. Da gibt es Schluchten mit 2000 m hohen Steilwänden, die wie verzauberte Renaissancepaläste aus der Atlantis aussehen. Da ist eine Ruine, groß wie das Heidelberger Schloß, Palast der Bischöfe von Trient, das die Franzosen 1703 anzündeten. Da ist eine große zerfallene gotische Stadt auf einem Bergrücken, nahe von Rovereto. Ich habe darüber symbolische Blätter gezeichnet, von denen ich Dir eines senden werde. »Der Traumwagen zum Abgrund«. –
Erfreue uns bald durch einige Zeilen wie es Euch geht und wie das Leben ist! In alter Freundschaft Dein F.H – O.
[Carmens Handschrift:]
Grüßen Sie mir Ihre liebe Frau u seien Sie selbst herzlichst gegrüßt von Ihrer alten Carmen
Schreiben Sie doch, wir würden uns *so* freuen!
Herzmanovsky-Orlando
Malcesine di Garda, Provincia Verona, Italia.

206 H MERAN. SCHLOSS. RAMETZ. 29. 12. 49

Lieber alter Alfred!
Nachdem Du Dich seit – ich rechne schlecht! – 150 Jahren nicht mehr gerührt hast, richte ich diese Zeilen an Dich mit der Hoffnung, daß sie Dich bei jugendlichster Frische und frohem Leichtsinn treffen. Das letzte Lebenszeichen war ein Brief Deines Hamburger Archives, das

zu meiner größten Genugtuung unversehrt ist. Also haben diese satanischen Mordbrenner dort das Nachsehen gehabt.
Ich verzeihe diesem Höllenungeziefer vor allem die Untat von Dresden nicht. 400.000 Leute mit Tieffliegern zu massakrieren – das ist denn doch noch nicht dagewesen!
Wir sind auch nur durch Zufall diesen Schweinenhunden entkommen. Sogar auf unsren Bully »Tommy« haben sie in Malcesine Scheibengeschossen. Ganz nebenbei haben die USA Helden auch unsre dortige Villa ausgeplündert. 1,870,000 Lire Schaden. 3 Jahre lang sind wir von einem Claim service ans andre gewiesen worden. Dann haben sich die Heldentruppen empfohlen ohne einen Schestak zu zahlen. In die Rindb. Villa war das Kommando des Mordlagers Ebensee einquartiert. Alles verwüstet. Kostbare Möbel verheizt, Bücher, Stiche zum Unterzünden verwendet! 17 antike Perser gestohlen; Alt Wiener Prachtporzellan in der Küche verwendet etc. Eines Nachts um 2 Uhr sind dann auch noch Herrschaften vom USA roten Kreuz erschienen und haben Möbel und Betten gestohlen; ebenso auch

eine kostbare Münzensammlung, die die SS Gauner übersehen hatten.
Jetzt haben wir wenigstens die eingenisteten Roten Herrschaften hinausgebracht. Aber das alles hat unsren guten Hamur nicht umgebracht und wir leben lustig und guter Dinge. Im Sommer waren wir 2 Mon. in Altaussee wo viel von mir vorgetragen wurde. Dann 5 Wochen in Wien bei der Familie Frank Fox, ein heute sehr arrivierter Komponist hat eine 3 akt. Ballettpantomime von mir mit einer prachtvollen Musik versehen und sucht jetzt das Werk in Deutschland anzubringen. Es ist eine fantastische Sache die 1815 zur Kongreßzeit teils in Grinzing, teils am Parnass spielt und ganz auf die Gratulationskarten von Entletzberger gestimmt ist.
Meine lange Verbannung im Veronesischen hat mich mit den letzten Resten der Pantomimen in Berührung gebracht, eine Technik, die mich lebhaft anzieht. Als Österreicher kan man sich ja am besten in der Linie Raimund – Nestroy – Hofmannsthal bewegen; und hinter Raimund steht doch das Märchen und die Pantomime. Momentan arbeite ich an der magischen Analyse von: »Kngl. Hoheit« von Th. Mann. Du kennst doch den reizenden Roman der typisches Märchen ist, und daher auf magischer Basis fundiert erscheint. Wenn man den Roman weiter entwickelt – von dort wo Mann diplomatisch aufgehört hat – nämlich mit der Hochzeit des reinen Thoren von Erbprinz mit der Märchenprinzessin mit den Milliarden, kommt man auf ganz tolle Dinge.
Was schaffst Du jetzt Schönes? Von Deiner jüngstvergangenen Produktion weiß ich leider nichts.
Wir haben mit viel Mühe und Geld wieder eine sehr schöne Wohnung im alten Schloß Rametz gefunden. Vom Balkon aus 70 km Aussichten. Es ist Rhätischer Besitz; man spricht auch diese seltene, uralte Sprache hier. Im großen Schloßhof werden manchmal Freilichtaufführungen veranstaltet. Das letzte waren 2 Ludw. Thoma Stücke. In den Pausen wird in den unergründlichen Kellern lebhaft gesoffen. Ich aber lebe brav. Habe sonderbarerweise nach monumentaler Glatze wieder einen neuen Scheitel bekommen und verkehre viel mit sehr schönen Mädchen. Das ist besser und billiger wie Affendrüsen

oder gar Hundedrüsen, wo man dann in der Zerstreutheit die Möbel anpischt.
Nochmals alles, alles Gute.
Und herzlichste Grüße von Haus zu Haus.

Der alte Fritz. H–O.

207 K Zwickledt, 7. 1. 50

Mein liebster Fritz Dein unvermutetes Schreiben löste helle Freude bei mir aus – also trägst Du die Schrecklichkeiten der Epoche würdig, ja mit Geist u. Grazie wie es Deine Art ist – Mir ward am 15. VIII. 48 der stärkste Schlag mit dem Tode meiner lieben Hedwig – nach 44 Jahre währender Ehe – 14 Monde vermochte ich nicht das Grab in Wrstn. aufzusuchen; vor 12 Tagen vermochte ich es – nada! nichts, *das ist die Antwort* des Grabes – schrieb Goya unter eine seiner Radierungen – Ich habe aber als Rettung doch das Schaffen behalten – ist es auch nicht mehr die *Kraft* die mich fast 5 Jahrzehnte beseelte so eine *Feinheit und Freiheit.* ––– Wirtschaftlich: wir wurden als *einziges* Gebäude vom 2.–3. Mai 45, *nachts* artilleristisch *arg* beschossen – hockten mit unsern damaligen 7 Schlesiern etc. im Keller – wohin ich wenigstens meine Originale mitnahm dann löste sich der Bann – auch Tilly, Hdgs. Schwester starb – (4./9. 45) noch – und auch das trug Hdg *bewunderungswürdig* – allerdings durch eine Venenentzündung in jenen Tagen meist ans Haus gefesselt – merkte ich den *Abbau* welcher dann auch eintrat. – Für mich galt also: Durchkommen *oder* Krepieren ––– und ich lebe also noch. – Wenn seit *einem* Jahr ich *nicht* mehr *planmäßig* arbeiten kann sondern warte bis mir der *innere* Auftrieb – diese Stunden in die Hand spielt – auch *diese* Bemühung treibt Knospen – und ergibt *auch* Früchte – so daß ich *glücklich in der Hauptsache* bin. – Schwer enttäuscht jedoch durch die *ganze* Enderei um uns herum – Meine Ersparnisse – in Passau bei der bay. Staatsbank gelten als »eingefroren« obgleich die U.S.A. Stellen mir Wege des *Gesuches* gewiesen haben – ich von dort mir v.

Österr. (Ministerium für Verm. Sicherung) offenstehen und beschritten wurden merke *ich* weiters noch nichts Günstiges. –
––– Woran *mir* am *wenigsten* liegt *das* flog mir *am meisten* zu: – eine internationale Berühmtheit im Gebiete der Zeichnung u. als Illustrator – aufgenommen als korrespondierendes Mitglied *einer ganzen Reihe* v. Akademien, zum Ehrenbürger von Linz feierlich ernannt u.s.w. u.s.w. u.s.f. – viele hunderte von Zuschriften – die ich nicht mehr bewältigen kann – *und* – Geldsorgen (vielleicht eingebildete – doch *immerhin* mich quälende) – Hdg. verpflichtete noch auf ihrem letzten Lager im Krankenhause wo sie starb *Schdg* unsere 12 Jahre b. uns schon dienende Köchin als Wirtschafterin und sorgende Person für *mich* diese ist »männerfrigide« daher für diese Stelle in ihrer Treue auch fähig. – So steht es also ––– und auch ich – gleich Dir scheint es spüre manchmal so etwas wie eine II. Pubertät – obgleich der *Scheitel* noch nicht nachwächst *wie Dir* aber die Wunder halten – (schwarze und weiße) doch ein hübsches Gleichgewicht – Körperbehinderungen bes. die empfindlichen Augen – konnte ich *bislang* ertragen – die Lektüre ermüdet freilich die Augen der Schlaf ist gut – *vorsichtig* muß ich beim Essen sein um das *Druckgefühl* auszuschalten durch *Maß,* – und *nichts* Schwerverdauliches. Gleich *zween Hochstapler,* 1 dabei ein Zürcher Verleger, schädigten mich recht sehr – und der *letztere* verhinderte mir die Übersetzung m. anderen Seite ins Französische und Englische – bloß Tschechisch glückte es – andrerseits erschien *soeben* mit dem U.S.A. Herausgeber Horodisch der *herrlich ausgestattete* II. Band *A.K. als Illustrator* Amsterdam, Erasmus-Verlag (zu 25 Schweizer Frcs) – das schon gut gestartet ist – die Zukunft war ja *immer* verhängt da ich über soviel hinwegkam *hoffe* ich *weiter* – Freilich ist's eisig in meinem Nordpolfahrer »Zwickledt« und bloß der Arbeitsraum wie abends mein kl. Schlafzimmer und die Küche beheizt –
––– Also jetzt ahnst Du »wie es geht« – unter den vielen Gaben zur Weihnacht befand sich auch ein Radio – Hdg. u. ich hielten solche Maschinen für Zeitdiebe; in der Praxis macht es mir hingegen doch Spaß. Gestorben sind unermeßlich Viele mir gut z. T. freundschaftlich bekannt – z. Bsp. der wundervolle liebe 80jährige Karl Wolfskehl (in Auckland auf Neuseeland) – nicht ohne Tragik dieser in

Einsamkeit dahingegangene. Die Mama Lukeneder schreibt hie u. da, als *hohe* Achtzigerin aus Gallspach – Großschwiegermutter des Dr. Zeileis. –
––– Nach Böhmen kann man nicht mehr – das tut mit *sehr* leid denn der Böhmerwald war *meine* Seelenlandschaft – eine Folge von 35 Tafeln, *auch* Texte mit *Randzeichnungen* woran ich, intermittierend *über* 12 Jahre!! schuftete wird *soeben* durch Verlag W. Gurlitt – Linz u. Bad Aussee – hergestellt – sonst erwähnenswert vielleicht noch *Trakl* (Georg) *Prosa* mit Tafeln v. m!! Anton *Schnack, phantastische Geographie* und kleinere *neue* Dinge – das Kubin Archiv in Hamburg kam *leidlich* durch mit einiger Feuchtigkeit! – die Apotheke am Fischmarkt, Elternhaus v. Dr. Otte – ist aber total abgebrannt – das Archiv in Hochbunker staatlich geborgen gewesen – m. Freund Rolf v. Hoerschelmann † hinterließ mir durch Vermächtnis schöne Graphiken –– nun lebe wohl alter Entenweier – und vertrauen wir auf die verschiedenen Jungbrunnen – Dein alter Alfred.

208 H ALTAUSSEE. Hofwiese 67, 7. Juli 51

Liebster Alfred!
Jetzt sind wir wieder einmal in der Heimat – müssen aber hier »sommern« weil unsere Rindb. Villa mit Parteien verunziert ist und wir so »aussigelehnt« sind.
Überhaupt hat sich dort vergnügliches getan – ab 1942 gab man die Villa zwangsweise einer angeblich »ausgebombten« Familie aus Wuppertal – irgendwelchen Nazibonzen die um ein »Nichts« im Salzk.gut wohnen wollten. Sie (blieben schuldig) 60 ₰ täglich für immerhin eine Luxusvilla.
Man räumte für sie *alle* Schränke aus. Dann wurde es der Bonzenmama (+ 5 Kindern) zu fad und sie ließ sich wo eine mehr amüsante Villa einräumen. Unser Besitz wurde dem Kommando des Mordlagers Ebensee eingeräumt. Diese Bande hauste scheußlich in unsren gepflegten Räumen! Sie schnitten aus Jux alle unsere Daunenplümos etc auf; verheizten Möbel und die Balkongitter und viele, sehr kostbare Bücher die heute unersetzbar sind.

Als sie abziehen mußten, versuchten sie die Villa anzuzünden. Der heftige Regen rettete unsren Besitz.
Dann kamen die andren Helden = die USA Zierden.
Die raubten eine Menge Sachen und Möbel für das »rote Kreuz«. Darunter auch unbezahlbare Briefmarkenvorräte und die Münzensammlung sowie Barockpistolen.
Sie quartierten »Freundinnen« ein, die wieder eine Menge Wäsche, Kleider etc stahlen und aus kostbaren Brokatvorhängen Dirndlkostüme verfertigten. Kurz wir haben 220,000 Sch. Schaden der zwar von einem RAnwalt »betrieben« wird. Aber – was wird bestenfalls!, herauskommen? Kaum, was die Spesen decken wird.
1940 mußten wir aus Meran fort: »Heim ins Reich«. Da ich aber unsrem »Hoheitsträger« vorwarf, daß er bis jetzt nicht für den Führer gefallen sei, mußte ich mich drücken und nahm Wohnung in Malcesine bei Riva wo es uns materiell glänzend ging. Man konnte endlich – während man in Wien bitter hungerte – 50 kg Fleisch pro Tag kaufen und schwamm förmlich in Öl. Die »Behörde« brachte uns Nachts Mehl ins Haus. Also: warum war in Italien alles in Hülle und Fülle?
Dann kam das Fliegerhauptquartier hin – an einen stratetisch unmöglichen Punkt und damit kamen die Bombardierungen.
Am 28. 4. 50 »befreiten« uns die USA Helden und stahlen unsre Wohnung gründlich aus. 1,870,000 (gute!) Lire Schaden. Wir haben *nichts* ersetzt bekommen!
Seit 3 Jahren haben wir wieder Wohn. in Meran. Im Schloß RAMETZ. Bezaubernde Lage mit 100 km Panorama. Es ist eine elegante Wohnung in einem alten Palas des Schloßes das in der Renaissance seine Form bekommen hat. Es gehörte damals den Schweizer PLANTAS und der »Jürg Jenatsch« spielt teilweise dort.
Meine Verbannung im Venetianischen benützte ich dazu, eine *neue* Kunstform zu entwickeln: die *abendfüllende* Pantomime. Das gab es bis jetzt nicht.
Die eine – als großes Ballett ausgebaut – heißt »DIANA UND ENDYMION« und spielt teils in Grinzing, teils am Parnass. Zeit: Wiener Kongreß.
Der berühmte Komp. FRANK FOX, der musikalische Leiter der

»UFA« hat eine prachtvolle, geistreiche Musik dazu geschrieben, die jetzt komplett vorliegt. Wir bemühen uns jetzt, das Werk bei den Bühnen anzubringen.
Eine weitere Arbeit ist der »Raub der Europa« – ein Thema, mit dem bis jetzt niemand etwas anzufangen wußte. Ich habe es gleichfalls als 3aktige Pantomime ausgebaut. Auch als Atlantische Revue ist es zu adaptieren. Es kommen sogar federbuschgekrönte čechische Musikanten aus der Atlantis auf der Prunkbarke mit, die das Papageienfederzelt trägt, in der Jupiter herkommt. Er hat bloß einen Stierkopf; ist aber sonst ein fescher Bursch der die Prinzeß Europa mitten aus einer Tennispartie heraus entführt. Er bringt sie in seinen Palast nach Kreta, wo sich höchst amüsante Szenen abspielen bis ein tragisches Ende kommt. Denn Agenor der Vater der Europa, entdeckt das geflohene Paar und will Jupiter mit einem Regenschirm prügeln. Das ist so unstatthaft, daß Jupiter nicht länger auf der Erde bleiben kann und nach hinreißendem Abschied von der Europa wieder in den Olymp muß. Sie heiratet dann einen antiken Grafen Bobby und das ist die Ursache, warum Europa so blöd-gschpaßig geworden ist.
Hättest Du Lust, diese Geschichte auszustatten?
Schreib mir doch bald, was Du immer schönes schaffst und rein vegetativ treibst? Geht es Dir auch so:
ALTER SCHÜTZT VOR JUGEND NICHT. (das einzige vernünftige Wort das ich geprägt habe – glaube ich!)
Wir haben uns einen entzückend schönen Bully zugelegt: BONZO VOM LINZERTOR: einen Salzburger; aus dem champignongekrönten Hause der »PATZIG«.
Hier ist eine sehr amüsante Gesellschaft. Ihr »Drehpunkt« ist der alte Hindenburg, der früher Botschafter in Rom war.
Er trägt gerne meine Sachen vor, ohne ihrer ganz gerecht zu werden.
Jetzt bringen wir eine der geistreichsten und amüsantesten Damen her, eine Schwiegertochter Kaiser Wilhelms, Prinzessin von Preußen, die Witwe des Prinzen Joachim. Sie ist vor kurzem nach Meran zugezogen.
Es wäre sehr schön, wenn auch Du einmal nach Altaussee sommerfrischeln würdest! Sei herzlichst gegrüßt von uns Beiden und vom kleinen Bonzo.

209 K [Poststempel Wernstein, 11. VII. 51]

Mein lieber Fritz – Dein Brief war mir eine *große* Freude. Ich erfuhr allerdings s. zt. von Eurem Besuch in Gallspach, und daß Du viel zu erzählen hattest. Ihr traft ja auch mit der Schwester von Paul L. zusammen. – Je nun ohne Flausen: wir sind recht bejahrt und um uns herum ist ein großes Sterben und ganze *Rudel* der älteren Bekannten treiben sich möglicherweise in anderen Sphären herum – *mein Arbeiten* ist bis auf *minimales* Zeichnen ziemlich erloschen – dafür bringt die Post immer noch neugierige Fragen denn *die andere Seite* seit *langem* vergriffen soll nun in Neuauflage zu meinem 75ger aufliegen – ob ichs erlebe?? – alle 52 Zeichnungen machte ich aufs Neue – nicht so kindlich als 1908 sondern eher impressionistisch – meine quantitative übersichtliche Folge vom Böhmerwald beschäftigte mich (35 Tafeln davon die *Hälfte* mit Texten und *Rahmen*zeichnungen) von 1923 bis 35 – erst jetzt – in üppiger Ausstattung verlegt sie W. Gurlitt – nur leider die I. u. II. Ausgabe so *teuer,* daß es keinen wesentlichen Erfolg für *mich finanziell* ergeben dürfte!!! Auf seine Veranlassung machte ich 7 Lithographien *Variationen* eines Totentanzes des halbkantönischen Schweizer Komponisten *Paul Honegger* (Text von Paul Claudel – deutsche Übertragung v. Hans Reinhart) – wieder derartig *luxuriöse,* daß es *schwach* verkauft werden dürfte. – Wenn man immer wieder in meinem uralten und beschossenen, und bei Fenster u Türen völlig ausgeleierten Haus – ohne Komfort, Reparaturen machen läßt verschlingt [das] bei unseren Verhältnissen d. h. also III. Inflation sozusagen blöde Summen – und *darin* ging *mein* Schicksal im Gegensatz etwa zu Dir radikaler vor – die Ersparnisse sind *eingefroren* – nach so 5 Jahren wurde $^1/_6$ etwa von den Amis »freigegeben« dennoch bislang nicht erreichbar – denn ein *Gesamt*depot in Wien verwahrt das – und ich vermag also nichts zu tun als *warten* – Wolfskehl der Dich verehrte natürlich auch † aus Neuseeland schrieb er mir einmal einen *langen sehr* interessanten Brief über Neuseelandtiere z. Bsp. kl. Eulen in Höhlen d. h. Erdlöchern – und ähnliches im übrigen wäre es dort langweilig – Es scheint alles ist ein großer Schwindel dort. Die Amis stahlen Hedwigs Ringe, und der Amigouverneur von Passau kaufte eine kolorierte

Zeichnung – dann verduftete er, wir reklamierten denn er schrieb mir die Adresse auf – doch das war eben Futsch – Scheiß der Hund drauf, mehr läßt sich nicht sagen und auch *das* hilft nichts, von Eurer Wohnung in dem schönen Schloß wußt' ich schon aus früherem Briefe das Rindbacher Malheur war *mir* noch neu. –
Ich bin *fast* jeden Tag ein paarmal so matt die Liegelage machts dann besser – auch ein Schwindel vom Kopf aus drängt sich auf aber davon *reden* will der alte A.K. nicht u. s. w. – *erlasse* mir genauere Beschreibung. –
Freunde schenkten mir ein Radio und so vernahm ich auch schon Sendungen über die *andere Seite* etc (und bekam *unerwartete* Honorare!) – *Felix Grafe* (bei Frau Marianne wo mich in Grinzing Schwickert besuchte) haben die Nazi *hingerichtet* wegen eines (vermutlich schwachen) Hitlergedichtes! – und Frau Marianne – die Tapfere durch 12 Jahre in London starb heuer in Wien infolge Gehirnschlages. *Th. Th. Heine* † und Eduard Munch dito, der eine in Stockholm, der andere bei Oslo als Sonderling meine Wirtschafterin Cilli – *bewährte* sich, aber was wird der nächste Winter bringen? wenns kalt? und naß würde?? – mich freut es, daß Du Briefmarken noch sammelst d. h. nur *alte* Serien nicht »Stresemann«!

Herzlichst Dich und C. grüßend Alfred.

[Beilage:]
Edmund Finke
Die Lockung des Abgrunds
Dies mein *letzter* (1949) *Buchumschlag* noch nicht gedruckt zu einem Bande der mit einer Biographie von E.A. Poe eingeleitet wird.

Alf K.

Heute kann ich nicht mehr so schwierig zeichnen weil die Augen ziemlich kaputt.

210 H ALTAUSSEE, VILLA KERRY, 26. 8. 52

Liebster Alfred! Schon seit 300 Jahren höre ich nichts mehr von Dir! Was treibst Du immer und was macht die Kunst?
Ich habe nun auch meinen 75. Geburztag gefeiert, fühle mich aber jünger denn je. Wir bleiben jetzt noch bis 10. Sepp. hier. Dann geht es nach Wien, wo aber die Adresse noch nicht feststeht.
Man bereitet mir fürs Frühjahr eine Ausstellung im Künstlerhaus vor. Auch ein Ballett wurde angenommen mit prachtvoller Musik von Frank Fox.
Falls Du einmal nach Meran kommst, geh nicht vorbei an unsrer niedren Hütte die wir im Schloß RAMETZ aufgeschlagen haben – eine Wohnung, wo einst Felix Dahn gehaust hat.
Aussicht herrlich – auf 100 km von der Mendel bis in die Schweiz und bis zum Jaufen.

Schreib mir bitte, was Du im Sommer noch vorhast und wie es Dir gesundheitlich geht?
Alles Liebe von uns Beiden!

Der uralte Fritz.

211 K Zwickledt, 29. VIII. 52

Liebster Fritz, auch Du hast durch ein ganzes Äon Dich nicht mehr gemeldet nichts destotrotz bin ich überzeugt daß mein Geist und Name öfters bei Euch zitiert wird. – Jenun man hat zu den übrigen Lasten der Epoche halt auch jenes unter dem Namen unheimlich daherschleichende: »Alter« aufgenommen – und ich schwindle mich damit durch – – soweit es geht schlecht u. recht – der *Fortfall* so vieler uns Begleitender macht vieles gespenstischer als es ohnehin schon ist – ein Balanzieren ohne Ende bereitet die Gesundheit – Magen, Darm, Blasenverstimmungen überraschen manchmal – und machen frohen Stimmungen Platz wenn sie »doch noch ein mal wieder« – verschwinden. –
– Ungeschickt (auch körperlich) voller Gedächtnislücken hin und wieder – gab ich *längst* es auf irgendwie planmäßig – zu schaffen – Ich beschränke mich auf die wenigen Stunden da mich unplanmäßiger Auftrieb plagt – ein Pariser Kunstblatt stellte, anläßlich der (österr) Biennale venezia meine Gesamtproduktionen unter dem Stichwort: »Surrealismus« zur Diskussion, – und *das* hat mich auch auf meine alten Tage noch erfreut – denn – seltsam – ein Künstler *kennt sich selber* eigentlich niemals –
Nun hoffentlich gibst Du wieder einmal Laut oder ich tauche faktisch ein mal in Meran auf – indem meine Wanderlust (*mir* bislang unbekannt) – doch auf einmal in meinen Karren – integrierend paßt –
Dein und Euer alter

Alfred

212 H

MERAN, SCHLOSS RAMETZ, 16. 12. 52

Lieber alter Alfred! Hier sende ich Dir bekümmerte Elefanten – So sieht die Welt aus! Wir waren heuer über 3 Mon. in Österreich und wohnten in Wien in etwas sehr Schönem: im »unteren Belvedere«. Im komm. Frühjahr habe ich eine Ausstellung im Wiener Künstlerhaus. Langsam fange ich nämlich wieder an zu zeichnen. Daneben fabriziere ich Ballette – eine Sache, die mich sehr interessiert. Ich halte das Ballett für eine kommende Kunstform. Während meines 8jähr. Aufenthaltes im Veronesischen (Malcesine, Garda) habe ich die abendfüllende Pantomime entwickelt. 3 Pantom. von 3 Akten fertiggestellt, von denen eine eine prachtvolle Musik von Frank Fox bekommen hat.
Es ist dies: DIANA UND ENDYMION: (aber als Ballett ausgeweitet).
Du weißt doch: Endymion der ewige Schläfer. Er spielt zur Kongresszeit (1815) in Wien und am Parnass.
Die Musik dazu von Frank Fox (dem musikal. Leiter der UFA) ist brillant. Im Vorjahr bekam ich den staatlichen Auftrag vom Präsidenten Dr. Sittner der Akad. f. Musik und darstell. Kunst in Wien, das erste surrealistische Ballett zu schreiben.
Also – wie oben ersichtlich – es wurde von der »öffentl. Gewalt« angenommen. Mit der mir zugewiesenen Ballettmeisterin Denk-Kuna richtete ich alles ein. Die Mäderln im Schönbrunner Atelier wurden eingedrillt; im Frühsommer 52 sollte es im Akademietheater in Szene gehen. Es ging aber nicht in Szene,

weil das Geld nicht da war.

Schön schauen wir aus.
Du weißt sicher schon, daß wir auch bereits eine Flotte haben: Österreich hat 4 Zerstörer aber keinen einzigen Kreuzer. –
Wir sitzen hier im tiefsten Schnee, haben Glatteis, auch Nebel. Aber wir sind, Gott sei Dank, gesund. Leider ist in Meran das Essen ganz miserabel. Halbkrepiertes Vieh; die Wurstwaren nicht geräuchert sondern mit der bekannten Magenkrebserzeugenden Schnellselchjauche präpariert. Das Brot aus Gips.

Im Oktober waren wir einen Monat in Innsbruck. Was für ein Unterschied! Das wächst jetzt zu einer wirklichen Großstadt heran. Nun höre, liebster Alfred: Gehst Du gar nimmer auf Reisen? Ist einmal Aussicht vorhanden, daß Du nach Meran kommst?
Alles Gute zu den Festen!
Herzlichst grüßen Dich Carmen und Fritz

213 K Zwickledt, 20. 12. 1952

Mein liebster Fritz – Dein mich wahrhaft spannendes Schreiben las ich mit Hochgenuß (auch die deprimierten Elefanten sind von erstklassiger Originalität). – Meine Nachrichten zeigen einen im wesentlichen Parallelschwung was »Streben« (das gewiß nicht auch schon *Erreichen* gleich bedeuten soll) anbelangt – Durch Zufälle ergab es sich daß ich mich bei der Biennale venetia über Einladung beteiligte man suchte hier das Material für diese Schau aus – und es wurde eigentlich ein recht namhafter Erfolg – ich wurde mit dem sogenannten »Ulysses Preis« beteilt vor allem jedoch war es das – die Gehobenheit meiner Stimmung durch die Besprechungen ums *kurz* zu nennen – eine Pariser Fachzeitschrift referierte schlagend mich damit aufwirbelnd A.K. der bekannte Österreicher durch seinen *sur*realistischen Geist bei seinen Zeichnungen u. Grafiken in Einfällen u. Technik -- eine wichtige Sache sind bei der sonst (mit Ausnahme Mexikos) diesmaligen mageren Biennale. Nun kennt ja kein Mensch sich in der Tiefe selber – also auch kein Künstler ich *erlebe* meine Werke schaffend u. schauend länger als 1/2 Jahrhundert scherte mich *außerdem* um nur wenig – obgleich meine nicht einfache Zugänglichkeit *bekannt* ja war. Erst jetzt fast – »am Rande des Grabes« sozusagen wirft mir ein Zufall gleichsam meine Devise in den Weg --- Leider steht es sonst *ziemlich* elend. Ich meine mit körperlich-seelischem Gleichgewicht --- Ein Sonderling ward ich von jeher – nun ist peinvoll daß es grade das *Alter* aber wurde welches durch horrible Vergesslichkeit etc zu einer Unordnung führt – im Bereich des Berufs soweit ich diesen überhaupt noch oben hatte –

Al*so* sehe ich auch Deine Produktionen an. – Bloß daß Dir vielleicht bessere Einnahmen verbleiben dürften als mir – dem beim Finanzsektor der Verstand buchstäblich »versagt« und Fremde das machen müssen. – Über Endymion gab es in der Univ. Bibliothek Reklam, ein fabelhaftes Bändchen ich glaube von Telman, – als ich's s. zt. las war ich *völlig* befangen von der Schönheit. – –
Die Wetterunbilden von *grotesker* Schauerlichkeit – dazu mein Jammer – für mich *äußerster* Hades. – Wie könnte man derartige Widrigkeiten unbeschädigt noch passieren – darin scheints bin ich *wirklich* ein *Dulder* gleich Odysseus – nur als »Norde« also klage nicht *zu* viel über Meran – auch in Ischl war's Phantom einer Vorhölle – Aber ich mache es so weiter als es einigermaßen geht – – – Traurig bin ich über die wahnsinnige Langsamkeit in jedem Belang – gegen das Tempo bei der Arbeit in all den Jahren. – An einer Zeichnung »die beiden Napoleon« die ich dem Verleger Gurlitt stiftete schaffte ich $^1/_2$ Jahr – ein verhältnismäßig kleines Format v. 40 × 50. Nun schließe ich und lasse auch die wackere Carmen grüßen – – Manchmal ist's mir als hätte ein kleines Fieberchen in meinen Knochen sich eingenistet – dabei *kalendarisch* nichts zu hoffen. – Mit meinen »Fahrten« stets flau, in Freundinnenbegleitung riskiere ich selten genug *winzige* Fahrten so z. Bsp. Bad Ischl – so endet der Radius. Wie immer in treuer Erinnerung der alte Alfred.

Wie arg ist's mit den Grenzen geworden – *dazu* 2 Weltkriege!

Alfred Kubin, *Der achtzigste Geburtstag,* 1957

EDITORISCHER BERICHT

Zur Vorgeschichte dieser Ausgabe

Da man verschiedentlich der bibliographischen Angabe begegnet, die diese Edition irrtümlich als bereits 1977 im Jugend & Volk Verlag erschienen ausweist, erscheint ein kurzer Rückblick auf die Vorgeschichte des vorliegenden Buches gerechtfertigt.
Die Idee zur Veröffentlichung dieses Briefwechsels geht bereits auf das Jahr 1973 zurück. Damals wurde der Herausgeber von Paul Flora und Wilfried Kirschl auf die bis dahin unbekannten, im Besitz von Irmingard und Kosmas Ziegler befindlichen Briefe Kubins an Herzmanovsky aufmerksam gemacht. Die Gegenbriefe Herzmanovskys an Kubin – das war seit langem bekannt – befanden und befinden sich noch, seit dem Verkauf des Kubin-Archivs von Kurt Otte an die Stadt München im Jahre 1970, in der Städtischen Galerie im Lenbachhaus. Da auch die Inhaber der Urheberrechte – Frau Irmingard Ziegler für Herzmanovsky und der Verleger Berthold Spangenberg für Kubin – sehr schnell für den Plan einer Veröffentlichung gewonnen werden konnten, wurde die Publikation für das Frühjahr 1977 zum 100. Geburtstag der beiden Künstler ins Auge gefaßt. Das Buch sollte als Coproduktion der beiden Verlage Jugend & Volk (Wien, München) und der edition spangenberg (München) erscheinen; die Herstellung hatte die Jugend & Volk Verlagsgesellschaft m. b. H. übernommen. Die Werbekampagne beider Verlage war schon angelaufen, die Druckfahnen der Briefe lagen bereits vor, und die Erläuterungen sollten in Satz gehen, als zu Beginn des Jahres 1977 Friedrich Torberg, der Herausgeber und Bearbeiter der im Verlag Langen Müller ursprünglich in vier Bänden erschienenen Ausgabe der *Gesammelten Werke* Herzmanovskys sämtliche Rechte am literarischen Nachlaß für sich reklamierte, einschließlich derjenigen für die Veröffentlichung der Briefe. Wenn auch von Anfang an erhebliche Zweifel gegenüber diesem Anspruch bestanden, so erschien andererseits die rechtliche Situation so unübersichtlich, daß beide Verlage auf eine Veröffentlichung verzichteten und bald alle ursprünglich geschlossenen Verträge einvernehmlich gelöst wurden.
Fünfeinhalb Jahre vergingen, bis der Streit entschieden werden konnte und die Rechte schließlich mit dem 1. 1. 1982 von Frau Irmingard Ziegler an das »Forschungsinstitut Brenner-Archiv« übertragen wurden.
Inzwischen war nach dem Tode von Kosmas Ziegler im Januar 1980 auch insofern eine neue Situation entstanden, als der bis dahin noch im Privatbesitz befindliche Nachlaß des Künstlers ebenfalls an das Brenner-Archiv verkauft worden war. Dort wurde nun der Plan zu einer kommentierten Ausgabe *Sämtlicher Werke* in zehn Bänden gefaßt, in die auch dieser Briefwechsel miteinbezogen werden sollte.
Das aber erforderte völlig neue verlegerische Voraussetzungen, und so

dauerte es noch einmal fast ein Jahr, bis der Residenz Verlag dankenswerterweise für dieses Unternehmen gewonnen werden konnte.
Der um mehr als sechs Jahre verspätete Erscheinungstermin ist, vom heutigen Standpunkt aus gesehen, für das Buch sicher von Vorteil. Zwar ist zu vermuten, daß ein Erscheinen zum 100. Geburtstag beider Künstler, angesichts der zahlreichen Würdigungen in den verschiedenen Medien und der großen Ausstellungen ihrer bildnerischen Werke, spontan ein größeres Interesse bei einem breiteren Publikum bewirkt hätte. Die eine oder andere damals noch vollkommen neue Erkenntnis oder Einsicht, bezogen vor allem auf die Person und das Werk Herzmanovskys, vermag heute vielleicht nicht mehr in dem Maße zu überraschen. Andererseits sind dem Herausgeber erst nach dem Verkauf des Nachlasses an das Brenner-Archiv eine Fülle von Materialien, vor allem in Form von Briefen und Dokumenten zur Biographie, zugänglich geworden, deren Einsicht und Auswertung dieser Korrespondenz erst ihre Bedeutung verleihen.

Zur besonderen Beziehung zwischen Herzmanovsky und Kubin und zur Rechtfertigung dieser Edition

Der Leser, der mit vermeintlich genauen und festen Vorstellungen von einer Künstlerkorrespondenz zu diesem Buch greift, wird sich wahrscheinlich in seinen Erwartungen getäuscht sehen. Eine wirkliche Diskussion bildnerischer oder literarischer Fragen findet zwischen den beiden Briefpartnern nur selten statt. Dort, wo man ihr in Ansätzen begegnet, wird vielmehr deutlich, wie verschieden die jeweiligen künstlerischen Vorstellungen waren. Das gilt nicht nur bezogen auf die Werke Dritter. Wenn man die Briefe genau liest, läßt sich nicht übersehen, daß auch an den Arbeiten des Freundes ein wirkliches, über das Freundschaftliche hinausgehendes Interesse kaum bestanden hat. Die überschwenglichen Lobeshymnen Herzmanovskys sind in ihrer oft floskelhaften Oberflächlichkeit hierfür ein ebenso deutliches Indiz wie das Schweigen Kubins. Nicht zu übersehen in diesem Zusammenhang ist auch die Tatsache, wie wenig Kubin beispielsweise bereit war, trotz aller ihm zur Verfügung stehenden Beziehungen, dem Freund bei der Suche nach einem Verleger für den *Gaulschreck im Rosennetz* behilflich zu sein. Und schließlich ist es wohl auch kein Zufall, daß es zwischen beiden Partnern nie zu einer wie auch immer gearteten Zusammenarbeit gekommen ist.
Wer sich also erwartet hatte, allein schon aus der Beziehung dieser beiden so gegensätzlichen Künstlerpersönlichkeiten neue Erkenntnisse für das Verständnis des jeweiligen Werkes gewinnen zu können, wird von dieser Veröffentlichung möglicherweise enttäuscht sein. Eine einseitige oder wechselseitige Beeinflussung – oder auch nur Wirkung aufeinander – hat zu keinem Zeitpunkt stattgefunden.

Dennoch reichen diese Beobachtungen weder aus, dem Verhältnis der beiden Partner zueinander gerecht zu werden, noch vermögen sie, die vorliegende Korrespondenz zu charakterisieren.
Zum einen gab es natürlich geistige Berührungspunkte und gemeinsame Interessen, zumal in der Frühzeit, vor allem von Kubin angeregt, an Fragen der Mystik, der Theosophie und Anthroposophie, an indischer Philosophie und Religion sowie an okkulter Geologie und Genealogie. Der entscheidende Grund aber für die beinahe lebenslange Kontinuität dieser Beziehung, für die Vertrautheit im Umgang miteinander und für die Herzlichkeit des Tons, der auch noch die Briefe der letzten Jahre kennzeichnet – obwohl man sich schließlich mehr als fünfundzwanzig Jahre nicht gesehen hatte –, ist vermutlich in den lebensgeschichtlichen Umständen beider Künstler zu suchen. Zwei Ereignisse dürften hier ausschlaggebend gewesen sein: Als erstes die noch beinahe bis in die Studienzeit zurückreichenden Anfänge dieser Beziehung, das Phänomen der ›Jugendfreundschaft‹, das Musil im einleitenden Absatz zu seiner Erzählung *Die Amsel* so beschrieben hat: »Die beiden Männer, deren ich erwähnen muß [...] waren Jugendfreunde [...]. Denn im Grunde ist Jugendfreundschaft umso sonderbarer, je älter man wird. Man ändert sich im Laufe solcher Jahre vom Scheitel bis zur Sohle und von den Härchen der Haut bis ins Herz, aber das Verhältnis zueinander bleibt merkwürdigerweise das gleiche [...].« Der zweite wichtige Umstand ist vermutlich in der frühzeitigen räumlichen Isolierung der beiden Freunde zu sehen: Bereits 1906 hatte Kubin München verlassen und lebte seitdem in Zwickledt bei Wernstein im Innviertel. – Im Februar 1916 erfolgte aus gesundheitlichen Gründen die endgültige Übersiedlung des Ehepaares Herzmanovsky nach Meran. Beide Entscheidungen, ob freiwillig oder unfreiwillig getroffen, haben sicher dazu beigetragen, daß sowohl Kubin als auch Herzmanovsky trotz mancher Mißverständnisse auch im persönlichen Bereich an dieser keineswegs kongenialen Beziehung über einen derart langen Zeitraum festgehalten haben.
Diese möglicherweise als Einschränkung zu verstehenden Anmerkungen besagen aber nicht, daß man sich in den Briefen auf den Austausch bloß privater Nachrichten und Mitteilungen beschränkt. Das Gegenteil ist der Fall und wird bereits durch einen Blick in das Personen- und Werkregister dieser Ausgabe bezeugt: Vom ersten bis zum letzten Brief informieren einander die beiden Freunde zumeist sehr genau über abgeschlossene und geplante Arbeiten, tauschen ausführlich ihre Lektüreerlebnisse aus und äußern sich zu den politischen und sozialen Ereignissen der Zeit. Die Veröffentlichung der Briefe erscheint daher nicht nur gerechtfertigt, sondern geradezu geboten.
Das gilt insbesondere für Herzmanovsky, von dem bisher kein zweiter, derart umfangreicher Briefwechsel bekannt ist. Seine Briefe gehören darüber hinaus zu den wenigen persönlichen, autobiographischen Zeugnissen überhaupt. Was grundsätzlich für jede künstlerische Äußerung zutrifft, gilt in

besonderem Maß für sein Werk: Ohne die Kenntnis der persönlichen Lebensumstände, der weltanschaulichen Einflüsse und der besonderen, unverwechselbaren historischen Konstellation ist gerade dieses hochfiktionalisierte Werk oft nur schwer verständlich und richtig zu beurteilen. Darüber hinaus ist zu hoffen, daß die Veröffentlichung der Briefe Herzmanovskys dazu beiträgt, daß das bisher bezogen auf sein Werk beinahe ausschließlich affirmativ gebrauchte attributive Klischee »typisch österreichisch« nicht mehr derart unkritisch verwendet wird.
Die bisher von Kubin veröffentlichten Korrespondenzen, z. B. mit Ernst Jünger oder mit dem Ehepaar Koeppel, beginnen ausnahmslos erst sehr viel später, so daß auch seine Briefe von besonderem Interesse sind. Die intensivste Beziehung zwischen beiden Partnern fällt in die Jahre zwischen 1908 und 1925. Kubins Briefe aus dieser Zeit kommentieren somit eine seiner wichtigsten Schaffensperioden, einschließlich der Entstehung seines Romans *Die andere Seite;* sie sind daher als wichtige Ergänzung seiner Autobiographie anzusehen, als eine »Möglichkeit, dem Schaffensursprung verstehend näher zu kommen, [...] Verständnisbrücken [zu] schlagen« und »beim oft schwierigen Problem der Datierung« seiner Zeichnungen behilflich zu sein (*Brockhaus/Peters,* S. XII u. XIV).
Schließlich gewährt der Briefwechsel als Ganzes einen aufschlußreichen Einblick in Denk- und Lebensformen zumal des ersten Drittels unseres Jahrhunderts, der nicht nur für den sich mit dieser Epoche beschäftigenden Zeitgeschichtler interessant ist, sondern gerade auch heute lesenswert erscheint: wegen der seit einigen Jahren nicht mehr zu übersehenden Parallelen zu gegenwärtigen Tendenzen, mit Hilfe von irrationalistischen und okkulten Vorstellungen soziale und politische Probleme der Zeit lösen zu wollen.

Zu den Texten und zur Textherstellung

Bei der vorliegenden Edition der Briefe handelt es sich, abgesehen von wenigen Ausnahmen in nicht leicht zugänglichen Zeitschriften und Ausstellungskatalogen sowie auszugsweisen Zitaten in einigen wissenschaftlichen Publikationen, um Erstveröffentlichungen. – Zum gegenwärtigen Zeitpunkt lassen sich insgesamt 213 Briefe und Postkarten nachweisen, was bedeutet – dies läßt sich aus dem überlieferten Material ablesen –, daß vermutlich 30 bis 40 weitere Schriftstücke als verloren angesehen werden müssen.
Nach anfänglichem Zögern, vor allem wegen einiger auch heute noch nur schwer erträglicher politischer Äußerungen FHOs, waren sich alle an dieser Ausgabe Beteiligten darin einig, die erhaltenen Zeugnisse dieser über fünfzig Jahre dauernden Freundschaft vollständig und ungekürzt zu veröffentlichen, einschließlich der Fragment gebliebenen oder nur fragmentarisch überliefer-

ten Texte und trotz einiger Wiederholungen, vor allem in den späteren und letzten Jahren.

Die Herstellung der Texte erfolgte anhand der Originalbriefe bzw. Kopien von diesen. Die Entzifferung der Handschriften, zumal der Briefe Kubins, erwies sich dabei als langwierig und oft schwierig. – Da dieser Briefwechsel im Gegensatz zu vielen anderen Künstlerkorrespondenzen ganz offensichtlich nicht bereits im voraus für eine spätere Veröffentlichung vorgesehen war, sollte so wenig wie möglich in die Texte eingegriffen werden; dem Leser sollte zumindest noch eine Vorstellung von der Spontaneität der Mitteilungen und von den Eigentümlichkeiten und Eigenwilligkeiten der Schreiber vermittelt werden.

Das gilt insbesondere für solche Abweichungen von der heutigen Schreibnorm, die man in einem im engeren Sinne literarischen Text wahrscheinlich »normalisiert« hätte, z. B. mundartlich bedingte oder phonetische »Fehler« sowie Unkorrektheiten in der Groß- und Kleinschreibung, und es gilt weiters für die gänzlich unorthodoxe Interpunktion beider Schreiber, die nur ausnahmsweise im Interesse einer besseren Lesbarkeit verändert wurde. All dies wurde als Ausdruck der individuellen Eigenart der beiden Künstler gewertet. – Schließlich wurde auch die häufig falsche und wechselnde Schreibweise von Eigennamen beibehalten, weil sie zumindest in einzelnen Fällen nachweislich beabsichtigt ist.

Dagegen wurde dort behutsam nach Duden korrigiert, wo ein Nichteingreifen unter Umständen zu Mißverständnissen geführt hätte oder aber individuelle Eigenarten oder Absichten der Schreiber mit großer Wahrscheinlichkeit ausgeschlossen werden konnten: Z. B. wurden offensichtliche Flüchtigkeitsfehler berichtigt, etwa eine weggelassene Teilklammer stillschweigend ergänzt; eindeutig als »altertümlich« zu identifizierende Schreibweisen (z. B. »giebt«, »Litteratur«) wurden den heutigen Regeln angeglichen; Unsicherheiten in der ›ss‹- bzw. ›ß‹-Schreibung wurden ebenso korrigiert wie ›m̄‹ →mm und ›n̄‹ →nn. Personal- und Possessivpronomina in der Anrede wurden grundsätzlich groß geschrieben. Beibehalten dagegen wurde nach Absprache mit den anderen Herausgebern ›c‹-, ›th‹- und ›y‹-Schreibung (z. B. »Cultur«, »theuer«, »Styl«), weil hier zu vermuten ist, daß sie zumindest in einzelnen Fällen auch als Merkmal einer »gehobenen« Ausdrucks- und Schreibweise anzusehen ist. Unterstreichungen in den Originalbriefen sind durch Kursivdruck kenntlich gemacht (im Gegensatz zu den Briefzitaten in den Erläuterungen; dort mußte in diesem Fall zur Unterscheidung von kursiv gesetztem Lemma und kursiv gesetzten Buch-, Zeitschriften- und Werktiteln auf Sperrung ausgewichen werden; Bildtitel dagegen erscheinen dort in Anführungszeichen). Unentzifferbare Silben oder Wörter, Konjekturen des Herausgebers, rekonstruierte Datierungen und erschlossene Ortsangaben sind durch eckige Klammern gekennzeichnet. In keinem Fall weisen sie auf bewußte Auslassungen oder Kürzungen hin.

Zu den Abbildungen

Hier ist zu unterscheiden zwischen den in die Brieftexte eingefügten Skizzen, die bis auf wenige Ausnahmen (aus technischen Rücksichten) in die Ausgabe aufgenommen wurden, und den Bildbeilagen. Letztere sind in der überwiegenden Mehrzahl in den jeweiligen Nachlässen nicht erhalten und konnten bisher auch nicht ermittelt werden. Von den wenigen überlieferten Beilagen konnten entweder wegen ihrer technischen Qualität (Bleistift- bzw. Buntstiftzeichnungen) oder aus Gründen des Formats lediglich vier im Rahmen dieses Buches reproduziert werden. Um dennoch soviel wie möglich von der ursprünglichen Form dieser Korrespondenz zu erhalten, wurde daher auf andere, stets auf den Text bezogene Zeichnungen zurückgegriffen, und zwar in der Weise, daß die Zahl der Abbildungen beider Künstler in etwa ausgeglichen wurde. Nur diese wurden auch mit einer Bildunterschrift versehen und in den »Bildnachweis« aufgenommen. Daß beinahe alle Illustrationen zum Teil erheblich verkleinert werden mußten, ließ sich angesichts des einmal für die Gesamtausgabe gewählten Satzspiegels nicht vermeiden.

Zu den Erläuterungen

Der Erläuterungsteil ist relativ umfangreich ausgefallen. Drei Gründe vor allem lassen sich dafür anführen.

Zum einen erklärt sich dies aus der Verschiedenheit der beiden Briefpartner hinsichtlich ihrer künstlerischen Ausdrucksformen. Berücksichtigt man zudem ihre literarische und bildnerische Doppelbegabung, so ist zumindest potentiell mit einem durchaus heterogenen, unter Umständen an sehr unterschiedlichen Fragen interessierten Leserkreis zu rechnen, der sich nur schwer genauer abgrenzen läßt.

Eine weitere Erklärung ergibt sich aus dem bisherigen Fehlen einer umfassenden Untersuchung zu Leben und Werk Herzmanovskys, weshalb es nur in Einzelfällen möglich war, auf gesicherte Erkenntnisse lediglich aufmerksam zu machen. Da zudem der geplante zweite Briefband (*S. W.*, Bd. VIII) erst 1988 erscheinen wird, ließ es sich auch nicht vermeiden, auszugsweise Zitate in die Erläuterungen hineinzunehmen, auf die man sonst hätte querverweisen können. – Mit Einschränkungen gilt dies auch für Kubin. Zwar liegen hier einige grundsätzliche Arbeiten vor; gerade aber die in diesem Zusammenhang wichtigsten, die Dokumentation des Kubin-Archivs von Otte/Raabe und der Ausstellungskatalog zum bildnerischen Frühwerk von Brockhaus/Peters, sind bereits seit einiger Zeit im Buchhandel nicht mehr greifbar.

Die dritte Erklärung schließlich liegt in dem von allen Herausgebern

vertretenen Konzept für die gesamte Werkausgabe. Es beruht darauf, einerseits eine wissenschaftlich verläßliche Ausgabe vorzulegen, diese aber andererseits für jeden interessierten Leser offenzuhalten bzw. zugänglich zu machen, ohne die Notwendigkeit, verschiedene Speziallexika heranziehen zu müssen.
Daraus folgt, daß die Erläuterungen verschiedene Funktionen haben: informierende und kommentierende. Wenn dies in einzelnen Fällen zu scheinbar entbehrlichen Angaben geführt hat, so war das unvermeidlich.
Bedauerlicher ist, daß es trotz der langjährigen Beschäftigung mit dieser Arbeit durchaus noch zahlreiche Kommentierungslücken gibt. Hier muß man sich wohl damit trösten, daß es eine letzte und endgültige derartige Edition nicht gibt, daß sie vielmehr immer lediglich Annäherung sein kann an eine mögliche bessere und vollständiger kommentierte Ausgabe.
Die Quellenangaben BAI, ÖNB und StGM-KA verweisen, wenn nicht ausdrücklich anders vermerkt, auf unveröffentlichtes Material.
Genaue Angaben der Seitenzahlen in den anderen Bänden der *S.W.* Herzmanovskys waren nicht möglich, da zum Zeitpunkt des Erscheinens des Briefbandes lediglich Bd. I: *Der Gaulschreck im Rosennetz* vorlag.

Dank

Eine solche Briefausgabe ist von einem einzelnen nicht zu leisten. Es ist dem Herausgeber daher ein Bedürfnis, an dieser Stelle allen Informanten und Förderern zu danken.
An erster Stelle seien genannt Dr. Kurt Otte für seine stets freundliche Auskunftsbereitschaft aus dem heute von Frau Dr. Jelena Hahl geleiteten, in der Städtischen Galerie im Lenbachhaus, München, untergebrachten Kubin-Archiv sowie das Ehepaar Prof. Irmingard und Kosmas Ziegler für die zum großen Teil im Brenner-Archiv unter der Leitung von Univ.-Doz. Dr. Walter Methlagl von dem Ehepaar Kirschl archivierte Sammlung des Herzmanovsky-Nachlasses. Ohne diese beiden Archive hätte sich diese kommentierte Ausgabe nicht verwirklichen lassen.
Prof. Wilfried Kirschl und Dr. Susanna Kirschl-Goldberg danke ich darüber hinaus und insbesondere für die Überlassung der von ihnen erstellten und in ihrem Besitz befindlichen Verzeichnisse der Bibliothek und der Graphik Herzmanovskys.
Der gleiche Dank gilt Dr. Alfred Marx vom Oberösterreichischen Landesmuseum für das von ihm verfaßte und dem Herausgeber zur Verfügung gestellte Verzeichnis der Kubin-Bibliothek sowie zahlreiche darüber hinausgehende Detailauskünfte.
Mein Dank gilt ebenfalls den vielen Freunden, Helfern und Institutionen. Namentlich erwähnt seien: Johanna Bruckmüller, Prof. Paul Flora, Barbara

Fritsch, Dr. Helmut Gritsch, Dr. Reinhild Kaufmann, Christine Kerry, Ilda Krickl-Neuhauser, Dr. Jelena Hahl, Dr. Helmut Leiter, Univ.-Doz. Dr. Franz Mathis, Univ.-Doz. Dr. Walter Methlagl, Maximilian Reinisch, Univ.-Prof. Dr. Josef Riedmann, Rosa Samhaber, Dr. Sigurd Paul Scheichl, Univ.-Prof. Dr. Wendelin Schmidt-Dengler, Prof. Dr. Hans Sittner, Berthold Spangenberg, Dr. Erika Webhofer, Maria Louise Zeileis. – Graphische Sammlung Albertina; Bundesministerium für Auswärtige Angelegenheiten; Administratives Betriebsbüro des Burgtheaters; Österreichische Galerie im Belvedere, Wien; Institut für Geschichte der Medizin der Universität Wien; Institut für Theaterwissenschaft an der Universität Wien; Deutsches Literaturarchiv im Schiller Nationalmuseum, Marbach; Magistrat der Stadt Wien, Wiener Stadt- und Landesbibliothek; Monacensia-Sammlung, Stadtbibliothek der Landeshauptstadt München; Heeresgeschichtliches Museum in Wien; Rechtsanwaltskammer für Wien, Niederösterreich und Burgenland; Stadtarchiv von Meran.
Er gilt weiters dem Bundesministerium für Unterricht und Kunst, der Landesregierung von Oberösterreich und der Tiroler Landesregierung für die finanzielle Förderung dieser Arbeit.
Nicht zuletzt sei allen Helfern im Residenz Verlag gedankt, ganz besonders Friedel Schafleitner und Günther Bardeck.
Schließlich aber, vor allen, möchte ich meiner Frau danken, die mir ganz wesentlich bei der Transkribierung behilflich war, ungezählte Stunden in Archiven zugebracht hat und so erst die Voraussetzungen für die Detailkommentierung geschaffen hat.

Ich lege dieses Buch in die Hände meiner Mutter.

VERZEICHNIS DER SIGLEN UND ABKÜRZUNGEN

Anm.: Anmerkung
BAI: Forschungsinstitut »Brenner-Archiv« an der Universität Innsbruck
CHO: Carmen von Herzmanovsky-Orlando
Cod. Ser. n.: Codex Series nova, Signatur der Handschriftensammlung der ÖNB
FHO: Fritz von Herzmanovsky-Orlando
H nach Briefnummer: Brief von FHO
H.: Heft
HO: Herzmanovsky-Orlando
K nach Briefnummer: Brief von Kubin
MS: Manuskript
ÖNB: Österreichische Nationalbibliothek
o. J.: ohne Jahr
o. V.: ohne Verlag
StGM-KA: Städtische Galerie im Lenbachhaus, München, Kubin-Archiv
TB: Kubins unveröffentlichte Tagebücher in der StGM-KA
TS: Typoskript

VERZEICHNIS DER ABGEKÜRZT ZITIERTEN LITERATUR

Abendrot: Alfred Kubin: *Abendrot.* 45 unveröffentlichte Zeichnungen mit einer kleinen Plauderei über sich selbst. München: R. Piper & Co. 1952.

A.m.L.: Alfred Kubin: *Aus meinem Leben.* Gesammelte Prosa mit 73 Abbildungen. Hrsg. von Ulrich Riemerschmidt. München: edition spangenberg 1974.

A.m.W.: Alfred Kubin: *Aus meiner Werkstatt.* Gesammelte Prosa mit 71 Abbildungen. Hrsg. von Ulrich Riemerschmidt. München: Nymphenburger Verlagshandlung 1973.

Bächtold-Stäubli: Handwörterbuch des deutschen Aberglaubens. Hrsg. unter besonderer Mitarbeit von Eduard Hoffmann-Krayer und Mitarbeit zahlreicher Fachgenossen von Hans Bächtold-Stäubli. 10 Bde. Berlin: de Gruyter 1927–1942.

B.f.E.: Oskar A. H. Schmitz: *Brevier für Einsame. Fingerzeige zu neuem Leben.* München: Georg Müller 1922.

Brockhaus/Peters: Alfred Kubin. Das zeichnerische Frühwerk bis 1904. Katalog der Ausstellung in der Kunsthalle Baden-Baden vom 1. April bis 30. Mai 1977. Texte von Christoph Brockhaus, hrsg. von Hans Albert Peters.

Daim: Wilfried Daim: *Der Mann, der Hitler die Ideen gab. Von den religiösen Verirrungen eines Sektierers zum Rassenwahn des Diktators.* München: Isar 1958.

D.w.R.: Alfred Kubin: *Die wilde Rast. Alfred Kubin in Waldhäuser. Briefe an Reinhold und Hanne Koeppel.* Bearbeitet und eingeleitet von Walter Boll. Mit 62 Zeichnungen von Alfred Kubin und einem Foto. München: Nymphenburger Verlagshandlung 1972.

E.S.: Oskar A. H. Schmitz: *Ergo Sum. Jahre des Reifens.* München: Georg Müller 1926.

Gagern: Monika von Gagern: *Ideologie und Phantasmagorie Fritz von Herzmanovsky-Orlandos.* Dissertation der Universität München 1972.

Gironcoli: Alfred Kubin: *Briefe an eine Freundin.* Hrsg. von Helma de Gironcoli. Mit 28 größtenteils unbekannten Illustrationen des Künstlers. Wien: Bergland 1965 (= Österreich-Reihe, Bd. 312/314).

Hewig: Anneliese Hewig: *Phantastische Wirklichkeit. Interpretationsstudie zu Alfred Kubins Roman »Die andere Seite«.* München: Wilhelm Fink 1967 (= Zur Erkenntnis der Dichtung. Hrsg. von Gerhart Baumann. Bd. 5).

High-Life-Almanach 1909: High-Life-Almanach. Adreßbuch der Gesellschaft Wiens und der österreichischen Kronländer. Wien: Verlag des High-Life-Almanach 1909.

Höpfel-Goldberg: ›Maskenspiel der Genien‹: Susanna Höpfel-Goldberg: *Fritz von Herzmanovskys Roman »Maskenspiel der Genien«. Studien zu den Grundlagen einer Edition.* 2 Bde. Dissertation der Universität Innsbruck 1979.

Jünger–Kubin: Ernst Jünger–Alfred Kubin: Eine Begegnung. Acht Abbildungen nach Zeichnungen und Briefen von Ernst Jünger und Alfred Kubin. Frankfurt a. M., Berlin, Wien: Propyläen 1975.

Katalog München 1964: Katalog der Gedächtnisausstellung Alfred Kubin 1877–1959. Veranstaltet von der Bayerischen Akademie der Schönen Künste und dem Kunstverein e. V. München vom 26. Juni bis 4. Oktober 1964 in München, Königinstraße 1–Galeriestraße 4c.

Klee: Frühwerk: Paul Klee. Das Frühwerk. 1883–1922. Katalog der Ausstellung in der Städtischen Galerie im Lenbachhaus, München, vom 12. Dezember 1979 bis 2. März 1980.

Klee: Tagebuch: Tagebücher von Paul Klee 1898–1918. Hrsg. und eingeleitet von Felix Klee. Köln: duMont Schauberg 1957.

Lipp: Pachinger: Franz Lipp: *Der Sammler und Kulturhistoriker Anton Maximilian Pachinger.* In: Börsenblatt für den Deutschen Buchhandel (Frankfurter Ausgabe) Jg. 25 (1971), S. A 149–A 164.

List: Landschaftsbilder: Guido von List: *Deutsch-Mythologische Landschaftsbilder.* 2 Bde., 2. Auflage. Wien: Guido-von-List-Gesellschaft 1891 (= Gesammelte Werke 1 und 2).

Meyrink: Fledermäuse: Gustav Meyrink: *Fledermäuse.* Aufsätze. Hrsg. von Eduard Frank. *Walpurgisnacht.* Roman. München, Wien: Langen Müller 1982.

Meyrink: Der Golem: Gustav Meyrink: *Der Golem.* Roman. Zürich und Stuttgart: Rascher 1965.

Müller-Thalheim: Wolfgang K. Müller-Thalheim: *Erotik und Dämonie im Werk Alfred Kubins. Eine psychopathologische Studie.* Alfred Kubin: *Aus meinem Leben.* 78 Zeichnungen von Alfred Kubin und 23 farbige Einzelblätter im Anhang. München: Nymphenburger Verlagshandlung 1970.

Oswald: Oswald: *Zur Genealogie Alfred Kubin.* Weissenhorn 1961 (StGM-KA).

Otte/Raabe: Paul Raabe: *Alfred Kubin. Leben–Werk–Wirkung.* Im Auftrage von Dr. Kurt Otte, Kubin-Archiv in Hamburg, zusammengestellt von Paul Raabe. Hamburg: Rowohlt 1957.

Reventlow: Herr Dame: Franziska Gräfin zu Reventlow: *Romane.* Hrsg. von Else Reventlow. München, Wien: Langen Müller 1976, S. 99–250.

Rosenberger: Wanderungen zu Alfred Kubin: Ludwig Rosenberger: *Wanderungen zu Alfred Kubin. Aus dem Briefwechsel.* München: Heimeran 1969.

Ringen mit dem Engel: Ringen mit dem Engel. Künstlerbriefe 1933 bis 1955. Alfred Kubin, Anton Kolig und Carl Moll an Anton Steinhart. Salzburg, Stuttgart: Bergland 1964.

Schmied: Wieland Schmied: *Der Zeichner Alfred Kubin.* Unter Mitwirkung der Graphischen Sammlung Albertina und des Oberösterreichischen Landesmuseums. Katalogbearbeitung Alfred Marks. 12 Abbildungen im Text, 188 Bildtafeln. Salzburg: Residenz 1967.

S. W.: Fritz von Herzmanovsky-Orlando: *Sämtliche Werke in zehn Bänden. Texte, Briefe, Dokumente.* Kommentierte Ausgabe der Originaltexte mit den Illustrationen Herzmanovsky-Orlandos. Salzburg: Residenz 1983ff.

Wolfskehl: Briefe und Aufsätze: Karl Wolfskehl: *Briefe und Aufsätze. München 1925–1933.* Mit einer Einleitung und Anmerkungen hrsg. von Margot Ruben. Hamburg: Claassen 1966.

Wolfskehl 1869–1969: Karl Wolfskehl 1869–1969. Leben und Werk in Dokumenten. Katalog der Ausstellung der Hessischen Landes- und Hochschulbibliothek vom 20. Oktober bis 14. Dezember 1969. Darmstadt: Agora 1969.

Wolfskehl-Verwey: Wolfskehl und Verwey. Die Dokumente ihrer Freundschaft 1897–1946. Hrsg. von Mea Nijland-Verwey. Heidelberg: Lambert Schneider 1968 (= Veröffentlichungen der Deutschen Akademie für Sprache und Dichtung Darmstadt. 40).

Ziegler: Ausstellungskatalog 1977: Kosmas Ziegler: *Das Leben.* In: *Fritz von Herzmanovsky-Orlando (30. April 1877 bis 24.* [!] *Mai 1954).* Katalog der 47. Sonderausstellung des Historischen Museums der Stadt Wien vom 10. März bis 29. Mai 1977. Wien: Eigenverlag der Museen der Stadt Wien 1977, S. 7–14.

ERLÄUTERUNGEN

1 K 8. 10. 03

München: Kubin hielt sich seit dem Frühjahr 1898 in München auf und besuchte dort bis 1901 zunächst die Privatschule Schmidt-Reutte und anschließend die Kunstakademie, Klasse Gysis (→*A.m.L.*, S. 21ff.). Er wohnte damals in der Theresienstraße in Schwabing. – Wo FHO sich zwischen 1903 und 1907 vornehmlich aufgehalten hat, ist noch nicht völlig geklärt (→3 K). Am 16. Juni 1903 hatte er seine zweite Staatsprüfung an der Technischen Hochschule in Wien abgelegt, wo er unter anderem bei Professor Max von Ferstel studiert hat (das von *Gagern*, S. 15, genannte Datum: 18. Mai, stimmt mit dem Staatsprüfungszeugnis nicht überein). – Der vorliegende Brief wurde zweimal umadressiert: Kubin hatte ihn zunächst nach »Wien, Schwindgasse 3« (Wohnung der Eltern) geschickt, von dort wurde er weiter nach Rindbach (→Anm. 9 H) geleitet, wo er schließlich die dritte Anschrift »Roma, via Marche 54, Mezzanino, Italia« erhielt. FHO hielt sich zum Zwecke der Vidimierung seines Staatsprüfungszeugnisses (7. Oktober 1903) durch die k. k. österreichisch-ungarische Botschaft dort auf. Das läßt vermuten, daß er beabsichtigte, in Italien zu arbeiten (→Ziegler: *Ausstellungskatalog 1977*, S. 8). Tatsächlich ist über die berufliche Tätigkeit in diesen frühen Jahren bisher wenig bekannt. Lediglich in einem im Nachlaß FHOs erhaltenen Schreiben des Architekten Humbert Walcher R. v. Moltheim, Wien I, Herrengasse 5, vom Januar 1905, wird bestätigt, daß FHO von November 1904 bis Januar 1905 in dessen »Atelier« gearbeitet habe (BAI; zu FHOs beruflicher Tätigkeit in den späteren Jahren →30 H, 195 H u. Anmerkungen dazu).

Trennung in Gravosa: Hafenort der jugoslaw. Stadt Dubrovnik (verschiedentlich falsch als »S'roirosoe« transkribiert). Kubin erinnert sich an die Reise in der zweiten Septemberhälfte dieses Jahres im Brief vom 13. 5. 1916 (104 K), wie beispielsweise auch in einem Schreiben an den Maler Anton Steinhart vom 16. 11. 1936 (Steinhart: *Ringen mit dem Engel*, S. 39). Die genauen Umstände dieser ersten gemeinsamen Reise sind nicht bekannt. In einem Brief an Hans von Müller vom 29. 9. 1903 heißt es lediglich: »Ein Freund meines Schaffens lud mich vor 14 Tagen ein nach Dalmatien mit ihm zu fahren, selbes geschah, und vor 1 Std. kam ich mürb zerschlagen und voll gespickt mit neuen Eindrücken wieder hier an.–« (StGM-KA) – Die Anmerkung Zieglers hierzu (*Über den Briefwechsel Kubin – Herzmanovsky.* In: *Das Fenster. Tiroler Kulturzeitschrift.* 14, Frühjahr 1974, S. 1403), Kubin sei auf dieser Reise auch von Max Dauthendey begleitet worden, hat sich inzwischen als Irrtum erwiesen (→ hierzu auch den Aufsatz Kubins: *Erinnerung an Max Dauthendey.* In: *Der Zwiebelfisch. Eine kleine Zeitschrift über Bücher und andere Dinge.* Jg. 16 (1923). München: Hans von Weber, S. 15–17. Wiederabgedruckt in: *A.m.W.*, S. 83–84). – Das gilt ebenfalls für die in der Anmerkung von Ziegler vertretene Meinung, die Reise habe nach Bosnien geführt. Letzteres wird beispielsweise widerlegt durch die bei *Schmied* wiedergegebene Tuschfederzeichnung »Erinnerung an meine erste bosnische Reise 1907« (abgebildet bei *Schmied*, Tafel 17). – Diese irrtümlichen Angaben finden sich auch bei *Brockhaus/Peters*.

Die Lösung meiner einzigen Liebe: Bezieht sich auf Kubins damalige Braut Emmy Bayer. In seiner Selbstbiographie heißt es dazu: »Alles, was früher etwa unter dem Namen ›Liebe‹ an mich herangetreten war, verblaßte vollständig neben dieser echten und tiefen Leidenschaft, die mich nun ergriffen hatte.« Es heißt dann weiter – und hier könnte möglicherweise die Erklärung für diese Briefstelle zu suchen sein: »Freilich tauchten mir auch oft bange Zweifel auf, ob es ratsam sei, diesen Liebesbund mit einer Heirat zu besiegeln. Ich fürchtete, meine Freiheit zu verlieren und mir selbst eine Zwangsjacke anzulegen.« (*A.m.L.*, S. 31) – Als die aus Österreich stammende Emmy Bayer noch im gleichen Jahr während eines Besuches in München plötzlich schwer erkrankte und überraschend am 1. Dezember starb, verursachte dies bei Kubin eine schwere existentielle Krise, die besonders deutlich in dem Brief an die Schwester Maria Kubin-Bruckmüller (→Anm. 156 K) zum Ausdruck kommt: »[. . .] Seit ich als Mensch zu denken angefangen habe, kam ich zur bittern unausweichlichen Erkenntnis daß das Leben, mein Leben, immer, zu jeder bewußten Minute ein wesentlich schmerzhaftes sei. – Von leisem Unbehagen, vom Gefühl unerfüllten Wunsches bis zur tollsten Körperqual oder gräßlichster Verzweiflung mit unzählbaren Zwischenstufen wechseln die unangenehmen Zustände aneinander gereiht gleich den Perlen einer Gebetschnur. – [Absatz] Nur die Furcht vor dem Augenblick des Sterbens erhielt mich immer im Leben selbst, welches für mich ohne Hoffnungen bleibt, schließlich jedoch wie bei jedem Organismus zugrunde gehen muß. – 2 male wie durch ein Wunder gerettet erlebte ich älter werdend immer mehr und mehr, mit treffenderen Worten immer dieselben Dinge, nur anders gruppiert, – noch kürzer, – Leiden, Leiden, Leiden. [Absatz] Seit 1 Dez 1903, hatte der innere Druck eine derartige Höhe erreicht daß er die ›Furcht vor dem Sterben‹ einfach durchbrach meine Gedanken schwankend mit unendlicher Sehnsucht dem heißgeliebten Tode zutaumelten. Philosophisch hatte ich zuendegedacht, – kam zu dem Resultat daß auf jeden Fall der Tod eine Erlösung sei, – den sich jeder Gebildete in jedem Moment geben könne. – [Absatz] Menschlich, mit Geist, Gemüth und ehemals auch gesunder Kraft ausgestattet, hatte ich ebenfalls all das gehabt, wonach der unerfahrene strebt, – habe überall entdeckt daß nur scheinbares Glück, nie volles möglich sei. – [Absatz] Als Künstler endlich – schuf ich mehr und besseres als alle mir bekannten Schaffenden in meinem Alter es gethan, – erkämpfte mir einen erstklassigen Namen und die Bewunderung tausender, (nicht der schlechtesten) Menschen. – So lernte ich der ich mich einsam auf eigene Weise hinauf arbeitete nun auch den frühen Ruhm kennen, das seltenste Geschenk welches einem die Mitwelt die lebende machen kann, denn alle Wesen sind und müssen selbstsüchtig, Egoisten sein. – [Absatz] Widerwillig wird einem Anerkennung gezollt, abringen muß man sie den andren. – Und auch den Ruhm verschmähe und verachte ich. [Absatz] Die Summe meines Denkens: Ich will nicht mehr sein. [Absatz] Ich will aufgehört haben. – [Absatz] Nur zu gut kenne ich die Kraft und Zähigkeit des Blutes das leben will um jeden Preis, – thierisch am bloßen Dasein hängt, trotz der Qual welche damit verbunden ist. – Nur gut ists daß mein prachtvolles Gehirn, sich an Wissen, gemästet hat, und das Blut zur unerhörten Anstrengung getrieben hat, um es zu schwächen, müde zu machen, – endlich müde zu machen. – [Absatz] Mein Schicksal, d. heißt, das Zusammenwirken aller anderen egoistischen Willen, neben mir (oder Wesen, nicht nur Menschen Thiere, nein, Naturkräfte etc., kurz das ganze Vielerlei, welches die Welt vorstellt), half mir getreulich, indem es mich mit Fluten von Übeln jeder Art überschüttete, und mein Geist mit den vielen Nervenfädchen wurde immer feiner, litt immer mehr unter A l l e m, was ihm unterkam. – So überfeinert denkt er nach dem letzten und größten, und unheilbarsten Hauptschlag vom 1 Dez v. J. – nur noch an die Auflösung. – [. . .]« (Erstmalig auszugsweise abgedruckt unter dem Datum 20. 2. 1904 bei *Otte/Raabe*, S. 24f. Erste vollständige Veröffentlichung des Briefes unter dem Datum 22. 2. 1904 bei *Brockhaus/Peters*, S. 19f. – Beide Abdrucke sind fehlerhaft. Das richtige Datum ist der 22. 2. 1904; StGM-KA.)

Dr. Otto Weininger: (3. 4. 1880 Wien – 4. 10. 1903 ebenda; Selbstmord). Mit der nur wenige Monate vor seinem Tod erschienenen kulturkritischen Schrift *Geschlecht und Charakter.* Wien, Leipzig: Braumüller 1903, hatte er großes Aufsehen erregt (→ die Dokumentation im Rahmen der Ausstellung des Deutschen Literaturarchivs im Schiller-Nationalmuseum Marbach *Jugend in Wien.* München: Kösel 1974). Auf die Zusammenhänge zwischen den bei Weininger zum Ausdruck kommenden Gedanken einerseits und den bildlichen Konkretisationen besonders im Frühwerk Kubins andererseits weist ausführlich *Brockhaus/Peters* in dem Kapitel *›Geschlecht und Charakter‹ – Mythen des Weibes als Zerstörerin,* S. 142–190, hin.
Dienstag fahre ich nach Berlin: »Um diese Zeit, Oktober 1903, fuhr ich zum zweiten Male nach Berlin und wohnte einige Wochen in Friedenau bei Hans von Müller, dem bekannten Hoffmannforscher.« (*A.m.L.,* S. 30) Mit Hans von Müller (30. 3. 1875 Kiel – März 1944 Berlin) verband Kubin seit 1901 eine enge Freundschaft. Die ausführliche, unveröffentlichte Korrespondenz befindet sich in der StGM-KA. – Der in der Kubin-Bibliothek erhaltene 1. Band des zweibändigen Werkes von Hans von Müller: *E.T.A. Hoffmann im persönlichen und brieflichen Verkehr.* Berlin: Paetel 1915, ist vom Autor handschriftlich gewidmet: »Meinem Freunde Alfred Kubin« (→94 K). – Kubin hat Hans von Müller auf einer im *Simplicissimus.* 17. Jg. (1912), Nr. 29, veröffentlichten Zeichnung »Der Sonderling« dargestellt (→*Brockhaus/Peters,* S. 18, Anm. 15).
Der reinste buddhistische Mönch steckt in mir: → dazu auch den Brief an Hans von Müller vom 10. 2. 1903: »bin auf vollem Wege Buddhist zu werden.« – Zeit seines Lebens hat sich Kubin mehr oder weniger intensiv mit dem Buddhismus beschäftigt, wobei allerdings seine Einschätzung dieser Lehre wechselt. (→ dazu auch *A.m.L.,* besonders S. 52ff., sowie die Briefe 5 K, 96 K, 99 K, 100 K, 101 K, 102 K, 105 K u. Anmerkungen dazu) – Nach *Brockhaus/Peters,* S. 19, stammen die ersten Anregungen zu dieser Beschäftigung von Gustav Meyrink (→Anm. 3 K). – Eine frühe, aus dieser Zeit stammende Reproduktion einer Federzeichnung »Der Buddha« (»Ekstase«) findet sich in der von Meyrink redigierten Zeitschrift *Der liebe Augustin.* Jg. 1 (1904), H. 22 (→ *Otte/Raabe,* S. 71).
Freund Schelle: Im Nachlaß FHOs ist ein Brief vom 5. 8. 1918 mit dem Absender »August Johannes Schelle, I. Michaeler-Durchhaus, Michaelerplatz 6 – Habsburgerg. 14« erhalten (BAI). Aus dem Inhalt geht hervor, daß Schelle ein Kunstauktionshaus in Wien besaß und mit dem Ehepaar HO befreundet war. Auch in den Briefen an Mia Luckeneder-von Neuhauser (→Anm. 37 H) ist öfters von Gusti und Fini Schelle die Rede. Genaueres ließ sich bisher nicht ermitteln.
Blei: Franz Blei (18. 1. 1871 Wien – 10. 7. 1942 Westbury-New York). Lebte seit 1900 in München und gehörte zu den frühen Freunden und Förderern Kubins. Blei trat vor allem als Kritiker und Essayist hervor und machte sich darüber hinaus einen Namen als Herausgeber bibliophiler Zeitschriften: *Der Amethyst, Die Opale, Hyperion* (→Anm. 6 K). Erinnerungen an Kubin finden sich in: Franz Blei: *Erzählung eines Lebens.* Leipzig: List 1930, S. 322–358, und: *Zeitgenössische Bildnisse.* Amsterdam: de Lange 1940, S. 261–262. – Im BAI ist im Nachlaß FHOs eine Postkarte von Blei überliefert mit dem Datum (Poststempel): 24. 5. 1904; Anschrift: »Hotel Fränkischer Hof, München«. Blei lädt FHO zu einer Kegelgesellschaft ein.
»die Cultur in ihrem Verhältnis zu Glauben und Wissen«: Identisch mit dem letzten Kapitel des aus dem Nachlaß hrsg. Buches von Otto Weininger *Über die letzten Dinge.* Wien, Leipzig: Braumüller 1904. Der genaue Titel des Kapitels lautet: *Die Cultur und ihr Verhältnis zu Glauben, Fürchten und Wissen.*

»Erbsünde«: Eine Schrift mit dem Titel *Erbsünde* ist weder zu Lebzeiten noch aus dem Nachlaß Weiningers erschienen. Es handelt sich aber bei diesem Thema um ein zentrales Problem im Weiningerschen Denken. Direkt angesprochen wird es etwa in den beiden Kapiteln der Schrift *Über die letzten Dinge: ›Peer Gynt‹ und Ibsen* und *Bruchstücke über Richard Wagner und den ›Parsifal‹.*

2 K 12. 8. 07
Über die Beziehung der beiden Künstler zwischen den Jahren 1903 und 1907 konnte bisher nichts ermittelt werden. Ein Brief FHOs an Mia Luckeneder-von Neuhauser belegt lediglich einen Besuch Kubins in Rindbach im Juli 1907 (Brief vom 22. 7. 1907, BAI).
Zwickledt: Ende Februar 1904, noch während der durch den Tod von Emmy Bayer ausgelösten schweren Krise, hatte Kubin die junge Witwe Hedwig Gründler, geb. Schmitz (5. 10. 1874 Homburg – 15. 8. 1948 Schärding am Inn), Schwester des damals bereits mit Kubin bekannten Schriftstellers Oskar A. H. Schmitz (→Anm. 13 K) kennengelernt. Die standesamtliche Eheschließung fand am 22. 9. 1904 statt. Kubin scheint bereits im Frühling Vermählungsanzeigen verschickt zu haben, weshalb man häufig auch der Angabe begegnet: Eheschließung März 1904. (→den bei *Otte/Raabe,* S. 26, abgedruckten Brief Rudolf Kassners an Kubin vom 7. 4. 1904: »Ich war wirklich sehr überrascht, als ich vorgestern die Anzeige Ihrer Vermählung erhielt«.) – Im Oktober 1906 (Kubin an Hans von Müller: »Die Umsiedlung verschob sich mittlerweile auf den 20. Okt.–«; beide Briefe StGM-KA) übersiedelte das Ehepaar nach Zwickledt bei Wernstein am Inn, nur wenige Kilometer von Schärding und Passau entfernt, wo der Vater Kubins (→Anm. 3 K) lebte, der ihn auf die Gelegenheit des Erwerbs des »Schlosses Zwickledt« aufmerksam gemacht hatte. In zwei Briefen an Hans von Müller nennt Kubin für diese Entscheidung in erster Linie finanzielle Gründe: »Wir ziehen gänzlich fort von München weil es auf die Dauer zu teuer kommt in der Stadt, – Wohnung und Lebensmittel sind für unsere Verhältnisse unerschwinglich dann vertrage ich die Stadt nicht mehr und hab sie auch seelisch satt.« (23. 9. 1906) – »[...] nun erkrankte aber meine Frau im ersten Jahre unsrer Ehe (Gesichtsneuralgien) – 6 Monate lang – ferners im vergangenen Winter wieder am gleichen Leiden und dann kam noch eine Blinddarmgeschichte, die mit Operation endigte, – wir hatten an Gesamtkosten der Krankheiten/kostspielige Sanatorien, Wärterin, Ärzte bei uns im Haus – in 2½ Jahren 4000 Mk, zu zahlen [...]. Und da wir nun erkennen daß es bei den geringen Einkünften die ich augenblicklich habe (im letzten Jahre nur 500 Mk) in München viel zu teuer wird ziehen wir ganz aufs Land. – [...] Du kennst nun meine Verhältnisse, – ich rechnete früher auf fortlaufende Verkäufe in der Höhe von 4–5000 welche ich 1903, 04, 05, – auch erzielte, – die aber für heuer stoppten, weil ich mich gänzlich neuartigen künstlerischen Problemen zuwandte, an deren Schönheit die Kunstfreunde erst gewöhnt werden müssen [...].« (Wahrscheinlich Oktober 1906; beide Briefe StGM-KA; → dazu auch *A.m.L.,* S. 36) – Schloß Zwickledt blieb der Wohnsitz Kubins bis zu seinem Tode (→*A.m.L.,* S. 87f.). Es ist heute Eigentum des Landes Oberösterreich und als Kubingedenkstätte öffentlich zugänglich.
eine hübsche Fahrt: Reise nach Bosnien und Dalmatien im Herbst 1907 (→*A.m.L.,* S. 39, u. Anm. 1 K). – Daß Paul Luckeneder (→Anm. weiter unten) Kubin auf dieser Reise nicht begleitet hat, ist sicher. Aus einer Postkarte Kubins an Luckeneder geht vielmehr hervor, daß sich beide erst im August 1910 (Poststempel) persönlich kennengelernt haben: »Nun freue ich mich Sie dann kennen zu lernen« (ÖNB,

295/46–5). – Ebenso fand sich kein Hinweis, der FHO als Reisegefährten bestätigt hätte. Da sich Kubin andererseits seiner Begleitung auf der im Herbst 1908 unternommenen Reise nach Oberitalien mehrfach erinnert (z. B. *A.m.L.*, S. 40, sowie verschiedentlich im vorliegenden Briefwechsel), scheint die hier erwähnte gemeinsame Reise ein Plan geblieben zu sein.
meine Frau . . . muß nach Marienbad: Zur Kur (⟶Anm. oben). – Hedwig Kubin litt – das wird auch durch diesen Briefwechsel bestätigt – zeitlebens unter Magen-, Galle- und Darmerkrankungen, die mehrere schwere Operationen notwendig machten und verschiedene Kuraufenthalte erforderten.
Lukeneder: Paul Luckeneder (27. 3. 1891 Wien – 7. 2. 1942 ebenda). – Die Familien Herzmanovsky und Luckeneder standen bis zum Tode FHOs in engen freundschaftlichen Beziehungen zueinander (⟶ die Briefe an Paul Luckeneders Schwester Mia Luckeneder-von Neuhauser, ⟶Anm. 37 H, BAI, deren Auffindung Maximilian Reinisch zu verdanken ist). – Paul Luckeneder hatte nach der Matura begonnen, Architektur zu studieren, das Studium allerdings nicht abgeschlossen. Zwischen 1911 und 1913 war er zeitweilig Sekretär der Österreichischen Theosophischen Gesellschaft »Adyar« in Wien und plante eine Neuübertragung der Prophezeiungen des Nostradamus (⟶Briefe Kubins an Luckeneder, ÖNB). Ein Briefentwurf FHOs vom 3. 12. 1922, ohne Anrede, wahrscheinlich an Lanz von Liebenfels (⟶Anm. 33 K) bestätigt dies: »Ein Freund organisierte damals die theos. Gesellschaft ›Adyar‹ in Wien die mich zu ihrem Vizepräsidenten ernannte.« (BAI) – Auch CHO (⟶Anm. 27 H) war Mitglied dieser Gesellschaft. Ihre Mitgliedskarte lautete auf »M. C. Edle von Herzmanovsky. Wien den 11. 1. 1913. John Cordes. Vorsitzender.« – Als Freiwilliger rückte Paul Luckeneder im Ersten Weltkrieg zum Dragonerregiment Nr. 11 ein. Er machte den ganzen Weltkrieg mit. »Er war ein charmanter junger Lebemann, der leider Schulden gemacht hat und so sein Vermögen, das seiner Mutter und z. T. auch das seiner Schwester durchgebracht hat. Er lebte in Wien im Haushalt seiner Mutter, ohne einer Beschäftigung nachzugehen.« (Die Auskünfte verdankt der Herausgeber Frau Maria Louise Zeileis, der Nichte Paul Luckeneders, ⟶Anm. 207 K.) Die letzte Zeit seines Lebens verbrachte Paul Luckeneder in einer Nervenheilanstalt (⟶203 K u. Briefe der Mutter Luckeneders, Paula Luckeneder-Gunz, an Kubin, StGM-KA). – Aus dem Jahre 1912 stammt von Kubin ein »Exlibris Paul Luckeneder« (⟶ *Otte/Raabe*, S. 79, ⟶Abb. S. 71; die Vorlage stammt ebenfalls von Frau Maria Louise Zeileis). – FHO erwähnt im Zweiten Teil der *Österreichischen Trilogie: Rout am Fliegenden Holländer* (*S.W.*, Bd. II) eine »Altwiener Patrizierfamilie Luckeneder«.
Hexe . . . Negerin . . . Wernsteiner Weiblein: Hexendarstellungen begegnet man im gesamten Kubinschen Werk. Aus der Zeit vor 1910 sind die bekanntesten: »Die Hexe«. 330 × 362. Signiert: »Kubin« (abgebildet im *Katalog München 1964*, Nr. 49); »Abenteuerchen mit Hexen«. Um 1899. 148 × 264 (abgebildet bei *Brockhaus/Peters*, Nr. 39); »Die Hexe«. 392 × 317. Signiert: »Kubin« (abgebildet im *Katalog der Ausstellung Linz 1962*, Nr. 24; ⟶ auch Anm. 22 K). – Aus der Zeit um 1900/01 stammt ein Blatt »Die Negerkönigin«. 155 × 127. Signiert (später): »A. Kubin« (abgebildet bei *Brockhaus/Peters*, Nr. 43). Die Reproduktion eines Blattes »Negerinnen« findet sich bei Hermann Esswein (⟶Anm. 43 K: *eine reichillustrierte Monographie*): *Alfred Kubin. Der Künstler und sein Werk.* München: Georg Müller 1911, als Beleg für den Zeitraum 1905–1908.
Wernsteiner Weiblein: Nicht ermittelt.
greife ich wahrscheinlich zum Öl: (⟶Anm. oben zu diesem Brief). – Das eigentliche

Frühwerk Kubins ist 1903/04 abgeschlossen. Die Jahre 1904–1907/08 sind die Jahre des Experiments mit verschiedenen Techniken, der Suche nach neuen Ausdrucks- und Gestaltungsmöglichkeiten (⟶*A.m.L.*, S. 32ff., u. Anm. 2 K: *Zwickledt*).
Ihren Eltern: Vater: Emil Josef Ritter von Herzmanovsky (8. 10. 1843 Tarnow/Galizien – 19. 12. 1916 Ebensee), k. k. Ministerialrat im Ackerbauministerium in Wien; Mutter: Aloisia Edle von Orlando (27. 10. 1852 Kosmanos, Bez. Jungbunzlau/Böhmen – 20. 4. 1920 Meran). – Die Vereinigung der Namen Herzmanovsky-Orlando erfolgte laut Zertifikat Z. 422/A des k. k. Ministeriums des Innern vom 12. 3. 1918 (Unterlagen im BAI).

3 K 31. 12. 07
Todes Anzeige meines Vaters: Friedrich Franz Kubin (4. 3. 1848 Brüx/Böhmen – 2. 11. 1907 Schärding am Inn), k. u. k. Offizier, später k. u. k. Obergeometer. F. F. Kubin war dreimal verheiratet: mit Johanna Kletzl, der Mutter Alfred Kubins (21. 2. 1847 Küttenberg – 8. 5. 1887 Zell am See); mit deren Schwester Rosa Kletzl (21. 8. 1844 Josefstadt – 18. 12. 1888 Zell am See); mit Irene Künl (19. 5. 1865 Klagenfurt – 4. 2. 1940 ebenda; ⟶zu diesen Angaben *Oswald*. – Schmitz (⟶Anm. 13 K) schildert den Vater Kubins so: »Der Mensch, an den ich eine persönliche, freundschaftliche Erinnerung bewahre [. . .] war ein Mann von viel eigener Atmosphäre: als Offizier und Beamter ganz im alten Österreich wurzelnd, durch seine Tätigkeit auf dem Land eng mit der Natur und der ursprünglichen Bauernwelt verknüpft, mit einem schwermütigen slavischen Rasseeinschlag, wie Dostojewskijs Vater adliger Herkunft, aber in die bürokratische Enge geraten, aus altem Kriegergeschlecht, das durch die Mißheirat eines nahen Vorfahren an sozialem Rang eingebüßt hatte, stets umwebt von Erinnerungen an größere Herrlichkeit und blaue Fernen, dabei ein gemütvoller Familienvater alten deutschen Stils. Die Glanzzeit seines Lebens hatte er im Dienst in Dalmatien genossen. Der Zauber und die rührende leise Komik gefallener Größe, die nie gar so groß gewesen sein mochte, umgab ihn. Gelegentlich machte der unter Fremden nicht Gesprächige geheimnisvolle Andeutungen über die Vergangenheit, die bald anerkannt, bald belächelt wurden. Die sich selbst immer ein wenig entrückende Würde bei all seinem liebenswürdig-geselligen Wesen trug ihm den Spottnamen ›Kaiser von Hinterindien‹ ein. Solche, etwas rätselhafte, verkannte Menschen sind, falls sie nur Würde zu wahren wissen, sehr geeignet, auf ihre Kinder, wenn diese fantasiebegabt sind, einen schicksalbestimmenden Eindruck zu machen. Die Gefühle der Verehrung, tragischen Rührung schlagen dann freilich um so leichter in Empörung um, je tiefer die kindliche Liebe enttäuscht wird, wenn das göttliche Wesen in Fragen der Erziehung mit Lehrern und gewöhnlichen Vätern sich einig erweist und unbedingt die Erfüllung des über alles Maß langweiligen bürgerlichen Tugendideals verlangt. Dies tat natürlich der alte Kubin.« (*B.f.E.*, S. 129f.) – Die ungewöhnlich starke, wenn auch ambivalente Bindung an den Vater wird durch Kubins Autobiographie bezeugt und spiegelt sich kaum verschlüsselt in seinem Roman *Die andere Seite* (⟶Anm. 10 K). Charakteristisch für diese Beziehung ist, daß sich Kubin zeitlebens, bis ins hohe Alter, als Schuldner des Vaters gesehen hat. So referiert beispielsweise Schneditz Kubins Dankesworte anläßlich der offiziellen Glückwünsche zu seinem 80. Geburtstag: »Wenn das mein Vater erlebt hätte, dann hätt er gesehen, daß aus mir doch noch was geworden ist.« (Wolfgang Schneditz: *Alfred Kubins 80. Geburtstag*. In: *Begegnung mit Zeitgenossen*. München: Prestel 1959, S. 41; ⟶ dazu auch den in Anm. 1 K wiedergegebenen Brief an die Schwester).

Ansichtskarte aus Corsica: Nähere Umstände dieser Reise konnten bisher nicht in Erfahrung gebracht werden.
Illustration zu Poe's Werken: Edgar Allan Poe (19. 1. 1809 Boston – 17. 10. 1849 Baltimore) gehörte zu den Autoren, die Kubin bevorzugt illustrierte. – In chronologischer Reihenfolge entstanden und erschienen, abgesehen von Zeichnungen zu einzelnen Erzählungen in Zeitschriften und Sammelbänden, folgende Werke: *Das schwatzende Herz und andere Novellen.* Mit 14 Bildbeigaben von Kubin. München und Leipzig: Georg Müller 1909. Kubin widmete FHO ein Exemplar dieser Ausgabe: »Meinem lieben, braven Fritz: v. d. K. Alfred Kubin/Zwickledt–Wernstein, 2. 3. 09.« – *Das Feuerpferd und andere Novellen.* Mit 15 Bildbeigaben von Kubin. München und Leipzig: Georg Müller 1910. Auch von dieser Ausgabe existiert ein Widmungsexemplar im Nachlaß FHOs: »Meinem lieben Fritz zu Weihnachten 1909. Zwickledt Dez. 09. Alfred Kubin.« – *Der Goldkäfer und andere Novellen.* Mit 14 Bildbeigaben von Kubin. München und Leipzig: Georg Müller 1910. – *König Pest und andere Novellen.* Mit 14 Bildbeigaben von Kubin. München und Leipzig: Georg Müller 1911. – *Nebelmeer.* Auswahl von Mira A. Deutsch. Mit einer Einleitung von Hanns Heinz Ewers. Mit 29 Bildern von Kubin. München und Berlin: Georg Müller [1914] (= Galerie der Phantasten. Bd. 2. – Der Band ist eine Zusammenstellung bereits illustrierter Erzählungen. Neu ist der »Rabe«). – *Die denkwürdigen Erlebnisse des Artur Gordon Pym.* Mit 16 Bildbeigaben von Kubin. München und Leipzig: Georg Müller 1918. – *Ligeia und andere Novellen. – Sieben Gedichte.* Dt. von Theodor Etzel. Mit 14 Bildbeigaben von Kubin. Berlin: Propyläen 1920. – *Hans Pfaals Mondreise und andere Novellen.* Mit 14 Bildbeigaben von Kubin. Berlin: Propyläen 1920. – *Die denkwürdigen Erlebnisse des Gordon Pym.* Übersetzt von Karl Ehrenstein und Th. Schramek. Mit 30 Zeichnungen von Kubin. Berlin: Deutsche Buchgemeinschaft [1930]. (Es handelt sich bei den Arbeiten Kubins um neue, eigens für die Ausgabe geschaffene Illustrationen.) – *Fantastic tales.* With 25 illustrations by Alfred Kubin. Stuttgart: Tauchnitz 1954. (Bei 24 der 25 Illustrationen handelt es sich um Nachdrucke aus älteren Ausgaben.) – *Dreizehn phantastische Geschichten.* Mit 26 Illustrationen von Kubin. Dt. von Arthur Seiffhart. Stuttgart: Tauchnitz 1955. (Um eine Erzählung und eine Illustration aus einer älteren Ausgabe vermehrte Übersetzung der *Fantastic tales.*) – Alle Übertragungen ins Deutsche, soweit nicht anders angegeben, von Gisela Etzel. (Zu allen Angaben ⟶ *Otte/Raabe*)
Meyrink: Gustav Meyrink, eigentlich Gustav Meyer (19. 1. 1868 Wien – 4. 12. 1932 Starnberg/Obb.), Sohn des württembergischen Ministers Varnbühler und der bayrischen Hofschauspielerin Marie Meyer. Mit Kubin seit der Münchner Zeit bekannt (⟶78 K), später auch mit FHO. – Das Werk, auf das Kubin in diesem Brief anspielt, ist der Roman *Der Golem.* Da sich die Fertigstellung des Buches über Jahre hinzog – der Roman erschien 1915 –, gab Kubin den Plan einer Illustrierung auf und übernahm laut eigener Aussage (⟶ *Wie ich illustriere.* In: *A.m. W.,* S. 69–77, hier S. 73, sowie Brief an Hans von Müller, Wernstein, 30. 12. 1908, StGM-KA) die bereits fertigen 11 Blätter als Illustrationen zu seinem eigenen Roman *Die andere Seite* (⟶Anm. 10 K). – Die Illustrationen zum *Golem* stammen von Hugo Steiner-Prag. – Kubin illustrierte lediglich eine Erzählung Meyrinks: *Die vier Mondbrüder,* zuerst abgedruckt in der von Herbert Eulenberg eingeleiteten Sammlung *Der Gespensterkrieg.* Stuttgart: Die Lese 1915, wiederabgedruckt in: Gustav Meyrink: *Fledermäuse. 7 Geschichten.* Leipzig: Kurt Wolff 1916. In dieser Erzählung wie in der bereits 1906 entstandenen *Das Geheimnis des Schlosses Hathaway* tritt Kubin als handelnde Person auf (⟶84 H u.

Anm. 84 H). – Von FHO sind überliefert: *Kleine Geschichten um Gustav Meyrink* (*S. W.*, Bd. IV).
impressionistischen Purzelbäume: (→1 K u. 2 K). Im Herbst 1905 hatte Kubin mit seiner Frau eine Reise nach Südfrankreich und Italien und Anfang 1906 nach Paris gemacht, »wo ich die eigentlichen Farbenkünstler sehen wollte.« Aus der Distanz zusammenfassend beurteilt er diese Begegnung so: »Die Impressionisten machten mir wohl einen sehr großen Eindruck, den stärksten, den ich von französischer Kunst bekam, für mein eigentliches Geheimfach hatten sie aber nicht diese große Bedeutung; sie waren mir zu wenig traumhaft, doch gefiel mir die Leichtigkeit ihres Ausdrucks.« (→*A.m.L.*, S. 35)
Die №. über die Breughels: Die Bedeutung der Begegnung mit den Bildern vor allem des Älteren Breughel anläßlich einer Wienreise im dortigen Hofmuseum 1904 wird von Kubin verschiedentlich hervorgehoben (→*A.m.L.*, S. 33; ebenso in einem Brief vom 1. 3. 1905 an Wolfskehl: »[. . .] und habe einen starken Eindruck gehabt, zuvor von den Bildwerken Pieter Breughels d. Ä.«; *(Wolfskehl 1869–1969*, S. 327). Noch in einer Tagebuchnotiz vom 30. 9. 1944 nennt Kubin Breughel den »Riesen der früheren Periode« (zitiert nach *Hewig*, S. 119). – Bei der hier erwähnten »№ über die Breughels« handelt es sich möglicherweise um die in der Bibliothek Kubins erhaltene Broschüre von Émile Michel: *Les Breughels.* Paris: Librairie de l'art L. Allison 1892. 97 S. (=Les artistes célèbres).
leben Sie in Paris? Wien? München?: (→Anm. 1 K).

5 K 22. 1. 08
Maja: Bezeichnet in der indischen Philosophie die als Trugbild aufgefaßte Erscheinungswelt. – Auch bei Schopenhauer, mit dem sich Kubin in der Frühzeit intensiv beschäftigt hat (→*A.m.L.*, S. 24), begegnet dieser Begriff in leicht modifizierter Form: Maja bezeichnet hier die unerklärliche kosmische Illusion, die dem in Nichtwissen Befangenen die Erkenntnisse seiner Identität mit dem Allwesen verhüllt.
Sansara: Auch Samsara. Symbol der indischen Zyklusphilosophie und des damit zusammenhängenden Wiedergeburtsgedankens. – Ebensowenig wie das Verhältnis Kubins zum Buddhismus, sein Verständnis der indischen Philosophie überhaupt, etwas Statisches, für ihn endgültig Formuliertes darstellt (→Anm. 1 K), so wechselt auch die Beurteilung solcher Vorstellungen, wie sie durch die Begriffe ›Maja‹ und ›Sansara‹ verkürzt bezeichnet werden. Vor allem in den Tagebüchern Ende der 20er und Anfang der 30er Jahre finden sich zu dem in diesem und anderen Briefen erörterten Problem des Verhältnisses von Traum und Wirklichkeit Aufzeichnungen, auf die bereits Hewig hingewiesen hat: Einerseits ist Kubin überzeugt, daß der Traum, »die Traumgewalt, die all dies formt mit unsichtbaren Händen« (TB, 22. [12. 35]), »die Weltkraft« ist (TB, 6. 11. [30]). Wenn dies aber zutrifft, dann ist »ja alles wie Rauch, alle Gefühle, Gestalten alle Leiden, Freuden, nichts [. . .] bleibt – alles ist bewegt, nichts bleibt, – die Natur leistet sich's eine Art von vorgespiegelter Welt zu sein, soll da noch gestrebt werden in dieser Welt der Einbildungen?« (TB, 20. 2. [28]) Während Kubin im vorliegenden Brief FHO gegenüber diese Frage bejaht, weil er überzeugt ist, nur im Dienste der Maja ›schaffendes Prinzip‹ sein zu können, heißt es in einer späteren Tagebuchaufzeichnung: »Aber ich sehne mich [. . .] Maja zu durchschauen [. . .] nicht heimisch zu werden im Trug – im Wahn – im Gespenst – wenns auch noch so warm sich anfühlt und wohlig – und bezaubert oder ängstigt« (TB, 22. 6. [31]). Aber auch dies ist nicht die letzte Stellungnahme hierzu. Am ehesten läßt sich die folgende, aus dem Jahr

1933 stammende Maxime Kubins als weithin gültige bezeichnen, trotz aller gelegentlichen mehr oder weniger großen Abweichungen davon: »[...] vermeide immer und immer den ›Tatsächlichkeitswahn‹ – belasse das Tiefe, Illusorische in jedem Falle« (TB, 18. 6. 33; alle Zitate nach *Hewig,* S. 95f.). – 1911 erschien das erste große Mappenwerk Kubins mit dem Titel *Sansara* (→Anm. 46 K).
Pascin: Jules Pascin, eigentlich Julius Pincas (31. 3. 1885 Vidin/Bulgarien – 2. 6. 1930 Paris), Zeichner und Maler. Pascin studierte in Wien und München, wo er Mitarbeiter am *Simplicissimus* war. Auf diese Zeit geht wohl auch die Bekanntschaft mit Kubin zurück. In einem Aufsatz von Will Scheller werden die beiden Künstler ausdrücklich miteinander verglichen (→Will Scheller: *Alfred Kubin.* In: *Der Brenner.* 3. Jg. (1913), H. 17, S. 783–792).
Das Heft: Bezieht sich wohl auf »Die N° über die Breughels« (→Anm. 3 K).

6 K 13. 2. 08
die 3 noch erhaltenen Zeichnungen aus meiner Kindheit: Wahrscheinlich die bekannten drei erhaltenen Kinderzeichnungen Kubins: a) »Ausrottung einer Drachenfamilie« oder »Kampf mit Ungeheuern«. Die Entstehungsdaten schwanken zwischen 1883 und 1885/86. 90 × 162 (Wien, Albertina; abgebildet bei *Brockhaus/Peters,* S. 58). – b) »Ein Zauberer beschwört Spukgestalten«. 109 × 168 (StGM-KA; abgebildet bei *Brockhaus/Peters,* S. XIV). – c) »Landschaft mit Tieren«, auch »Tropische Landschaft mit Tieren«. 136 × 219 (StGM-KA; abgebildet bei *Otte/Raabe,* S. 16). – Eine frühe Untersuchung dieser Kinderzeichnungen findet sich bei Gustav Friedrich Hartlaub: *Der Genius im Kinde. Zeichnungen und Malversuche begabter Kinder.* Breslau: Hirt 1922; → darüber hinaus *Brockhaus/Peters,* S. XVf.
das so bedeutsame Werk: Das Werk ist nie erschienen. Auch im Nachlaß FHOs im BAI finden sich hierzu keine Aufzeichnungen.
Friedrich Huch: (19. 6. 1873 Braunschweig – 12. 5. 1913 München), Vetter von Ricarda Huch. Lebte seit 1903 in München und stand in enger Verbindung mit dem ›Kreis der Kosmiker‹ (→22 K: *Wolfskehl*). – Erst nach seinem Tode erschien die Sammlung *Neue Träume* in zwei nicht identischen Ausgaben: a) »Mit zahlreichen Federzeichnungen im Text und 10 Lithographien von Alfred Kubin. Mit einer Vorrede des Verfassers und einer Vorbemerkung des Zeichners.« München: Georg Müller 1914 (ausgegeben 1917). 89 S. – b) »Mit 20 Bildern von Alfred Kubin.« München: Georg Müller 1921. 46 S. – Auch diese Ausgabe enthält ein »Vorwort« von Kubin (→*A.m. W.,* S. 170–174), das sich von der »Vorbemerkung« 1914 unterscheidet. Diese zweite Ausgabe erschien lediglich in einer Auflage von 800 numerierten Exemplaren. Vorangegangen war dieser Sammlung bereits eine frühere: *Träume.* Berlin: S. Fischer 1904.
Phantasien eines norddeutschen Knaben: Nicht ermittelt.
er war Lehrer früher: Huch war zeitweilig Erzieher in Hamburg und Russisch-Polen.
Eine hübsche Zeitschrift: Hyperion (1908–1910). Die erste Nummer erschien Anfang 1908 als literarisch-künstlerische Zweimonatsschrift in luxuriöser Ausstattung. Herausgeber waren im 1. Jg. Franz Blei (→Anm. 1 K) und Carl Sternheim. Die Zeitschrift wurde von Sternheim finanziert und erschien im Hyperion Verlag Hans von Webers in München. – Im *Hyperion-Almanach* für das Jahr 1910 (→Abb. S. 39), ebenfalls von Blei herausgegeben, erschienen 3 Reproduktionen nach getönten Federzeichnungen: »Der Krieg« (keine Erstreproduktion, →Abb. S. 80), »Jede Nacht besucht uns ein Traum« und »Der Mensch«.
Weber: Hans von Weber (22. 4. 1872 Dresden – 23. 4. 1924 München) gehörte zu

den frühen Münchner Freunden und, durch den Verlag der ersten Mappe von 1903 (→Anm. 11 H), auch zu den wichtigsten Förderern des jungen Kubin. In einem kleinen Aufsatz *Erinnerungen an Hans von Weber,* 1924, gedenkt Kubin dieser frühen freundschaftlichen Beziehung (→*A.m.W.,* S. 85–87).
Sternheim 10000 Mk: Carl Sternheim (1. 4. 1878 Leipzig – 3. 11. 1942 Brüssel), Sohn eines Bankiers und Zeitungsbesitzers, lebte von 1903 bis 1911/12 in München und war mit Kubin bekannt; von Kubin stammt eine »expressionistische Lithographie [seines] Kopfes.« In der *Lebenschronik* im Rahmen des von Wilhelm Emrich unter Mitarbeit von Manfred Linke herausgegebenen *Gesamtwerkes* in 10 Bdn. Neuwied und Darmstadt: Luchterhand 1976, Bd. 10/2, S. 1138, wird ebenfalls ein Darlehen von 10 000 Mark an Blei erwähnt, allerdings erst unter dem Datum vom 1. 11. 1908. Vermutlich lagen hier bereits frühere mündliche Absprachen vor.
Pachus: Anton Maximilian Pachinger (22. 11. 1864 Linz – 30. 11. 1938 Wien), Sammler und Kulturhistoriker, Hofrat des Großherzogtums Hessen-Darmstadt. Seit der Münchner Zeit mit Kubin und FHO bekannt (→ die Pastellzeichnung FHOs aus dem Jahre 1903 »Alfred Kubin und der Sammler Hofrat Anton Pachinger«; →Abb. S. 168). Pachinger war eine originelle Erscheinung im München der Jahrhundertwende und diente als solche vor allem FHO als Vorbild zu einer Reihe von literarischen Figuren: So wird er namentlich genannt in der Komödie *Der abgelehnte Drilling* (ÖNB, Cod. Ser. n. 13700–04; BAI, XVIII/1–12, *S.W.,* Bd. VI) und in der Erzählung und dem Hörspiel *Der verirrte böse Hund* (ÖNB, Cod. Ser. n. 13601–06, *S.W.,* Bd. V); weiters in den Erzählungen *Onkel Tonis verpatzter Heiliger Abend* (ÖNB, Cod. Ser. n. 13581–82, *S.W.,* Bd. IV) und *Hofrat Pachinger (Onkel Toni) und Nietsche* (!) (ÖNB, Cod. Ser. n. 13571–72, *S.W.,* Bd. IV) als Titelfigur; als »Rochus Großkopf, Kunstmäzen aus München« im *Gaulschreck im Rosennetz* (*S.W.,* Bd. I); als »gelehrter Rat Blasius Großwachter aus Linz« in *Rout am Fliegenden Holländer* (*S.W.,* Bd. II); als »Münchner Raritätensammler Xaver Naskrückl« im *Maskenspiel der Genien* (*S.W.,* Bd. III). – Von Kubin existiert aus dem Jahre 1911 ein »Exlibris A. Pachinger« (→Abb. S. 95). Er erinnert sich an Pachinger in der autobiographischen Erzählung *Tip und Giovanni* (→*A.m.L,* S. 197–205). – Pachinger war auch mit FHOs Freunden Emil Horrak (→Anm. 10 K) und Michelangelo Zois (→Anm. 139 H) bekannt. – Als Sammler war Pachinger eine bedeutende Erscheinung, vor allem auf drei Gebieten: als Numismatiker, wo er sich vor allem auf das Gebiet der Wallfahrtsmedaillen und Weihemünzen spezialisierte (Sammlung heute im Besitz des Kunsthist. Museums Wien); als Sammler von Andachtsbildern und sonstiger religiöser Graphik (ca. 6000 Nummern, heute im Besitz des Germanischen Museums Nürnberg und des Museums für Völkerkunde und Schweizerischen Museums für Volkskunde Basel); schließlich als Sammler von Handzeichnungen, Aquarellen, Stichen und Lithographien aus der Zeit von der Renaissance bis zur Gegenwart. – Pachinger war Begründer und jahrelang Oberhaupt des Münchner graphischen Sammlerkreises »Die Mappe«. – → dazu auch die Aufsätze von Karl Wolfskehl: *Hofrat A. M. Pachinger. Der König der Sammler.* In: *Süddeutsche Sonntagspost.* Nr. 46, 10. 11. 1928 (wiederabgedruckt in: Karl Wolfskehl: *Gesammelte Werke.* 2 Bde. Hamburg, Düsseldorf: Claassen 1960, Bd. 2, S. 485–487) und: *Amulette und Talismane* (*Gesammelte Werke.* Bd. 2, S. 422–426). Die Zahl der Publikationen Pachingers beläuft sich auf ca. 100 Nummern. – Kubin besaß die Schrift *Glaube und Aberglaube im Steinreich.* Mit einem Titelbild von Franz von Bayros. München: Weiffenbach [1912]. – Das Hotel Fränkischer Hof in der Senefelderstraße in der Nähe des Hauptbahnhofs, in dem FHO, Kubin und Paul Luckeneder in dieser Zeit öfters

logierten, diente auch Pachinger, dessen Hauptwohnort bis 1915 Linz blieb, in München als Unterkunft. Von 1915 ab bezog er hier ständiges Quartier. (Zu diesen Angaben →vor allem Franz Lipp: *Pachinger.*)

7 K 2. 3. 08

Dieser Brief fand sich im Nachlaß Paul Luckeneders (ÖNB, 295/46-1) und galt bisher als an diesen gerichtet. Auf Grund mehrerer Indizien muß er aber wohl als an FHO adressiert angesehen werden: 1. An Luckeneder ist kein Brief erhalten, in dem sich Kubin über praktisch-technische Aspekte seiner Arbeit unterhält. Die Anrede »alter Praktikus« bezieht sich sicher nicht auf den um 14 Jahre Jüngeren, von dem nicht bekannt ist, daß er sich überhaupt mit drucktechnischen Fragen beschäftigt hat, während es andererseits frühe Radierungen FHOs bereits aus der Münchener Zeit gibt. – 2. Das »Kinderzeichenwerk«: Damit wird direkt Bezug genommen auf den vorausgegangenen Brief Kubins (6 K), aus dem eindeutig hervorgeht, daß FHO sich für eine derartige Sammlung interessiert. – 3. Auch die Diskussion über die Handpresse wird an anderer Stelle dieses Briefwechsels wieder aufgenommen (→10 K).
Vernis mou: Radierung, bei der die Kupferplatte mit einem weichen Ätzgrund versehen ist.
der kl. Altheim: Nicht ermittelt.

8 K [Sommer 1908]

in contumaciam: Kontumaz bezeichnet in der alten Gerichtssprache das Fernbleiben von Gerichtsverhandlungen.
Schärding: Stadt am Inn in Oberösterreich, in der Nähe von Zwickledt (→Anm. 2 K: *Zwickledt*).

9 H 17. 7. 08

Rindbach: 1903 hatten die Eltern Herzmanovsky in Rindbach (auch Rinnbach) in der Nähe von Ebensee am Traunsee im Salzkammergut einen »kleinen Besitz« erworben, wo die Familie zumeist einen Teil des Sommers verbrachte: »Die Parterrezimmer (4 Stück) wurden vollständig – incl. der Wände – getäfelt und sehen recht hübsch aus. Das Haus hat ein steinern. Erdgeschoß und einen im Chaletstyl aufgesetzten Riegelbau 1 Stock [. . .] Der Park um die Villa hat 12 000 m² und besteht aus schönem, altem Nadelholz, ausgedehnte Blumenbeete sind vorhanden, ebenso freie Wiesenplätze. Eine Autostraße führt im Grund bis zur Villa. [. . .] Bis zur Schnellz. Station Ebensee sind es $2^1/_2$ km, gute Straße. Bis zum See (mit Landungsplatz) 7–8 Min. zu Fuß. Die Lage des Ortes schön. Herrliche Nadelwälder.« (Brief an den Verleger Gerd von Wolfenau aus Malcesine vom 8. 5. 1942. Die Abschriften der Briefe FHOs an Gerd von Wolfenau wurden freundlicherweise von Wendelin Schmidt-Dengler zur Verfügung gestellt.)

10 K 6. 12. 08

Arbeit in der Rohschrift fertig: Der einzige Roman Kubins, *Die andere Seite. Ein phantastischer Roman,* entstand im Herbst 1908 im Anschluß an eine gemeinsame Reise der beiden Freunde nach Oberitalien und Venedig und ist im Frühsommer 1909, München und Leipzig: Georg Müller, erschienen: mit Titelzeichnung (Selbstbildnis) und 50 Illustrationen (→Anm. 3 K), davon 20 ganzseitig (Strichätzungen), einem angehefteten Plan und einer Widmung: »Dem Gedächtnis meines Vaters« (→*Otte/Raabe,* S. 73; auch Anm. 13 K). – Der Roman erlebte bis heute zahlreiche

Neuauflagen, z. T. erweitert um Teile der Autobiographie (→ *Otte/Raabe*, S. 86, S. 134, S. 175). 1951, zum 75. Geburtstag Kubins, erschien eine gänzlich neuillustrierte Ausgabe mit einem Vorwort von Wolfgang Gurlitt (→Anm. 155 K u. 209 K sowie *Otte/Raabe*, S. 183). – Eine Funkbearbeitung von Susanne Carwim sendete das Nachtstudio des Bayerischen Rundfunks München am 31. 10. 1951: »Die andere Seite in Leben, Traum und Vision des Zeichners Alfred Kubin« (→209 K). 1973 entstand eine Filmfassung mit dem Titel *Traumstadt* unter der Regie von Johannes Schaaf. – Die Umstände der Entstehung und Fertigstellung des Romans beschreibt Kubin in seiner Autobiographie (→*A.m.L.*, S. 40f.; → auch die folgenden Briefe bis einschließlich 13 K). – Von verschiedener Seite ist zu Recht und wiederholt auf den autobiographischen Impuls hingewiesen worden, der Kubin gerade zu diesem Zeitpunkt zur Behandlung dieses Themas veranlaßt habe (vgl. vor allem die frühe Besprechung von Hanns Sachs im 1. H. des 1. Jg.s, März 1912, der Zeitschrift *Imago*, →Anm. 68 K) sowie die umfangreiche Auseinandersetzung mit dem Kubinschen Werk überhaupt von Schmitz in *B.f.E.* Das gilt in erster Linie für das schwierige und wechselnde, aber stets gleichbleibend stark emotionalisierte Verhältnis zum Vater (→ Anm. 3 K): Die wichtigste Figur des Romans trägt den Namen »Patera«. Die häufig quälende Beschäftigung mit dem Vater-Sohn-Problem datiert, folgt man der Autobiographie Kubins, bis in seine frühe Münchner Zeit zurück: »Ich stellte mir also vor, daß ein an sich außerzeitliches, ewig seiendes Prinzip – ich nannte es ›den Vater‹ – aus einer unergründlichen Ursache heraus das Selbstbewußtsein – ›den Sohn‹ – mit der zu ihm unscheidbar gehörigen Welt schuf. Hier war natürlich ich selbst ›der Sohn‹, der sich selbst, solange es dem eigentlichen, riesenhaften, ihn ja spiegelreflexartig frei schaffenden Vater genehm ist, narrt, peinigt und hetzt. Es kann also ein derartiger Sohn jeden Augenblick mit seiner Welt verschwinden und in die Überexistenz des Vaters aufgehoben werden. Es gibt immer nur einen Sohn, und von dessen erkennendem Gesichtspunkt aus konnte man vergleichsweise allegorisch sagen, daß dieser ganze äffende und qualvolle Weltprozeß geschieht, damit an dieser Verwirrtheit der Vater erst seine allmächtige Klarheit und Endlosigkeit merkt – mißt.« (*A.m.L.*, S. 24f.) Das Zitat macht aber auch deutlich, daß Kubin bereits sehr früh den persönlichen Konflikt auf eine allgemeine Grundkonstellation zurückzuführen sucht. Zugleich hat er mit diesem Roman einen Punkt erreicht, der ihn in Zukunft nicht mehr lediglich im Chaos das lebenspendende Prinzip erkennen läßt – wie zumindest teilweise vom ›Kreis der Kosmiker‹ proklamiert. Das Chaos, von Patera verkörpert, wird jetzt vielmehr von dem Aktiven und Lebensbejahenden, dem Amerikaner Bell, überwunden. Dieses entgegengesetzte Prinzip bleibt in Zukunft zumindest immer erkennbar. (→vor allem *Hewig*; zur bildlichen Darstellung des Vater-Sohn-Konfliktes →*Brockhaus/Peters*, S. 72f.)

dem Jüngling: Otto Gründler (7. 11. 1894 Königsberg – 10. 10. 1961 Bozen), Sohn von Hedwig Kubin aus erster Ehe mit dem Regierungsrat Otto Hermann Gottfried Gründler, gest. 26. 10. 1901. – Otto Gründler wurde vor allem bekannt als Mitbegründer und lebenslanger Schriftleiter der evangelischen Kulturzeitschrift *Zeitwende* (→159 K u. Anm. 159 K).

St. Paulus: Paul Luckeneder (→Anm. 2 K).

Tante Berta: Berta (Bertha) von Reviczky, geb. von Orlando (14. 6. 1851 Cosmanos – 10. 12. 1922 Meran), Schwester der Mutter FHOs, seit 1887 verheiratet mit Conrad von Reviczky. Im Nachlaß FHOs existiert ein Kondolenzbrief Kubins an Berta von Reviczky vom 25. 10. 1908 zum Tode ihres Mannes (BAI).

horakmäßig auszusprechen: Anspielung auf Dr. jur. Emil Edler von Horrak (6. 7. 1870 Baden bei Wien – 1. 1. 1956 Salzburg). Laut Auszug aus dem Trauungsschein (14. 5. 1898) war Horrak »K. K. und östr. Statthalterei-Conceptspraktikant, zugeteilt der k. k. Bezirkshauptmannschaft in Baden bei Wien und k. k. Reserveleutnant des 88. Infanterie-Regimentes«. Später Ministerial-Vice-Sekretär im k. k. Ministerium für Landesverteidigung. In den 20er Jahren lebte Horrak vorübergehend in Meran und betrieb dort ein Briefmarkengeschäft. Er war mit FHO, Kubin und Pachinger befreundet, in dessen Tagebüchern er wiederholt erwähnt wird (→Franz Lipp: *Pachinger*). – Auch Horrak ist Vorbild für eine Reihe literarischer Figuren in den Dichtungen FHOs, wenn auch nicht in derselben Deutlichkeit, die für Anton Pachinger gilt: Er begegnet als »Goubernialrat von Horraker« im *Gaulschreck im Rosennetz* (*S. W.*, Bd. I); als »Charles Borromée Howniak, ein junger Diplomat« in *Rout am Fliegenden Holländer* (*S. W.*, Bd. II); als »Dr. Bogislav Edler von Hahn« im *Maskenspiel der Genien* (*S. W.*, Bd. III) und wohl auch als »Apoll von Nichts« in der gleichnamigen Komödie (*S. W.*, Bd. V). – Von FHO ist eine Variante zu einer Illustration im *Gaulschreck im Rosennetz*, S. 15, erhalten, betitelt: »Vier Horraks fahren zu ihrem guten Kaiser«. Signiert: »FHO 1919«. Das Bild befand sich 1977 im Besitz von Herrn Peter Kamm, CH-6300 Zug, Rathausweg 12. (Die Auskünfte Emil Horrak betreffend verdankt der Herausgeber Frau Barbara Fritsch.)
Brautschaft: Nicht ermittelt. Bezieht sich noch nicht auf seine spätere Frau Carmen (→ Anm. 27 H).
die schwebend leichte Hiroshige-Landschaft: Ichiyusai Hiroshige (1797 Tokio – 12. 10. 1858 ebenda), jap. Maler und Farbholzschneider. Stellte vor allem Landschaften dar.
mit Brigth'schen Nieren: Richard Bright (28. 9. 1789 Bristol – 16. 12. 1858 London), berühmter engl. Arzt und Urologe.
Also soll ich »den Wind« schicken?: Bezieht sich auf ein Blatt Kubins mit dem Titel »Der Sturm« (→11 H). Aus der Zeit vor 1908 ist bei *Otte/Raabe* nur ein Blatt gleichen Namens belegt, abgebildet in: *Die Kunst für Alle.* Jg. 18 (1903), H. 7. – Es kann sich aber ebensogut um einen Entwurf zu dieser Zeichnung oder eine spätere Variante handeln, da das Motiv von Kubin immer wieder aufgenommen wurde (→ *Otte/Raabe,* S. 277 u. 280).

11 H 21. 12. 08
eine Mappe mit Deiner Widmung: Es handelt sich um die bereits 1903 erschienene sogenannte *Weber-Mappe;* offiziell: *Alfred Kubin. Facsimiledrucke nach Kunstblättern.* Hrsg. und verlegt von Hans von Weber. München 1903. 17 [18] Bl., die offensichtlich nicht in der ganzen Auflage verkauft werden konnte. Auch in einem Brief an Hans von Müller vom 30. 12. 1908 (StGM-KA) kommt Kubin hierauf zu sprechen: »Mappenkontrakt mit Weber gelöst ich erhielt 50 Stück, beim Erscheinen als sie für mich Wert gehabt hätten 2 – für die genannten 50 mußte ich 63 Kronen Zoll zahlen.« (→ auch 13 K)
Freund Kühnelt: Erik von Kuehnelt-Leddihn (16. 8. 1879 – 25. 9. 1932). Befreundete Familie der Herzmanovskys. Kuehnelt-Leddihn verfaßte zwei heute vergessene Romane. Zu einem von ihnen: *Von des Alltags Fährlichkeiten.* Wien, Leipzig: Braumüller 1913, schuf FHO ein ganzseitiges Frontispiz. – FHO übernahm die Patenschaft über den gleichnamigen Sohn seines Freundes.
Frau von Schuch: Margarethe Edle von Schuch, geb. Mankiewicz (28. 6. 1881 Dres-

den – ?), Musik-, Theater- und Kunstkritikerin in Wien. Verfasserin von Gedichten, Erzählungen und Romanen.
ein sehr krasses Drama: In einem Schreiben vom 22. 7. 1908 (BAI) lehnt der Verlag C. W. Stern das Stück *Der Herzog von San Mauro,* das FHO ihm geschickt hatte, ab, es sei denn, die Autorin – der Name wird nicht genannt – trüge alle Kosten selbst. Es ist zu vermuten, daß es sich bei dieser Arbeit um das erwähnte Drama von Margarethe von Schuch handelt.
Stern in Wien: Carl Wilhelm Stern (22. 8. 1873 Worms – ?), Buchhandlung und Verlag (seit 1902) in Wien I, Franzensring (später Dr.-Karl-Lueger-Ring). – Der ständig in Skandale verwickelte Verlag – sowohl wegen zahlreicher bei ihm verlegter pornographischer Bücher als auch wegen Verletzungen gegen das Urheberrecht – existierte bis zu seiner Auflösung durch die Nationalsozialisten im Jahre 1938.
Heiratsantrag der lustigen Mimi Neiber: Genaueres nicht ermittelt, ebensowenig wie zu der *schöne[n] Salzburgerin.*
Wehmütige Betrachtungen: Das elf Blätter umfassende, beidseitig beschriebene Manuskript, mit ausführlichen Korrekturen versehen, gehört vermutlich zu den frühesten erhaltenen literarischen Arbeiten FHOs. Der Titel auf dem Deckblatt ist ähnlich gegliedert, weicht aber in Details von den im Brief wiedergegebenen ab; er lautet im Manuskript: »Wehmütige Betrachtungen / des wohledeln / Herren Herren / Wenzel / Kwadrata von Quaderwurf / k. k. / geheimen Ober Officiales / der / k. k. / Patrimonial und Aviticalbuchhaltung / zu Wien am Alten Fleischmarkt 70 [. . .] / zum ersten male ediert und durchwegs / auf feines Schreibpapier gedruckt / zu finden bey / C W Stern auf dem Glacis vor der / Mölkerpastey / Wien 1828« (BAI, IX/25). – Anklänge an diesen Titel finden sich noch im Elften Capitel im *Gaulschreck im Rosennetz* (*S. W.,* Bd. I), S. 119: »Wehmütige Betrachtungen eines Kais. Beamten über das jüngste Gericht und den damit verbundenen Ausfall an fiskalischen Liquidationsgebühren.«
Horackgeschichten: Im Nachlaß nicht erhalten.
den 6ten Akt zu OAHA: Es handelt sich hierbei um eine Anspielung auf die Komödie von Frank Wedekind: *OAHA. Die Satire der Satiren.* Berlin: Cassirer 1908. Autobiographisches Schlüsselstück, das am Beispiel der Intrigen und Geschäftemacherei um die fiktive Zeitschrift »Till Eulenspiegel« persönliche Erfahrungen Wedekinds mit dem Verlagshaus Albert Langen behandelt.

12 K 23. 12. 08
Mein Poëband: Das schwatzende Herz und andere Novellen (→Anm. 3 K).
im Müllerschen Verlagskatalog: Georg-Müller-Verlag-A.G., gegründet 1903 in München. Georg Müller (29. 12. 1877 Mainz – 29. 12. 1917 München) war nicht nur einer der wesentlichen Förderer des jungen Kubin – zwischen 1909 und 1919 erschienen seine Werke fast ausschließlich in diesem Verlag –, sondern auch persönlich mit ihm befreundet.
ich persönlich will nicht als Schriftsteller auftreten: Kubin schreibt hierzu in seiner Autobiographie: »Ich habe kein maßgebendes Urteil in literarischen Dingen, habe vorher nie etwas zur Veröffentlichung Bestimmtes geschrieben, ja, mir ist das Schreiben selbst eine unsympathische Tätigkeit; nie im Leben habe ich ein Gedicht gemacht. Ich fürchtete, meinen künstlerischen Ruf durch Herausgabe der ›Anderen Seite‹ zu gefährden, um so mehr, da man früher schon in meinen Zeichnungen literarische Neigungen erkennen wollte. [. . .] Daß ich schrieb, anstatt zu zeichnen, lag

in der Natur der Sache, das Mittel war gerade passend, mich rascher der drängenden Ideen zu entledigen, als es anders möglich gewesen wäre.« (*A.m.L.*, S. 41) – 1902 in einem Brief an Hans von Müller hatte sich Kubin allerdings gefragt: »[...] vielleicht bin ich Schriftsteller« (16. 1. 1902), und in einem weiteren Brief vom 5. 7. 1902, ebenfalls an Müller, plante er sogar eine literarische Veröffentlichung: »Von dem Selbstbildnis, das Du hast, werde ich vielleicht im nächsten Jahre einmal eine Reproduction machen lassen, – als Titelbild oder Schlußbild für das im heurigen Winter von mir geschriebene Buch, welches ich irgendwann mal drucken lasse, ich habe darin so eminent vieles geschildert und gesagt, was ich nicht bildlich ausdrücken konnte.« (Beide Briefe StGM-KA) Es handelt sich hierbei wahrscheinlich um das in der Autobiographie erwähnte »philosophische« und »poetische« Werk, der *Sohn als Weltenwanderer* (→*A.m.L.*, S. 25; → auch Anm. 10 K), von dem lediglich einige wenige, nur »schwer entzifferbare Teile« erhalten sind (→*Hewig*, S. 16). – Tatsächlich scheinen die literarischen Äußerungen Kubins für ihn vor allem zwei Funktionen gehabt zu haben: zum einen, Zeiten eines vorübergehend gestörten Verhältnisses zum bildnerischen Ausdruck zu überbrücken, zum anderen, zum Verständnis der inhaltlichen Seite seines graphischen Werkes beizutragen.

Zeugung des Weibes: Um 1901/02. 315 × 238 (wiederabgebildet z. B. bei *Brockhaus/Peters*, S. 144). – Bei dem im Verlag C. W. Stern erschienenen Buch handelt es sich um die frz. Ausgabe des bereits 1904 dt. erschienenen Werkes *Das erotische Element in der Karikatur*. Die frz. Ausgabe *L'element érotique dans la caricature*. Wien 1906, war aus auflagerechtlichen Gründen im Deutschen Reich verboten. – Kubin besaß aus der dreibändigen Ausgabe: *Die Karikatur der europäischen Völker vom Altertum bis zur Neuzeit*. Berlin: Hofmann 1901–1904, Bd. 2: *Vom Jahre 1848 bis zur Gegenwart* u. Bd. 3: *Das erotische Element in der Karikatur.*

E. Fuchs: Eduard Fuchs (31. 1. 1870 Göppingen – 1937 Frankreich), Kunst- und Kulturhistoriker. Er erwähnt und behandelt Kubin in verschiedenen Werken: *Geschichte der erotischen Kunst*. Bd. 1. München: A. Langen 1908; Bd. 2. Ebenda 1924; Bd. 3. Leipzig: Hesse und Becker 1926. – *Illustrierte Sittengeschichte vom Mittelalter bis zur Gegenwart*. 3 Hauptbde. u. 3 Ergänzungsbde. München: A. Langen 1909–1912. – In der Bibliothek Kubins sind alle Werke erhalten.

13 K 10. 1. 09

Oskar A. H. Schmitz: Auch Oscar (16. 4. 1873 Bad Homburg – 17. 12. 1931 Frankfurt a. M.), Lyriker, Dramatiker, Erzähler und Essayist. Bruder Hedwig Kubins. – Schmitz war neben Karl Wolfskehl (→Anm. 22 K) der wichtigste Anreger des jungen Kubin auf literarischem und philosophischem Gebiet, obwohl dieser dessen Grenzen bald richtig einzuschätzen wußte (→15 K). Dennoch scheinen vor allem auch die politischen Anschauungen seines Schwagers zunächst stark auf den gänzlich unpolitischen Kubin gewirkt zu haben. – Die wichtigsten politischen Schriften von Schmitz sind: *Französische Gesellschaftsprobleme*. Berlin: Dr. Wedekind u. Co. 1907. – *Das Land ohne Musik. Englische Gesellschaftsprobleme*. München: Georg Müller 1914. – *Englands politisches Vermächtnis an Deutschland*. München: Georg Müller 1916 (= 3. Auflage der *Kunst der Politik*. Berlin: Meyer & Jessen 1911). – *Das wirkliche Deutschland. Die Wiedergeburt durch den Krieg*. München: Georg Müller 1914. – Die genannten Werke sind in der Kubin-Bibliothek erhalten. — Ausführlich dargestellt und behandelt werden Kubin und seine Werke im 3. Bd. der Memoiren *E.S.* sowie in dem umfangreichen Essay innerhalb der Schrift *B.f.E.* (→Anm. 10 K). Schmitz erinnert sich dort in dem Kapitel *Die Beschwörung der Dämonen oder Alfred Kubin, der magische Mensch* an die erste Begegnung mit dem Kubinschen Roman: »Ich war der erste, der dieses Werk im Manuskript zu lesen bekam und taufte es unter des Verfassers lebhafter Beistimmung ›Die andere Seite‹, da mir hier zum erstenmal das Polare der Kubinschen Doppelwelt in ganz reiner Ausprägung sichtbar wurde.« (*B.f.E.*, S. 74) – Kubin illustrierte drei Prosasammlungen seines Schwagers: a) *Haschisch.* München und Leipzig: Georg Müller 1913. – b) *Herr von Pepinster und sein Popanz. Geschichten vom Doppelleben.* München und Leipzig: Georg Müller 1915. – c) *Märchen aus dem Unbewußten.* Mit einem Vorwort von C. G. Jung. München: Carl Hanser 1932 (→*Otte/Raabe*). – 1932 erschienen in den *Münchner Neuesten Nachrichten* vom 17. 7. *Erinnerungen an Oscar A. H. Schmitz* von Alfred Kubin (wiederabgedruckt in: *A.m.W.*, S. 97–102). – FHO und Schmitz lernten sich vermutlich 1912 in Wien durch Vermittlung von Kubin und Luckeneder kennen (→ Brief Kubins an Luckeneder vom 5. 10. 1912, ÖNB, 295/46–26, auszugsweise zitiert in Anm. 54 H), und zwar anläßlich der Premiere von Schmitz' Komödie *Don Juanito.* Komödie in vier Aufzügen. Berlin: Dr. Wedekind u. Co. 1908 (→Anm. 45 H). Auch zwischen Schmitz und FHO entwickelte sich ein immer engeres freundschaftliches Verhältnis. Als literarischer Figur begegnet man Schmitz in FHOs Roman *Der Gaulschreck im Rosennetz* (*S. W.*, Bd. I), dessen erste Ausgabe mit einem Vorwort von Schmitz eingeleitet wurde (→ Anm. 135 H). – Die in den Briefen 182 H und 185 H erwähnte Novelle *Wie der Essayist OAH Schmitz die 3te Schauung Buddhas mitmachte* ist entweder nie ausgeführt worden oder verlorengegangen. Erhalten dagegen sind Illustrationsentwürfe zu Schmitz': *Wie Pannychis, die Hetäre, in den Himmel kam, ein burlesker Akt.* In: Oskar A. H. Schmitz: *Don Juan und die Kurtisane.* München: Georg Müller 1914 (Illustrationsentwürfe BAI).

14 H 18. 1. 09

meine arme Tante: Berta von Reviczky (→Anm. 10 K).
Bolusgründe: Bolus, die natürlich vorkommende dunkelrote bis braune Erdfarbe, die man rein oder in Mischungen für Grundierungen in der Tafelmalerei verwendete.
Zeichnung, die Deinem Brief beilag: Nicht ermittelt.
v. Klöthen: Außer mit dieser Unterschrift zeichnet FHO seine Briefe zeitweise auch mit »Erbweiher« (→23 H, 29 H), »Entenbrecht« (→42 H, 49 H) oder »Erbweiher von Entenbrecht« (→34 H). – In einer frühen Notiz zum *Scoglio Pomo,* der Vorstufe zu *Rout am Fliegenden Holländer,* begegnet man einer Figur namens »Dr. Entenbrecht, genannt Erbweiher« (BAI, II/1–2); in der endgültigen Fassung findet sich die Namenskombination »Afftenholz-Entenbrecht«. Als Anreden verwendet FHO z. B. »v. Pullwitz« (→42 H) und »von Holzklöter« (→32 H).

15 K 25. 1. 09

danke Dir für... die 100 MK: Vermutlich für den Verkauf der *Weber-Mappe* (→Anm. 11 H).
Mein Poebuch »das schwatzende Herz«: (→Anm. 3 K).
Es dürfte Ende März herauskommen: (→18 K, 22. 5. 09): »Ich halte das erste gebundene Exemplar meines Buches in Händen«.
In Salzburg bei F. W.: Nicht ermittelt.
Onkel Paul: Paul Luckeneder (→Anm. 2 K).
der aufgeführte Meyrink: Gemeint ist vermutlich die dramatische Bearbeitung von

Meyrinks Erzählung *Der Albino,* die durch die beiden Wiener Kabaretts »Fledermäuse« und »Hölle« in zahlreichen Gastspielen aufgeführt wurde (→Manfred Lube: *Gustav Meyrink. Beiträge und Studien zu seiner Kunsttheorie.* Dissertation der Universität Graz. 51. 1980, S. 83).

16 H 6. 3. 09

Slevogt: Max Slevogt (8. 10. 1868 Landshut – 20. 9. 1932 Neu-Castell b. Landau/Pfalz), Maler, Graphiker und vor allem Illustrator. Er hatte wesentlichen Einfluß auf die Technik Kubins. In Paul Cassirers Zeitschrift *Kunst und Künstler.* Jg. 27 (1928), H. 1, erschien zum 60. Geburtstag des Künstlers eine Laudatio Kubins, in der er Slevogt den »Hauptillustrator unserer Zeit« nennt (wiederabgedruckt unter dem Titel *Dem sechzigjährigen Slevogt* in: *A.m.W.,* S. 89–90). Zwischen beiden Künstlern bestanden sonst kaum persönliche Beziehungen, was beide später bedauerten (→*Otte/Raabe,* S. 204).

Dein Zimmer . . . total bereit: Ob Kubin tatsächlich nach Wien fuhr, ließ sich nicht mit Sicherheit klären, erscheint aber angesichts des Briefes 17 K vom 2. 4. 1909 eher unwahrscheinlich.

17 K 2. 4. 09

meiner armen Frau . . . ich kann nicht hinfahren: Hedwig Kubin mußte sich in Baden-Baden erneut einer Operation unterziehen.

ihre Schwester: Mathilde (Thilde, Tilly) Schmitz, geschiedene Alewyn (→Anm. 189 K), verwitwete Spier (13. 2. 1880 Bad Homburg – 4. 9. 1945 Schärding).

Emil Mantels: (1879 – Ende März 1909), Maler und vorübergehend unter dem Namen »Arkus Troll« Mitglied des Münchner Kabaretts »Die elf Scharfrichter« (1901–1903). Er gehörte zum engeren Freundeskreis Kubins während seiner Münchner Zeit. In seiner erinnernden Anekdote *Des Perserprinzen Muzaffer-Eddin Besuch in Olching* erwähnt er ihn als »M« (→*A.m.L.,* S. 109–123).

Bresdin'scher Einfluß: Rodolphe Bresdin (17. 3. 1825 Ingrandè – 14. 1. 1885 Sèvres), symbolistischer Zeichner, dessen Graphiken wegbereitend waren für Redon, Beardsley und Ensor. Eines seiner Hauptwerke ist *La Comédie de la Mort* (1854), das in dem Roman *A Rebours* von Joris Karl Huysmans (→Anm. 52 K) genau beschrieben wird.

Neufassung der verkitschten Orchidee: Otte/Raabe (S. 74f.) weist auf die Abbildung einer getönten Federzeichnung mit dem Titel »Orchidee« in der Wochenschrift *Licht und Schatten.* Hrsg. Hans von Gumpenberg, Jg. 1 (1910/11), H. 9, hin.

Kery's: Die mit den Herzmanovskys befreundete Wiener Familie des Bakteriologen Dr. Richard Kerry. – Im Sommer wohnten die Herzmanovskys bis zum Jahre 1903 (→Anm. 9 H) benachbart zur Villa Kerry in Altaussee. Ende der 40er und Anfang der 50er Jahre verbrachte das Ehepaar HO mehrere Sommer in Altaussee, in engem Kontakt mit der Tochter Christine Kerry, in deren Villa sie auch zum Teil wohnten (→206 H u. 210 H; die Auskünfte verdankt der Herausgeber Frau Christine Kerry).

die Kunstgenossenschaft in München: Gemeint ist die »Neue Künstlervereinigung München«, die sich im Frühjahr (22. März 1909) formiert hatte. Außer Kubin gehörten zu den Gründungsmitgliedern: Wassilij Kandinsky, Alexej von Jawlensky, Gabriele Münter, Adolf Erbslöh, Alexander Kanoldt und Marianne von Werefkin (→Rosel Gollek: *Der Blaue Reiter im Lenbachhaus München.* Katalog der Sammlung in der Städtischen Galerie. München: Prestel 1974, S. 10).

Strindbergs »Blaubuch«: Die Bücher *Ein Blaubuch. Die Synthese meines Lebens* erschienen in 4 Abteilungen zwischen 1907 und 1912 (dt. München: Georg Müller 1908–1921). Diese Sammlung kürzerer Betrachtungen zu praktisch allen Wissensgebieten ist dem Andenken Swedenborgs (→Anm. 33 K) gewidmet, als dessen Schüler sich Strindberg verstand. Kubin besaß alle vier Folgen dieser Sammlung. – Eine Mappe mit 18 Steinzeichnungen von Kubin zu Strindbergs Drama *Nach Damaskus* ist in München: Georg Müller 1922 erschienen; die illustrierte Novellensammlung *Tschandala.* Wien: Johannes Presse 1937 (→*Otte/Raabe,* S. 102 u. 158).

18 K 22. 5. 09
Dinge die sich »unter 4 Augen am besten sagen lassen«: Bezieht sich wohl bereits auf die aus dieser Zeit datierenden Anfänge der Bekanntschaft mit seiner späteren Frau Carmen (→Anm. 27 H). Das früheste bisher bekannte Zeugnis dieser Beziehung ist ein Gedicht vom 8. April 1909 *an Carmen.* Der früheste erhaltene Brief bzw. Briefentwurf an sie stammt aus Hofgastein (→20 H) vom 10. 6. dieses Jahres (beides BAI).
falsche Behams, Burkmaiers, Kranach: (→11 H). *Barthel Beham* (um 1502 Nürnberg – 1540 Bologna). – *Hans Burgkmair d. Ä.* (1473 Augsburg – 1531 ebenda). – *Lucas Cranach d. Ä.* (Oktober 1472 Kronach – 16. 10. 1553 Weimar). – *Lucas Cranach d. J.* (4. 10. 1515 Wittenberg – 25. 1. 1586 ebenda), Sohn des vorigen.

19 H [Juni 1909]
Capitel aus »Perle«: Perle ist der Name der Hauptstadt, der »Traumstadt« in Kubins Roman *Die andere Seite.*

20 H 27. 6. 09
Der Brief ist auf die Rückseite einer Buntstiftzeichnung geschrieben, zwei groteske Künstlerfiguren darstellend: eine Sängerin und einen Geiger vor einer ebenso grotesk anmutenden Zuhörerschaft. Das Blatt ist überschrieben »Gastein« und signiert »FH 1909« (StGM-KA).
biedrer Traumstädter: (→Anm. 19 H).
Frl. Hauschka ... Frau Harrer: Bekannte Wiener Familien. Die genaueren Beziehungen zur Familie Herzmanovsky wurden bisher nicht ermittelt.
Brendels ... Melitten ... Korntheurs: Baron Hektor von Brendel, Melitta Lampenbogen, Prof. Korntheur sind Figuren aus der *Anderen Seite.*
Excell. Sluca: Im *High-Life-Almanach 1909* wird eine Exzellenz Ferdinand Sluca, k. u. k. Feldmarschalleutnant i. P., Wickenburggasse 17, Wien, genannt.

21 K 6. 8. 09
»Almfried«: Villa Almfried, Name des Besitzes der Familie Herzmanovsky in Rindbach (→Anm. 9 H).
Heidelberg: In der ersten Julihälfte reiste Kubin nach Heidelberg, wo er auf Stift Neuburg des Freiherrn Alexander von Bernus (→Anm. 26 K) mit Stefan George und seinem Kreis und einigen anderen Freunden aus der Münchner Zeit zusammentraf (→Brief an Bernus vom 14. 7. 1909, in: *Worte der Freundschaft für Alexander von Bernus.* Nürnberg: Carl 1949, S. 102; weiters die Erinnerungen von Bernus: *Sommertage und Sommernächte auf Stift Neuburg* und *Dichter und ihre Gesellen. Der Heidelberger Dichterkreis auf Stift Neuburg.* Beides wiederabgedruckt in: *In Memoriam Alexander von Bernus.* Hrsg. Otto Heuschele. Heidelberg: Lambert Schneider 1966).

Bekämpfung des M.: M. =Morphium (→17 K u. 26 K).
Poe: (→Anm. 3 K).
Goisern: Heilbad in Oberösterreich. Zusammenhang unklar.

22 K 28. 9. 09
Doboj, Bosnien: Jugoslaw. Städtchen am Zusammenfluß von Bosna und Spreca. – Kubin unternahm seine zweite bosnische Reise zusammen mit Karl Wolfskehl (→Anm. weiter unten).
Pest: Der links der Donau gelegene Stadtteil Budapests.
Mostar: Jugoslaw. Stadt in der Herzegowina, an der Verbindungsstraße Metcović–Sarajevo.
Ragusa: Italien. Name von Dubrovnik.
Spalato: Italien. Name von Split.
Dr. Wolfskehl: Karl Wolfskehl (17. 9. 1869 Darmstadt – 30. 4. 1948 Bayswater-Auckland/Neuseeland), Schriftsteller, vor allem Lyriker und Essayist, stammte aus einer reichen jüdischen Familie; Dr. phil. (Germanistik). Sein Haus in Schwabing war Sammelpunkt des George-Kreises. Darüber hinaus gehörte Wolfskehl dem sogenannten ›Kreis der Kosmiker‹ an. (Die Bezeichnung stammt von Friedrich Wolters; → *Wolfskehl 1869–1969,* S. 127; zum Begriff ›kosmisch‹ →auch 93 H: *das Arische Geheimnis Schullers.)* Zu diesem Kreis gehörten neben George und Wolfskehl vor allem Ludwig Klages (→Anm. 50 K) und Alfred Schuler (→Anm. 34 H). Ihnen nahe stand neben anderen auch Alexander von Bernus (→Anm. 26 K). – Kubin war mit Wolfskehl seit seiner Münchner Zeit befreundet; wie er in einem Brief vom 24. 4. 1940 an Ludwig Rosenberger schreibt, lernte er in dessen Haus auch seine Frau Hedwig kennen (→Rosenberger: *Wanderungen zu Alfred Kubin,* S. 59). – Neben Schmitz verdankt Kubin vor allen anderen Wolfskehl »sein universales Wissen und seine literarischen Kenntnisse« (*Otte/Raabe,* S. 209); daß er sich dessen bewußt war, bezeugt ein Brief an Wolfskehl zu dessen 60. Geburtstag vom 3. 10. 1929: »Ich verdanke Ihnen so viel unermeßbares lieber Freund, daß eigentlich mehr Dank- als Wunschworte mir aus der Feder fließen wollen.« (Wolfskehl: *Briefe und Aufsätze,* S. 27) – Die gemeinsame Balkanfahrt erwähnt Kubin auch in seiner Autobiographie: »[. . .] denke ich gern an eine besonders schöne Donaufahrt mit Karl Wolfskehl (1909), der sich eine Balkanreise anschloß.« (*A.m.L.,* S. 48; dort ist auch eine Federzeichnung abgebildet: »Markt in Dalmatien: Wolfskehl ersteht eine neue Brille bei einem Straßenhändler«.) Weitere Darstellungen Wolfskehls finden sich z. B. auf den Blättern »Nächtliche Begegnung«. 1927. Ca. 405 × 295 bzw. 500 × 378 (→*Otte/Raabe,* S. 128, abgebildet ebenda nach S. 144). – »Hexe und Zauberer«. 1925. 382 × 319 (→Abb. S. 209; → auch *Müller-Thalheim,* S. 108, abgebildet ebenda, S. 28); eine Variante, betitelt »Saul und die Hexe von Endor« scheint bei *Otte/Raabe,* S. 135/136 auf (→34 H u. Anm. 34 H). – »Der letzte Landstreicher.« 1925. In: *Der Guckkasten.* Wien: Johannes Presse 1925 (→*Otte/Raabe,* S. 124/125; →Abb. S. 257) und schließlich in der Gestalt des »Ahasver«, ein Blatt, das Kubin Wolfskehl zu dessen 60. Geburtstag schenkte (→Brief an Kubin vom 9. 10. 1925, in: Wolfskehl: *Briefe und Aufsätze,* S. 28ff.) – Auch FHO war mit Wolfskehl befreundet und stand mit ihm in losem Briefverkehr. Eine der frühesten Würdigungen FHOs publizierte Wolfskehl in: *Die literarische Welt.* 9. Jg. (1933), H. 5, unter dem Titel *Der Feuersalamander der Hofburg* (wiederabgedruckt in: Wolfskehl: *Briefe und Aufsätze,* S. 197–200). Wolfskehl war auch mit Pachinger (→Anm. 6 K) und Schmitz (→Anm. 13 K) befreundet.

Hugo Heller: Verlagsbuchhändler und Galerist, Wien I, Bauernmarkt 3.
Kubinausstellung: Karl Kraus erwähnt die Ausstellung unter der Rubrik *Notizen* in der dreifachen *Fackel*-Nr. 395/396/397 März–April 1914, S. 29f., weshalb zu vermuten ist, daß sie erst Februar/März 1914 zustande kam (→57 K u. 58 K; bei *Otte/Raabe* u. *Brockhaus/Peters* nicht erwähnt).
im Sinne des großen Zyklus: Gemeint ist vermutlich die *Sansara-Mappe* (→Anm. 46 K).
Venedig (Trimurti?): ›Trimurti‹ ist ein Begriff aus dem Sanskrit und bedeutet soviel wie ›Dreigestalt‹, im späten Brahmanismus die Einheit der Götter Brahman, Wischnu und Schiwa. – In einem im Nachlaß erhaltenen Briefentwurf FHOs an CHO vom 10. 6. 1909 aus Hofgastein figuriert Carmen als »Trimurti«, während FHO sich selbst »Cyrano« nennt (BAI). – Die Frage könnte sich auf eine gemeinsame Reise FHOs mit CHO beziehen.
Stefan Zweig: Kubin schickte Zweig, dessen Werk er sehr schätzte, im Anschluß an dieses Treffen seinen Roman *Die andere Seite.* Die Antwort Zweigs vom 15. 10. 1909 war ein überschwengliches Lob (→*Otte/Raabe,* S. 33). Beide Künstler blieben zeitlebens in lockerer Verbindung (→ auch den Brief Zweigs zum 60. Geburtstag Kubins, ebenfalls abgedruckt bei *Otte/Raabe,* S. 53f.).

23 H 6. 10. 09
Pachusathmosphäre: Pachus = Pachinger (→Anm. 6 K).
das schwerste mystische Erlebnis: In einem Briefentwurf an Carmen vom 30. 9. 1909 schreibt FHO: »Die kühle Alpenluft, der taghelle Mondschein – von meinem Schlafzimmer sah ich in zauberhafteste Waldweben – beruhigten mich sehr – da um 6^{42} Früh bekam ich den gewaltigsten Chok meines Lebens. Ich war im Halbschlummer plötzlich erschien aus sammtener Finsternis DEIN Antlitz. dunkel mit Sonnenaugen: im nächsten Moment wurde ich von Riesenkräften zusammengepreßt, gleich der Umarmung eines Weltkörpers. Ein Gefühl unbeschreiblicher Macht, gleich dem dämonischen Kusse des Eros / Cyrano grüßt Carmen!« (BAI)

24 H 21. 10. 09
mit einem pantherartigen Thier: CHO (→Anm. 27 H) wird in den Briefen verschiedentlich als Panther bezeichnet oder mit einem Panther verglichen. Von FHO und Freunden wurde sie auch »Pardhy« genannt. Gagern weist in diesem Zusammenhang darauf hin, daß FHO für die »Verbindung von Tod und Liebe wiederholt das Bild des Panthers« verwendet – »einer großen Wildkatze – die Katzen sind aber wiederum die heiligen Tiere der Venus. So trägt die Amazonengarde als Gala ›Pantherfellerln‹ und Roxane [→Anm. 157 H], die ›parfümierte Wildkatz‹, die durch kleine Sporen die Amazone markiert, benutzt ein Parfum, das ›ein ganz klein wenig nach Panther und Orchideen‹ duftet« (*Gagern,* S. 140; die Primärzitate stammen aus dem *Maskenspiel der Genien, S.W.,* Bd. III, ÖNB, Cod. Ser. n. 13684, I, S. 39, und aus dem *Apoll von Nichts, S.W.,* Bd. V, ÖNB, Cod. Ser. n. 13620, S. 65). – Vgl. in diesem Zusammenhang auch eines der bekanntesten Werke von Ferdinand Khnopff (12. 9. 1858 Grembergen-lez Termonde – 12. 11. 1921 Brüssel) »Liebkosungen« (»Des Caresses«) 1896: Der weibliche Partner hat den Körper eines Panthers mit Frauenkopf. Das Bild wurde 1898 anläßlich der ersten Sezession in Wien ausgestellt und verkauft.
fluchtartige Abreise von Venedig: Zusammenhang unklar (→26 K).

26 K 26. 10. 09

Nachricht aus B.-B.: Aus Baden-Baden; das in Brief 25 H (24. 10.) erwähnte, nicht erhaltene Schreiben.

Baron Bernus: (→Anm. 21 K). Alexander von Bernus (6. 2. 1880 Aeschach – 6. 3. 1965 Schloß Donaumünster). Lyriker, Erzähler und Übersetzer. Mitbegründer der »Schwabinger Schattenspiele«. – Mit Kubin seit dessen früher Münchner Zeit befreundet. In der Bibliothek Kubins sind zwei Exemplare mit handschriftlicher Widmung von Bernus erhalten: a) *Stift Neuburg. Eine Gedichtfolge.* Mit 10 Holzschnitten von Joachim Lutz. Mannheim: Gangenbach u. Hahn 1926. Die Widmung nimmt Bezug auf den 50. Geburtstag Kubins und die 25jährige Freundschaft zwischen beiden Künstlern; b) *Gold um Mitternacht. Gesammelte Gedichte.* Weimar: E. Lichtenstein 1930: »Meinem ältesten Münchner Freunde / Alfred Kubin / in großer Herzlichkeit / Januar / 1931 / Alexander von Bernus«. – Von 1916 bis 1921 gab Bernus die Zeitschrift *Das Reich. Vierteljahresschrift für Geisteswissenschaft und Kunst* heraus (→104 K), in der auch Kubin veröffentlichte.

27 H 27. 10. 09

Carmen: Eigentlich Maria Elisabeth Herzmanovsky, geb. Schulista (17. 1. 1891 Budapest – 1. 4. 1962 Innsbruck). – Sie ist Vorbild für zahlreiche Frauengestalten auf den Zeichnungen FHOs und figuriert mehr oder weniger deutlich in allen größeren literarischen Werken. – Die Vermutung FHOs in 34 H (4. 3. 1910), Carmen »scheint das Haupt einer großen occultistischen Gruppe zu sein«, scheint in dieser Form übertrieben. Andererseits wird aus diesem und den folgenden Briefen deutlich, daß das von nun an ständig zunehmende Interesse FHOs an mystisch-theosophischen Fragen und astrologischen und kabbalistischen »Forschungen« wesentlich von CHO gefördert wurde.

28 K 11. 11. 09

Belzebübereien: »Eine weitere bemerkenswerte Änderung im Stofflichen war, daß das Darstellen absurd kombinierender Phantastik, wie beispielsweise Schweine mit Heiligenscheinen, Häuser mit großen Ohren, Vulkane, denen Blutfontänen entspringen usw., nun nicht mehr diesen starken Reiz wie einst auf mich ausübte. Vielleicht ist diese Art der Phantastik überhaupt ein jugendliches gärendes Stadium mancher Phantasie.« (*A.m.L.*, S. 42)

29 H 20. 11. 09

fand ich eine Hilfe: Nicht sicher ermittelt. Bezieht sich möglicherweise auf die in 32 H genannten okkulten Autoren Salverte und Blavatzky.

Dhyani Chochan's: Richtig: Dhyani Chohans (Sanskrit), die Herren des Lichts, die höchsten Götter, die mit der Oberaufsicht im Kosmos betraut sind. Auch als Herren der Meditation bezeichnet. – Die in diesem und den folgenden Briefen geäußerten Vorstellungen sind weitgehend mit denjenigen identisch, die von der okkulten Anthropologie vertreten werden und denen man insbesondere bei Helena Petrowna Blavatzky (→Anm. 32 H) im II. Band ihrer *Geheimlehre,* der *Anthropogenesis,* begegnet. Bei dieser »Lehre« handelt es sich um Deutungen ausgewählter Strophen aus dem *Buche des Dzyan.* Danach ist die geologische Entwicklung der Erde in fünf Perioden verlaufen, deren jede durch die Glanzzeit bzw. den Untergang eines großen »Kontinents« bezeichnet ist: das »unvergängliche Heilige Land«, der »hyperboreische

Kontinent«, »Lemurien«, »Atlantis«, »Europa«. Aus diesen Vorstellungen von der geologischen Entwicklung der Erde wird die Geschichte der Entwicklung der Rassen in fünf Stufen abgeleitet. Erst auf der vierten Stufe, im atlantischen Zeitalter also, ist die Entwicklung des Menschen, dessen Abkunft von einem gottähnlichen, ungeschlechtlichen Wesen angenommen wird, abgeschlossen. Rassenvermischung führte in der Folge dazu, daß das »schöne Kind« der »weißen Insel Atlantis« immer mehr an Einfluß verlor und von den »dunklen« Rassen einerseits und der »Civilisation« andererseits vernichtet wurde. – Man kann davon ausgehen, daß diese Anschauungen, denen man später modifiziert auch bei Lanz von Liebenfels (→Anm. 33 K) begegnet, die weltanschaulichen Grundüberzeugungen FHOs wesentlich mit beeinflußt haben.

30 H 20. 1. 10

all Deine Sendungen und Briefe: Die Briefe sind nicht erhalten. Im Nachlaß FHOs befindet sich aber ein Exemplar von Edgar Allan Poe: *Das Feuerpferd und andere Novellen.* Mit 15 Bildbeigaben von Kubin (→Anm. 3 K). Das Buch ist mit der handschriftlichen Widmung versehen: »Meinem lieben Fritz zu Weihnachten 1909. Zwickledt Dez. 09. Alfred Kubin.«

Paul Lux: Paul Luckeneder (→Anm. 2 K).

Ausstellung bei Heller: (→Anm. 22 K).

Auerlicht: Gasglühlicht, benannt nach seinem Erfinder Carl Freiherr Auer von Welsbach.

bin täglich bis 7 oder 1/2 8 im Bureau: (→ auch Anm. 1 K: *München*). Über die Tätigkeit als Architekt ließ sich bisher nur wenig und Unzusammenhängendes ermitteln, was wohl darauf zurückzuführen ist, daß FHO, bereits seit 1911 nierenleidend, seinem Beruf nur noch sehr unregelmäßig nachgekommen sein dürfte. – Laut Dekret vom 14. 10. 1908/Z. 3917 en 1908 ist FHO von der »k. k. Zentralkommission für Kunst- und Historische Denkmalpflege« zum korrespondierenden Mitglied ernannt worden. In dieser Funktion war er auch an Restaurierungsarbeiten auf Burg Kreuzenstein in Niederösterreich des Grafen Wilczek und später an der Renovierung des Turms von Schloß Tirol bei Meran beteiligt (→Ziegler: *Ausstellungskatalog 1977,* S. 8). Zum Zeitpunkt dieses Briefes leitete er zusammen mit Dr. Keller (→38 H u. Anm. 38 H) ein Architekturbüro, wahrscheinlich in der Fluchtgasse Nr. 7 in Wien (→ *High-Life-Almanach 1909*). Aus Briefen an Mia Luckeneder-von Neuhauser aus dem Jahre 1918 geht hervor, daß FHO in Wien XVIII, Czatoryskigasse Nr. 5 und 7 zwei Häuser besaß, die er vermutlich selbst gebaut hat.

31 K 1. 2. 10

ein IIII. Poe: König Pest und andere Novellen. (→Anm. 3 K).

die Physik der Liebe: Remy de Gourmont (4. 4. 1858 Bazoches-en-Houlme/Orne – 27. 9. 1915 Paris), frz. Schriftsteller des Symbolismus. Wichtiger Essayist der Dekadenz. – Die dt. Übersetzung von *Physicques de l'amour.* Essay (1903), von Rudolf Brettschneider mit dem Titel *Die Physik der Liebe. Ein Essay über den sexuellen Instinkt,* ist 1910, München: Hyperion, erschienen.

nach Graz: In Graz lebte die Familie des Bruders des Vaters von Alfred Kubin, Leopold Ferdinand Kubin (10. 8. 1838 Brüx – 6. 4. 1913 Graz), der dort die Stelle eines Evidenzhaltungsdirektors innehatte.

32 H 7. 2. 10
Wien ist die »Grenze zwischen Island und Ceylon«: Die Andeutung bleibt unklar. Aus okkulten Vorstellungen läßt sich lediglich soviel entnehmen, daß sowohl Island als auch Ceylon als Reste des untergegangenen atlantischen Kontinents angesehen werden.
Salverte: Anne-Joseph-Eusèbe Baconnière-Salverte (18. 7. 1771 Paris – 27. 10. 1839 ebenda), frz. Schriftsteller und Politiker, trat vor allem als Journalist und Essayist hervor.
Blavatzki: Helena Petrowna Blavatzky geb. Hahn von Rottenstern (12. 8. 1831 Jekaterinoslaw/Ukraine – 8. 5. 1891 London). Gründete 1875 mit Henry Steel Olcott die Theosophische Gesellschaft. – Die Briefstelle bezieht sich vermutlich auf: *Die Geheimlehre. Die Vereinigung von Wissenschaft, Religion und Philosophie.* 1888/89. Die dt. Ausgabe, übersetzt von R. Froebe, erschien in 1. Auflage Leipzig: W. Friedrich 1897–1906. – Das Werk besteht im Original aus 2 Bdn. Annie Besant (→Anm. 33 K) veröffentlichte nach dem Tode der Blavatzky aus nachgelassenen Papieren den 3. Bd.: *Occultism.* London 1897. Es folgte schließlich noch ein 4. Bd. mit einem Generalregister und ca. 100.000 Stichwörtern. – Inhaltlich besteht das Werk nahezu gänzlich aus Zitaten oder sonstigen Entlehnungen aus anderen, z. T. sehr seltenen älteren Schriften. – Von Ludwig Deinhard (→Anm. 33 K) stammt das Werk *Die Geheimlehre. Nach H. P. Blavatzkys Secret Doctrin.* Braunschweig: C. A. Schwetschke u. Sohn 1895.

33 K 8. 2. 10
kosmische Substanzen: Bezieht sich auf Vorstellungen, die besagen, daß das kosmische Jahr mit dem Frühling beginnt, d. h. mit dem Eintritt der Sonne in das Sternzeichen des Widders.
Paul . . . »Saulus-Standpunkt«: Möglicherweise eine Anspielung auf seine Beziehungen zur Österreichischen Theosophischen Gesellschaft »Adyar« (→Anm. 2 K).
Otto Julius Bierbaum: (28. 6. 1865 Grünberg/Schlesien – 1. 2. 1910 Dresden). Bierbaum gehörte zu den frühen Freunden und Förderern Kubins. 1911 erschien mit 20 ganzseitigen Illustrationen von Kubin die Novelle *Samalio Pardulus* (→Anm. 43 K).
Bücher mystischen Inhalts: Daß Kubin außerordentlich belesen war, wird von allen bezeugt, die ihn kannten. Das Bibliotheksverzeichnis, das Alfred Marks erstellt hat, zählt ca. 5500 Bände aus beinahe allen Wissensgebieten. Fragen der Philosophie, der Mystik, der Kultur- und vergleichenden Religionsgeschichte haben Kubin zeitlebens besonders interessiert, wobei zunächst Schopenhauer, später Kant, dann aber vor allem, wie auch die Tage- und Skizzenbücher bestätigen, Salomo Friedlaender (→Anm. 136 K), Julius Bahnsen und Philipp Mainländer sowie alle mit indischer Philosophie zusammenhängenden Fragen von besonderer Wichtigkeit gewesen sind. Hinweise hierzu finden sich im dritten Kapitel der Autobiographie: »Seine Nachfolger [Kants], für mich die Reihe Schopenhauer, Mainländer, Bahnsen, verwalteten das große Erbe je nach der Stärke ihres Talentes, und mein Denken stand den größten Teil meiner jungen Jahre unter den Einflüssen dieser Lehren, bis ich allmählich für mich jede strikt verneinende Lebensauffassung ablehnte und um 1909 in einen spröden Skeptizismus verfiel«. (*A.m.L.,* S. 52) An einer anderen Stelle im zweiten Kapitel erklärt Kubin auch, daß er sich nach dem Tode seines Vaters verstärkt den alten Mystikern zugewandt habe (→*A.m.L.,* S. 39f.).
Görres J.: Johann Joseph Görres (25. 1. 1776 Koblenz – 29. 1. 1848 München). – *Die*

christliche Mystik. – Kubin besaß die Auflage in 5 Bdn. Regensburg: Manz [1879–80] (→auch 84 H u. Anm. 84 H).
Jakob Böhme: (1575 Altseidenberg/Görlitz – 17. 11. 1624 ebenda), protestantischer Mystiker und Theosoph. – In der Bibliothek Kubins sind lediglich zwei Werke von Böhme erhalten, die aber beide später erschienen sind: *Morgenröte im Aufgang. Von den drei Prinzipien. Vom dreifachen Leben.* Hrsg. u. eingeleitet von Joseph Grabisch. München, Leipzig: Piper u. Co. [1912] und: *Über die Umkehr und die Einsicht.* Hrsg. von Anton Brieger. Salzburg: Adalbert-Stifter-Gemeinde 1953.
Meister Ekkehard: Meister Eckehart (um 1260 Hochheim/Gotha – 1327 Köln oder 1328 Avignon). – Wirkte direkt vor allem auf Ruysbroeck, Tauler und Seuse. – In einem Brief an Wolfskehl vom 6. 2. 1911 bekennt Kubin: »Mir ist Meister Eckart in den ich mich erst jetzt wieder recht vertiefe der liebste und ich meine es nicht anders wie er, wenngleich 600 Jahre dazwischen liegen. Er ist mir genau so lieb wie Buddha, den ich viel früher verstand, weil er eine klare philosophische Ausdrucksweise gebraucht, im Grunde ist es dasselbe.« (*Wolfskehl 1869–1969,* S. 329; →auch 96 K u. 114 K). – Kubin besaß die Ausgabe der *Schriften und Predigten.* Aus dem Mhd. übersetzt u. hrsg. von Hermann Büttner. Bd. 1. Leipzig, Jena: Diederichs 1903; Bd. 2. Jena: Diederichs 1909. – Beide Bde. sind mit zahlreichen Anstreichungen und Anmerkungen Kubins versehen.
Tauler: Johannes Tauler (um 1300 Straßburg – 16. 6. 1361 ebenda), Schüler Meister Eckeharts. Bekannt vor allem wegen seiner Volkspredigten.
Angelus Silesius: Eigentlich Johannes Scheffler (Dezember 1624 Breslau – 9. 7. 1677 ebenda), mystisch-theosophischer Gottsucher in der Nachfolge Taulers, Eckeharts und Ruysbroecks. Hauptwerk: *Der Cherubinische Wandersmann. Geistreiche Sinn- und Schlußreime zur Göttlichen beschauligkeit anleitende.* 1647. Die endgültige Ausgabe enthält 6 Bücher.
Ruysbroeck: Jan van Ruisbroeck, verschiedene Schreibweisen (1293 Ruisbroeck/Brüssel – 2. 12. 1381 Groenendael/Brüssel), fläm. Mystiker. Die von ihm ausgehende Erweckungsbewegung (»devotio moderna«) wirkte auf die Mystik in Deutschland, Frankreich, Spanien und Italien, in Deutschland besonders auf Tauler. – Kubin besaß von Ruisbroeck: *Das Buch von den zwölf Beghinen.* Aus dem Vlämischen von Friedrich Markus Huebner. Leipzig: Insel o. J. [1916] (= Inselbücherei Nr. 206).
Kues: Nikolaus von Kues, Cusanus (1401 Kues a. d. Mosel – 14. 8. 1464 Todi/Umbrien). 1448 Kardinallegat, 1450 Bischof von Brixen. Philosph, Mystiker und Astronom.
Guyon: Jeanne Marie Bouvier de la Mothe-Guyon (13. 4. 1648 Montargis/Loiret – 9. 6. 1717 Blois), frz., am Quietismus orientierte Mystikerin.
Swedenborg: Emanuel von Swedenborg (29. 1. 1688 Stockholm – 29. 3. 1772 London), schwed. Naturforscher und Theosoph. Die Anhänger Swedenborgs gründeten fast auf der ganzen Welt kleine Einzelgemeinden, so in Deutschland die »Deutsche Neue Kirche« 1922. – Kubin besaß von Swedenborg *Ausgewählte Werke.* Aus den lat. Erstdrucken übersetzt und hrsg. von Lothar Brieger-Wasservogel und J. Herz. Jena und Leipzig: Diederichs. Bd. 1: *Theologische Schriften.* Übersetzt und eingeleitet von Lothar Brieger-Wasservogel. 1904.
Paul Deussen: (7. 1. 1845 Oberdreis/Neuwied – 6. 7. 1919 Kiel), Philosoph und Indologe. Seit 1889 Professor in Kiel. Gründer der Schopenhauergesellschaft und Hrsg. einer kritischen Ausgabe seiner Werke in 15 Bdn. München: Piper u. Co.

1911ff. – *Die Elemente der Metaphysik. Als Leitfaden zum Gebrauche bei Vorlesungen sowie zum Selbststudium.* Aachen: Mayer 1877. – Kubin besaß die 3., durch eine Vorbetrachtung über das Wesen des Idealismus vermehrte Auflage. Leipzig: Brockhaus 1902.
Veden: Veda bedeutet ›Heiliges Wissen‹ und ist zugleich der gemeinsame Name für die ältesten Texte der indischen Literatur; es handelt sich dabei beinahe ausschließlich um religiöse Texte, die nach indischer Anschauung geoffenbart wurden. Entstanden sind sie etwa zwischen 1500 und 500 v. Chr. Der Veda besteht aus vier Teilen, den Veden; die bedeutendsten sind der Rigveda (›Wissen von den Versen‹) und der Athavaveda (›Wissen von den Zaubersprüchen‹). – Von Deussen stammt die Übersetzung: *Die Geheimlehre des Veda. Ausgewählte Texte der Upanishad's.* Aus dem Sanskrit übersetzt. Leipzig: Brockhaus 1907. – In der Bibliothek Kubins nicht erhalten.
Upanishaden: Auch »Upanisads«, ind.: die Geheimlehren; erst in nachchristlicher Zeit zu einer Sammlung vereinigte Texte; die älteren Teile stellen die letzte Textschicht der Veda dar. – Kubin besaß *Sechzig Upanishad's des Veda.* Aus dem Sanskrit übersetzt und mit Einleitung und Anmerkungen von Paul Deussen. Leipzig: Brockhaus 1897.
Baghavat Gita: ›Des Erhabenen Sang‹, die berühmteste mystisch-philosophische Dichtung Indiens. Ursprünglich Teil des *Mahabharata* (›Das große Epos vom Kampf der Nachkommen Bharatas‹). Wahrscheinlich um 300 v. Chr. entstanden. – In Kubins Bibliothek ist eine Schrift erhalten: T. Subba Row: *Die Philosophie der Bhagavad Gita* [gesammelte Vorträge]. Übersetzt und hrsg. von Franz Hartmann. Leipzig: Lotus o. J. [um 1902].
Laotse: Angeblich 6. Jh. v. Chr., chines. Philosoph, der als Verfasser des Buches *Tao-Te-King* und damit zugleich als Stifter des Taoismus gilt. Von neueren Forschern wird das Werk allerdings für anonym gehalten, danach ist es erst um 300 v. Chr. entstanden. Zentralgedanke des Buches ist der Weise, der durch Nicht-Handeln reagiert. Starke Kritik am Staat und seinen Gesetzen, die als Eingriffe in die Spontaneität der Natur abzulehnen sind. Statt dessen Eintreten für Gewaltlosigkeit, Nachgiebigkeit und mystische Schau. – Eine Federlithographie »Lao-Tse« von Kubin erschien 1925. 250 × 140 bzw. 480 × 350. Signiert »A. Kubin« (→ *Otte/Raabe*, S. 110). – Kubin besaß: 1. *Laotsze's Buch vom höchsten Wesen und vom höchsten Gut (»Tao-te-king«).* Aus dem Chines. übersetzt, mit Einleitung versehen und erläutert von Julius Grill. Tübingen: J. C. B. Mohr 1910. – 2. *Tao Te King. Das Buch des Alten vom Sinn und Leben.* Aus dem Chines. verdeutscht und erläutert von Richard Wilhelm. Jena: Diederichs 1915. – 3. *Des Laotse Tao Te King.* Dt. von Franz Fiedler. Hrsg. von Gustav Weyneken. Hannover: Stegemann 1922. — 4. *Tao-Te-King. Das Buch des Alten vom Weltgrund und der Weltweise.* Aus dem chines. Urtext. Salzburg: Igonta 1947.
Oldenberg: Hermann Oldenberg (31. 10. 1854 Hamburg – 18. 3. 1920 Göttingen), einer der bedeutendsten Indologen seiner Zeit. Zu seinen frühesten und wichtigsten Büchern gehört das auch heute noch immer wieder neu aufgelegte Werk *Buddha. Sein Leben, seine Lehre, seine Gemeinde.* Berlin: Hertz 1881. – Kubin besaß die 4. Auflage. Stuttgart: Cotta 1903. – Wichtig für das Verhältnis Kubins zum Buddhismus ist der Gedanke Oldenbergs, die buddhistische Lehre sei nur auf ethischen Prinzipien aufgebaut, »während die Metaphysik seiner Ansicht nach ganz aus dem Bereich dieser Religion verschwunden ist. In der buddhistischen Moral sah Oldenberg oft eine negative, egozentrische und quietistische Seite« (Walter Leifer: *Indien und die Deutschen. 500 Jahre Begegnung und Partnerschaft.* Tübingen, Basel: Erdmann 1969, S. 125).
Fechner: Gustav Theodor Fechner (19. 4. 1801 Groß-Särchen/Muskau – 18. 11. 1887

Leipzig), Philosoph. Seit 1884 Professor in Leipzig. Fechner zählt zu den Begründern der Psychophysik. – *Zend-Avesta oder über die Dinge des Himmels und des Jenseits. Vom Standpunkt der Naturbetrachtung.* 3 Bde. Leipzig: Breitkopf u. Härtel 1851. – *Nanna oder über das Seelenleben der Pflanzen.* Leipzig: Voß 1848. – In der Bibliothek Kubins fand sich nur mehr das zuerst genannte Werk.
Maeterlinck: Maurice Maeterlinck (29. 8. 1862 Gent – 6. 5. 1949 Orlamonde/Nizza), belg. Schriftsteller, Flame, symbolistischer Lyriker, Dramatiker und philosophischer Essayist. Beeinflußt von der Mystik Ruisbroecks und Novalis'. Maeterlinck glaubte an die Möglichkeit, auch die moderne Welt mystisch erklären zu können, und verkündete den Anbruch eines neuen mystischen Zeitalters. – Die drei wichtigsten essayistischen Sammlungen Maeterlincks, in denen Themen der Moralphilosophie, Psychologie und Religion behandelt werden, sind: *Weisheit und Schicksal.* 2. Auflage. Leipzig: Diederichs 1902. – *Der Schatz der Armen.* Jena: Diederichs 1898. – *Der begrabene Tempel.* Leipzig: Diederichs 1902. – In Kubins Bibliothek fanden sich lediglich die beiden letztgenannten Werke. (→auch 64 H u. Anm. 64 H)
Mainländer: Philipp Mainländer, eigentlich Philipp Batz (5. 10. 1841 Offenbach – 31. 3. 1876), Philosoph. – *Die Philosophie der Erlösung.* 1. Bd. 1876, 2. Bd. 1886; beide Bde. Frankfurt: Jaeger. Die Schrift vertritt einen extremen Buddhismus. Am Tag nach Erscheinen des 1. Bandes nahm sich Mainländer das Leben, was vielfach als Konsequenz seiner Suche nach dem Nirvana verstanden wurde. – In einem Brief an Hans von Müller vom 17. 2. 1904 (StGM-KA) bekennt Kubin dem Freund, daß Mainländer seine »eigentlichen Gedanken ausspricht«, ihn »stützt und festigt«. – Kubin besaß von dem oben erwähnten Werk die 3. Auflage. Frankfurt: Jaeger 1894.
Rudolf Kassner: (11. 9. 1873 Groß-Pawlowitz/Mähren – 1. 4. 1959 Siders/Wallis), österr. Kulturphilosoph, Essayist und Übersetzer. Anfangs von Nietzsche, später auch von Kierkegaard beeinflußt. Mit Kubin und FHO persönlich bekannt. – Der erste angegebene Titel ist falsch zitiert; tatsächlich handelt es sich um zwei Titel: *Die Mystik, die Künstler und das Leben. Über englische Dichter und Maler im 19. Jahrhundert.* Leipzig: Diederichs 1900 und *Der Tod und die Maske.* Leipzig: Diederichs 1902. – *Der indische Idealismus. Eine Studie.* München: Bruckmann 1903, versucht, die moderne christliche Mystik mit der Dialektik der »Veden« zu verbinden. – *Die Moral der Musik. Sechs Briefe des Joachim Fortunatus an irgend einen Musiker, nebst einem Vorspiel: Joachim Fortunatus' Gewohnheiten und Redensarten.* München: Bruckmann 1905. Essayzyklus, der das Verhältnis von Ethik und Ästhetik behandelt. Diese Schrift ist zugleich eine Vorwegnahme seines erst später ausformulierten »physiognomischen Weltbildes«, in dem Kassner versucht, die geheimen Entsprechungen von Körper, Seele und Geist, Mensch und Kosmos zu deuten. – Kubin besaß die genannten und zahlreiche andere Werke von Kassner, zumeist mit persönlicher Widmung des Verfassers.
Kierkegaard: Entweder-Oder. Ein Lebensfragment, herausgegeben von Victor Eremita (Pseudonym). Leipzig: Richter 1885. – *Stadien auf dem Lebensweg. Studien von Verschiedenen. Gesammelt, zum Druck befördert und herausgegeben von Hilarius Buchbinder* (Pseudonym). Leipzig: Richter 1886. Das Werk knüpft an die Thematik von *Entweder-Oder* an, indem es die zwei Existenzweisen, die ethische und die ästhetische, mit einer dritten, der religiösen, konfrontiert. – *Die Krankheit zum Tode. Eine christliche psychologische Entwicklung zur Erbauung und Erweckung. Von Anticlimacus* [Pseudonym]. *Herausgegeben von S. Kierkegaard.* Halle: Fricke 1881. Theologisches Werk, das thematisch eine Art Fortsetzung der 1844 erschienenen

Schrift *Der Begriff Angst* ist. Beide Werke untersuchen das Wesen der Sünde, wobei sich das frühere Werk auf eine psychologische Analyse beschränkt, während Kierkegaard hier von christlichen Voraussetzungen ausgeht. – *Psychologie der Sünde.* Gemeint ist vermutlich die Schrift *Der Begriff Angst. Eine einfache psychologisch hinweisende Überlegung in Richtung auf das dogmatische Problem der Erbsünde.* Eine dt. Übersetzung von Christoph Schrempf, auf die sich Kubin hier offensichtlich bezieht, erschien in einem Sammelband mit dem Titel: *Zur Psychologie der Sünde, der Bekehrung und des Glaubens.* Leipzig: Richter 1890. – In der Bibliothek Kubins sind alle genannten Werke erhalten.
Weininger: Über die letzten Dinge: (→Anm. 1 K).
Strindberg: Blaubuch und neues Blaubuch: (→Anm. 17 K).
Lanz-Liebenfels: Jörg (Georg) Lanz von Liebenfels, auch Lancz de Liebenfels, eigentlich Adolf Lanz (19. 7. 1874 Wien – 22. 4. 1954 ebenda). 1893 trat er als Novize in den Zisterzienser-Orden im Klosterstift Heiligenkreuz ein, den er aber bereits 1899 wieder verließ. 1900 gründete er den »Orden des Neuen Tempels« (ONT). 1905 erschien die erste von über 100 Nummern (bis 1931) der von Lanz von Liebenfels herausgegebenen und zum ganz überwiegenden Teil auch von ihm allein verfaßten Zeitschrift *Ostara. Bücherei der Blonden und Mannesrechtler,* deren rassistische Orientierung nachweislich auf Adolf Hitler gewirkt hat (→Anm. 36 K: *Frau Eckstein*). Im Jahre 1907 formulierte Lanz von Liebenfels Zielsetzung und Programm des Ordens. In der Vorbemerkung hierzu heißt es: »Die Staaten werden im Interesse ihres Bestandes der Kultur zur planmäßigen Zucht der staats- und kulturerhaltenden Menschen arischer Rasse kommen müssen. [Absatz] Uns soll der Zufall nicht überraschen, er soll uns gerüstet und gewappnet finden.« (Zitiert nach *Daim,* S. 57) – In der Bibliothek Kubins sind zahlreiche *Ostara*-Hefte erhalten. – Der vollständige Titel des in diesem Brief genannten Werkes lautet: *Theozoologie oder die Kunde von den Sodoms-Äfflingen und dem Götter-Elektron. Eine Einführung in die älteste und neueste Weltanschauung und eine Rechtfertigung des Fürstentums und des Adels.* Mit 45 Bildern. Wien–Leipzig–Budapest: Moderner Verlag [1905]. – In der Bibliothek Kubins erhalten. – Eine Neuauflage erschien Ende der zwanziger Jahre verteilt auf 7 *Ostara*-Hefte. Es handelt sich hierbei um das Hauptwerk Lanz von Liebenfels', in dem er versucht, die Ursachen und Wirkungen der »Rassen-Mischung« in der Menschheitsgeschichte darzustellen und einen Weg aufzuzeigen, wie durch »Reinzucht« die »Sodomsbestien« und »Äfflinge« von den »blonden Arioheroikern« schließlich besiegt werden können. – Zu den bedeutendsten Anhängern Lanz von Liebenfels' gehörte August Strindberg (→Anm. 17 K). Er stand im Briefwechsel mit ihm und war selbst Tempeleise (»Fra August, ONT Familiar zu Werfenstein«); Strindberg erwähnt Lanz von Liebenfels mehrmals in seinem *Blaubuch.* – FHO war persönlich mit Lanz von Liebenfels bekannt und stand mit ihm nachweislich von 1922 bis 1951 in brieflichem Kontakt, er verstand sich auch als dessen »treuergebener«, »verehrender« Jünger. – Wann FHO dem ONT beigetreten ist, ließ sich nicht feststellen. Ein Brief vom 26. 4. 1925 an »Fra Georg« (= Lanz von Liebenfels), den »großen Meister, dessen Bedeutung erst kommende Jahrhunderte voll erfassen werden«, bezeugt lediglich die Mitgliedschaft an sich; er ist unterzeichnet mit »Fra Archibald C.O.N.T. Marienkamp« (BAI). Fra Archibald war, wie aus mehreren Briefen hervorgeht, der Ordensname FHOs; C.O.N.T. bezeichnet den besonderen Grad (= Convenal ONT); Marienkamp (»Erzpriorat«) ist der Name einer 1925 vom Orden erworbenen Burg in der Nähe des Plattensees (→hierzu außer *Daim* auch Alois Eder:

Zur Mutterlauge kristallhafter Vorgänge. Herzmanovsky, Torberg und Lanz-Liebenfels. In: *das pult.* Jg. 12 [1980], Folge 55, S. 55–71). In der Nachlaß-Bibliothek FHOs ist von Lanz von Liebenfels erhalten: *Bibliomystikon oder die Geheimbibel der Eingeweihten.* Bd. 4/2: *Der ariosophisch-esoterische Gott und Genesis.* Untertullnbach bei Wien: Ariosophischer Verlag Herbert Reichstein 1933; eine große Anzahl von *Ostara*-Heften wurde nach dem Tode FHOs in Meran verkauft.
Prentice Mulford: (5. 4. 1834 Sag Harbor/Long Island – 27. 5. 1891 ebenda), amerikan. Essayist. – Bei dem hier zitierten Werk *Der Unfug des Sterbens* handelt es sich um eine freie Bearbeitung und Übersetzung einer Auswahl seiner Essays von Sir Galahad (→Anm. 36 K). München: A. Langen o. J. [1909]. Dieser Ausgabe folgten noch zwei weitere Bände: *Der Unfug des Lebens.* München: A. Langen 1913. – *Das Ende des Unfugs.* München: A. Langen 1919. – Kubin besaß das erwähnte Buch.
Apollonius von Tyana: (2. Hälfte des 1. Jh.s), Philosoph (Neupythagoräer und Platoniker), Schriftsteller, Wanderprediger, Wundertäter, Prophet und Magier. Eine romanhafte Beschreibung seines Lebens stammt von dem älteren Philostratos. Apollonius von Tyana erscheint hier als das Ideal des heidnischen Weisen, der die neupythagoräischen Ideen den stoischen, christlichen gegenüberstellt.
Hugo von Hofmannsthal: Der korrekte Titel des zitierten Werkes lautet: *Das Märchen der 672. Nacht.* Novelle, erschienen 1895 in der Zeitschrift *Die Zeit.* Erste Buchveröffentlichung: Wien/Leipzig: Wiener Verlag 1905 (= Bibliothek moderner Autoren, 2; →auch 169 K). – Erzählt wird die Geschichte eines jungen, schönen und reichen Mannes, der sich von der Gesellschaft isoliert hat, um in seiner ästhetischen Existenz ungestört zu sein. Bei einem Besuch in der Stadt verirrt er sich und gerät in beängstigende und zunehmend grauenerregende Situationen, die teilweise an Darstellungen aus der *Anderen Seite* erinnern bzw. auf diese vorauszuweisen scheinen. Illustrationen von Kubin zu dieser Novelle erschienen in: Hugo von Hofmannsthal: *Drei Erzählungen.* Leipzig: Insel 1927. Der Band enthält neben der genannten die Erzählungen *Reitergeschichte* und *Das Erlebnis des Marschalls von Bassompierre.*
Blavatzky: Geheimlehre (3 Bde.): (→Anm. 32 H). – In Kubins Bibliothek ist erhalten: *Esoterik. Nachgelassene Schriften.* Aus dem Engl. der 1. Auflage übersetzt von Robert Froebe. Leipzig: Lotus [1906].
du Prel: Karl Freiherr du Prel (3. 4. 1839 Landshut – 5. 8. 1899 Heiligenkreuz/Tirol), Doktor der Philosophie. Zunächst starke Anlehnung an Schopenhauer. Von den Naturwissenschaften ausgehend, wandte er sich schließlich mehr und mehr okkultistischen, parapsychologischen und theosophischen Fragen zu, die er wissenschaftlich zu begründen suchte. Zahlreiche Veröffentlichungen, von denen nur sein Standardwerk *Die Philosophie der Mystik.* Leipzig: E. Günthers 1885, genannt sei. – *Das Rätsel des Menschen. Einleitung in das Studium der Geheimwissenschaften.* Leipzig: Reclam 1892 (= Universal-Bibliothek Nr. 2978). – In Kubins Bibliothek nicht erhalten. – In einem Gespräch mit Ludwig Rosenberger (→ *Wanderungen zu Alfred Kubin,* S. 18) im Jahre 1939 distanziert sich Kubin von einer allzu eindeutigen Auslegung seiner Werke in theosophischem und okkultistischem Sinne: »Merkwürdigerweise wurden [!] auch meine [!] ersten Blätter in theosophischen und okkulten Kreisen, wie du Prels und Schrenk-Notzings [→Anm. 151 K], besondere Förderung zuteil, und man sprach viel zu viel von einer medialen, ja astralen Seite meiner Kunst.«
Bachofen: Johann Jakob Bachofen (22. 12. 1815 Basel – 25. 11. 1887 ebenda), gilt als Begründer der rechtsvergleichenden Wissenschaft und hier vor allem als Erforscher des Mutterrechts. – Um die Jahrhundertwende knüpften neben anderen vor allem

Alfred Schuler (→Anm. 34 H) und Karl Wolfskehl (→Anm. 22 K) an die Überlegungen Bachofens an.
Mutterrecht, Gräbersymbolik: Die beiden Werke erschienen in umgekehrter Reihenfolge. Ihre vollständigen Titel lauten: *Versuch über die Gräbersymbolik der Alten.* Basel: Bahnmair 1859. – *Das Mutterrecht. Eine Untersuchung über die Gynaikokratie der alten Welt nach ihrer religiösen und rechtlichen Natur.* Stuttgart: Krais u. Hoffmann 1861. – Von den genannten Werken ist in der Bibliothek Kubins lediglich erhalten: *Das Mutterrecht.* 2. Auflage. Basel: Schwabe 1897. – Die in dieser Schrift vertretenen Gedanken haben nachweislich auch auf FHO gewirkt (→185 H u. Anm. 185 H).
Mereschkowsky: Dimitri Sergejewitsch Mereschkowskij (14. 8. 1865 Petersburg – 9. 12. 1941 Paris), russ. Erzähler und Essayist, Programmatiker und wichtiger Vertreter des russ. Symbolismus. Mereschkowskij glaubte an eine zukünftige Synthese zwischen Christentum und antiker Kultur in einem kommenden »Reich«. – *Tolstoi und Dostojewski:* Der genaue Titel lautet: *Tolstoi und Dostojewski als Menschen und als Künstler.* Leipzig: Schulze 1903. – In Kubins Bibliothek überliefert sind darüber hinaus: *Napoleon. Sein Leben. Napoleon der Mensch.* Leipzig, Zürich: Grethlein u. Co. 1928 (erwähnt in einem Brief an Reinhold und Hanne Koeppel vom 27. 4. 1930, *D.w.R.,* S. 91) sowie mehrere historische Romane Mereschkowskijs.
Bahnsen Julius: Julius Friedrich August Bahnsen (30. 3. 1830 Tondern – 7. 12. 1881 Lauenburg), Philosoph. Von Hegel und Schopenhauer ausgehend entwickelte er seine pessimistisch-nihilistische Metaphysik der »Realdialektik«: Der Wille ist das eigentliche Wesen der Welt, das seiner Natur nach widersprüchlich ist. Auf dieser Grundlage entstanden seine charakterologischen Werke: *Beiträge zur Charakterologie. Mit besonderer Berücksichtigung pädagogischer Fragen.* 2 Bde. Leipzig: Brockhaus 1867. – *Mosaiken und Silhouetten. Charakterographische Situations- und Entwicklungsbilder.* Leipzig: Wigand 1877. – *Der Widerspruch im Wissen und Wesen der Welt. Princip und Einzelbewährung der Realdialektik.* 2 Bde. Leipzig: Grieben 1880/81. – Sowohl in den Tagebüchern wie auch in den Briefen aus der Frühzeit, beispielsweise an Hans von Müller, betont Kubin wiederholt die Bedeutung, die Bahnsen für ihn gehabt hat. Von Bahnsen stammt auch das Motto zum Epilog der *Anderen Seite*: »Der Mensch ist nur ein selbstbewußtes Nichts.« – Kubin besaß alle genannten und zahlreiche andere Werke von Bahnsen.
Geheimbünde: Nicht ermittelt. Möglicherweise handelt es sich hierbei um: Charles Williams Heckethorn: *Geheime Gesellschaften, Geheimbünde und Geheimlehren.* Autorisierte dt. Ausgabe bearbeitet von Leopold Katscher. Leipzig: Renger 1900.
die antiken Mysterien: Nicht ermittelt.
James Wobbermin: »die religiöse Erfahrung«: Hier wurden zwei Namen, der des Autors und der des Übersetzers, durcheinandergebracht. Der tatsächliche Autor ist William James (11. 1. 1842 New York – 26. 8. 1910 Chocorua), Bruder des amerikanischen Schriftstellers Henry James. Der genaue Titel des Buches lautet: *Die religiöse Erfahrung in ihrer Mannigfaltigkeit. Materialien und Studien zu einer Psychologie und Pathologie des religiösen Lebens.* Das Buch wurde von Georg Wobbermin (27. 10. 1869 Stettin – 15. 10. 1943 Berlin) übersetzt und ist in Leipzig: Hinrichs 1907 erschienen.
Bulwer: Edward George Bulwer-Lytton; Pseudonym: Owen Meredith (25. 5. 1803 London – 10. 1. 1873 Torquay), engl. Politiker und Schriftsteller, der neben vornehmlich historischen Romanen *(Die letzten Tage von Pompej)* auch Schreckens-

und Kriminalromane schrieb (→88 K u. 107 K). – *Zanoni:* Leipzig: Deutsche Verlagsactiengesellschaft 1905. Okkult-theosophischer Roman. Zanoni, so lautet der Name der Hauptfigur, wurde zum Inbegriff für den ›weißen Magier‹, während Margrave, nach dem gleichnamigen Roman ebenfalls von Bulwer-Lytton, der Inbegriff des ›schwarzen Magiers‹, des bösen und selbstsüchtigen Menschen wurde: *Eine seltsame Geschichte. Der Roman des schwarzen Magiers Margrave.* Leipzig: Altmann 1908. – Kubin besaß außer den beiden genannten Romanen: *Das Geschlecht der Zukunft.* Leipzig: Altmann 1907.

viel Kosmisches in Dickens . . ., Goethe, Garborg, Balzac, Dostojewski, Gogol: An welche Werke der jeweiligen Autoren Kubin dabei gedacht hat, ließ sich nicht ermitteln.

Charles Dickens: Kubin besaß eine große Anzahl Dickensscher Romane und Erzählungen.

Goethe: Anregungen zu einer Beschäftigung mit Goethe unter diesem Aspekt könnten einmal von Rudolf Steiner (→Anm. unten) stammen, den Kubin ebenfalls in diesem Brief erwähnt, zum anderen aber auch von August Strindberg, der sich ebenfalls mit »Goethes Okkultismus« beschäftigt hat (→August Strindberg: *Das Buch der Liebe. Ungedrucktes und Gedrucktes aus dem Blaubuch.* Verdeutscht von Emil Schering. München: Georg Müller 1920, S. 289).

Arne Garborg: (25. 1. 1851 Time/Jaren – 14. 1. 1924 Hvalstad), norweg. Schriftsteller. Nach naturalistischen Anfängen wandte sich Garborg später der Tradition der Märchen und Volkssagen zu und ließ Phantastischem und Traumerlebnissen einen zunehmend größeren Raum. Hingewiesen sei in diesem Zusammenhang auf die autobiographische Erzählung *Der verlorene Vater.* Die dt. Übersetzung von Marie Herzfeld erschien Berlin: S. Fischer 1901. – In der Bibliothek Kubins ist kein Werk Garborgs erhalten.

Honoré de Balzac: Von Balzac erschienen in den dreißiger Jahren des 19. Jh.s eine Reihe von magisch-mystisch-spiritualistischen Romanen. – In der Bibliothek Kubins sind u. a. 13 Bde. einer Werkausgabe *Die menschliche Komödie. Deutsche Ausgabe von Romanen und Erzählungen Balzacs in 16 Bdn.* Leipzig: Insel 1908–1910, erhalten. – 1920 illustrierte Kubin eine Sammlung von Erzählungen Balzacs: *Mystische Geschichten.* Eingeleitet und hrsg. von Georg Goyert. Mit 12 Steinzeichnungen und 8 Strichätzungen im Text. München: Georg Müller 1920 (→ *Otte/Raabe,* S. 95).

Fedor Michajlovič Dostojewski: Neben verschiedenen Einzelausgaben besaß Kubin die Ausgabe *Sämtliche Werke.* Unter Mitarbeiterschaft von Dimitri Mereschkowski, Dimitri Philophoff u. a. hrsg. von Arthur Möller van den Bruck. München und Leipzig: Piper u. Co. 1908–1923. – Kubin illustrierte von Dostojewski den Roman *Der Doppelgänger.* Mit 60 Zeichnungen. München: Piper u. Co. [1913]. Zu der Erzählung *Bei nassem Schnee.* München: Piper u. Co. 1914, schuf Kubin die Umschlagzeichnung (→ *Otte/Raabe,* S. 80 u. 82).

Nikolaj Vasil'evič Gogol: Die in der Bibliothek Kubins erhaltenen Romane und Erzählungen Gogols stammen alle aus späteren Jahren. – 1949 illustrierte Kubin Gogols Erzählung *Der Mantel.* Zürich: Georg Müller, in einer einmaligen Auflage von 295 numerierten Exemplaren. Mit Bildertitel und 18 Strichätzungen (→ *Otte/Raabe,* S. 175).

Besant: Annie Besant (1. 10. 1847 London – 20. 9. 1933 Adyar/Madras), engl. Theosophin. Nach dem Tode Olcotts (1907) wurde sie Präsidentin der Theosophischen Gesellschaft. Sie lebte längere Zeit in Indien, wo sie sich kulturpolitisch betätigte und die Unabhängigkeitsbestrebungen der Inder unterstützte. Herausgeberin der Zeitschrift *Theosophist* (→auch 93 H u. Anm. 93 H). – In der Bibliothek Kubins sind von Annie Besant erhalten: *Die Zukunft, die unser wartet.* Autorisierte Übersetzung von Ludwig Deinhard. Leipzig: Wilhelm Friedrich [1897] und: *Die Geburt und Entwicklung der Seele, eine theosophische Studie.* Ebenfalls übersetzt von Ludwig Deinhard. Leipzig: Wilhelm Friedrich [1898].

Steiner: Rudolf Steiner (27. 2. 1861 Kraljević/Kroatien – 30. 3. 1925 Dornach/Basel), gehörte seit 1902 der theosophischen Bewegung an und leitete deren deutsche Sektion. Sein Versuch, der Bewegung die abendländische christliche Esoterik einzufügen, führte zu einem Zerwürfnis mit der Präsidentin der Gesellschaft, Annie Besant. Daraufhin gründeten 1912 deutsche Mitglieder unter der Führung Steiners den Anthroposophischen Bund (ab 1913 unter dem Namen Anthroposophische Gesellschaft). – Vorher lebte Steiner in Weimar (1889–1896), wo er als Mitarbeiter an der *Weimarer Goethe-Ausgabe* beschäftigt war. Hier entwickelte er seine Weltanschauung der Intuition, die ihn zu einer Auslegung der naturwissenschaftlichen Schriften Goethes führte. – In der Bibliothek Kubins ist von Steiner erhalten: *Die Mystik im Aufgange des neuzeitlichen Geisteslebens und ihr Verhältnis zu modernen Weltanschauungen.* Berlin: Schwetschke 1901.

Hartmann: Franz Hartmann (22. 11. 1838 Donauwörth – 7. 8. 1912 Kempten/Allgäu), begründete 1896 die Deutsche Theosophische Gesellschaft, als deren Präsident er eingesetzt wurde und 1897 die Internationale Theosophische Verbindung. Übersetzer zahlreicher Werke von Blavatzky, Guyon und Besant. – Erhalten ist in der Kubinschen Bibliothek von Hartmann die Schrift: *Unter den Adepten. Vertrauliche Mitteilungen aus den Kreisen der indischen Adepten und christlichen Mystiker.* Leipzig: Lotus 1901.

Deinhard: Ludwig Deinhard (27. 4. 1847 Deidesheim – ?), Schriftsteller und Übersetzer philosophischer Werke aus dem Engl. – In der Bibliothek Kubins ist von Deinhard erhalten: *Zur okkulten Psychologie der Gegenwart.* Essays. Berlin: Schwetschke 1902.

die myst. Lyrik von R. M. Rilke . . . Stundenbuch: Das Stundenbuch, enthaltend die drei Bücher: Vom mönchischen Leben. Von der Pilgerschaft. Von der Armut und vom Tode. Leipzig: Insel 1905. – Ein fiktiver russischer Mönch sucht in Gebeten, Hymnen, Bekenntnissen und Beschwörungen den »Namenlosen« zu fassen. Inhaltlich und thematisch läßt der Zyklus die Auseinandersetzung Rilkes vor allem mit Schopenhauer, Nietzsche, du Prel und Maeterlinck erkennen. – In der Bibliothek Kubins nicht erhalten.

Marsh-Malo: Richard Marsh (? – 9. 8. 1915), amerikan. Schriftsteller. R. O. Mahlo hat von Marsh übersetzt: *Der Skarabäus. Ein Mysterium in 4 Büchern.* Leipzig: Müller-Mann 1900. – *Das unheimliche Haus* erschien in Deutschland in einer autorisierten freien Übersetzung von Gustav Müller-Mann. Leipzig: Müller-Mann [1909]. – In der Bibliothek Kubins erhalten.

Nerval: Gérard de Nerval, eigentlich Gérard Labrunie (22. [?] 5. 1808 Paris – 25. [26.?] 1. 1855 ebenda, Selbstmord), frz. Dichter. Litt seit 1841 immer häufiger an Wahnzuständen. Seine Prosa und Lyrik tragen stark autobiographische Züge. Große Wirkung auf Rimbaud und wichtiger Vorläufer der Surrealisten. – Das besondere Interesse Kubins an Nerval ist wohl nicht zuletzt auf dessen Verarbeitung astrologischer, alchimistischer und okkultistischer Elemente zurückzuführen. – Kubin illustrierte Nervals Roman *Aurelia oder der Traum und das Leben* (→Anm. 41 H).

34 H 4. 3. 10
sattle Dein Rößlein: Daß es tatsächlich zu diesem Besuch in Wien kam, bestätigt eine Widmung des mit Kubin befreundeten Richard von Schaukal. In dem in der Bibliothek Kubins erhaltenen Buch Schaukals: *Vom Geschmack. Zeitgemäße Laienpredigten über das Thema Kultur.* München: Georg Müller 1910, findet sich die Eintragung: »Alfred Kubin / am Tannhäuserabend / in Wien / dem 12. März 1910, / Kriegelgasse, / in alter Freundschaft / Richard Schaukal« (→Anm. 87 H u. Anm. 95 H).
werthen Brief: Auch hier fehlt ganz offensichtlich ein Brief, da FHO mit keinem Wort auf die empfohlenen Bücher eingeht.
Carmen . . . Haupt einer . . . occultistischen Gruppe: (→Anm. 27 H).
bei deinem mystischen Juden (»Saul«): Gemeint ist Karl Wolfskehl (→Anm. 22 K). 1905 war von Wolfskehl erschienen: *Saul. Ein Spiel in vier Teilen.* Berlin: Verlag der Blätter für die Kunst. Das Drama wurde am 16. 12. 1908 mit Wolfskehl als »Saul« in München uraufgeführt (→ *Wolfskehl 1869–1969,* S. 169). – Kubin besaß ein Exemplar mit handschriftlicher Widmung: »Für Alfred und Hedwig Kubin / herzlich und verehrend / München Dez. 05 / Karl Wolfskehl.«
Schuller: Alfred Schuler (22. 11. 1865 Mainz – 8. 4. 1923 München), Archäologe und Mysterienforscher, der mit Ludwig Klages, Karl Wolfskehl und Stefan George zum ›Kreis der Kosmiker‹ gehörte (→Anm. 22 K). – Kubin hat Schuler in München über Wolfskehl kennengelernt.

35 H 16. 4. 10
Salzers: Genaue Daten nicht ermittelt. Im Nachlaß Kubins ist lediglich eine Postkarte Ali Salzers an Kubin erhalten (StGM-KA). – In einem von CHO geschriebenen Namensverzeichnis zum *Maskenspiel der Genien* (*S.W.,* Bd. III) wird eine Figur »Puwein (der alte Salzer!)« genannt (BAI, IV/4).
Brioni . . . Arbe: Die Reise ist nicht zustande gekommen (→37 H).
Dein Buch: Bezug unklar.
Swedenborg: enthüllte Off. Johann.: Der genaue Titel lautet: *Göttliche Offenbarungen bekannt gemacht durch Immanuel von Swedenborg.* Aus der lat. Urschrift verdeutscht von D.J.F.I. Tafel. Bd. I. *Die Lehre des Neuen Jerusalems vom Herrn.* Bd. II. *Die Lehre des Neuen Jerusalems von der hl. Schrift.* Bd. III.–VI. *Enthüllte Offenbarung Johannis, oder vielmehr Jesu Christi.* Bd. I.–VI. Tübingen: Zu Guttenberg 1823–1831. – Kubin besaß von Swedenborg: *Ausgewählte Werke.* Aus den lat. Erstdrucken übersetzt und hrsg. von Lothar Brieger-Wasservogel und J. Herz. Jena, Leipzig: Diederichs. Bd. 1: *Theologische Schriften.* Übersetzt und eingeleitet von Lothar Brieger-Wasservogel. 1904.
Makartmadeln: Hans Makart (29. 5. 1840 Salzburg – 3. 10. 1884 Wien). Der Makartstil bezeichnet über den Bereich der Malerei hinaus eine Mode, die alle Bereiche von der Innenarchitektur bis zum Kunstgewerbe umfaßte. – »Makartmadeln« hier offensichtlich abwertend gemeint.

36 K 17. 4. 10
Frau Eckstein: Bertha Eckstein; Pseudonym: Sir Galahad, auch Helene Diener (18. 3. 1874 Wien – 20. 3. 1948 Genf), Schriftstellerin; schrieb vor allem kulturkritische Abhandlungen, deren berühmteste *Mütter und Amazonen. Ein Umriß weiblicher Reiche.* München: Langen-Müller 1932, ist. In einem Brief Wolfskehls an FHO vom 5. 8. 1932 bezieht sich jener auf dieses Buch: »Die ›Mütter und Amazonen‹? Wie gut

kenne ich das Buch, wie ausgezeichnet finde ichs, wie wissend, wie weise, und wie österreichisch! wie nah verwandt ist diese galahadische zeitlose Amazone Euch allen. Eine tertia im Bunde Herzmanovsky – Kubin. [. . .] Ich kenne sie übrigens seit langen Jahren« (Wolfskehl: *Briefe und Aufsätze*, S. 158f.). Auch Gagern weist auf das Interesse FHOs an matriarchalischen Kulturreichen hin, als deren »3. Evolutionsepoche« er die unmittelbare Zukunft verstand. Thematisch wird der Beginn dieser neuen Zeit im *Maskenspiel der Genien* (*S.W.*, Bd. III), das 1966 spielt (→auch 185 H). – Zu einer persönlichen Begegnung zwischen FHO und Bertha Eckstein ist es wahrscheinlich Anfang 1933 gekommen (→189 K; siehe auch die handschriftliche Widmung in dem bereits erwähnten Buch von Bertha Eckstein, *Mütter und Amazonen:* »S.G. 20/I/1933 Meran«; in der Nachlaßbibliothek erhalten). Im Nachlaß FHOs ist zwar ein Empfehlungsschreiben von Gustav Meyrink an Frau Eckstein bereits vom 1. 5. 1927 erhalten, aber noch in einem Brief zu Beginn der dreißiger Jahre an FHO (undatiert BAI) bedauert sie, daß es zu einem Treffen bisher nicht gekommen ist. – Gemeinsame Bezugspunkte für eine engere Bekanntschaft gab es mehrere. So wird etwa aus Briefen der Frau Eckstein aus den frühen dreißiger Jahren auch ihr Interesse an Fragen der byzantinischen Kultur deutlich. 1936 erschien von Sir Galahad: *Byzanz. Von Kaisern, Engeln und Eunuchen.* Leipzig, Wien: Ibach 1936. Das in der Nachlaßbibliothek FHOs erhaltene Exemplar ist mit der Eintragung versehen: »den verständnisvollen Helfern gewidmet von Sir Galahad. Wien 15/VI 36«. – Schließlich stand Bertha Eckstein ebenso wie FHO in persönlichem Kontakt mit Lanz von Liebenfels und dem Neutemplerorden, was durch ein interessantes Zitat aus einem Brief an FHO vom 6. 10. (?) belegt wird: »Vor ein paar Tagen war der ›Großvater des dritten Reiches‹ Lanz-Liebenfels, aus Nord Germanien kommend, einen Nachmittag bei mir; über den Wechselbalg seines Geistes recht niedergeschlagen.« (BAI)
Professor Beer: Nicht ermittelt.

37 H 2. 6. 10
Mimi Luckeneder: Maria, auch Mia Luckeneder, die ältere Schwester Paul Luckeneders. Im BAI befindet sich ein umfangreicher Briefwechsel zwischen FHO und dem Ehepaar Luckeneder-von Neuhauser (→Anm. 40 H).
Pöstyén, Ungarn: Kurort im Waagtal, gehört seit 1918 zur Tschechoslowakei: Pistyan, slowak. Piešt'any.
Moserbodenpartie: Mooserboden, oberste Talstufe des Kapruner Tales, am Ende des Karlinger Sees in der Glocknergruppe, im Land Salzburg. – Bezug unklar.
Porto Rose bei Pirano: Richtig: Porto Rosa, am Golf von Triest.
Landschaften die Albrecht Dürer genau studiert hat: Gemeint sind Dürers Landschaftsaquarelle aus der Zeit seiner ersten Italienreise nach Venedig 1494/95.
Tartini: Giuseppe Tartini (8. 4. 1692 Pirano – 26. 2. 1770 Padua), Geiger und Komponist. – FHO läßt Herrn von Quackenbusch im *Apoll von Nichts* (*S. W.*, Bd. V) die »Teufelssonate« (!) von Tartini spielen.

38 H 13. 6. 10
Dr. Keller: Mitarbeiter FHOs. Genaueres bisher nicht ermittelt. Möglicherweise der Architekt Fritz Keller (→*High-Life-Almanach 1909*).
Baronin Helene Haman: Wahrscheinlich liegt hier ein Hörfehler vor. Gemeint ist vermutlich Helena Petrowna Blavatzky, geb. Helene Hahn von Rottenstern, die sich eine Zeitlang in Wien aufgehalten hatte (→Anm. 32 H).

39 K 14. 6. 10
das Buch: Gérard de Nerval: *Aurelia* (→Anm. 41 H).
3 Blatt: Nicht mit Sicherheit zu ermitteln. Unklar bleibt, ob die Blätter selbst noch zur *Sansara-Mappe* (→Anm. 46 K) gehören oder nicht.
»Susanna«: Eine der zahlreichen mythologischen Frauengestalten im Werk Kubins, neben Eva, Circe, Daphne, Sirene, Delila usw. (→*Brockhaus/Peters,* S. 142). Um welche der zahlreichen »Susanna«-Varianten es sich in diesem Fall handelt, ist nicht zu entscheiden.
Mit dem Hauff . . . noch nicht begonnen: Es handelt sich hierbei um die Illustrationen Kubins zu Wilhelm Hauffs *Märchen.* Mit Titelzeichnung und 65 Illustrationen, davon 17 ganzseitig. München und Leipzig: Georg Müller 1911. Ein zweiter Band dieser Werkausgabe mit dem Titel *Phantasien im Bremer Ratskeller. Ein Herbstgeschenk für Freunde des Weines.* München und Berlin: Georg Müller 1914, enthält 11 ganzseitige Illustrationen Kubins (→*Otte/Raabe,* S. 76 u. 82). – Im Nachlaß FHOs ist eine Ausgabe der *Märchen* mit einer Eintragung Kubins überliefert: »Fritz und Carmen gewidmet im Jahre des beginnenden Umsturzes 1911. – Alfred Kubin in Zwickledt«.
vom 7.–17. Juli bin ich in Heidelberg: Ob es tatsächlich zu der geplanten Reise nach Heidelberg, wohl zu Baron Bernus auf Stift Neuburg, gekommen ist, erscheint fraglich. Bernus jedenfalls erwähnt in seinen schon zitierten Erinnerungen (→Anm. 21 K) keinen Besuch in diesem Jahr. In einem Brief vom 25. 12. 1910 an Hans von Müller betont Kubin zudem ausdrücklich: »In diesem Jahre machte ich überhaupt keine Reise« (StGM-KA).
Lucullus: Paul Luckeneder (→Anm. 2 K).
Hinterbrühl: Sommerfrische und Ausflugsort im südlichen Wienerwald. – Die Familie Luckeneder besaß dort die »Villa Hinterbrühl«.

40 H 6. 7. 10
das prachtvolle spanische Gouache Nebelstimmungsbild: Bezieht sich vermutlich auf das in 44 H erwähnte Blatt »Saragossa«. Nicht ermittelt.
Wolfskehl, der sie nicht finden kann: Anspielung auf Wolfskehls Kurzsichtigkeit (→auch 22 K).
Lothar: Lothar Ritter von Neuhauser, verheiratet mit Mia Luckeneder, gest. 1919.
Mama: Paula Luckeneder-Gunz, die Mutter von Paul und Mia Luckeneder (1859 – 7. 5. 1951 Gallspach).
Mostindische Philosopheme: Mostindisch, Mostindien; abgewandelte Prägung für die in Österreich gebräuchliche Bezeichnung für Oberösterreich, ›Mostland‹ (→151 K); bezogen wohl auf Kubins Verhältnis zur indischen Philosophie (→152 H »Guru von Mostindien«; →auch 109 H). – Von FHO existiert eine Zeichnung mit dem Titel »Österreichisch Mostindien«. 200 × 250, datiert und signiert »April 1919 FHO«, im Besitz der Neuen Galerie der Stadt Linz. Eine nahezu identische Zeichnung mit dem Titel »Wenn Österreich Kolonien hätte«. 202 × 298, signiert »1919 FHO«, ist im Besitz der Albertina, Wien, erhalten.

41 H 29. 7. 10
herzlichsten Dank für den Nerval: (→Anm. 33 K). *Aurelia oder der Traum und das Leben.* Dt. von Hedwig Kubin. Mit 58 Zeichnungen, davon 26 ganzseitig, von Kubin.

München und Leipzig: Georg Müller 1910. Der Roman stellt eine Art Bilanz des eigenen Lebens dar. Es ist der Versuch einer Deutung der in den Träumen und Absenzen geschauten Bilder. – Das Buch ist im Nachlaß FHOs erhalten. Es trägt die handschriftliche Widmung: »Für Fritz und Carmen! Alfred«.
Eugénie: (5. 5. 1826 Granada – 11. 7. 1920 Sevilla), seit 1853 Gemahlin Napoleons III. – FHO besaß das Werk von Clara Tschudi: *Eugenie, Kaiserin der Franzosen. Eine populäre Darstellung.* Leipzig: Reclam 1892 (= Universal-Bibliothek Nr. 2984, 2985).
Goya: Kubin nennt Goya in einem Brief vom 12. 10. 1933 an seine Frau Hedwig sein »oberstes Vorbild«, und er bezeichnet ihn als den »nahe verwandten allen voraus« (TB, 20. 3. [32], zitiert nach *Hewig*, S. 120; →auch 207 K u. Anm. 207 K).
Castiglione: Giovanni Benedetto Castiglione, genannt il Grechetto (1616 Genua – 1670 Mantua), Maler und Radierer.
Caspar Luyken: (1672, getauft 18.12. Amsterdam – 1708, begraben ebenda), holländ. Radierer und Zeichner.

42 H 3. 9. 10
v. Pullwitz: (→Anm. 14 H: *v. Klöthen*).
daß v. Luckeneder Dein gastliches Schloß wuchtig betreten hat: Die erste persönliche Begegnung zwischen Kubin und Luckeneder (→Anm. 2 K).
die Bekanntschaft Deines Schwagers: Oskar A. H. Schmitz (→Anm. 13 K).
Lux wird Dir wohl eine Menge von Carmen erzählt haben: hätte auch gern Dein jetziges Urtheil über sie: Aus Briefen Kubins an Luckeneder ist unmißverständlich zu entnehmen, daß beide diese Verbindung skeptisch beurteilten: »Über Fritzens Geschick bin ich ziemlich traurig. – [. . .]Wir haben wahrhaftig das unsrige getan.« (1. 10. 1910). – »An Carmen kann ich, – Gott steh mir bei – wirklich nicht diese ungeheuren Geisteskräfte finden die F. ihr andichtet, es ist ein sonderbares etwas parvenuehaftes junges und unreifes Geschöpf das durch eine schöne Partie materiell gut rangiert ist, mehr sehe ich nicht« (15. 1. 1912). – »C. wird mir allein schon um meines Freundes willen immer interessant bleiben, ob sie sich als Fritzens Lebenskamerad auf die Dauer eignet, darüber bin ich heute noch recht skeptisch vielleicht ist sie aber eine nette Frau später und ich werde sie nochmals recht gerne gewinnen« (undatiert; ÖNB, 295/46–7; 295/46–20; 295/46–33). – Daß Kubin seine Meinung auch FHO gegenüber deutlich ausgesprochen hat, geht aus dem nächsten Brief hervor, der wohl für die im Anschluß daran erfolgte längere Unterbrechung der Korrespondenz mitverantwortlich sein dürfte (→54 H u. Anm. 54 H).
Paul Troubetzkoi: Fürst Paul Troubetzkoy (15. 2. 1866 Intra/Lago Maggiore – 12. 2. 1938 Suna/Lago Maggiore), Bildhauer und Maler. Ließ sich 1897 in Moskau nieder, wo er an der Staatlichen Kunstschule lehrte. Seit dem Frühjahr 1906 lebte er in Paris, 1914 bis 1920 in den USA. Während der letzten Lebensjahre hielt er sich abwechselnd in Paris und am Lago Maggiore auf. War mit Tolstoi befreundet.

43 K 9. 9. 10
Prachtausgabe von O. J. Bierbaums bester Novelle: (→Anm. 33 K). *Samalio Pardulus.* Bibliophile Ausgabe in einer einmaligen Auflage von 600 Exemplaren. München und Leipzig: Georg Müller 1911. – Uneingeschränktes Lob zollte dieser Ausgabe Hans von Weber in einem Brief vom 25. 12. 1911 (→*Otte/Raabe*, S. 35).
Voltaires »Kandid«: Der korrekte Titel lautet: *Candide.* – Die von Kubin illustrierte

Ausgabe dieses philosophischen Romans von Voltaire erschien erst 1922 in einer Übersetzung von Johann Frerking, mit 28 Federzeichnungen im Paul Steegemann-Verlag Hannover.
Eine reichillustrierte Monographie: Hermann Esswein: *Alfred Kubin. Der Künstler und sein Werk.* München: Georg Müller 1911. Mit 26 Reproduktionen nach getönten Federzeichnungen. Bis dahin umfangreichste und wichtigste Arbeit über Kubin (→52 K).
»don Juanito«: (→Anm. 13 K, 45 H u. Anm. 45 H).

44 H 9. 9. 10
das reizende Gouachebild »Saragossa«: (→Anm. 40 H).
Hochzeitsreise nach Steinhof: Unklar, ob sich dies auf ein verlorengegangenes Schriftstück bezieht oder auf einen mündlichen Vorschlag, möglicherweise von Paul Luckeneder übermittelt. – Steinhof, Kamenny, Dvur (tschech.), in der Tschechoslowakei.

45 H 9. 1. 11
Première der Schmitzschen Stücke: Warum FHO in der Mehrzahl von »Stücken« spricht, bleibt unklar. Aus der Autobiographie von Schmitz geht lediglich hervor, daß für den Spätherbst 1910 eine Aufführung des *Don Juanito* geplant war, die aber schließlich erst 1912 realisiert wurde (→dazu auch die Anm. 13 K): »Nach dem üblichen Herbstaufenthalt in Zwickledt 1910 fuhr ich nach Wien, wo der seit den Mannheimer Aufführungen nicht mehr gespielte ›Don Juanito‹ (›Ein deutscher Don Juan‹) über die Bühne gehen sollte. Ich kam zu den letzten Proben, war aber von dem verständnislos zusammengestrichenen Regiebuch und der verzerrten Auffassung der Titelrolle [...] so entsetzt, [...] daß ich das Stück [...] zurückzog« (*E. S.*, S. 169 f.).
Im Februar ist die Hochzeit: Die Hochzeit fand am 25. 2. 1911 in Wien statt.
Wohnung im Palais Schönburg: (→47 H u. Anm. 47 H).

46 K 24. 3. 11
ein Bild von mir: Eine frühe Fassung des von Kubin immer wieder variierten »Kardinal«. Die früheste bekannte Fassung, Pinsel, Tempera, laviert und gespritzt. 277 × 239, signiert rechts unten »Kubin«, stammt aus der Zeit zwischen 1903 und 1905. (Abgebildet z. B. im *Ausstellungskatalog München 1964,* nach S. 16; →47 H u. Abb. S. 61.) – Im Nachlaß FHOs nicht erhalten.
das ausgeflickte Tempera: Bezieht sich offensichtlich auf die »Saragossa«-Darstellung (→44 H).
eine Ansichtskarte aus Mantova: Vermutlich von der Hochzeitsreise (→47 H).
E. T. A. Hoffmanns Nachtstücken: Die Sammlung *Nachtstücke* ist 1913 erschienen, mit einem Bildertitel und 47 Illustrationen, davon 11 ganzseitig, aber nicht im Hyperion Verlag Hans von Webers (→50 K), sondern im Verlag Georg Müller, München und Leipzig. Die Zeichnungen zu diesem Werk zählen neben denen zu Poe, Hauff und Dostojewski zu den bedeutendsten Buchillustrationen Kubins. Weitere Illustrationen zu E.T.A. Hoffmann finden sich in der Sammlung *Das unheimliche Buch.* Hrsg. Felix Schloemp. München: Georg Müller 1914 und zwar zu der Erzählung *Der unheimliche Gast;* in der Sammlung *Jenseitsrätsel. Geschichten aus dem Übersinnlichen.* Hrsg. Friedrich Feerhow und Laura Wiesen. München: Georg Müller

1918, zu der Erzählung *Der Elementargeist;* weiters zu einer Ausgabe der *Märchen.* Hrsg. Werner Bergengruen. Mit 26 Illustrationen, davon 11 ganzseitig. Wien: Berglandverlag 1947.
»Sansara«: Der vollständige Titel lautet: *Sansara. Ein Cyklus ohne Ende.* In einer Auswahl von 40 Blättern. München und Leipzig: Georg Müller o. J. [1911]. Beigefügt sind dieser Mappe die ersten beiden Kapitel *Aus meinem Leben* als Einleitung in separatem Pappband. – Mit dem Erscheinen der *Sansara-Mappe* wird allgemein die Zeit der ›reifen‹ Werke datiert (→auch Anm. 5 K).
Poe Bd. IV.: König Pest und andere Novellen (→Anm. 3 K).

47 H 2. 4. 11
Unsere Wohnung: Wien IV, Kolschitzkygasse 16 (→45 H).
Hildebrand: Johann Lukas Hildebrandt (14. 11. 1668 Genua – 16. 11. 1745 Wien), neben Fischer von Erlach der bedeutendste Baumeister des österreichischen Barock. Hauptwerk ist das für den Prinzen Eugen von 1714 bis 1723 erbaute Belvedere in Wien.

49 H 18. 9. 11
Nierenbeckenentzündung: Von diesem Leiden wurde FHO nie mehr ganz geheilt. Zumindest der äußere Verlauf seines Lebens wurde durch diese Krankheit entscheidend mitbestimmt, insofern sie Anlaß für die 1916 erfolgte Übersiedlung nach Meran war; sie war schließlich auch seine unmittelbare Todesursache.
Bley: Franz Blei (→Anm. 1 K).
Nero v. Weber: Hans von Weber (→Anm. 6 K). In seinen *Erinnerungen an Hans von Weber* skizziert Kubin diesen so: »[. . .] ein breitschultriger tiefbrünetter Herr mit einem Neroprofil.« (*A.m. W.,* S. 85)
König Saul: Karl Wolfskehl (→Anm. 22 K u. 34 H).
P. Tiburtius Schoiswohl: Nicht ermittelt. Vermutlich erfundener Name, sowie auch der Titel des Buches.
Neititschein: Novy Jicin (tschech.), Stadt im nordöstlichen Mähren, in der Tschechoslowakei.
Fraisensteine: »Mhd. vreise: Angst, Schrecken, Drangsal. ›Froasenstoan‹, ›Froastaferl‹ nennt man Tonplättchen, worauf die hl. Dreifaltigkeit eingepreßt ist. Sie werden auf dem Sonntagsberge (OÖ) verkauft, solche mit dem betreffenden Gnadenbilde aufgemalt in Mariazell, Mariataferl. Sie werden bei verschiedenen Krankheiten angewendet, d. h. abgeschabt und als Pulver verschluckt.« *(Bächtold-Stäubli,* Bd. 2, Spalte 1729)
Freikugeln: Die sieben Freikugeln der Volkssage, die sich der Freischütz mit Hilfe des Teufels beschafft und von denen sechs unfehlbar treffen, die siebte aber dem Teufel gehört.
Abraham a Sancta Clara: Eigentlich Hans Ulrich Megerle (2. 7. 1644 Krenheimstetten bei Meßkirch in Baden – 1. 12. 1709 Wien). Der vollständige Titel des Werkes lautet: *Mercks Wienn. Das ist: Deß wütenden Todts Eine umständige Beschreibung In der berühmten Haubt und Kayserl. Residentz Statt in Oesterreich / Im sechzehen hundert und neun und sibentzigsten Jahr. Mit Beyfügung so wol Wissen als Gwissen antreffender Lehr.* 1680. – Die Stelle, auf die sich FHO hier bezieht, lautet: »[. . .] durch die bösen Feind, durch die Juden, durch die Todtengraber, auch durch die Hexen [Pest] verursacht worden, weil Paracels. Tract. de Pesti. 4. c. 2 also schreibt: Die Hexen nehmen einen Spiegel, so in Holz eingefaßt ist, legen solchen auff das Wasser eines

großen Gießbeck, dergestalten, daß der Spiegel mit dem gläntzenden Theil gegen den Himmel über sich gekehrt liegt, und auff solchen Spiegl legen sie einen Krantz von sine crusimontes gemacht, daß der Krantz den Spiegel umgreiffet, und weil sie wissen, daß der Mond und der Mensch nicht ein wenige Verwandtschafft, sondern gar in vielen Regungen der Leib mit dem Mond zu schaffen hat, also vergifften sie durch solchen Zauberkrantz den Mond, und dieser entgegen wirfft wiederum das Gift in den Spiegel, nachdem nehmen diese Gabel=Reuterin ein wachsenes Bildl, lassen den Glantz des vergifften Spiegl auff dasselbige gehen, wodurch alsobald der Mensch, in dessen Nahmen gedachtes Wachs formiert worden, an seinen Leib die Pest bekombt, welche aber vielmehr ein particular Pest als ein Infection zu nennen ist.« (Zitiert nach: Abraham a Sancta Clara: *Mercks Wienn.* Wien: Hollinek 1947. = Buchreihe Österreichische Heimat. Hrsg. v. Richard Hollinek u. Prof. Leopold J. Wetzl, Bd. 1, S. 120.)
Theopr. Paracelsus: Theophrastus Paracelsus, eigentlich Theophrastus Bombastus von Hohenheim (um 1494 Einsiedeln/Schweiz – 24. 9. 1541 Salzburg), bedeutender Arzt, Alchemist und Naturphilosoph.
v. Horak ist bereits k. k. Satanialrath: Im *Gaulschreck* (*S. W.*, Bd. I) tritt im Ersten Capitel, S. 17, ein »Satanialrat Dr. infern. Damianus Saperdibixi« auf.

50 K 27. 9. 11
Ich kam am Montag von Prag: Kubin knüpfte in Prag Kontakte zu dem Kreis um Max Brod, lernte Franz Kafka kennen *(→Otte/Raabe,* S. 207) und besuchte den schwerkranken Eugen von Kahler. – In einem Brief an Luckeneder nennt er als weiteren wichtigen Grund für diese Reise die Bemühungen um eine »Subvention« beim Verein zur Förderung von Kunst und Wissenschaft in Böhmen, die ihm schließlich auch gewährt wurde (Brief vom 10. 10. 1911, ÖNB, 295/46–15; →auch 52 K).
E. Kahler: Eugen von Kahler (6. 1. 1882 Prag – 13. 12. 1911 ebenda), Maler, gehörte zum Kreis der Neuen Künstlervereinigung. Mit Kubin wahrscheinlich seit der frühen Münchner Zeit befreundet. – Kubin erinnert sich an diese Reise und an seinen Besuch bei Kahler in seiner Autobiographie; allerdings nennt er dort irrtümlicherweise das Jahr 1912 (→*A.m.L.*, S. 48).
Alf. Teller: Alfred Teller, österr. Architekt. – Genauere Daten nicht ermittelt.
ein ganzes Studium über den Traum: (→auch Anm. 5 K: *Sansara*). Es ist nicht möglich, in diesem Rahmen auf alle Äußerungen Kubins im Hinblick auf sein Verhältnis zum Traum und dessen mittelbare oder unmittelbare Wirkung auf das zeichnerische Werk, sowohl was seine inhaltliche, aber auch was seine formale Seite anbelangt, hinzuweisen. Ein direkter Bezug auf das hier Angesprochene findet sich aber in einem Brief an Alexander von Bernus (→Anm. 26 K) vom 18. 6. 1911: »Mit Hingabe arbeite ich wieder in meiner Spezialität, im Traumleben. – 4 Blätter, die ›Fieberträume‹ habe ich ja auf dem Stift Ihnen gezeigt, nun packe ich diese Sache förmlich systematisch an, und meiner außerordentlichen Übung, sowie schärfster Controlle (verbunden mit skizzenhaften Notizen gleich nach dem Wachwerden) gelingt es zu meiner großen Freude eine ganze Menge kaleidoscopischer Visionen dem Unterbewußten zu entreißen.« (StGM-KA; → auch die unter dem Titel *Über mein Traumleben* gesammelten Aufsätze Kubins in *A.m.W.*, S. 7–52.)
Alex. Moskovsky: die Kunst in 1000 Jahren: Alexander Moszkowsky (15. 1. 1851 Pilica – 26. 9. 1934 Berlin), humoristischer Schriftsteller. – *Die Kunst in 1000 Jahren. Betrachtungen und Prognosen.* Leipzig: Kröner 1910. – In der Bibliothek Kubins erhalten.

R. Garve die Sankhyaphilosophie: Richard von Garbe (9. 3. 1857 Bredow/Stettin – 22. 9. 1927 Tübingen), Sanskritist. Wurde 1880 Professor in Königsberg und 1895 in Tübingen. – Kubin besaß *Die Sankhya-Philosophie. Eine Darstellung des indischen Rationalismus. Nach den Quellen.* Leipzig: Haessel 1894. Von Garbe stammt auch eine Übersetzung der *Baghavadgita* aus dem Jahre 1905 (→Anm. 33 K).
Sig. Freud die Traumdeutung: Sigmund Freud (6. 5. 1856 Freiberg/Mähren – 23. 9. 1939 London). – *Die Traumdeutung* erschien 1900 als erste größere Veröffentlichung Freuds. – Kubin besaß die 3. vermehrte Auflage. Leipzig u. Wien: Deuticke 1911.
Ludwig Klages ... Prinzipien der Charakterologie: Ludwig Klages (10. 12. 1872 Hannover – 29. 7. 1956 Kilchberg/Zürich), Philosoph, Psychologe, Graphologe. – Seit 1893 mit George, Schuler und Wolfskehl befreundet im ›Kreis der Kosmiker‹ (→Anm. 22 K: *Wolfskehl*). Der Titel seiner erst 1929ff. erschienenen Hauptschrift *Der Geist als Widersacher der Seele.* 3 Bde. Leipzig: Barth, faßt sein Weltverständnis in der kürzest möglichen Formel zusammen: Es geht ihm um eine neue Begründung des gesamten Lebenszusammenhanges, um die Errichtung einer neuen Gemeinschaft aus den irrationalen Kräften des Rausches und der Ekstase, der Erde und des Blutes. Gleichzeitig wendet er sich gegen alles bloß Verstandesmäßige und bestreitet die Möglichkeit wirklicher Erkenntnis mit Hilfe der ratio. – *Prinzipien der Charakterologie.* Leipzig: Barth 1910. – Wie aus einem Brief an Alexander von Bernus vom 22. 7. 1911 hervorgeht, hatte Kubin Klages erst vor wenigen Monaten persönlich kennengelernt, und zwar zufällig, im Zug: »[...] das hat mich sehr erfreut denn ich witterte in ihm schon lange den eigentlichen Urheber und Formulierer der wichtigen und sehr schönen Überpersönlichkeitsphilosophie.« (StGM-KA) – Kubin besaß außer dem hier genannten Werk beinahe sämtliche Schriften von Ludwig Klages.
O. A. H. Schmitz ... mit seinen neuen Werken: 1910 und 1911 waren im Verlag Georg Müller, München, erschienen: *Brevier für Weltleute* und *Die Kunst der Politik,* von der 3. Auflage 1916 an unter dem Titel *Englands politisches Vermächtnis an Deutschland.*
Schmitz »Haschisch«: (→Anm. 13 K).

51 H 1. 10. 11
Meisterwerk: Bezug unklar.
meine Eltern fahren nach Sachsen: (→Anm. 149 H: *in Leipzig für ein Haus*).
Triumph des Cäsar von Mantegna: Andrea Mantegna (1431 Isola die Cartura – 13. 9. 1506 Mantua), italien. Renaissancemaler am Hofe der Gonzaga in Mantua. Der Titel »Triumph des Cäsar« bezeichnet eine Folge von neun Leinwandbildern, je etwa 262 × 272 cm.
Strindbergs Inferno: Erschienen Stockholm 1897. Autobiographische Schrift Strindbergs. Der Titel bezieht sich auf seine sogenannte ›Infernokrise‹ zwischen 1894 und 1896, während der sich der Autor ganz seinen alchimistischen Arbeiten widmete, davon überzeugt, daß jenseitige Mächte in sein Leben eingreifen, züchtigend, warnend oder wegweisend, je nachdem. – Der genaue deutsche Titel lautet: *Inferno-Legenden.* Verdeutscht von Emil Schering *(Strindbergs Werke. Deutsche Gesamt-Ausgabe.* Gleichzeitig mit der schwedischen Ausgabe unter Mitwirkung von Emil Schering als Übersetzer vom Dichter selbst veranstaltet. Abt. IV, Bd. 4). München: Georg Müller 1910. – Das Werk ist in der Bibliothek Kubins erhalten.
Loti »Indien ohne die Engländer«: Pierre Loti, eigentlich Julien Viaud (14. 1. 1850

Rochefort – 10. 6. 1923 Hendaye). Trat vor allem als Reiseschriftsteller und Milieu- und Naturschilderer hervor. – Eine deutsche Übertragung des oben genannten Werkes von M. Toussaint ist 1905, Berlin: Hüpeden und Merzyn, erschienen. – Kubin besaß mehrere Werke von Loti.
nach Tripolis als Kriegsberichterstatter: Anspielung auf den italienisch-türkischen Krieg (1911/12).
Sendung alten Papierkarmas: Bezug unklar.

52 K 7. 10. 11
Dank für . . . die sehr hübschen Blätter: Im Nachlaß nicht erhalten.
Die Monographie: Hermann Esswein: *Alfred Kubin* (→Anm. 43 K).
autobiographische Studie: (→ Anm. 46 K: *»Sansara«).*
wenn nur keine allzu schweren Umstürze kommen: → die Eintragung Kubins in den FHO gewidmeten *Märchen* von Wilhelm Hauff: »[. . .] im Jahre des beginnenden Umsturzes« (→ Anm. 39 K).
der Raub der Mona Lisa: Das Bild wurde 1911 aus dem Louvre in Paris gestohlen und tauchte erst 1913 in Florenz wieder auf.
Frau v. Schewitsch, Dönniges-Rakowilja: Helene von Schewitsch (21. 3. 1846 München – 1. 10. 1911 ebenda; Selbstmord), Romanschriftstellerin. Tochter des Historikers und Diplomaten Wilhelm Freiherr von Dönniges, in erster Ehe verheiratet mit Janko von Rakowitza, in dritter mit dem russisch-amerikanischen Journalisten Serge von Schewitsch. *die 79jährige:* Offensichtlich ein Irrtum.
die »schwarzen Fahnen«: Der korrekte Titel lautet: *Schwarze Fahnen. Schilderungen von der Jahrhundertwende.* Der letzte Roman Strindbergs erschien 1907. Eine deutsche Übersetzung erfolgte im Rahmen der *Gesamt-Ausgabe.* München: Georg Müller 1908.
Huysmans: Joris-Karl Huysmans, eigentlich Charles Marie George Huysmans (5. 2. 1848 Paris – 12. 5. 1907 ebenda), frz. Romancier, bekannt geworden vor allem mit seinen beiden symbolistischen Romanen *A rebours.* 1884 (*Gegen den Strich.* Berlin: Schuster u. Loeffler 1897) und *Lâ-bas.* 1891 (*Da unten.* Leipzig–Reudwitz: Magazin-Verlag [1903]). – Beide Werke sind in der Bibliothek Kubins erhalten.

53 H [Herbst 1911]
Das große Rommärchen Napoleons: Anspielung auf die selbstinszenierte Krönung Napoleons I. zum König von Italien in Mailand am 26. 5. 1805.
Lokomotiven und uralte Fregatten mit eingebauten Wurstkesseln: Dieser Formulierung begegnet man ähnlich auch in *Kaiser Joseph II. und die Bahnwärterstochter* (*S. W.*, Bd. VI) im zweiten Akt: Kaiser Joseph zu den Lakaien, da Nozerl das Wasser im Dampfkessel der Lokomotive auffüllen will: »Halt mein Kind! Einen Moment! Fischet zuerst die Würstel heraus – ich will das zweite Frühstück! [. . .] Nozerl: »Ja . . . so a Logomotiew ist halt was Kommodes! Man legt d' Würsteln ein *(essend),* d' Maschin pfeift – fahrt ab – *(essend)* während der Fahrt – tuns fesch umanand hupfen im Kessel – so: hüo Tschakerl. Und wann ma ankommt, hat man sein warmes Essen!« (Zitiert nach dem TS von *Kaiser Joseph,* BAI, XVI/4.)

54 H 4. 7. 13
nach so langer Zeit . . . ein Lebenszeichen von mir: Aus verschiedenen Briefen an Paul Luckeneder wird deutlich, daß die eineinhalbjährige Lücke zwischen diesem und dem

vorangegangenen Brief sich nicht allein mit verlorengegangenen Schriftstücken erklären läßt, sondern daß während dieser Zeit der Kontakt zwischen den beiden Freunden beinahe vollständig unterbrochen war – was zumindest Kubin sehr bedauert hat. Im Dezember 1911 hatte man sich noch einmal in Wien getroffen. Der bereits auszugsweise zitierte Brief an Luckeneder vom 15. 1. 1912 (→ Anm. 42 H) läßt keinen Zweifel daran, daß Kubin nach wie vor erhebliche Vorbehalte gegenüber Carmen hegte. Es ist zu vermuten, daß hier die eigentlichen Gründe für die folgende Entfremdung zu suchen sind. – Eine Karte FHOs vom Anfang des Jahres 1912 aus Belgien ist belegt, aber nicht erhalten. Am 22. 5. 1912 heißt es in einem Brief Kubins an Luckeneder: »Von Fritz höre ich gar nichts mehr hin ist hin – und Sie lieber Paul scheinen die einzige Erbschaft zu sein die mir aus dieser echten Freundschaft erwuchs.« (ÖNB, 295/46–22). Am 5. 10. 1912 bittet er Luckeneder, seinen Schwager Schmitz, der sich anläßlich der Premiere seines Stückes *Don Juanito* (→ Anm. 45 H) in Wien aufhält, mit FHO bekannt zu machen: »Vielleicht bringen Sie ihn auch mit Fritz zusammen. – Ich will ihn nämlich nicht an Fritz empfehlen, habe ich doch seit fast einem Jahr, da ich ihn in Wien besuchte nichts direktes mehr von dem Paare gehört (Dez. 1911). Aber ich habe nach wie vor ein warmes Interesse für Fritz, und glaube beide Teile wird es freuen wenn sie sich kennenlernen.« (ÖNB, 295/46–26). Am 25. 6. 1913 schreibt Kubin an Luckeneder: »Ich möchte aber August wohl gerne mit Ihnen und Herzmanovskys das Gebirge genießen. Schreiben Sie was da alles geschehen wird [. . .]. Außerdem stelle ich die Bedingung wenn ich kommen soll daß Fritz mir schreibt (selbst) daß ihm dies auch angenehm sei.« (ÖNB, 295/46–31) – Der vorliegende Brief ist wohl als Reaktion hierauf anzusehen, da er direkt auf diesen Plan Bezug nimmt. – Dieser und der folgende Brief 55 H vom 15. 7. 1913 haben als Briefkopf die Anschrift: »Hotel Brioni (Brionische Inseln) Istrien« (→auch Anm. 55 H).

die Mendel: Paß in Südtirol, über den man von Bozen ins Nonsbergtal gelangt.

55 H 15. 7. 13

Idee, nach Brioni zu kommen: Auch in einem Brief an Luckeneder vom 25. 6. 1913 hatte Kubin diese Idee erwogen: »[. . .] fast wäre ich [. . .] Hals über Kopf nach Wien und dann mit Ihnen vielleicht sogar nach Brioni gefahren« (ÖNB, 295/46–31). – Gagern weist vermutlich zu Recht darauf hin, daß Brioni »das Vorbild für die dalmatische Insel ›Pomo‹ sein dürfte, auf der sich in ›Rout am Fliegenden Holländer‹ [*S. W.*, Bd. II] ein verrückt mondänes Leben entfaltet.« (*Gagern*, S. 22)

Torpedoboote in Nixentümpeln: Auch diesem Bild begegnet man in *Rout am Fliegenden Holländer.*

Niese: Hansi Niese (10. 11. 1875 Wien – 4. 4. 1934 ebenda), populäre Wiener Volksschauspielerin, die bei der Operette begonnen hatte und später im Raimundtheater, im Josefstädter Theater und im Volkstheater auftrat.

August Miezl: August Mietzl von Stende (24. 12. 1869 Pola/Istrien – 9. 11. 1918 Wien). – Mietzl war von 1906 bis 1912 Militärattaché in Rom und nahm 1911 in dieser Funktion an der Operation des italienischen Expeditionskorps in Tripolis teil.

Fanitül: Nicht ermittelt. Im Nachlaß FHOs sind folgende Notizen zur Bedeutung des Wortes erhalten: »fa nid ül. fa = das göttliche Urwesen in seiner Macht und Kraft/ = das göttl. Zeugen. fa-ni (ni) das ich als Urwasser/ = die weibl. Zeugerin Fam. nid (ni-id) Vulvagöttin. ni = Vulva. ül = Lebenslust/ = Göttl. Geist als sichtb. Geist d. Makrokosmus ✫, das Gott belebt.« (BAI, Mystik XXXI; →auch 160 H)

verklärte Backhendeln und Gurkensalat: Einem ähnlichen Bild begegnet man im Elften Capitel, S. 108, des *Gaulschreck im Rosennetz* (*S. W.*, Bd. I): »So ward ihm süßer Trost durch die Leier Apolls, und oft flüchtete er ins Feenreich der Poesie, denn hier auf Erden, wo gerade jetzt vielen das Paradies der Gurkensalate, Backhühner, üppiger Kohlrabi und der ersten Hasen blühte, fühlte er sich immer weniger zu Hause.«

56 H 22. 8. 13
Sulden: Ortschaft in Südtirol, im Suldental, Ausgangspunkt für Hochtouren ins Ortlergebiet.

57 H [wahrscheinlich Herbst 1913]
den blauen Tiegel: Bezug unklar.
Heller Collektion: (→Anm. 22 K).
Cardinal: (→Anm. 46 K).
von Wolfskehl einen Boschstich: Im Nachlaß Kubins nicht erhalten.

58 K 28. 3. 14
Beneide Euch um Ägypten: Das Ehepaar HO reiste Ende Januar 1914 über Triest und Brindisi nach Ägypten, wo sich FHO in Assuan zur Behandlung seines Nierenleidens einer Kur unterzog. Anschrift laut Briefkopf vom 1. 4. 1914 (→59 H): »Pension Neufeld und Wüstensanatorium Bab el Wadi«. – Anfang April reiste das Ehepaar über Cairo weiter nach Alexandria. Der geplante Aufenthalt auf Cypern auf dem Troodos (→59 H) ist nicht belegt. Der Brief aus Rindbach (→60 H) läßt vermuten, daß man statt dessen direkt nach Sizilien weiterreiste (→Briefe an die Eltern FHOs, BAI).
Ich war in Paris: Im Januar 1914 hatte Kubin mit seiner Frau eine zweite Parisreise unternommen – vorangegangen war eine erste Parisreise 1906 (→Anm. 3 K: *impressionistische Purzelbäume*) –, über München, Straßburg und Colmar, »um das Isenheimer Altarwerk zu besichtigen. In Paris merkte ich dann leider am ersten Tag schon, daß meine Nerven dem wütenden Wechsel von Sinneseindrücken nicht mehr ganz gut standhielten, ich war ängstlich, niedergeschlagen, erregt, und der ganze Aufenthalt wäre wohl verdorben gewesen, wäre nicht Ernst Sonderegger [→Anm. 99 K], an den ich eine Empfehlung hatte, als rettender Engel gerade im richtigen Augenblick dagestanden. Er nahm sich mühevoll unsrer an und trug viel zur raschen Wiederherstellung meines Gleichgewichts bei. Trotzdem ich mich diesmal unter der Führung des neuen Freundes recht umsehen konnte und viele bisher ungekannte Seiten an der einzigartigen Stadt in ihrem Tag- und Nachtleben fand, waren es im ganzen lange nicht so erstaunliche und entscheidende Eindrücke wie bei meinem ersten Besuch. [. . .] Rückschauend bedaure ich insbesondere, daß durch meine Schuld ein Zusammentreffen mit Picasso, zu dem dieser mich eingeladen hatte, versäumt wurde; ich hätte Picasso zu gerne kennengelernt und muß mich heute damit begnügen, in Büchern und Zeitschriften sein Werk zu verfolgen.« (*A.m.L.*, S. 48f.)
daß ich . . . OAH. Schmitz (der von Rußland wiederkommt) bis Krakau entgegenfahren will: Dazu ist es nicht gekommen. »Von Posen fuhr ich über Breslau, Brünn und Wien nach Zwickledt.« (*E.S.*, S. 207)
meine große Collektion bei Heller: (→Anm. 22 K). Die gleichzeitige Ausstellung in Dresden nicht ermittelt.
Poe's »Gordon Pym«: (→Anm. 3 K).

Alf. Bachmann: Alfred Bachmann (1. 10. 1863 Dirchau/Danzig – 1956). Mit Kubin seit der Münchner Zeit befreundet, wo sich Bachmann seit 1891 aufhielt. – In einem Brief an Reinhold und Hanne Koeppel vom 3. 6. 1924 erwähnt Kubin Bachmann, den »großartigen Tropen- und Polarreisenden, Jäger, Entdecker, Landschafts- und Marinemaler« (*D.w.R.*, S. 31). In den *Münchner Neuesten Nachrichten* vom 8. 10. 1933 gedenkt Bachmann dieser Freundschaft in einem kleinen Aufsatz *Aus meinen Erinnerungen* (→ *Otte/Raabe*, S. 193).

59 H 1. 4. 14
Bischarilager: Bischar'in, hamit. Hirtennomaden.
Hugo Lederer: Nicht eindeutig zu entscheiden, auf wen FHO Bezug nimmt: a) Hugo Lederer (16. 11. 1871 Znaim/Mähren – 1. 8. 1940 Berlin), Bildhauer. b) Freiherr Hugo von Lederer, Obersthofmeister im Hofstaat des Erzherzogs Franz Salvator (→ *Niederösterreichischer Amts-Kalender für das Jahr 1914.* XLIX. Jg. Mit einer politisch-administrativen Karte von Niederösterreich. Wien: k. k. Hof- und Staatsdruckerei 1914, S. 73).
Gepowidale: Powidl (tschech.); österr. für Pflaumenmus. »Gepowidale« bezeichnet hier wohl den starken böhmischen Akzent der Sprecherin.
Pallenbergrolle: Max Pallenberg (18. 12. 1877 Wien – 26. 6. 1934, Flugzeugunglück), österr. Schauspieler. Charakterkomiker in Wien, München und Berlin.
Heiterkeitsclub »Harmonie« aus Kötschenbroda: Verschiedene »Heiterkeitsclubs« begegnen auch in *Rout am Fliegenden Holländer* (*S. W.*, Bd. II). – Kötzschenbroda ist der Name eines Ortsteils von Radebeul, einer Kleinstadt im Kreis und Bezirk Dresden.
Troodos: Das Hauptgebirge Zyperns, dessen höchste Erhebung 1952 m beträgt, mit den Luftkurorten Prodromos und Platres.

60 H [Sommer 1914]
Neapel wo uns der Aufstand bald vertrieb: Vom 7. bis 13. Juni hatte es in vielen italienischen Städten Arbeiteraufstände gegeben. Ihnen vorausgegangen waren blutige Zusammenstöße zwischen der Polizei auf der einen Seite und Republikanern und Anarchisten, die gegen die Strafkompanien im Heere protestierten, andererseits.

61 K 23. 8. 14
»das unheimliche Buch«: Felix Schloemp, Hrsg.: *Das unheimliche Buch. Eine Sammlung von Erzählungen.* Mit einem Vorwort von Karl Hans Strobl und 15 ganzseitigen Illustrationen von Kubin. München: Georg Müller 1914 (→ *Otte/Raabe*, S. 82).
»die Jenseitsrätsel«: Der vollständige Titel lautet: *Die Jenseitsrätsel. Geschichten aus dem Übersinnlichen.* Das Buch ist erst 1918 bei Georg Müller in München erschienen. Als Herausgeber zeichnen aber nicht der erwähnte Dr. Wehofer, sondern Friedrich Feerhow und Laura Wiesen. Aus einer handschriftlichen Widmung für Kubin in dem Buch von Charles Webster Leadbeater: *Gibt es eine Wiederkehr? Seltsame Geschichten.* Aus dem Engl. übertragen von Malwin Yllen und Fritz Feerhow. Berlin-Charlottenburg: Brandler-Pracht [1914], geht allerdings hervor, daß Feerhow ein Pseudonym für Wehofer ist: »Dem Illustrator der / ›Jenseitsrätsel‹ mit / bestem Gruß überreicht. / Dr. Franz Wehofer / Wien 1914.« – Kubin schuf zu dieser Sammlung 12 ganzseitige Illustrationen und die Umschlagzeichnung (→ *Otte/Raabe*, S. 90).

Sammel-Band Oscar Schmitz: Herr von Pepinster und sein Popanz. Geschichten vom Doppelleben. Mit 14 ganzseitigen Illustrationen von Kubin. München und Leipzig: Georg Müller 1915 (→ *Otte/Raabe,* S. 83).
»Josaphat«: José Pons y Pagés, eigentlich Joseph-Sébastien Pons (1886–1962), frz., in Katalonien lebender Schriftsteller. *Josaphat.* Dt. von Eberhard Vogel. Mit 22 Illustrationen, davon 16 ganzseitig, von Kubin. Das Buch erschien, wohl wegen des Krieges, erst 1918 bei Georg Müller in München (→ *Otte/Raabe,* S. 91).
Diaboliques von d'Aurevilly: Jules-Amédée Barbey d'Aurevilly (2. 11. 1808 Saint-Sauveur-le-Vicomte/ Manche – 23. 4. 1889 Paris), frz. Schriftsteller. *Les Diaboliques,* dt. *Die Teuflischen* oder in der hier angesprochenen Übersetzung von Arthur Schurig *Teufelskinder,* konnte erst 1921 erscheinen. Mit 21 Illustrationen, davon 12 ganzseitig, von Kubin. München: Georg Müller (→ *Otte/Raabe,* S. 99).
Felix Grafe: (9. 7. 1888 Wien – 18. 12. 1942, als Widerstandskämpfer hingerichtet), österr. Schriftsteller und Übersetzer. Mit Kubin in langer, herzlicher Freundschaft verbunden. In einem Brief vom 27. 8. 1947 an Reinhold und Hanne Koeppel erwähnt Kubin eine Porträtzeichnung, die er von Grafe angefertigt habe (→ *D.w.R.,* S. 195).
die junge Dame: Marianne Weil (gest. 1951; →63 K u. 209 K). Ein »Ex Libris Felix und Marianne Grafe« von Kubin entstand 1915. »Auf den Wellen ein Boot, in dem sich Mann und Frau gegenübersitzen. Auf dem Bootsrand ein struppiger Hund. Im Hintergrund die untergehende Sonne. An den Seiten 2 Leisten mit Herzen und Totenschädeln. Li. eine Maus, r. ein Vogel. U. d. Z.: Schrift« (→ *Otte/Raabe,* S. 87f.).
William Blake: (28. 9. 1757 London – 12. 7. 1827 ebenda), engl. Dichter und Kupferstecher. Kubin bezieht sich hier wahrscheinlich auf die Monographie von Helene Richter: *William Blake.* Straßburg: Heitz 1906 (→134 K u. 136 K), die er selbst besaß. – Auf die Bedeutung, die gerade Blake zeitlebens für Kubin gehabt hat, weist auch Hewig hin. Sie zitiert u. a. eine Tagebuchnotiz vom 1. 4. 1931, in der es heißt: »Blake – Indien – Schöpferische Indifferenz – – vor allem in Kubin – –« (*Hewig,* S. 88f.; →auch 136 K).
Mein herrliches altes Papier: »Mir wurde von meinem Vater, einem K. K. Geometer, der manches Archiv kannte, vor über 40 Jahren ein ganzer Ballen aufgelassener österreichischer Katastermappen gegeben; die freie Rückseite der Pläne war mehr als ein Menschenalter die beinahe einzige Unterlage, auf der ich arbeitete. Dieses Papier ist jetzt über 100 Jahre alt, von unverwüstlicher, pergamentartiger Beschaffenheit, und als es dann endlich zur Neige ging und ich sparen mußte, war das eine schwere Klippe für mich, denn ich war gänzlich an seine Eigentümlichkeiten gewöhnt. Glücklicherweise verschafften mir Freunde Papierreste aus einer zugrundegegangenen Fabrik, nicht so ideal strapazierfähig, hingegen die Tusche so saugend, daß die Zeichnung mit der Unterlage förmlich verwuchs. Später brachte dann ein glücklicher Umstand wieder einen ganzen Stoß ähnlichen alten österreichischen Katasterpapiers in meinen Besitz, welches ich seither wieder am liebsten benutze.« (*Der Zeichner.* In: *A.m.W.,* S. 55–60, hier S. 56f.; →auch 65 K u. 70 K)

62 H 10. 10. 14
Feder und Stift gegen die Schweinebande zu führen: (→65 K u. Anm. 65 K).

63 K 11. 10. 14
»Kriegsbilder«: (→65 K u. Anm. 65 K).
Oskar Schmitz . . . Pressebureau: Schmitz war seit dem Herbst 1914 vorübergehend in der Presseabteilung des Reichsmarineamtes beschäftigt.

die schwarzgelben Grenzen: 1804 hatte der österreichische Kaiserstaat mit dem Wappen auch die schwarz-gelbe Fahne – schwarzer Doppeladler auf goldenem Grund – des ehemaligen Römischen Reiches übernommen.
Ich reise morgen nach München: Aus einer Postkarte vom 11. 11. 1914 von Paul Klee an Kubin wird deutlich, daß sich beide anläßlich dieses Münchenaufenthaltes getroffen haben. Kubin und Klee waren seit Anfang 1911 miteinander bekannt und befreundet (→die Briefe Klees an Kubin, abgedruckt in: *Klee: Das Frühwerk,* S. 81–97).
das Buch das von der Entwicklung der österr. Marine handelt: Nicht mit Sicherheit zu entscheiden. Möglicherweise ist das in der Nachlaßbibliothek FHOs erhaltene Werk von Alfred Freiherr von Koudelka gemeint: *Unsere Kriegsmarine.* Illustrationen von Freiherr von Ramberg. Wien: A. Hölder 1899.
»Als Venedig noch österreichisch war«: Paul Rohrer: *Als Venedig noch österreichisch war. Erinnerungen zweier Offiziere* (Friedrich und Max von Rottauscher). Stuttgart: Lutz [1913] (= Memoirenbibliothek ser. 5, Bd. 3). – In der Bibliothek Kubins erhalten.
Memoiren des Admirals Dalerup: Hans Birch Freiherr von Dahlerup (25. 8. 1790 Hillerød – 26. 9. 1872). – Der korrekte Titel des Werkes lautet *In österreichischen Diensten.* Aus dem Nachlaß seines Großvaters hrsg. von Joost Freiherr von Dahlerup. Aus dem dän. Manuskript übertragen von Marie Herzfeld. 2 Bde. Berlin: Meyer u. Jessen 1911–1912. – In der Bibliothek Kubins erhalten.
A. v. Bernus . . . Alchimistische Versuche: Bernus (→Anm. 26 K), der ein naturwissenschaftliches Studium aus Medizin, Physik und Chemie bis zum Physikum absolviert hatte, gründete 1921, nach jahrelangen alchimistischen Versuchen, das »Laboratorium Stift Neuburg«, in dem er »›spagyrische Heilmittel auf astrologisch-alchymistischer Grundlage‹ herstellte. Beim Verkauf des Stiftes [1926] verlegte Bernus das ›Laboratorium Soluna‹ nach Stuttgart, und ab 1939 unterhielt er eine Zweigniederlassung in Donaumünster, die er bis zu seinem Tode betrieb.« Das Laboratorium besteht heute noch. (→*Alexander von Bernus.* Ausstellung vom 22. Mai bis 4. Juli 1980. Ausstellungsführer bearbeitet von Marianne Armster und Michael Engel. Berlin: Universitätsbibliothek der Freien Universität Berlin 1980, S. 8.)
daß Österreich an Italien das Trento abgeben wird: Der italienische Ministerrat hatte am 31. Juli 1914 die Neutralität beschlossen. Die Westmächte England und Frankreich andererseits hatten Italien im Falle eines Sieges enorme Versprechungen auf Kosten Österreichs gemacht, um es dazu zu bewegen, in den Krieg einzutreten. In dieser Situation sah sich auch Österreich-Ungarn gezwungen, zumindest in »unverbindlicher Weise« über eventuelle Kompensationsforderungen mit Italien zu verhandeln, um so dessen Neutralität zu gewährleisten. Diese Verhandlungen scheiterten schließlich, und Italien schloß am 26. 4. 1915 seinen Vertrag mit den Westmächten, den sogenannten Londoner Vertrag, in dem Italien vor allem »ganz Südtirol bis zum Brenner als einer natürlichen geographischen Grenze« zugesprochen wurde.
Die Zeiten sind ja kolossal groß!: Kubin bezieht sich hier auf die immer wiederholte Phrase von den »großen Zeiten«, die jetzt mit dem Ausbruch des Krieges angebrochen seien. Der bekannte Vortrag und Aufsatz von Karl Kraus: *In dieser großen Zeit,* der mit den Worten beginnt: »die ich noch gekannt habe, wie sie so klein war; die wieder klein werden wird, wenn ihr dazu noch Zeit bleibt«, ist erst am 19. 11. 1914 zum ersten Mal von ihm gehalten worden bzw. am 5. 12. 1914 in der Nr. 104 der *Fackel* gedruckt erschienen.

64 H 18. 10. 14
obiges Briefpapiergesicht: Hotelstempel: »Great Eastern Railway. Harwich Route to the Continent. On Board S. S. ›Vienna‹«. Die in diesem und den folgenden Briefen, vor allem der Kriegszeit, geäußerten antisemitischen, rassistischen und »alldeutschen« Ansichten FHOs müssen als durchaus typisch für einen großen Kreis zumal des gehobenen Bürgertums und des Adels angesehen werden: Während der Haß des Kleinbürgertums auf die in den Großstädten häufig wohlhabenden Juden vor allem sozial bedingt war, gründete der Antisemitismus des Großbürgertums und weiter Kreise des Adels auf dem sogenannten ›wissenschaftlichen Rassismus‹, wie er vor allem von Gobineau (→Anm. 147 H), dem englischen Schwiegersohn Wagners, Houston Stewart Chamberlain, und etwa auch von Lanz von Liebenfels (→Anm. 33 K) und den Neutemplern vertreten wurde. Dieser so geartete großbürgerliche und adelige Rassismus, der sich auf eine »Herrenrassen«-Ideologie gründete (→Anm. 78 K: *Nietzsche*), richtete sich keineswegs ausschließlich gegen das Judentum, sondern etwa auch gegen alle slawischen Völker, deren ständig wachsendem Nationalbewußtsein man z. B. in der österreichisch-ungarischen Monarchie auch auf diese Weise zu begegnen suchte. Die Kriterien dieses sogenannten ›wissenschaftlichen Rassismus‹ sind derart allgemein, daß diese sich letztlich gegen jede Rasse und jedes Volk wenden und insofern ohne Schwierigkeiten von »alldeutschen« Intentionen vereinnahmt werden konnten. Wie sehr FHO mit diesen Vorstellungen sympathisiert hat – auch noch in späteren Jahren –, bezeugt nicht nur seine Beziehung zu Lanz von Liebenfels. Ähnliche Anschauungen vertraten beispielsweise auch Guido von List und Karl Felix Wolff (→Anm. 145 H). – Nachweislich besessen hat FHO die folgenden, diese Fragen behandelnden Schriften: Jörg Lanz von Liebenfels: *Der elektrische Urgott und sein großes Heiligtum in der Vorzeit.* Prerow-Pommern 1933 (= Ariomanische Bücherei. Sammlung rassenphilosophischer und rassenreligiöser Briefe, Nr. 3). – Guido von List: *Die Ursprache der Ario-Germanen und ihre Mysteriensprache.* Wien: Guido-von-List-Gesellschaft 1914. – Friedbert Schultze: *Grundsätzliches zur Rassenfrage. I. Die Lanz von Liebenfels'sche Rassenlehre.* Berlin 1921. – Karl Felix Wolff: *Rassenlehre. Neue Gedanken zur Anthropologie / Politik / Wirtschaft / Volkspflege und Ethik.* Leipzig 1927. – Die besonders feindliche Haltung gegenüber England (→76 K) und Amerika gründete darüber hinaus wohl in der politischen und vor allem auch wirtschaftlichen Vormachtstellung dieser beiden Länder sowie auf einer Ablehnung derartiger Demokratievorstellungen, wie sie dort praktiziert wurden. – Für Österreich kam als aktueller Anlaß noch hinzu, daß es der englische Außenminister Grey war, der am 24. 7. 1914 den Vorschlag gemacht hatte, den österreichisch-serbischen Konflikt einer Konferenz der Großmächte zu unterbreiten. Dies wurde von Berlin abgelehnt.
Grey: Edward Grey, Viscount Grey of Fallodon seit 1916 (25. 4. 1862 Fallodon/Northumberland – 7. 9. 1933 ebenda), engl. Politiker, von 1905 bis 1916 Außenminister Großbritanniens.
des Czars: Zar Nikolaus II. Alexandrowitsch (18. 5. 1868 St. Petersburg – 16. 7. 1918 Jekaterinburg). In den Balkankriegen 1912/13 hatte Rußland dazu beigetragen, die Spannungen in Serbien zu verschärfen, was schließlich mit Anlaß zum Ausbruch des Ersten Weltkrieges war.
Zeichne eine Greuelserie: (→65 K u. Anm. 65 K).
Affenvölker: → den Untertitel der Schrift von Lanz von Liebenfels: *Theozoologie oder die Kunde von den Sodoms-Äfflingen und dem Götter-Elektron [. . .]* (→Anm. 33 K).
Hodler: Ferdinand Hodler (14. 3. 1853 Bern – 20. 5. 1918 Genf), schweiz. Maler. –

FHO bezieht sich hier auf den sogenannten ›Genfer Protest‹, der auch als ›Barbaren-Manifest‹ bezeichnet wurde. Im Spätsommer 1914 war Hodler eine Art Flugblatt namhafter Westschweizer Intellektueller – unter ihnen der Dirigent Ernest Ansermet und der Begründer der rhythmischen Gymnastik Emile Jacques-Dalcroze – zur Unterschrift vorgelegt worden, in welchem gegen die Beschießung und teilweise Zerstörung der Kathedrale von Reims protestiert wurde. Hodler unterzeichnete diesen Protest, in dem die Deutschen unter anderem als »Barbaren« bezeichnet wurden. Daraufhin wurde in der Universität Jena Hodlers Monumental-Wandgemälde »Auszug der Jenenser Studenten im Jahre 1813«, entstanden 1908, verhangen, er selbst wurde aus sämtlichen deutschen Kunstverbänden ausgeschlossen.
Maeterlinck: (→Anm. 33 K). Aus Anlaß der Verletzung der belgischen Neutralität und der Zerstörungen durch die deutschen Invasionstruppen hatte Maeterlinck den Entschluß gefaßt, sich der Propaganda der Alliierten zur Verfügung zu stellen. In diesem Sinne hatte er bereits am 14. September einen Artikel im *Daily Mail* veröffentlicht und war am 10. Oktober einer Einladung nach England gefolgt, um in Newport upon Tyne in einer öffentlichen Rede gegen die Neutralitätsverletzungen durch Deutschland zu protestieren. Es folgten in den nächsten Jahren zahlreiche derartige öffentliche Propagandaauftritte Maeterlincks (→W. D. Halls: *Maurice Maeterlinck. A Study of his Life and Thought.* Oxford: Clarendon Press 1960, S. 114ff.)
»Kikeriki«: Kikeriki! Humoristisches Volksblatt. Eigentümer und verantwortlicher Redakteur O. F. Berg (Pseudonym für Ottokar Franz Ebersberg). Der 1. Jg. erschien in Wien 1861. 1933 wurde die Zeitschrift eingestellt. Ihre weltanschauliche Haltung läßt sich am ehesten als christlich-sozial und antisemitisch beschreiben. Unter gleichem Namen, ebenfalls von Berg herausgegeben, erschienen auch einige Kalender.
Karma: Begriff aus der indischen Religionsphilosophie und zugleich Hauptglaubenssatz, der unter anderem besagt, daß das Schicksal des Menschen nach seinem Tode von seinem Verhalten im vorangegangenen Leben und den früheren Erscheinungsweisen abhängt. Auf diese Weise soll die Verschiedenheit der menschlichen Anlagen und Schicksale erklärt werden.
»Herbstmanöver«: Ein Herbstmanöver. 1908. Operette von Emmerich Kálmán.
mein Vetter Reviczky: Stephan Reviczky von Revisnye (25. 12. 1884 – ?). Seit dem 7. 1. 1914 Konsul in Alexandria. Die genauen verwandtschaftlichen Beziehungen ließen sich bisher nicht ermitteln.
Stekel: Wilhelm Stekel; Pseudonym: Dr. Serenus (18. 3. 1868 Bojan/Bukowina – 1940 London), Nervenarzt. Gemeint ist wahrscheinlich die Schrift Stekels: *Die Sprache des Traumes. Eine Darstellung der Symbolik und Deutung des Traumes in ihren Beziehungen zur kranken und gesunden Seele für Ärzte und Psychologen.* Wiesbaden: Bergmann 1911.

65 K 6. 11. 14
»Kriegsblätter«: Affirmative »Kriegsblätter«, wie FHO sie fordert, hat Kubin nie gezeichnet. Zwar ist auch sein Verhältnis zum Kriegsgeschehen, wie die Briefe der nächsten Jahre erkennen lassen, durch ein vollkommen politisches Unverständnis gekennzeichnet, aber im Gegensatz zu FHO reagiert Kubin auf die von ihm als »Gesetz des Schicksals« verstandenen Ereignisse ängstlich, skeptisch und zunehmend pessimistisch. Kubin selbst faßt in dem Teil seiner Autobiographie von 1917 seine Empfindungen und seine Haltung rückblickend so zusammen: »Da kam im August

1914 das Schreckliche. Welcher Künstler, ja überhaupt welcher Mensch hätte zu prophezeien gewagt, daß eine solche Flut von Haß, Wut und Starrsinn, wie sie nun hereinbrach, noch möglich wäre? Wie Aasgeruch umwehte es mich in meiner einsamen Lage, und eine entsetzliche, langwährende Trauer und Niedergeschlagenheit ließen mich die ersten vier, fünf Monate des Krieges nicht mehr los. Die gigantische Organisation der Kriegsmaschine, die furchtbaren Taten der Zerstörung, der Heldenmut des Einzelnen imponierten mir und erschütterten mich gewiß; die elementare Begeisterung, die so viele empfunden haben, habe ich aber nie gespürt; ich stand beiseite.« (*A.m.L.*, S. 50f.) Daß diese Aufzeichnungen aus der Rückschau den Tatsachen entsprechen, bestätigen die Aufzeichnungen Schmitz', der Kubin im September vierzehn Tage in Zwickledt besucht hatte (→70 K): »Ich fand Kubin auf dem Tiefpunkt seiner Depressionen. Er wollte von möglicher Wiedergeburt und Erneuerung der Menschen nichts sehen, erkannte vielmehr die Zeichen des Weltunterganges, den er in seinem Roman ›Die andere Seite‹ vorausgeahnt hatte.« (*E.S.*, S. 216) – In der Münchner Wochenschrift *Simplicissimus* erschienen 1914 im 19. Jg. drei Reproduktionen nach Federzeichnungen Kubins: »Zigeuner« (Nr. 5), »Die Kegelbahn« (Nr. 8), »Hoteldiebe« (Nr. 17). 1916/17 im 21. Jg. erschienen wiederum zwei Reproduktionen nach Federzeichnungen: »Nacht in Belfort« (Nr. 22), »Der U-Alp« (Nr. 49). Bei diesen und den noch im folgenden Kriegsjahr im *Simplicissimus* reproduzierten Zeichnungen kann man nicht eigentlich von »Kriegsblättern« sprechen. (→ *Otte/Raabe,* S. 83ff.) – In der Zeitschrift *Zeitecho. Ein Kriegstagebuch der Künstler.* Hrsg. Otto Haas-Heye. München: Graphik-Verlag, erschienen im 1. Jg. (1914/15) in Heft 4 und 6 die Lithographien: »Kriegsfurie mit Brandfackel« und »Cäsarenkopf« (»Nero«; →75 H) sowie im 2. Jg. in Heft 4 »Japanischer Feldherr«, »Zwei Schlangen«, »Hyäne auf dem Schlachtfeld«; hierbei handelt es sich um eine frühe Fassung der »Hyäne« aus den *Wilden Tieren* (→Anm. 78 K u. 141 K). Als Heft 19 des 1. Jg.s war ein Kubin-Heft geplant, das aber nicht zustande kam, da drei Blätter von der Zensur beanstandet wurden. Auch die in Heft 20 desselben Jg.s als bereits erschienen angekündigte Serie von 12 Postkarten mit Originallithographien ist aller Wahrscheinlichkeit nach nie zur Auslieferung gelangt. – An »Kriegsbildern« sind in den ersten drei Kriegsjahren darüber hinaus erschienen: »Die verlassene Stadt«. Reproduktion einer Federzeichnung in der Zeitschrift *Glühlichter.* Hrsg. Arthur Heydtmann. Jg. 18 (1914), Nr. 24. Im Jg. 19 (1915), Nr. 1 u. 5 derselben Zeitschrift erschienen Reproduktionen der Federzeichnungen »Russische Vorhut« und »Mobilisierung«. – Eine Federlithographie »Die verlassene Stadt«, zu der die oben erwähnte Federzeichnung einen Entwurf darstellt, erschien 1916 a) als signierter Druck in einer Auflage von 40 Stück; b) in: *Krieg und Kunst.* Original-Steinzeichnungen der Berliner Sezession. Folge 22. Berlin 1916. – Ebenfalls 1916 erschien in *Kunst und Leben. Ein Kalender . . .,* Jg. 8, die Reproduktion der Federzeichnung »Der heilige Krieg«. Das gleiche Blatt erschien auch als Sonderdruck. – Die Reproduktion einer Zeichnung »Die Fliegerbombe« erschien in: Hans Hildebrandt: *Krieg und Kunst.* Mit 36 [!] Abbildungen zeitgenössischer Kunstwerke. München: R. Piper u. Co. 1916 (→ auch 111 K; darüber hinaus zu allen Angaben → *Otte/Raabe,* S. 83ff. Die Differenzen zu den dort gemachten Angaben ergaben sich bei einer nochmaligen Überprüfung anhand der Originale).

meinen »berühmten« »Krieg« (der Webermappe): In verschiedenen Varianten überlieferte Zeichnung Kubins. Die ursprüngliche Fassung, Tuschfeder, laviert, gespritzt, Einfassungslinie, 226 × 298, entstand um 1901/02 und wurde als Blatt 9 erstmals in

der *Weber-Mappe* reproduziert. Eine erste Variante hierzu, Tuschfeder, 311 × 354, entstand um 1907 (→Abb. S. 80). – Die in diesem Brief erwähnte Zeichnung, Tuschfeder, laviert, gespritzt, auf Katasterpapier, 315 × 345, mit Titel unten Mitte, stellt bereits die zweite Variante dar. Nicht nach dieser zweiten, sondern nach der ersten Variante »entstand 1918 eine Strichätzung für Felix Grafe [. . .], die als Flugblatt gedacht und in einigen Exemplaren gedruckt wurde, aber keine Verwendung fand« (*Brockhaus/Peters*, S. 240, Anm. 8). – Eine dritte Variante, Tuschfeder, aquarelliert, gespritzt, Einfassungslinie, auf Katasterpapier, 302 × 345 (315 × 395) ist um 1918 entstanden. – 1931 tauchte im chinesisch-japanischen Krieg ein Plagiat dieses Blattes von Chung Hon Ying auf (abgebildet bei *Otte/Raabe*, vor S. 161; alle »Krieg«-Fassungen abgebildet bei *Brockhaus/Peters*, S. 238ff).
Wolfskehl . . . er glaubt, »das Reich« bricht an: Ein Gedanke, der im George-Kreis verbreitet war und vor allem auf Friedrich Gundolf und Fritz Wolters zurückgeht. Diese sahen in Stefan George zunehmend den »Seher« und »Propheten« und glaubten, das Ziel seines Wirkens in der schließlichen Verwirklichung eines »noch verborgenen religiösen Weltzustandes« zu erkennen. Der Krieg, so hofften sie, werde die Grundlagen für dieses »Neue Reich« schaffen. – Grundgelegt sind diese Vorstellungen in dem von Gundolf und Wolters hrsg. *Jahrbuch für die geistige Bewegung*, das 1910–1912 im Verlag der Blätter für die Kunst erschien (→ auch den Titel der letzten Gedichtsammlung Georges von 1928: *Das Neue Reich*). – Der holländische Dichter und Anhänger des George-Kreises Albert Verwey wandte sich Mitte September 1914 in einem Brief an Wolfskehl gegen diese Vorstellungen: »Daß George mit dem Krieg, der dem Gottesreich vorausgehen wird, diesen Krieg gemeint hat, wage ich zu bezweifeln.« (*Wolfskehl und Verwey*, S. 126; Bernus gab von 1916 bis 1921 eine von ihm gegründete Zeitschrift *Das Reich* heraus; →Anm. 26 K u. 104 K.)

66 H 7. 11. 14
Der Trommler hat Gasometerhosen: Gemeint ist eine (nicht reproduzierte) Initiale zu Beginn des vorangegangenen Briefes 65 K: In das große »W« ist ein Trommler in mittelalterlicher Kleidung hineingezeichnet.
Contrabassisten . . . von Vapeurs geplagt: Anklänge an diese Formulierung finden sich im Dritten Capitel des *Gaulschreck im Rosennetz* (*S.W.*, Bd. I), S. 28: »die Militärmusik spielte bloß noch auf schwarz umflorten Baßinstrumenten – die Hofärzte schüttelten den Kopf, sprachen von melancholischen Vapeurs, wohl auf üble Saturneinflüsse zurückzuführen.«
Musée pour rire: Le Musée pour rire. Dessins par tous les caricaturistes de Paris. 3 Bde. Paris 1839–1840. – Der 2. Bd. ist erst 1843 entstanden. Bei der von FHO genannten Jahreszahl 1836 muß es sich um einen Irrtum handeln.
Daumier: Honoré Daumier (26. 2. 1808 Marseille – 10. 2. 1879 Valmondois), frz. Graphiker und Maler. Kubin besaß zahlreiche Werke von und über Daumier.
Gavarni: Paul Gavarni, eigentlich Guillaume-Sulpice Chevalier (13. 1. 1804 Paris – 24. 11. 1866 Auteuil), frz. Graphiker.
Hirsch: In München lassen sich für diese Zeit vier Antiquare und Numismatiker dieses Namens nachweisen: Dr. Jacob Hirsch, Arcistraße 17 (auch in Paris, 364, Rue St. Honoré), Münzen und Medaillen, Kunstgegenstände der Antike, des Mittelalters und der Renaissance. – Moritz und Heinrich Hirsch, Rauchstraße 10, Numismatiker. – Emil Hirsch, Antiquariat, Karlstraße 6, literarische Seltenheiten, Bavarica, Autographen, moderne Graphik.

Schmitzens gläsernen Gott: Oskar A. H. Schmitz: *Der gläserne Gott.* Novellen. Stuttgart, Berlin, Leipzig: Juncker 1906.
Leihbibliothek Last: Versandleihbibliothek und Literatur-Institut Ludwig und Albert Last. Wien I, Kohlmarkt 7.

67 H 18. 11. 14
Boutet: Frédéric Boutet (1874–?). Bezieht sich auf die Sammlung *Seltsame Masken.* Novellen. München und Leipzig: Georg Müller 1913. Das Buch trägt die handschriftliche Widmung: »Dem lieben kranken Fritz und seiner braven roten + Schwester Carmen. Zwickledt 9. Nov. 1914. Alfred«. Kubin illustrierte von Boutet lediglich die Erzählung *Der wahre Sieg* in: *Das unheimliche Buch* (→Anm. 61 K).
»Bo«holz: Das Holz des Bobaumes, eines immergrünen Feigenbaumes, der in Ostindien und Ceylon vorkommt. – Im 1. Bd. der *Geheimlehre* von Helena Blavatzky (→Anm. 32 H) wird er »Bo-Baum der Weisheit und Erkenntnis« genannt.

68 K 28. 11. 14
Ich will Dir . . . danken: Vermutlich ist auch hier ein Brief verlorengegangen.
Wildungen: Bad Wildungen in Hessen, Kurort für Nieren- und Blasenleiden.
100 marode Pferde: Das besondere Verhältnis Kubins zu Pferden bestätigen sowohl eine autobiographische Skizze *Angst und Bangigkeit* (→*A.m. W.,* S. 27) als vor allem auch die ungezählten bildnerischen Darstellungen mit Pferdemotiven. Das Pferd symbolisiert dabei sehr oft menschliche Existenz und menschliches Verhalten. Gelegentlich kommt es sogar zu Identifikationen Kubins mit einem Pferd, etwa mit dem Schimmelhengst Ali (→180 K, Anm. 180 K u. 187 K), dessen Name durch Aneinanderreihen der Initialen von Alfred Leopold Isidor, den Vornamen des Künstlers, entstand. In seinen Tagebüchern bezeichnet sich Kubin wiederholt als »alter Schimmel« oder »Schimmelhengst«, auch unterzeichnete er seine Briefe zuweilen mit »Ali«. In einem Brief an Ernst Jünger vom 18. 1. 1932 heißt es dazu: »Ich habe z. Zt. viel Arbeit mit einem Zyklus ›Ali, der Schimmelhengst‹, [. . .] – Ich habe hier nochmals ein Fazit gezogen, künstlerisch! Pferde (aber nicht Sportstiere) sondern diese mythischen Wesen waren seit früh auf meine Lieblinge – ich wuchs ja in der Nähe von Gestüten (der Pinzgauerrasse) auf – die obengenannte Folge ist mir aber symbolisch! Es ist mehr die eigne ›Triebnatur‹ ins ›Pferdehafte‹ übersetzt.« (*Jünger – Kubin,* S. 31f.) Für die Glückwünsche zu seinem 70. Geburtstag bedankt sich Kubin mit einer Lithographie, auf der ein zusammenbrechendes Pferd dargestellt ist. Unterschrift: »Zum 70. dankt [verkürzte, unlesbare Signatur]« (→*Hewig,* S. 137f. u. *Brockhaus/Peters,* S. 294). – Eine Federzeichnung »Kranke Pferde«, um 1925/30, befindet sich im Besitz des Oberösterreichischen Landesmuseums; sie ist als Reproduktion in: *Hackebeils Illustrierte. Aktuelle Wochenschrift.* Nr. 51. Berlin: Guido Hackebeil 1927 erschienen. – Eine Tuschfederzeichnung »Kriegspferd«, 1949, befindet sich im Besitz der Albertina in Wien (→Abb. S. 91).
in der Zeitschrift: »Imago«: Imago. Zeitschrift für Anwendung der Psychoanalyse auf die Geisteswissenschaften. Hrsg. Prof. Sigmund Freud. Redigiert von Otto Rank und Dr. Hanns Sachs. Verlegt bei Hugo Heller und Cie. Leipzig und Wien I., Bauernmarkt 3. – Im 2. Heft des 1. Jg.s (1912), S. 197–204, erschien die wohl wichtigste und ausführlichste zeitgenössische Besprechung der *Anderen Seite* von Hanns Sachs.
Adler: Alfred Adler (7. 2. 1870 Wien – 28. 5. 1937 Aberdeen), Schüler Freuds und Begründer der Individualpsychologie.

Steckels Hauptwerk: (→Anm. 64 H).
Havelock Ellis: Henry Havelock Ellis (2. 2. 1859 Croydon – 8. 7. 1939 Ipswich), Sexualpsychologe. Unter dem Titel *Studies in the Psychology of Sex* erschienen zwischen 1894 und 1910 sechs in sich geschlossene sexualpsychologische Untersuchungen, die zumeist sehr schnell auch ins Deutsche übersetzt wurden. Eine erste deutsche Gesamtausgabe erschien unter dem Titel *Sexualpsychologische Studien* in sieben Bdn. Leipzig: C. Kabitzsch 1922–1924.
Fritz Huch: (→Anm. 6 K).
Der Krieg ist . . . schöpferisch im höchsten Grad: (→auch Anm. 65 K: *»Kriegsblätter«*). Die Ähnlichkeit mit Vorstellungen Wolfskehls, wie sie in einem Brief an Verwey vom 16. 10. [1914] zum Ausdruck kommen, sind nicht zu übersehen. Sie erklären sich sicher zum Teil aus den Gesprächen mit Wolfskehl Mitte Oktober in München (→63 K u. 65 K): »Allerdings in der Ehrfurcht vor dem Kriege als solchem, seiner innerlichen Unstofflichkeit, seiner bilderzeugenden Kraft, seiner erneuernden Magie werde ich mich wohl nicht mit Ihnen finden aber Sie würden sicher sehen wie dies alles mit unserm Geistigen eins ist, mit seinem besondern Schöpfungswillen.« (*Wolfskehl und Verwey,* S. 127)

69 H 28. 11. 13 [!]
28. Nov. 1913: Die inhaltlichen Zusammenhänge mit den vorausgehenden und nachfolgenden Briefen lassen keinen Zweifel daran, daß es sich bei dieser Datierung um einen Schreibfehler handelt. Es muß 1914 heißen.
frühe Zeichnungen Schließmanns: Hans Schließmann (6. 2. 1852 Mainz – 14. 2. 1920 Wien), Zeichner, stellte Wiener Typen dar, vor allem aus den Sport- und Militärkreisen. Arbeitete für mehrere humoristische Wiener Blätter.
Pachinger . . . zum dritten Male seinen 50zigsten Geburtstag: (→Anm. 6 K). Pachinger war am 22. 11. 1914 50 Jahre alt geworden.
Strindbergs »Buch der Liebe«: Das Buch der Liebe. Ungedrucktes und Gedrucktes aus dem Blaubuch. Verdeutscht von Emil Schering. München: Georg Müller 1910. Es handelt sich bei diesem Werk um eine deutsche Originalausgabe.
Boutet's »Geschichten in der Nacht«: (→Anm. 67 H). *Geschichten in der Nacht. Seltsamkeiten und Grotesken.* Dt. von Hans Heinz Ewers. München: Georg Müller 1909.
bemalte[n] Stereoskopbilder[n]: Stereoskopbilder oder Guckkastenbilder. FHO erwähnt im Katalog seiner in der Rindbacher Villa verwahrten Kunstsachen auch solche »Guckkastenbilder. 82 Stück. Etwa 1780–1810. Format 30 × 48. Volkstümlich interessant.« (BAI. Hinweis von Wilfried Kirschl u. Susanna Goldberg-Kirschl)
Pachinger ist voyeur closetien: Im *Gaulschreck* (*S. W.*, Bd. I) im Fünften Capitel, S. 58, heißt es, Rochus Großkopf (d. i. A. M. Pachinger; →Anm. 6 K) habe eine »erkleckliche Anzahl«, »die Sinnenlust aufpeitschende« Bücher besessen, »von denen wohl das schrecklichste war: ›Die Memoiren eines Linzer Voyeurs‹«.
Schauspieler Thaller: Wilhelm Thaller (17. 8. 1854 Graz – 6. 4. 1941 Wien). Seit 1924 am Burgtheater. Im Nachlaß FHOs im BAI ist ein undatierter Brief Thallers erhalten. Ein Hofbildhauer Thaller kommt im *Apoll von Nichts* (*S. W.*, Bd. V) vor.
Jaroslav Unzeitig: Nicht ermittelt. Im Kommentar zum *Gaulschrek im Rosennetz* (*S. W.*, Bd. I) weist Susanna Kirschl-Goldberg auf ein Paralipomenon mit dem Titel *Unzeitigs Sommerfrische* hin, dessen Held den Namen »Jaromir (Eynhuf) Unzeitig« führt.

Olmütz: Tschech. Olomouc. Stadt an der March im nördlichen Mähren/Tschechoslowakei.

70 K 10. 12. 14
Martyrium der heil. Agatha: Die Reproduktion einer Zeichnung »Marthyrium St. Agathe« erschien in der Zeitschrift *Das Kunstblatt.* Hrsg. Paul Westheim. Jg. 5 (1921), H. 7. Potsdam: Kiepenheuer (→auch Anm. 6 K).
Kapitän Fettgans: Frédéric Boutet: *Der wilde Mann vom Tintenholzquai. Kapitän Fettgans.* Autorisierte Übersetzung von Wilhelm Thal (Pseudonym für Wilhelm Lilienthal). Minden: J. C. C. Bruns 1903.
der Bruns'sche Verlag: Die seit 1843 bestehende Buch- und Steindruckerei J. C. C. Bruns, Minden in Westfalen.
Hexe: Die Hintergründe sind trotz verschiedener Befragungen in Wernstein nicht mehr zu ermitteln gewesen. Unklar bleibt auch, wieweit Kubin selbst an das hier und in den folgenden Briefen Geschilderte geglaubt hat.
ergeht es einem wie dem Strindberg: Anspielung auf Strindbergs sogenannte ›Infernokrise‹ (→Anm. 51 H).
Ein kleines Werk ... vom Berliner Verlag: Unklar. Möglicherweise die Reproduktion der Federzeichnung »Erinnerung an Dalmatien«, die in: *Kunst und Leben. Ein Kalender ...* Jg. 7 (1915). Berlin-Zehlendorf erschienen ist. Diese Reproduktion wurde auch als Sonderdruck veröffentlicht. – Möglicherweise aber handelt es sich auch um das Mappenwerk *Die 7 Todsünden,* dessen Erscheinungsjahr bei *Otte/Raabe* zwar mit [1914] angegeben wird, das Kubin aber erst im März 1915 an FHO schickt (→81 H u. Anm. 81 H).
Dracula: Roman von Bram Stoker, eigentlich Abraham Stoker (1847 Dublin – 21. 4. 1912 London), irischer Schriftsteller. Der Roman *Dracula* ist 1897 in London erschienen. Die erste deutsche Übersetzung von H. Widtmann stammt aus dem Jahre 1908. Leipzig: Altmann (→auch 88 K, 91 H u. 92 K).
Jean Paul: (→74 K u. 146 K).
Alfred Walter von Heymel: (6. 3. 1878 Dresden – 26. 11. 1914 Berlin), Lyriker, Erzähler und Dramatiker. Gründete 1899 zusammen mit Otto Julius Bierbaum (→Anm. 33 K) und Rudolf Alexander Schröder die Zeitschrift *Die Insel* und nur wenige Monate später den Insel Verlag. Heymel wurde 1907 geadelt.
Schröder: Rudolf Alexander Schröder (26. 1. 1878 Bremen – 22. 8. 1962 Bad Wiessee/Oberbayern), Lyriker, Essayist, Erzähler und Übersetzer. Enge Freundschaft mit Hugo von Hofmannsthal und Rudolf Borchardt, mit dem zusammen er 1913 die Bremer Presse gründete.
»Ehrenpreis« der BUGRA: Ehrenpreis der Internationalen Ausstellung für Buchgewerbe und Graphik in Leipzig, 1914.

71 H 14. 12. 14
das schöne Bilderl: Bezug unklar.
Fließpapier: Löschpapier.
daß auch Heine viel von solchen Dingen schrieb: FHO bezieht sich hier vermutlich auf Heines Essay *Elementargeister* von 1837. In dieser Schrift, die eine Art Ergänzung der beiden Bücher *Die romantische Schule,* 1936, und *Zur Geschichte der Religion und Philosophie in Deutschland,* 1834, ist, behandelt Heine Gestalten des Volksglaubens, wie Kobolde, Zwerge, Zauberinnen, Elfen, Nixen und Teufelserscheinungen.

Horrack ist Gendarmeriekommandant von Mödling: (→Anm. 10 K). Wahrscheinlich in der Folge seiner Zuteilung zur Bezirkshauptmannschaft in Baden bei Wien.
Mödling: Bezirkshauptstadt in Niederösterreich.
Nostradamus . . . Ich habe ein Feuilleton verfertigt: Eigentlich Michel de Notredame (14. 12. 1503 St. Rémy/Provence – 2. 7. 1566 Salon/Provence). – FHO besaß die Ausgabe *Des Nostradamus Prophezeiungen. 1840. Nach der Lyoner Ausgabe von 1568 auf der Königlichen Bibliothek in Paris. Nebst Nachrichten von seinem Leben und einem Anhange über Wahrsagungen und Prophezeiungen.* Stuttgart: Sonnewald 1840. – Im Nachlaß überliefert sind handschriftliche Exzerpte daraus und ein Aufsatzfragment (BAI, XXXI Mystik; →auch 103 H, 109 H u. Anmerkungen dazu).
die Schriftstellerin Rachilde: Eigentlich Marguerite Vallette, geb. Eymery; Pseudonym: Jean de Childra (11. 2. 1860 Le Cros/Périgueux – 4. 4. 1953 Paris). Verfaßte vor allem Romane um Menschen mit nicht normaler sexueller Veranlagung. Die korrekten Titel der hier zitierten Werke lauten: *Die Gespenster-Falle. Seltsame Geschichten.* Dt. von Paul Zitterer. Minden: J. C. C. Bruns 1911. – *Der Liebesturm.* Dt. von Berta Huter. Minden: J. C. C. Bruns 1913.

72 K 22. 12. 14
einem Bekannten von mir: Hans Carossa (→74 K u. Anm. 74 K).
die psychoanalythischen Eindrücke einer Reise nach England: Dr. Alphonse Maeder (Zürich): *Eindrücke eines Psychoanalytikers von einem Aufenthalt in London.* In: *Imago* (→Anm. 68 K), S. 188–196.

73 H 22. 12. 14
Suben: Ort in Niederösterreich.
Uhrbann: Bezieht sich auf eine Szene im Kapitel III, 6 der *Anderen Seite,* die der Ich-Erzähler in seinem – fiktiven – Brief dem Freund »Fritz« schildert und die vom Rezensenten Hanns Sachs in der Besprechung des Romans in der Zeitschrift *Imago* (→Anm. 68 K) so gedeutet wird: »In der Mitte des Marktplatzes von ›Perle‹ erhebt sich ein Turm, der oben eine Uhr trägt. Unten befinden sich zwei Türen, um die sich die Traumstädter drängen. ›Einer nach dem andern verschwindet: jeder will ein bis zwei Minuten dadrin bleiben. Die Heraustretenden haben dann sämtlich tiefbefriedigte, fast glückliche Mienen.‹ [Absatz] Was befindet sich im Innern? Der Held der Geschichte will es erfahren und tritt ein. ›Man kommt in eine kleine, winklige, leere Zelle, zum Teil mit rätselhaften Zeichnungen, wohl Symbolen bedeckt. Hinter der Mauer hört man das gewaltige Pendel mächtig hin und her schwingen . . . Über die Steinwand strömt Wasser, ununterbrochen strömt es. Ich tat, wie der Mann, der nach mir eintrat, blickte die Wand starr an und sagte laut und deutlich: ‚Hier stehe ich vor Dir'. Dann geht man wieder hinaus . . . Die Frauen haben ihre eigene Seite, mit eigenem Eingang, was, wie in der ganzen Welt, durch kleine Aufschriften kenntlich gemacht ist.‹ [. . .] An welche höchst prosaische Einrichtung dieser mysteriöse Uhrturm erinnert, deutet der Autor selbst an. Er hat gewissenhaft kaum einen Zug ausgelassen. Die beiden Eingänge, die kleine Zelle, die Wasserspülung und die Gewöhnung an eine bestimmte Stunde, das alles läßt keinen Zweifel daran zu, daß ein Akt, der die kindliche Phantasie stark beschäftigt, der Abortbesuch, hier reproduziert wird, wobei charakteristischer Weise alle Nebendetails beibehalten wurden, während die Hauptsache – der Defäkationsakt selbst – der Verdrängung anheimfiel; dadurch erhält das Ganze den Charakter des Zwecklosen und Sinnlosen, des ›Bannes‹, der es einer neurotischen Zwangshandlung

völlig ähnlich macht. Die ›rätselhaften Zeichnungen‹ an den Wänden sind uns allen wohlbekannt; sie geben dem Kind oft die ersten, nur halbverständlichen Andeutungen über die Tatsachen des Geschlechtsverkehres oder machen es mit den vulgären Ausdrücken dafür bekannt und üben dadurch eine geheimnisvolle Anziehungskraft auf den kindlichen Geist aus. Was bedeutet jenes ›Hier stehe ich vor Dir‹? Ich möchte glauben, daß damit zugleich eine Verhöhnung des Vaters und eine exhibitionistische Regung, die auf Erlebnisse der frühen Kindheit zurückgehen mag, ausgesprochen werden soll. Wem es unwahrscheinlich dünkt, daß eine so niedrige und gemeine Sache in den Phantasien eines bedeutenden Künstlers wirklich eine große Rolle spiele, wer an die Bedeutung, die Freud der infantilen Anal-Erotik zuschreibt, nicht glauben will, der kann im letzten Absatz unseres Buches, wo der Verfasser den ganzen Sinn zusammenfaßt, die Worte finden: ›Die Liebe selbst hat einen Schwerpunkt ‚zwischen Cloaken und Latrinen'.‹« (*Imago*, S. 201f.)

der Amtskalender, eine Fundgrube für Traumbehörden: ⟶ hierzu die Personenregister von *Kaiser Joseph II. und die Bahnwärterstochter* (*S. W.*, Bd. VI) und *Das Tyroler Drachenspiel* (*S. W.*, Bd. IV).

Baron Weber von Webenau: Nicht ermittelt. Kärntner Adelsgeschlecht.

Löschenkohl: Johann Hieronymus Löschenkohl (1753 bei Elberfeld – 1807 Wien), Holzschneider, Kupferstecher, Kunsthändler, Verleger und Maler in Wien. Seine Holzschnitte und Kupferstiche behandeln meist Zeitereignisse oder lokale Aktualitäten. – FHO erwähnt Löschenkohl im *Gaulschreck* (*S. W*, Bd. I), im Fünften Capitel, S. 58: »›Die Memoiren eines Linzer Voyeurs‹ oder: ›Die gründlich gelüfteten Alkovengeheimnisse von Urfahr‹ – mit imp. fol. großen Kupfern von Löschenkohl – alles sauber mit der Hand koloriert und in den höchsten Lichtern schändlicherweise sogar noch vergoldet!«

74 K 31. 12. 14

die Katastrophe des Kronprinzen Rudolf: Prinz Rudolf von Habsburg, einziger Sohn Kaiser Franz Josephs I., der sich zusammen mit der Baronesse Mary Vetsera das Leben nahm. – Eine Zeichnung mit einer derartigen Darstellung ließ sich nicht ermitteln.

Dr. Carossa: Hans Carossa (15. 12.1878 Bad Tölz/Oberbayern – 12. 9. 1956 Rittsteig bei Passau), Arzt und Schriftsteller. Seit 1910 mit Kubin freundschaftlich verbunden (⟶Hans Carossa: *Alfred Kubin. Einführungsworte zur Eröffnung der Ausstellung im Graphischen Kabinett Günther Franke.* München. In: *Der Kunstwart.* Jg. 44 (1930/31), S. 149–153). Zeugnis von dieser Freundschaft geben zum einen die Schriften Carossas: *Führung und Geleit. Ein Lebensgedenkbuch.* Leipzig: Insel 1933, S. 52–58; *Aufzeichnungen aus Italien.* Wiesbaden: Insel 1947, S. 179; *Ungleiche Welten.* Wiesbaden: Insel 1951, S. 65–68. Zum anderen die beiden Carossa gewidmeten Zeichnungen Kubins in den Dankes- und Gratulationsbüchern des Insel Verlages zu dessen 50. und 70. Geburtstag sowie die Illustrationen zu Carossas *Stufen der inneren Entwicklung. Aus einer Jugendgeschichte.* Passau: Passavia 1954 (7 Strichätzungen, davon 1 ganzseitig; ⟶*Otte/Raabe*, S. 194, 134, 172 u. 187).

Jean Paul (Katzenberger): Der korrekte Titel lautet: *Dr. Katzenbergers Badereise; nebst einer Auswahl verbesserter Werkchen.* Roman. Heidelberg: Mohr u. Zimmer 1809.

Heine . . . der Erfinder des heutigen jüdischen Journalisten: Offensichtlicher Bezug auf den Aufsatz von Karl Kraus: *Heine und die Folgen,* vorgetragen in Wien am 3. 5. 1910

und im gleichen Jahr in München zum ersten Mal erschienen. 1911 veröffentlichte Kraus den Essay, um ein »Vorwort« ergänzt, in der Nummer 329/330 der *Fackel.* Kraus attackiert in dieser Schrift Heine als den Prototypen einer Art von Journalismus, der auf eine romanische Sprachauffassung zurückzuführen sei. Dieser hält Kraus eine germanische Sprachauffassung entgegen, die sich vor allem durch eine unlösbare Form-Inhalt-Beziehung – im Gegensatz zur romanischen – auszeichne.
Deinen Artikel über Prophezeiung: (→Anm. 71 H).
Bildnis meines... verstorbenen Großvaters Isidorus Kletzl: (4. 4. 1811 Nestowitz – 3. 5. 1895 Wien; →auch 196 K). Nach der Genealogie von *Oswald* (StGM-KA) wurde Isidorus Kletzl auf dem Döblinger Friedhof beigesetzt. – Die genannte Zeichnung als Beilage zum Brief ist nicht erhalten. Eine Federzeichnung mit dem Titel »Der Großvater« erschien im *Simplicissimus.* Jg. 37 (1932/33), Nr. 29.
Whatmann: Das englische Whatman-Büttenpapier, speziell für die Aquarellmalerei verwendet.

75 H 2. 2. 15
die Hefte: Es handelt sich um die Hefte 4 und 6 der Zeitschrift *Zeitecho* (→Anm. 65 K).
Cäsarenkopf... Kriegsfurie: (→Anm. 65 K).
die Reihe der phantastischen Donaumeister: Hauptvertreter der sogenannten ›Donauschule‹, einer Richtung der bayrisch-donauländischen Malerei in der 1. Hälfte des 16. Jh.s, sind Albrecht Altdorfer und Wolf Huber (→Anm. 76 K) aus Passau.
Altdorfer: Albrecht Altdorfer (um 1480 Regensburg – 12. 2. 1538 ebenda). Das Attribut FHOs »phantastisch« ist wohl auf die märchenhafte, romantische Kulisse der Bilder Altdorfers zu beziehen.
Mecheln: Fläm. Mechelen, frz. Malines. Stadt in der Provinz Antwerpen, Belgien.
Pepinster: Belg. Grenzstadt zwischen Belgien und Holland. (→ den Titel von Schmitz' Roman *Herr von Pepinster und sein Popanz;* →Anm. 61 K). – Die Namen dieser Städte stehen vermutlich für die flämische Malerei im allgemeinen.
Feigl: Friedrich Feigl (6. 3. 1884 Prag – ?), Maler und Graphiker. Als Maler hauptsächlich Landschaften, als Graphiker Bibelillustrationen und Illustrationen zu Dostojewski.
Bäh: Renée Beeh (28. 2. 1886 Straßburg – 23. 1. 1922 ebenda), elsäss. Maler und Graphiker. Schüler von Stuck und Habermann an der Münchner Akademie. Illustrierte unter anderem Strindbergs *Inferno* (→51 H u. Anm. 51 H). Kubin zählt Beeh in seiner Autobiographie ausdrücklich zu seinen Freunden (→*A.m.L.,* S. 70).
Schärff: Edwin Scharff (21. 3. 1887 Neu-Ulm – 18. 5. 1955 Hamburg), Bildhauer, Maler und Graphiker. – Alle drei Maler sind mit Graphiken entweder in Heft 4 oder 6 der Zeitschrift *Zeitecho* vertreten.
Die Feigl'schen Pferde: Original-Steindruck in *Zeitecho.* H. 4, S. 43.

76 K 4. 2. 15
Oskar Schmitz fährt zum Berichterstatten nach Brabant: (→auch 78 K). Schmitz selbst erwähnt in seiner Autobiographie lediglich eine Frontreise im Mai als Berichterstatter »ohne jeden fachmännischen Anspruch« nach Charleville in Frankreich, dem damaligen Hauptquartier (→*E.S.,* S. 224f.).
die heutigen Engländer: (→Anm. 64 H).

eine Woche in München: Wie aus dem weiteren Brief hervorgeht, hat sich Kubin bei dieser Gelegenheit mit Wolfskehl, Meyrink und Bernus getroffen. Es ist zu vermuten, daß die Ansichten über das Verhältnis zu England wie überhaupt die ganze kosmische Deutung des Kriegsgeschehens von dieser Seite beeinflußt worden ist.
Thurneysser: Leonhard Thurneysser (6. 8. 1531 Basel – 9. 7. 1596 Köln), dt. Arzt und Alchimist. Leibarzt des Kurfürsten Johann Georg von Brandenburg.
Paracelsus: (→Anm. 49 H).
Wolf Huber: (Zwischen 1480 u. 1485 Feldkirch/Vorarlberg – 3. 6. 1553 Passau), neben Altdorfer der Hauptmeister der sogenannten ›Donauschule‹.
Franz Hiermann: (29. 12. 1870 Aschach a. d. Donau – 13. 8. 1933 ebenda), österr. Journalist, Zeichner und Aquarellmaler. Wird von einigen Kunsthistorikern zu den Malern in der Nachfolge der ›Donauschule‹ gezählt.
Mein Vetter Leopold: Nicht ermittelt.

77 H 6. 2. 15
Teppenhausen: Der Brief kommt aus Wien.
Biedenkapp, der Nordpol als Heimat der Germanen: Georg Biedenkapp (17. 5. 1868 Londorf/Hessen – 8. 1. 1924 Frankfurt). Der genaue Titel des Werkes lautet: *Der Nordpol als Völkerheimat. Nach den Ergebnissen der prähistorischen, ethymologischen und naturwissenschaftlichen, sowie insbesondere der Veda- und Avesta-Forschungen Tilaks dargestellt von Dr. Georg Biedenkapp.* Jena: Costenoble 1906.
Quellen des ind. Myst. Tilak's: Bal Gangadhav Tilak (1856–1920), ind. Nationalist, Lehrer und Journalist. – Biedenkapp beruft sich in seiner Einleitung auf Tilak, ohne sich auf bestimmte Werke zu beziehen.
Hornung: Alte germanische Bezeichnung für den Februar.
wie Du ersehen kannst: Bezieht sich auf den Kopf des von FHO verwendeten Briefpapiers: »Kurhaus Semmering. Physikalisch-Diätetische Höhen-Kuranstalt. Chefärzte: Kaiserl. Rat Dr. F. Hansy und Dr. K. Kraus«.
Doctor Rosenfeld: Victor Rosenfeld (? – 3. 4. 1919), Rechtsanwalt in Wien, mit dessen Sohn Valentin Victor FHO seit seiner Jugend befreundet war.
den offenen Brief Sir Roger Casement an Grey: Sir Roger Casement (1. 9. 1864 bei Dublin – 3. 8. 1916 London), irischer Politiker, dessen Ziel die Unabhängigkeit Irlands war. Ging Ende 1914 nach Deutschland, von wo aus er einen Aufstand plante. Im April 1916 setzte ihn ein deutsches U-Boot in Irland ab. Als sein Aufstandsversuch scheiterte, erhängten ihn die Engländer wegen Hochverrats. – Der von FHO angesprochene »offene Brief« erschien in der *Neuen Freien Presse* vom 13.(!) 2. 1915 unter dem Titel: *Ein politischer Roman.* – Der Satz ist mißverständlich formuliert: Der Darstellung Casements zufolge war es Grey, der den Auftrag zur Ermordung dem norwegischen Gesandten Findlay gegeben hat.

78 K 1. 3. 15
eines meiner Bestien Blätter: Gemeint sind offensichtlich die Zeichnungen – oder frühen Entwürfe dazu –, die 1920 als Mappe unter dem Titel *Wilde Tiere* erschienen sind (→141 K). Daß sich Kubin bereits zu dieser Zeit mit Zeichnungen zu der Mappe beschäftigt hat, bestätigt auch das Blatt »Hyäne auf dem Schlachtfeld«, abgedruckt im Heft 4 des 2. Jg.s der Zeitschrift *Zeitecho,* das eine frühe Variante der »Hyäne« aus den *Wilden Tieren* darstellt (→Anm. 65 K).

Nietzsche: Nietzsche gehörte neben Schopenhauer zu den wichtigsten frühen Leseerlebnissen Kubins (⟶ hierzu auch eine in: *Abendrot,* S. XI, wiedergegebene Zeichnung aus einem Brief vom 13. 10. 1909 an Reinhold Piper, Kubin zwischen Nietzsche und Schopenhauer darstellend). In seiner Autobiographie heißt es in bezug auf Nietzsche: »Wie ein unterirdischer Magnet zog es [das Werk Nietzsches] mich an, stieß mich aber, so oft ich den Versuch einer scharfen Auseinandersetzung damit machen wollte, durch seine offenbaren, ja entsetzlichen Denkirrtümer wieder ab. Der persönliche Zauber des sphinxhaften Bejahers geht einem am meisten in dem ›Ecce homo‹ auf, dem Spätwerk, das mir durch einen glücklichen Zufall lange vor seiner Drucklegung bekannt wurde. Fruchtbar wurden mir aber Nietzsches Ideen erst verhältnismäßig spät. Er ist wirklich – unser Christus!« (*A.m.L.,* S. 52; ⟶auch Anm. 101 K)
Lanz-Liebenfels »Theozoologie, die Kunde von den Menschenäfflingen«: (⟶Anm. 33 K).
die berühmte Vereinigung Alfred Schuler und Ludwig Klages: Mißverständliche Darstellung des Auseinanderbrechens des ›Kreises der Kosmiker‹. Der Bruch erfolgte zwischen Klages–Schuler einerseits und Wolfskehl–George andererseits, nachdem jene George aufgefordert hatten, sich von dem Juden Wolfskehl zu trennen (am 12. 1. 1904; ⟶ *Wolfskehl 1869–1969,* S. 137).
die Gräfin Reventlow: Franziska (Fanny) Gräfin zu Reventlow (19. 5. 1871 Husum – 25. 7. 1917 Muralto/Tessin). Dem ›Kreis der Kosmiker‹ nahestehend; besonders eng mit Wolfskehl befreundet. Verfaßte einige Romane, die alle stark autobiographische Züge tragen und in der Münchner Boheme der Jahrhundertwende spielen.
»Herrn Dames Aufzeichnungen«: Der vollständige Titel lautet: *Herrn Dames Aufzeichnungen oder Begebenheiten aus einem merkwürdigen Stadtteil.* München: A. Langen 1913. In der Form eines Schlüsselromans schildert die Autorin vor dem Hintergrund eines Maskenfestes im Hause des Professor Hofmanns (= Karl Wolfskehl) die Beziehungen der rivalisierenden »geistigen Führer« im Schwabing der Jahrhundertwende zueinander und das schließliche Auseinanderbrechen des ›Kreises der Kosmiker‹.
Schlüssel zu dem Büchlein: (⟶auch 94 K). Die Aufschlüsselung, die Kubin gibt, ist nicht immer ganz korrekt und läßt sich vor allem noch weiterführen: Susanna(!) = Franziska Gräfin zu Reventlow; Professor Hofmann = Karl Wolfskehl; seine Frau Lotte = Hanna Wolfskehl, geb. de Haan (18. 7. 1887 Rotterdam – 7. 3. 1946 Glotterbach/Schwarzwald); Adrian = Oskar A. H. Schmitz; Dr. Sendt = Paul (!) Stern (? – 1933 Selbstmord); aus Briefen Franziska Reventlows an Stern wird deutlich, wie sehr gerade er an der Entstehung dieses Romans beteiligt war. – Ernst Stern (1. 4. 1876 Bukarest – 28. 8. 1954 London), der langjährige Bühnenbildner Max Reinhardts, den Kubin irrtümlich nennt, war mit ihm ebenfalls seit der Münchner Zeit aus dem Kreis der »Sturmfackel« bekannt (⟶auch 156 K); Delius = Alfred Schuler; Hallwig = Ludwig Klages; Konstantin = Roderich Huch (1880–1944), Neffe von Ricarda Huch und Vetter Friedrich Huchs, im George-Kreis bekannt als »Konstantin, der Sonnenknabe«; Dr. Gerhard = Franz Dülberg (2. 5. 1873 Berlin – 21. 5. 1934 ebenda), Kunstschriftsteller, lange Zeit als Korrespondent für die *Münchner Neuesten Nachrichten* tätig, Dramatiker und Erzähler; Heinz Kellermann = Friedrich Huch; Orlonsky = Bogdan von Suchocki (!; ⟶94 K), Glasmaler und Kunstgewerbler, mit Franziska Reventlow befreundet; Willy = Franz Hessel (21. 11. 1880 Stettin – 1941), Lyriker, Erzähler und Übersetzer (Stendhals). Zwischen 1904 und 1906 bewohnten

Franziska Reventlow, Franz Hessel und Bogdan von Suchocki gemeinsam eine große Etage in der Kaulbachstraße Nr. 63; der Meister = Stefan George; Georg, der standhafte Zinnsoldat = Alfred Friess, Rechtsanwalt; Gardeleutnant = Victor von Levetzow, Vetter Franziska Reventlows; blonder Gutsbesitzer mit Pantherfell = Albrecht (!; →94 K) Hentschel, Paläontologe (→ »Einführung« zu Reventlow: *Herr Dame*, S. 102f.).
»die übersinnliche Welt«: Die übersinnliche Welt. Mitteilungen aus dem Gebiete des Okkultismus. Organ der »wissenschaftlichen Vereinigung Sphinx« in Berlin. Hrsg. u. redigiert von Max Rahn, 1893ff.; Jg. 30 (1922) unter leicht verändertem Titel: *Die übersinnliche Welt. Monatsschrift für wissenschaftliche Begründung des Okkultismus,* hrsg. von A. Weinholtz im gleichen Verlag. Mit Heft 8 dieses Jg.s stellte die Zeitschrift ihr Erscheinen ein. Der Artikel über Kubin wurde nicht ermittelt.

79 H 1. 3. 15
in die blaue Gans nach Perle: Hotel in Kubins Roman *Die andere Seite.*
eine astrol. Zeitschrift einer gew. Frau Ebertin in Breslau: Elsbeth Ebertin; Pseudonym: Elsa Gorlica (14. 5. 1880 Görlitz – 27. 11. 1944 Freiburg i. B.), Graphologin, Inhaberin eines Institutes für »wissenschaftliche Handschriftendeutung«, gab eine Vierteljahresschrift *Zur Einführung in die Wissenschaft der Sterne* heraus. Verfasserin zahlreicher astrologischer Werke.
17. Feber als kritischen Tag ersten Ranges für Osteuropa: Die sogenannte Winterschlacht in Masuren (7.–27. Februar), während der Hindenburg dem russischen Nordflügel schwere Verluste zufügte.

80 K [Fragment, zwischen 1. 3. und 13. 3. 1915]
Großvater ... Vision für ein Blatt: Möglicherweise als Anregung für die Federzeichnung »Der Großvater« anzusehen, reproduziert in *Simplicissimus.* Jg. 37 (1932/1933), Nr. 29 (→auch 74 K).
»im Drüben fischen«: Ob die Formulierung von Kubin stammt oder Zitat ist, bleibt unklar.

81 H 13. 3. 15
eine Deiner reifsten Arbeiten: Die sieben Todsünden. Mappe mit 7 Lithographien: »Hoffart«, »Geiz«, »Fraß und Völlerei«, »Wollust«, »Zorn«, »Trägheit«, »Neid« und einer Deckelzeichnung. Berlin: Graphisches Kabinett J. B. Neumann [1914] (→ *Otte/Raabe,* S. 82; →auch Anm. 70 K).
auf Boblättern: Auf Blättern aus Boholz (→67 H).
Abtritt des Trentino: (→Anm. 63 K).

82 H 20. 4. 15
die Zeitschrift »Wieland«: Wieland. Deutsche Wochenschrift für Kunst und Literatur. 1915–1920. (2.–5. Jg.: *Deutsche Wochenschrift*) Hrsg. von Bruno Paul. Anfänglich reines Kriegspropagandablatt. Vom 2. Jg. an literarische Zeitschrift.
die Zeitschrift: »Daheim«: Daheim. Ein deutsches Familienblatt mit Illustrationen. Hrsg. von Johannes Höffner und Hans C. von Zobeltitz. Leipzig: Daheim Expeditionen. – Die Zeitschrift erschien im 1. Jg. Oktober 1864. Ab dem Jahr 1936 scheint sie nicht mehr auf.
»Hans Jörgel«: Eigentlicher Titel: *Komische Briefe des Hans-Jörgel von Gumpolds-*

kirchen an seinen Schwager Maxel in Feselau. Satirische Wiener Wochenschrift, 1832 von Joseph Alois Gleich begründet; sie erschien bis 1895.
Kikeriki: (→Anm. 64 H).
»Krähwinkler«: Nicht ermittelt.
Grillparzers Tagebuch: Aufzeichnungen dazu finden sich in Grillparzers Tagebuch vom 30. 3. 1836 bis Anfang 1842.

83 H [Anfang Juli 1915]
Schmitz ... in Ebensee: Seiner Autobiographie zufolge verbrachte Schmitz vier Monate dieses Sommers in Zell am See (→*E.S.*, S. 229; →auch 90 K).
Dr. Reich Rohrwig: Wilhelm Reich von Rohrwig. Kurarzt in Meran, Reichenbachgasse (Schloß Reichenbach).
Pachus hat die eiserne Krone: Nach den Angaben von Lipp, S. A 160, ist es erst im Jahre 1917 zu dieser Ehrung gekommen: »Mit der Verleihung dieses Ordens (den er aus diesem Grunde so heiß erstrebte) war das Recht verbunden, um die Einhebung in den Ritterstand (=Adelung) einzukommen. Durch die Ereignisse des darauffolgenden Jahres kam es nicht mehr dazu.«

84 H 3. 7. 15
die Probedrucke der Kriegserzählungen: Gemeint ist die Sammlung von fünf Erzählungen mit dem Titel *Der Gespensterkrieg.* Mit einer Einführung von Herbert Eulenberg und 4 ganzseitigen Illustrationen und einer Umschlagseite von Kubin. Stuttgart: Die Lese 1915. Die einzelnen Erzählungen stammen von Alexander Moritz Frey: *Der Paß;* Gustav Meyrink: *Die vier Mondbrüder;* Kurt Münzer: *Der Kaftan* und *Die Brücke;* Karl Hans Strobl: *Der Wald von Augustowo.* – Die Erzählung *Die vier Mondbrüder,* mit dem Untertitel *Eine Urkunde,* wurde ein Jahr später in die Sammlung *Fledermäuse.* Sieben Geschichten von Gustav Meyrink. Leipzig: Kurt Wolff 1916 aufgenommen (→112 H u. Anm. 112 H).
Mensch als Aetherkrampf: In dem zentralen Gespräch dieser Erzählung zwischen den beiden Mondbrüdern, dem Grafen du Chazal und Dr. Sacrobosco Haselmayer, erklärt ersterer: »Wie könnte es denn auch sein – wenn nicht Formen nur Träume wären –, daß wir nach freiem Willen jederzeit unseren Leib gegen einen anderen zu tauschen, unter den Menschen in menschlicher Gestalt, unter den Schemen als Schatten, unter den Gedanken als Idee zu erscheinen vermögen und dies kraft des Geheimnisses, uns unserer Formen gleich eines im Traum erwählten Spielzeuges zu entäußern? [...] sintemalen der Körper im Grunde nichts ist, als ein mit der Täuschung der Dichtigkeit behafteter Krampfzustand des alles durchdringenden Äthers.« Auf die Frage Haselmayers, »warum aber wollen wir eigentlich die Irdischen dieses Glückes der Transfiguration nicht teilhaftig werden lassen? Wäre das so schlimm?« antwortet der Graf: »Schlimm? Unabsehbar! Entsetzlich! [...] Man denke: der Mensch mit der Kraft begabt, im Kosmos ›Kultur‹ zu verzapfen!« (Zitiert nach: Meyrink: *Fledermäuse,* S. 127f.)
Incubus – oder Subkubin: Incubus und Succubus: im Dämonenglauben der Spätantike und des Mittelalters teuflische Wesen, die wollüstige Träume verursachen.
die alten Schlösser, in denen Görres seine Christliche Mystik schrieb: (→Anm. 33 K). Görres, der mit dem Freiherrn Joseph von Giovanelli bekannt war, hat sich wiederholt auf dessen Ansitz Hörtenberg in Bozen aufgehalten. In den Sommermonaten ist er von dort auch in die klimatisch günstiger gelegene Meraner Gegend ausgewichen.

Vinschgischer Gespensterlurche: Vinschgau, Bezeichnung des Etschtales vom Reschenpaß bis Meran.
Vaselin ... Drachenfett: FHO führt hier eine Vorstellung der Erzählung Meyrinks fort, wo es heißt: »Was längst zu Petroleum verwest in Erdhöhlen geruht hat: das Blut und Fett der vorsintflutlichen Drachen – regt sich und will wieder lebendig sein. In dickbäuchigen Kesseln gebrodelt und destilliert, fließt es jetzt als ›Benzin‹ in die Herzkammern neuer phantastischer Luftungeheuer und bringt sie zum Stampfen. – Benzin und Drachenblut! – wer sieht da noch einen Unterschied?« (Meyrink: *Fledermäuse*, S. 136)
Der wilde Maler Kubin mit seinen sieben Söhnen: Ein Teil der Erzählung spielt in Wernstein; in diesem Zusammenhang tritt in einer Nebenszene auch Kubin auf: Der Erzähler vermag wegen seiner überspannten Nerven nicht zu schlafen: »Dann lausche ich gespannt, um mich zu zerstreuen, auf das unbändige Johlen, das durch die Stille ringsum zu mir herüberdringt aus dem in der Nachbarschaft gelegenen Raubschloß des wilden Malers Kubin, der dort im Kreise seiner sieben Söhne wüste Orgien feiert bis zum Morgengrauen.« (Meyrink: *Fledermäuse*, S. 139f.)
»Gegenpollak«. Möglicherweise in Zusammenhang zu sehen mit der Äußerung FHOs in 129 H: »Auch verbellt er die Cechen und Balkaniten gründlich«.
Sacrobosco Haselmeier: Die korrekte Schreibweise ist »Haselmayer«. Der Vorname »Sacrobosco« ist der Name eines in der älteren astrologischen Literatur oft genannten sagenhaften englischen Mathematikers und Astronomen.

85 H 11. 8. 15
die Zensur: Unklar. Möglicherweise auf das nicht zustande gekommene Kubin-Heft der Zeitschrift *Zeitecho* zu beziehen (→Anm. 65 K).

86 H 18. 8. 15
Günther Schütze: Die Beziehungen FHOs zu Günther Schütze sind im einzelnen bis heute ebenso ungeklärt wie Details und Umstände des hier angesprochenen »militärische[n] Geheimnis[ses]«. Aus den Briefen 90 K und 92 K läßt sich lediglich soviel ersehen, daß es sich dabei wahrscheinlich um Maßnahmen zur Flugabwehr gehandelt hat. Aus Briefen des Ehepaares HO an Mia Luckeneder-von Neuhauser (→Anm. 37 H) wird allerdings deutlich, daß Kontakte zu Schütze auch noch in anderer Hinsicht bestanden. Schütze wird dort immer wieder als potentieller Käufer des »Knapen«-Patentes genannt (→88 K u. 135 H); das Patent ist unter dem Namen FHOs im Patentregister in Wien verzeichnet und trägt die Nummern: 41371, 41373. Es handelt sich hierbei um ein Verfahren zur Entwässerung feuchter Mauern und Fundamente. (→dazu Ziegler: *Ausstellungskatalog 1977*, S. 8. Bei der dort begegnenden Bezeichnung »Takenziegel« handelt es sich aber wahrscheinlich um einen Lese- bzw. Transkribierungsfehler.) – Von FHO ist eine Visitenkarte überliefert: »Architekt Fritz Ritter v. Herzmanovsky/Direktor der Knapen G.M.B.H./C.M. der Zentralkommission für Kunst- und Historische Denkmale/Kolschitzkygasse 16, Wien IV« (BAI).

87 H 2. 9. 15
die schönen Tage von Aranjuez: Vom 21. bis 26. August besuchte Kubin das Ehepaar HO in Rindbach.
die Kielkropfforschung: »Unter dem Namen ›Kielkropf‹, auch ›Wechselbalg‹, ist nach dem Volksglauben ein mißgestaltetes, verwachsenes Kind zu verstehen, das von

dämonischen Mächten einer Wöchnerin anstelle des eigenen Kindes untergeschoben wurde. Der ›Kielkropf‹ erscheint immer unter der Gestalt eines Kindes [...]. Er gedeiht nicht, sondern bleibt klein, nur der Kopf und die Extremitäten wachsen manchmal in sehr kurzer Zeit zu abnormer Größe.« *(Bächthold-Stäubli,* Bd. 9, Nachtrag, Spalte 835ff.) – Weder FHO noch Kubin haben ihre Kielkröpfe genau im Sinne dieses Volksglaubens verstanden und beide fühlten sich wohl in erster Linie von der grotesk-schauerlich-komischen Erscheinung dieser Kopffüßler angezogen, für die sie einen Namen suchten. – Darstellungen von Kopffüßlern begegnet man in der Kunstgeschichte verschiedentlich, so etwa bei Bosch, Breughel und Callot (→ zu diesen Hinweisen vor allem: *Alfred Kubin. Mappenwerke, Bücher, Einzelblätter aus der Sammlung Hedwig und Helmut Goedeckemeyer.* Ausstellungskatalog. Kunstgeschichtliches Seminar der Universität Göttingen. 1980). Bei dem dort, S. 110, abgebildeten Kubinschen »Kielkropf« handelt es sich um die aus dem Jahre 1940 stammende, bei *Otte/Raabe,* S. 161, erwähnte Federlithographie, 115 × 140. – Beide Künstler besaßen nachweislich Radierungen aus Callots Werk *Varie figure gobbi* (FHO 17, Kubin 13 Radierungen).
die interessante Frühkritik: Aus dem folgenden geht hervor, daß es sich hierbei wahrscheinlich um den Aufsatz von Richard Schaukal (→Anm. 95 H): *Ein österreichischer Goya – Alfred Kubin* in der *Wiener Abendpost* vom 3. 1. 1903 handelt. – Von Schaukal erschienen in den späteren Jahren noch weitere Aufsätze, zum einen in der Zeitschrift *Hochland.* 19. Jg. (1921/22), H. 5, zum zweiten im *Grazer Volksblatt* vom 10. 4. 1937, zum 60. Geburtstag Kubins; beide Aufsätze unter dem Titel *Alfred Kubin.* – 1927 erschien in Wien die Festschrift *Für Alfred Kubin. Eine Widmung österreichischer Dichter und Künstler zu seinem 50. Geburtstag,* in der neben anderen auch Richard Schaukal *Drei Gedichte für Alfred Kubin* veröffentlichte.

88 K 11. 9. 15
Dein liebes Schreiben: Nicht erhalten, weshalb auch die drei folgenden Anspielungen unklar bleiben.
»Kritiker«: Eine gleichnamige Mappe mit 18 Blättern (Strichätzungen nach Federzeichnungen) erschien 1920 im Georg Müller Verlag, München.
Das Heiratsversprechen: Wahrscheinlich identisch mit dem Blatt »Kritiker verlobt«, das in der oben erwähnten Mappe enthalten ist.
Jaffé: Heinrich Jaffé (1862–1922), Münchner Buchhändler, Briennerstraße 53.
Kaiser Max: Bruder Kaiser Franz Josephs, Kaiser von Mexiko (1864–1867).
Ritter des Guadeloupordens: Im Jahre 1865 war Grillparzer von dem ihn bewundernden und verehrenden Kaiser Maximilian das Großkreuz des Guadeloupeordens verliehen worden. Der Dichter bedankt sich für diese Auszeichnung in einem Brief vom [23. September 1865].
Bram Stoker: (→70 K u. Anm. 70 K, ebenso 88 K, 91 H u. 92 K).
Marsh: (→Anm. 33 K u. 91 H).
Reventlow: (→Anm. 78 K).
Bulwer: (→Anm. 33 K, 92 K u. 107 K).
mit Eurem Patent: (→Anm. 86 H).
die Geschoßangelegenheit: (→Anm. 86 H).

89 H 22. 9. 15
Wernstein ... Mondgeschichte: (→Anm. 84 H: *Der wilde Maler Kubin ...*).

90 K [zwischen dem 22. 9. und 9. 10. 1915]
Im 8. und im 12. Jahrhundert . . . Südchina: Als die beiden höchsten Blütezeiten der chinesischen Malerei gelten die Zeit der Táng-Dynastie (618–907) und der Sung-Dynastie (960–1227). Aus beiden Epochen ist aber nahezu nichts erhalten.
Kaiser alá Heliogabal: Heliogabal, eigentlich Varius Avitus Bassianus, röm. Kaiser (218–222 n. Chr.), führte die Verehrung des Sonnengottes Elogabal in Rom ein. Wurde schließlich wegen Mißwirtschaft erschlagen. – Gemeint ist der Sung-Kaiser Hui-Tsung (1101–1125), der selbst ein wichtiger Maler war, eine Sammlung von ca. 6000 Gemälden besaß und über seine künstlerischen Interessen die Politik so weit vernachlässigte, daß man ihn schließlich stürzte.
Der knöcherne Konfuzius: Eigentlich Kung-fu-tse (um 551 v. Chr. – um 479 v.Chr.). – Aus seiner in altchinesischer Überlieferung wurzelnden Lehre entwickelte sich der sogenannte Konfuzianismus, eine Staats- und Sittenlehre, die für China und darüber hinaus weite Teile Ostasiens wichtig wurde. – Die abwertende Bemerkung Kubins bezieht sich vermutlich auf die strenge Reglementierung in der Folgezeit, sowohl des öffentlichen als auch des privaten Lebens.
Superarbitrierungsdokument: Superarbitrierung: nochmalige Musterung vor einer speziellen Kommission eines wegen Krankheit bei der ersten Musterung Zurückgestellten. – In FHOs Nachlaß ist ein Dokument erhalten, in dem laut Beschluß der Superarbitrierungskommission in Innsbruck vom 13. 3. 1916 bestätigt wird, daß er »wegen Gebrechen zur Erfüllung der Landsturmpflicht unbedingt nicht geeignet ist« (BAI; —→auch 109 H).
wie steht's mit Flugzeug: (—→Anm. 86 H: *Günther Schütze*).

91 H 9. 10. 15
das unheimliche Haus: Roman von Richard Marsh (—→Anm. 33 K).
Skarabäus: Der Skarabäus galt im alten Ägypten als Urwesen. Man verehrte in ihm eine Gestalt des Sonnengottes. – Der Zusammenhang wird nicht ganz deutlich, da in allen Briefen nur der Roman *Das unheimliche Haus* erwähnt wird. Es existiert von Marsh allerdings auch ein Werk mit dem Titel *Der Skarabäus. Ein Mysterium in 4 Büchern.* Autorisierte Übersetzung von R. O. Mahlo. Leipzig: Müller-Mann 1900.
Isiskult: Isis, altägypt. volkstümliche Gottheit, Sinnbild der Naturkraft. Dem Isiskult begegnete man auch in Griechenland und Rom. Dargestellt wurde sie meist als Frau mit Kuhhörnern, zwischen denen die Sonne steht. – Im Nachlaß FHOs ist ein Umschlagentwurf erhalten: »Das Mysterium von Isis und Osiris + Meran am Ostarasonntag 1930 ·F·C·H·N·O·S·« (BAI, XXXI Mystik; —→auch Anm. 145 H: *Hakenkreuzzeichen). –* Für FHO haben Isis-, Ostara- und Marienkult dieselben Ursprünge.
die junge Westenraa: Weibliche Hauptfigur des Romans *Dracula* von Bram Stoker (—→Anm. 70 K).
die Sankhyalehre: Gemeint ist vermutlich das Buch *Die Sankhya-Philosophie* (—→Anm. 50 K).
Else Frucht: (24. 4. 1862 Hildesheim – ?). Bezieht sich vermutlich auf ihr Buch *Goethes Vermächtnis. »Eine frohe Botschaft«.* 1. Teil. München, Leipzig: Delphin 1913 (—→auch 134 K).
d'Annunzio: Scherzhaft zu verstehen: ein Abführmittel mit dem Namen »d'Annunzio«. – Der Zusammenhang ergibt sich daraus, daß Gabriele D'Annunzio (12. 3. 1863 Pescara – 1. 3. 1938 Gardone/Gardasee) in den Jahren 1914/15 zu den glühendsten Propagandisten für einen Eintritt Italiens in den Ersten Weltkrieg auf seiten der

Entente gehörte und die ursprünglich interventionistische Minderheit hinter sich zu bringen vermocht hatte, vor allem wegen seiner irredentistischen Forderungen eines italienischen Istrien und Trentino. Am 24. 5. 1915 hatte Italien Österreich-Ungarn den Krieg erklärt.
Dr. Rössler hat etwas erfunden: Nicht ermittelt. Auf erhaltenen losen Kalenderblättern vom September 1915 in Rindbach finden sich mehrere Eintragungen dieses Namens, ohne daß ein Zusammenhang deutlich würde.

92 K 17. 10. 15
die »seltsame Geschichte« die O. Wilde zum Schicksal wurde: (→Anm. 33 K u. 107 K). Zusammenhang unklar.

93 H 5. 12. 15
Schuller . . . im Besitz eines »mystischen Schlüssels«: Bezieht sich auf eine Szene des Romans *Herrn Dames Aufzeichnungen:* Herr Dame bittet den Philosophen Dr. Sendt um Erläuterungen der Differenzen zwischen Hallwig – Delius (Klages – Schuler) einerseits und Prof. Hofmann (Wolfskehl) andererseits: »Leicht gefragt – und nicht so leicht zu beantworten. Sie werden es mit der Zeit schon selbst herausfühlen. Ich kann es Ihnen zu dieser vorgerückten Stunde nur noch flüchtig andeuten. Etwa so: alle die sogenannten mystischen Entdeckungen, die Substanzangelegenheiten, kosmischen Dinge und so weiter sind in erster Linie Sache des Hallwig-Delius-Kreises, und der Hofmannsche partizipiert daran –« (zitiert nach Reventlow: *Herr Dame,* S. 160f.).
Die Sache mit Wolfskehl: Der von Klages provozierte Bruch des ›Kreises der Kosmiker‹ im Jahre 1904 (→Anm. 78 K: *die berühmte Vereinigung Alfred Schuler und Ludwig Klages).* Klages war davon überzeugt, daß der das Judentum wie das Christentum bestimmende »Jahweismus« oder »Molochismus« die heidnischen Götter vertrieben habe und vertreibe –, für ihn die einzigen Garanten unserer Kultur –, und warf deshalb Wolfskehl dessen Bekenntnis zum Judentum vor. – Im Roman wird das so dargestellt: »Es heißt, Hofmann [glaube] im Zionismus die Möglichkeit einer großen Blutleuchte, die ja so sehr herbeigesehnt wurde [zu entdecken]. [. . .] Und nun hat er eine Theorie aufgestellt, nach welcher die Juden unbedingt auch kosmische Kräfte besitzen müssen, und behauptet, daß sie zu retten wären, wenn man ihnen zur Blutleuchte verhelfe. Dazu aber sei die Konzentrierung und Ansiedlung des ganzen Volkes in Palästina, als an seinem Ausgangspunkt, notwendig. Als nun Hallwig bei seiner Rückkehr von alledem erfuhr, war er durchaus nicht einverstanden, sondern beschuldigte Hofmann, daß er durch Anwendung der kosmischen Geheimnisse die Sache der Juden und des Zionismus unterstützen wolle und somit das Heidentum Wahnmochings an den jahwistischen Moloch in eigner Person verraten und ausgeliefert habe. Ja, er könne gar nichts anderes damit beabsichtigen, als auf eigene Hand gewissermaßen eine Filiale des angestrebten kosmischen Reiches zu gründen – nein, keine Filiale, sondern ein direktes Gegenreich – und sich zum Oberpriester desselben zu machen. [Absatz] Ob wenigstens hierin Hallwig nicht doch zu weit gegangen ist?« (Reventlow: *Herr Dame,* S. 239f.)
das »Arische« Geheimnis Schullers: Der Philosoph Dr. Sendt bemüht sich zunächst, Herrn Dame den Begriff »kosmisch« zu erklären: »Also kosmisch – kosmisch ist das Prinzip, welches das wahre unmittelbare Leben aufbaut und in jedem Wesen, das überhaupt an ihm Teil hat, das gleiche ist. Notabene: den Begriff kosmisch braucht

man gewöhnlich nur im Gegensatz zum chaotischen. Erst indem man ihn statt auf das Gebilde auf die bildende Kraft anwandte, bekam er die Wahnmochinger Nuance. [Absatz] Kosmisch werden deshalb solche Erlebnisse genannt, die deutlich aus diesem Prinzip stammen – auch Träume werden dazu gerechnet und spielen eine große Rolle. Delius oder Hallwig pflegen darüber zu entscheiden, ob ein Traum oder Erlebnis kosmische Bedeutung hat.« Etwas später folgt der eigentliche Satz, auf den diese Briefstelle Bezug nimmt: »Man wandte nun in unserem Stadtteil mit Vorliebe diesen Gegensatz [kosmisch –molochitisch] auf die Rassensubstanzen an und gelangte zu dem Resultat: die Arier repräsentieren das aufbauende, kosmische Prinzip, die Semiten dagegen das zersetzende, negativ-molochitische. Zu merken ist hierbei noch, daß eben die Substanzen sich im Laufe der Zeiten nicht rein erhalten haben und vielfach vermischt sind.« (Reventlow: *Herr Dame,* S. 155f.)

Zusammenbruch der Theos. Gesellschaft . . . Blamage der Besant: Bezug nicht ganz eindeutig. Einmal könnte der sogenannte ›Alcyone-Schwindel‹ gemeint sein. Im Jahre 1911 hatte Annie Besant innerhalb der Theosophischen Gesellschaft den Orden »Stern vom Orient« oder auch »Stern von Osten« gegründet, eine Gemeinschaft, die an die Wiederkunft Christi glaubte und diese als unmittelbar bevorstehend verkündete. Kultfigur dieses Ordens – daher sein Name – war der von Annie Besant aufgezogene Hinduknabe Alcyone (Krishnamurti), in dem die einen den Lehrer und Propheten, die anderen bereits den wiedergekommenen Christus selbst zu erkennen meinten. 1915 war es zum Zerwürfnis zwischen dem inzwischen erwachsenen Knaben und seiner Ziehmutter gekommen, über dessen Hintergründe nichts bekannt ist. – Die Stelle läßt sich aber auch auf die zu Beginn des Krieges gemachten deutsch-feindlichen Äußerungen Annie Besants beziehen, in denen die »nicht germanischen Völker und insbesondere alle Okkultisten, die Mitglieder der Adyargesellschaft und des Sternordens« aufgefordert werden, »mit allen Mitteln die Macht und Kultur des deutschen Volkes bis zur Vernichtung zu bekämpfen [. . .]: ›Das auserwählte Volk (des deutschen) Gottes stinkt in den Nasenlöchern Europas. Dieses Embryo-Weltreich des bodenlosen Abgrundes der Hölle, empfangen vom Haß und gestaltet im Mutterleib der Gier, darf niemals zur Geburt kommen. Es ist das neue Barbarentum; es ist der Gegensatz zu allem, was edel, mitleidvoll und menschlich ist.‹« (Zitiert nach Karl Rohm: *Die Truggestalt der Annie Besant und andere Irrlichter der theosophischen Gesellschaft.* Lorch: Karl Rohm 1916, S. 50.) – Zu einem »Zusammenbruch« der Theosophischen Gesellschaft ist es nicht gekommen. Allerdings hatte sich Rudolf Steiner (→Anm. 33 K) bereits 1912 wegen divergierender Auffassungen, das ›Christus-Problem‹ betreffend, von der Theosophischen Gesellschaft getrennt und die Anthroposophische Gesellschaft gegründet.

Maus Leon: Genauere Daten nicht ermittelt. Aus dem Briefwechsel FHOs mit Mia Luckeneder-von Neuhauser geht lediglich hervor, daß die Familien Herzmanovsky und Leon miteinander befreundet waren. Susanna Kirschl-Goldberg nimmt darüber hinaus einen Zusammenhang an zwischen dieser Familie und den in *Rout am Fliegenden Holländer* (*S. W.,* Bd. II) auftretenden Figuren »Dr. Lyons, Advokat / Sein Töchterchen, das als Paniske / die Insel verziert« (→das dortige Figurenverzeichnis). – Kubin gratuliert in einem Brief vom 14. 5. 1913 Paul Luckeneder zu seiner Brautschaft (ÖNB, 295/46–30): »[. . .] herzlichen Glückwunsch zu der Braut, der jugendlichen ich bin sehr neugierig wie Sie wählten, – hoffentlich erstreckt sich ihre Ähnlichkeit mit Carmen nicht soweit daß sie – auch zaubern kann, denn der Fritz hat wie es scheint wenig von dieser merkwürdigen Eigenschaft seiner Frau. –«

94 K 16. 12. 15
ein Beitrag zu Eurer dynastischen Galerie: Möglicherweise identisch mit der in 115 K erwähnten »Baronin Vaughan.« Nicht ermittelt.
die Urbilder zu »Herr Dame«: (→Anm. 78 K).
in meiner ganzen Romantik: Eine besondere Beziehung zur Philosophie, Dichtung und bildenden Kunst der Romantik bestätigen auch die Tagebücher Kubins, in denen vor allem die Wahlverwandtschaft mit E. A. Poe, E. T. A. Hoffmann und William Blake immer wieder betont wird (→*Hewig*, S. 18).
Hans von Müller schickte ... die gefundenen ... Hoffmann Tagebücher: (→Anm. 1 K). Hans von Müller hatte in Bamberg Briefe und Tagebücher E. T. A. Hoffmanns entdeckt. – Der genaue Titel der Ausgabe lautet: *E. T. A. Hoffmann. Tagebücher und literarische Entwürfe.* Mit Erläuterungen und ausführlichem Verzeichnis hrsg. von Hans von Müller. 1. Bd. Berlin: Paetel 1915.

95 H 24. 12. 15
heizen wir mit alten Lackstiefeln ... dabei muß ich immer an Schaukal denken: Richard von Schaukal (27. 5. 1874 Brünn – 10. 10. 1942 Wien), Lyriker und Kritiker. Gehörte zu den Entdeckern und Förderern des jungen Kubin (→Anm. 87 H). – Die Anspielung erklärt sich aus dem Mädchennamen der Großmutter Schaukals, Lackstampfer.
ein kleines Bildchen das ich fabriziert habe: Nicht erhalten. Möglicherweise identisch mit dem »prächtige[n] primitive[n] italiänische[n] Meister« (→96 K).

96 K [Ende 1915/Anfang 1916]
O.A.H.S.: Schmitz erinnert sich an diese Weihnachtstage: »Über die Feiertage war ich in Zwickledt. Kubin sah ich immer hoffnungsloserer Verzweiflung anheimfallen. Wir sahen mit Bangen dem Tage entgegen, an dem mein Mündel Otto, der Sohn meiner Schwester, ins Feld gehen würde.« (*E.S.*, S. 234)
Totentanzmotive: Erste Erwähnung der Arbeit an der 1918 bei Bruno Cassirer in Berlin unter dem Titel *Die Blätter mit dem Tod* erschienenen Mappe (Umschlagtitel: *Ein Totentanz von Alfred Kubin*). Die Mappe besteht aus einer Umschlagzeichnung: Tod betrachtet ein schlafendes Antlitz, einem Bildertitel mit einer Darstellung des Todes als Schnitter, den eigentlichen 22 Strichätzungen nach Federzeichnungen und einer Schlußvignette: Leichenstein mit der Aufschrift: A. Kubin (→*Otte/Raabe*, S. 87f.)
Mit Schmitz führe ich ... endlose Diskussionen: Auch Schmitz hatte in dieser Zeit begonnen, sich verstärkt mit dem Buddhismus zu beschäftigen (→*E.S.*, S. 236).
Meister Eckhardt: (→Anm. 33 K u. 114 K).
Christian Morgenstern: (6. 5. 1871 München – 31. 3. 1914 Meran). Kubin denkt hier vermutlich an die weniger bekannte Liebes- und Seelenlyrik Morgensterns, die vor allem in seinen letzten Jahren, im Anschluß an die Beschäftigung mit der Anthroposophie Rudolf Steiners entstanden ist. Auch als Übersetzer Strindbergs war Morgenstern bekannt geworden (→auch Anm. 134 K).

97 H 1. 2. 16
das Lied: Frau Pick, Frau Hock, Frau Klepetarsch: →*Der Golem* (Anm. 3 K), das Kapitel *Not*: »›Sie haben da neue Mitbewohner bekommen, eine zwar jüdische, aber arme Familie: den meschuggenen Musikanten Nephtali Schaffranek mit Tochter,

Schwiegersohn und Enkelkindern. [. . .] er lehrt sie die verrücktesten Lieder, die es gibt, deutsche Texte, Bruchstücke, die er irgendwo aufgeschnappt hat und im Dämmer seines Seelenzustandes für – preußische Schlachthymnen oder dergleichen hält.‹ [. . .] ›Frau Pick, / Frau Hock, / Frau Kle-pe-tarsch, / se stehen beirenond / und schmusen allerhond –‹.« (Zitiert nach Meyrink: *Der Golem,* S. 101f.)
Meyrinks Adresse: (→98 K).
Marie Thaller, die Gattin des berühmten Schauspielers Thaller: (→Anm. 69 H).
einen sehr interessanten Mystiker kennengelernt: Wahrscheinlich der Fregattenkapitän Fritz Schwickert (→108 H u. Anm. 108 H).
die Rauhnächte: Auch ›Zwölfnächte‹; die Nächte zwischen dem 25. 12. und 6. 1., von denen der Aberglaube sagt, daß in ihnen die verstorbenen Seelen wiederkehren und auch sonst Geister erscheinen. Die Tage gelten darüber hinaus auch häufig als Lostage, die angeblich das Wetter im betreffenden Monat des folgenden Jahres voraussagen.
unsere Hochzeitsnacht die Walpurgisnacht: Der 25. 2., der Hochzeitstag des Ehepaares HO, ist zwar neben dem 1. 5. der Namenstag der hl. Walpurga, doch bezeichnet man als Walpurgisnacht üblicherweise die Nacht vor dem 1. Mai.
Swamigruß: Swami bedeutet im Hinduismus ›Geistlicher Herr‹ (→ auch 152 H).

98 K [1. Hälfte Februar 1916]
Max Dietzel: Kunsthändler in München, zuletzt unter der Anschrift: »Der Neue Kunstsalon Max Dietzel. Prannerstraße 13«. – Kubin erwähnt den Tod Dietzels auch in seiner Autobiographie (→*A.m.L.,* S. 51).
man muß sich . . . durch den ganzen Wirbel hindurchbalanzieren: (→ auch 101 K u. 102 K). Wörter wie ›balanzieren‹, ›Balance‹, ›Balanzement‹ werden für Kubin in den kommenden Jahren zu zentralen Begriffen seiner nach der ›buddhistischen Krise‹ (→100 K) neu gewonnenen Haltung dem Leben gegenüber. Sie lassen die Auseinandersetzung mit den Schriften Salomo Friedlaenders (→Anm. 136 K) und seiner Polaritätsphilosophie erkennen, mit der sich Kubin sowohl nach eigener Aussage (→ *A.m.L.,* S. 53) als auch von Schmitz bezeugt (→*E.S.,* S. 245) in diesem Jahr immer wieder beschäftigt hat.
Anachoret: Griech.: Einsiedler.

99 K 14. 3. 16
Deine Adresse: Meran-Obermais, Villa Parsifal (→103 H).
Franz Marc: (8. 2. 1880 München – 4. 3. 1916, gefallen bei Verdun). – Seit 1909 mit Kubin befreundet. Von Marc stammte die Anregung zu »einer modernen repräsentativen Bibelausgabe«, an der, außer Marc selbst, die Maler Heckel, Kandinsky, Klee, Kokoschka und Kubin mitarbeiten sollten. Das von Kubin illustrierte Buch *Der Prophet Daniel* ist als einziges der geplanten Gesamtausgabe tatsächlich erschienen (→Anm. 124 K; auch die Marc-Briefe an Kubin, abgedruckt im Katalog der Ausstellung *Franz Marc 1880–1916.* Städtische Galerie im Lenbachhaus. München: Prestel 1980, S. 123–129).
die lebensfrohe Frau meines Pariser Bekannten Sonderegger: Jacques Ernst Sonderegger (24. 12. 1882 Thusis/Graubünden – 17. 2. 1956 Bern), Graphiker (Farbholzschnitt), Illustrator und Kunstschriftsteller. – Mit Kubin seit 1914 befreundet (→*A.m.L.,* S. 48). Die Bekanntschaft wurde wahrscheinlich durch Paul Klee (→Anm. 137 H) vermittelt, der Sonderegger bereits 1906 kennengelernt hatte (→*Klee:*

Tagebuch, Nr. 774). Klee erwähnt in seinem Tagebuch auch die zweite Frau Sondereggers und beschreibt die Umstände des Selbstmordes der ersten Frau (⟶*Klee: Tagebuch,* Nr. 911). – Von Sonderegger existiert ein Linolschnitt aus dem Jahre 1932: »Alfred Kubin vor seinem Hause« (⟶*Otte/Raabe,* S. 198).
ein bekannter Daumierbiograph: (⟶Anm. 66 H). Kurt Bertels (11. 4. 1877 Riga – 15. 7. 1910 Korfu) war zeitweilig Mitinhaber des Verlages R. Piper in München (⟶Reinhard Piper: *Mein Leben als Verleger.* München: R. Piper u. Co. 1964, S. 274f.). – Bei der von Kubin angesprochenen Biographie handelt es sich um die Schrift *Honoré Daumier als Lithograph* von Kurt Bertels. München u. Leipzig: R. Piper u. Co. 1908 (=Klassische Illustratoren. 4). Das Buch ist in der Bibliothek Kubins erhalten.
die buddhistischen Urtexte: Kubin hat sich in diesen Tagen vor allem wohl mit zwei Werken zum Buddhismus beschäftigt: In einem Brief an Schmitz, den dieser auszugsweise in *B.f.E.,* S. 85f., abdruckt, erinnert sich Kubin: »Es kam ein Tag, ich glaube, es war der 8. März, als mir die im R. Piperschen Verlag von Dr. Georg Grimm herausgegebene ›Lehre des Buddha‹ in die Hände kam, und mich durchfuhr beim Lesen die volle und einzige Wahrheit vom Heil der Welt!« – Sowohl die Autobiographie (⟶*A.m.L.,* S. 54) als auch der folgende Brief 100 K bestätigen dieses Erlebnis. – Bei den im vorliegenden Brief angesprochenen »buddhistischen Urtexte[n]« handelt es sich aber wohl nicht um dieses Werk, sondern um die Sammlung der Reden Buddhas: »Grimms Buch legte ich schon in den ersten Tagen beiseite und griff zu der Sammlung der Reden Buddhas, die ich schon besaß. Ich las daraus am Abend ein oder zwei Suttas, löschte das Licht, und indem ich die empfohlenen Atemübungen begann, blieb ich in tiefste Betrachtung versunken meist ausgestreckt auf dem Rücken liegen bis zum grauenden Tag.« (*A.m.L.,* S. 55) – Der genaue Titel des in der Bibliothek Kubins erhaltenen Werkes lautet: *Die Reden Gotamo Buddho's.* Aus der mittleren Sammlung Majjhimanikayo des Pali-Kanons zum ersten Mal übersetzt von Karl Eugen Neumann. Bd. 1–3. Leipzig: Friedrich 1896–1902.
die »chinesischen Geister und Liebesgeschichten«: Chinesische Geister- und Liebesgeschichten von Pu Sung Ling. Dt. von H. A. Giles. Hrsg. von Martin Buber. Frankfurt/Main: Rütten und Loening 1911. – In der Bibliothek Kubins erhalten.
die »chinesischen Volksmärchen«: Chinesische Volksmärchen. Übersetzt und eingeleitet von R. Wilhelm. Mit Wiedergabe chinesischer Holzschnitte. Jena: Diederichs 1914 (=Die Märchen der Weltliteratur).
»chinesische Abende«: Chinesische Abende. Novellen und Geschichten. In Gemeinschaft mit Tson Ping Shon aus der chinesischen Ursprache übersetzt von Leo Greiner. Berlin: Erich Reiß 1914.
Im nächsten Jahr ... Riesenausstellung ... in Berlin: Kam nicht zustande. Die erste große Ausstellung folgte erst im Februar/März 1921 in München in der Galerie Hans Goltz (⟶*A.m.L.,* S. 68).

100 K [26. 3. 1916]
26. III. 1916: Die Datierung dieses Briefes ist unsicher. Sie stammt nicht von Kubin, sondern ist erst nachträglich hinzugefügt worden. Sie erscheint unwahrscheinlich, wenn man sie in Beziehung setzt zum folgenden Brief 101 K vom 28. 3. 1916, der dann lediglich zwei Tage später geschrieben wäre. Sie steht darüber hinaus auch im Widerspruch zu der Angabe in *A.m.L.,* S. 56: »[...] da stieß ich den ganzen Buddhismus von mir, das vertraute, altgewohnte Leben wieder umarmend. Dies geschah am 12. März 1916. Die Krise hatte genau zehn Tage gedauert.« Allerdings

erscheint auch diese Datierung fragwürdig, wenn man sie mit dem Brief 99 K vom 14. 3. 1916 vergleicht. Wahrscheinlich ist vielmehr, daß die Krise zwischen dem 15. und 20. März ausgebrochen ist, und – hier scheinen die Angaben Kubins verläßlich – ca. 10 Tage angedauert hat. Das Schreiben ist also 8 bis 10 Tage früher zu datieren. Der Brief – einen ähnlichen, an sich gerichtet, zitiert auch, wie bereits in Anm. 99 K erwähnt, Schmitz in *B.f.E.*, S. 85f., – bezeichnet den akuten Ausbruch der häufig beschriebenen ›buddhistischen Krise‹, die sich schon etwa seit einem halben Jahr angekündigt hatte (→88 K; auch die gleichnamige, bei *Otte/Raabe*, S. 292, erwähnte Federzeichnung aus dem Jahre 1928, eine Vorlage zu der Illustration in *A.m.L.*, S. 57. – Ausführlich behandelt Kubin dieses Erlebnis auch in *A.m.L.*, S. 54ff.). – Es war dies die letzte existenzbedrohende Nervenkrise des Künstlers, nach dem Selbstmordversuch am Grab der Mutter, dem mit schweren Absenzen verbundenen Anfall während des kurzen freiwilligen Militärdienstes, den Selbstmordabsichten als Folge des plötzlichen Todes seiner Braut Emmy Bayer (→Anm. 1 K) sowie im Anschluß an den Tod des Vaters (→Anm. 3 K). In der Zukunft – dies wird auch aus den späteren Briefen deutlich – läßt sich eine prinzipiell gewandelte Haltung dem Leben gegenüber bei Kubin beobachten, die sich, verkürzt, als eine Distanzierung vom Buddhismus und einer immer stärkeren Annäherung an die sogenannte ›Polaritätsphilosophie‹, wie sie Salomo Friedlaender in seiner Schrift *Schöpferische Indifferenz* vertritt, darstellt (→Anm. 136 K; weiters vor allem Schmitz, *B.f.E.*, S. 48 u. 92f., u. *Hewig*).
10 kleine Radierungen von R. Bresdin: (→Anm. 17 K u. die folgenden Briefe).
Am Piper'schen Verlag: Reinhard Piper (31. 10. 1879 Penzlin/Mecklenburg – 18. 10. 1953 München) gründete 1904 in München den R. Piper Verlag u. Co. Trat selbst auch als Memoirenschreiber hervor: *Vormittag.* München 1947. – *Nachmittag.* München 1950. – *Mein Leben als Verleger.* München 1964. – In allen diesen Werken wird Kubin, mit dem Piper seit 1907 bekannt und befreundet war, häufig erwähnt. »Seit 1907 sind bis heute mehrere hundert Briefe zwischen uns hin- und hergegangen.« (Reinhard Piper in: *Abendrot,* S. X) Aus der Zusammenarbeit mit Reinhard Piper entstanden die folgenden Werke: F. M. Dostojewski: *Der Doppelgänger.* Mit 60 Federzeichnungen in Faksimile. Mappe im Format 350 × 470, die einzelnen Blätter in Passepartouts gelegt. 1921. – Jean Paul: *Die wunderbare Gesellschaft in der Neujahrsnacht.* Mit 27 Federzeichnungen. 1921. – *Zwanzig Bilder zur Bibel. Von Kains Brudermord bis zur Bekehrung des Saulus.* Faksimilelichtdrucke in Großquartformat 260 × 320. 1924. – Zu allen genannten Werken entstanden auch Vorzugsausgaben. – *Abenteuer einer Zeichenfeder.* Mit 60 Federzeichnungen. Einführung von Max Unold. 1947. – Zum 20jährigen Jubiläum des R. Piper Verlages erschien als Privatdruck, in einer einmaligen Auflage von 60 Stück, die Reproduktion einer Federzeichnung, Piper gewidmet: »Der kleine Alfred zeigt dem großen Verleger Reinhard Piper seine ersten Zeichnungen« (zu allen Angaben →*Otte/Raabe*).
Dr. Georg Grimm: (25. 2. 1868 Rollhofen bei Lauf/Pegnitz – 26. 8. 1945 Utting/Ammersee). Grimm, der von Beruf Obergerichtsrat war, ließ sich 1919 pensionieren, um sich ganz seinen buddhistischen Forschungen widmen zu können. Grimm war selbst Buddhist und Begründer der Altbuddhistischen Gemeinde. – Der vollständige Titel des Buches lautet: *Die Lehre des Buddha. Die Religion der Vernunft.* München: R. Piper u. Co. 1915.

101 K 28. 3. 16

aus dem kahlen Raume ins gemeinsame Schlafgemach: Kubin berichtet in *A.m.L.*, S. 55: »Meine liebe Frau bat mich, wenigstens im Hause zu schlafen, und so richtete ich mir einen kleinen Raum, in welchem ich nur einen Strohsack und einen Waschtisch ließ, als ›Zelle‹ ein.«

Tolstoi'sche Krise: Am 10. 11. 1910 hatte Tolstoi, der unter dem Widerspruch seiner sozialen Reformvorstellungen und seiner Stellung als vermögender Gutsherr litt, seine Familie und seinen gesamten Besitz verlassen, um sein Leben als Asket zu beschließen. Eine Erkrankung unterwegs führte seinen Tod herbei.

das maßvollste: Goethe – seine Briefe: Ganz ähnlich auch in einem Brief an Schmitz (*B.f.E.*, S. 87f.): »Ich litt grauenhaft nach Stunden extatischen Wohlbefindens, war dem Irrsinn nah . . . Schließlich, ich konnte nicht mehr und nahm, vielleicht durch die heimlich ja immer wieder die Gesundheit, den Lebenstrieb vertretende Physis, Abstand von dem schrecklichen Sein mit nach innen gekehrten Sinnen, das sich zumeist ja nur um die Nichtigkeit, Fäulnis und Flüchtigkeit aller Erscheinungen drehte. Nun habe ich nachgelassen . . . die leere ›Zelle‹ wieder mit Möbeln eingerichtet, und da ich nun wage, das Frühlingswunder anzusehen, das ums Haus blüht, soweit man schaut . . . hoffe ich wieder Boden unter den Füßen zu bekommen. Aber Du siehst, wie gefährlich auch Einsamkeit werden kann, wenn ein phantasievoller Mensch um das 40. Jahr die bekannte Einkehr erlebt, die so viele unserer Geistigen erlebten, z. B. auch Goethe, dessen Briefe ich jetzt als Gegengift gegen den reinen und gefährlichsten Pessimismus lese.« Schmitz kommentiert: »Kubin hatte bisher nie viel Goethe gelesen. Sein bewußter Pessimismus glaubte wohl bei diesem ›Optimisten‹ keine ihm zusagende Nahrung zu finden. Jetzt, wo er ihn als Gegengift nahm, erkannte er erst, daß Goethes Weltbejahung nichts weniger als ›Optimismus‹ ist.« (*B.f.E.*, S. 88f.) – Hewig, S. 117, weist auch noch auf zwei, allerdings spätere Tagebucheintragungen Kubins, Goethe betreffend, hin: »das Goethesche soll dominieren« (TB, 4. 11. 27) und »Goethe . . . ist Rettung« (TB, 2. 6. [45]).

Nietzsche . . . da hilft oft der Körper wenn das Denken sich verrannte: (→Anm. 78 K). Aus der Autobiographie geht hervor, daß sich Kubin in dieser Zeit erneut ausführlich mit Nietzsche beschäftigt hat, und zwar vor allem mit *Also sprach Zarathustra* (→*A.m.L.*, S. 52f.). Schmitz, der dies bestätigt, kommentiert: »Ehe Kubins Denkkraft in Kantscher Schule diszipliniert war, hatte ihn ein Selbsterhaltungstrieb zurückgehalten, sich dem ›unterirdischen Magneten‹ des verwirrenden Zauberers Zarathustra zu nähern. Nun aber entschloß er sich, wieder am Rande des Abgrundes angelangt, angesichts des Weltuntergangs, ›mit erworbener Kantisch-eisiger Nüchternheit den glühenden Rauschtrank Zarathustras zu schlürfen‹. So fand er, was er brauchte, ›nämlich eine für alle erdenklichen Fälle meines Erlebens sich bewährende Anschauung‹. Die Kantsche Erkenntnistheorie, die das Weltbild abhängig macht von den Kategorien unseres Geistes, bleibt ihm zu Recht bestehen, aber diese Welt hat einen in seiner Schöpfung schwelgenden Schöpfer. Diesen, den Kant als das unerkennbare Ding an sich beiseite läßt, setzt Kubin gerade in dem Mittelpunkt dieser Welt auf den Thron und läßt ihm als Szepter den Thyrsusstab des Dionysos von Zarathustra in die Hand drücken.« (*B.f.E.*, S. 80f.) – Von wem, ob von Kubin oder von Schmitz, die Anregung zur erneuten Auseinandersetzung mit Nietzsche ausging, ist unsicher. Jedenfalls hat auch Schmitz sich zu dieser Zeit intensiv mit Nietzsche beschäftigt (→ *E.S.*, S. 252f.) Darüber hinaus arbeitete er gerade an seinem Roman *Das dionysische Geheimnis. Erlebnisse und Bekenntnisse eines Fahnenflüchtigen.* Mün-

chen: Georg Müller 1921. Die genaue Stelle im Werk Nietzsches, auf die sich Kubin im vorliegenden Brief bezieht, wird nicht recht deutlich, sie ist aber wohl im Zusammenhang mit dem Kapitel *Von den Verächtern des Leibes* innerhalb der *Reden Zarathustras* zu sehen.
Schmitz schreibt aus Berlin: »Ich quäle mich, ein Urteil über die Lage zu gewinnen, aber beide Parteien haben gleich recht und unrecht. Ich sehe Menschen aller Klassen, Richtungen und Interessen, Großkapitalisten und geistige Menschen, Fürsten und bessere Sozis. Du machst Dir keinen Begriff von dem ›Sansara‹ dieser Widersprüche und dieses meist ehrlichen Ringens um Klarheit mit untauglichen Mitteln. [. . .] Wir alle betrachten das, was wir in den ersten Kriegsmonaten geredet oder geschrieben haben, als etwas, was wir als Erlebnis zwar nicht missen möchten, aber wir sind nicht imstande, es jetzt im Augenblick wieder zu hören oder zu lesen, so hat sich alles relativiert. Immer weniger kann man diesen Krieg als rein national betrachten, immer mehr wird er große europäische Tragödie. Die furchtbaren französischen Verluste vor Verdun gehen mir durch Mark und Bein, wenn mir auch der Verstand sagt, daß sie uns durch Schwächung des Feindes möglicherweise dem Frieden ein Stück näher bringen.« (Abgedruckt in *E.S.*, S. 235)

102 K [25. 4. 1916]
daß Du »fleißig« schreibst: Erste Notizen, die Beschäftigung mit dem Roman *Der Gaulschreck im Rosennetz* (*S. W.*, Bd. I; →Anm. 135 H) betreffend, gehen bereits auf das Jahr 1913 zurück (→ dazu den Kommentar zu Bd. I der *S. W.* von Susanna Kirschl-Goldberg).
als »Indo-Amerikaner« zwischen West und Ost balanzierend: Schmitz weist darauf hin, daß die Attribute »indo-amerikanisch« oder auch »indisch-amerikanisch« von Friedlaender (→Anm. 136 K) stammen, der sie zur genaueren Bestimmung seiner »Indifferenz«-Philosophie verwendet (→*B.f.E.*, S. 81f. u. 121). Es ist zu vermuten, daß Kubin sich gerade von der Verbindung dieser beiden Begriffe sehr angesprochen gefühlt hat. Auf abstrakter Ebene wird damit in ähnlicher Weise das formuliert, was er auch in der *Anderen Seite*, in bildlicher Weise, auszudrücken versucht hat: die wechselseitigen Abhängigkeiten von »Patera« und dem Amerikaner »Bell«.
geplante Zusammenkunft mit Schmitz in Bamberg und Würzburg: Schmitz, *E.S.*, S. 238: »[. . .] gewann ich Alfred für ein österliches Zusammentreffen in Bamberg, von wo aus wir einige süddeutsche Städte durchwandern wollten. Dieses Zusammentreffen scheiterte zu meiner schmerzlichen Enttäuschung an seinen österreichischen Paßschwierigkeiten. Nachdem ich ihn an mehreren Zügen, vergeblich hoffend, erwartet hatte, machte ich diese Mainreise allein« (→auch 104 K).

103 H 3. 5. 16
Wilson: Präsident Wilson hatte 1914 den Großmächten einen Schiedsgerichtsvertrag vorgeschlagen. Während des Ersten Weltkrieges war er bemüht, neutral zu bleiben. Erst als das Deutsche Reich den uneingeschränkten U-Boot-Krieg eröffnete, erklärte er am 6. 4. 1917 den Krieg. 1919 erhielt Wilson den Friedensnobelpreis.
Grey: (→Anm. 64 H).
Asquit: Herbert Asquith, Earl of Oxford and Asquith (12. 9. 1852 Morley – 15. 2. 1928 London), engl. liberaler Abgeordneter. Seit 1908 Ministerpräsident, wurde im Dezember 1916 durch Lloyd George verdrängt.
Delcassé: Théophile Delcassé (1. 3. 1852 Pamiers/Ariège – 22. 2. 1923 Nizza), wurde

1898 französischer Außenminister und schloß am 8. 4. 1904 mit England ein Kolonialabkommen, das schließlich die Grundlage der englisch-französischen Entente bilden sollte. Wurde 1905 gestürzt; 1911–1913 Marineminister; seit 1914 wieder Außenminister.
Poincaré: Raymond Poincaré (20. 8. 1860 Bar-le-Due – 15. 11. 1934 Paris), wurde 1912 französischer Ministerpräsident und Außenminister, von 1913 bis 1920 Staatspräsident.
Iswolski: Alexander Petrowitsch Iswolsky (17. 3. 1856 Moskau – 16. 8. 1919 Paris), von 1910 bis 1917 russischer Botschafter in Paris.
Cadorna: Luigi Cadorna (4. 9. 1850 Pallanza – 23. 12. 1928 Bordighera), seit 1914 italienischer Generalstabschef. Nach dem deutsch-österreichischen Durchbruch wurde er im November 1917 seines Amtes enthoben.
Eduard VII: Der englische König (1901–1910) hatte eine besondere Vorliebe für Frankreich und zugleich eine persönliche Abneigung gegen seinen Neffen Wilhelm II. Wirkte an der englisch-französischen Entente mit.
Mi hams ghalten zum Feldzug 1974–1999 (siehe Nostradamus): (→Abb. S. 147). Nostradamus prophezeite – seinen Exegeten zufolge – für diese Zeit einen Dritten Weltkrieg und für das Jahr 1999 zwei Sonnenfinsternisse mit nachfolgender Sintflut (→Nostradamus, *Centurie I–84*).

104 K 13. 5. 16
zwei . . . Briefe, eine Karte und zwei Sendungen: Unklar, könnte sich aber auf die Briefe 100 K u. 101 K, auf die Postkarte 102 K sowie auf die beiden Sendungen: Temperafarben (→99 K) und Bresdin (→100 K) beziehen, die FHO wegen postalischer Verzögerung erst verspätet erreichten.
minus-Richtung: Auch die Begriffe »Minus« und »Plus« sind in der vorliegenden Bedeutung von Friedlaender (→Anm. 136 K) entlehnt. Sie sollen das jeweilige Ausschlagen des Pendels im Rahmen der Polaritätsvorstellung bezeichnen (→111 K u. 124 K).
Wolfskehl . . . Cur in einem Sanatorium: Aus einem an Kubin adressierten Briefumschlag Wolfskehls geht hervor, daß dieser sich in Alsbach im Kurhaus Schloßberg von Dr. Laudenheimer (→ Anm. 146 K) einer Kur unterzog (StGM-KA).
OH. Schmitz kam ebenfalls vorwärts: Sowohl aus *B.f.E.*, S. 87, als auch aus *E.S.*, S. 236ff., wird deutlich, daß auch Schmitz zu dieser Zeit mit einer starken »innere[n] Krise« zu kämpfen hatte, die durch den akuten Ausbruch der Kubinschen Krise noch verstärkt wurde. Kubins Hinweis auf Friedlaender und dessen Polaritätsphilosophie scheint aber schließlich auch Schmitz geholfen zu haben. – Dieser hielt sich zu diesem Zeitpunkt in dem Taunusdorf Dornholzhausen auf und arbeitete an dem Roman *Das dionysische Geheimnis* (→Anm. 101 K: *Nietzsche*).
Bernus . . . die geplante Zeitschrift: (→107 K u. Anm. 26 K).
Bei Albert Langen München: Verlag für Literatur und Kunst. – Albert Langen (8. 7. 1869 Köln – 30. 4. 1909 München) gründete den Verlag 1894, der 1932 mit dem Georg Müller Verlag vereinigt wurde. 1896–1906 gab der Verlag die von Albert Langen gegründete satirische Wochenschrift *Simplicissimus* heraus.
»der Vampir« von L. St. Reymont: Wladyslaw Stanislaw Reymont (7. 5. 1867 Kobiele Wielkie – 5. 12. 1925 Warschau), poln. Erzähler. *Der Vampir.* Roman. Dt. von Leon Richter. München: A. Langen [1916].
eine Riesenarbeit von Edvard Munch: Sowohl in der Skizze *Feststellungen 1949*

(in: *A.m.W.*, S. 77–79, hier S. 78) als auch in *A.m.L.*, S. 28, erinnert sich Kubin an seine persönliche Begegnung mit Munch 1903 in Berlin: »Ich war mehrmals sein und seiner damaligen Braut Thulla Larsens Gast. Munch war ein schwer zugänglicher Mensch, ein Sonderling, der erst nach reichlichem Trunk entgegenkam, mich aber durch seine Zurückhaltung ganz besonders berührte.« Und noch in einem Brief an Anton Steinhart vom 7. 6. 1944 heißt es: »Über Edvard Munchs Tod, der mit 80 Jahren vor einiger Zeit gestorben ist, komme ich schwer hinweg. Munch bedeutete mir eine Zeitlang sehr viel. (Er ließ mir vor 3 Jahren aus Oslo noch Grüße zukommen.)« *(Ringen mit dem Engel,* S. 101) – Im Rahmen der »Alfred-Kubin-Stiftung« der Albertina in Wien sind von Munch drei Druckgraphiken überliefert: »Mondschein«. Handsigniert. 1896. – »Totes Liebespaar«. Handsigniert: »Edv. Munch«. Radierung. 1901. – »Tiger und Bär«. Handsigniert: »E Munch«. Lithographie. 1908/09. – *Riesenarbeit:* Nicht ermittelt.
einen dalmatinischen Morlaken: Im Nachlaß FHOs nicht erhalten.

105 K 17. 5. 16
nach Wien: Die Wienreise fand wahrscheinlich Anfang Juli statt (→111 K u. 113 K).
da ich unbedingt auch Schmitz . . . treffen will: (→111 K). Bei Schmitz (*E.S.*, S. 243f.) heißt es dazu: »Ende Juni reiste ich nach Zwickledt zum ersten persönlichen Zusammensein mit Alfred seit seiner buddhistischen Krisis. [. . .] Mitten in dem inneren und äußeren Trubel der Sommernacht gab mir Alfred die ersten Einweihungen in seine tieferen Erkenntnisse«. Schmitz verbrachte die Sommermonate in Zell am See, wo ihn Kubin im August besuchte (→114 K u. Anm. 114 K).
Ich habe mir nun zu diesem Pol den anderen, den Dionysos . . . hinzuerworben: (→Anm. 101 K). In *E.S.*, S. 253, in dem Kapitel, das sich mit den Ereignissen des Sommers 1916 beschäftigt, referiert Schmitz seine erneute Auseinandersetzung mit Nietzsche: »[. . .] hier beginnt der Pfad, der uns aus allen Zwiespalten führen wird, mit dem Ziel, Christus und Dionysos zugleich, aber nicht länger als feindlichen Gegensatz, in uns wohnen zu lassen, der Pfad zum Übermenschen. Diese Einsicht blitzte nun in mir auf, und sie war es, die mir ermöglichte, weiter in die Tiefe zu steigen, ohne des Lichtes zu vergessen und dem Dunkel zu verfallen.«
Misologie: Abneigung gegen den Verstand bzw. gegen jede vernünftige, sachliche Auseinandersetzung mit logischen Problemen.
Schäuffelin: Hans Schäuffelin d. Ä. (wahrscheinlich Nürnberg um 1480 – ca. 1538/40 Nördlingen). Er hat wahrscheinlich in Dürers Werkstatt gelernt.
H. Weiditz: Wohl Hans Weiditz II (wahrscheinlich Freiburg vor 1500 – ?), Zeichner für den Holzschnitt und Maler.
der Dalmatiner: (→104 K).
die Pastrana: Julia Pastrana (1832 – 1860 Kursk/Rußland). Eine bärtige Kreolin, die auf Jahrmärkten spanische Tänze vorführte und mexikanische Lieder sang. Als sie bei der Geburt eines Kindes starb, ließ sie ihr Manager Theodor Leut einbalsamieren und später ausstopfen und verkaufte sie schließlich an »Präuschers Panoptikum und Anatomisches Museum«. Leut heiratete nach ihrem Tode eine zweite bärtige Frau, die im Gedenken an ihre Vorgängerin den Künstlernamen Zenora Pastrana führte (→*Hereinspaziert! Hereinspaziert! Jahrmarktsgraphik aus drei Jahrhunderten.* Ausstellung der Puppentheatersammlung im Münchner Stadtmuseum. September 1975 – Januar 1976. Dort ist auch eine kolorierte Lithographie, Berlin 1860, abgebildet; → auch 111 K). – Beide Zeichnungen im Nachlaß FHOs nicht erhalten.

106 H 19. 5. 16
Anbei eine Skizze zu meiner Erzählung »Klöbergöll«: Eine Beilage ist nicht erhalten. Allerdings befindet sich auf der Rückseite des Briefes eine Buntstiftzeichnung, betitelt »Dalmatien« (StGM-KA). Die Beziehungen zur genannten Erzählung bleiben ebenfalls unklar, da im Nachlaß FHOs weder eine Erzählung gleichen Titels noch Aufzeichnungen dazu erhalten sind.
Deine zwei wunderschönen Blätter: (→105 K u. Anm. 105 K).

107 K 26. 5. 16
Deine groteske Zeichnung: (→Anm. 106 H).
Einen interessanten Zeitungsausschnitt: Wahrscheinlich zu beziehen auf 104 K: »Anbei ersiehst Du daß Bernus nun die geplante Zeitschrift herausgibt.«
Bulwers »seltsame Geschichte« ... O. Wildes Schicksalsbuch und die Hauptquelle von K. Wolfskehl: (→Anm. 33 K u. 92 K). Bezug unklar.

108 H 27. 5. 16
ein Buch von Dir: (→111 K: *Chu Hung Ming*).
Oberweis: Ort in Oberösterreich, in der Nähe von Gmunden.
das Wiederaufleben des russischen Dreckhaufens: Der Beginn der ersten der beiden großen russischen Offensiven im Ersten Weltkrieg, auch Brussilowangriff, nach dem General Brussilow, genannt. Die eigentliche Offensive begann am 4. Juli 1917.
den mexikanischen Krieg: Der mexikanische Bürgerkrieg, der von 1911 (Sturz Dias') bis 1920 (Sturz Carranzas') dauerte. 1914 wurde mit Wilsons Unterstützung der Diktator Nuerta gestürzt, was antiamerikanische Reaktionen hervorrief.
Schmitzens herrliches Buch »Wenn wir Frauen erwachen«: Der vollständige Titel lautet: *Wenn wir Frauen erwachen. Ein Sittenroman aus dem neuen Deutschland.* München: Georg Müller 1912. Ab der 7. Auflage 1918 trug das Werk den Titel: *Bürgerliche Bohème. Ein Sittenroman aus dem Deutschland vor dem Weltkriege.*
Wiener Fregattenkapitän F. Schwickert: Fritz Schwickert (16. 9. 1857 Krumau/Böhmen – 15. 10. 1930 Wien), als theosophischer, astrologischer und okkultistischer Schriftsteller unter dem Pseudonym »Sindbad« bekannt. Admiralstabschef der österreichisch-ungarischen Flottille während des Boxeraufstandes in China. – Schwickert war Neutempeleisenpresbyter zu Marienkamp-Szt. Balazs und trug als solcher den Namen »Fra Gonsalvo« (→*Daim*, S. 120). – Möglicherweise hat Schwickert die persönliche Bekanntschaft FHOs mit Lanz von Liebenfels vermittelt. – Kubin lernte Schwickert anläßlich seines Wienbesuches Anfang Juli 1916 kennen (→113 K). Er wiederum hat wohl Schmitz auf Schwickert aufmerksam gemacht, der diesen im Mai 1917 kennenlernte. Schmitz bezeichnet Schwickert als seinen »Lehrer in Astrologie« (*E.S.*, S. 163). Er widmete ihm seine Sammlung *Menschheitsdämmerung* (→Anm. 115 K): »Seinem hochverehrten Freund / Fritz Schwickert / K. K. Fregattenkapitän d. R. / in Dankbarkeit gewidmet / Wien, Oktober 1917.«

109 H 31. 5. 16
Mostschädeley: Mostschädel: Scherzhaft-spöttische Bezeichnung für den Ober- und Niederösterreicher (→auch Anm. 40 H).
Nostradamus ... Algier u Tunis: (→Anm. 71 H). *Centurie I-73:* »Frankreich angefallen von fünf Seiten, / Perser wiegeln Tunis, Algier auf, / Leon, Sevill, Barcelona leiden, Und Venedigs Flotte bleibet aus. / [Absatz] Frankreich wird zu arglos sein. Es

wird von fünf Seiten gleichzeitig angegriffen. Die Perser treiben Tunis und Algier zum Aufstand. – Barcelona wird von Leon (Burgos) und Sevilla geschlagen. – Auch auf dem Seeweg kann es nicht mehr gerettet werden, die Herren von Venedig werden es verhindern.« (Zitiert nach: Dr. Max de Fontbrune: *Was Nostradamus wirklich sagte. Die authentische Exegese des französischen Forschers.* Mit einer Einleitung von Jean-Charles de Fontbrune und einem Brief von Henry Miller an den Autor. Wien–München–Zürich–New York: Molden 1981, S. 185.)
Swetozar Borovic: Gemeint ist wohl die in 104 K und 105 K erwähnte Zeichnung, einen Dalmatiner darstellend.
Julia Pastrana ... ich glaube, Strindberg schreibt öfter von ihr: August Strindberg: *Gesammelte Werke.* Deutsche Gesamtausgabe. Abt. VI, Bd. 6, 12.–16. Ts. München: Georg Müller 1920: *Ein Blaubuch.* 1. Bd., S. 283, Kapitel: *Venus Milo gegen Julia Pastrana.*
Schmitzens Buch: Der Roman *Das dionysische Geheimnis* (→Anm. 101 K: *Nietzsche*).
Deine Assentierung: Assentieren: In der österreichischen Militärsprache ›für tauglich erklären‹. Hier im Sinne von Musterung gemeint (→Anm. 90 K).
Werkelcomission: Werkel: Mundartlich für Drehorgel oder Leierkasten. Statt »Comission« ist wohl Konzession gemeint.

110 H 5. 6. 16
die wunderbaren Siege, über das wällische und britische Ungeziefer: Bezieht sich auf die erfolglosen Angriffe gegen die österreichisch-ungarischen Stellungen an der Isonzofront zu Beginn des Monats und das Aufeinandertreffen der deutschen Hochseeflotte mit der britischen Schlachtflotte vor dem Skagerrak am 31. Mai, wobei die Briten größere Verluste als die Deutschen erlitten.
»Türmer«: Der Türmer. Monatsschrift für Gemüt und Geist. (1898–1943), hrsg. von Jeannot Emil Freiherr von Grotthuß.
»Eckhart«: Eckart (1906–1916), hrsg. vom Zentralverein zur Gründung von Volksbibliotheken. Literarische, christlich-konservative Informationszeitschrift.
der »Deutsche Schulverein«: »Allgemeiner Deutscher Schulverein«, 1881 gegründet; seit 1908 »Verein für das Deutschtum im Ausland«.
»divinae cantatrices«: Nicht ermittelt.
dem Palladistischen Satanskult: Urheber war der in Marseille geborene Publizist und Buchhändler Gabriel Jogand-Pagès, der sich später Leo Taxil nannte. Er wurde vor allem bekannt durch sein frei erfundenes Werk *Vollständige Enthüllungen über die Freimaurerei. Die Drei-Punkte-Brüder. Ausbreitung und Verzweigung, Organisation und Verfassung, Ritual, geheime Zeichen und Thätigkeit der Freimaurerei.* 2 Bde. Wien: Austria, Drescher u. Co. 1886/1887, das in ganz Europa großes Aufsehen erregte. Hauptthese Taxils in diesem Werk ist, daß es im Grunde nur zwei Kirchen gibt: die christliche mit dem Papst an der Spitze und eine teuflische mit dem Satanspapst als Oberhaupt. Letzterer werde verkörpert durch den Großmeister des Suprême Conseil von Charleston in Nordamerika. Die beiden Teufelsorden nannten sich »Palladium« und »Triangel«. – Am Ostermontag des Jahres 1897 lud Taxil seine Anhänger in den großen Saal der Geographischen Gesellschaft von Paris und erklärte, daß alle diese Geschichten von ihm nur erfunden seien (→Alfons Rosenberg: *Praktiken des Satanismus.* Nürnberg: Glock und Lutz o. J., S. 68ff.).
Attentat auf Skuludis: Stefanos Skuludis (1838 Konstantinopel – 1928), griech.

Bankier und Politiker, Außenminister und Marineminister. Bildete 1915 eine eigene Regierung, die aber bereits 1916 demissionierte (möglicherweise als Folge des gegen ihn gerichteten Attentats?).
das Attentat in Schweden: Nicht ermittelt.

111 K 10. 6. 16
d. Krieg und die Kunst (1916 München) von Dr. H. Hildebrandt: (→Anm. 65 K).
meine »Blätter mit dem Tod« (21): (→Anm. 96 K). Außer Umschlagzeichnung und Schlußvignette enthält die Mappe 22 Blätter.
die Wienerfahrt: (→113 K).
Die Julia Pastrana . . . in dem Werk The Living Races of Mankind: Der vollständige Titel des Werkes lautet: *The Living Races of Mankind: a Popular Illustrated Account of the Customs, Habits, Pursits & c. of Mankind throughout the World.* Vol. 1. Vol. 2. London: Hutchinson Mar. Sep. 1906.
Chu Hung Ming: Ku Hung Ming (Daten nicht ermittelt). Das Buch trägt den Titel: *Der Geist des chinesischen Volkes und der Ausweg aus dem Kriege. (The spirit of the Chinese people with an essay on the war and the way-out.)* Jena: Diederichs 1916. Der offizielle Übersetzer ist Oskar A. H. Schmitz. Aus der Eintragung Hedwig Kubins mit Tintenstift auf dem Titelblatt des in der Bibliothek Kubins erhaltenen Buches ist allerdings zu entnehmen, daß die eigentliche Übersetzerin Hedwig Kubin gewesen ist und von Schmitz lediglich das Vorwort stammt.

112 H 11. 7. 16
Zusammenhänge zwischen Mond und Maschinenschwindel: (→ 84 H u. Anm. 84 H). Zentrales Thema der Erzählung *Die vier Mondbrüder* ist die Versklavung des Menschen durch die Maschinen, ein Prozeß, der von den vier Mondbrüdern mit Interesse verfolgt wird: »Schon im letzten Viertel des kürzlich verflossenen 19. Jahrhunderts gewann das Mechanische schnell und sicher die Oberhand, dürfen wir getrost feststellen, aber wenn es so weitergeht, wie wir hoffen wollen, wird im 20sten die Menschheit bald kaum mehr Zeit finden, das Tageslicht zu sehen, vor lauter Arbeit, die vielen und immer zahlreicher werdenden Maschinen zu putzen, zu polieren, in Tätigkeit zu erhalten und sie auszubessern, wenn sie schadhaft werden.« (Meyrink: *Fledermäuse,* S. 124)
indische Miniatur des Arjuna: Auch Ardschuna. In der Bhagavadgita (›Gesang des Erhabenen‹; →Anm. 33 K) gibt der in irdischer Gestalt als Krishna erscheinende Gott Vishnu dem Helden und Pandurprinzen Ardschuna auf dem Schlachtfelde vor Beginn der im Epos geschilderten Kämpfe philosophische Belehrungen.
Tatwa: Tattwa, ind. Begriff mit wechselnder, nicht eindeutiger Bedeutung. Im Prinzip aber bezeichnet »Tattwa« Schwingungszustände, denen Natur und Mensch unterworfen sind. Der Einfluß der Tattwas ändert sich angeblich in einem bestimmten Rhythmus, den der Okkultist, der mit den Tattwas arbeiten will, erkennen muß.
Ucello: Paolo Uccello (1397 Florenz – 10. 12. 1475 ebenda), italien. Maler. Hauptmeister der florentinischen Frührenaissance.
Marienglas: Als Marienglas bezeichnet man durch Spaltung entstandene perlmuttglänzende tafelförmige Gipsplatten.

113 K 12. 7. 16
ich wohnte in Grinzing: Bei dem Ehepaar Marianne und Felix Grafe (→Anm. 61 K u. 209 K).
Schmitz . . . Er macht jetzt Besonderes und Schweres durch: »Von Linz begab ich mich für die Sommermonate wieder nach Zell am See. Im vorigen Jahre hatte ich dort eine Beziehung angeknüpft zu der einzigen Frau, mit der ich je ähnliche mystische Stimmungserlebnisse erfuhr, wie mit Alfred. Sie hatte jenen unwiderstehlichen, überpersönlichen Reiz, der bald priesterlich, bald hexenhaft wirkt. Während der Korrespondenz im folgenden Winter winkte sie immer verlockender als Zuflucht vor den oft schweren Wolken der Entmutigung, die meinen Weg verdunkelten. 1916 kam sie wieder nach Zell. Es waren einige Wochen schwerer Kämpfe, in denen ich mich von ihr lösen mußte. Ich fühlte mich wirklich wie Herakles am Scheideweg, auf der einen Seite den mühsamen Pfad der inneren Befreiung, auf der anderen den verlockenderen der Betäubung im Glück.« (*E.S.,* S. 244)
(Hengste) von H. Baldung: Hans Baldung, genannt Grien (1484 oder 1485 Schwäbisch Gmünd – 1545 Straßburg), Maler, Kupferstecher, Reißer für Holzschnitte und Glasgemälde. – Im Rahmen der »Alfred-Kubin-Stiftung« des Oberösterreichischen Landesmuseums Linz sind zwei Blätter überliefert, die hier gemeint sein könnten: »Kämpfende Hengste mit Wildpferden im Walde«. Holzschnitt. 1534, und: »Hengste und Stuten mit Wildpferden im Walde«. Im Hintergrund links ein Selbstbildnis des Künstlers. Holzschnitt. 1534.
Rembrandt's »Potiphar«: Im Rijksmuseum Amsterdam existiert eine Radierung mit dem Titel »Joseph und Potiphars Weib« (1634). Brockhaus/Peters (S. XXIV) weist auf eine frühe (1901/02) Tagebuchnotiz hin, die bereits zu dieser Zeit eine Auseinandersetzung mit Rembrandt erkennen läßt. Stilistischen Einfluß auf Kubins Kunst hatte Rembrandt aber erst in den zwanziger Jahren (→Fritz Hammer: *Alfred Kubin mit Rembrandt verglichen. Mehr als 160 Blätter in der Heidelberger Ausstellung.* In: *Die Rheinpfalz.* Nr. 12, 15. 1. 1960).

114 K 5. 8. 16
O. A. H. Schmitz . . . bleibt . . . bis in den Herbst hinein: E.S., S. 248: »[. . .] und kehrte erst im Oktober wieder nach Salzburg zurück, um nun dauernd dort zu bleiben.«
Schmitz . . . Meister Ekkehards Schriften empfehlen: (→Anm. 33 K u. 96 K). Schmitz erinnert sich in *E.S.,* S. 244f.: »Fast einen Monat lang war Alfred bei mir, und er teilte mir immer mehr mit von dem, was wir nun seine Lehre nannten, die im wesentlichen eine künstlerische Versinnlichung der S. Friedländerschen Polaritätsphilosophie ist. [. . .] Diese war gewissermaßen der Katechismus, aber die Aufnahme seiner haarscharfen Formulierungen wäre nur verstandesmäßig geblieben, wenn ich nicht daneben urtümliche heilige Bücher gefunden hätte, die auf dem Weg über das Gemüt die Besinnlichkeit anregten. Ich sah in dem Taoteking des Laotse die höchste Firnenklarheit, die je ein Menschengeist erreicht hat, der gegenüber Buddha und selbst Jesus noch nach dem Bedingten, nach Ort und Zeit, duften; neben ihm bestand nur ein einziger Europäer, im Vokabular wohl gebundener, aber dem Sinne nach nicht weniger frei, nur menschlich wärmer: Meister Eckhart.« Und etwas später heißt es: »Ich versenkte mich nun in Worte wie diese, die ich besonders in den Nächten vor den das innere Gleichgewicht sehr bedrohenden Musterungen las: ›Vollkommene Abgeschiedenheit kennt kein Absehen auf die Kreatur, kein Sich-beugen und kein Sich-

erheben, sie will weder darunter, noch darüber sein, sie will nur auf sich selber ruhen. Niemandem zu Liebe und niemandem zur Last.‹ (Meister Eckhart.)« (*E.S.*, S. 248)

115 K 19. 12. 16
das große Fragezeichen: Bezieht sich wahrscheinlich ebenfalls auf ein nicht erhaltenes Schriftstück.
»Blätter mit dem Tod« ... 24 Blätter ... ein großer Berliner Kunstverlag: (→Anm. 96 K).
Bilder zu Aug. Strindbergs Dramen: Realisiert wurden nur die Illustrationen zu *Nach Damaskus* (→Anm. 17 K, Anm. 122 K u. Anm. 146 K).
Schmitz ... sein eigentliches Meisterwerk ... »das rasende Einhorn«: Eine Erzählung der Sammlung *Menschheitsdämmerung. Märchenhafte Geschichten.* München: Georg Müller 1918. – Von Kubin existiert eine Federlithographie mit dem gleichen Titel aus dem Jahr 1934.
Baronin Vaughan vom letzten Jahr: (→Anm. 94 K).
»das Hungergespenst«: Die Reproduktion einer Federzeichnung mit diesem Titel findet sich beispielsweise in dem Buch von Ernst Willy Bredt: *Alfred Kubin.* Mit 63 Abbildungen. München: Hugo Schmidt 1922.
Meyrinks neues Buch »das grüne Gesicht«: Genauer Titel: *Das grüne Gesicht.* Ein Roman. Leipzig, München: Kurt Wolff 1916.

116 K [Ende Dezember 1916]
die Karte ... Botschaft vom Hinscheiden Deines lieben Vaters: Emil Josef Ritter von Herzmanovsky ist am 19. 12. 1916 in Ebensee gestorben (→Anm. 2 K).
Andreas Hofer: (22. 11. 1767 St. Leonhard/Südtirol – 20. 2. 1810 Mantua, erschossen), Tiroler Freiheitskämpfer.
papierenes Gespenst: »Das Hungergespenst« (→Anm. 115 K).

117 H 27. 3. 17
Wrucken: Mundartlich für Kohlrüben.
kalter Engländer in Lindwurmaspik: Im Nachlaß FHOs im BAI ist ein *Kleines Kochbuch für Menschenfresser* (XXIV/13) erhalten, in dem ähnliche »Rezepte« aufgezeichnet sind. Das Typoskript ist mit einem handschriftlichen Kommentar von Sir Galahad versehen, so daß anzunehmen ist, daß es nicht früher als Anfang der 30er Jahre entstanden ist (zur Bekanntschaft FHO – Bertha Eckstein →Anm. 36 H).

118 K 3. 4. 17
Ich führe kurze Aufzeichnungen: In der StGM-KA sind zahlreiche, bisher unveröffentlichte Aufzeichnungen Kubins sowohl aus der frühen Zeit als auch aus den späteren Jahren überliefert.
»Entmenschung«: → dazu die Aufzeichnungen aus dem 3. Kapitel der Autobiographie Kubins: »Zweifellos erscheint mir nur, daß vom Menschlichen nichts mehr zu hoffen ist, der weitgehendste Pessimismus eines Julius Bahnsen und anderer besteht hier zu Recht. Aber es handelt sich auch gar nicht mehr um Mensch und Welt. Der Spuk ist durchschaut! – Ich will Praktiker sein! Sorgfältig, mit nie erlahmender Geduld und festem Vertrauen übe ich mich täglich mehrmals, die Kruste meines Menschen zu lockern, tausend Schlacken gleiten ab. Der Sturm der verwirrenden Gedanken fügt

sich schon meiner Gewalt. Der innere Sinn ist Herr geworden über die äußern Sinne.« (*A.m.L.*, S. 56f.; →auch 124 K u. 132 K).
Deus festinat lente: Lat.: »Gott eilt langsam«, abgeleitet wohl von der Augustinus zugesprochenen Redensart »festina lente«, was im Deutschen soviel wie »Eile mit Weile« heißt. Im Zusammenhang hiermit könnte die Formulierung in 124 K zu verstehen sein: »Eigene Göttlichkeit will eben schwierig erlernt sein [. . .].«

119 H 15. 4. 17
mit dem Humor der im »Drüben« fischenden: (→80 K u. 81 H).
Hieronymus Bosch: (Um 1450 Herzogenbusch – 9. 8. 1516 begraben ebenda). Immer wieder in seinen Briefen betont Kubin seine Verwandtschaft mit den beiden Malern Bosch und Breughel, wenn auch seine Wertschätzung zeitweilig schwankt. Im Juli 1930 schreibt er in diesem Sinne an das Ehepaar Koeppel, so selbstbewußt seine Ebenbürtigkeit unterstreichend: »[. . .] man darf Bosch und Breughelblätter neben meine hängen« (*D.w.R.*, S. 93). Im Brief vom 16. 5. 1924 ebenfalls an den Maler Koeppel differenziert Kubin aber in interessanter Weise: »Seine [Breughels] derbe elementare oft auch drollige bäuerische Art ist von mir vielleicht auch wirklich mehr erkannt als mit mir verwandt. Ich studiere jetzt Bosch, den Vorläufer Breughels, noch ganz Mittelalter, als Maler schwächer, als Individualität vergrübelter, mir näher.« (*D.w.R.*, S. 30; →auch 120 K u. Anm. 121 H). – Aus dem Jahre 1923 datiert ein Aufsatz von Ernst Willy Bredt, der diese Beziehung genauer verfolgt: *Von Kubin, Bosch und Klinger.* In: *Die Kunst für Alle.* 38. Jg. (1923), S. 293–304.

120 K 20. 5. 17
Daneben hatte ich einige Titelblätter übernommen: 1917 erschien eine um die bis 1917 fortgeführte Selbstbiographie (→122 K u. 128 K) ergänzte Neuauflage der *Anderen Seite*, mit einer neuen Umschlagzeichnung: »Zeichner mit Mappe« (= Galerie der Phantasten. Bd. 5). Weitere Umschlag- und Titelzeichnungen erschienen erst 1918: Zu dem Roman von Katharina Botzky: *Der Traum.* München: A. Langen; zu der von Friedrich Feerhow und Laura Wiesen hrsg. Sammlung *Jenseitsrätsel. Geschichten aus dem Übersinnlichen* (→Anm. 61 K); zu Mynona: *Hundert Bonbons.* Sonette (→Anm. 136 K); zu E. A. Poe: *Die denkwürdigen Erlebnisse des Artur Gordon Pym* (→Anm. 3 K); zu Paul Rosenhays Roman: *Der Cotillon der Toten.* Berlin: Karl Ehrlich; zu Oscar Wilde: *Die Ballade von Reading Gaol.* Berlin: Hyperion (zu all diesen Angaben →*Otte/Raabe*, S. 86ff.).
eine Lithographie für die »Shakespeare-Visionen« deutscher Maler: 1918 erschien eine Sammlung von 36 zum Teil farbigen Radierungen, Steindrucken und Holzschnitten mit dem Titel: *Shakespeare Visionen. Eine Huldigung deutscher Künstler.* Mit einer Vorrede von Gerhart Hauptmann und Beiträgen von Carl Hofer, Lovis Corinth, Wilhelm Jaeckel, Th. Th. Heine, Oskar Kokoschka, Olaf Gulbransson, Wilhelm Lehmbruck u.a. Auch Kubin beteiligte sich mit einem Blatt: »Caliban«. Kreidelithographie. Das Buch erschien als Nr. 3 der Drucke der Marées-Gesellschaft im R. Piper u. Co. Verlag, München.
Maier-Graefe: Julius Meier-Graefe (10. 6. 1867 Reschitza/Banat – 5. 6. 1935 Vevey), Kunsthistoriker und Schriftsteller. Verfasser der seinerzeit wichtigsten *Entwicklungsgeschichte der Modernen Kunst.* 3 Bde. Stuttgart: Hoffmann 1904. 2. Auflage: München: Piper u. Co. 1914/15. Die *Shakespeare-Visionen* wurden nicht von Meier-

Graefe herausgegeben. Allerdings war Meier-Graefe mit Reinhard Piper und dessen neuem Teilhaber (seit 1913) Alfred Eisenlohr Mitbegründer der Marées-Gesellschaft.
Mama u. T. Luise: Verwechslung: FHOs Mutter hieß Luise, die Tante hingegen Bertha (→Anm. 10 K).
Ich werde . . . Ende Juli mich dem Hochgebirge nähern: Kubin verbrachte die ersten Augustwochen zusammen mit Schmitz in Murau in der Steiermark (→124 K u. *E.S.*, S. 267).
Ernst Marcus, »Kants Weltgebäude«: (3. 9. 1856 Kamen – 31. 10. 1928 Essen). Marcus war bis 1924 Amtsgerichtsrat in Essen, zugleich Verfasser zahlreicher philosophischer Untersuchungen, in der Mehrzahl zu Kant. Der vollständige Titel des von Kubin angesprochenen Werkes lautet: *Kants Weltgebäude. Eine gemeinverständliche Darstellung in Vorträgen.* München: Ernst Reinhard 1917. In der Kubin-Bibliothek erhalten. – Aufmerksam gemacht auf dieses Werk wurde Kubin wahrscheinlich durch Salomo Friedlaender (→Anm. 136 K). Jedenfalls hat auch Friedlaender sich mit Marcus auseinandergesetzt: *Der Philosoph Ernst Marcus als Nachfolger Kants. Leben und Lehre. Ein Nachruf.* Essen: Baedeker 1930. – In der Kubin-Bibliothek erhalten.
In seiner neuesten noch nicht veröffentlichten Arbeit: Wahrscheinlich: *Das Problem der exzentrischen Empfindung und seine Lösung.* Berlin: Der Sturm. 2. Auflage 1918.
schwabenaltrig: Ins Schwabenalter kommen bedeutet 40 Jahre alt werden und endlich zu Verstand kommen.
Schmitz lebt ganz im astrologischen: (→Anm. 108 H: *Fritz Schwickert*, u. *E.S.*, S. 257).
auf die 3 Pfingsttage kommt er hierher: Schmitz, *E.S.*, S. 263: »Auf der Rückkehr nach Salzburg verweilte ich wieder in Zwickledt, wo ich, wie jetzt immer seit Alfreds Wandlung, trotz allen äußeren Kriegs- und mancherlei Privatnöten ein beschauliches Idyll fand.«

121 H 28. 5. 17
Breughelepoche: (→Anm. 3 K). Vielfigurige Blätter mit Anklängen an Visionen von Bosch und Breughelsche Darstellungen finden sich vor allem in der ganz frühen Zeit um die Jahrhundertwende. Das wohl bekannteste Blatt ist die grau lavierte und gespritzte Tuschfederzeichnung »Höllenszenen« (abgebildet beispielsweise bei *Brockhaus/Peters*, S. 97).
das groteske Riesengesicht eines Deiner Freunde (Mantels?): (→Anm. 17 K). Welches Blatt gemeint ist, bleibt unklar.
starb vor einigen Tagen in Veldes Graf Aichelburg: Ernst Maria Aichelburg (12. 1. 1877 Meran – 23. 5. 1917 Veldes), Ingenieur, später Professor an der Staatsgewerbeschule Klagenfurt. Bis zum Tode seines Vaters 1905 lebte er in Triest.

122 K 3. 7. 17
frei nach Heine in dem Streit zwischen dem Rabbi und dem Pfaffen: Anspielung auf Heines Gedicht *Disputation* aus dem *Romanzero.* Die letzte Strophe lautet: »›Welcher recht hat, weiß ich nicht – / Doch es will mich schier bedünken, / Daß der Rabbi und der Mönch, / Daß sie alle beide stinken.‹«
schöne Ausgabe eines späten Strindberg Dramas (:Gespenstersonate:): Kam nicht

zustande (→Anm. 115 K); allerdings wurde eine Federzeichnung mit dem Titel: »Zur Gespenstersonate von August Strindberg« als 4. Blatt in die *Blätter mit dem Tod* (→Anm. 96 K) aufgenommen.
mein Hauptverleger: Georg Müller (→Anm. 12 K).
Schmitz Märchenbuch »Menschheitsdämmerung«: (→ 115 K u. Anm. 115 K).
mit dem heiligen Bahr auf den Gaisberg: Hermann Bahr (19. 7. 1863 Linz – 15. 1. 1934 München), Kritiker und Essayist, der vor allem im Rahmen des ›Jung-Wiener-Kreises‹ eine wichtige Rolle spielte. – Der Gaisberg ist der Hausberg von Salzburg. – In einem Brief an FHO vom 23. 1. 1917 bestätigt Schmitz die engere Bekanntschaft: »Hermann Bahr, mit dem ich seit meiner Übersiedlung nach Salzburg viel zusammen bin [. . .].« (BAI)

123 H 8. 7. 17
die Knackwurstmühle: Im Nachlaß ist eine Prosaskizze mit dem Titel *Die Wurstmaschiene* (!) erhalten (BAI, XXIV/23).
Vintschgerlaibeln: Kleine runde Brote aus dem Vintschgau, dem oberen Etschtal vom Reschenpaß bis Meran.
die altiberische Grenze: Theorie, die besagt, daß es eine Art Völkerwanderung von West nach Ost gegeben habe: Die Bevölkerung der Westkultur ist demnach aus Afrika gekommen. Sie bestand im wesentlichen aus zwei Rassen, den groß gewachsenen Langköpfen, die sich zum Teil entlang der Westküste des Kontinents nach Norden ausgebreitet haben und etwa in Portugal und Nordspanien ebenso wie in Irland und Schottland anzutreffen sind, sowie den gedrungenen Rundköpfen, die auch aus Spanien in die Alpen eingewandert seien. Ihnen verwandt sind nach dieser Theorie die Basken, die Rhäter und Etrusker. Diese Theorie stützt sich nicht zuletzt darauf, daß der Name ›Iberer‹ in Spanien als auch in Transkaukasien auftritt und die Basken dieselbe Sprache wie die Lesghier sprechen (→Siegfried Passarge: *Geographische Völkerkunde.* Berlin: Safari-Verlag 1954, S. 626).
lauter Goyas, aus den Desastros de la guerra: Desastres de la guerra. Eine Radierfolge von 82 Blättern, die die Schreckensherrschaft unter Ferdinand VII. festhalten. Das Werk ist 1816 erschienen.

124 K 31. 7. [1917]
eine Wohltätigkeitsvorstellung: Schmitz, *E.S.*, S. 265: »Die außerordentlichen Umstände, unter denen mir der Aufenthalt in Murau erlaubt worden war, legten mir einige gesellschaftliche Verpflichtungen auf [. . .] gegenüber dem Bezirkshauptmann Baron von Esebeck [. . .] und seiner gastlichen Frau. Diese [. . .] wollte mit einem in Rekonvaleszenz befindlichen kriegsverwundeten Schauspieler und mehreren Dilettanten eine Wohltätigkeitsvorstellung veranstalten, nur fehlte noch der Regisseur. Da kam ich wie gerufen.«
Preisausschreiben im Spätherbst: Nicht ermittelt.
die Erinnerungen von Ritter Götz von Berlichingen: Der genaue Titel lautet: *Lebensbeschreibung des Herrn Götz von Berlichingen.* Nach der Ausgabe von 1731 hrsg. von Albert Leitzmann. Halle: M. Niemeyer 1916. – In der Bibliothek Kubins erhalten.
der Simplizissimus hat wieder Einiges von mir bekommen: In der Nr. 25 des 22. Jg.s. (1917) erschien die Reproduktion einer Federzeichnung: »Denunziation« (»Disput«). – Im 23. Jg. (1918) erschienen in der Nr. 12: »Orient« (»Aus Albanien«); in der Nr. 36:

»Der Lebensbaum«; in der Nr. 44: (»Tiger«); in der Nr. 47: »St. Hieronymus«; in der Nr. 49: »Der Dieb« (→ *Otte/Raabe,* S. 86 u. 92).
den »Profeten Daniel« (13 Tafeln 12 Initialen): (→Anm. 99 K: *Franz Marc). Der Prophet Daniel.* Eine Folge mit 12 [!] Federzeichnungen sowie 12 rotgedruckten Initialen und einer Umschlagzeichnung, auf ungezählten Blättern befestigt und eingeheftet. München: Georg Müller 1918 (→ *Otte/Raabe,* S. 89 f.).

125 H 9. 8. 17
Melusine als Compottköchin: Abwandlung der altfranzösischen Sage, in der Melusine als Unheilkünderin gilt.
Schnadahüpfl: Im bayr.-österr. Alpengebiet: vertonter Vierzeiler.
Ich stelle es grafisch so dar: Skizze eines schraffierten Kreises mit einem weißen Segment von 23°.
in dem prachtvollen Park der neuen Wohnung: Seit dem 1. 9. 1917 ist das Ehepaar HO in Meran gemeldet: »Obermais, Winkelweg 6, Schloß Hoferhaus« (→ auch 127 H).

126 K 19. 9. 17
das Horoscop das O.A.H.S. . . . machte: Schmitz kommt auf das Horoskop zu sprechen in seiner 1922 erschienenen Schrift *Der Geist der Astrologie* (→Anm. 150 H: *daß sein Buch in Ordnung ist*), S. 71 u. 201. – Weitere Horoskope zu Kubin finden sich bei: a) Fritz Werle: *Künstler-Horoskope.* München: Planegg 1926, S. 197–204. b) Eduard Saenger: *Horoskop und Weltbild Alfred Kubins.* In: *Astrologische Rundschau* 29 (1937), S. 11–17. c) Heinrich Reich: *Das Geheimnis des Tierkreises. Eine tiefenpsychologische Begründung der Astrologie.* München: Planegg 1949, S. 212. d) *Kosmobiologie. Mitteilungsblatt des Arbeitskreises für kosmobiologische Forschung.* Jg. 18 (1952), S. 287 (→ *Otte/Raabe,* S. 196).
obschon die logische klare Durchsichtigkeit ein weit sicheres Motiv mir abgibt: Dieses Bekenntnis erscheint deshalb interessant, weil die Klischeevorstellungen vom Magier und modernen Mystiker aus Zwickledt, an denen Kubin durchaus mitschuldig ist, dadurch eine Differenzierung erfahren.
die Geschichte der orientalischen Angelegenheit . . .: Im Sommer 1853 ließ der russische Zar Nikolaus I. seine Truppen in die Donaufürstentümer Moldau und Walachei einmarschieren. Daraufhin traten Frankreich und England auf die Seite der Türkei und erklärten Rußland 1854 den Krieg. – Am 30. 3. 1856 kam es unter dem neuen Zaren Alexander II. zum Pariser Friedensschluß. – Auf dem Berliner Kongreß vom 13. 6. bis 13. 7. 1878 trafen die führenden Staatsmänner der europäischen Großmächte und der Türkei zusammen, um unter dem Vorsitz Bismarcks über das endgültige russisch-türkische Verhältnis zu verhandeln. – Der genaue Titel des in der Kubin-Bibliothek erhaltenen Werkes lautet: *Geschichte der orientalischen Angelegenheiten im Zeitraume des Pariser und des Berliner Friedens.* Mit Porträts, Illustrationen und Karten. Berlin: Grote 1888.
Meine Frau hat 40 Pd. abgenommen: Mit diesem starken Gewichtsverlust kündigte sich eine neue, schwere gesundheitliche Krise an (→ auch 128 K u. 132 K). Hedwig Kubin konnte erst im April 1918 aus dem Sanatorium von Dr. Laudenheimer (→Anm. 146 K) in Alsbach/Hessen entlassen werden (→134 K).
Otto . . . eine Liebesheirat: (→Anm. 10 K). Otto Gründler hatte sich am 11. 9. 1917 mit Hanna Mögelin verehelicht.

127 H 21. 9. 17
die wunderschöne, überaus stimmungsvolle Zeichnung: Im Nachlaß nicht erhalten.
Umbach: Jonas Umbach (um 1624 Augsburg – 28. 4. 1693 ebenda), Landschaftsmaler und Radierer.
Tiepolo: Giovanni Battista Tiepolo (5. 3. 1696 Venedig – 27. 3. 1770 Madrid), Maler des venezianischen Barock.
König Ludwigs Bauprojektionen der Romantik: Die unter Ludwig II. zwischen 1869 und 1886 entstandenen romantischen Schlösser Herrenchiemsee, Neuschwanstein und Linderhof.
Altdorfer und Wolf Huber: (→Anm. 75 H u. 76 K).
im Style Miramars: Lustschloß in der Nähe von Triest, 1854–1856 für Maximilian, den Bruder Kaiser Franz Josephs und späteren Kaiser von Mexiko (→Anm. 88 K) erbaut.
Carmen hat ein Barockboudoir: (→142 H u. Abb. S. 186).
Liotards: Jean-Etienne Liotard (22. 12. 1702 Genf – 12. 6. 1789 ebenda), schweiz. Pastell- und Emailmaler.
Ahnengruft des Hauses Fries: Nicht ermittelt.
OAH Schmitz . . . Carmen ein Horoskop: (→Anm. 128 H).

128 K 31. 10. 17
O. Schmitz . . . wegen C. Horoscop: Am 11. Juli 1918 schreibt Schmitz aus Neumarkt in der Steiermark an FHO: »Das Horoskop Ihrer Frau Gemahlin mache ich sehr gerne.« (BAI) – Im Nachlaß nicht erhalten.
Daß man den Wälschen zur Zeit prügelt: Am 24. 10. hatten die deutschen und österreichisch-ungarischen Truppen in einem gemeinsamen Angriff die italienischen Stellungen bei Flitsch-Tolmein durchbrochen und ihre Truppen bei Udine geschlagen (28. 10.–3. 11.).
Auch Dich habe ich an einer Stelle erwähnt: »[. . .] reiste ich mit meinem Freunde, Fritz von Herzmanovsky, nach Oberitalien und Venedig.« (*A.m.L.*, S. 40)
»Bonaparte in Ägypten«: 1921 als Ansichtskarte im Verlag der Galerie Neue Kunst Hans Goltz, München, verlegt. 1923 erschien das Blatt, ebenfalls im Verlag Hans Goltz, als Federlithographie in einer Auflage von 100 signierten Drucken auf weißem Papier und 20 weiteren signierten Drucken auf Japan, im Format 330 × 230 (→ *Otte/Raabe*, S. 100 u. 108; Abbildung bei *Schmied*, Tafel 92).
kleine Serie österreichischer Alpenlandschaften: Als »Serie« nicht zustande gekommen. Einzelne Blätter zu diesem Themenkreis sind immer wieder entstanden.
»Königgrätz«: Wie aus 132 K hervorgeht, handelt es sich hierbei nur um einen Entwurf. Die Abbildung einer gleichnamigen aquarellierten Federzeichnung findet sich in: *Alfred Kubin 1877–1959*, S. 129.
Merkh: »Es war einmal« Innsb. Wagner 1913 (deutsche Ortsnamen in Italien): Der vollständige Titel lautet: Rudolf Merkh: *Es war einmal. Deutsche Wanderungen in Südtirol und Oberitalien.* Innsbruck: Wagnersche Verlagsanstalt 1913. – Interessant ist die Notiz in Klammern »deutsche Ortsnamen in Italien«, da es sich dabei um einen frühen Beleg für das in den nächsten Jahren ständig wachsende Interesse des Ehepaares HO an der Flur- und Ortsnamenforschung handelt (→Anm. 145 H: *Friedrich Rothbart*, u. Anm. 179 H).

129 H 14. 12. 17
Dank für Deine schönen Blätter: Unklar. Wahrscheinlich ist auch hier ein Brief verlorengegangen.
Eine kleine Revanche für Weihnachten: (→132 K u. Anm. 132 K).
Die Broschüre über Meyrink: Nicht eindeutig ermittelt. Vermutlich aber eine der beiden von Albert Zimmermann (Pseudonym: Curt Büsch) verfaßten Broschüren: a) *Gustav Meyrink.* Hamburg: Hanseatische Verlagsanstalt [1917]. 11 S. b) *Gustav Meyrink und seine Freunde. Ein Bild aus dem 3. Kriegsjahr.* Hamburg: Deutschnationale Verlagsanstalt [1917]. 23 S. (= Flugschriften der Fichte-Gesellschaft von 1914. Heft 6)
Kabbala: Bezeichnung für die jüdische Mystik, die zwischen dem 12. und 17. Jahrhundert in der Provence und in Spanien entstand. Hauptschriften sind das Buch *Bahir,* in dem sich die Vorstellung vom Golem und die Lehre von der Seelenwanderung finden, und das Buch *Zohar.* – Die Hauptlehren der Kabbala sowie viele Riten und Gebräuche fanden große Verbreitung und wirkten auch auf die christliche Mystik, z. B. Jakob Böhmes (→Anm. 33 K).
Mutschelknaus ... Lämmergeier: In Meyrinks Erzählung *Amadeus Knödlseder. Der unverbesserliche Lämmergeier,* abgedruckt in der Sammlung *Fledermäuse,* tritt eine Frau Mutschelknaus auf; auch sie führt einen kleinen Laden, in dem Amadeus Knödlseder einen »feuerroten Schlips« erwirbt (→Meyrink: *Fledermäuse,* S. 87).
die Geschichte vom Krieg mit Thessalien: Die Geschichte *Die Erstürmung von Sarajewo* ist abgedruckt in: *Des deutschen Spießers Wunderhorn.* Gesammelte Novellen. 3 Bde. München: A. Langen 1913, Bd. 1, S. 50–61.

130 H [Ende 1917]
Ende 1917: Undatiertes Fragment. Möglicherweise eine Nachschrift zu 129 H, da auf die in 128 K erwähnte Autobiographie Kubins Bezug genommen wird.
die 3bändige Biographie Ganghofers: Ludwig Ganghofer (7. 7. 1855 Kaufbeuren – 24. 7. 1920 Tegernsee). Der Titel der 3bändigen Biographie lautet: *Lebenslauf eines Optimisten.* 1. Bd.: *Buch der Kindheit.* 1909; 2. Bd.: *Buch der Jugend.* 1910; 3. Bd.: *Buch der Freiheit.* 1911; alle Stuttgart: A. Bonz u. Co.
Aquatinta: Ein Verfahren der Radierung, bei dem Kolophonium- oder Asphaltstaub auf die Druckplatte aufgestäubt wird, so daß die Säure nur Punkte ätzt und beim Abdruck die Wirkung von Tuschzeichnungen erzielt werden kann.

131 H 12. 1. 18
beiliegende Karte des Buchhändlers: Franz Malota. Buch- und Kunsthandlung. Antiquariat. Wien IV, Wiedner Hauptstraße 22 (→132 K).
das eine der für Dich bestimmten Werke: (→132 K).
das andre Werk: Unklar.
Niederschrift eines grotesken Romans aus der Raimundzeit: Eine erste Fassung des *Hofzwerges* bzw. des *Gaulschreck im Rosennetz* (*S. W.,* Bd. I), wie der endgültige Titel lautet (→135 H u. Anm. 135 H).
Meyrinks Walpurgisnacht: Roman. Leipzig: Kurt Wolff 1917.

132 K 19. 2. 18
»das Weib in der französischen Carikatur«: Gustave Kahn: *Das Weib in der Karikatur Frankreichs.* Mit 450 Textillustrationen und 72 farbigen Kunstblättern nach seltenen

und amüsanten französischen Karikaturen aus allen Zeitepochen. Stuttgart, Berlin: H. Schmidt 1907. – Das Buch ist in der Bibliothek Kubins nicht erhalten.
Ich war einige Tage in Wien: Vermutlich im Zusammenhang mit Vorbereitungen zur Ausstellungsbeteiligung im Rahmen der Sezession (→133 H u. Anm. 133 H).
Schmitz ... er wollte sich bei Euch nach Meraner Ortsverhältnissen erkundigen für den Hermann Bahr: (→Anm. 122 K). Der Brief befindet sich im Nachlaß FHOs im BAI. Er trägt irrtümlicherweise das Datum 23. 1. 1917. Aus einem weiteren Brief vom 26. 3. 1918 geht hervor, daß Bahr sich schließlich doch nicht zu der Reise entschließen konnte.
arbeite ich ... an meinen alten Hauptmotiven ... Minotaurus ... Simson: Varianten des gleichen Motivs begegnet man immer wieder bei Kubin. – Eine Reproduktion einer Federzeichnung »Minotaurus« findet sich in der Zeitschrift *Wieland.* Jg. 6 (1920), H. 6 (→ *Otte/Raabe,* S. 97); die Reproduktion einer weiteren, sehr späten Fassung aus dem Jahr 1955, Tuschfeder, laviert, ist bei *Schmied,* Tafel 187, abgebildet; ebenfalls bei *Schmied,* Tafel 100, ein Skizzenblatt mit mehreren Entwurfzeichnungen zu einem »Minotaurus« um 1920. – Eine »Simson«-Darstellung findet sich etwa im *Simplicissimus.* Jg. 24 (1919/20), Nr. 7 (→ *Otte/Raabe,* S. 108). Häufiger begegnen Varianten zu »Simson und Delila«: zwei Entwurfzeichnungen zur Lithographie von 1923: a) bei *Schmied,* Tafel 110; b) als Nr. 9 im *Katalog der Innsbrucker Ausstellung in der Galerie im Taxispalais* (5. Juli bis 5. September 1977).
den Entwurf »Königgrätz«: (→Anm. 128 K). Ein motivlich sehr ähnliches Blatt ist »Altösterreichische Kürassiere«, eine Federzeichnung aus dem Jahre 1921, als Lichtdruck reproduziert in der Mappe *Am Rande des Lebens.* München: R. Piper u. Co. 1921. – Eine weitere aquarellierte Federzeichnung dieses Themas, »Die Sonne von Königgrätz«, findet sich reproduziert in: Paul Ferdinand Schmidt: *Alfred Kubin. Mit einer Selbstbiographie des Künstlers.* Leipzig: Klinckhardt und Biermann 1924.
ein altitalienisches Sch[rei]bebüchl: Nicht ermittelt.

133 H 23. 4. 18
Freue mich daß Du in Wien ausgestellt hast: Die 49. Ausstellung der Vereinigung bildender Künstler Österreichs in der Sezession, März 1918. Kubin war zum ersten Mal an einer Ausstellung der Sezession beteiligt. Er zeigte siebzehn Tuschfederzeichnungen. Im Katalog war die Zeichnung »Der Tod als Verfolger« abgebildet. – Eine der wichtigen Sezessionsausstellungen, die wesentlich von Egon Schiele mitvorbereitet worden ist. Beteiligt waren u. a.: Robin C. Andersen, Uriel Birnbaum, Anton Faistauer, Johannes Fischer, Albert Paris Gütersloh, Felix Albrecht Harta, Ludwig Heinrich Jungnickel, Georg Merkel, Egon Schiele, Ernst Wagner und Franz von Zülow. (→Robert Waissenberger: *Die Wiener Secession.* Wien u. München: Jugend u. Volk 1971, S. 136ff.)
Jan Joes: Jan Joest von Calcar (? Wesel – 1519 Harlem). Joest schuf den Flügelaltar mit 16 Darstellungen der Hl. Geschichte in der Nikolaikirche in Kalkar.
Kremserschmidt: Martin Johann Schmidt genannt Kremser-Schmidt (25. 9. 1718 Grafenwörth/Krems – 28. 6. 1801 Stein a. d. Donau), Maler, Radierer und Zeichner für Kupferstiche. Einer der wichtigsten Vertreter der österreichischen Altar- und Andachtsmalerei in der 2. Hälfte des 19. Jh.s.
Haubenstricker: Paul Haubenstricker (1750 Wien – 30. 12. 1793 ebenda oder 28. 6. 1801 Krems), Maler und Stecher, Schüler des Kremser-Schmidt.

Wagenschön: Franz Xaver Wagenschön (2. 9. 1726 Littisch/Böhmen – 1. 1. 1790 Wien), Maler und Radierer.
Troger: Vermutlich Paul Troger (30. 10. 1698 Zell/Pustertal – 20. 7. 1762 Wien), Maler. Seit 1754 Akademiedirektor in Wien. Malte vor allem Altarbilder und Deckenfresken.
Canton: Gustav Jakob Canton (4. 7. 1813 Mainz – 20. 3. 1885 München), lebte in München. Mehrere Reisen in die bayrischen und österreichischen Berge. Malte Almleben, Tiroler Bauern, Vieh.
Unterberger: Malerfamilie aus Cavalese im Fleimstal/Prov. Trient. Der bedeutendste Vertreter ist Michelangelo Unterberger (1695–1758), der hauptsächlich in Wien lebte und malte. Hier handelt es sich vermutlich um Franz Sebald Unterberger (1. 8. 1706 Cavalese – 23. 1. 1776 ebenda), der sich häufig in Südtirol aufhielt und vornehmlich in Kirchen arbeitete.
Tiepolo: (→Anm. 127 H).
Ich habe mich wieder aufs Zeichnen geworfen: Das Werkverzeichnis aller bekannten Graphiken und Gemälde, von Wilfried Kirschl erstellt (unveröffentlicht), macht deutlich, daß der weitaus überwiegende Teil der Zeichnungen zwischen 1918 und 1920 entstanden ist, wobei der Hauptteil auf das Jahr 1919 fällt (→140 H).
Löschenkohlära: (→73 H u. Anm. 73 H).
Meine Groteske: Der Roman *Der Gaulschreck im Rosennetz (S. W.,* Bd. I; →Anm. 135 H).
eine zweite Arbeit: (→137 H u. Anm. 137 H). Wahrscheinlich handelt es sich hierbei um Vorarbeiten zum Zweiten Teil der *Österreichischen Trilogie: Rout am Fliegenden Holländer (S. W.,* Bd. II).

134 K 7. 6. 18
War Ende April in der Nähe Darmstadts: Am 23. April 1918 schreibt Schmitz an FHO: »Mit W.[olfskehl] steht Alfred in dauernder Verbindung. Vorige Woche erst hat er ihn in Alsbach in Hessen getroffen, wo er meine Schwester z. Zt. aus dem Sanatorium abholt.« (BAI)
Schmitz (welcher rechte Freude mit Deinem Salzburger Aufenthalt hatte): (→ auch 135 H). Das Treffen hat in den letzten Maitagen stattgefunden.
Akasha Chronik: Akasha bedeutet in der Hinduphilosophie soviel wie »unbegrenzter Raum«. In der Akasha-Chronik sind nach Meinung der Theosophen alle Ereignisse der Vergangenheit, Gegenwart und Zukunft aufgezeichnet; sie kann von Hellsehern gelesen werden. – 1909 erschien von Rudolf Steiner (→Anm. 33 K) als Sonderdruck aus der Zeitschrift *Lucifer-Gnosis* (Juli 1904, Nr. 14, bis Mai 1908, Nr. 35): *Aus der Akasha-Chronik.* Berlin, Leipzig: Altmann.
Goethes Vermächtnis von Else Frucht: (→Anm. 91 H).
den III. Teil zum Faust »das Einzige was not tut«: Else Frucht zitiert auf S. 20 ihres Buches einen Satz aus einem Brief Goethes an Schiller vom 31. Juli 1799: »Ob die Einsamkeit des Ilmthales zu dem Einzigen, was Noth ist, viel helfen wird, muß die Zeit lehren.«, den sie als Bestätigung eines Plans für einen III. Teil zum Faust interpretiert.
William Blake ... Helene Richter: (→Anm. 33 K u. 136 K).
Stufen von Christian Morgenstern: (→Anm. 96 K). Der vollständige Titel lautet: *Stufen. Eine Entwicklung in Aphorismen und Tagebuchnotizen.* München: R. Piper u. Co. 1916. – Das Buch ist in der Bibliothek Kubins erhalten.

135 H 2. 7. 18
(Veränderung der »Knapen«): (→86 H u. Anm. 86 H: *Günther Schütze*). Wie aus Briefen an Mia Luckeneder-von Neuhauser (→Anm. 37 H) hervorgeht, ist das Knapenpatent im Herbst 1918 verkauft und die Knapen GmbH. liquidiert worden.
die Reinschrift des »Hofzwerges« mußte liegen bleiben: (→131 H u. Anm. 131 H). Die folgenden Auskünfte lassen erkennen, daß der Roman tatsächlich im wesentlichen bereits zu diesem Zeitpunkt abgeschlossen war. Daß es dennoch erst zehn Jahre später (→179 H) zu einer Veröffentlichung kam, lag vor allem daran, daß FHO lange Zeit keinen interessierten Verleger fand oder, wie im Falle Artur Wolfs, sich zunächst nicht für eine Zusammenarbeit entschließen konnte (→Anm. 158 H). Der Roman erschien schließlich unter dem Titel *Der Gaulschreck im Rosennetz. Eine skurrile Erzählung* von Fritz von Herzmanovsky-Orlando mit Illustrationen des Autors. Wien: Artur Wolf, im Mai 1928 (→den Brief Artur Wolfs an FHO vom 17. 4. 1928, BAI). Mit einem Vorwort von Oscar A. H. Schmitz, zugleich in einer broschierten und gebundenen Ausgabe. Trotz zahlreicher positiver Besprechungen (auszugsweise abgedruckt im Kommentar der *S. W.*, Bd. I) brachte das Buch aber offensichtlich keinen geschäftlichen Erfolg. Aus einer Abrechnung des Verlages anläßlich der Übernahme der restlichen Druckbögen durch die Wiener Buchhandlung Amonesta nach dem Tode Artur Wolfs geht hervor, daß bis zum Jahre 1934 lediglich 228 Exemplare verkauft worden waren. Daraus ist zu entnehmen, daß es sich bei der später erschienenen sogenannten ›Variantenauflage‹ eben nicht – wie vielfach zu lesen – um eine Neuauflage handelt (→202 H), sondern lediglich um eine Restauflage oder Ramschauflage mit verändertem Titel: *Der letzte Hofzwerg. Eine burleske Erzählung aus dem alten Wien,* mit Bildern des Autors. (→ zu diesem Titel, der auch dem von FHO ursprünglich geplanten entspricht, die Erzählung von Karl Spindler: *Der Hofzwerg.* Wiesbaden: Verlag des Volksbildungsvereins zu Wiesbaden 1907; FHO hat dieses Buch besessen. Zu weiteren Angaben → den Kommentar von Susanna Kirschl-Goldberg, *S. W.*, Bd. I.)
auch Dir und Schmitz habe ich darin Ehrenstellen angewiesen: Im Elften Capitel treten ein »Baron Schmitz [...], der reichsstädtisch frankfurtischer Gesandter war am erzbischöflichen Hofe« zu Salzburg und ein »Pater Kubin, der päpstliche Kämmerer« auf. Von letzterem heißt es dort: »Er [...] muß die Gespensterhäuser registrieren im Salzburgischen und Umgebung!« (*S. W.*, Bd. I, S. 115)
Pachinger als St. Pöltener »Voyeur«: (→Anm. 6 K).
der würdige Horrack: (→Anm. 10 K). Ebenfalls im Elften Capitel heißt es: »der Goubernialrat von Horraker, ein eleganter Herr, der als tadelloser Weltmann bekannt war und als sehr aussichtsreicher Beamter galt. (Man munkelte sogar etwas wie: rechte Hand Metternichs.)« (*S. W.*, Bd. I, S. 116)
Math. Bril: Wahrscheinlich Matthäus Bril der Jüngere, Sohn des Älteren Matthäus Bril (1550 Antwerpen – 8. 6. 1583 Rom).
Geh. R. Piper ... »der Spuk« (Köln, Bachem): Otto Piper (22. 12. 1841 Roeckwitz/ Mecklenburg-Schwerin – 23. 2. 1921 München), Vater von Reinhard Piper. – *Der Spuk. 250 Geschehnisse aller Arten und Zeiten aus der Welt des Übersinnlichen.* Köln: J.P. Bachem 1917. Eine zweite Auflage erschien 1922 im Verlag R. Piper u. Co. mit Titel- und Umschlagzeichnung von Kubin.
(Mond, ... es war ein Herz ein roter Stein, das ...) (glitzerte im Frührotschein ...): Meyrink: *Der Golem*, S. 69, das Kapitel *Schnee*: »Eine Handvoll winziger Sterne

glitzerte [. . .]: Wo ist das Herz aus rotem Stein? / Es hing an einem Seidenbande / Und funkelte im Frührotschein.« (→auch ebenda, S. 91, das Kapitel *Not*, und S. 205, das Kapitel *Frei*).
Walpurgisnacht: (→Anm. 131 H).

136 K 6. 8. 18
die »schöpferische Indifferenz« von S. Friedländer: (→Anm. 98 K). Salomo Friedlaender; Pseudonym: Mynona, Umkehrung von Anonym (4. 5. 1871 Gollantsch/Posen – 1946, Exil), Philosoph und unter seinem Pseudonym Verfasser von Grotesken. Kubin war mit Friedlaender durch eine über »30jährige Geistesfreundschaft« (Kubin an Kurt Otte, 5. 12. 1950, zitiert nach *Hewig*, S. 25) verbunden. Über seine erste Begegnung mit dessen Schriften berichtet er: »Etwa zwei Jahre vor Kriegsausbruch stieß ich zum ersten Mal auf den Namen S. Friedlaender, der in einer modernen Wochenschrift einem Essay über Polarität vorangestellt war. Die intensive Vertiefung des Problems der Polarität fesselte mich. Ich verschaffte mir die wenigen übrigen Arbeiten Friedlaenders, seine Bücher über Robert Mayer, Nietzsche, die Vorrede zu Jean Paul, die Werkchen über Logik und Psychologie [. . .]. Mit zunehmender Einsicht in diese Schriften stand es bei mir fest, daß sich in diesem Kopf die wichtigsten geistigen Bewegungen unsrer Epoche mit einer Wucht gipfeln, die über jedes Wissensziel elementar hinausdringt und erst bei einer schlechthin beispiellosen Selbsterfassung sich beruhigt.« (*S. Friedlaender, Schöpferische Indifferenz. Ein Hinweis* (1920). In: *A.m.W.*, S. 166–170, hier S. 167) – Persönlich begegnet sind sich Kubin und Friedlaender zum ersten Mal »im Frühjahr 1918 [. . .]; damit näherte sich ein starker Wunsch seiner Erfüllung.« (*Begegnung mit Mynona. S. Friedlaender zu seinem 60. Geburtstag* (1931), *A.m.W.*, S. 91–96, hier S. 92) – Aus der langjährigen persönlichen Bekanntschaft und »geistigen Freundschaft« resultierten auch einige gemeinsame Werke: 1918 entstand eine Umschlagzeichnung für die Sammlung *Hundert Bonbons.* Sonette. München: Georg Müller. – 1927 folgte *Unterm Leichentuch. Ein Nachtstück.* Mit Bildertitel, Initiale und 16 Illustrationen sowie Einbandvignette. Heidelberg: Merlin. – Für die Zeitschrift *Der Einzige.* Hrsg. von Anselm Ruest und Mynona, Jg. 1 (1919), Nr. 27/28, steuerte Kubin die Reproduktion einer Federzeichnung »Kasernenhofszene« bei. – Friedlaender äußerte sich einmal öffentlich zu Kubin, und zwar in Form einer Ansprache anläßlich einer Ausstellung Kubins 1931 im Kunstverein Hamburg, abgedruckt unter dem Titel: *Alfred Kubin. Prolog zur Ausstellung im Kunstverein Hamburg.* In: *Der Kreis.* Jg. 8 (1931), S. 676–681, mit 3 Abbildungen. (Zu allen Angaben →*Otte/Raabe*) – *Die Schöpferische Indifferenz* erschien München: Georg Müller 1918. – Was über die Bedeutung des gesamten Werkes Friedlaenders für Kubin zu sagen ist, gilt im besonderen für diese Schrift, die von nun an zu den häufigst zitierten Büchern in den Tagebuchaufzeichnungen Kubins gehört. Dabei wechselt die Einschätzung durchaus, worauf Hewig bereits hingewiesen hat: »Abends las ich in meinem Buch der Bücher die eigens für mich lebende ›Schöpferische Indifferenz‹.« (TB, 9. 4. [32]). »[. . .] begreift man diese Hinneigung zur ›Indifferenz‹ S. Friedlaenders – heute verbannte ich das Werk – als Werk reinen Logos in seiner Nüchternheit.« (TB, 11. 11. [32]). Und nur zwei Tage später: »[. . .] ich hole mein Zauberbuch« (TB, 13. 11. [32]). »[. . .] wohin? da kommt mir die ›Schöpferische Indifferenz‹ immer wieder im Verein mit meinem ›Fragment [eines Weltbildes]‹ als Erleichterung.« (TB, 31. 7. 33). Zwei Monate später: »Eine Absage an ›Schöpferische Indifferenz‹ als Lüge.« (TB, 11. 9. [33]). » ›Schöpferische Indifferenz‹ ist das Zeichen – des absoluten Sieges.« (TB,

18. 3. [45]; alle Zitate nach *Hewig*, S. 88.) – Den Grundgedanken seiner Polaritätsphilosophie formuliert Friedlaender in der Einleitung zur *Schöpferischen Indifferenz;* er besagt, daß »Das eigne Innere [. . .] die schöpferische Indifferenz der Welt« sei »und die Welt [. . .] nur die Selbstentzweiung (Polarisation) des eignen Innern« (S. XXXI). Und an einer anderen Stelle heißt es, die Welt sei »keine Einheit, sondern der Zwiespalt selber [. . .]. Besinnt sich aber der Urheber dieses Zwiespaltes, das Individuum, strikt auf sich selber, dann und nicht eher wird die berühmte Glocke, die einen Riß hat, klingen, anstatt zu klappern.« (S. XIX) Das aber erfordert ein ständiges »Balanzement«. (Zu dem Verhältnis Kubin – Friedlaender ⟶ vor allem *Hewig* u. *B.f.E.*)
Meyrink . . . zum 50. Geburtstag: (⟶Anm. 3 K). Meyrink war am 19. 1. 1918 50 Jahre alt geworden.
ein Bücherl mit guten Geschichten: Möglicherweise die in der Kubin-Bibliothek erhaltene Sammlung *Der Löwe Alois (Die Geschichte vom Löwen Alois) und andere Geschichten.* Mit Zeichnungen von Carl Olaf Petersen. Dachau: Einhorn [1917] (= die bunten Bücher, 7).
Meine liebe Frau . . . einige Tage elend zu Bette: Anzeichen einer erneuten schweren gesundheitlichen Krise (⟶138 K u. Anm. 138 K).

137 H 9. 8. 18
eine zweite, große phantastische Geschichte: (⟶ auch 133 H). Offensichtlich eine Vorstufe zum Zweiten Teil der *Österreichischen Trilogie: Rout am Fliegenden Holländer* (⟶*S. W.*, Bd. II), in dem ein »Geheimrat Harnapf« vorkommt. Ein »Kielkropfzüchter« oder eine Figur namens »Hoppenhaupt« begegnen dort allerdings nicht.
Wateau: Jean Antoine Watteau (10. 10. 1684 Valenciennes – 18. 7. 1721 Nogent-sur-Marne), frz. Maler.
2 Canalettos: Canaletto, eigentlich Antonio Canal (18. 10. 1697 Venedig – 20. 4. 1768 ebenda), italien. Maler.
Pötzelberger . . . Zeitungsreklame, da ihm das Blatt gehört: Es handelt sich um die *Meraner Zeitung. Deutsches Tagblatt.* Verantwortlicher Chefredakteur: Albert Ellmenreich. Verlag und Rotationsdruck: Siegfried Pötzelberger. Das Blatt wurde im Februar 1926 im Rahmen eines Verbots aller deutschsprachigen Zeitungen durch die Faschisten eingestellt.
Paul Klee: (18. 12. 1879 Münchenbuchsee bei Bern – 29. 6. 1940 Muralto/Locarno). Die Freundschaft mit Kubin, auf den Klee in seinen Tagebüchern *(Klee: Tagebuch)* verschiedentlich zu sprechen kommt, reicht bis 1910 zurück. (Die Erinnerung in *A.m.L.*, S. 28: »Etwa aus der gleichen Zeit [wie die Bekanntschaft mit Munch 1903] stammt auch meine Bekanntschaft mit Paul Klee«, ist unrichtig.) – Zwischen 1910 und 1915 läßt sich sogar eine gewisse künstlerische Abhängigkeit voneinander feststellen (⟶Jürgen Glaesemer: *Paul Klees persönliche und künstlerische Begegnung mit Alfred Kubin.* In: *Pantheon. Internationale Zeitschrift für Kunst.* April/Mai/Juni 1974; wiederabgedruckt in leicht überarbeiteter Fassung in: *Klee: Das Frühwerk*, S. 63–76). Dort wurden auch die Briefe Klees an Kubin erstmals veröffentlicht. Die Gegenbriefe werden in der StGM-KA verwahrt.
Pascin: (⟶Anm. 5 K).

138 K 9. 10. 18
Hedwig . . . im Sanatorium: Wie ernst die Situation diesmal war, wird auch aus den Aufzeichnungen von Schmitz deutlich: »Zu Weihnachten fuhr ich [. . .] nach Zwickledt,

wo ich Alfred allein traf. Hedwig war wieder in einem Sanatorium in Deutschland, ein letzter Versuch, sie zu retten [...].« (*E.S.*, S. 274f.) Die Dauer der Kur, die sich bis ins Frühjahr 1919 hinzog, dürfte wohl für die Stockung der Korrespondenz in den nächsten Monaten mitverantwortlich sein.
O. Schmitz ... Trafst Du oder Carmen ihn nun in Salzburg: (→139 H). Aus einem Brief von Schmitz an FHO vom 11. 7. 1918 (BAI) geht hervor, daß das Ehepaar für den späteren Sommer noch eine zweite Reise nach Wien geplant hatte und beabsichtigte, auch diesmal Schmitz in Salzburg zu treffen. Dieser aber verbrachte den Sommer in Neumarkt in der Steiermark und war erst am 23. September wieder in Salzburg. Ein Treffen kam, wie aus 139 H hervorgeht, daher nicht zustande.
Schmitz ... er siedelte vom Hotel Nelboek ins Bristol: E.S., S. 275: »Ich lebte den Winter 1918/19 in Salzburg im Hotel Bristol.«
»Prophet Daniel«: (→Anm. 99 K: *Franz Marc,* u. 124 K).
In Bozen kann ich jetzt noch länger nicht ausstellen: FHO hatte die Buchhandlung Pötzelberger in Meran vorgeschlagen (→137 H).

139 H 19. 10. 18
Morgan: John Pierpont Morgan jun. (7. 9. 1867 Irvinton/New York – 13. 3. 1943), amerik. Bankmagnat, der in den ersten Jahren des Weltkrieges die Lebensmittel- und Munitionskäufe Großbritanniens und Frankreichs finanzierte.
Clemenceau: Georges Clemenceau (28. 9. 1841 Mouilleron-en-Pareds – 24. 11. 1929 Paris), frz. Staatsmann. Im November 1917 gelangte Clemenceau an die Spitze der Regierung und organisierte den ›Endkampf‹ Frankreichs gegen Deutschland.
Lloyd Georges: David Earl Lloyd George of Duyfar (seit 1945; 17. 1. 1863 Manchester – 20. 3. 1945 Llanystumdroy), engl. Staatsmann. 1914 Organisator der Kriegsführung, 1915/16 Munitionsminister und schließlich seit Ende 1916 Heeresminister.
eine Serie »Tarokke«: Tarock/Tarok, skatähnliches Kartenspiel, das vor allem im süddeutschen und österreichischen Raum verbreitet ist. Eine »Serie« von derartigen Zeichnungen ist nicht erhalten. – Die Prägung »Tarockanien« – als Analogiebildung zu Musils »Kakanien« –, wie man ihr in der Bearbeitung des *Maskenspiels der Genien* von Friedrich Torberg (16. 9. 1908 Wien – 10. 11. 1979 ebenda) in der vierbändigen Werkausgabe bei Langen-Müller begegnet, stammt allerdings nicht von FHO. FHO verwendet am häufigsten die Bezeichnungen »Tarokei« und »Reich der Tarocke« und erläutert die Verfassung dieses Reiches so: »Er [Metternich] schuf eben ›das Reich der Tarocke‹, von Nörglern, denen nie etwas recht ist, auch: ›das Spiegelreich des linken Weges‹ benannt. Die Verfassung war vorbildlich. Man baute sie auf in Anlehnung an die strengen unerbittlichen Gesetze des in Österreich ungemein populären Tarockspieles, dessen esoterische Bedeutung alle Welträtsel deutbar macht und natürlich weit über den Rahmen dieser schlichten Erzählung hinausginge. [Absatz] Nach Art der antiken Tetrarchen herrschten im neuen Reiche vier Könige die man jährlich auf eine geradezu geniale Art und Weise neu wählte. Man legte dieser erwähnten Zeitdauer folgende Beobachtung zugrunde: Bei einem Tarokspiel, das ein ganzes Jahr in Betrieb ist, sind die Könige durch die Bank fast bis zur Unkenntlichkeit verschmutzt. Die kann man mit Benzin notdürftig reinigen. Fleischerne Könige nicht! [Absatz] Und was tat man also bei der Wahl der ein wenig starr kostümierten Landesväter? Man machte vier Männer zu Monarchen, vier Männer, die jeweils den Königen des in Gradiska – der Hauptstadt – aufbewahrten sogenannten Normaltarockspieles am ähnlichsten sahen!« (Zitiert nach: Höpfel-Goldberg: *›Maskenspiel der Genien‹*, Bd. 1, S. 575 (7)).

Baron Zois hat eine Zeitung gegründet: Michelangelo Freiherr von Zois (18. 6. 1874 Schälsendorf/Oberkrain – 17. 12. 1945 Schiefling/Velden), österr. Erzähler. Mit FHO bereits aus der Wiener Zeit befreundet. – Bei der angesprochenen Zeitung handelt es sich um die *Kriegszeitung der k. u. k. 10. Armee,* für die Zois FHO in einem Brief vom 8. März 1918 (BAI) um Werbung bittet. – Zois und seine *Kriegszeitung* werden auch im 3. Akt, 3. Szene der Buchausgabe der *Letzten Tage der Menschheit* von Karl Kraus erwähnt. – Ein »Michelangelo Freiherr von Zois« spielt in *Rout am Fliegenden Holländer* (*S. W.,* Bd. II) eine wichtige Rolle. Dort begegnet man auch einer Familie »Dandolo-Treo« (→200 H): Zois war seit 1902 mit Milena Treo verheiratet.
Mit Liebenfels stehe ich im Briefwechsel: (→Anm. 33 K). Es ist zu vermuten, daß der Kontakt durch Fritz Schwickert (→Anm. 108 H) hergestellt wurde. FHO und Schwickert, der selbst Neutempeleise war (»Fra Gonsalvo«), hatten sich kurz vor FHOs Übersiedlung nach Meran Anfang 1916 (→97 H u. Anm. 97 H) kennengelernt. Die ersten erhaltenen Briefe stammen aus dem Jahr 1922. Allerdings spricht FHO auch in einem Brief an Mia Luckeneder-von Neuhauser vom 16. 10. 1918 davon, daß er in Briefkontakt mit Lanz von Liebenfels stehe (BAI).

140 H 28. 5. 19
seit November nicht weniger als 450 ausgeführte Blätter: (→Anm. 133 H).
Wo steckt Schmitz?: (→Anm. 138 K u. 144 K). Aus der Zeit zwischen dem 23. 9. 1918 und dem 14. 8. 1920 ist im Nachlaß FHOs kein Schriftstück von Schmitz erhalten.
Helga Kund, Tochter des bekannten Afrikaforschers R. Kund: Im Nachlaß FHOs sind Briefe überliefert, die auf ein besonders enges Verhältnis vor allem zwischen Helga Kund und CHO schließen lassen. Susanna Höpfel-Goldberg nennt in ihrer Dissertation *›Maskenspiel der Genien‹,* Bd. 2, S. 346, Helga Kund auch als Übersetzerin des Schriftstellers Eliphas Lévi. – Genaueres nicht ermittelt. – Ob es zu der Erstellung des Horoskops durch Schmitz gekommen ist, bleibt unklar. – Richard Kund (19. 6. 1852 Zielenzig/Neumark – 31. 7. 1904 Sellin/Rügen), dt. Offizier und Afrikareisender, unternahm mit Leutnant Tappenbeck 1884–1886 eine Expedition von Léopoldville nach dem Kuango, dem Kasai und dem Ikatta. 1889 gründete er die Yaounde-Station.
Pachus in München von den Bolschewicken ausgeraubt: Offensichtlich als Anspielung auf die Novemberrevolution zu verstehen: Am 7./8. 11. hatte Kurt Eisner in München die »demokratische und soziale Republik Bayern« ausgerufen.

141 K 19. 6. 19
eine Serie Raubtiere: Das Mappenwerk *Wilde Tiere* (→Anm. 78 K).
Schmitz ... das Angebot ... nach Paris zu gehen: »Ich sollte, als alter Kenner Frankreichs, während der Versailler Friedensverhandlungen die Vertretung von achtzehn deutschen Blättern übernehmen [. . .]. Ich war mir doch schuldig, nicht ohne weiteres abzulehnen, aber ich stellte die Bedingung völliger Bewegungsfreiheit zwischen Versailles und Paris. Sie wurde von den Franzosen bekanntlich den deutschen Journalisten verweigert, die während der ganzen Verhandlungen in einem Hotel eingesperrt blieben. Als ich diese Bedingung erfuhr, lehnte ich ab –« (*E.S.,* S. 283).
Weihnachtsgabe: (→146 K). Wohl identisch mit dem dort genannten Blatt »Erzherzog Johann bei Hohenlinden verirrt«. Ein Blatt mit beinahe identischem Titel ist

abgebildet im Katalog der *Ausstellung Alfred Kubin zum 70. Geburtstag.* Veranstaltet vom Institut für Wissenschaft und Kunst in der Graphischen Sammlung Albertina, Wien 1947. Das Blatt trägt dort den Titel: »Erzherzog Johann verirrt im Walde von Hohenlinden« (→ *Otte/Raabe,* S. 171).
Zu ... »Träumen« die Friedrich Huch ... hinterließ ... mache ich Bildtafeln: Die Sammlung *Neue Träume* (→Anm. 6 K).

142 H 11. 10. 19
Waldmüller: Ferdinand Georg Waldmüller (15. 1. 1793 Wien – 23. 8. 1865 Helmstreitmühle bei Mödling), Maler, seit 1829 Professor an der Wiener Akademie, von der er wegen Streitschriften gegen den Schulbetrieb 1857 entlassen wurde.
die Kolosse der Osterinsel: Charakteristisch für die Osterinseln sind die rund 300 riesigen Skulpturen aus Tuffstein.
Schmitz ... Anknüpfung von ihm mit Brasilien: (→143 H). Nicht ermittelt.
»Ahnfrau«: Die Ahnfrau. Frühe Tragödie von Franz Grillparzer aus dem Jahr 1817.
Baron Elsenwanger ... Zahradka: Figuren aus Meyrinks *Walpurgisnacht* (→Anm. 131 H).
Gräfin Morzin: Morzin, Marzin: altes böhmisches Adelsgeschlecht. Ebenfalls Figur aus der *Walpurgisnacht.*
»Fallgatter«: Vergnügungsgaststätte mit eigenem Theater (»Freie Bühne Fallgatter«) auf dem Weg nach Algund bei Meran.
Beiliegende Skizze ... Carmens Boudoir: (→Abb. S. 186).

143 H 9. 11. 19
Franchetti der Besitzer des Cà d'oro: Die Cà d'oro, der berühmte gotische Palast am Canal Grande in Venedig. Nach häufigem Besitzerwechsel und baulichen Veränderungen wurde sie zu Beginn des Jahrhunderts von Baron Franchetti erworben, restauriert und mit einer großen Sammlung von Gemälden, Skulpturen und Möbelstücken ausgestattet. 1920 vermachte Franchetti die Cà d'oro dem italienischen Staat (→ Hugh Honour: *Venedig. Ein Führer.* 2. Auflage. München: Prestel 1973, S. 243).
Du mußt doch jetzt ... Millionär geworden sein: (→144 K). »Über die Inflation brauche ich nicht viel zu sagen [...]. Merkwürdigerweise konnten die Künstler, die es richtig anfingen, dabei gut verdienen [...]. Da ich einen gewissen Namen hatte, floß auch mir ein Teil des allgemeinen Segens zu. Jeden Tag gab es da Briefe und oft Telegramme, teilweise mit den tollsten Angeboten. Bei Ansichtssendungen wurde nicht nur meistens alles verkauft, sondern es wurde oft auch noch umgehend nachbestellt. [...] Das Dumme war nur, daß der Nebenmann ebenfalls in Geld schwamm! Jeder war ein wahrer König Minos des Papiers!« (*A.m.L.,* S. 65)

144 K [27. 1. 1920]
Karte vom 10. XI.: Identisch mit 143 H. Der 10. ist das Datum des Poststempels.
Ich war nach 4 Jahren wieder einmal in München: Umstände nicht sicher ermittelt. Möglicherweise im Zusammenhang mit der Beteiligung an der Ausstellung »Moderne Deutsche Graphik« in der Galerie Thannhauser.
eine Professur für Illustrationsklasse: Nicht ermittelt.
O. Schmitz will Dich im Frühjahr besuchen: Zu diesem Treffen kam es, wohl auch wegen des Todes von FHOs Mutter (→145 H), allem Anschein nach erst im November.

Auf einer Postkarte an FHO mit Poststempel vom 6. 11. 1920 kündigt Schmitz seine Ankunft in Bozen für »Donnerstag abend« an (BAI).

145 H 26. 5. 20
Berg von Condolenzen: FHOs Mutter starb am 20. 4. 1920 (→Anm. 2 K).
nach 5jähriger Pause ein Wiedersehen?: Dazu ist es nicht gekommen (→147 H).
Greißler: Österr.: Krämer.
schwarz-weiß halbiertes Schwein: Schwarz-Weiß waren die Farben Preußens.
Friedrich Rothbart: (→160 H: »habe Versuche mit Traumsprache gemacht [...] (Silbenauflösungen, liegt auch der ›Kala‹ der hohen heiml. Acht und der Geheimheraldik zu Grund«)): Das in den nächsten Jahren ständig wachsende Interesse an okkulter Namens- und Ortsnamenforschung (→179 H u. Anm. 179 H, 182 H, 192 H), an zahlenmystischen Fragen (→183 H) sowie an Deutungsversuchen zur »Geheimheraldik« (→160 H u. Anm. 160 H), zur »Heraldik in ihrer apokryphen Lesart« (→192 H) ist ein Hinweis auf die zunehmende Bedeutung solcher Ideen und Vorstellungen für das Ehepaar HO, wie sie von Lanz von Liebenfels und den Neutemplern vertreten wurden. Eine der wichtigsten Quellen, zumal für diese frühe Zeit, dürfte das in der Nachlaßbibliothek FHOs erhaltene 2bändige Werk von Guido von List (5. 10. 1848 Wien – 21. 5. 1919 Berlin) gewesen sein: *Die Ursprache der Ariogermanen und ihre Mysteriensprache.* Wien: Guido-von-List-Gesellschaft 1914. Daß es sich bei der Beschäftigung damit aber nicht nur um ein rezeptives Interesse gehandelt hat, bezeugen einige Veröffentlichungen in den kommenden Jahren: Jörg Lanz von Liebenfels, Meister Amalarich und Meister Archibald (= FHO): *Die Ariosophische Kabbalistik von Name und Örtlichkeit.* Düsseldorf-Unterrath 1927 (= Ariosophische Bibliothek, Heft 15). – Carmen von Herzmanovsky: *Zur Kabbalistik der Örtlichkeit. Ein Beitrag zur Topographie Wiens.* In: *Ariosophie. Zeitschrift für Geistes- und Wirtschaftsreform.* 6. Jg. (1931), H. 9. – Im Nachlaß (BAI, XXXII Mystik) sind darüber hinaus ein umfangreiches Manuskript *Niederösterreichisches Ortslexikon* (→Anm. 179 H) sowie zahlreiche Notizen und Aufzeichnungen zur Beschäftigung mit Zahlenmystik und Heraldik überliefert. – Diese Interessensgebiete waren es im übrigen wohl auch, die FHO mit Karl Felix Wolff (21. 5. 1879 Karlstadt/Kroatien – 25. 11. 1966 Bozen), dem Erforscher der Dolomitensagen, in Kontakt brachten. Eine umfangreiche, solche Fragen behandelnde Korrespondenz ist im Nachlaß FHOs erhalten (BAI). Wolff bezeichnet FHO in einer Fußnote zu den von ihm herausgegebenen *Dolomitensagen. Sagen und Überlieferungen, Märchen und Erzählungen der ladinischen und der deutschen Dolomitenbewohner.* Mit 2 Exkursen Berner Klause und Gardasee. 12. Auflage. Innsbruck, Wien, München: Tyrolia 1969, S. 458, als »Mythologen und Namensforscher« (Hinweis bei *Gagern,* S. 25). – FHO besaß von Karl Felix Wolff: *Rassenlehre. Neue Gedanken zur Anthropologie, Politik, Wirtschaft, Volkspflege und Ethik.* Leipzig: C. Kabitzsch 1927.
Halgadom: »Heiligtum, Tempelstätte« (List: *Landschaftsbilder,* Bd. 1, S. 161).
Hakenkreuzzeichen: Das Zeichen des Hakenkreuzes fand bereits, worauf *Daim,* S. 74, hinweist, ornamentale Verwendung auf dem Titelblatt der *Ostara*-Hefte 19/20, Januar 1908, sowie auf den Heften 37, 38 u. 40, 1910. Johann Walthari Wölfl erklärt darüber hinaus, daß Lanz von Liebenfels bereits 1907 zu Weihnachten auf Schloß Werfenstein eine Hakenkreuzfahne gehißt habe. Im Vorwort zu seiner Schrift *Die Ostara und das Reich der Blonden.* Wien 1927, heißt es dazu: »Die erste Hakenkreuzfahne wurde zu Weihnachten 1907 auf der Burg W. gehißt von Meister Jörg Lanz Liebenfels. Zur

damaligen Zeit hatte man von der Bedeutung des Hakenkreuzes weit und breit keine Ahnung . . ., denn schon vor 25 Jahren sah er die dunklen Tschandalenmächte am Werk, zu einer Zeit, als alle Heroiker noch blind und taub waren.« (Zitiert nach *Daim,* S. 255) – Die wesentlichen Deutungen des Hakenkreuz-Emblems finden sich bei Guido von List in: *Die Bilderschrift der Ario-Germanen (Ario-Germanische Hieroglyphik).* Leipzig: Steinacker 1910 (→*Daim,* S. 76ff.).
Ostara: Germanische Erd- und Frühjahrsgöttin. Zugleich der Name der von Lanz von Liebenfels herausgegebenen Zeitschrift (→Anm. 33 K). Im Nachlaß FHOs ist ein handgezeichnetes Umschlagblatt erhalten: *Das Mysterium von Isis und Osiris. Am Ostarasonntag 1930 ·F·C·H·N·O·S·* (BAI, XXXI Mystik; → auch Anm. 91 H).
heimliche Acht: Bei List: *Landschaftsbilder,* Bd. 2, S. 403, begegnet der Begriff in folgendem Zusammenhang: »Als nun aber das deutsche Recht wie der deutsche Glaube landflüchtig werden mußten, da waren es eben jene alten Kotingsgeschlechter und ihre Getreuen, welche der Väter Sitte, der Väter gekränktes Recht in die ›Heimliche Acht‹ nahmen und als ›Stuhlgrafen der Heiligen Feme‹ deren Schützer wurden.«
»Herrn Dame«: (→Anm. 78 K).

146 K 16. 6. 20
Hausrucktunnel: Der Hausruck, Gebirgszug zwischen Inn und Traun in Oberösterreich.
die arme Gräfin Reventlow: (→Anm. 78 K). Franziska Reventlow war am 25. 7. 1917 in Muralto im Tessin gestorben.
Jean Pauls Neujahrsgesellschaft: Der genaue Titel lautet: *Die wunderbare Gesellschaft in der Neujahrsnacht.* Mit 27 Federzeichnungen von Kubin. München: R. Piper u. Co. 1921.
»Meine Traumwelt«: Identisch mit den beiden Mappen *Traumland I und II,* mit je 12 Blättern. Berlin: Fritz Gurlitt 1922 (= 32. und 33. Werk der Gurlitt-Presse) (→*Otte/Raabe,* S. 103).
nach einem hessischen Sanatorium . . . dessen Chefarzt mein Freund ist: Rudolf Laudenheimer, Neurologe, unterhielt ein Sanatorium in Alsbach. Die Bekanntschaft wurde vermutlich durch Karl Wolfskehl vermittelt, der, ebenso wie auch die Gräfin Reventlow, dorthin zur Kur fuhr. Das erste Mal war Kubin mit seiner Frau im Mai 1905 im Sanatorium in Alsbach (→Franziska Reventlow: *Briefe 1890–1917.* Hrsg. von Else Reventlow. München–Wien: Georg Müller 1975, S. 456). – 1918 schuf Kubin ein »Exlibris Dr. Rudolf Laudenheimer«. – Die Mappe mit Lithographien *Nach Damaskus* ist ihm gewidmet (→*Otte/Raabe,* S. 92 u. 102).
zu meinem großen Strindbergwerk: Das Mappenwerk *Nach Damaskus* (→Anm. 17 K). – Schmitz führt dazu aus: »›Damaskus‹ ist eine letzte Abrechnung mit dem Typus, den Nietzsche den bleichen Verbrecher nennt: [. . .] Das ganz Eigenartige, wodurch ›Damaskus‹ an Reife Kubins bisheriges Werk noch übersteigt, ist dies: Hier taucht zwar die ganze Sansarawelt noch einmal auf, aber man fühlt deutlich, daß nicht einer den Stift geführt hat, der blind in einen fremden Traum geraten ist und sich in den Maschen seines Widersinns verfängt, sondern ein Erwachter, der sich den Schlaf aus den Augen reibt und fragt: Wie war doch dieser Traum? Nachdem er sein ganzes Grauen zurückgerufen hat, vermag er sogar sinnend darüber zu lächeln. Dies ist Perle, gesehen mit dem Blick der Blauäugigen.« *(B.f.E.,* S. 152; →auch das Vorwort Kubins in dieser Mappe, wiederabgedruckt in *A.m.W.,* S. 176–178.)
ein Habsburgerblatt: (→141 K u. Anm. 141 K).

147 H 20. 8. 20
München ... zu Deiner Ausstellung: Die Beziehung ist nicht eindeutig: Es könnte die Beteiligung an der Ausstellung »Moderne Deutsche Graphik« in der Galerie Thannhauser in diesem Jahr gemeint sein, möglicherweise aber auch bereits die große Retrospektive in der Galerie Hans Goltz, München, im Frühjahr 1921 (→*A.m.L.*, S. 68).
Rettig: Heinrich Rettig (30. 5. 1859 Breslau – 4. 12. 1921 München), Landschafts-, Architektur-, Bildnis- und Genremaler, lebte in München.
für Schmitz keine Sorgen: Am 14. August hatte Schmitz an FHO geschrieben, daß er gerne nach Rindbach kommen würde, aber an einem Abszeß im Nierenbecken erkrankt sei, was ihm »schlimme Schmerzen« verursache. In einem weiteren Brief vom 26. August kommentiert er Ursache und Verlauf seiner Krankheit so: »Sie haben ganz recht: die einzige Helferin ist hier Venus und da ich gerade Ende dieses Monats einen guten Aspekt der Venus mit dem Mond habe, steht alles zum Besten. Erreger der Krankheit war Mars. Die totale Mondfinsterniss im Mai fiel dicht neben den Mars meines Geburtshoroskops, und der derzeitige Mars, wie er sich am Himmel bewegt, erreichte am Samstag 7. Aug. dieselbe Stelle. In der Nacht darauf erkrankte ich. Nun habe ich als Arzt einen Juppitermenschen, dessen Sonne einen günstigen Aspekt bildet zu der empfindlichen Stelle meines Horoskops d. h. dort wo die Mondfinsterniss, der Geburtsmars, und der zur Zeit transitierende Mars zusammenfielen.« (BAI; →auch 144 K u. 148 H.)
Ulenspiegel ist so gut?: In der Bibliothek Kubins sind drei, den Ulenspiegel-Stoff behandelnde Werke erhalten: a) Charles de Coster: *Tyll Ulenspiegel und Lamm Goedzak. Legende von ihren heroischen, lustigen und ruhmreichen Abenteuern im Lande Flandern und andern Orts.* Übersetzt von Friedrich von Oppeln-Bronikowski. Jena: Diederichs 1912. b) *Van Ulenspiegels leven ende schimeplike werken ende wonderlike avontueren, die hi hadde, want hi en liet hem gen boeverie verdrieten.* Kritische Textausgabe von Willy Krogmann. Neumünster: Wachholtz 1952 (= Drucke des Vereins für niederdeutsche Sprachforschung. 11). c) *Der wiedererstandene Eulenspiegel, das ist: wunderbare und seltsame Historien Tyll Eulenspiegels, eines Bauern Sohn gebürtig aus dem Lande Braunschweig.* Text nach der Jahrmarkt-Ausgabe. Stuttgart: Rieger 1880. – Eine Übersetzung von Wolfskehl: *Die Geschichte von Ulenspiegel* ist 1926, München: Kurt Wolff, erschienen.
Lamartine Graziella: Alphonse-Marie-Louis Prat de Lamartine (21. 10. 1790 Mâcon – 1. 3. 1869 Passy bei Paris), frz. Schriftsteller. Eine dt. Übersetzung der Sammlung von Erzählungen unter dem Titel *Graziella* (frz. 1852) ist 1915 erschienen: *Graziella.* Hrsg. von August Leykauff unter Mitwirkung von Georges Bodart. Bamberg : C. C. Buchners Verlag (= Neusprachliche Klassiker. Nr. 34).
Coppée: François Joachim Edouard Coppée (12. 1. 1842 Paris – 23. 1. 1908 ebenda), frz. Schriftsteller, Autor von Novellen und Erzählungen.
Karkawitzas griech. Volkserzählungen: Andreas Karkavitsas (1866 Lechena/Peloponnes – 24. 10. 1922 Amarnsi). Der genaue Titel lautet: *Griechische Volkserzählungen.* Leipzig: Reclam 1907 (= Universal-Bibliothek Nr. 4896). Eine neue Auflage ist 1919 erschienen.
Gobineaus Reisefrüchte: Joseph-Arthur Comte de Gobineau (14. 7. 1816 Ville d'Avray bei Paris – 13. 10. 1882 Turin), frz. Schriftsteller, Kabinettssekretär Tocquevilles und Diplomat in der Schweiz, Persien, Südamerika, Griechenland und Schweden. Rassentheoretiker (→Anm. 64 H: *obiges Briefpapiergesicht*), der besonders auf

Nietzsche und Wagner in Deutschland, in England auf Chamberlain und in Frankreich auf Barrès wirkte, vor allem mit seinem Essay: *Versuch über die Ungleichheit der Menschenracen* (Frz. 4 Bde., 1853–1855). Dt. Ausgabe von Ludwig Spemann. Stuttgart: F. Frommann 1898–1901; Namen- und Sachregister 1908. Von ihm stammt auch *Die Bedeutung der Rasse im Leben der Völker.* München: J. F. Lehmann 1926. – Der genaue Titel des hier angesprochenen Werkes lautet: *Reisefrüchte (souvenirs de voyage) aus Kephalonia, Naxos, Neufundland.* 3 Novellen. Aus dem Frz. übertragen von F. Hahne. Leipzig: Reclam 1907 (= Universal-Bibliothek Nr. 4889, 4890). – Das Buch ist in der Bibliothek FHOs erhalten.
»der Mops Zenobius«: Das Werk wird auch Schmitz gegenüber erwähnt (Brief vom 5. 8. 1920, BAI): »Auf den Mops Zenobius bin ich sehr gespannt.« Im Nachlaß FHOs sind folgende handschriftliche Notizen FHOs dazu erhalten: a) *Das Märchen vom Mops Zenobius Almfried, 1912.* b) *II 1920 Meran.* c) *1936 Zenobius* (BAI, XXV/2).

148 H 5. 9. 20
ob Du nicht schon abgedampft bist: → weiter unten »gute Erholung im Sanatorium« (→146 K).
Tante Hardy: Mathilde Hardy, Frau eines Bruders der Mutter CHOs, Josef R. Hardy. Mit seinem Bruder führte er die Fa. Gebrüder Hardy, Maschinenfabrik und Gießerei, Wien XX, Hochstädtplatz 4. Privatadresse: Wien XIX, Wollergasse 4 (→150 H).
Dank für das schöne, stimmungsvolle Blatt: Wahrscheinlich das schon mehrmals angesprochene »Erzherzog Johann b. Hohenlinden verirrt« (→141 K, Anm. 141 K u. 146 K).
Schmitz schickte uns seinen Scheinwerfer: Der vollständige Titel lautet: *Scheinwerfer über Europa, Rußland, Skandinavien, Südosteuropa, Italien, Frankreich.* München: Georg Müller 1920.
seine neuerliche Attacke: »[...] als ich im August ernstlich erkrankte. Eine Nierenbeckenentzündung machte mich mehrere Wochen bettlägerig«. »Die Rekonvaleszenz zog sich bis in den Spätherbst hin, dann wurde ich, außer Gefahr, aber noch nicht geheilt, von meinem Arzt nach dem inzwischen italienisch gewordenen Meran geschickt, weil ich den Winter nicht in nördlichem Klima leben sollte.« (*E.S.*, S. 290 u. 292)
November gibt für Südtirol gute Aspekte: Schmitz besuchte das Ehepaar HO im November dieses Jahres in Südtirol (siehe oben u. Anm. 144 K), wo er sich bis ins Frühjahr 1921 aufhielt (→*E.S.*, S. 302). – In der Bibliothek des Ehepaares HO sind aus dieser Zeit drei Bücher von Schmitz mit handschriftlicher Widmung erhalten: *Das rätselhafte Deutschland.* München: Georg Müller 1920: »Seinem lieben Fritz von Herzmanovsky ›inspecteur des endroits bizzares‹ / O'mais, November 16. 1920.« – *Englands politisches Vermächtnis an Deutschland durch Benjamin Disraeli, Lord Beaconsfield.* München: Georg Müller 1916: »Carmen von Herzmanovsky in düstrer Zeit freundschaftlich gewidmet / Meran, Weihnachten 1920«. – *Das dionysische Geheimnis.* München: Georg Müller 1921: »Seinen lieben Freunden Fritz und Carmen von Herzmanovsky zu Weihnachten 1920 / Meran / Oscar A. H. Schmitz«.

149 H [8. 9. 1921?]
Aphrodite Anadyomene: Griech.: »Die auftauchende Aphrodite«; Beiname der Aphrodite nach ihrem Emporsteigen aus dem Meer. Das »Amtsblatt von Cythera« im *Maskenspiel der Genien* (*S. W.*, Bd. III) trägt den Titel »Anadyomene«.

Niftel: österr.: Nichte.
in Leipzig für ein Haus: (→51 H). Die Urgroßeltern (Jakob Gottfried Stroh, verheiratet mit Henriette Eckhard aus Leipzig) und die Großmutter mütterlicherseits (Marie Stroh, verheiratet mit Friedrich von Orlando) lebten in Eilenburg bei Leipzig. Aus dem Erbe der Mutter (→Anm. 2 K) und deren Schwester Bertha (→Anm. 10 K) besaß FHO zwei Häuser in Leipzig: Reichsstraße 9 und Katharinenstraße 2. Die Häuser wurden am 4. 12. 1943 völlig zerstört.
Apelles und Tizian: Apelles: Griech. Maler des 4. Jh.s v. Chr. Tizian: (um 1477 Pieve di Cadore bei Belluno – 27. 8. 1576 Venedig). Der Zusammenhang wurde nicht ermittelt.
Meran schon griechisch: Wahrscheinlich als Anspielung auf den am 10. August 1920 abgeschlossenen Vertrag zwischen Italien und Griechenland zu verstehen. Aus diesem folgte, daß außer Rhodos alle ägäischen Inseln an Griechenland abgetreten wurden.
der Faschio kühn an der Spitze: Eigentlich fascio. – 1921 wurde der Partito Nazionale Fascista (PNF) gegründet. Bei den noch im gleichen Jahr stattfindenden Wahlen errang er 38 Mandate in der Kammer. Auf dem Parteikongreß in Neapel entschloß sich Mussolini daraufhin zum Staatsstreich. Am 28. 10. 1922 führte er mit 40.000 Parteigenossen den »Marsch auf Rom« durch.
»Sputattori«: italien.: sputare = spucken.
Roda-Roda Familie: Roda Roda, eigentlich Sandór Friedrich Rosenfeld (13. 4. 1872 Puszta Zdenei/Slawonien – 20. 8. 1945 New York), österr., humoristisch-satirischer Erzähler, Dramatiker und Essayist. Von 1914 bis 1918 war Roda Roda Kriegsberichterstatter an allen Österreich-Fronten.
komme ich in nächster Zeit in Kraiwiesen an: Ort bei Salzburg. Zusammenhänge nicht ermittelt.

150 H 18. 9. 21
das bis zur Siedehitze gesteigerte Judentreiben: Im Zusammenhang mit den rund 30.000 jüdischen Kriegsflüchtlingen in Wien: Im August 1920 trat »das Optionsrecht auf Grund des Friedensvertrages von St. Germain in Kraft [...]. Die in Österreich befindlichen Kriegsflüchtlinge optierten mehrheitlich für Österreich. [...] Alle Optionsanträge wurden vorerst aufrecht erledigt, bis 1921 ein Entscheid des Verwaltungsgerichtshofes die Einbürgerungsverfahren blockierte. Der Entscheid legte den Artikel 80 [des Optionsrechts] derart aus, daß für die Option nicht die Zugehörigkeit nach Rasse oder Sprache zum Staatsvolk, sondern nach Rasse und Sprache entscheidend sei. Der antisemitische Innenminister Dr. Leopold Waber ordnete daraufhin intern an, keine Juden mehr zur Option zuzulassen.« (Jonny Moser: *Von der antisemitischen Bewegung zum Holocaust.* In: Klaus Lohrmann, Hrsg.: *1000 Jahre österreichisches Judentum.* Ausstellungskatalog. Eisenstadt: Edition Roetzer 1982, S. 258f. = Studia Judaica Austriaca IX).
Harlekinkomödie mit den alten Figuren: Die Fürstin von Cythera bzw. *Die Prinzessin von Cythera.* Untertitel: *Venezianische Maskenkomödie* bzw. *Venezianische Komödie* (*S. W.*, Bd. VI). Das Stück ist in verschiedenen handschriftlichen und maschinengeschriebenen Fassungen in der ÖNB und im BAI erhalten (ÖNB, Cod. Ser. n. 13623, Fasz. 1–4, 13624, 13626; BAI, XV/6). – In der Bearbeitung von Friedrich Torberg heißt das Stück *Zerbinettas Befreiung* (ÖNB, Cod. Ser. n. 13625). Am 13. 2. 1961 wurde es in dieser Fassung im Akademietheater in Wien uraufgeführt.

Gradisca: Gradisca d'Isonzo, Stadt in der italienischen Provinz Görz.
dieses Linzer Lieht[!]: Im 3. Bild von *Die Fürstin von Cythera* sagt Zazzeroni zu Zerbinetta (*S.W.,* Bd. VI): »Patrizier fahrn in morgenroten Fräcken / mit ihren Damen – gleich Karfunkelsäcken / In Steyrerwagerln, bunt wie Pfauenwedel, / Die Ross' hab'n Straussenfederbuschen auf den Schädeln« (zitiert nach dem TS in der ÖNB, Cod. Ser. n. 13624, S. 37). In der Fassung von Friedrich Torberg kommen diese Verse nicht vor.
Wien ... XIX Wollergasse 4, Villa Hardy: (→Anm. 148 H).
daß sein Buch in Ordnung ist: Schmitz arbeitete in diesem Jahr, einer Postkarte an FHO vom 5. 1. 1921 (BAI) zufolge, an dem Buch *Geist der Astrologie,* das 1922 im Georg Müller Verlag in München erschienen ist (→auch 155 K).

151 K 1. 10. 21
für Nov. eine 2wöchige Berliner Einladung: Die Reise kam erst zu Beginn des folgenden Jahres zustande (→155 K u. *A.m.L.,* S. 71).
brachte ich viel in meine Kunstscheuer dies Jahr: Das Werkverzeichnis *Otte/Raabe* zählt 26 größere und kleinere Werke, die in diesem Jahr in den verschiedensten Verlagen erschienen.
Schrenk-Notzing: Albert Freiherr von Schrenk-Notzing (18. 5. 1862 Oldenburg – 12. 2. 1929 München), Parapsychologe. 1914 erschien das Werk *Materialisationsphänomene. Ein Beitrag zur Erforschung der mediumistischen Teleplastie.* München: Reinhardt 1914.
beiliegender Ausschnitt aus der Tagespost: Tagespost. Sonntagsausgabe, Samstag, 17. September 1921: In einem Artikel mit dem Titel *Salzburger Brief* wird unter dem Pseudonym Moeros über eine »Internationale schwarz-weiß-Ausstellung« im dortigen Künstlerhaus berichtet, im Rahmen derer auch Zeichnungen von Kubin ausgestellt wurden. Anschließend daran erzählt der Autor die folgende Anekdote: »Kubin war, als ich ihn kennen lernte, noch blutjung, der Malerakademie kaum entwachsen und hatte – wie meine Freunde, die mich mit ihm bekannt machten, gesprächsweise erwähnten, kurz vorher ein schweres Kopfleiden überstanden. Ich sitze nun da einmal im Kaffeehaus, als Kubin hereinschaut, sich bei mir rasch erkundigt, was heute geschieht und wieder davoneilt. Nach einer Weile kehrt er zurück, kommt langsam – den Blick auf mich geheftet, die Hand im Gewande – auf mich zu, bleibt, ohne ein Wort zu sprechen, knapp vor mir stehen, zieht einen Dolch hervor und stößt zu. Das merkwürdige hiebei war nur, daß ich das Verschwinden der Klinge in meiner Brust voller Ruhe betrachtete und mir nur sagte: ›So, jetzt hat er wieder seinen Anfall‹, und ›merkwürdig, das tut gar nicht weh!‹ Letzteres fand allerdings rasch seine Erklärung: es war ein Theaterdolch, dessen Klinge sich beim Anprall in den Griff schob. Ich wundere mich aber heute noch über meine damalige stille, gleichgültig fatalistische Betrachtung.« – Für die auf dieser Ausstellung gezeigte aquarellierte Federzeichnung »Junger Hengst und Schlange« wurde Kubin mit der »Goldenen Staatsmedaille« ausgezeichnet (→155 K u. *Otte/Raabe,* S. 216).
Mostland: (→Anm. 40 H).
»Frau Krepler«: Irma Krepler, eine Bekannte von Schmitz (→Brief von Schmitz an CHO vom 22. 6. 1921, BAI). – Genaueres nicht ermittelt.
Wallenstein von Alfred Döblin: (10. 8. 1878 Stettin – 28. 6. 1957 Emmendingen bei Freiburg/Br.). Der Roman ist 1920, Berlin: S. Fischer, erschienen.

152 H 6. 10. 21

Meran ... hat auch Oskar gut getan: (→Anm. 148 H: *November gibt für Südtirol gute Aspekte*).
Darmstädter Absichten: »Schon in Meran hatte ich von Graf Keyserlings ›Schule der Weisheit‹ gehört. [...] Ich bewarb mich sofort um die Mitgliedschaft.« – Hermann Graf Keyserling (20. 7. 1880 Rittergut Könno in Estland – 26. 4. 1946 Aurach bei Kitzbühel) gründete 1920 in Darmstadt die »Schule der Weisheit«: durch »schöpferische Erkenntnis« zur »Selbstverwirklichung«. Diese gab in der Folge ein Jahrbuch, *Der Leuchter*, heraus. Im gleichen Jahr wurde auch die Keyserling-Gesellschaft für freie Philosophie gegründet. (→*E. S.*, S. 314ff.)
an Georg Müller eine Empfehlung: (→153 K u. 154 H). FHO suchte nach einem Verlag für seinen Roman *Der Gaulschreck im Rosennetz* (*S. W.*, Bd. I; →Anm. 135 H). Auch Schmitz bot sich an, bei Georg Müller vorzusprechen (Postkarte vom 5. 1. 1921, BAI).
Polizeiminister Fouché: Joseph Fouché, Herzog von Otranto (21. 5. 1759 Le Pellerin/Nantes – 25. 12. 1820 Triest), frz. Staatsmann und unumschränkter Polizeiminister Napoleons I. Fiel 1816 in Ungnade und wurde verbannt. – Zusammenhang nicht ermittelt.
Dämon von Oberösterreich: Im Nachlaß FHOs im BAI ist ein Zettel erhalten mit einer Bleistiftnotiz von FHO: »Dämon von Oberösterreich Guru von Mostindien schreibe bald dem Südtyroler Swami«.

153 K [9. 10. 1921]

Direktor Neuhöfer vom G. Müller Verlag: H. Neuhöfer. Genauere Daten ließen sich auch über den Verlag nicht ermitteln.
Brief ... (mit 2 Einlagen): (→151 K). Überliefert ist nur der dort erwähnte Zeitungsausschnitt.
für Eure Habsburger Spezialsammlung ein Originalblatt: (→154 H u. Anm. 154 H).

154 H 30. 12. 21

Kennst Du irgend ein schönes Fleckerl Erde: Mit der gleichen Bitte um Auskunft wandte sich FHO auch an Schmitz (Postkarte vom 5. 1. 1921, BAI).
Zell am See ... Du warst ja viele Jahre Deiner Kindheit in diesem schönen Erdenwinkel: Kubin verbrachte seine Kinder- und Jugendjahre mit kurzen Unterbrechungen zwischen Dezember 1885 und 1890 in Zell am See, Haidingerhaus in der Kreuzgasse.
Der alte Franz Josef: Möglicherweise identisch mit der im Verlag Bruno Cassirer verlegten Federlithographie »Abenteuer eines Kaisers«, die in einer Auflage von 50 signierten Exemplaren 1925 erschienen ist.
in den Nebeln [...] Zug gepackt, von dem man weiß, daß er irgendwo ins Schienenlose kommen wird: → das Eingangskapitel zum *Maskenspiel der Genien* (*S. W.*, Bd. III): »[...] das Versagen der internationalen Fahrplankonferenzen, die es zustande bringen, daß bedeutende Schnellzugslinien, deren Expresse unter Pomp, Gestank und Donner von irgend einer Grenzstation abgelassen werden, im Innern dieses Landes [Österreich] nach kurzer Frist spurlos versiegen, nachdem sie zuerst den Speisewagen durch irgendeinen geheimnisvollen Abschuppungsprozeß verloren haben. Am meisten geschieht dies um Leoben herum, dem Gewitterwinkel des Europäischen Reiseverkehrs.« (Zitiert nach Höpfel-Goldberg: ›*Maskenspiel der Genien*‹, Bd. 1, S. 572 (4)f.)

ein berühmter Pariser Advokat: Nicht ermittelt.
ein ungeheurer Bankkrach: Die Banca italiana di sconto war durch die Finanzierung der Rüstungsindustrie in Liquiditätsschwierigkeiten gekommen. Ihre Verschuldung war vom Juni 1921 bis zum Dezember von 1.300.000.000 auf 1.700.000.000 Lire angewachsen. Mit Dekret vom 29. Dezember wurde ihr zwar ein Zahlungsaufschub gewährt, die Auflösung wenig später war aber nicht mehr abzuwenden.
Ich denke... meine Kunstsachen zu versilbern: (→155 K, 160 H u. 168 H). Der Verkauf kam erst 1924 zustande. Der Name des Käufers, das geht aus einem Brief vom 20. 1. 1925 an FHO hervor, ist Franz Stutz, Wien III, Jauresgasse 1 (BAI). Genaueres nicht ermittelt.
etwas gezeichnetes: Nicht ermittelt.
eine ganze Reihe abseitiger Erzählungen: (→auch 158 H). Mit Sicherheit können *Der Mops Zenobius* (→Anm. 147 H) und *Cavaliere Huscher* (*S. W.*, Bd. IV; →Anm. 158 H) dazugezählt werden, vermutlich aber auch *Apoll von Nichts* (*S. W.*, Bd. V; →Anm. 168 H), den FHO in einem Brief an Gerd von Wolfenau vom 20. 8. 1942 als »Novelle« bezeichnet. Wieweit die Arbeit am *Kommandant von Kalymnos* (*S. W.*, Bd. V; →Anm. 171 H) zu diesem Zeitpunkt schon gediehen war, bleibt unklar. Erika Maria Lindner äußert in ihrer Arbeit *Zur Entstehungsgeschichte der Kurzprosa Friedrich von Herzmanovsky-Orlandos.* Innsbruck: Hausarbeit 1976, S. 128, die Vermutung, daß möglicherweise auch die »vier Erzählungen ›Kleine Geschichten um Gustav Meyrink‹, ›Don Carlos‹, ›Stella Hohenfels‹ und ›Frau auf Borg‹ zusammen mit der 1921 in der 1. Fassung vorliegenden Erzählung ›Cavaliere Huscher‹ als die ›Reihe von abseitigen Erzählungen‹ angesehen werden« können.
beiliegenden Brief: Bezug unklar.

155 K 1. 2. 22
eine goldene Staatsmedaille: (→Anm. 151 K: *beiliegender Ausschnitt aus der Tagespost*).
Berlin ... seit meinem letzten Besuch 1913: Die Reise Anfang 1913 wird auch durch die Korrespondenz mit Hans von Müller (StGM-KA) und Paul Luckeneder (ÖNB) bestätigt. Genauere Umstände nicht ermittelt.
Gurlitt: (→*A.m.L.*, S. 71). Fritz Gurlitt (3. 10. 1854 Wien – 8. 2. 1893 Leipzig), Kunsthändler, gründete 1880 in Berlin die später (seit 1908) von seinem Sohn Wolfgang (15. 2. 1888 Berlin – 26. 3. 1965 München) geführte Galerie Fritz Gurlitt. Nach 1945 wurde die Galerie nach München verlegt. – Wolfgang Gurlitt gehört neben Georg Müller und Reinhard Piper zu den wichtigsten Verlegern Kubins. Die Beziehungen reichen bis etwa 1920 zurück. Die Zusammenarbeit begann mit dem Abdruck des *Selbstbiographischen Abriß* (→*A.m.L.*, S. 94) in: *Das graphische Jahr Fritz Gurlitt.* Berlin: Fritz Gurlitt 1921. – Wolfgang Gurlitt verfaßte zwei kürzere Aufsätze über Kubin: a) in: *Europäische Rundschau.* Jg. 2 (1947), S. 703–707 (Auszug in: *Welt am Abend.* Wien, 31. 12. 1947). – b) in: *Das Kunstwerk.* Jg. 5 (1951), H. 6, S. 18–22, mit 5 Abbildungen. – Wolfgang Gurlitt vermachte seine Gemälde- und Graphiksammlung deutscher und österreichischer Künstler, darunter auch eine große Anzahl von Kubin-Zeichnungen, der Neuen Galerie der Stadt Linz. – Auch FHO hatte Kontakte zu Wolfgang Gurlitt. Im BAI ist ein Brief vom 16. 12. 1929 erhalten, in dem FHO darum gebeten wird, »eine Kollektion« seiner Arbeiten an Wolfgang Gurlitt zu senden, »besonders von den reizvollen erot. Blättern.« Von einer Ausstellung FHOs bei Gurlitt ist nichts bekannt.

Hans Baldung-Gr.: (→Anm. 113 K).
die 10 kleinen Bresdin Kupfer: (→Anm. 17 K).
Ich ... beschäftige mich ... mit einer Reihe von Aufsätzen: Die Aufsätze erschienen unter dem Titel *Von verschiedenen Ebenen.* Eine Sammlung literarischer und kritischer Texte Kubins mit 67 Illustrationen und Initialen. Berlin: Fritz Gurlitt 1922. Die Sammlung enthält die Texte: *Selbstbiographischer Abriß* (*A.m.L.,* S. 94); *Der Zeichner* (*A.m.W.,* S. 55–59); *Über mein Traumerleben* (*A.m.W.,* S. 7–10); *Die Befreiung vom Joch* (*A.m.W.,* S. 11–12); *S. Friedlaender, Schöpferische Indifferenz* (*A.m.W.,* S. 166–169); *Eigener Herd ist Goldes wert* (nicht wiederveröffentlicht); *Mimi* (*A.m.L.,* S. 123–129); *Heberl* (Bildergeschichte; →*Otte/Raabe,* S. 105f.).
in großen Zeitschriften einige Artikel mit Bildern über mich: Von Richard Schaukal: *Alfred Kubin.* In: *Hochland.* Jg. 19 (1921/22), S. 581–586; von P. C. Habicht: *Alfred Kubin.* In: *Hellweg.* Jg. 2 (1922), S. 249–250, mit Abbildungen; von Ernst Willy Bredt: *Von Kubin, Bosch und Klinger.* In: *Die Kunst für alle.* Jg. 38 (1923), S. 293–304, mit 13 Abbildungen; von Irene Heberle: *Alfred Kubin.* In: *Monatsschrift für die ostbairischen Grenzmarken.* Jg. 12 (1923), H. 4, S. 53–57, mit 6 Abbildungen (→*Otte/Raabe,* S. 223).
eine kleine Monographie: Ernst Willy Bredt: *Alfred Kubin.* Mit 63 Abbildungen. München: Hugo Schmidt 1922.
O. Schmitz schreibt an seinem Buch über Astrologie: Der Geist der Astrologie (→Anm. 150 H).
E. Gutkind: Erich Gutkind (1877–1965), langjähriger Freund Walter Benjamins (15. 7. 1892 Berlin – 27. 9. 1940 Port Bou/Spanien), der FHO über Gutkinds Vermittlung in einem Brief bittet, in seiner (Benjamins) geplanten, aber nie erschienenen Zeitschrift *Angelus Novus* etwas zu veröffentlichen (Brief vom 4. 12. 1921, BAI). Mit einem Begleitschreiben vom 14. 12. 1921 schickte FHO Benjamin daraufhin die Erzählung *Cavaliere Huscher* (→*Gagern,* S. 27). – Gutkind ist unter dem Pseudonym »Volker« Verfasser des Werkes *Siderische Geburt. Seraphische Wanderung vom Tode der Welt zur Taufe der Tat.* Berlin: Schuster und Loeffler 1914. – Das Werk ist in der Bibliothek Kubins erhalten.
Meyrink ... »der weiße Dominikaner«: Der vollständige Titel lautet: *Der weiße Dominikaner. Aus dem Tagebuch eines Unsichtbaren.* Wien: Rikola (später Verlag der Neuen Galerie) 1921.
sein »grünes Gesicht«: (→Anm. 115 K).
»Bagdadbahn«: Die Eisenbahnlinie Konya–Bagdad.
die ganze Albertina soll ... verkauft werden: Im Januar 1922 hatte die deutsche Kunstzeitschrift *Cicerone* berichtet, in New York sei bekannt geworden, daß Erzherzog Friedrich die Wiener Albertina verkauft habe. Ein amerikanisches Syndikat habe in seinem Auftrag für 6 Millionen Dollar bereits wesentliche Teile an sich gebracht. Am 24. Januar 1922 dementierte man aus Wien: »Die New Yorker Meldung ist in der vorliegenden Form falsch und beruht auf einem groben Mißverständnis, da die Albertina schon seit Jahren nicht mehr Privateigentum des ehemaligen Erzherzog Friedrich ist und dieser kein Verfügungsrecht über die reichhaltigen Bestände hat.« Auch diese Dementierung stimmte nicht ganz, da alle Werke, die während der Herrschaft Erzherzog Friedrichs von 1895 bis 1918 von der Albertina angeschafft worden waren, als sein Besitz galten. Daraus folgte, daß der Erzherzog 1700 Zeichnungen und 2500 Graphiken aus der Albertina bekam (→Walter Koschatzky: *Es*

ging um die Wiener Albertina. Ein Kapitel Zeitgeschichte. In: *Die Presse – spectrum,* 17./18. März 1979).
Deine beiden hübschen Blättchen: Nicht ermittelt.

156 K 30. 5. 24
von Lpzg zu mir nach Berlin: FHO unternahm wegen seines Besitzes in Leipzig (→Anm. 149 H) immer wieder Reisen dorthin. – Daß es für Kubin zu dieser geplanten Berlinreise gekommen ist, erscheint zweifelhaft.
Henndorf: In *A.m.L.*, S. 72, nennt Kubin das Jahr 1925. Es heißt dort: »1925 kam ich nur bis in das nahe Henndorf bei Salzburg, wo mir Carl Mayr [→Anm. 174 K: *für zwei Tage von hier mich flüchten*] in seinem behaglichen Haus als Freund und Wirt Erholung bot«. Dieser Besuch wird auch durch den Briefwechsel mit Reinhold und Hanne Koeppel bestätigt (Brief vom 3. 9. 1925, *D.w.R.*, S. 46). Es handelt sich also offensichtlich um zwei verschiedene Urlaubsaufenthalte.
Hedwig ... verunglückte: »Ein besonders schwarzer Tag in ihrem Leben war der 15. März 1924.« (*A.m.L.*, S. 71)
O. A. H. bereitet seine Indienreise vor: Dazu ist es offensichtlich nicht gekommen, da Schmitz eine derartige Reise in seiner Autobiographie nicht erwähnt.
Reinhard: Max Reinhardt (9. 9. 1873 Baden bei Wien – 3. 10. 1943 New York), Theaterleiter, Direktor des Deutschen Theaters (1905–1920; 1924–1933) und der Kammerspiele Berlin; Mitbegründer der Salzburger Festspiele und seit 1924 am Wiener Theater in der Josefstadt; mußte 1938 in die USA emigrieren.
E. Stern: (→Anm. 78 K: *Schlüssel zu dem Büchlein*); Stern war langjähriger Bühnenbildner von Max Reinhardt.
Georg Fuchs: Pseudonym: Anselmus (15. 6. 1868 Beerfelden/Hessen – 16. 6. 1949 München), Dramatiker und Lyriker. Begründer des von ihm geleiteten Künstlertheaters und der Volksfestspiele in München. Er erwähnt Kubin in seinem Buch *Sturm und Drang um die Jahrhundertwende.* München: Callwey 1936, S. 88 (→*Otte/Raabe,* S. 200).
das Verfilmungsrecht an meiner »anderen Seite«: In der StGM-KA existiert die Kopie eines nicht unterzeichneten Vertrags (Entwurf?). Daraus geht hervor, daß Besitzerin des Weltverfilmungsrechtes an dem Roman *Die andere Seite* die »Geschäftsstelle des Verbandes Deutscher Filmautoren«, Berlin W 66, Wilhelmstraße 52, war. In dem Vertrag geht es darum, diese Rechte an die »Richard Oswald Film A.G. auf 10 (zehn) Jahre« zu übertragen. Der Entwurf ist datiert: Berlin, März 1922.
eine arme lungenkranke Schwester: Kubins Schwester Maria (→Anm. 1 K), verehelichte Bruckmüller (30. 3. 1881 Salzburg – 19. 3. 1965 Gmunden). Der Plan hat sich in der Folge zerschlagen. (Auskunft von Frau Johanna Bruckmüller)

157 H 30. 7. 24
zween Gäste: Aus der diesem Brief beiliegenden Zeichnung (→Abb. S. 232) wird deutlich, daß es sich bei der »nordischen Schönheit« um die bereits erwähnte Helga Kund (→140 H u. Anm. 140 H) handelt. Mit der »Schlankelei Spaniens« ist Roxane Rosanis gemeint, die eng mit dem Ehepaar HO befreundet war und sich Anfang 1927 im Schloß Rainegg bei Brixen/Südtirol das Leben genommen hat (→Briefe FHOs an Mia Luckeneder-von Neuhauser vom 6. 2. und 16. 2. 1927; BAI). – Roxane ist der Name einer Figur im *Apoll von Nichts* (*S.W.*, Bd. V; →Anm. 168 H).

158 H 8. 3. 25
Villa Franziska: Das Ehepaar HO war laut Eintragung im Meldeamt in Meran am 15. 10. 1923 vom Schloß Hoferhaus, Winkelweg 6, in die Villa Franziska, Miramontistraße 20 (= Schafferstraße 9), übersiedelt.
Don Giovanni Chiusole . . . gründete . . . eine Zeitung . . . Excelsior: Die erste Nummer des Blattes vom 15. 2. 1925, bei dem es sich um eine Zeitschrift für die Kurgäste Merans handelte, wurde in der *Meraner Zeitung* vom 24. 2. 1925 ausführlich besprochen. Erscheinungsort: Meran: Laurin-Presse.
verschiedene groteske Novellen: (→154 H u. Anm. 154 H).
eine solche Sache: Gemeint ist vermutlich die Erzählung *Cavaliere Huscher* (*S. W.*, Bd. IV), die hauptsächlich in Italien spielt. Titel älterer Textstufen: *Auf welche noch nie dagewesene Weise Herr von Yb das Meer zu sehen bekam* und *Von Ybs verhängnisvolle Meerfahrt* (ÖNB, Cod. Ser. n. 13587–94, und BAI, VIII/6).
das Lob Berliner u. Wiener Fachleute: Am 3. 12. 1922 hatte FHO an Lanz von Liebenfels (vermutlich, der Briefentwurf ist überschrieben »Verehrter Meister«) geschrieben: »Gesehen haben die Sachen nur ganz wenige Fachleute, die Ihnen auch, falls Sie, verehrter Meister, es einmal interessieren sollte, ein Urteil abgeben mögen. [. . .] Die in Frage kommenden sind Paul Busson, Chefredakteur des N. Wiener Tagblattes, Erich Gutkind, Berlin (jetzt Falkenberg bei Grünau) = Volker, Verfasser der Siderischen Geburt, Oskar AH. Schmitz, Salzburg, und Fritz Ellmenreich, Redakteur, Meran.« (BAI)
von einem großen Wiener Verlag umschlichen: Artur Wolf Verlag, Wien IV, Frankenberggasse 4 (→Anm. 135 H). Der früheste erhaltene Brief Artur Wolfs, des späteren Verlegers des *Gaulschreck im Rosennetz* (*S. W.*, Bd. I), datiert vom 23. 2. 1924. In diesem und mehreren späteren Briefen wird FHO gedrängt, das Manuskript für den Druck fertig zu machen. Wolf schlägt darüber hinaus vor, eine Ausstellung der Zeichnungen in der Galerie Hugo Heller (→Anm. 22 K) in die Wege zu leiten. FHO konnte sich aber zunächst nicht zu einer Zusammenarbeit mit Wolf entschließen (→ 159 K). Das geht auch aus einem Brief von Lanz von Liebenfels hervor, bei dem sich FHO offensichtlich Rat holen wollte: »Arthur Wolf: Es ist schwer zu raten! Ich kenne keinen zahlungskräftigen christlichen Verleger! Wenn ich nicht irre, sind Sie mit K u b i n gut; wenn Sie schon einen Juden nehmen, dann einen kapitalkräftigen. K u b i n ist mit G e o r g M ü l l e r, München gut. Kann er Ihnen nicht helfen. Wenn Sie zu Arth. Wolf kein Vertrauen haben.« (Alle Briefe BAI)

159 K 20. 3. 25
Anzahl lithographischer Tafeln »Deutungen«: Der Guckkasten. Mit Bildern und Texten von Kubin. Wien: Johannes-Presse 1925 (→174 K). – Bei den Texten handelt es sich um nachträgliche Deutungen älterer Blätter.
O. A. H. . . . bei Baron von Koblitz: Johann Ludwig Koblitz von Willenburg (20. 7. 1868 Wien-Mauer – 2. 3. 1931 Salzburg), Numismatiker und Prähistoriker.
bereitet . . . eine Asienfahrt . . . vor: (→156 K u. Anm. 156 K).
im nächsten Winter . . . einer der ersten Kunstsalons in New-York: Nicht ermittelt. Auch bei *Otte/Raabe* und *Brockhaus/Peters* nicht erwähnt. Ob ein Zusammenhang zwischen der hier angesprochenen Ausstellung und der Notiz im *Hamburger Fremdenblatt* vom 27. 3. 1926 besteht, das Metropolitan Museum in New York habe aus dem Verlag Bruno Cassirer eine große Anzahl von Blättern (Liebermann, Slevogt, Großmann, Meid, Kubin, Grosz) erworben, ist unklar.

dasselbe eben in Wien: Die Ausstellung war am 20. 1. 1925 in der Neuen Galerie, Wien I, Grünangergasse 1, eröffnet worden.
mein Stiefsohn ... eine protest. Zeitschrift »Zeitwende«: (→Anm. 10 K).
in Rom bei den österr. Künstlern: Im Rahmen der III. Biennale. Von österreichischen Künstlern waren neben Kubin u. a. beteiligt: Klimt, Schiele, Borwig und Mopp.
Bildhauer Ambrosi: Gustinus Ambrosi (24. 2. 1893 Eisenstadt – 2. 7. 1975 Wien), österr. Bildhauer, Graphiker und Dichter italien. Abkunft. – Ambrosi war von italienischer Seite zum Kommissär für den österreichischen Beitrag zu dieser Ausstellung ernannt worden. Von ihm stammt auch das Geleitwort im Katalog. (Auskunft von Regine Schmidt. Österreichische Galerie im Belvedere in Wien)
Zum 50. Jahr 1927 ... ein wissenschaftlicher Katalog: Nicht zustande gekommen (→*Otte/Raabe,* S. 9). Einen ersten derartigen Versuch stellt die Arbeit von Abraham Horodisch (geb. 3. 2. 1898) dar: *Alfred Kubin als Buchillustrator.* Amsterdam: Verlag der Erasmus-Buchhandlung 1949 (→207 K; eine veränderte Neuauflage erschien unter dem Titel *Alfred Kubin. Taschenbibliographie* im gleichen Verlag 1962). Es folgte 1957 *Alfred Kubin. Leben–Werk–Wirkung.* Im Auftrag von Dr. Kurt Otte, Kubin-Archiv in Hamburg, zusammengestellt von Paul Raabe. Hamburg: Rowohlt. – Schließlich erschien 1977 von Alfred Marks: *Der Illustrator Alfred Kubin. Gesamtkatalog seiner Illustrationen und buchkünstlerischen Arbeiten.* München: edition spangenberg.

160 H 8. 4. 25
Deine Ausstellung ... in unsren Kasblatteln besprochen: Nicht ermittelt.
Gojim: Goi, Goj, Gojim (hebr.), in der Bibel: Volk; später: die Heidenvölker im Gegensatz zum auserwählten Volk Israel. Neuhebr.: jeder Nichtjude.
Cosulichlinie: Còsulich: Triestiner Industriellenfamilie, die eine Fluggesellschaft (Società Italiana Servizi Aerei) führte. Guido Còsulich (1887–1962) war Direktor des Triestiner Lloyd.
Hotel Nettuno in Cattolica: Badeort an der Adria (→162 H u. Anm. 162 H).
Deutungen Deiner Blätter: (→159 K, Anm. 159 K u. 168 H). In beiden Nachlässen ist dazu nichts überliefert.
eleusinischen Mysterien: Besondere Kultform der antiken griechischen Religion.
liegt auch der »Kala« der hohen heiml. Acht und der Geheimheraldik zu Grund: (→Anm. 145 H). »Kala«: der zweite, verborgene Sinn eines Wortes, einer Erzählung oder auch eines Dinges, einer Sache; auch die ›Kunst‹ der Silbenauflösung wurde »Kala« genannt (→List: *Landschaftsbilder,* Bd. 1, S. 15 u. 171). – *hohe heimliche Acht:* (→Anm. 145 H). – *Geheimheraldik:* (→Anm. 145 H u. 185 H). Quellen, auf die sich FHO in diesem Zusammenhang nachweislich bezogen hat, sind: Bernhard Körner: *Handbuch der Heroldskunst. Wissenschaftliche Beiträge zur Deutung der Hausmarken, Steinmetz-Zeichen und Wappen mit sprach- und schriftgeschichtlichen Erläuterungen nebst kulturgeschichtlichen Bildern, Betrachtungen und Forschungen.* 4 Bde. Görlitz: C. A. Starke 1920–1930. – Jörg Lanz von Liebenfels: *Ariosophisches Wappenbuch.* Pforzheim, Dresden: Hartmann [1928] (= Ariosophische Bibliothek H. 20/21). Die Schrift ist in verschiedenen Verlagen wiederaufgelegt worden. – Im Juni 1931 hatte Lanz von Liebenfels das Ehepaar HO in Rindbach besucht. Bei dieser Gelegenheit widmete er ihm ein Exemplar dieses Werkes: »In dankbarer Erinnerung an die schönen Tage im Schweizerhäusel in Rindbach. 1. Juli 1931 der Verfasser«.
habe ... Sammlung verkauft: (→154 H u. Anm. 154 H).

Euren Hausanteil in Frankfurt: »Meine Frau besaß mit andern Erben zusammen einige Häuser in Frankfurt am Main. [. . .] die Häuser wurden verkauft, und wir konnten uns für unsern Anteil gerade noch einen neuen Ofen für unser Schlafzimmer kaufen.« (*A.m.L.*, S. 65) Wann genau der Hausverkauf stattgefunden hat, ist nicht sicher, wohl aber bereits einige Jahre früher, auf dem Höhepunkt der Inflation.
meine Leipz. Häuser: (→149 H u. Anm. 149 H).

161 K 16. 7. 25
diesmal scheints wirklich zu werden, daß wir uns wiedersehen: (→Briefe 163 K – 167 K). Am 3. 9. 1925 schreibt FHO an Mia Luckeneder-von Neuhauser aus Rindbach: »Auch Kubin war hier, ohne Napoleonsschnebbe, schaut aus wie ein vernebelter Mond und ist sehr amüsant.« (BAI) Aus den folgenden Briefen bzw. Postkarten geht hervor, daß FHO auch Kubin in Zwickledt besucht hat (→z.B. 166 H u. Anm. 169 K: *die frühe Hofmannsthalausgabe*). Es war das letzte persönliche Treffen der beiden Freunde.
Schwester in Gmunden: Maria Bruckmüller (→Anm. 156 K).

162 H [30. 7. 1925]
Venedig . . . Speisesaal des Cavaletto: Aus einer Postkarte an Mia Luckeneder-von Neuhauser geht hervor, daß sich das Ehepaar HO im Sommer drei Wochen in Rimini, Hotel Nadina, aufgehalten und auf dem Weg dorthin einige Tage in Venedig verbracht hat (Postkarte vom 29. 6. 1925, BAI).

163 K [4. 8. 1925]
einen Verleger in der Nähe aufsuchen: Nicht ermittelt.
einige Steindrucke nachmachen: Möglicherweise zu *Rauhnacht.* 13 Steinzeichnungen. Mit einem Vorwort von Otto Stössl. Berlin: Volksverband der Bücherfreunde/Wegweiser-Verlag 1925 (→*Otte/Raabe*, S. 121).
Rübezahlwerk: (→177 K u. Anm. 177 K).
Attnang: Attnang-Puchheim, Bahnknotenpunkt in Oberösterreich.
Steindorf-Henndorf: (→Anm. 156 K u. 174 K: *für zwei Tage von hier mich flüchten).*

165 K [16. 9. 1925]
Meine A. S.: Der Roman Kubins *Die andere Seite.*
den großen Essay von O. A. H. Sch.: Die Beschwörung der Dämonen oder Alfred Kubin, der magische Mensch. In: *B.f.E.*, S. 31–152.
an Vg. C. Reissner: Im Verlag Carl Reißner, Dresden, erschien von Kubin: *Dämonen und Nachtgesichte.* Mit einer Selbstdarstellung des Künstlers und 130 Bildtafeln. 1926 (→184 K: *»Volksausgabe«*). – *Der Morgen.* Ein Almanach des Verlags Carl Reißner zu seinem 50jährigen Bestehen am 1. Oktober 1928 ist mit einem Widmungsblatt Kubins versehen (→*Otte/Raabe*, S. 130).

166 H 28. 9. 25
die scheenen Stunden in Eirem Ginstdlerheim: (→161 K u. Anm. 161 K).
Lemberger um 1530: Georg Lemberger (um 1495 ? – 1540 ? Leipzig), Maler, Zeichner und Holzschneider.
Klingers Bädhofen: Max Klinger (18. 2. 1857 Leipzig – 5. 7. 1920 Großjena/Naumburg). – Seine Beethoven-Plastik aus mehreren verschiedenen Marmorarten wurde 1902 vollendet und befindet sich im Stadtmuseum Leipzig. – Zu Kubins Verhältnis zu

Max Klinger →den Brief an die Schwester Maria vom 22. 2. 1904 (→*Brockhaus/Peters,* S. 19f.). Ebenfalls in einem Brief vom Februar 1904 schreibt Kubin an Hans von Müller: »komme dann auch noch April nach Leipzig sintemalen ich ein paar Tage bei M. Klinger der mich gern hat und mirs anbot, radieren lerne.« (StGM-KA) Der Besuch bei Klinger wird im Brief an die Schwester bestätigt.
Gogoschga: Oskar Kokoschka (1. 3. 1886 Pöchlarn – 22. 2. 1980 Montreux).
Zorn: Anders Zorn (18. 2. 1860 Mora/Prov. Dalarna – 22. 8. 1920 ebenda), schwed. Maler, Radierer und Bildhauer.
Alois Gorinth: Lovis Corinth (21. 7. 1858 Tapiau/Ostpreußen – 17. 7. 1925 Zandvoort/Niederlande).
Preller: Friedrich Preller der Ältere (25. 4. 1804 Eisenach – 23. 4. 1878 Weimar), Landschaftsmaler, häufig mit Gestalten aus der Odyssee.
Ludwich Richter: Ludwig Richter (28. 9. 1803 Dresden – 19. 6. 1884 ebenda), Maler und vor allem Zeichner. Illustrationen zu Volksbüchern, Märchen, Liedern.
Kochs: Vermutlich Rudolf Koch (20. 11. 1876 Nürnberg – 9. 4. 1934 Offenbach), Schriftkünstler, Graphiker, Kunsthandwerker. Möglicherweise auch Joseph Anton Koch (27. 7. 1768 Obergiebeln/Tirol – 12. 1. 1839 Rom), heroischer Landschaftsmaler der römischen Berge und des Berner Oberlandes.

167 K [10. 10. 1925]
G. M. und, K. W.: Gustav Meyrink (→Anm. 3 K) und Karl Wolfskehl (→Anm. 22 K). – Zu dem angesprochenen Streit wurde nichts ermittelt.
Direktor Wienand: Hans Wienand (Winand?). Genaueres nicht ermittelt.

168 H 11. 12. 25
Pomo: Scoglio Pomo ist der Titel der frühen Fassung von *Rout am Fliegenden Holländer* (*S. W.*, Bd. II).
Apoll: Apoll von Nichts (*S. W.*, Bd. V). Das Werk ist in mehreren Fassungen in der ÖNB und im BAI erhalten: *Apoll von Nichts. Skurrile Erzählung* (TS, ÖNB, Cod. Ser. n. 13619); *Das Fest im Sirenenpalast. Roman* (TS, ÖNB, Cod. Ser. n. 13620); *Apoll von Nichts* ausgestrichen, darübergeschrieben: *Das Fest im Sirenenpalast, Skurrile Erzählung* ausgestrichen, darübergeschrieben: *Roman* (TS, ÖNB, Cod. Ser. n. 13621); *Exzellenzen ausstopfen ein Unfug – Ein skandalöses Begebnis aus dem alten Wien (Prolog und 11 Bilder).* (BAI, XIII/7); *Exzellenzen ausstopfen ein Unfug* (BAI, XIII/8); *Apoll von Nichts. Novelle. 1924.* (BAI, XII/1) – In einem Brief an den Verleger Gerd von Wolfenau vom 20. 8. 1942 schreibt FHO: »Auf Grund der Novelle [Apoll von Nichts] entstand sehr viel später ›Exzellenzen ausstopfen – ein Unfug‹.« Am 5. 3. 1927 schreibt er an Mia Luckeneder-von Neuhauser: »Bitte sende sofort ein gut leserliches Exemplar der Novelle: Apoll v. Nichts an folgende Adresse: Herrn Thomas Mann (Schriftsteller) München Poschinger Straße 1 als rek. Drucksache ohne jeden Kommentar, Brief etc. Ich habe nämlich Manns Adresse bekommen u ihm geschrieben, er möchte den ›Apoll‹ lesen u mir seine Meinung, Verlag etc. sagen u ich möchte ihn Mitte März, wenn ich ohnehin nach Berlin fahre, in München besuchen.« (BAI; →auch 206 H u. Anm. 206 H) Über eine Reaktion Thomas Manns ist nichts bekannt.
möchte dann sofort an Deine Blätter gehen: (→160 H u. Anm. 160 H).
möchte einige Blätter radieren: Radierungen von FHO sind lediglich aus den frühen Jahren, vor 1907, bekannt. (Auskunft von Wilfried Kirschl)

169 K [18. 12. 1925]
O. Schmitz . . . »Dämon Welt« . . . »Sum«: Alle drei Bände sind im Georg Müller Verlag, München, erschienen. Die korrekten Titel und Erscheinungsjahre sind: Bd. 1: *Die Geister des Hauses. Jugenderinnerungen.* 1925; *Bd. 2: Dämon Welt. Entwicklungsjahre.* 1926; Bd. 3: *Ergo Sum. Jahre des Reifens.* 1927.
wenn Ludwig Deine Sachen verlegt: Dr. Rudolf Ludwig. Verlagsbuchhandlung. Wien IV, Frankenberggasse 4. Die Anschrift ist identisch mit der des Artur Wolf Verlages. Genauere Zusammenhänge nicht ermittelt.
die frühe Hofmannsthalausgabe: Das Märchen der 672. Nacht (→Anm. 33 K). Anläßlich seines Besuches in Zwickledt widmete Kubin diese Erzählung: »Für Fritz von Herzmanovsky zur Erinnerung an den Zwickledter Besuch im Sept. 1925«.

170 H 24. 5. 26
Wolf (Arthur) mich . . . in Meran aufgesucht: Vermutlich Mitte April; am 22. 4. 1926 schreibt FHO an Mia Luckeneder-von Neuhauser: »Vor einigen Tagen war der Verleger A. Wolff, aus der Frankenberggasse hier und wir haben einen netten Abend miteinander verplauscht.« (BAI)

171 H 26. 7. 26
Gesundheitszustand Deiner lieben Frau: Bereits am 9. 7. 1926 beklagt Kubin gegenüber dem Ehepaar Koeppel den »tristen« Zustand, »daß Hedwig nicht hier ist«. In einem Brief vom 8. 8., ebenfalls an die Freunde, heißt es dann allerdings: »Ich bin seit 12 [!] Tagen Strohwitwer; Hedwig liegt in der Curanstalt Neuwittelsbach München« (*D.w.R.*, S. 56 u. 58).
Mein »Gaulschreck« ist bei Angel (Berlin) . . . kommt . . . als Zeitungsroman heraus: Der Verleger Ernst Angel, Berlin W 15, Schaperstraße 19. – Aus einem Brief des Schriftstellers und Psychoanalytikers Siegfried Bernfeld (7. 5. 1882 Lemberg, 1933 in die USA emigriert) an FHO vom 28. Juli 1926 geht hervor, daß ersterer die Verbindung zu Angel hergestellt hat. Zugleich hat Bernfeld den Roman bei der *Wiener Arbeiter Zeitung* »eingereicht« (BAI). – Beide Projekte wurden nicht realisiert.
Novelle: »Der Kommandant von Kalymnos«: Das Buch erschien als Privatdruck. Erscheinungsort und Verlag sind fingiert. Der vollständige Titel lautet: *Der Kommandant von Kalymnos. Ein Mysterium aus dem Rokoko der Levante.* Von Friedrich von Herzmanovsky-Orlando. Als Manuskript gedruckt. 1926 Venedig: S. Maria Formosa. Copyright by Friedrich von Herzmanovsky-Orlando Wien. – Die vom Autor illustrierte Novelle wurde als Manuskript in hundert numerierten Exemplaren gedruckt (*S. W.*, Bd. V).
für einige Zeit nach Salzburg: Einem Brief CHOs an Mia Luckeneder-von Neuhauser vom 17. 8. 1926 aus Salzburg ist zu entnehmen, daß sich das Ehepaar HO ab 12. August in Salzburg aufhielt und bis Ende des Monats dort zu bleiben gedachte. Anschließend plante CHO eine Reise auf den Semmering, während FHO zur Familie von Neuhauser nach Wien fahren wollte (BAI). – Ob es zu der geplanten Zusammenkunft mit Schmitz (→172 H) gekommen ist, bleibt unklar.
Mimir: In der nordischen Mythologie ein Riese, der Hüter der Weisheitsquelle.
Du . . . sitzst . . . auf einer Insel der Atlantis: (→auch 172 H, 182 H u. 195 H). »Wie nun aus der beiliegenden Karte (diese Karte und manch anderen Bildschmuck vorliegenden Buches verdanke ich der liebenswürdigen Bereitwilligkeit des Herrn Dr. Jörg Lanz von Liebenfels [. . .]) des Überganges aus dem Sekundär zur Jetztzeit hervorgeht,

erscheint gerade jener Teil unseres Waldviertels, welcher die drei Wagsteine besitzt, als eine stehengebliebene, von der Flut nicht überronnene Insel der Atlantis. Von dem in Urtagen sie umbrandenden Meer sind nur mehr die eingestürzten Korallenriffe (unsere Kalkgebirge) und die Sandablagerungen (Sandsteinformationen) übrig geblieben, welche diese Granitinsel umlagern« (→List: *Landschaftsbilder,* S. 59 u. Karte S. 119).
Böhmerwald ... »Arkadien« des seligen Topographen Pausanias: (→auch 183 H). Pausanias (geb. um 115 v. Chr.). – In seiner *Beschreibung Griechenlands* in zehn Bänden, behandelt das Buch 8 »Arkadien«. – Auch Guido von List beruft sich verschiedentlich auf Pausanias (→List: *Landschaftsbilder,* z. B. Bd. 1, S. 49f., u. Bd. 2, S. 531).
der dänische Archäologe Nörlund: Poul Nørlund (4. 11. 1888 Slagelse – ?), stieß bei Grabungen in den frühen zwanziger Jahren in Grönland in der Nähe von Herjolfsnaes auf normannische Wohnplätze und fand Skelette und Kleider aus der Zeit um 1400. Seine Grabungen erregten seinerzeit großes Aufsehen.
Korngold: Erich Wolfgang Korngold (29. 5. 1897 Brünn – 29. 11. 1957 Hollywood), österr. Komponist.

172 H 6. 8. 26
Bild des behäbig schlummernden Wasserkopfes: Im Nachlaß FHOs nicht erhalten. Möglicherweise Variante zu der Federlithographie »Simson und Delila«. 260 × 226 bzw. 405 × 309. Entwurfzeichnung abgebildet bei *Schmied,* Tafel 110 (→Anm. 132 K).
Strindberg ... Sommerfrische: August Strindberg (→Anm. 17 K) war von 1893 bis 1897 in zweiter Ehe mit der Österreicherin Frida Uhl, der Tochter des Hauptschriftleiters der *Wiener Zeitung* Dr. Friedrich Uhl, verheiratet, deren Familie ein Gut im Strudengau besaß. In dieser Zeit verbrachte Strindberg wiederholt die Sommermonate in der Gegend von Grein.
9 große Federzeichnungen ... für den »Apoll v Nichts«: In einem Brief an Gerd von Wolfenau vom 20. 8. 1942 aus Rindbach spricht FHO von »15 folio große[n], gute[n] Federzeichnungen«. – Im Nachlaß nicht erhalten.
Anbei eine Skizze zum »Apoll von Nichts«: Als Beilage zu den Briefen in der StGM-KA erhalten. – Die genannten Personen und Orte begegnen im *Apoll von Nichts* (*S. W.,* Bd. V).
Urschitz zu Urschitz: Urschitz von Usszich: Wiener Adelsgeschlecht.

173 H 28. 2. 27
Linzer »März«: Almanach des Oberösterreichischen Künstlerbundes. Bd. 1, Linz, Dezember 1926, in dem Kubin mit der Anekdote *Der letzte Landstreicher* und der gleichnamigen Lithographie (→Abb. S. 257) aus dem Buch *Der Guckkasten* (→Anm. 159 K) vertreten ist. Von FHO findet sich dort ein Auszug aus *Apoll von Nichts: Das Fest im Sirenenpalast* (*S. W.,* Bd. V; →Anm. 168 H) mit der Wiedergabe einer Zeichnung aus der Novelle *Der Kommandant von Kalymnos* (*S. W.,* Bd. V).
im Vollbarte des wackeren Bahr: Von Hermann Bahr (→Anm. 122 K) ist in demselben Almanach, S. 16–21, die Besprechung des Buches von Karl Springenschmid *Das Bauernkind.* München: R. Oldenbourg 1926, abgedruckt.
erschien ... ein üppiges Büchlein: Gemeint ist die Novelle *Der Kommandant von Kalymnos* (→Anm. 171 H). Im Nachlaß sind lediglich zwei Briefe des österreichischen

Komponisten Franz Salmhofer (22. 1. 1900 Wien – 22. 9. 1975 ebenda) an FHO erhalten, die sich auf die angesprochene »Veroperung« unter dem Titel *Die Krone von Byzanz* beziehen. Der erste datiert vom 26. 9. 1926; aus ihm geht hervor, daß FHO bereits zu diesem Zeitpunkt den 1. Akt des Librettos abgeschlossen hatte. Im zweiten Brief vom 12. 4. 1928 heißt es: »Nun aber da doch die Oper bis auf Kleinigkeiten [. . .] fertig ist [. . .].« Aus einem undatierten Brief CHOs an Lanz von Liebenfels schließlich wird deutlich, daß Salmhofer die Arbeit doch nicht zu Ende geführt hat: »Der Komponist Salmhofer hat die Oper Krone v Byz nach 2jährigem Herumprobieren u sich daran Klammern, zurückgegeben mit der Entschuldigung daß er dem Stoff nicht gewachsen sei.« (Alle Briefe BAI)
die »Juryfreien« in Berlin: (⟶176 H). »Juryfreie Kunstschau Berlin 1927«. Die Ausstellung, an der FHO mit 75 farbigen Bleistiftzeichnungen beteiligt war, fand im Frühjahr im Landes-Ausstellungsgebäude am Lehrter Bahnhof statt. Wahrscheinlich die erste Ausstellungsbeteiligung FHOs. – Der Katalog der Ausstellung mit der Abbildung einer Zeichnung FHOs ist im Nachlaß (BAI) erhalten.
die Figur des Wasserträgers und die unglaubliche Harfe: Details der reproduzierten Lithographie »Der letzte Landstreicher« (⟶174 K u. Abb. S. 257).
Zibeben: Italien.: zibibbo = Rosine.

174 K 10. 3. 27
Eine größere Aufgabe für Amerika: Nicht ermittelt.
für 2 Tage von hier mich flüchten: Kubin feierte seinen 50. Geburtstag im engsten Kreis in Henndorf bei Salzburg zusammen und auf Einladung des mit ihm befreundeten Ehepaares Maria und Gustav Kapsreiter aus Schärding. Maria Kapsreiter war die Nichte des mit Kubin seit seiner Münchner Zeit bekannten Zeichners und Malers Carl Mayr (5. 11. 1875 Henndorf – 17. 10. 1942 ebenda) und dessen Bruder, dem Sänger Richard Mayr (18. 11. 1872 Henndorf – 1. 12. 1935 Salzburg). Der Braugasthof in Henndorf, wo man sich traf, gehörte den beiden Brüdern. (⟶zu diesen Angaben: Maria Kapsreiter-Mayr: *Bruder Carl.* Privatdruck, dem Herausgeber freundlicherweise vom Bürgermeister von Henndorf geschenkt.) – Von Maria Kapsreiter ist 1955 als Privatdruck in Schärding erschienen: *Die Schneebäurin.* Mit einer Titelzeichnung von Kubin: »Schneebäurin mit Hucke« (⟶*Otte/Raabe,* S. 188). – Bei der Abb. S. 251, »Flötenspielender Tod«. Selbstbildnis, handelt es sich um eine als Danksagungskarte anläßlich des 50. Geburtstages erschienene Federlithographie, 140 × 105 (173 × 115), mit handschriftlichem Zusatz Kubins. Als Beilage zu den Briefen erhalten.
»Der Guckkasten«: (⟶Anm. 159 K).
»Dämonen und Nachtgesichte«: (⟶Anm. 165 K: *an Vg. C. Reissner*).

175 K 8. 4. 27
ein paar hundert Zeitungen: (⟶*Otte/Raabe,* S. 226f.).
Was Du mir von Meyrink schriebst: Brief nicht erhalten. FHO schreibt in einem Brief an Mia Luckeneder-von Neuhauser aus München am 30. 3. 1927: »Wir wollen morgen nach Meran abfahren haben inter. Tage erlebt; Sonntag waren wir bei Meyrink zum Kafé geladen und sind vor lauter Schwatzen kaum auseinander gekommen.« (BAI) – Aus dieser Zeit sind zwei Briefe Meyrinks an FHO erhalten. Am 12. 4. 1927 schreibt dieser aus Starnberg: »Darf ich Sie bei dieser Gelegenheit um einen Rat fragen? – Mitte Mai erscheint nämlich mein neuer Roman [*Der Engel vom westlichen Fenster.* Leipzig,

Bremen: Schünemann 1927] und da die Hitlerbuben wiedermal eine Razzia gegen mich veranstalten, so bleibt mir nichts anderes übrig, als meinerseits Gegenmaßnahmen zu treffen, indem ich alle möglichen Kritiker von Gewicht behellige, damit sie über das Buch lange Feuilletons schreiben. Die Hetze gegen mich treibt nämlich solche Blüten, daß es den ›Teutschen‹ bereits gelungen ist sogar in das Buchhändlerbörsenblatt einen Artikel ›Der Mystiker vom Starnbergersee‹ einzuschmuggeln, in dem die Sortimenter indirekt zu einem Boykott gegen meine Werke aufgefordert werden!! – Bitte, wenn Sie von einem oder dem anderen Kritiker wissen, damit ich ihm schreiben und ein Recensionsexemplar schicken kann.« Am 1. Mai bedankt er sich: »Vielen, herzlichen Dank, daß Sie so liebenswürdig sind, an Dr. Cleve und Simon wegen meines Romans zu schreiben! [Absatz] Das Empfehlungsschreiben an Frau Eckstein lege ich Ihnen hier bei.« (BAI; →auch Anm. 36 K)
Böhmerlandreise: (→177 K). Zu der Reise kam es im April dieses Jahres. Kubin erinnert sich daran in der Skizze *Besuch in der Heimat* (1930): »Auf diesen Besuch hatte ich mich schon lange gefreut. Die Reise sollte das Geschenk sein, welches ich mir zum vollendeten fünfzigsten Jahre machte.« (*A.m.L.*, S. 179–185, hier S. 179)

176 H 1. 8. 27
Die Wiener Revolution und der idiotische Generalstreik: (→178 H). 15. Juli 1927: Die Unzufriedenheit über das Urteil im Schattendorfer Prozeß (3 wegen öffentlicher Gewalttätigkeit angeklagte und geständige ›Frontkämpfer‹ waren durch ein Wiener Geschworenengericht freigesprochen worden) löste spontane Demonstrationsmärsche sozialistischer Arbeiter von Wiener Außenbezirken in die Innere Stadt aus, wobei der Justizpalast in Brand gesteckt wurde. Polizeipräsident Schober unterdrückte die Unruhen mit Gewaltmaßnahmen. Ein eintägiger Generalstreik und anschließender Verkehrsstreik brachten nicht den erhofften Rücktritt der Regierung Seipel.
Gargellen: Im Gargellner Tal, einem linken Seitental des Montafon.
an meiner Theatersache weiter gearbeitet: Am Libretto von *Die Krone von Byzanz* (→173 H u. Anm. 173 H).
Berliner Frühjahrsausstellung: (→173 H u. Anm. 173 H: *die »Juryfreien« in Berlin*).
Der »Uhu«: Uhu. Das neue Ullstein-Magazin. Hrsg. Peter Pfeffer. Redaktion: Walter Zadek. In Heft 1 des 4. Jg.s, Oktober 1927, erschien von der mit FHO persönlich bekannten Margret Naval der Artikel über FHO: *Ein Maler der Träume.*
in meiner biographischen Skizze: Gemeint ist der oben genannte Aufsatz von Naval. Am 9. 8. 1927 schreibt FHO an Mia Luckeneder-von Neuhauser aus St. Anton: »Gestern sendete mir Naval den Durchschlag meiner Biograph. Skizze für das Oktoberheft des ›Uhu‹ – sehr lustig u geistreich; Du wirst lachen.« (BAI)
Unser gemeinsamer Freund Bachus: A. M. Pachinger (→Anm. 6 K).

177 K 11. 8. 27
Ballett ... bei der Wiener Staatsoper aufgeführt: Bezieht sich wieder auf *Die Krone von Byzanz* (→Anm. 173 H). Auch in einem Brief an den Maler Friedrich Winckler-Tannenberg, der FHOs Bilder auf der Frühjahrsausstellung der »Juryfreien« gehängt hatte, erwähnt er die Opernpläne. Winckler-Tannenberg antwortet am 22. 5. 1927 aus Berlin: »Ich freue mich, daß Ihre Opernangelegenheit sich gut weiterentwickelt hoffentlich kommt es auch hier zum Winter schon zur Premiere.« (BAI) – Briefe über

Verhandlungen mit der Wiener Staatsoper über dieses Projekt sind im Nachlaß nicht erhalten.
»Orbis pictus«: Die Mappe mit 27 Blättern ist 1930 im Merlin-Verlag, Baden-Baden, erschienen. Eine verkleinerte Neuausgabe brachte der Kreuz-Verlag, Halle a. S., 1948 heraus (→ *Otte/Raabe,* S. 139).
»Rübezahl«: Der vollständige Titel lautet: *Rübezahl. Fünfzig Historien des Magisters Johannes Prätorius.* Ausgewählt und mit Bildern geschmückt von Kubin. Augsburg: Johannes Stauda 1927.
»Heimliche Welt«: Mit einem Vorwort und 20 Strichätzungen nach Federzeichnungen von Kubin. Heidelberg: Merlin [1927] (→ *Otte/Raabe,* S. 128).
32 Wahrsagekarten: Der genaue Titel lautet *Zirkus des Lebens. 32 Zigeunerkarten.* Mit einem Vorwort des Zeichners. Das Werk ist zum ersten Mal erschienen: München: Heimeran 1977, hrsg. von Detlef Hoffmann.
Schmitz O. A. H. hat seinen Roman . . . fertig: Melusine. Roman eines Staatsmannes. München: Georg Müller 1928.

179 H 12. 12. 28
Mein Buch: Der Gaulschreck im Rosennetz (*S. W.,* Bd. I; →Anm. 135 H).
Die Rätsel der Ortsnamen . . . ehe das Werk veröffentlicht wird . . . Allein Nied. Österr. gab 7000 Artikel: (→auch 192 H). Zu einer Veröffentlichung ist es nicht gekommen. Aus den Jahren 1928/29 sind Briefe von C. R. Benesch, einem Bundesbruder FHOs aus Mistelbach/NÖ. erhalten, die sich ausschließlich mit der Ortsnamenforschung in Niederösterreich beschäftigen. – Eine mögliche Erklärung dafür, warum gerade Niederösterreich das besondere Interesse FHOs erregt hat, findet sich bei Guido von List: »Wenn uns die ungewöhnliche Menge der aus Stein und Erde aufgetürmten Denkmale unserer dem Wuotanskultus ergebenen Ahnen im Wiener Becken überrascht [. . .], so sind doch diese Denkmale stumm [. . .]. Seele und Leben aber gewinnen dieselben erst dann, wenn wir sie mit den sprachlichen ›Denkmalen‹ und den ›Sagen, Mythen und Gebräuchen‹ in Verbindung bringen, und diese Ergebnisse wieder durch vergleichende Zusammenstellungen mit ähnlichen Forschungen in anderen deutschen Landen sicherstellen. Diese ›sprachlichen Denkmale‹ geben uns nicht nur die bedeutsamsten Aufschlüsse über das deutsche Mythentum in ihrer örtlichen Auffassung, gewähren uns kulturgeschichtliche Fingerzeige von ungeahnter Wichtigkeit, lassen uns die einzelnen Völkerzüge auf der Landkarte verfolgen, sondern – und dies ist entschieden die entscheidende Hauptsache – sie beweisen mit zwingender Gewalt, daß Niederösterreich fortwährend, ohne Unterbrechung seit dem Tode der atlantischen Riesenrasse, seit dem Auftreten der arischen Rasse unter deren göttlichen Führern, und zwar deutsch bevölkert war.« (List: *Landschaftsbilder,* Bd. 1, S. 66)
an einem umfangreichen Roman arbeite ich: Vermutlich, wie aus einem Brief Wolfskehls an FHO hervorgeht, der Dritte Teil der *Österreichischen Trilogie: Das Maskenspiel der Genien* (*S. W.,* Bd. III; →202 H): »[. . .] äußerst erfreut bin ich über die Nachricht von der Vollendung des großen Verwandlungsbuchs. ›Der Gottheit unendliche Maskerade‹ könnte man es heißen« (27. 2. 1929, BAI).
Du hast doch auch wieder literarisch gearbeitet?: Möglicherweise zu beziehen auf die im *Berliner Tagblatt* vom 21. 10. 1928 erschienene Prosa-Skizze *Angst und Bangigkeit,* wiederabgedruckt in: *A.m.W.,* S. 27.

180 K 23. 6. 29

Prospekt mit der Idee Deines Freundes: Da der Brief nicht erhalten ist, bleiben diese Zeilen unklar.

Stilzel der Kobold des Böhmerwaldes: Der genaue Titel lautet: *Stilzel. Elf Lithographien zu Hans Watzliks Volksbuch »Stilzel der Kobold des Böhmerwaldes«.* Mit einer Einführung von Hans Watzlik. Eger: Johann Stauda 1930. – Erste Überlegungen zu dieser Arbeit gehen auf das Jahr 1926 zurück (⟶ die Briefe an das Ehepaar Koeppel vom 8. 6. u. 9. 7. 1926, *D.w.R.*, S. 56 u. 58).

»Ali, der Schimmelhengst, Schicksale eines Tatarenpferdes«: Die Mappe *Ali, der Schimmelhengst. Schicksale eines Tatarenpferdes in 12 Blättern.* Wien: Johannes-Presse 1932 (⟶Anm. 68 K: *100 marode Pferde,* u. 187 K).

181 K 8. 1. 30

»Stilzel«: (⟶Anm. 180 K).

Nicolo Paganini: Jules Siber (1872–1930): *Paganini. Ein Roman von alten Göttern und Hexentänzen.* Berlin: Morawe und Scheffelt [1920]. – Das Buch ist in der Bibliothek Kubins erhalten.

(Köln) . . . ein repräsentative Ausstellung: Kollektivausstellung im Kölner Kunstverein. Die Eröffnung durch Dr. E. Buchner fand in Anwesenheit Kubins statt (⟶ *Otte/Raabe,* S. 212).

182 H 5. 8. 30

Mitglied der Akademie: Unter der Präsidentschaft Max Liebermanns war Kubin zum Ordentlichen Mitglied der Preußischen Akademie der Künste zu Berlin, Sektion für die bildende Kunst, ernannt worden.

Schloß Neuhaus: In Oberösterreich am linken Steilufer der Donau in der Gemeinde St. Martin im Mühlkreis.

eine gespenstische Geschichte über O. A. H.: Wie der Essayist OAH Schmitz die 3te Schauung Buddhas mitmachte. (⟶185 H) – Nie erschienen und im Nachlaß FHOs nicht erhalten (⟶Anm. 13 K).

arbeite ich über die Stellung Grillparzers zu den sog. »Würstellomotiven«: Im Nachlaß FHOs sind nicht ausformulierte, skizzenhafte Aufzeichnungen erhalten mit dem Titel: *Grillparzer u. d. Würstellokomotive* (ÖNB, Cod. Ser. n. 13616, Fasz. 15; BAI, XXIV/10; ⟶auch Anm. 53 H).

183 H 17. 9. 31

Najadenmysterium: Najaden gelten in der griechischen Mythologie als niedere weibliche Naturgottheiten, die sich in Quellen und Bächen aufhalten.

Fabel von Johann Orth: Johann Salvator (25. 11. 1852 Florenz – 1891 verschollen, 1911 für tot erklärt). Seine Erfahrungen als Generalmajor im bosnischen Feldzug 1878 waren der Anlaß zu einer kritischen Schrift *Drill oder Erziehung* (1883), die ihrerseits eine scharfe Maßregelung zur Folge hatte: Er wurde 1887 seines militärischen Amtes enthoben, verzichtete 1889 auf Titel und Rechte eines Erzherzogs und nannte sich nach Schloß Orth bei Gmunden Johann Orth. 1890 unternahm er eine Weltreise mit einem Segelschiff, das vermutlich vor der südamerikanischen Küste untergegangen ist. – Die »Fabel« behandelt die Entstehung von Schloß Orth.

einen Roman geschrieben: Vermutlich die Arbeit am *Maskenspiel der Genien* (*S. W.,* Bd. III; ⟶auch 179 H u. Anm. 179 H).

»Taitelbaum-Kabala«: (→Anm. 129 H). Niedrige, Vulgärkabbala.
die 292te Primzahl: (→Anm. 145; auch 195 H). Im Nachlaß FHOs (BAI) finden sich zahlreiche Notizen mit zahlenmystischen Berechnungen. Darauf, daß sich auch Lanz von Liebenfels mit derartigen Berechnungen beschäftigte, weist Daim hin. Er nennt auch das von Lanz von Liebenfels vermutlich verwendete Lehrbuch: E. Issberner Haldane: *Praktisches Lehrbuch der Kabbala, Magie und Symbole der Namen und Zahlen.* 5. Auflage. Neu hrsg. von E. Issberner Haldane. Berlin: Schikowski 1900.
Policinello: Figur aus der Commedia dell'arte.
Haunsberger Wald bei Laufen: Lauffen in Oberösterreich, im Gemeindegebiet Bad Ischl.

184 K 24. 12. 31
wir haben unsern O. A. H. nicht mehr: (→13 K u. Anm. 13 K). Schmitz war am 17. Dezember an den Folgen eines schweren Nierenleidens gestorben.
mit seiner 3. Ehe: Schmitz war in dritter Ehe mit Emeline Primer verheiratet (→auch 204 K).
»Volksausgabe«: Der Bildband *Dämonen und Nachtgesichte* (→Anm. 165 K) ist 1931 in zweiter Auflage als »Volksausgabe« erschienen (→*Otte/Raabe,* S. 143).
Tuskulum: Lat.: ruhiger, behaglicher Landsitz.
Dr. O. Nirenstein . . . »Ali, der Schimmelhengst . . .«: (→Anm. 180 K). Otto Nirenstein war Verleger der Johannes-Presse und Inhaber der »Neuen Galerie« in Wien. – Aus dem Jahr 1927 stammt von Kubin ein Exlibris für »Nirenstein«.

185 H 27. 12. 31
das Wappen Österreichs: (→Anm. 160 H: *Geheimheraldik*).
Schmellers bayr. Wörterbuch: Johann Andreas Schmeller: *Bayrisches Wörterbuch.* 2. mit des Verfassers Nachträgen vermehrte Ausgabe im Auftrage der Akademie der Wissenschaften bearbeitet von G. Karl Frommann. München: Oldenbourg 1872.
ein Sigill der passiven . . . Mediumität, des »ewig weiblichen«: Die hier zum Ausdruck kommenden Ideen entsprechen den Vorstellungen von einem zukünftigen matriarchalen Österreich, wie sie im *Maskenspiel der Genien* (*S. W.,* Bd. III) ihre Darstellung finden. Vgl. hierzu auch die ähnlichen Überlegungen in der von Wolfskehl (→Anm. 22 K) wiederentdeckten Schrift Bachofens: *Das Mutterrecht* (→Anm. 33 K) sowie in dem Buch von Sir Galahad: *Mütter und Amazonen* (→Anm. 36 K: *Frau Eckstein;* →auch 205 H).
Hierodule: Griech.: Tempelsklavin.
mit diesem Zeichen: Aus Notizen im Nachlaß FHOs wird deutlich, daß dieses Zeichen das weibliche Geschlechtsorgan, die Vulva, meint (BAI, XXXI Mystik).
Landeshauptmann Rehrl: Franz Rehrl (4. 12. 1890 Salzburg – 23. 1. 1942 ebenda), christlich-sozialer Politiker, 1922–1938 Landeshauptmann von Salzburg.
Nach Hamburg ans Kubinarchiv habe ich geschrieben: Kubin-Archiv Hamburg. Alter Fischmarkt 3. In der StGM-KA sind lediglich zwei späte Briefe FHOs aus den Jahren 1936 und 1937 erhalten; im BAI ist ein Brief von Dr. jur. Kurt Otte (geb. 3. 9. 1902 Hamburg) an FHO überliefert. – Die Privatsammlung von Otte, deren Anfänge bis in das Jahr 1919 zurückgehen, hatte 1926 offiziell die Bezeichnung Kubin-Archiv erhalten. Otte war eng mit Hedwig und Alfred Kubin befreundet (erhalten sind in der StGM-KA rund 800 Briefe Kubins an Otte). Er führte das Archiv bis zum Verkauf an die Stadt München im Jahr 1970, wo es jetzt in der Städtischen Galerie im Lenbach-

haus untergebracht ist. Verzeichnet ist das Archiv in der von Paul Raabe zusammengestellten Publikation *Alfred Kubin. Leben – Werk – Wirkung.* Hamburg: Rowohlt 1957 (→Anm. 159 K: *Zum 50. Jahr . . . ein wissenschaftlicher Katalog).* – Kubin zeichnete ein »Exlibris Kurt Otte« sowie mehrere kleine lithographische Danksagungen an das Archiv oder Besucher dort (→*A.m.L.,* S. 68).

Brand des Glaspalastes: Am frühen Morgen des 6. Juni war der Münchner Königliche Glaspalast völlig abgebrannt. – Auch Kubin deutete dieses Ereignis, wenn auch anders als FHO, symptomatisch. Da der Glaspalast vornehmlich den Akademikern für ihre Ausstellungen zur Verfügung gestanden hatte, verstand er seine Vernichtung auch als Ereignis, das eine Zeitwende bezeichnete: »Wir finden in das ganze Unheimliche unserer Zeit hat diese Katastrophe fast grade noch hineingepaßt. – Diese herrlichen romantischen Bilder sind wirklich aus zu anderer Substanz, als die heute das Interesse bestimmenden Dinge – also verschwinden sie. – Ich stehe tief unter dem Eindruck dieses ganzen Alptraumes.« (Brief vom 9. 6. 1932, *D.w.R.,* S. 105)

186 K 31. 12. 31

Unser Schärdinger Zipfel: Das Innviertel kam vorübergehend nach Prinz Eugens Sieg von Hochstädt 1704, endgültig – bis auf ein kleines Zwischenspiel 1809–1814 – durch den Teschener Frieden 1779 von Bayern an Österreich.

Zeitschrift »deutsches Volkstum«: Deutsches Volkstum. Monatsschrift für das deutsche Geistesleben. Hrsg. von Wilhelm Stapel und Albrecht Erich Günther (1917–1938, ab 1932 halbmonatlich). Kulturelle nationalistische Rundschauzeitschrift. – Von Albrecht Erich Günther ist in dieser Zeitschrift 1928 ein Aufsatz über Kubin erschienen: *Über den Umgang mit Gespenstern* (30. 1. 1928, S. 91–96). – Zu einer Veröffentlichung der angesprochenen Erzählung ist es nicht gekommen (→Anm. 13 K u. 182 H).

Ali Salzer: (→Anm. 35 H).

Wurzel Fiala k. k. Amtsdiener: (→Abb. S. 267). Variante einer »Stilzel«-Figur, wie sie in dem gleichnamigen Zyklus (→Anm. 180 K) und in der Mappe *Phantasien im Böhmerwald* (→207 K u. Anm. 207 K) begegnen.

Fritz Schwickert: (→Anm. 108 H). Er war am 15. 10. 1930 in Wien gestorben.

Schuler: (→Anm. 34 H). Schuler war bereits am 8. 4. 1923 in München gestorben.

Mein Werk . . . in Werken über Magie einerseits moderne Mystik andrerseits . . . erwähnt: Otte/Raabe verzeichnet vor allem eine Arbeit für diese Zeit und in diesem Zusammenhang: Franz Ettig: *Die Astraldämonie Alfred Kubins.* In: *Hain der Isis.* 1931, Nr. 2, S. 52–57, u. Nr. 3, S. 69–73 (→*Otte/Raabe,* S. 237).

Doktorarbeit: Nicht ermittelt, vermutlich nicht realisiert.

Herr von Villers: Alexander von Villers (12. 4. 1812 Moskau – 16. 2. 1880 Wien), 1843 Diplomat im sächsischen Staatsdienst, 1853 Legationssekretär in Wien, 1860–1870 Legationsrat ebenda, Schriftsteller. Seine Beobachtungen und Erfahrungen schrieb er vor allem in Briefen an seine Freunde auf. – Von ihm ist in der Bibliothek Kubins erhalten: *Briefe eines Unbekannten.* Aus dessen Nachlaß neu hrsg. von Karl Graf Lanckoroński u. Wilhelm Weigand. 2. Auflage. 2 Bde. Leipzig: Insel 1910.

187 K [1. 2. 1932]

mein Zyklus Ali, der Schimmelhengst: (→Anm. 180 K u. Anm. 68 K: *100 marode Pferde).*

ein Faustblatt: Das Werkverzeichnis der gedruckten Veröffentlichungen Kubins weist eine »Faust«-Darstellung für 1931 nach mit dem Zusatz: »Für die Welt-Goethe-Ausstellung 1932 in Leipzig«. Es handelt sich dabei um die Federlithographie »Faust und Lilith«, ca. 312 × 385 bzw. 376 × 500 (→ *Otte/Raabe,* S. 143). – In einem Brief Hermann Hesses an Kubin (undatiert [Frühsommer 1935]) heißt es: »Daß Sie an Bilder zum Faust gehen werden, höre ich mit Freude und bin mehr als einverstanden, wenn Sie dabei mehr an die Volkssage als an Goethe denken.« (Hermann Hesse: *Gesammelte Briefe.* In Zusammenarbeit mit Heiner Hesse hrsg. von Ursula und Volker Michels. 3 Bde. Frankfurt a. M.: Suhrkamp 1982. Bd. 2, S. 470; ähnlich auch an Hanne und Reinhold Koeppel am 27. 6. 1935, *D.w.R.,* S. 142).

188 K 9. 7. 33

»Volkserhebung«: Die nationalsozialistische Machtergreifung am 30. 1. 1933.
zwar gilt meine Kunst . . . »im Volke wurzelnd«: Am 23. 7. 1933 schreibt Kubin an das Ehepaar Koeppel: »Ich hörte von 2 Seiten, Ernst Barlach, dem Bildhauer, und Kurt Otte, dem K.-Archivmann, daß meine Wenigkeit zu den, auch jetzt noch anerkannten 30 hervorragenden Künstlern aus der vorrevolutionären Epoche gehören, was immerhin weit besser noch wäre als wenn man meine Bestrebung einfach abgesäbelt, totgeschwiegen, verfemt hätte.« (*D.w.R.,* S. 131) – Und an Hermann Hesse (undatiert) schreibt Kubin, daß er äußerste Vorsicht wahre, um es sich nicht »wie z. B. Th. Mann« mit den Nazis zu verscherzen. (Unveröffentlicht nach einem TS der Korrespondenz Hesse–Kubin, dem Herausgeber von Berthold Spangenberg zur Einsicht überlassen.) Dennoch blieb auch Kubin nicht ganz von den Zensurvorschriften verschont. Am 20. 7. 1936 erging »An den Verlag R. Piper und Co. München« folgendes Schreiben der Reichsschrifttumskammer: »Ich setze Sie davon in Kenntnis, daß die in Ihrem Verlage erschienene Druckschrift von Alfred Kubin, 20 Bilder zur Bibel in die Liste der gemäß Paragraph 1 meiner Anordnung über schädliches und unerwünschtes Schrifttum vom 25. 4. 1935 eingereiht worden ist. Ich ersuche Sie daher, mir binnen 8 Tagen nach Eingang dieses Schreibens eine Erklärung einzusenden, wonach Sie sich verpflichten, die weitere Verbreitung der Druckschrift zu unterlassen und Ihren Auslieferer anzuweisen, sämtliche im Verkehr befindlichen Exemplare zurückzurufen.« (Abschriftlich StGM-KA) – Am 18. 11. 1938 schreibt Kubin an Hanne Koeppel: »[. . .] mit der Totentanz (1917)-beschlagnahme ist's ja nicht so schlimm. 1 Ex. wurde von einem ›Organ‹ genommen, das schadet weniger als es ärgert.« (*D.w.R.,* S. 164) – Zu umfassenderen Beschränkungen ist es nicht gekommen.
Alphabet in Bilderbuchstaben: Ein Bilder-ABC. 25 Bilderbuchstaben mit kurzem Begleitvers von Kubin zu jedem Bild. Das Buch, das im Dritten Reich keinen Verleger fand, erschien 1948 als Jahresgabe der Maximilian-Gesellschaft in Hamburg (→ *Otte/Raabe,* S. 171).

189 K 15. 1. 34

Skizze nach dem Aquarell von Dürer: Zusammenhang unklar, da der vorhergehende Brief fehlt.
Illustrationsaufträge . . . für 3 Verlage: a) Gerhart Hauptmann: *Das Meerwunder. Eine unwahrscheinliche Geschichte.* Mit 18 Zeichnungen von Kubin. Berlin: S. Fischer 1934. – b) Jaroslav Durych (2. 12. 1886 Königgrätz – 7. 4. 1962 Prag): *Die Kartause von Walditz.* Dt. von Marius Hartmann-Wagner. Mit 11 ganzseitigen Illustrationen und 6 Initialen bzw. Schlußvignetten von Kubin. München: R. Piper u. Co. [1934]. – c)

Wolfgang Weyrauch (15. 10. 1904 Königsberg – 7. 11. 1980 Darmstadt): *Der Main. Eine Legende.* Mit 27 Abbildungen von Kubin. Berlin: Rowohlt 1934 (→den Brief an Hanne und Reinhold Koeppel vom 24. 12. 1934, *D.w.R.*, S. 140; zu allen bibliographischen Angaben →*Otte/Raabe*, S. 152f.).
staatliche ... Ankäufe: In dem oben genannten Brief an das Ehepaar Koeppel vom 24. 12. 1934 (*D.w.R.*, S. 140) nennt Kubin neun öffentliche Ankäufe. Im einzelnen nicht ermittelt.
der deutsch-österreichische Krieg: Gemeint sind vermutlich die seit dem Jahre 1933 immer stärkeren Einmischungen Deutschlands in die österreichische Innenpolitik zugunsten der Nationalsozialisten. Einen ersten Höhepunkt in diesem Dauerkonflikt stellte die sogenannte »Tausendmarksperre« (vom 1. 6. 1933) dar, die der Unterbindung des Fremdenverkehrs von Deutschland nach Österreich dienen sollte. (→das Kapitel *Internationale Beziehungen* in: *Dokumentation zur österreichischen Zeitgeschichte.* Hrsg. von Christine Klusacek und Kurt Stimmer. 5 Bde. Wien, München: Jugend und Volk 1982. Bd. 1: *1928–1938,* S. 200–203.)
Frau Dr. Eckstein (Galahad): (→Anm. 36 K).
Wolfskehl ... geht's natürlich nicht besonders: (→Anm. 22 K u. 198 K). Wolfskehl hatte Deutschland am 28. Februar 1934 aus Furcht vor der nationalsozialistischen Verfolgung verlassen und sich zunächst in der Schweiz, dann in Italien aufgehalten, bevor er 1938 endgültig nach Neuseeland ins Exil ging.
George: (→Anm. 78 K: *Schlüssel zu dem Büchlein*). George war am 4. 12. 1933 in Minusio bei Locarno gestorben.
Faistauer: Anton Faistauer (14. 2. 1887 St. Martin bei Lofer – 13. 2. 1930 Wien), österr. Maler. Von Faistauer ist *Ein Brief an Alfred Kubin* abgedruckt in: *Für Alfred Kubin. Eine Widmung österreichischer Dichter und Künstler zu seinem 50. Geburtstag.* Wien 1927.
Hanak: Anton Hanak (22. 3. 1875 Brünn – 7. 1. 1934 Wien), Bildhauer des österr. Expressionismus, Mitglied der Wiener Sezession.
Bayros: Franz von Bayros (1866 Zagreb – 3. 4. 1924 Wien), österr. Maler und Exlibriskünstler.
Lanz-Liebenfels ... Bibliomystikon: (→Anm. 33 K). Der genaue Titel lautet: *Bibliomystikon oder die Geheimbibel der Eingeweihten. Ariosophische Bibeldokumente und Bibelkommentare zu allen Büchern der Hl. Schrift auf Grund der anthropologischen und archäologischen Forschungen und der arischen, klassischen und orientalischen Bibelversionen zusammengestellt.* Luzern, Baselstraße 17: (Hänke) Selbstverlag 1930–1934. – In der Bibliothek Kubins nicht erhalten.
der Germanist Prof. Dr. Alewyn: Richard Alewyn (24. 2. 1902 Frankfurt a. M. – 14. 8. 1979 Starnberg), Sohn von Hedwig Kubins Schwester Thilly, geschiedene Alewyn, verwitwete Spier (→Anm. 17 K). Richard Alewyn verlor 1933 den Lehrstuhl an der Heidelberger Universität und ging daraufhin nach Paris.
»Stehchristin«: Getaufte Jüdin.
Arch. Holzmeister: Clemens Holzmeister (27. 3. 1886 Fulpmes/Tirol – 12. 6. 1983 Hallein). Wurde bekannt durch seinen Umbau des Salzburger Festspielhauses. In Ankara war Holzmeister 1927 und 1938 im Auftrag der türkischen Regierung an verschiedenen Bauten des Parlamentsgebäudes und des Palais für den Staatspräsidenten beteiligt (→190 H).
Br. Varnbüler: Nicht ermittelt.
der Fall Seydlitz: (→196 K). Friedrich Wilhelm von Seydlitz (3. 2. 1721 Kalkar –

8. 11. 1773 Ohlau). – Bereits *Otte/Raabe,* S. 176f., weist darauf hin, daß die von mehreren Familienmitgliedern vertretene Meinung, die Kubins seien illegitime Nachfahren des Preußengenerals Seydlitz, genealogisch nicht bestätigt wird (→auch die dort abgebildete Bleistiftzeichnung »Seydlitz« 1933). – In der Bibliothek Kubins sind drei Werke über Seydlitz vorhanden: a) Eckart von Naso: *Seydlitz. Roman eines Reiters.* Bielefeld u. Leipzig: Velhagen u. Klasing 1932. Das Buch ist mit zahlreichen Anmerkungen Kubins versehen. – b) Kurt von Priesdorff: *Seydlitz.* Mit 9 Abbildungen. Berlin: Deutsche Verlagsgesellschaft 1933 (= Die großen preußischen Generale. 1). – c) Anton Mayer: *Reitergeist. Ein Seydlitz-Roman.* Berlin: Volksverband der Bücherfreunde/Wegweiser Verlag 1934 (= Jahresreihe für die Mitglieder des Volksverbandes der Bücherfreunde. 16. Bd. 1).
das als Drucksache gesandte Heft: Nicht ermittelt.

190 H 13. 10. 34
Deine liebe Frau wieder einmal gesehen: Die Umstände des Treffens sind unklar.
4 Ballette und ein Revueartiges Singspiel aus der Kaiser Joseph Zeit: Obwohl auch verschiedene andere Briefe bestätigen, daß FHO bereits zu diesem Zeitpunkt mehrere Ballette mehr oder weniger abgeschlossen hatte, ließen sich bisher lediglich drei davon und das »Revueartige Singspiel« für diese Zeit sicher ermitteln. In einem Brief des Malers Friedrich Winckler-Tannenberg vom 16. 11. 1934 aus Berlin an FHO heißt es: »Sie schreiben von Balletten und suchen einen Komponisten«, und am 26. 10. 1934: »Ich finde die Ballette sehr fein, mir gefallen aber die phantastisch komischen noch mehr als das Ernstere.« Als Komponisten empfiehlt er Alois Melichar (geb. 18. 4. 1896 Wien): »Komponist und Kapellmeister von wirklichem Format, Österreicher und in seiner Art der Ihren durchaus verwandt.« Folgt man dem Brief der damaligen Ballettmeisterin der Wiener Staatsoper, Margarete Wallmann, vom 30. 6. 1935, so scheint es in der Folge tatsächlich zu Verhandlungen und zeitweiliger Zusammenarbeit mit Melichar gekommen zu sein: »Ich habe ein neues Ballett-Szenario von Ihnen gelesen, das mir außerordentlich gut gefallen hat und von dem Sie schreiben, daß die Musik von einem Herrn Melchior [!] komponiert ist.« Bei dem genannten Ballett handelt es sich, wie aus Notizen im Nachlaß zu schließen ist, um *Das Bajaderenopfer. Tanzdrama* (BAI, XXI/10; ÖNB, Cod. Ser. n. 13654–57), das FHO für die Tänzerin Tilly Losch (→Anm. 200 H) geschrieben hatte. Die Vertonung des Balletts durch Melichar wurde nicht abgeschlossen (→Brief an Frank Fox vom 19. 5. 1951, BAI). – Ein mögliches zweites Ballett könnte *Der Wunsch der Prinzessin oder Prinzessin von Byzanz. Eine Tanzdichtung* sein (BAI, XXIII/9; ÖNB, Cod. Ser. n. 13633; →Anm. 173 H: *erschien ein üppiges Büchlein*), das mit »1925« datiert ist. – Ein drittes Ballett, an dem FHO in dieser Zeit arbeitete, ist *Diana und Endymion* (→Anm. 197 H: *Pantomimen . . . zwei sind fertig*). Am 6. 7. 1934 schreibt Victor Wögerer aus Wien an FHO: »Ihren ›Endymion‹ habe ich gelesen« und empfiehlt im folgenden den Komponisten Erich Zeisl (geb. 22. 5. 1905 Wien). Von FHO ist ein Briefentwurf an Frau Melichar vom 16. 3. 1935 erhalten: »Das eine Resultat [meiner Arbeit] ist der teilweise umgearbeitete ›Endymion‹.« (Alle Briefe BAI) – Bei dem »Revueartigen Singspiel« handelt es sich um *Kaiser Joseph II. und die Bahnwärterstochter* (*S. W.,* Bd. VI; →Anm. 195 H).
schreibe ich zwei Komponisten. Zwei andre löste ich aus der Bindung: Bei den zwei neuen Komponisten handelt es sich möglicherweise um die in der vorangegangenen Anm. genannten Melichar und Zeisl. Aus dem in Anm. 173 H: *erschien ein üppiges*

Büchlein, auszugsweise zitierten Brief CHOs an Lanz von Liebenfels geht hervor, daß die Zusammenarbeit mit dem Komponisten Franz Salmhofer abgebrochen wurde.
demolieren ... eine ... Kirche und Holzmeister baut Neues dafür: Die Pfarrei zum hl. Vigilius in Untermais in Meran. Zwischen 1930 und 1936 entstand nach den Plänen von Clemens Holzmeister anstelle der abgebrochenen eine neue Pfarrkirche. Einige alte Wandgemälde wurden übertragen.
Wolfskehl in Rom: (→Anm. 189 K).

191 K [Ende Oktober/Anfang November 1934]
Im III. Reich bin ich geehrt und anerkannt: (→188 K u. Anm. 188 K).
Dr. Freund: Robert Freund war von 1927 bis 1937 Teilhaber des Verlages R. Piper u. Co. und begründete später in New York die *Twin Prints*. Im Nachlaß FHOs ist ein Brief Reinhard Pipers vom 30. 1. 1934 erhalten: »[...] wie Ihr Patenkind [Erik von Kuehnelt-Leddihn: →Anm. 11 H] unserem Herrn Dr. Robert Freund erzählte, haben Sie ein Romanmanuskript liegen. Wir wären Ihnen sehr dankbar, wenn Sie uns dasselbe übersenden würden, falls es noch frei sein sollte. Wir würden es gerne lesen.«
Gerhart Hauptmann ... Durych: (→Anm. 189 K).

192 H 4. 7. 37
Deine wunderschöne Ausstellung: Die große Ausstellung in der Albertina in Wien vom 27. 4. bis 23. 5. 1937, aus Anlaß des 60. Geburtstags Kubins.
»Baum des Lebens«: Die Federzeichnung »Der Lebensbaum« ist bereits 1918 entstanden und zum ersten Mal im *Simplicissimus*, 23. Jg. (1918/19), Nr. 36 reproduziert. 1924 entstand die Federlithographie gleichen Namens, 380 × 306 bzw. 500 × 401, in einer Auflage von 80 signierten Drucken.
Ohm Bachus ... sein Freudenhaus: A. M. Pachinger (→Anm. 6 K). – »Sein Freudenhaus«: Gemeint ist das Hotel Fränkischer Hof in München, in dem Pachinger nach 1915 einige Zeit wohnte.
Kabbalistik der Örtlichkeit: (→Anm. 145 H: *Friedrich Rothbart*, u. Anm. 179 H: *Die Rätsel der Ortsnamen*).
Heraldik in ihrer apokryphen Lesart: (→Anm. 160 H: *Geheimheraldik*).
einen Mann, der die magische Mathematik beherrscht: (→194 H, 195 H u. 202 H). Wird auch in einem Brief vom September dieses Jahres an Otte erwähnt: »[...] großer Weltenspezialist und Matador der ›Quasioptik‹ einer der größten Mathematiker Deutschlands« (StGM-KA). Aus einem Brief an den Sammler und Kunsthändler Klipstein in der Schweiz geht hervor, daß es sich hierbei um den »Schweizer Wissenschaftler« Ernst E. W. Kassner handelt. »Er kennt mein gesamtes Werk von einigen 100 Blatt genau.« (Brief vom 8. 9. 1945) – In einem Brief an den Museumsdirektor von Bozen, Mayr, bezeichnet FHO Ernst Kassner als »bekannte[n] Physiker und Kurzwellenforscher [...] in Zürich« (Brief vom 25. 1. 1944; beide Briefe BAI). – Daten nicht ermittelt. Die dem Brief an Klipstein zu entnehmende Anschrift lautet »Crans-sur-Sierre, Chalet Anita«. Sie ist identisch mit jener von Rudolf Kassner, mit dem FHO ebenfalls korrespondierte (erhalten sind 2 leere Briefkuverts, BAI). Da sich verwandtschaftliche Beziehungen zwischen Ernst E. W. Kassner und Rudolf Kassner bisher nicht nachweisen ließen, ist es auch möglich, daß es sich bei dieser Adressenangabe um eine Verwechslung handelt.

das Wunder der Cheopspyramide: (→Anm. 194 H).
Leitmeritz: Der Geburtsort von Alfred Kubin.

193 H 10. 9. 37
Bei der Zeichnung zu 193 H handelt es sich um eine von FHO vorgenommene ›Ergänzung‹ der Danksagungskarte Kubins anläßlich seines 60. Geburtstages (→Abbn. S. 274 u. 276).

194 H [September 1937]
in den Einweihungsgängen der Cheopspyramide: (→192 H). Die verschiedenen Maß- und Zahlentheorien über den Bau der Pyramide sind wissenschaftlich nicht nachgewiesen.
»Tyroler Drachenspiel«: (*S. W.*, Bd. IV). Nur das Vorspiel wurde abgeschlossen (→ 202 H). Es ist in mehreren Fassungen im Nachlaß in der ÖNB, Cod. Ser. n. 13694–99, und im BAI, XIX/5–9, erhalten.
Ein Bekannter analysierte Gruppen meiner farbigen Blätter: (→Anm. 195 H). Vermutlich Ernst E. W. Kassner (→Anm. 192 H).
ganz was andres wie Nüsslein: Heinrich Nüßlein (1879 Nürnberg – ?), Prof. Dr. h. c., malte im Trancezustand okkulte Bilder.
einen so guten Sommer: Kubin hatte den Sommer in Obermoldau im Böhmerwald verbracht (→die Briefe an das Ehepaar Koeppel vom 13. 7. u. 18. 8. 1937, *D.w.R.*, S. 152 u. 154).
bei Prusso Skaramuzzios mit den Torpedos wo die Schraube fehlt: Ein ähnliches Bild begegnet im Vierzehnten Capitel von *Rout am Fliegenden Holländer* (*S. W.*, Bd. II). Skaramuzze sind Figuren aus der Commedia dell'arte.
Göthe, romantische Elegien: Anspielung auf Goethes *Römische Elegien.* Ob bzw. welche Quelle zitiert wird, bleibt unklar.

195 H 8. 12. 38
Schloß Knillenberg: Ab 21. 2. 1938 war das Ehepaar HO nach Auskunft des Meldeamtes von Meran wohnhaft: Schloß Knillenberg, Dantestraße 43, in Obermais.
Klagelaute ob Ohm Pachus Todes: (→Anm. 6 K). Pachinger war am 30. 11. 1938 in Wien gestorben.
Dank für die . . . Blätter: (→196 K). Am 18. 11. 1938 schreibt Kubin an Hanne Koeppel: »Mir geht es insoweit gut, als ich ein neues Werk, eine große Folge von 70 Köpfen, in Angriff nahm (kleines Format 17 × 20 cm), eine seit Jahren in mir hockende Idee, die nun ans Tageslicht will« (*D.w.R.*, S. 164). Möglicherweise handelt es sich bei den von FHO erwähnten Blättern um Entwürfe oder Varianten dazu. Zu einer Veröffentlichung kam es erst 1943: *Schemen. 60 Köpfe aus einer verklungenen Zeit.* Mit einer Einleitung von Richard Billinger. Königsberg: Kanter (= Kanter-Bücher. Bd. 54).
Deine Ausstellung: Unklar. Die Münchner Ausstellung im Graphischen Kabinett Günther Franke, die wichtigste des Jahres, hatte bereits im Juli stattgefunden. Kubin schreibt Ende September 1938 an Helma de Gironcoli: »Nun zeige ich diese Kollektion geteilt in Stuttgart und Köln« (*Gironcoli*, S. 14). Bei *Otte/Raabe* ist nur die Stuttgarter Ausstellung im Kunsthaus Schaller ausgewiesen. Zur Stuttgarter Ausstellung war eine Einladungskarte mit einer Abbildung erschienen. Es wäre möglich, daß Kubin diese FHO geschickt hat.

Ich war hier eine Art von Ehrenintendant: Am 15. 5. 1943 schreibt FHO an die Direktion des Zürcher Stadttheaters: »Ich hänge mit dem Bau dadurch zusammen, daß ich ehrenamtlich durch Jahre Intendant des Meraner Stadttheaters war.« Über konkrete Arbeiten FHOs am Meraner Stadttheater konnte nichts in Erfahrung gebracht werden. Aus einem Ausschnitt aus dem Meraner Tagesblatt *Alpenzeitung* vom 26. 2. 1930 geht lediglich hervor, daß FHO im Vergnügungskomitee für den damals üblichen »Osterfestzug« in Meran in der Unterabteilung Theater eine »wesentliche« Funktion innehatte (alle Dokumente BAI).
habe im Burgtheater ein paarmal Ausstattungen gemacht: Im Nachlaß sind Briefe erhalten, die eine Arbeit FHOs für das Burgtheater bestätigen: Im Dezember 1934 wird FHO von Karl Eidlitz (Regisseur am Burgtheater) gebeten, für Hofmannsthals *Die Lästigen* »Figurinen zu zeichnen«. In einem früheren, undatierten Brief heißt es: »Ich bin überglücklich, daß die Arbeit am ›Androklus‹ Sie freut. Ich hoffe, daß das die Keimzelle zu Ihrer dauernden Verbindung mit dem Burgtheater als Maler und Autor darstellt.« (BAI)
»Kaiser Josef II und die Bahnwärterstochter«: (*S. W.*, Bd. VI). Das Stück war zunächst in einem Brief vom 4. 11. 1932 von der Direktion des Burgtheaters abgelehnt worden. – In einem Brief vom 1. 12. 1938 (ohne Absender) ist von einer Übersetzung ins Ungarische die Rede. FHO und der Schreiber hatten sich kurz zuvor in Meran getroffen und dieser war nach Wien zurückgekehrt mit dem Auftrag, die »Bühnensache« beim Burgtheater unterzubringen. FHO hatte schon in den Jahren vorher versucht, das Stück in Zürich, München, Kassel und Hamburg unterzubringen (Briefe BAI). – Trotz aller Bemühungen kam es erst am 10. 1. 1957 zur Uraufführung in den Münchner Kammerspielen in der Inszenierung von Axel von Ambesser und einer Bearbeitung von Friedrich Torberg. Es folgte eine weitere Premiere am 23. 2. 1957 im Akademietheater in Wien.
Aslan: Raoul Aslan (16. 10. 1886 Saloniki – 17. 6. 1958 Attersee), armenischer Herkunft, Kammerschauspieler, berühmter Darsteller klassischer Helden- und Charakterrollen. Seit 1920 am Wiener Burgtheater, hier auch Regisseur und 1945–1948 Direktor. Mit dem Ehepaar HO befreundet (Briefe BAI).
Jelusich: Mirko Jelusich (12. 12. 1886 Semil/Böhmen – 21. 6. 1969 Wien), Schriftsteller. Von März bis Juni 1938 kommissarischer Leiter des Burgtheaters.
eine neue, provisorische Direktion: Ulrich Bettac von 1938 bis 1939.
Eine derbe Münchner Komödie: 's Wiesenhendl, oder, wie der endgültige Titel lautet: *Der abgelehnte Drilling* (*S. W.*, Bd. VI). – Das Stück war am 25. 6. 1938 vom Theater-Verlag Eirich. Verlag für Bühne, Funk und Film, 1030 Wien, Lothringerstraße 20, erworben worden. Zur Aufführung gelangte es erst nach dem Tode FHOs im I. Programm des Österreichischen Fernsehens am 25. 3. 1968, im III. Bayerischen Studioprogramm am 18. 3. 1969 und im III. Programm des Südwestfunks am 26. 5. 1969 (Unterlagen BAI).
Analytiker der Jungschule hat Zyklen . . . zusammengestellt: (→Anm. 192 H: *einen Mann, der die magische Mathematik beherrscht,* u. 194 H; →auch 202 H: »[. . .] großer Physiker und Mathematiker hat 3 Werke daraus zusammengestellt und im Sinne Prof. Jungs analysiert.«) Die hier angesprochenen »Zyklen« oder Werke sind vermutlich zumindest teilweise identisch mit einer Reihe bekannter Blätter zu einem Zyklus *Ego* (→FHO »Graphikarchiv«. 2 Kassetten, erstellt und im Besitz von Wilfried Kirschl). Diesen Schluß erlaubt ein Brief an Gerd von Wolfenau vom 19. 4. 1942, in dem es heißt: »Dann liegt bei mir ein merkwürdiges Manuskript das eine Paralyse zu 40 meiner

farb. Zeichnungen enthält: Titel: der Weg eines Ego aus der Krystallsfäre bis zur See.« Die Analysen zu diesen Blättern sind im Nachlaß erhalten.
beschäftigen wir uns mit ... Würfelkonstruktionsgesetzen: (→Anm. 183 H: *die 292te Primzahl*). Zahlreiche Notizen und Aufzeichnungen hierzu im Nachlaß (BAI) erhalten.
unser Ariernachweis ergab interessante Dinge: Der Ariernachweis ist im Nachlaß (BAI) erhalten, ebenso ein zweiblättriges Manuskript (DIN A 5) FHÔs: *RÖM.-DEUTSCHER REICHSADEL: ORLANDO.* Beides aber reicht bei weitem nicht so weit zurück, wie hier angegeben.
Eleonore Schwarzenberg: Das Uradelsgeschlecht der Reichsfürsten von Schwarzenberg besaß große Güter in Südböhmen und in der Gegend von Krumau. – Eleonore Schwarzenberg nicht ermittelt.
der hl. »Nordwald« ... Heiligtum der Njord: Njörd: altgerm. Gottheit. Zusammenhang unklar.
Wir waren ... in Rom u an den Albanerseen: Genauere Umstände der Reise nicht ermittelt.

196 K 10. 1. 39
Maria Mayer die Burgschauspielerin: (7. 7. 1877 Salzburg – ?). 1952 entstand von Kubin die Zeichnung »Maria Mayer zum 75. Geburtstag gratulieren ...« (Briefe und Glückwünsche von Kollegen der Burgschauspielerin M. M., gesammelt von Maria Kapsreiter; →Anm. 174 K: *für zwei Tage von hier mich flüchten*). Auf der 1. Seite Reproduktion einer Federzeichnung: Bild des den Zylinder ziehenden alten Kubin, dazu als Text: »Kubin gratuliert bereits zum 85. Geb. 1962«. 50 Exemplare, davon 10 von Kubin signiert (→*Otte/Raabe,* S. 184; Abb. S. 311). – Nicht identisch mit der von *Otte/Raabe,* S. 134, 142, 145, 148 u. 151 genannten Jugendschriftstellerin Maria Mayer (17. 12. 1897 Hauzenberg/Bayr. Wald – 3. 6. 1946 Passau).
»Schemen«: (→Anm. 195 H: *Dank für die ... Blätter*).
»Isis und ihre Kinder«: Reproduziert in dem Werk: Alfred Kubin: *Abenteuer einer Zeichenfeder* (→Anm. 198 K).
»die Pause«: Die Pause. Österreichische Monatshefte. Die Reproduktion der Federzeichnung »November« zum angesprochenen Kalendarium erschien im Jg. 3 (1938), H. 11/12.
Johann Pezzl: (30. 11. 1756 Mallersdorf/Niederbayern – 9. 6. 1823 Oberdöbling bei Wien). Der vollständige Titel des Buchs von Pezzl lautet *›Skizze von Wien‹. Ein Kultur- und Sittenbild aus der josephinischen Zeit.* Mit einer Einleitung, Anmerkungen und Register, hrsg. von Gustav Gugitz und Anton Schlossar. Graz: Leykam 1923. – In der Bibliothek Kubins erhalten.
mein Ur-Ur-Großvater: Bernhard Maximilian Kubin, geb. 1725 in Schwarzkosteletz. – Oswald nennt in seiner *Genealogie zu Alfred Kubin* seinen Rang »Domänendirektor der fürstlich liechtensteinischen Herrschaft Schwarzkosteletz«. Im Gegensatz zu Kubin sind laut Oswald aus dieser Ehe drei Kinder hervorgegangen. – *mein Vetter der General Josef K. in Graz:* Ältester Sohn des Bruders des Vaters, Leopold Ferdinand Kubin (→Anm. 31 K: *nach Graz*), und seiner Frau Wilhelmine geb. Faldoni (15. 4. 1842 Budapest – 30. 7. 1922 Graz). – *mein Urgroßvater:* Johann Kubin (15. 9. 1755 Schwarzkosteletz – März 1837 ebenda). – *Schwester m. Vaters, Tante Elise:* Elisabeth Maria (12. 7. 1840 Brüx, verstorben bereits vor 1874).
C. G. Jung: Carl Gustav Jung (26. 7. 1875 Keßwil – 6. 6. 1961 Küsnacht bei Zürich),

schweiz. Psychologe und Psychiater, der, von Freud ausgehend, später eigene Lehren zur psychischen Energie und zur Individuation entwickelte. Begründer der Lehre von den Archetypen. – In dem Buch *Ulysses. Wirklichkeit der Seele.* 3. Auflage *(Gesammelte Werke* XV, Abs. 194), S. 164, heißt es bei Jung: »Ein ländlicher Verwandter des großstadtbewohnenden Ulysses ist Alfred Kubins ›andere Seite‹.« Kubin hatte Jung daraufhin offensichtlich zustimmend geschrieben. Jung antwortete auf diesen Brief am 19. 11. 1932: »Empfangen Sie meinen besten Dank für Ihren freundlichen Brief, den ich um so mehr schätze, als es mir nachträglich einfiel, daß Sie vielleicht meine Bemerkung über Ihr Buch Die andere Seite hätten mißverstehen können. Das Epithet ›bäuerlich‹ ist nämlich in bezug auf Joyce ein Kompliment. In einem gewissen Sinne schätze ich Ihr Buch viel mehr, da es eine genaue und loyale Berichterstattung über die Dinge ist, die Sie gesehen haben. Ich habe darum Ihr Buch mehrfach in meinen Schriften erwähnt, als ein klassisches Beispiel für die unmittelbare Wahrnehmung unbewußter Vorgänge. Unser gemeinsamer verstorbener Freund Schmitz hat es ja auch noch gelernt, in jene Tiefen hinunterzusteigen, und in seinem Hannickel-Märchen schlägt er Töne an, die an Kubin erinnern. [Absatz] Daß Sie mir geschrieben haben, freut mich auch darum, weil sich unsere Wege ja gekreuzt haben in dem Märchenbuch von Schmitz.« – Schmitz bekundet seine Hochschätzung Jungs wiederholt in *E.S.* – Bei dem von Jung genannten »Märchenbuch« handelt es sich um *Märchen aus dem Unbewußten.* München: Georg Müller 1932. Kubin hatte das Buch illustriert. Von Jung stammt das Vorwort. (Briefzitat nach: C. G. Jung: *Briefe.* Hrsg. von Aniela Jaffé in Zusammenarbeit mit Gerhard Adler. 3 Bde. Olten u. Freiburg: Walter. 1. Bd. 1972, S. 140; → auch die Anmerkungen zu diesem Brief.) – Jung erwähnt Kubin in zwei Werken: a) *Psychologische Typen.* 2. Auflage. Zürich: Rascher 1925, S. 548. – b) *Die Beziehungen zwischen dem Ich und dem Unbewußten.* Zürich: Rascher 1935, S. 161 (→ *Otte/Raabe,* S. 239).
ein kleines Blättchen: Nicht ermittelt.
was treiben Horrak und Luckeneder: (→Anm. 201 K).

197 H 14. 1. 41
Malcesine: Am 15. 8. 1939 war das Ehepaar HO nach Malcesine am Gardasee, Via Pisor, Villa Rita, übersiedelt. Die Erklärung, die FHO Kubin gibt: »Uns hat die herrliche Gegend gelockt« reicht aber zur Begründung dieser Entscheidung nicht aus. Vielmehr scheint das Ehepaar HO Schwierigkeiten mit den Nationalsozialisten gehabt oder diese doch für die Zukunft befürchtet zu haben. Das geht jedenfalls aus 208 H wie aus zwei Briefen des Jahres 1945 hervor, in denen FHO bemüht ist, seine Rückübersiedlung nach Meran zu begründen und seinen Anspruch auf die von ihm seit 1942 in Meran gemietete Wohnung anzumelden. In dem einen Brief an das Einwohnermeldeamt in Meran gibt FHO als einzigen Grund für die Übersiedlung nach Malcesine an, daß seine Frau von nicht arischer Rasse (»razza non ariana«) gewesen sei (27. 6. 1945). In dem zweiten Brief vom 17. 10. desselben Jahres an Propst Dr. Josef Weingartner in Brixen nennt er als Gründe die Konfiszierung seines Romans *Der letzte Hofzwerg* (→Anm. 135 H) und was das »Schlimmste [...] war, daß meine Frau ihrem Vetter, dem Großindustriellen William Francis Hardy (Besitzer der Vacuum Brake Ltd.), dem es gelungen war 1939 vor der Ermordung durch die Nazis aus Wien zu fliehen, dazu verhalf, in Rio de Janeiro zu existieren.« Einen dritten Grund für die Übersiedlung nach Malcesine nennt FHO in dem Brief vom 7. 7. 1951 (→208 H). – Wahrscheinlich sind alle diese Gründe zusammen eine Erklärung dafür, daß sich das Ehepaar HO um die

Staatsbürgerschaft der Republik Honduras bemühte und diese (laut Einbürgerungsurkunde Nr. 054519) am 24. Februar 1940 verliehen bekam. Aus späteren Briefen geht allerdings hervor, daß diese Staatsbürgerschaft, für die FHO 25.000 F bezahlt hatte, vom Staate Honduras nicht anerkannt wurde (Unterlagen u. Briefe BAI).
Tovel: Der hintere Teil des Lago di Tovel färbt sich von Juli bis September mittags wegen Milliarden mikroskopisch kleiner Protozoen blutrot.
Arco: Städtchen im Sarcatal nördlich von Riva am Gardasee.
Madruzzio: Madruzzo. Altes Tiroler Adelsgeschlecht, das von 1539 bis 1658 die Bischöfe von Trient stellte (→auch 203 H).
Vendôme: Louis Joseph, Herzog von Vendôme (1. 7. 1654 Paris – 11. 6. 1712 Vinaroz/Spanien), frz. General. Nahm seit 1672 an den Kriegen Ludwigs XIV. teil. Im Spanischen Erbfolgekrieg übernahm er den Oberbefehl über die Armee in Italien, besiegte den Prinzen Eugen am 16. August 1705 bei Cassano und trieb 1706 die Österreicher über die Etsch.
Paris Lodron: (13. 2. 1586 Castelnuovo di Noarna – 15. 12. 1653 Salzburg), Erzbischof von Salzburg.
vor vielen Jahren ... auf der Fahrt nach Riva: (→198 K u. Anm. 198 K). Auf der gemeinsamen Reise 1908 nach Oberitalien und Venedig (→Anm. 10 K: *mit meiner Arbeit in der Rohschrift*).
Eine Riesenburg der Scaliger ... Göthe wollte sie abkonterfeien: Skaligerburg aus dem 13.–14. Jh. – →die Eintragung Goethes in seiner *Italienischen Reise* vom 14. September 1786.
angeregt durch einen Leipziger Regissör: Reinhold Balque, Schauspieler, Regisseur am Leipziger Staatstheater und Schriftsteller. Schwiegervater des Regisseurs Helmut Käutner. FHO war durch seinen Grundstücks- und Vermögensverwalter Rudolf Frohberg in Leipzig an Balque empfohlen worden.
Pantomimen ... 2 sind fertig: a) *Diana und Endymion* (*S. W.*, Bd. IV; →auch Anm. 190 H: *4 Ballette ...*, u. 200 H). – b) *Der Zaubergarten* oder *Die Fahrt ins Traumland* (*S. W.*, Bd. IV). – »Fertig« vertont war zu diesem Zeitpunkt keines der beiden Libretti. In bezug auf letzteres schreibt FHO am 6. 4. 1941 an Raoul Aslan: »Ein anderes pantomimisches Ballett ist ›Der Zaubergarten‹ 3 Akte. Ein gesteigertes Salzburg der Festspiele ungefähr. Musik nicht vorhanden.« (BAI)
Frank Fox: Eigentlich Franz Fux (25. 7. 1908 Bistritz/Ungarn – 27. 11. 1965 München). 1930 musikalischer Leiter der Sascha Film Ges. Wien, bis 1939 Kapellmeister an der »Scala«, Wien, 1938–1940 Metropoltheater in Berlin, 1946–1949 am Deutschen Volkstheater in Wien. Komponierte vor allem Operetten und Filmmusik. – Die Briefe Frank Fox' bestätigen zwar dessen Arbeit an der Pantomine *Diana und Endymion* bereits seit etwa 1937, noch im Jahre 1959 aber heißt es in einem Brief an CHO: »Nun habe ich mir wieder den Endymion vorgenommen [...] um den Klavierauszug endgültig in Ruhe fertigzustellen.« (17. 7. 1959; beide Briefe BAI) Der Klavierauszug ist im Nachlaß erhalten (ÖNB, Cod. Ser. n. 13642).
»Tyroler Drachenspiel«: (*S. W.*, Bd. IV; →Anm. 194 H).
Der zerbrochene goldene Stab des Dyonysos am Hausball: »An Rauschfähigkeit fehlte es ihm [dem als Dionysos verkleideten Professor Hoffmann = Karl Wolfskehl] sicher nicht, und er lebte ganz in seiner Rolle, wenn man es so nennen darf – außer bei einer kleinen Szene. Maria verfiel in einem animierten Moment darauf, an seinem ungeheuren goldenen Stab emporzuklettern – er schaute sie froh entgeistert an, hielt ihr den Stab hin, und der Stab brach in der Mitte durch. Schade, aber in diesem

Moment versagte sein heidnisches Empfinden, und er wurde ärgerlich.« (Reventlow: *Herr Dame,* S. 194)

198 K 26. 1. 41

als wir drei im Herbst 1908 in Malcesine waren: Diese Angabe steht in Widerspruch zu 197 H und zu allen bisherigen Erkenntnissen über diese Reise. Auch in Kubins Autobiographie ist bei der Erwähnung dieser Reise lediglich von FHO als Begleiter die Rede.

das Buch »vom Schreibtisch eines Zeichners«: Alfred Kubin: *Vom Schreibtisch eines Zeichners.* Mit 72 Zeichnungen. Berlin: Ulrich Riemerschmidt 1939. – Es handelt sich hierbei um eine Sammlung 22 bereits veröffentlichter Einzelaufsätze mit einem Vorwort vom Juni 1939.

bei Piper... meine Kunst der Federzeichnung: Alfred Kubin: *Abenteuer einer Zeichenfeder.* Mit einer Einführung von Max Unold. München: R. Piper u. Co. 1941 (tatsächlich erst 1942). – Das Werk enthält 60 Strichätzungen nach Federzeichnungen.

»Gerade dies«: Peter Scher; Pseudonyme: Fritz Schweynert, Emanuel Trim, Pierre Blaguere (30. 9. 1884 Großkamsdorf/Thüringen – ?). *Gerade dies.* Gedichte. Mit 30 Zeichnungen von Kubin. Berlin: Siegismund 1940. – Das Buch erschien in einer Neuausgabe mit 27 Federzeichnungen 1947. Lorch: Bürger (→*Otte/Raabe,* S. 162 u. 169).

Klages... der Geist als Widersacher der Seele: (→Anm. 50 K).

der kosmogonische Eros... mit Fußnoten über Alf. Schuler: Hier sind, zumindest syntaktisch, zwei Bücher durcheinandergeraten: a) Ludwig Klages: *Vom kosmogonischen Eros.* 2. erweiterte Auflage München, Jena: Diederichs 1926. – b) Alfred Schuler: *Fragmente und Vorträge aus dem Nachlaß.* Hrsg. von Ludwig Klages. Leipzig: Johann Ambrosius Barth 1941.

200 H [zwischen 14. 1. 1941 und 8. 1. 1942]

Nach langer Pause... einen Roman geschrieben: Rout am Fliegenden Holländer (*S. W.,* Bd. II). Vorarbeiten zu diesem Roman datieren zurück bis 1918.

Dandolo = Treo: (→Anm. 139 H: *Michelangelo Zois*). Im Roman tritt eine Figur »Lazzaro Dandolo-Treo« auf.

die merkwürdigsten Leute... Alten Freunden ist ein Denkmal gesetzt: →hierzu auch das dem Roman vorangestellte Namensverzeichnis.

Pallenberg: (→Anm. 59 H). Er tritt mit seinem vollen Namen im Roman auf.

Pachinger: (→Anm. 6 K). »Blasius Großwachter aus Linz«.

Hohenlohe: Prinz Max Karl Joseph Maria Hohenlohe-Langenburg (21. 7. 1901 Toblach – 27. 7. 1943 Stuttgart; Auskunft von Wilfried Kirschl und Susanna Kirschl-Goldberg). Er heißt im Roman »Prinz Max zu Eschenlohe«.

Michelangelo Zois: (→Anm. 139 H). Er ist mit seinem vollen Namen eine der Hauptfiguren des Romans.

Adalbert Sternberg: Graf Monczi (14. 1. 1868 Pohorelitz/Mähren – 25. 4. 1939 Wien). Österr. Offizier und Schriftsteller. Verbrachte viele Jahre im Ausland. Wurde 1904 ins österreichische Parlament gewählt, bis 1911 als oppositioneller Redner. Hrsg. eines Blattes *Sternbergs Halbmonatsschrift.* – Erscheint im Roman als »Monczi Sternberg«.

Tilly Losch: (1904 – 1975 New York). Mitglied des Wiener Hofopernballetts, tanzte bei den Salzburger Festspielen 1925 in der Ballett-Pantomime Hugo von Hofmannsthals *Die grüne Flöte,* war 1928 Star einer Londoner Aufführung eines Stückes von Noël Coward und wurde Partnerin von Fred und Adele Astaire in *The Band Wagon.* Lebte zuletzt zurückgezogen in New York. – Im Nachlaß FHOs sind ein *Ballett nach einem Traum* (*S. W.*, Bd. IV), in dem Tilly Losch namentlich vorkommt, und 3 Briefe von ihr an FHO bzw. CHO erhalten (BAI). FHO widmete ihr sein Ballett *Das Bajaderenopfer* (→Anm. 190 H). »Sie [die Ballettmeisterin Denk-Kuna; →Anm. 212 H] hat Interesse für das ›Bajaderenopfer‹, das ich vor Jahren für Tilly Losch schrieb, das aber bis heute nicht vertont wurde.« (Brief an Fox vom 19. 5. 1951, BAI) – Sie erscheint im Roman als »Soubrette Adonaïde Malfilâtre«.

201 K 8. 1. 42
madame mors: In: *Alfred Kubin 1877–1959,* S. 168, ist eine farbige Federzeichnung »Madame mors«, um 1930, abgebildet. Das Original befindet sich im Oberösterreichischen Landesmuseum.
einen Gasthof 40 km v. Passau: Kubin verbrachte im August einige Wochen in Schönberg bei Passau (Brief vom 8. 8. 1941 an das Ehepaar Koeppel, *D.w.R.,* S. 180).
Horrak: (→Anm. 10 K). Horrak führte in der Zwischenkriegszeit ein Briefmarkengeschäft in Meran (Briefe an Mia Luckeneder-von Neuhauser; →auch 202 H u. 203 H) und lebte nach dem Scheitern einer zweiten Ehe bis zu seinem Tode in Salzburg.
Luckeneder: (→Anm. 2 K). Paul Luckeneder war am 7. 1. 1942 in einer Nervenheilanstalt gestorben (→203 H; auch die Briefe seiner Mutter Paula Luckeneder-Gunz an Alfred Kubin in der StGM-KA).

202 H 21. 1. 42
»Boldo«: Kleiner immergrüner Baum, aus Chile kommend. Die harten, aromatischen Blätter werden für Tinkturen oder Infusionen verwendet; wirkt harnabsondernd.
»der Gaulschreck« . . . eine Neue Auflage: (→Anm. 135 H). Die angegebene Auflagenhöhe von »6000 Exemplaren« scheint nach allen bisherigen Ermittlungen bei weitem zu hoch zu sein.
»die Spiegelwelt des linken Weges«: Früher Titel des Dritten Teils der *Österreichischen Trilogie: Das Maskenspiel der Genien* (*S. W.,* Bd. III; →179 H).
Ein Jung-Schüler . . . 3 Werke daraus zusammengestellt: (→Anm. 192 H).
Pachinger . . . Im Wiener Stadtpark: 1937 war Pachinger hauptsächlich aus Devisengründen von München nach Graz und von dort nach Wien übersiedelt, wo er mit seiner Freundin Marie Bayerlacher – »seine greise Miezl« –, mit der er seit 1909 zusammenlebte, im Hotel Höller hinter dem Deutschen Volkstheater wohnte (→*Lipp: Pachinger,* S. A 152).
»Fehlwäschesammlung«: Naskrückl zu Hahn im *Maskenspiel der Genien* (S.W., Bd. III): »›[. . .] da weiß ich Ihnen auf der Dult a Standel mit Fehlwäsch . . . kommen S' . . . da Links is's . . .‹ [Absatz] Die Herrn traten hin, und Hahn war, wie er mir später erzählte, betroffen, das denkbar unsinnigste Zeug zu sehen. Frackhemden für Bucklige! das hätte er sich eventuell gefallen lassen – na, drückt man ein Aug zu – das muß es ja schließlich geben . . . aber Hemden mit zwei Brustteilen?« (Zitiert nach: Buch 1 des *Maskenspiels der Genien,* S. 77; ÖNB, Cod. Ser. n. 13678.)

203 H 3. 5. 42
ein Buch . . . »die Wege der Venus« »oder: das Gold der Inka im Nachtkastel«: Ähnlich schreibt FHO auch in einem Brief an den Verleger Wolfenau vom 19. 4. 1942: »Ich habe einige neue Sachen geschrieben. Ein Titel ist ›das Inkagold im Nachtkastl‹«. – Im Nachlaß ist eine von FHO geschriebene Liste mit Werken erhalten, auf der er unter der Abteilung »wissenschaftliche Werke 1942«: »1) Das ›Inkagold im Nachtkastl oder: kl. Handbuch für Magier der Träume‹« nennt (BAI, XXXV/8).
Wiener Tänzerin der Oper: Nicht ermittelt.
Brenta . . . Adamello: Zwei Bergmassive im Trentino, nördlich des Gardasees.
Dro . . . Castel Toblino: Ort und Burg im Sarcatal.
meines Ur-Ur-Urgroßvaters Xaver Lorenz Baron Orlando: Tatsächlich der Ur-Urgroßvater. »Ein Franz X. Lorenz Orlando war Kaiserl. Reichsfiscal (= eine Art Finanzminister) in Italien (= d. i. der Provinzen Lombardo-Venezien) und heiratete Maria Baronin Rödersthal, die Tochter des Rector Magn. der Wiener Universität (s. Tafel daselbst im Foyer. Er war auch Kaiserl. Leibarzt.) [Absatz] Der Heiratskontrakt (Wien 1778) ist in meinem Fam. Archiv. [Absatz] Sein Sohn: Ignaz: heiratete die Baronin Johanna Leitenberger in Cosmanos, Böhmen und brachte von ca. 1820–40 die Fabrik als Farbenchemiker und tüchtiger Organisator auf die spätere Höhe.« (FHO: *RÖM.-DEUTSCHER REICHSADEL: ORLANDO;* →Anm. 195 H: *Unser Ariernachweis . . .;* BAI)
eine zweite Burgruine unweit Rovereto »Beseno«: Castel Beseno. 1302 mußte Dante ins Exil gehen und wurde zuerst von den Skaligern in Verona aufgenommen. Ob und wie lange er sich auf Beseno aufgehalten hat, wurde nicht ermittelt.
eine verfallene Kaiserpfalz, Ottos I.: Gemeint von FHO sind möglicherweise die Reste des Skaligerkastells in Bardolino, nördlich von Lazise.
Lazise: Am veronesischen Ufer des Gardasees mit sechstürmigem Skaligerkastell.
schöne Jubiläumshuldigung . . . von Piper: Zum 65. Geburtstag Kubins erschien die bei Piper verlegte Sammlung *Abenteuer einer Zeichenfeder* (→Anm. 198 K).
Ausgestellt habe ich seit Jahren nicht mehr: Außer der Beteiligung an der Ausstellung der »Juryfreien« in Berlin im Jahre 1927 (→Anm. 173 H) ist es zu Lebzeiten FHOs vermutlich nur noch zu einer größeren Ausstellung gekommen: in der Galerie Würthle in Wien vom 27. 5. bis 27. 6. 1932 unter dem Titel »Zeitlose Grotesken« (→auch 210 H).
ein heftig »bemelnder« Apotheker in Meran: Dr. Josef Polášek. Seine Anschrift in Meran lautete: Lauben Nr. 74. Aus einigen wenigen erhaltenen Schriftstücken im Nachlaß geht hervor, daß die Bekanntschaft bis in die 20er Jahre zurückreicht. – In dem Drama *Die Fürstin von Cythera* (*S. W.*, Bd. VI; →Anm. 150 H) wird eine Szene geschildert, die derjenigen in diesem Brief ähnlich ist. Der »Exkaderapotheker Philemon, genannt October«, sagt dort mit leicht böhmelndem Akzent: »In jedem Lehrbuch der Metaphysik steht das . . . und die richtige Beantwortung der Frage hat mir seinerzeit den Doktorhut gebracht der was mich ziert . . . [Randnotiz] das Nesterl für auf dem ich meine Familie gebaut habe.« (Zitiert nach: *Die Prinzeß zu Cythera. Venezianische Maskenkomödie.* BAI, XV/1; ÖNB, Cod. Ser. n. 13623/1.)
asa foetida: In dem bei Susanna Kirschl-Goldberg wiedergegebenen Paralipomenon zum *Gaulschreck im Rosennetz* (*S. W.*, Bd. I) findet sich unter dem Titel *Unzeitigs Sommerfrische* hierzu folgende Parallelstelle: »Zu Ehren des biedren Eynhuf müssen wir übrigens ausdrücklich feststellen, daß er nichts vom Drehwurmischen Betrieb wußte, von der geheimen Erzeugung von Asa foetida.« – Asa foetida = Teufelsdreck.

204 K [Fragment, zwischen 12. 2. und 12. 3. 1944]
Fragment: Die dritte Postkarte (siehe weiter unten im Brief) ist nicht erhalten.
Emeline, O.A.H.'s III. Frau: Emeline Primer (→184 K).
3 besondere Werke: Aus Briefen Kubins an Ernst Jünger *(Jünger – Kubin,* Brief vom 10. 1. 1944, S. 80) und Ludwig Rosenberger (Rosenberger: *Wanderungen zu Alfred Kubin,* Brief vom 1. 1. 1944, S. 84) geht hervor, daß bei einem Bombenangriff auf Leipzig »drei Fünftel« der Auflage der *Planetenmappe* im Staackmann-Verlag vernichtet wurde. Der genaue Titel des Werkes lautet: *Die Planeten.* Eine Folge. Leipzig 1943. – Der Zyklus entstand bereits 1935 und wurde in der Preußischen Akademie der Künste in Berlin im Oktober 1935 ausgestellt. Die Auslieferung der fertigen Mappe erfolgte allerdings erst 1946 (→ *Otte/Raabe,* S. 164f.). – *der E. Th. A. Hoffmannband: Märchen* (→Anm. 46 K). »Es traf ebenfalls bei dem E. T. A. Hoffmann-Band zu (26 Tafeln). Ich dachte, der bliebe mir sicher, weil es ein Königsberger Verlag ist. Nun hatte auch dieser die ausgedruckten Bogen in Leipzig, wo sie mitsamt dem Satz verbrannten. Fare well!« (Rosenberger: *Wanderungen zu Alfred Kubin,* Brief vom 1. 1. 1944, S. 85). – Bei dem dritten Werk handelt es sich vermutlich um das »Poesiealbum«: »Inzwischen erfuhr ich von der Zerstörung des Verlags S. Hirzel in Leipzig, wo das ›Poesiealbum‹ zur Herstellung war. Die 11 Originale schickte mir der Verleger, denen passierte nichts.« (Rosenberger: *Wanderungen zu Alfred Kubin,* Brief vom 20. 2. 1944, S. 85) Nicht ermittelt. Das Werk wurde offensichtlich nicht realisiert.
ein kleines Bändchen: Schemen 60 Köpfe: (→Anm. 195 H: *Dank für die ... Blätter*).
Eine stattliche Schau ... Innviertler Galerie: Die Ausstellung fand vom 12. 2. bis 12. 3. 1944 in Ried im Innkreis/Oberösterreich statt.

205 H 12. 1. 48
Vetter Saar in Wien: Rudolf Freiherr von Saar (12. 4. 1869 Ecsed/Komitat Heves/Ungarn – ?), Ministerialrat im Ministerium für Land- und Forstwirtschaft, verheiratet mit Maria Isabella Hardy, einer Tochter von Josef R. und Mathilde Hardy (→Anm. 148 H).
Wir streben wieder nach Meran zurück: Das Ehepaar HO war bereits seit dem 13. 7. 1946 wieder in Meran, Laubengasse 74, bei Dr. Polášek gemeldet. Ab 17. 9. 1949 lautet die Anschrift: Labersstraße 4, Schloß Rametz.
Rindb. ... das Kommando des Mordlagers »Ebensee«: Unterlagen im BAI.
die Bestien haben uns das Haus ausgeraubt: (→206 H u. 208 H). Die Bemerkung widerspricht dem Brief FHOs vom 8. 9. 1945 an den Sammler Klipstein, in dem es heißt, daß die Sammlung erhalten blieb: »Der Umstand, daß die Sammlung Nationaldenkmal ist, hatte zur Folge, daß doch die Denkmalbehörde immer ein Auge drauf hatte.« (BAI) Schließlich heißt es dazu in einem Schreiben des Landeskonservators Dr. Franz von Juraschek an die oberösterreichische Landeshauptmannschaft, Linz, vom 1. 7. 1946: »Die Befürchtungen, die der scheinbar hoffnungslose Verwüstungszustand in der Villa Herzmanovsky entstehen ließ, sind doch wesentlich zu groß gewesen. [Absatz] Nach sehr mühsamen Vorerhebungen konnte festgestellt werden, daß etwa (der Stückzahl nach) ein Fünftel der Sammlungsgegenstände verlorengegangen sein dürften [!]. Dem Werte nach ist jedoch zu hoffen, daß der Abgang geringer sein dürfte, da gerade die besten Gegenstände aufgefunden wurden.« (BAI)
auf 2600 Numm. angewachsenen Sammlungen: »Im Haus hängen unter vielen anderen auch 15 Meisterbilder wie Varotari: (Venus, Vulkan und Putten) Pietro Liberis (Diana

und Aktäon) Zancchi (Kain und Abel). 1 Porträt des Gluck, vorzügliche englische Arbeit, 2 Bilder eines Südtyrolers im Style des Virgil Sohs: Entführ. d. Helena u. d. Parisurteil (um 1550), ein Kremserschmidt, ein Tobiaschofsky, ein Gabriel Max, ein Josef Holzer etc. Von Graphik ist aufgehängt eine Reihe erster Abzüge der Schabblätter von Valentin Green, vielleicht die größte Sammlung am Kontinent. [Absatz] Dann 7 gute Dürerholzschnitte. Eine Sammlung österr. Porträtlithographien von Kriehuber, Kaiser etc. Ebenso einige 100 gute Stiche und Radierungen. Ferner einige schöne alte Bücher, wie z B. die Fabeln des Äsop der ersten Londoner Ausgabe (1670). Auch gibt es alte und frühe Holzfiguren, altes Porzellan (darunter ein AltWienservice von 52 Stück in Farben und Gold) und eine Menge kleiner Oriental. Teppiche. Von gutem Barockmobiliar ist auch etwas vorhanden.« (Brief an Gerd von Wolfenau vom 19. 4. 1942) – Auch die Eintragung »als Nationaldenkmal« wird in verschiedenen Briefen FHOs erwähnt, so z. B. an Raoul Aslan (→Anm. 195 H) vom 4. 2. 1946 (BAI): »[. . .] laut Erlaß der Statthalterei Linz unter Z 1202/42 als Denkmal erklärt worden ist.« (→auch 208 H)
Ich . . . verfasse jetzt meine »Memoiren« in denen auch Du oft vorkommst: Im Nachlaß sind einige Notizhefte erhalten, die aber im wesentlichen Erinnerungen an die frühen Jugendjahre enthalten. Die Aufzeichnungen zu den späteren Jahren sind bruchstückhaft. – Kubin wird nur einmal erwähnt, in einer Situation, die noch in der Münchner Zeit angesiedelt ist.
Rhätische Religion: Wenn FHO in diesem Zusammenhang von »Rhätisch« spricht, meint er vermutlich die Reste der rätoromanischen Urbevölkerung, wie sie sich in Teilen des Vinschgaus erhalten hat.
Mutterrecht . . . »Mädchenreiche«!: (→Anm. 185 H).
Böcklins »Schloß am Meer«: Arnold Böcklin (16. 10. 1827 Basel – 16. 1. 1901 San Domenico bei Fiesole). – Das 1859 entstandene Gemälde »Schloß am Meer« befindet sich im Besitz des Folkwang-Museums Essen. Welches »Schloß« in Malcesine gemeint ist und ob es tatsächlich Böcklin als Vorbild zu seinem Gemälde gedient hat, wurde nicht ermittelt.
Gabriel von Seidl: (9. 12. 1848 München – 27. 4. 1913 Bad Tölz), Baumeister und Architekt, vor allem in München und in anderen süddeutschen Städten, der teils in einfachen, teils aber auch in prunkvollen, von älteren Stilen übernommenen Formen (Neoklassizismus) arbeitete.
»Der Traumwagen zum Abgrund«: Nicht ermittelt.

206 H 29. 12. 49
2 Mon. in Altaussee wo viel von mir vorgetragen wurde: Das Ehepaar HO verbrachte den Sommer bei der Familie Kerry (→Anm. 17 K) in Altaussee/Steiermark. Gelesen worden ist im Freundeskreis und möglicherweise – wenn auch auf privater Ebene – im Kreis um die von Hans Sittner in Aussee geleiteten »Festwochen der Musik-Studierenden Österreichs« (→Anm. 212 H). Aus Briefen Christine (»Putzi«) Kerrys an FHO (BAI) aus dem Jahre 1948 ist weiters ersichtlich, daß Frau Kerry den »Schriftsteller und Filmfachmann« Eberhard Frohwein, den Verleger Franz (!) Gurlitt sowie einen weiteren Filmregisseur Unterkirchner für die Arbeiten FHOs zu gewinnen bemüht war. Ob es auch mit diesen zu einem Treffen im Sommer 1949 kam, ist nicht belegt.
eine 3 akt. Ballettpantomime: Diana und Endymion (*S.W.*, Bd. IV; →Anm. 190 H).

die Gratulationskarten von Entletzberger: Johann Endlestsberger. K. k. Münzgraveur. Auf der Windmühl Nr. 20 (→ *Verzeichnis der in und um Wien lebenden (bildenden) Künstler und Dilletanten. Mit Angabe ihrer Wohnorte.* Hrsg. von Franz Heinrich Böckh. Gedruckt bey B. Ph. Bauer. Wien 1821. Hinweis von Susanna Kirschl-Goldberg). → auch die diesbezügliche Szene im Sechsten Capitel im *Gaulschreck im Rosennetz:* »Das nächste Abenddämmern sah den in solch liebliche Träumereien versponnenen Eynhuf zum Meister Entletzberger in die Strozzigasse tänzeln. Welch ein Staunen malte sich auf dem Gesichte des trefflichen Künstlers, der die zartesten Gratulationskarten aus Seidentüll, Spinnweben, Gold und Perlmutter herzustellen wußte«. (*S. W.*, Bd. I, S. 68)
arbeite ich an der magischen Analyse von: »Kngl. Hoheit« von Th. Mann: In einem Briefentwurf »an den Bermann-Fischer Verlag · Stockholm«, in dem FHO um die Adresse Thomas Manns und Friedrich Torbergs bittet, heißt es dazu: »Bei dieser Gelegenheit erlaube ich mir die Mitteilung daß ich – ich bin Mitglied des öst. Denkmalamtes eine Analyse des Märchencharakters von Th. Manns Kgl. Hoheit geschrieben habe, in der ich den Zusammenhang der Märchenelemente dieses besonders hervorragenden Werkes aufzeige meiner Ansicht nach können in Vergessenheit geratene große Epen, sich in Volksmärchen – also echte Märchen – umwandeln« (3. 5. 1948, BAI). Im Nachlaß FHOs sind lediglich einige Aufzeichnungen zu diesem Thema erhalten; weitere Notizen finden sich zu »Thom Manns Romane u das Atlantische Mysterium. Zauberberg.« (BAI, XXV/3; →auch Anm. 168 H)
im alten Schloß Rametz: (→Anm. 205 H: *Wir streben wieder nach Meran zurück).* Der Hof zu Rametz wird 1269 zum ersten Mal erwähnt. 1497 wurde er zum Edelsitz erhoben. Die heutige Gestalt mit den Ringmauern, Zinnen und Türmchen erhielt Rametz erst 1843 und 1872.

207 K 7. 1. 50
nada! nichts, das ist die Antwort des Grabes – schrieb Goya: (→Anm. 41 H). Gemeint ist vermutlich das 69. Blatt der *Desastres de la Guerra* (1810–1815) mit dem Titel: »Nada. Ello dirá«, das ursprünglich diesen Zyklus – bevor Goya ihn erweiterte – abschließen sollte. Die Radierung stellt ein liegendes Skelett dar, das mit letzter Kraft »Nada« auf ein Blatt Papier schreibt.
auch Tilly, Hdgs. Schwester starb: (→Anm. 17 K). Sie hatte zuletzt in Schärding gelebt.
Ministerium für Verm.Sicherung: Ministerium für Vermögenssicherung.
korrespondierendes Mitglied einer ganzen Reihe v. Akademien: 1949 war Kubin zum Korrespondierenden Mitglied der Bayrischen Akademie der schönen Künste in München ernannt worden. – Kubin war darüber hinaus Außerordentliches Mitglied der Sezession Berlin (seit 1911); Mitglied der u. a. von Auguste Rodin 1905 gegründeten Union Internationale des Beaux Arts des Lettres (seit 1913); Ehrenmitglied der Prager Sezession (seit 1909); Ordentliches Mitglied der Preußischen Akademie der Künste zu Berlin, Sektion für die bildende Kunst (seit 1930); Korrespondierendes Mitglied der Deutschen Gesellschaft der Wissenschaften und Künste, für die tschechoslowakische Republik in Prag (seit 1930) und (seit 1954) Ehrenmitglied der Münchner Künstlervereinigung Neue Gruppe (→*Otte/Raabe*, S. 216ff.).
Ehrenbürger von Linz: Die Ernennung zum Ehrenbürger der Stadt Linz erfolgte 1947 (→*Otte/Raabe*, S. 217).

Hdg. . . . im Krankenhause wo sie starb Schdg: Hedwig Kubin ist im Krankenhaus in Schärding gestorben, mit dessen Primararzt Dr. Fuchsing das Ehepaar Kubin befreundet war.
unsere 12 Jahre b. uns schon dienende Köchin: Cilli Lindinger (2. 7. 1908 St. Florian am Inn – 25. 9. 1982 Zwickledt im Kubin-Haus). Sie führte Kubin den Haushalt bis zu dessen Tode und betreute das Kubin-Haus bis zu ihrem Tode.
ein Zürcher Verleger: Vermutlich Eugen Rentsch, dem Kubin 1949 »ein Jeremias Gotthelfbuch mit 25 Blättern« zugesagt hatte (Brief an Hanne und Reinhold Koeppel, »ohne Datum, wohl Anfang 1949«, *D.w.R.*, S. 198). Das Buch ist nicht erschienen.
Übersetzung m. anderen Seite . . . bloß Tschechisch glückte es: Genaueres nicht ermittelt. Der Titel der tschechischen Ausgabe lautet: Zemĕ snivců. Fantastický román. Přeložil Ludvik Kundera. Kladno: Mladých 1947. Mit Titelzeichnung und 16 Illustrationen, davon 7 ganzseitig (Strichätzungen). Die Illustrationen wurden aus der deutschen Ausgabe von 1928 ausgewählt (→*Otte/Raabe*, S. 169).
U. S. A. Herausgeber Horodisch . . . II. Band A. K. als Illustrator: (→Anm. 159 K). Ein II. Band ist nicht erschienen. Gemeint ist vermutlich die im Textteil gekürzte amerikanische Ausgabe: Abraham Horodisch: *Alfred Kubin book illustrator. Compiled with introduction.* New York: Aldus Book Comp. 1950.
Karl Wolfskehl: (→Anm. 22 K). Er war am 30. 4. 1948 in Bayswater-Auckland/Neuseeland gestorben.
Die Mama Luckeneder . . . Großschwiegermutter des Dr. Zeileis: Die Tochter von Mia Luckeneder-von Neuhauser, Maria Louise, heiratete Fritz Zeileis (15. 9. 1898 Nürnberg – 27. 7. 1978 Gallspach), Arzt, Inhaber und Leiter des Ambulatoriums für elektrophysikalische Therapie »Institut Zeileis« in Gallspach. – Paula Luckeneder-Gunz, die Mutter von Paul und Mia, stand bis zu ihrem Tode (7. 5. 1951) im Briefwechsel mit Kubin (StGM-KA).
Böhmerwald . . . eine Folge von 35 Tafeln: (→auch 186 K: *Wurzel Fiala k. k. Amtsdiener*). *Phantasien im Böhmerwald.* Wien, Linz, München: Gurlitt 1951. Mit 35 Lithographien. – Das Werk, das im wesentlichen bereits 1935 abgeschlossen war, erschien jetzt in einer einmaligen, auf der Platte signierten Auflage von 400 numerierten Exemplaren auf Bütten. Titelblatt signiert und Schlußblatt monogrammiert. Nr. I–IX: alle Vollbilder signiert; Nr. 61–120: alle Vollbilder monogrammiert (→209 K u. *Otte/Raabe*, S. 180).
Trakl (Georg) Prosa mit Tafeln: Georg Trakl (3. 2. 1887 Salzburg – 4. 11. 1914 Krakau). – *Offenbarung und Untergang. Die Prosadichtungen.* Mit 13 Federzeichnungen von Kubin und einer Einleitung von Otto Mauer. Salzburg: Otto Müller 1947.
Anton Schnack, phantastische Geographie: Anton Schnack (21. 7. 1892 Rieneck/Unterfranken – 26. 9. 1973 Kahl am Main), Lyriker und Erzähler. – *Phantastische Geographie.* Mit 10 Federzeichnungen von Kubin. Hamburg: Hoffmann und Campe 1949.
Rolf v. Hoerschelmann: (1885–1947), Schwabinger Zeichner, Aquarellmaler und Sammler. Langjähriger Freund Kubins und des Kubin-Archivs (→dazu den Privatdruck: Rolf von Hörschelmann: *Gedanken über künstlerische Phantasie.* Feldafing 1940. Die Schrift ist gewidmet: »Meinen Freunden Alfred Kubin, Kurt Otte, Fritz Schmitt«). – Hörschelmann erwähnt Kubin mehrmals in seinen Erinnerungen *Leben ohne Alltag.* Berlin: Wedding-Verlag 1947; darüber hinaus sind zwei Federzeichnun-

gen des Künstlers mit Darstellungen Kubins erhalten: a) »Alfred Kubin zeichnet«, 1930; b) »Der 60jährige Alfred Kubin«, Postkarte 1937 (→*Otte/Raabe,* S. 198f.).
Dr. Otte: (→Anm. 185 H: *Nach Hamburg ans Kubinarchiv . . .).*

208 H 7. 7. 51
Familie aus Wuppertal: Unterlagen im BAI.
Schloß RAMETZ . . . gehörte damals den Schweizer PLANTAS: Die Herren von Planta waren in den Glaubenskämpfen Anfang des 17. Jh.s aus der Schweiz vertrieben worden und hatten sich in Meran auf Schloß Planta niedergelassen.
der »Jürg Jenatsch«: spielt teilweise dort: Georg Jenatsch. Eine alte Bündnergeschichte. Roman von Conrad Ferdinand Meyer (1874–1876). Hauptgegenspieler des Jenatsch in der Geschichte, die im 30jährigen Krieg spielt, ist der Freiherr Pompejus Planta; eine Szene, die in Meran bzw. auf Schloß Rametz spielt, kommt in dem Roman nicht vor.
»Raub der Europa«: (*S. W.,* Bd. IV). Bereits 1942 lag eine erste, abgeschlossene Fassung vor, der aber, wie aus einem Brief Raoul Aslans an FHO vom 5. 10. 1942 hervorgeht, eine Neufassung folgen sollte. Am 15. 5. 1943 bietet FHO das Libretto der Direktion des Zürcher Stadttheaters an und am 26. 3. 1947 dem Direktor der Paramount Film namens Burger. Alle diese Versuche blieben ohne Erfolg (alle Briefe BAI).
der alte Hindenburg: Nicht sicher ermittelt. Möglicherweise Herbert von Beneckendorff und von Hindenburg (1872–1956), Neffe des Deutschen Reichspräsidenten Paul Hindenburg, Gesandter, Schriftsteller.
eine Schwiegertochter Kaiser Wilhelms: Marie Auguste, Tochter des Herzogs Ferdinand von Anhalt.

209 K [11. 7. 1951]
die andere Seite . . . in Neuauflage: (→Anm. 10 K).
Böhmerwald . . . I. und II. Ausgabe so teuer: (→Anm. 207 K).
Variationen eines Totentanzes . . . Paul Honegger: Arthur (!) Honegger (10. 3. 1892 Le Havre – 28. 11. 1955 Paris), schweiz. Abstammung. – Paul Claudel (6. 8. 1868 Villneuve-sur-Fère – 23. 2. 1955 Paris), frz. Schriftsteller. – Hans Reinhart (18. 8. 1880 Winterthur – ?), schweiz. Lyriker, Dramatiker und Übersetzer. Mitglied der Theosophischen Gesellschaft »Adyar«, später der Anthroposophischen Gesellschaft in München, wirkte 1914–1915 am Bau des ersten Goetheanums in Dornach mit. – Der genaue Titel des genannten Werkes lautet: *Variationen zu Arthur Honegger: Der Totentanz.* Dichtung von Paul Claudel. Deutsche Fassung von Hans Reinhart. Wien, Linz, München: Gurlitt 1951.
Sendungen über die andere Seite: (→Anm. 10 K).
Th. Th. Heine: Thomas Theodor Heine (28. 2. 1867 Leipzig – 26. 1. 1948 Stockholm), satirischer Zeichner und Graphiker. Seit 1889 in München. 1896 gründete er zusammen mit Ludwig Thoma und Albert Langen die Zeitschrift *Simplicissimus,* deren Mitarbeiter er bis zu ihrem Verbot 1933 blieb. Im selben Jahr ging er ins Exil. Kubin, der durch Heine 1912 Mitarbeiter des *Simplicissimus* wurde, war durch eine langjährige herzliche Freundschaft mit diesem verbunden. Heine erinnert sich an Kubin in seiner autobiographischen Skizze *Randbemerkungen zu meinem Leben.* In: *Uhu.* 3. Jg. (1926), H. 3, S. 36–50.
nur alte Serien nicht »Stresemann«: Zusammenhang unklar.
[Beilage:] Edmund Finke Die Lockung des Abgrunds: Edmund Finke (23. 7.1888

Wien – 20. 3. 1968 ebenda), Hrsg. der Zeitschrift *Der Augarten.* Vorwiegend Verfasser von Kriminalromanen und Essayist. – *Die Lockung des Abgrunds* erschien Wien, Linz, Zürich: Pilgram 1948 (der tatsächliche Erscheinungstermin wurde nicht ermittelt).
Biographie von E. A. Poe: Die einleitende Erzählung in dem Buch von Finke trägt den Titel *Die Schicksalstage von Poe.*

210 H 26. 8. 52
eine Ausstellung im Künstlerhaus: Zu dieser Ausstellung ist es nicht gekommen, ebensowenig zu einer zweiten, um die sich Hans Sittner (→Anm. 212 H) in diesen Jahren bei dem Staatsoperndirektor Egon Seefehlner bemühte: »[. . .] in den Wandelgängen des Konzerthauses veranstaltete er eine Reihe von Ausstellungen zeitgenössischer Graphik. Ich wollte von ihm eine Einbeziehung von Zeichnungen H.O.s erreichen, hatte aber kein Glück, weil Seefehlners Geschmack in eine ganz andere Richtung wies. Erst viel später konnte in der Staatsdruckerei in dieser Hinsicht etwas für H.O. getan werden« (Brief von Hans Sittner an den Herausgeber vom 16. 1. 1977). – Die Ausstellung in der Österreichischen Staatsdruckerei wurde am 4. Mai 1955 eröffnet.
ein Ballett wurde angenommen: Diana und Endymion: (*S. W.,* Bd. IV; →Anm. 190 H). Am 15. 9. 1951 schreibt FHO an Frank Fox: »[. . .] war ich vorgestern bei der Akademie für Musik und Darstellende Kunst. III Lothringerstr. 18. Der Präsident Dr. Hans Sittner spielte selber den 1. Akt vom Blatt herunter und war von Ihrer Musik lebhaft beeindruckt! [→Anm. 212 H] Auch die Ballettmeisterin – Frau Denk – war anwesend. Resultat: Das Ballett wurde von Sittner angenommen (zwar: bedingt) also: ich gratuliere [. . .] (zu ›bedingt‹): [Absatz] Präsident Sittner benötigt natürlich auch die beiden anderen Akte«. Auch diese Pläne zerschlugen sich in der Folge, denn am 6. 6. 1952 schreibt Dr. Alexander Hartwich an FHO: »[. . .] es waren ursprünglich 2 Ballettabende geplant, einer im Mai, der andere im Juli. Nun ist aus den zweien leider einer geworden, im Juni, und da Ihr Ballett für den zweiten in Aussicht genommen war, so wurde es vorläufig, aufs nächste Schuljahr verschoben.« (Beide Briefe BAI)
Schloß RAMETZ . . . wo einst Felix Dahn gehaust hat: Felix Dahn (9. 2. 1834 Hamburg – 3. 1. 1912 Breslau), Historiker, Jurist und Schriftsteller, vor allem historischer Romane. Dahn zählte neben Scheveningen und Friedrichshafen Meran zu seinen Lieblingsorten. Aus dem 17. Kapitel des Vierten Buches, 2. Abteilung, seiner Erinnerungen wird die besondere Beziehung zu Meran und Schloß Rametz deutlicher: »Wiederholt besuchten wir Italien [. . .]. Das erste Mal (1873) wanderten wir von Partenkirchen über den Finstermünzpaß und die stimmungsvolle Malser Haide [. . .] nach Meran, wo wir das ›Trinele von Goyen‹, damals noch im väterlichen Hof, aufsuchten: zu meiner Herzensfreude erwuchs bald warme Freundschaft zwischen dem schönen Bergkind (dem Urbild der Gotho im ›Kampf um Rom‹ und des Trineles in den ›Kreuzfahrern‹) und meiner lieben Frau [. . .]. Als wir ein paar Jahre später wieder kamen, fanden wir das Trinele als Schloßfrau auf Rametz, als Gattin des trefflichen Schloßherrn Friedrich Boscarolli.« (Felix Dahn: *Erinnerungen.* Leipzig: Breitkopf und Härtel 1890–1895; Bd. 4, 2, S. 370ff.)

211 K 29. 8. 52
ein Pariser Kunstblatt: Art Spectacles. Edition de Paris. 26 juin – 2 juillet 1952. Nr. 365. Beilage S. 9: *Beaux Arts:* »Il y a peu de chose à dire de nombreux pavillons

étrangers, mais cependant il faut signaler la retrospective de l'Autrichien Alfred Kubin qui est l'une des grandes choses de cette Biennale par son esprit présurréaliste son incisivité, sa technique de la gravure et du dessin.« (StGM-KA)

212 H 16. 12. 52
bekümmerte Elefanten: Postkarte mit Zeichnung FHOs. Als Beilage zu den Briefen in der StGM-KA erhalten.
Dr. Sittner: Hans Sittner (geb. 9. 8. 1903 Linz), 1946–1971 Leiter der Akademie, später Hochschule für Musik in Wien. Von 1948 bis 1958 leitete Sittner in Bad Aussee die von ihm konzipierten und organisierten »Festwochen der Musikstudierenden Österreichs« mit Opern-, Operetten-, Ballett- und Schauspielaufführungen, Orchester-, Kammermusik- und Solokonzerten. Dort lernten sich FHO und Sittner (wahrscheinlich 1950) kennen (→Anm. 206 H: *2 Monate in Altaussee...).* – Sittner war von den Musikauszügen Frank Fox' zu *Diana und Endymion* nicht überzeugt (→Anm. 210 H) und suchte FHO für einen anderen Stoff zu interessieren, »wobei ich, da ich in ihm so etwas wie einen ›barocken Vorläufer‹ des Wiener Phantastischen Realismus sah, entsprechende Ideen äußerte, auf die er sofort begeistert einging. Schon nach kurzer Zeit lieferte er Teilentwürfe für Tanzhandlung, Szene und Kostüm [...]. Das alles gedieh aber leider nicht über Fragmentarisches hinaus, zumal sich auch bei den Gesprächen mit Frau Prof. Denk-Kuna, die ich als Choreographin vorgeschlagen hatte, Schwierigkeiten im Hinblick auf seine manchmal allzu üppige Phantasie ergaben, die den in Aussicht genommenen Rahmen (Studioaufführung der Akademie für Musik und darstellende Kunst im für Tanzaufführungen sehr geeigneten Akademietheater) zu sprengen drohten. Die Musik wollte ich entweder selbst schreiben oder damit bei Zeitmangel einen jungen Nachwuchskomponisten betrauen. Von einem ›staatlichen Auftrag‹ an H. O., wie er im Brief erwähnt wird, war natürlich niemals die Rede.« (Brief an den Herausgeber vom 16. 1. 1977)
das erste surrealistische Ballett: FHO schreibt am 19. 5. 1951 aus Wien an Frank Fox: »Präs. Sittner hat mir den Auftrag gegeben (schon im Sommer) das erste surrealistische Ballett: Fahrt ins Traumland: zu schreiben. Auch dieses wurde vorgestern angenommen. Montag kommt Frau Denk zu uns zum Thee. Da wird weiter beraten werden.« – *Die Fahrt ins Traumland* (*S. W.*, Bd. IV) ist in einer handschriftlichen Fassung im Nachlaß FHOs erhalten (ÖNB, Cod. Ser. n. 13630/1).
Ballettmeisterin Denk-Kuna: Karla Denk-Kuna (geb. 6. 6. 1921 Wien). Bis 1939 Tänzerin an der Wiener Volksoper, anschließend Tänzerin und Soubrette am Raimundtheater. Seit 1951 unterrichtet sie Theatertanz an der Akademie (jetzt Hochschule) für Musik und darstellende Kunst in Wien.
4 Zerstörer: Die vier Besatzungsmächte.

213 K 20. 12. 52
»Ulysses Preis«: Auf der 26. Biennale in Venedig.
Über Endymion ... in der Univ. Bibliothek Reklam ... von Telman: Hier liegt ein Irrtum vor: Der Roman *Endymion.* 2. Auflage. Leipzig: Reclam 1935 (= Reclams Universal-Bibliothek Nr. 2952/2953) stammt von Verner von Heidenstamm. Aus dem Schwed. übersetzt von Erich Holm. – Bei dem Autor »Telman«, an den Kubin denkt, handelt es sich möglicherweise um Fritz Telmann (2. 6. 1873 Wien – 1. 2. 1929 ebenda), Obmann der Wiener Arbeiterbühne und Hrsg. der Zeitschrift *Freie Volksbühne;* später Dramaturg am »Intimen Theater«. Vor allem Bühnenautor.

in Ischl war's Phantom einer Vorhölle: »Dem ›eigentlichen Geburtstag‹ wich ich nach Bad Ischl in einen kleinen Gasthof aus – es gefiel mir die beziehungslose Ruhe in neuer Landschaft gut – obschon ich nicht zum eigentlichen Seelenfrieden kam. Aus Angst eben, vor dem vorgeschrittenen Lebensabschnitt« (Brief an Hanne Koeppel vom 14. 7. 52, *D.w.R.,* S. 214).

Kosmas Ziegler

FÜNFZIG JAHRE BRIEFWECHSEL HERZMANOVSKY-ORLANDO–KUBIN 1903–1952

Es gibt eine Art der menschlichen Selbstdarstellung, eine Mitteilungsweise des Geistes und Lebens von derart gültiger Form und Unmittelbarkeit, daß sie den erhebendsten Formen poetischer Äußerung, dem Gedicht und dem Hymnus, ebenbürtig an die Seite gestellt werden kann, ja in einer Hinsicht jede Dichtung noch übertrifft, und zwar darin, daß sie eben nicht Dichtung, also Erfindung, ist, sondern Mitteilung einer Realität, Mitteilung seiner, des Schreibers selbst: den Brief.

Wenn der Brief auch in der Einsamkeit entsteht, in der Stille, oder auch inmitten von Tätigkeiten oder tätigen Menschen, geboren wird er als Zwiegespräch, als Rede, als Anrede. Der Briefschreiber ist imstande, mit dem ersten Worte jeden Raum zu überwinden und sich den fernen Partner herbeizuholen zu Gespräch, zu Mitteilung, zu Frage. Schon dieser erste Willensakt bestimmt Form und Inhalt des entstehenden Briefs. Doch nicht im Schreiber allein ruht die einzige bestimmende Kraft, mit gleicher Energie wirkt der im Zwiegespräch des Briefes Angeredete, Angeschriebene, auf den Schreiber zurück, er bestimmt und formt dessen Gedanken, Stoffwahl und Form der Mitteilung. Das geschieht ohne den ausdrücklichen Willen des Schreibers. Denn jeder Brief schafft geistige Nähe, ja Gegenwart; es gibt viele Beispiele und Zeugnisse aus dem Reichtum von Briefsammlungen, die wir aus allen Kulturen und Völkern, aus vielen Ständen und von Männern und Frauen besitzen und kennen, daß der Schreiber sich nicht allein weiß, sondern in direkter, ungehinderter Verbindung mit seinem »Gegenüber«.

Briefschreiben ist eine Kunst, eine Begabung, eine geistige Fähigkeit, Ausdruck eigenen, intensiven Lebens nach vielen Richtungen hin, und setzt Bindungen in vielen möglichen Formen und vielen Graden an den Empfänger voraus.

Daß Briefe zu schreiben aber auch einen inneren geistigen Besitz, ja Reichtum voraussetzt, Reichtum des Gefühls und des Empfindens, des Wissens und des Strebens, des Mutes und der Zuversicht in die eigene Kraft und Wirkung, gehört zu den unerläßlichen Voraussetzungen und Bedingungen für den Schreiber. Daß es zu einem Briefwechsel überhaupt kommt, kann von den vielen Zufälligkeiten abhängen, hinter denen wir die schicksalhaften Kräfte und Fügungen, die auf uns einwirken, verbergen, deren Gesetzlichkeiten wir nicht leicht anerkennen, wenn wir sie überhaupt erkennen. Oft wird diese Erkenntnis erst spät gewährt.

Der Briefwechsel Herzmanovsky–Kubin erstreckt sich über neunundvierzig

Jahre oder, wenn man will, fünfzig Jahre. Mögen die fünfzig Jahre unserer Neigung nach Jubiläen im Dezimalsystem der Enzyklopädisten entgegenkommen, so sind die neunundvierzig Jahre dem Sieben-Jahr-Rhythmus der Mystiker zuzueignen, einer geheimnisvollen Ordnung des Lebens. Herzmanovsky ist 1877 geboren und hat siebenundsiebzig Jahre gelebt. Die natürlich bedingten Rhythmen sind wesentlicher für Schicksal und Begabung; ihre Ordnung ist nie eine auf den Tag pünktliche, sie ist die freie, lockere der Naturereignisse, wie Herzmanovsky sie später in Hermann Swobodas berühmtem Werk »Das Siebenjahr« kennenlernte. Dieses war im Jahre 1917 in Wien erschienen, und es befand sich in Herzmanovskys Bibliothek. Herzmanovsky hat sich mit solchen und ähnlichen Studien von früher Jugend an intensiv beschäftigt. Es drängte ihn dazu nicht nur eine eigentümliche Neigung, sondern auch ein ihm eingeborenes Wissen, wie es sich nicht nur in einem seiner Briefe an Kubin manifestiert.

Der Briefwechsel, der sich über diese lange Frist erstreckt, bietet, trotz vieler Lücken, die durch die zweimaligen Kriegsläufe bedingt sind, dennoch ein Ganzes. Wie nicht anders zu erwarten, sind in den beiden Briefsammlungen deutlich die Schreiber charakterisiert, samt den Voraussetzungen, die als Grundlage ihrer Weltbegegnung in ihnen jeweils verankert waren. Zur inneren Organisation des Geistes der beiden Briefschreiber kommt als zweiter Faktor die Wirkung der äußeren Lebensumstände hinzu, die im gegebenen Falle äußerst divergent sind. Beide Faktoren wirken zusammen, ein einzigartiges Bild zu schaffen, wobei man bei Herzmanovsky eine starke Tendenz beobachten kann, nicht alles, nicht allzuviel seines Inneren, d. h. seines wahren Lebens, preiszugeben, während der grüblerische Meister von Zwickledt rückhaltlos von seinem inneren Erleben, von allen Himmeln und Höllen, von allen Aufschwüngen und auch von allen Stürzen ins abgründig Schreckliche berichtet. Herzmanovsky hingegen hat einmal von der Magd eines unbekannten Tarnkappenfabrikanten geschrieben, »wie solche schlechthin nur in Tirol existieren können«. Es scheint, als sei er selbst ein recht erfolgreicher Lehrling solcher Tarnkappenfabrikanten gewesen.

Als sich die beiden, Alfred Kubin und Fritz von Herzmanovsky-Orlando, kennenlernten, 1902 oder 1903, in München oder in Wien, hatte Kubin als Künstler in München bereits Fuß gefaßt und in den Künstlerkreis von Malern, Dichtern, Verlegern durch Max Dauthendey und Karl Wolfskehl Eingang gefunden. Es ist übrigens recht bezeichnend, daß der Freund Stefan Georges, der Dichter, Literat und Gelehrte, Kenner und Deuter althochdeutscher Dichtung, der in tragischer Verlassenheit und fast völliger Blindheit in Neuseeland verstorbene Karl Wolfskehl, der »Exul Poeta«, über Herzmanovsky-Orlando das Schönste geschrieben hat, um ihn zu kennzeichnen: »Der Feuersalamander der Hofburg«; und daß Ernst Jünger an Alfred Kubin in seinen »Staubdämonen« jenes Tragische hervorhebt, das ihn in seiner künstlerischen Produktion den Zerfall unseres Jahrhunderts schildern läßt.

Zwei verschiedene Schilderer zeichnen zwei verschiedene Meister, die trotz ihrer Verschiedenheit – in welcher Verwandtschaft und Nähe sich geheimnisvoll offenbaren – ein halbes Jahrhundert in Freundschaft verbunden bleiben.
Schon 1903 war eine solche Vertrautheit entstanden, daß die beiden jungen Männer, sie waren sechsundzwanzig Jahre alt, gemeinsam eine Dalmatienreise machten. Die Frucht dieser Reise war für beide reich: Zeichnungen für Kubin; Erinnerungen und erstes Hinabsteigen in die Welt Venedigs und seiner Inselherrschaften, in die er wie zu den mütterlichen Ahnen eintauchte, für Herzmanovsky, und jene erste Ahnung der Commedia dell'arte, die für sein literarisches und dramatisches Werk entscheidend werden sollte, nicht nur für die wunderbare Welt seiner Zeichnungen.
Die Lebensdaten Kubins und Herzmanovsky-Orlandos dürfen als bekannt vorausgesetzt werden. Kubin hat selbst das eigene Leben mehrmals, und stets um die neuen Lebensabschnitte vermehrt, beschrieben. Er hat darin mit unerwarteter sprachlicher Meisterschaft, die sich aber schon in seinem Roman »Die andere Seite« geoffenbart hatte, sich selbst Rechenschaft gegeben. Aber er hat nicht in erster Linie das materiell Biographische festgehalten, sondern die Entwicklung seines Geistes und seiner Seele, die Erschütterungen, Verzweiflungen, Tröstungen. In »Die andere Seite« figuriert Herzmanovsky als der mit »Lieber Fritz« angesprochene Briefempfänger, bei welcher Gelegenheit Kubin auch die wegen der vielen Reisen des Freundes stets schwierige Postbeförderung an ihn als besonderes Spezifikum erwähnt.
Wenn wir auch Kubins äußeren Lebenslauf, man kann fast sagen, genau kennen, so ist das in keiner Weise von Herzmanovsky zu sagen. Wohlgeordnet verlief dessen Jugend in Wien: das Leben im Elternhaus, das Gymnasium, die Architekturklassen der Technischen Hochschule, die Prüfungen und die Berufstätigkeit als Stadtbaumeister in Wien mit dem zuerst in der Wohnung der Eltern in der Schwindgasse, dann in seinem eigenen in der Koltschitzkygasse eingerichteten Architekturbüro. Es gibt aus Herzmanovskys Nachlaß einige ungewöhnlich interessante Entwürfe für Großkellereibauten, in denen man auch ein eigentümliches technisches Talent erkennen kann. Ja man kann sogar schon eine Art abenteuerlicher Erfindungen und Neuerungen feststellen, die manche späteren technischen Fortschritte vorweggenommen haben. Auch Restaurierungen historischer Bauten, für die er ebenfalls technische Vorteile erfand, hat er durchgeführt. Aber soviel ihm diese Berufsarbeit auch an kostbarer Zeit für eigenes künstlerisches Schaffen raubte – und es war vor allem Kubin, der stets darüber klagte und den Freund zu eigener künstlerischer und schöpferischer Tätigkeit mahnte –, Herzmanovskys künstlerische Begabung hatte sich schon während seiner Studienzeit deutlich gezeigt.
Bevor nun auf Inhalt und Form der Briefe der beiden Briefschreiber näher

eingegangen werden soll, sei vom Zustand und der Erhaltung dieser wertvollen Dokumente menschlicher, künstlerischer und geistiger Entwicklung der beiden Freunde die Rede.
Daß Fritz von Herzmanovsky-Orlando so zahlreiche Briefe des Freundes aufbewahrt hat, ist umso erstaunlicher, als er nicht immer besondere Sorgfalt gegenüber schriftlichen Dokumenten bewiesen hat. Vielleicht hilft zur Erklärung eine Unterscheidung: Herzmanovsky hat selbst zwei Handschriften geschrieben. Man erinnere sich, daß er gelernter Architekt und praktischer Stadtbaumeister war. Man kennt saubere, freilich meist kürzere Manuskripte, die gut lesbar sind, auch Briefe, von denen ich einige an den Dolomitensagen-Forscher Karl Felix Wolff nennen möchte. Wollte er deutlich schreiben, konnte er es auch. Im allgemeinen ist aber seine Handschrift schnell und flüchtig – sowohl in Manuskripten zu Dichtungen als auch in Briefen – und gelegentlich aufs erste Hinsehen nicht leicht lesbar.
Anders ist es bei Kubin. Seine Briefe an Herzmanovsky sind stets in der gleichen schwer lesbaren Handschrift geschrieben, sehr unregelmäßig im Duktus, oft wie gezeichnet. Übrigens hat Herzmanovsky einmal in einem Brief an den Freund behauptet, er finde seine Schrift der von Richard Wagner sehr ähnlich. Alfred Kubins Schrift ist von starker Wirkung: Sie verrät das ungehinderte Wirken des Geists, des Dämons, des Leids, aber auch den Sturm des schöpferischen Drangs, die absolute Ehrlichkeit und Hemmungslosigkeit der Aussage, der absoluten Selbstaussage. Viele Jahre hindurch verwendet er ein schönes Papier auch fürs Briefschreiben, gelegentlich sogar sein »berühmtes« Zeichenpapier. Manchmal fügt er in den Text kleine Vignetten oder Skizzen ein, die stets unverkennbar kubinisch sind.
Es besteht ein eigentümlich vertrautes Verhältnis zwischen den beiden Freunden. Sie sind gleichaltrig. Dennoch empfindet Kubin seinen Freund als den im Leben Gefestigteren, der Schulen und Studien korrekt und erfolgreich hinter sich gebracht hat. Vor allem aber ist Kubin von dem Familienleben der Eltern des Freundes fasziniert, in das er sich in einem gewissen Sinne aufgenommen sieht. Bis zum Tode des Vaters und dann noch der Mutter Herzmanovsky-Orlandos schickt er diesen von ihm tief und innig Verehrten stets die besten Grüße. Er hat sie in Wien nicht nur einmal besucht. Andrerseits ist er selbst, nach der unglücklichen und auf allen Gebieten gescheiterten Jugend, in der Schule, in der Lehre als Photograph und als Soldat und nach gesundheitlichem Zusammenbruch, bereits ein arrivierter und anerkannter Künstler. Herzmanovsky war ihm der Freund aus Wien.
Nach einer Reise beginnt der Briefwechsel, in dem Kubin sich mit vielen Fragen an den Freund wendet und zum erstenmal ihm sein Herz aufschließt. So ist es dann geblieben. Kubin hat in einem Brief einmal geschrieben (1909): »bleibe mir treu, besonders im Unglück, denn ich habe außer Dir keinen

intimen Freund«. Und es ist nicht von ungefähr, daß er, nachdem er auch mit Wolfskehl eine Reise in die österreichischen südöstlichen Balkanländer gemacht hatte, seinem Freund aus Doboj im Jahre 1909 schrieb: »Ich reise von nun ab nur noch mit Dir, denn Dr. Wolfskehl ist mir etwas zu lebendig und handelt zu viel. Ich denke an die behaglichsten Stunden unserer vorjährigen Tour«.

Obgleich Herzmanovsky ein früh initiierter Sammler von wertvoller Graphik aus älterer Zeit war und die in seinem literarischen Werk oft in mancher Verkleidung aufscheinenden Freunde, der berühmte Hofrat Pachinger und der nicht minder bedeutende Herr Rat Horrak, ihn als hochbegabten Adepten in ihre Schule nahmen, hat er doch nicht einmal in seinen späteren Jahren für seine Sammlungen das gehabt, was man eine mustergültige Ordnung nennen könnte. Umso mehr mag es, wie gesagt, verwundern, daß so viele Briefe des Freundes erhalten geblieben sind. Nur im Scherz darf man das freilich darauf zurückführen, daß ihn der Freund selbst einmal eindringlich ermahnt hatte, alles wohl zu verwahren, was er ihm schreibe, denn »Briefe von mir [werden] am Autographenmarkt schon mit 20 Mark gehandelt«.

Der besondere Wert dieses Briefwechsels besteht vor allem darin, daß seine Briefe für Kubin außerordentlich frühe Dokumente seiner Selbstdarstellung bedeuten, die in ihrer rückhaltlosen Ehrlichkeit und Wahrhaftigkeit vieles kenntlich machen. Sie zeigen deutlich, wie die gefährlichen Bedrängnisse seines Herzens sich in ihren geheimnisvollen Tiefen noch nicht endgültig beruhigt haben, wie er sich ihnen stellt und sie in sein geistiges Streben einbaut. Mehr als bisher werden Quellen seiner künstlerischen Existenz bloßgelegt und Dunkelheiten erhellt.

Die Briefe Alfred Kubins an Fritz von Herzmanovsky-Orlando befinden sich in Privatbesitz; die Briefe Herzmanovsky-Orlandos an Kubin sind im Besitz der Stadt München und werden in der Städtischen Galerie im Lenbachhaus aufbewahrt; die Direktion hat die Einsicht in die Originale, die sich noch in der Ordnung der Kubinsammlung des Herrn Dr. Otte in Hamburg, in seinem berühmten Kubin-Archiv, befinden, gestattet. Diese Sammlung wurde bereits im Jahre 1937 durch Rolf von Hörschelmann auf bewundernswerte Art beschrieben.

Beide Briefautoren haben gelegentlich kleine Federzeichnungen, Bleistift- und Farbstiftzeichnungen in die Texte eingefügt und vielfach als Illustrationen der berichteten Ereignisse und Situationen verwendet. Wenn bei beiden auch nicht neue oder unerwartete Themen oder neue Formen auftauchen, so handelt es sich doch um bisher unbekannt gebliebene oder nur bei speziellen, seltenen Anlässen gezeigte Blätter, die auch dem Kenner Überraschungen bieten. Wieland Schmied hat in seinem großen Werk »Der Zeichner Alfred Kubin« zum ersten Male auf den besonderen Reiz solcher Skizzen für Kubin hingewiesen. Für Herzmanovsky gilt das gleiche. Bei ihm muß noch beachtet werden, daß er überhaupt nur einen Teil seines zeichnerischen Werks in vollkommen ausgeführtem Zustande zurückgelassen hat. Übrigens sind nicht alle der dem Briefwechsel zugehörenden Zeichnungen erhalten, bei beiden nicht.

Diese den Blättern integrierten Zeichnungen wirken unmittelbar und erreichen zuweilen eine Verdichtung ins Tragische. Dabei darf nicht außer acht gelassen werden, daß Kubin mehr als fünfzig Jahre in seiner »Arche« wohl und sicher behaust war, ganz und gar auf sich bezogen und immer mehr in dieses als befruchtend empfundene Alleinsein eingeschlossen. So war ihm auch das Bewahren leichter gemacht, es darf als eine bestimmende Wesensart angesehen werden. Doch verrät die Schrift bis in die letzten Jahre immer noch jenes früh erkennbare, bis ins Seeleninnere aufgewühlte Temperament, eine Dämonie des sich ganz und gar dem Partner Hingebens, das im Zeugnis dieser glücklichen Begegnung aufbewahrt ist. Was er liebt, bleibt für ihn lebendig. Er setzt Jahresringe an, glückliche Jahresringe, und er wird selbst zur sagenhaften Figur. Dabei ist er stets hellwach, neuen Büchern, neuen Ideen zugewendet.

Wenn in späteren Jahren die schriftliche gegenseitige Aussprache nicht mehr die Intensität der früheren Zeit besitzt, die Freundschaft bleibt doch tief und unverändert. In Kubin wie in Herzmanovsky erweist sich – trotz der häufigen Klage des Zwickledter Magiers über ein Nachlassen der rein physischen Kraft –, daß solche Zwischenzeiten stets von neuen inneren künstlerischen Impulsen abgelöst werden. – Daß sich bei Fritz von Herzmanovsky, dessen Schaffen sich auf so vielen Gebieten der Kunst und Dichtung bewegt, bis zuletzt die Lust am Spiel der Phantasie lebendig und tätig erhalten hat, ist eines der erstaunlichsten Phänomene dieser auch im äußeren Leben facettenreichen österreichischen Existenz. Niemals aber verraten diese Briefe restlos die Quellen, aus denen Herzmanovsky den Reichtum seines Wissens schöpft. So viele literarische und gelehrte Werke Kubin dem Freunde auch zur Lektüre empfiehlt, man findet in den Schöpfungen des fast ganz im Verborgenen Lebenden keine »Abhängigkeiten«. So bewegen sich bisher und vielleicht auch in Zukunft die Zuordnungen zur geistigen Herkunft in einer Kategorie des Vorläufigen. Sein Wissen stammt – obwohl er nachweisbar ein eifriger und lernbegieriger Gymnasiast war und auch eine ständige Lust zu Studium und Forschung ihn ununterbrochen in Atem hielt – ganz unzweifelhaft aus einer inneren, ihm angeborenen Fülle. Die Verwandlung in die dichterischen und graphischen, stets ihm allein eigenen bezaubernden Formen geschieht wie aus den abgründigen Tiefen mythischen, uralten Götterwissens, das er im Spiel meistert. Daher verrät sein Gesamtwerk Gefährdung und Drohung noch in den oft spielerisch verkleideten Schicksalen seiner Geschöpfe. Diese seine Grundwesenheit leuchtet immer wieder auch aus den Briefen, oft selbst in kürzesten Mitteilungen, geheimnisvoll auf.

Immer wieder aber drängen sich in den Briefwechsel die »äußeren« Umstände. Freilich möchte ich betonen, daß es ja gerade diese äußeren Umstände sind, in denen der Wissende den Sinn des Lebens erkennt. Aber zum Glück ergeben sich aus dem äußeren, vielseitig bedrohenden Weltgeschehen oft tragisch-heitere Konstellationen, die selbst Kubin in weiser Ironie und Überlegenheit meistert. Hier befindet sich Herzmanovsky in einem gewissen materiellen Vorteil, da er aus dem besetzten »Südtirol«, dessen neue Behörden ihn »heim ins Reich« zwingen wollten, seiner gefährdeten Gesundheit wegen in das stille Malcesine übersiedelt und hier inmitten der kleinbürgerlichen italienischen Gesellschaft sich verhältnismäßig wohl befindet. Nur das Kriegsende trifft beide hart. Herzmanovsky wird von den siegreichen amerikanischen »Besetzern« bestohlen, Kubin in seinem Schloß Zwickledt beschossen. Aber beide überleben und bestehen die Gefahren. Daß unter solchen schwierigen Umständen die Korrespondenz – auch wegen der sehr behinderten Briefbeförderung – und damit die gegenseitigen Mitteilungen spärlicher werden, darf nicht verwundern. Es gibt hier auch, eben aus diesen Gründen, beträchtliche Lücken.
Im Nachlaß Herzmanovsky-Orlandos hat sich kein anderer so bemerkenswerter und so ausführlicher Briefwechsel gefunden. Der einzige, von dem ich weiß, die Briefe an Karl Felix Wolff, den bedeutenden Bozener Erforscher der Dolomitensagen und der ladinischen Sprache, auch Mythologen und Rassenforscher, ist in dessen letzten Lebensjahren in Verlust geraten, wahrscheinlich sogar verbrannt worden. Doch sind auch von seinen Briefen an Herzmanovsky nur wenige erhalten.
So gewinnt dieser Briefwechsel Herzmanovsky–Kubin eine besondere Bedeutung.

BILDNACHWEIS

(mit Ausnahme der zu den Briefen gehörenden Zeichnungen und Beilagen)

WERKREGISTER

Das Register erfaßt alle Titel einschließlich der Fragment gebliebenen, nicht zustande gekommenen oder nicht erhaltenen Werke. Die eckigen Klammern verweisen auf nicht originale, erschlossene Titel.

FRITZ VON HERZMANOVSKY-ORLANDO

a) *Literarische Werke*

b) Bildnerische Werke

ALFRED KUBIN

a) Literarische Werke

b) Bildnerische Werke

PERSONEN- UND VERLAGSREGISTER

Das Register erfaßt alle in Text und Kommentar direkt oder indirekt genannten realen Personen und Verlage, soweit es sich bei letzteren nicht lediglich um bibliographische Angaben handelt. – *Otte/Raabe* und *Brockhaus/Peters,* denen die meisten Hinweise zu verdanken sind, wurden aus Gründen der Platzersparnis nicht aufgenommen.

DANK

Das Forschungsinstitut »Brenner-Archiv« und die Leiter der Edition Sämtlicher Werke von Fritz von Herzmanovsky-Orlando danken allen Institutionen, die das Zustandekommen dieses Bandes durch Förderungen ermöglicht haben. Dies sind: das Bundesministerium für Wissenschaft und Forschung; das Amt der Tiroler Landesregierung; das Amt der Salzburger Landesregierung; die Südtiroler Landesregierung. – Der Fonds zur Förderung der wissenschaftlichen Forschung hat die zur Manuskriptherstellung erforderlichen Materialkosten übernommen und die Drucklegung gefördert.

Walter Methlagl Wendelin Schmidt-Dengler